国家社会科学基金重点项目（17ATQ008）研究成果

张志强 等 著

面向领域知识发现的
学科信息学理论与应用研究

RESEARCH ON THE THEORY AND
APPLICATION OF SUBJECT INFORMATICS FOR
DOMAIN KNOWLEDGE DISCOVERY

科学出版社

北京

内 容 简 介

学科信息学是数据密集型科研范式时代面向领域知识发现的多学科交叉性和战略支撑性学科体系。学科信息学理论方法体系的构建完善与知识发现应用研究，是发展学科信息学和促进学科领域知识发现的学科要务。本书包括概论篇、理论方法篇、应用实践篇和技术方法篇等 4 个部分共 14 章，旨在对学科信息学的最新整体发展予以全景式系统性论述和对领域知识发现的深入应用研究。本书从宏观层面概述了学科信息学的发展进展和趋势，遴选普遍性和工具性学科信息学方向及典型专门领域学科信息学，全面深入系统阐述这些学科信息学领域的理论方法与应用发展，开展了这些学科信息学领域知识发现的深入应用研究，梳理介绍了学科领域知识发现全流程所涉及的大数据分析前沿技术和方法进展等。本书构建了基础性和工具性学科信息学的系统性理论方法体系，提供了相应学科信息学领域知识发现研究的深度应用研究案例，为面向领域知识发现的学科信息学理论方法与应用研究提供了系统性知识体系和支撑性学术思想基础。

本书可供管理学类、数据科学和学科信息学类专业的高校师生及相关管理和决策人员、科技工作者阅读参考。

审图号：GS 京（2023）0998 号

图书在版编目（CIP）数据

面向领域知识发现的学科信息学理论与应用研究 / 张志强等著. —北京：科学出版社，2023.6

ISBN 978-7-03-075384-7

Ⅰ. ①面⋯ Ⅱ. ①张⋯ Ⅲ. ①信息学–研究 Ⅳ. ①G201

中国国家版本馆 CIP 数据核字（2023）第 063836 号

责任编辑：刘 超 / 责任校对：杨聪敏
责任印制：赵 博 / 封面设计：无极书装

科学出版社 出版
北京东黄城根北街 16 号
邮政编码：100717
http://www.sciencep.com
北京中科印刷有限公司印刷
科学出版社发行 各地新华书店经销
*
2023 年 6 月第 一 版 开本：787×1092 1/16
2024 年 11 月第二次印刷 印张：38 1/2
字数：900 000
定价：385.00 元
（如有印装质量问题，我社负责调换）

前　言

进入 21 世纪以来，随着新一轮科技革命加速演进，全球性的网络化、数字化、计算化、智能化等趋势相辅相成、相互促进，导致各类数据爆发式迅猛增加，被誉为"大数据时代"的新时代到来，引发了人类思维、生活、学习、工作、经济和社会运行等的大变革。大数据学术概念被正式提出，科学研究的"数据密集型"范式或者"数据驱动型"范式日益确立，科学研究的基于大数据分析计算与知识发现的新时代已经到来。大数据时代的到来，开启了几乎所有领域的学科数据信息分析与知识发现的新时代。大数据成为科技、经济和社会发展创新的新前沿，数据成为继粮食、石油等传统战略资源之后国家的新的基础性和关键性战略资源，数据治理能力成为国家竞争优势新的重要砝码。只有牢牢掌握新的数据战略资源，成为数据治理强国，才能掌握国家的现在与未来命运，才能成为真正的现代化强国。

数据密集型科学时代，科学创新呈现出"大数据"加"大计算"促进"大发现"的科学发展新趋势，科学数据治理能力与科学数据计算能力，成为科学发展的主要新能力。各学科领域内，基于学科领域大数据的学科信息分析和知识发现研究的快速发展，专门学科领域的学科信息学蓬勃发展，成为每个学科二元化发展（"X–信息学"与"计算–X学"）的典型特征。

学科信息学（Subject Informatics）是在数据密集型科学时代应运而生并迅猛发展的、基于学科领域大数据体系分析而开展学科领域知识发现的科学创新的前沿交叉性学科。该概念于 2015 年正式提出，是关于学科领域大数据分析的一般性理论方法的新学科，是大数据科学研究与知识发现范式下开展科学研究的一般性原理与方法论型学科。由于各个学科领域都有其数据全生命周期管理、数据分析与知识发现的学科依赖性，各个学科领域都有其与学科依赖性相关的学科信息学研究方向，学科领域数据信息分析与知识发现无疑成为每个学科领域发展的重要支撑。从这个意义上说，学科信息学的家族是一个不断增加的庞大的学科体系，事实也是如此。

在学科领域大数据体系迅猛发展、学科领域数据信息分析与知识发现需求不断增长等背景下，学科领域的大数据分析与知识发现研究工作需要不断规范化、学术化、学科化和科学化，亟待以学科信息学的理论方法来建构有关学科领域的大数据分析和知识发现研究的学科概念、理念方法等框架体系。开展面向学科领域知识发现的学科信息学理论方法与应用研究，即是为实现本目的。本书的选题正是基于广泛领域学科信息学的兴起和快速发展的现实，目的是遴选最具代表性的专门领域学科信息学，以及普遍性和工具性学科信息学，梳理、归纳其概念内涵、研究流程、学科体系、发展重点、实践应用等；进一步地，对特定领域学科信息学的研究进展、关键问题、发展前瞻进行总结，对其重点应用领域、应用案例等进行介绍，以便厘清特定领域学科信息学的发展脉络及未来走向，洞察学科信息学在领域知识发现与科技创新中的重要作用和未来发展趋势，为其他特定领域学科信息学的发展提供参考借鉴。本书通过概论篇、理论方法篇、应用实践篇、技术方法篇等 4 个部分对上述问题及有关学科信息学进行深入研究。

概论篇：主要包括第 1 章。第 1 章主要从宏观层面整体上概述学科信息学的发展进展和态势趋势，主要对学科信息学的内涵、领域知识发现全流程、数据驱动的领域知识新规律和新特点进行系统归纳和梳理。近年来，学科信息学研究与学术产出蓬勃发展，同时，学科数据库与集成平台、人工智能技术、学科交叉融合等均在不同程度促进并贯穿于领域知识发现全过程。基于此，本章重点从建设增强数据存储能力的数据管理平台、完善增强数据治理能力的数据治理体系、改进增强数据分析能力的数据处理手段、提升增强数据解释能力的数据验证功效、应用元宇宙技术促进学科信息学发展等 5 个方面对学科信息学未来发展方向进行了展望。

理论方法篇：主要包括第 2~7 章。第 2~7 章，选取政策信息学、专利信息学、网络信息学、传播信息学、文献信息学等具有代表性的普遍性和工具性学科信息学学科方向，以及典型专门领域学科信息学生物医学信息学为例，开展这些学科信息学领域的理论方法与应用发展的全面深入系统阐述。这些章节均以典型特定领域学科信息学的缘起为研究背景，首先，从概念内涵、学科体系、数据平台、技术方法等视角对特定领域学科信息学的核心概念进行界定、对研究中所涉及的重要数据资源体系、数据分析工具与软件等进行阐释，以期全面归纳总结这些特定学科信息学领域的研究基础。其次，对这些学科信息学领域的主要研究内容、应用领域等进行梳理。如政策信息学知识发现研究重点包括：政策变迁过程和演化规律、政策量化分析和绩效评价、政策府际关系和政策博弈、政策研究和科学研究间关系；专利信息学的研究内容包括：商业价值分析、技术细节分析、技术趋势分析、技术对策分析以及专利监视等；网络信息学知识发现研究进展包括：学科领域新兴前沿识别、学术影响力与竞争力评价、新兴跨学科领域知识发现、网络舆情检测与分析、网络虚假信息甄别与分析、国家安全情报监测与分析、网络大数据预测分析；传播信息学主要聚焦于"传播者→传播内容→传播渠道→传播对象→传播效果"五个分支领域方向展开研究；文献信息学的应用领域包括：融合跨学科领域、识别新兴研究、唤醒被忽视的知识、揭示科技发展趋势、分析社会舆情信息；生物医学信息学得益于深度学习的兴起，目前主要对命名实体识别、文本分类等在生物医学文本挖掘领域的最新进展进行分析。再次，对特定领域学科信息学的应用案例进行解读。如，对政策信息学的重点应用领域——科技政策学的国际发展态势进行剖析；对专利信息学研究中的典型应用案例——国际跨国专利所有活动网络结构及演化规律、国际技术贸易格局演化规律等进行总结；传播信息学对应用成效较为突出的国际知名智库社交媒体传播规律进行归纳；生物医学信息学对生物医学文本关系抽取的方法模型及模型性能进行对比分析。最后，阐述这些特定学科信息学领域发展中的关键问题，并从不同角度对其应用前景进行展望。

应用实践篇：主要包括第 8 ~ 10 章。第 8 章对科学学大数据分析与知识发现的理论方法、数据工具、研究方向等进行全面剖析，进而表明了科学学大数据对于知识发现的价值与意义。奖项信息学作为科学学研究的重要组成部分，其是对科技奖项领域的科学大数据进行挖掘分析和知识发现的一门专门性学科信息学，是学科信息学的有关理论方法在科技奖项领域的深度应用和发展。基于此，第 9 章以奖项信息学研究中的典型代表诺贝尔科学奖领域获奖者为研究对象，在系统梳理诺贝尔科学奖数据挖掘与知识发现研究现状、存在问题、分析流程的基础上，对获奖者创造力峰值年龄变化、授奖时滞、获奖者机构属性特征、获奖者中存在的师承效应等进行大数据挖掘与知识发现研究。第 10 章主要从政府科技奖励和社会科技奖励两大类科技奖项出发，梳理国际上主要科技发达国家的科技奖励发展现状，并对我国科技奖励体系进行简述。进一步地，选择 22 项领域国际权威科技奖项中的 3 项权威奖项作为重点分析对象，对获奖年龄分布、获奖时滞规律、获奖者合作网络等进行系统地定量数据挖掘与科学规律发现研究。

技术方法篇：主要包括第 11 ~ 14 章。该篇主要对学科领域知识发现全流程所涉及的大数据分析前沿技术和方法进展进行介绍。第 11 章在对知识发现的基本思想、一般过程、相关技术的梳理基础上，重点对知识发现面向的复杂数据类型、数据处理技术、数据分析技术以及当下典型的通用知识发现工具进行介绍，结果显示大数据知识体系持续扩充、人机物深度融合的知识发现特有理论方法体系快速发展、知识发现的量化工具平台持续增加。第 12 章在分别系统梳理专利大数据分析与知识发现的三个代表性典型任务（技术路线图；智能专利诉讼方法；信息抽取方法）的概念内涵、研究进展等基础上，对专利大数据分析方法与工具的前沿进展进行探讨和展望。第 13 章主要对医学领域知识图谱构建方法流程进行梳理，并从辅助影像诊断、智慧问答、用药推荐、药物发现、个性化健康服务、辅助大型传染病防控等 6 个方面梳理了近年来知识图谱技术在医学知识发现中的主要应用。第 14 章以本研究团队研发的昆阅粮食安全大数据分析与实验系统为例，重点介绍了该系统所涉及的关键技术与应用服务，并对大数据驱动的粮食安全研究与智能决策信息系统的发展方向进行展望。

学科信息学作为学科二元发展的一个主要分支学科，已经成为学科发展的重要且不可分割的组成部分。本书依托于学科信息学的理念及其发展，并基于笔者已出版的《学科信息学与学科知识发现》等研究成果，继续尝试对学科信息学的新发展进行重点和针对性梳理，对其应用前景进行再观察展望。在理论体系方面，对政策信息学、专利信息学、网络信息学、传播信息学、文献信息学等具有代表性的普遍性和工具性学科信息学，以及生物医学信息学等专门领域学科信息学的发展与应用进行深入解读和应用发展研究，进一步丰富充盈了学科信息学的研究体系。在应用实践方面，关注科学学大数据分析与知识发现，特别是聚焦奖励信息学等研究的典型代表诺贝尔科学奖和国际科技领域权威奖项等数据挖掘和知识发现的理论与应用研究进行全面分析，进一步补充了科学领域发展的内在知识规律发现。在大数据分析方法方面，对支撑学科信息学研究发展的大数据分析与知识发现技术方法、专利大数据分析技术、知识图谱技术方法等前沿技术的发展与应用等进行分析和总结展望，进一步明晰了学科信息学相关数据分析技术方法的发展现状与走向。通过对上述一系列关键问题的研究与梳理，为面向学科领域知识发现与科技创新的学科信息学理论方法与应用研究等提供关键参考和借鉴。

本书是国家社会科学基金重点项目"面向领域知识发现的学科信息学理论与应用研究"（项目编号：17ATQ008）的研究成果。全书内容由项目负责人张志强研究员负责研究内容设计、研究统筹推进和研究质量把关，由项目主要成员等分工合作研究和撰写完成。各章的写作分工如下：第 1 章由张志强、张雪撰写；第 2 章由张志强、曹玲静撰写；第 3 章由张志强、冯志刚撰写；第 4 章由张志强、武瑞敏撰写；第 5 章由陈秀娟、张志强撰写；第 6 章由张志强、阮伟南撰写；第 7 章由范少萍、张志强撰写；第 8 章由陈云伟、张志强撰写；第 9 章由门伟莉、张志强撰写；第 10 章由张志强、任晓亚撰写；第 11 章由杨宁、张志强撰写；第 12 章由陈亮、张志强撰写；第 13 章由文奕、梁静、朱冬亮撰写；第 14 章由胡正银、陈文杰、胡靖、庞弘燊、何雨娟撰写。全部章节内容和文字由项目负责人张志强研究员统一审阅、修改和统稿、定稿。

本书涉及的学科信息学相关领域是快速发展的新兴领域和知识方向，学科领域研究内容宏阔，学科专业背景知识广泛，数据驱动的研究发展进步快速。由于作者的知识面和对学科领域发展的知识驾驭能力有限，内容疏漏偏颇及不足之处在所难免，恳请专家和读者批评指正！

张志强

2022 年 6 月

目　　录

概　论　篇

第 1 章

面向领域知识发现的学科信息学发展与展望

数据密集型科学新范式时代，科学创新呈现出"大数据"加"大计算"促进"大发现"的科学发展新趋势，学科信息学（Subject Informatics）在数据密集型科学新范式时代应运而生、迅猛发展。学科信息学是一门基于学科领域大数据体系分析而开展学科领域知识发现的科学创新的前沿交叉性学科，对其理论方法体系的构建完善与知识发现应用研究是发展和促进学科领域知识发现的学科要务。

本章旨在对学科信息学的内涵、领域知识发现全流程、数据驱动的领域知识新规律和新特点进行系统归纳和梳理。首先，在介绍大数据概念的兴起与发展演进的基础上，阐述面向学科领域大数据分析与知识发现的学科信息学的发展，分析学科信息学的研究背景、概念内涵、研究对象、研究方法与研究目标；其次，阐述基于学科大数据的学科领域知识发现全流程，解读专门学科数据库、关键技术与方法等；最后，对近年来普遍性和工具性学科信息学以及典型专门领域学科信息学的新发展进行梳理，并对其应用前景进行再展望，以洞察学科信息学在领域知识发现与科技创新中的重要作用和未来发展趋势。

1.1 引言

大数据学科的产生和发展已经成为 21 世纪的鲜明时代特征，科技领域更是进入基于大数据知识发现的新时代。21 世纪大数据时代的到来已经催生和正在不断催生着科技发展和经济社会进步的新纪元。就科学发展而言，20 世纪末科学界提出 e-Science 概念，预示着信息技术必然在 21 世纪的科技合作和跨学科研究中扮演重要角色。无疑，e-Science 的产生与发展，是伴生于数字信息技术的快速迭代发展和颠覆性应用，这为数据密集型科学研究新范式的兴起和确立提供了坚实的技术支撑发展环境条件，以及科学研究必须的不断膨胀的数据分析对象。进入 21 世纪后，随着数字信息技术的突破性发展和在众多科技领域的深度广泛地应用，众多科技领域发展的一个鲜明特征是大数据化——科技数据成爆发式增长。科技领域发展的大数据化，导致科技创新的研究模式发生深度变革，科学研究的"数据密集型"范式或者"数据驱动型"范式日益确立。各学科领域在数字信息技术的引领和支撑下，不断建成新型的大科学装置、专门数据库、数据分析平台等，进一步催生学科领域多源异构数据的高速产生并累积，导致对科技领域大数据体系的科学数据知识管理和知识分析成为重要趋势并产生战略需求，全面催生科学研究领域科研模式的数字化知识发现重大变革。科技发展全面进入大数据分析催生科学创新发现的新时代。

科学数据分析和知识发现需要大力发展聚焦学科大数据分析与知识发现的学科信息学。20多年来，科技专业领域的专门学科信息学快速发展，不仅生物医学信息学、化学信息学等提出较早的典型代表性学科信息学快速发展，一系列新兴专门领域学科信息学还在不断被提出和发展，全面助力各学科领域的科研创新和知识发现。进一步地，学术界陆续明确提出文献信息学、网络信息学、专利信息学、政策信息学、奖项信息学、传播信息学等具有代表意义的普遍性和工具性学科信息学，成为支撑专门领域学科信息学和学科领域科技创新研究及知识发现的基础性学科和一般方法论工具。一方面，各个学科领域都有其数据全生命周期管理、数据分析与知识发现的学科依赖性，以及与学科依赖性相关的学科信息学研究方向，故学科信息学的家族逐渐演化为一个不断增加的庞大学科体系。另一方面，在学科领域大数据体系迅猛发展、学科领域数据信息分析与知识发现需求不断增长等背景下，学科领域的大数据分析与知识发现研究工作需要不断规范化、学术化、学科化和科学化，亟待以学科信息学的理论方法来建构有关学科领域的大数据分析和知识发现研究的学科概念、理念方法等框架体系。基于此，张志强和范少萍（2015）提出"学科信息学"（Subject Informatics）这一全新概念，并系统梳理了学科信息学的缘起、内涵、研究内容等，对于完善学科信息学理论体系，促进发展学科领域知识发现研究等具有重大意义。

随着大科学装置和数据信息技术等的快速迭代发展，科技领域的大数据体量持续膨胀并呈现巨量化特征，数据处理方法和技术手段也必须先进和必然先进，特别是随着机器学习技术方法和工具的深入发展，深度神经网络学习模型快速兴起，赋予大数据分析新的活力和新的可能。这预示着基于数据密集型研究范式的学科领域数据分析和知识发现有着广阔发展和应用前景。近十多年来，随着各种学科信息学方面的科技论文发表、新科技期刊创刊出版、科技著作出版、学科领域数据库建设和知识发现平台及工具研发等呈井喷式发展就是最好的证明。因此，聚焦学科领域大数据体系分析和新知识发现的不断发展的学科信息学将成为科技研究创新和知识发现的利器。聚焦已有相关研究，学术界主要对学科信息学的下位概念如生物医学信息学、化学信息学的研究现状与未来趋势等进行梳理与总结，对学科信息学这一概念内涵与外延的界定尚不清晰，对学科信息学研究进展和发展前瞻尚未系统归纳。本书以 2015 年《论学科信息学的兴起与发展》为研究基础，鉴于该概念提出至今 7 年有余，学科信息学本身已取得认可和显著发展，而且各种专门领域学科信息学也正处于蓬勃发展之际，如材料信息学、化学信息学等发展势头正猛，有大量高价值科研成果产出。在此之际，对学科信息学发展与趋向进行再展望是有必要且有价值的。本书研究的创新之处在于：从专门领域学科信息学、普遍性和工具性学科信息学两个视角对学科信息学的概念进行进一步界定；对基于学科大数据的学科知识发现全流程进行总结，重点对各专门学科领域经典数据库进行梳理；分别对普遍性和工具性学科信息学、典型专门领域学科信息学研究进展进行归纳；基于上述分析，对学科信息学未来发展进行再展望。

1.2　学科信息学研究范畴

1.2.1　从大数据到学科信息学

大数据浪潮是人类进入数字智能时代的必然产物和根本趋势。"大数据"一词，最早可以追溯到未来学家阿尔文·托夫勒于 1980 年出版的《第三次浪潮》一书，在该书中他指出，以计算机为基础的数据处理有可能成为第三次浪潮的支柱产业，并盛赞"大数据"为"第三次浪潮的华彩乐章"（Toffler，1980）。为应对正在生成的海量数据的挑战，2008年 *Nature* 杂志出版"大数据"（*Big Data*）专刊，2011 年 *Science* 杂志出版"数据处理"（*Dealing with Data*）专刊，均对大数据发展前景及所面临挑战进行探讨。世界领先的管理咨询公司麦肯锡全球研究院（McKinsey Global Institute，MGI）作为最早注意到大数据发展前景的科技机构，于 2011 年发布《大数据：创新、竞争和生产力的下一个前沿》（*Big data：The next frontier for innovation，competition，and productivity*）报告（Manyika et al.，2011），其在报告中指出只要有正确的政策和推动因素赋能，大数据将成为竞争的关键基础，并将支持新一轮的生产力增长、创新及消费者剩余浪潮。根据国际数据公司（International Data Corporation，IDC）的报告显示，2013～2020 年，全球数据量从 4.4ZB呈指数增长至 44ZB，预计至 2025 年数据体量将达到 163ZB（Reinsel et al.，2017）。近年来全球数据的增加趋势表明，全球大数据量的增加速度将超过人类的预期。

与大数据膨胀浪潮相伴，围绕大数据领域国家战略权益争夺的国际战略竞争快速演进。自 2012 年美国联邦政府出台《大数据研究与发展倡议》以来（Obama White House，2012），世界科技强国纷纷出台一系列数据战略。如，美国 2016 年 2 月发布《陆军数据战略》（DoD，2016），2016 年 5 月发布《联邦大数据研究与发展战略计划》（NITRD，2016），2019 年 12 月发布《联邦数据战略及 2020 年行动计划》（Federal Data Strategy，2019），2020 年 10 月发布《国防部数据战略》（DoD，2020）。英国于 2020 年分别发布《国家数据战略》（Department for Digital，Culture，Media & Sport，2020），《2020 年科技战略》（Ministry of Defense，2020）。德国于 2020 年 6 月确定自主云基础设施发展路线图（GAIA-X，2020）。欧盟 2018 年 5 月出台《通用数据保护条例》（GDPR，2018），2018 年 11 月出台《非个人数据自由流动条例》（European Commission，2018），2020 年 2 月发布《欧洲数据战略》（European Commission，2020）。日本于 2017 年发布《官民数据活用推进基本计划》，以及 2020 年的《创建最尖端数字化国家宣言》等。可以看到，各国（国际组织）着眼于将数据作为国家战略资产，着力发展数字经济，利用数据驱动科研创新，从而强化国家竞争优势。

数据成为发展与创新的"永动机"。美国《外交》杂志 2021 年 5～6 月合刊上题为《数据就是力量》（Matthew and David，2021）的文章称，数据现在处于全球贸易的中心，在 2008 年全球金融和经济危机之后，国际商品和服务贸易的增长进入平稳期，取而代之的是跨境数据流动呈现爆炸式增长，以带宽来衡量，2008～2020 年，跨境数据流动增长了约 112 倍。全球经济变成了一台数据永动机：它消耗数据、处理数据并产生越来越多的数据。数据成为创新的一个越来越必要的投入，成为国际贸易的一个急剧扩展的要素，成为企业成功的一个重要组成部分，成为国家安全的一个重要方面，谁掌握了数据，谁就占据了令人难以置信的优势。而在全球数据持续扩张膨胀、国际数据战略竞争日益激烈的大趋势下，目前国际社会却缺乏有关数据治理的全球框架和规则，未来有关全球数据治理体系的竞争将成为国际竞争的关键领域之一。

数据密集型科学研究能力成为科学创新的核心能力。科学大数据时代，数据驱动的科学发现成为科学创新的新范式。在大数据浪潮汹涌的时代，开展科学研究的科学大数据也在蓬勃发展，在科学大数据的驱动下，科学研究在经历了实验归纳、模型推演、仿真模拟等三大传统科学范式之后，已进入到以数据密集型科学发现为主要特征的科学研究第四范式时代，即科学研究从以计算为中心转向以数据为中心，科学大数据的分析能力成为新的科学研究与科学发现能力，催生了广泛领域学科信息学的兴起和快速发展，决定着科学知识发现与知识创造的走向，决定着科学技术的未来发展。

学科信息学是大数据时代学科发展的必然结果。自 20 世纪 90 年代以来，各学科领域借助先进的传感器和观测技术生成大量数据，或从大规模数据库中快速搜索和发现知识，以数据分析为导向的专门学科知识发现快速发展，使得每个学科均出现二元发展态势，被称为"X-信息学"（X-Informatics）。其中 X 指任何学科领域，如生物、天文、物理；信息学指为实现学科知识发现而组织、描述、访问、整合、挖掘和分析多源异质数据的学科

（Borne，2010）。随着这些以数据分析为基础的分支学科发展成熟，其独立性、前瞻性等得到学术界认可。其中，一些专门领域学科信息学快速发展成为代表性和引领性学科信息学，如生物信息学、医学信息学、化学信息学、天文信息学等；还相继发展出文献信息学、专利信息学、政策信息学、网络信息学、传播信息学等具有代表性的普遍性和工具性学科信息学；一系列新兴的专门领域学科信息学（如材料信息学等）等概念还在被不断提出。为集成概述现有的"X-信息学"，张志强和范少萍（2015）提出全新的概念"学科信息学"（Subject Informatics），其作为普遍性和工具性学科信息学以及专门学科信息学的统称，是将信息学原理、数据科学、机器学习方法等与特定学科领域特色数据资源等相结合以优化、自动化提取已有学科知识或挖掘新的知识模式的新的学科概念。三者关系如图1-1 所示。

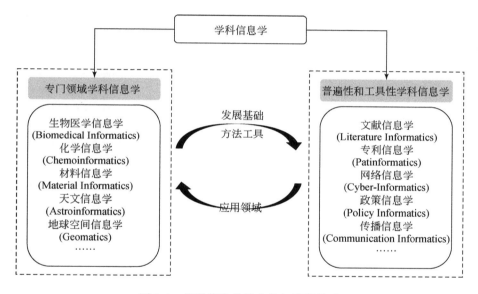

图 1-1　学科信息学的内核与关联关系

1.2.2　学科信息学理论构建

学科信息学是大数据时代学科发展的必然结果。自20 世纪90 年代以来，各学科领域借助先进的传感器和观测技术生成大量数据，或从大规模数据库中快速搜索和发现知识，以数据分析为导向的专门学科知识发现快速发展，使得每个学科均出现二元发展态势，被称为"X-信息学"（X-Informatics）。其中 X 指任何学科领域，如生物、天文、物理；信息学指为实现学科知识发现而组织、描述、访问、整合、挖掘和分析多源异质数据的学科（Borne，2010）。随着这些以数据分析为基础的分支学科发展成熟，其独立性、前瞻性等得到学术界认可。其中，一些专门领域学科信息学快速发展成为代表性和引领性学科信息学，如生物信息学、医学信息学、化学信息学、天文信息学等；还相继发展出文献信息学、专利信息学、政策信息学、网络信息学、传播信息学等具有代表性的普遍性和工具性学科信息学；一系列新兴的专门领域学科信息学（如材料信息学等）等概念还在被不断提出。为集成概述现有的"X-信息学"，张志强和范少萍（2015）提出全新的概念"学科信息学"（Subject Informatics），其作为普遍性和工具性学科信息学及专门学科信息学的统称，是将信息学原理、数据科学、机器学习方法等与特定学科领域特色数据资源等相结合以优化、自动化提取已有学科知识或挖掘新的知识模式的新的学科概念。根据学科信息学的主要研究内容，其又建立了学科信息学的学科体系，如图1-2所示。张志强和范少萍（2015）指出，该学科体系是学科信息学通用的、一般的研究思路，其中基础理论是学科信息学产生及发展的基础，方法技术对该学科的发展起到支撑作用，应用分析是该学科发展的目的，教育管理是该学科的延伸与提升，是促进该学科纵深发展的有力途径。

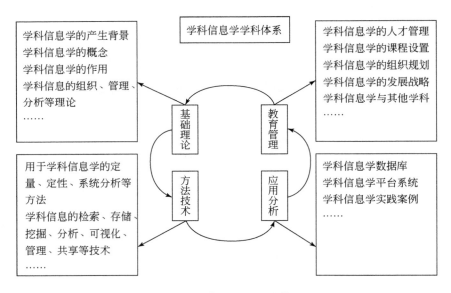

图1-2　学科信息学的学科体系图

在已有研究的基础上，结合新的科学研究发展背景，为重新界定学科信息学的概念，首先对普遍性和工具性的学科信息学及专门学科信息学的定义进行解读（其中普遍性和工具性的学科信息学相关理论概念在后续章节中详细阐述，此处仅列举部分典型的专门领域学科信息学），如表1-1所示，通过从研究背景、概念内涵、研究对象、研究目标等多视角分析目前研究较为成熟的普遍性和工具性的学科信息学及专门领域的学科信息学的特征可知，学科信息学的发展有其一致的规律性，具体如下。

表 1-1　发展快且较成熟的专门领域学科信息学发展概况

专门学科信息学	研究背景	概念内涵	研究对象	研究目标
生物医学信息学（Biomedical Informatics）	1）20 世纪 80 年代随着人类基因组计划的研究发展而产生，基因序列数据快速增长，对这些数据的采集、存储、挖掘分析需要数据库技术和数据管理技术（Nakatani et al., 2001）。 2）其发展历程包括前基因组时代（建立生物医学数据库）、基因组时代（核苷酸序列分析）、后基因组时代（蛋白质组学及人类基因组注释）（郑国清等, 2002）	涵盖生物信息学、临床信息学、医学信息学等多个学科领域，将信息学、计算机科学应用于分子生物学、电子健康档案等数据的采集、存储、分析等方面（Sarkar, 2010）	电子健康档案、电子病历、基因序列、蛋白质序列、药物、文献等	致力于致病基因发现、疾病临床诊断、药物开发等方面研究，促进精准医疗、智慧医疗的实现
化学信息学（Chemoinformatics）	1）1987 年，列恩在研究复杂分子反应过程中发现分子具有化学智能反应现象，识别的概念包含信息展示、传递、鉴别和响应等过程，首次提出化学信息学概念（宋心琦, 1999）。 2）2000 年，Wendy A. Warr 博士在第 218 届美国化学学会国家会议和博览会上所做关于"化学信息学的定义"的报告是化学信息学发展的又一个新高潮（Warr, 2003）	利用计算机和网络技术，对化学信息进行表示、管理、分析、模拟和传播，以实现化学信息的提取、转化与共享，揭示化学信息内在实质与联系，促进化学学科知识创新（邵学广和蔡文生, 2002）	化学物质成分信息，如物质结构信息、分子间相互作用信息等	模拟分子结构，以此对化合物结构与其分子物理化学性质之间关系进行预测
材料信息学（Material Informatics）	1）新材料发现、设计、开发、制造过程缓慢；传统实验或模拟方法昂贵、低效（Himanen et al., 2019）。 2）材料信息数据量、复杂性提高，如何对其存储和挖掘（魏群义, 2008）。 3）1999 年在美国波士顿举行的"材料信息学——新材料开发的有效数据管理"国际学术会议上首次提出材料信息学概念（John, 1999）	将信息学、计算机科学应用于材料数据的收集、存储、检索、分析和应用，以增进对材料结构与性能的理解、使用、选择以及新材料的发现和开发（魏群义和彭晓东, 2007）	材料信息，包括材料结构、外观、实验、文献数据等	实现各种材料数据快速而强大地采集、管理、分析和分发，以期减少开发、生产和部署新材料所需要的时间和风险
天文信息学（Astroinformatics）	1）天文探测技术、望远镜技术、计算机技术、网络通信技术的飞速发展使得可获取的天文数据急剧增加，数据采用 PB，甚至 EB 来计量（Feigelson and Babu, 2012; Zhang and Zhao, 2015）。 2）对于大量、高质量、多维度数据的存储、处理等亟需全新的方法和模式	利用高性能计算工具来模拟和分析复杂天体系统数据，揭示大量复杂天文数据所赋予的宇宙和天体奥秘（张彦霞等, 2016）	天文观测数据，如天文图形、图像、符号、数据等	在海量数据基础上通过实现科学数据互操作的虚拟天文台实现天文数据知识发现

续表

专门学科 信息学	研究背景	概念内涵	研究对象	研究目标
地球空间 信息学 （Geomatics）	1）1998年，美国副总统戈尔提出"数字地球"概念，标志着全球进入数字地球和数字城市建设新阶段。 2）测绘学发展历经3个阶段，分别为模拟法测绘，依赖光、电技术发展；解析法测绘，依赖电子计算机；数字法测绘，依赖遥感、卫星。其中传感器和定位技术的进步促进了空间和时间参考数据收集的空前增长（李德仁，2017）	用各种手段、集成各种方法对地球及地球上的实体目标（physical objects）和人类活动（human activities）进行时空数据采集、信息提取、网络管理、知识发现、空间感知认知和智能位置服务（李德仁，2016）	激光扫描、遥感图像、天气数据、物体在陆地、海洋和空中移动轨迹数据等	挖掘隐含的空间、时间和语义关联关系，构建智慧地球和智慧城市

1）研究背景：数据监测、存储等技术的飞速发展，人工智能分析方法的普及，共同催生"数据滚雪球"时代的到来。进一步地，科学研究进入第四范式，即大数据驱动的科学研究，为学科信息学的产生与发展提供机遇与支撑。

2）概念内涵：均为信息学、计算机科学等与特定学科间的交叉融合，即将信息学、计算机科学等学科领域的方法、技术移植至特定学科领域，结合特定学科的学科特色，对特定学科领域知识进行采集、存储、挖掘及识别等，以期快速全面获取学科数据、缩短学科知识发现时间、捕捉有趣学科领域知识等，从而减少学科专家反复试验的时间和精力，为新知识、新模式的发掘提供更好的指导。

3）研究对象：特定学科领域具体数据。不同学科数据种类、类型不同，整体分为领域实体对象外观，性能，效能等自身参数数据、领域工作流监测与观察数据、计算机模拟数据、实验数据、文献数据、社交媒体数据等。

4）研究方法：通常采用的方法包括数理统计分析方法，如对收集数据的整体概况进行统计分析；文献计量分析方法，主要针对学科领域文献数据，对其发展态势、研究主题等进行监测；机器学习方法，目前以该方法为主的研究居多，主要针对结构化或非结构化数据，采用不同算法挖掘领域已有或潜在知识。

5）研究目标：各种专门领域学科信息学都有其学科特色的具体研究目标，但学科领域知识发现是其共同目标。总体而言，学科信息学旨在揭示学科领域的科学发展规律和特征、发现学科领域新知识。即创造学科领域的新知识、研发新方法、得出新路径、支撑学科研发；揭示学科领域数据体系蕴含的知识、发现复杂数据关联关系；揭示科研规律、解析学科结构、分析科研活动规律、开展学科领域发展评价；降低科研成本、提高研发效率；最终提升学科领域科研实力、学科领域知识创新能力。

　　张志强和范少萍（2015）在分析特定学科信息学概念内涵基础上提出学科信息学新概念，其认为学科信息学是指学科领域在科研创新中应用信息科学与计算科学的技术、手段与方法，进行科学数据收集、存储、处理、再分析、可视化和知识发现，从而创造新知识、发现新方法、提供学科战略决策咨询的交叉性学科。本书在沿用该概念的基础上，着重强调信息科学与计算科学在学科知识发现全流程中的具体角色和定位，以及其技术、手段与方法的迭代更新赋予学科知识发现的新思路。

1.2.3　学科信息学发展态势

　　学科信息学研究与学术产出蓬勃发展。Web of Science 数据库是迄今全球最大、覆盖学科最多的综合性学术信息资源数据库，它收录了自然科学、工程技术、生物医学等各个研究领域最具影响力的超过 34 000 种期刊，可提供科技领域最重要的研究成果。为了解学科信息学的发展态势，在 Web of Science 核心合集数据库中，以"TS = * informatics"为检索式（学科信息学是普遍性和工具性学科信息学以及专门学科信息学的统称，目前有关学科信息学的研究主要以其下位类概念"X-Informatics"为主，故以"TS = * informatics"为检索式可以从一定程度上窥探学科信息学的发展倾向），检索时间为 2022 年 2 月 12 日，得到 112 133 条文献记录，其中生物信息学（"TS = bioinformatics or bio-informatics"）包括 75 199 篇；医学信息学（"TS = medical informatics"）包括 8578 篇；化学信息学（"TS = chemoinformatics or chemo-informatics"）包括 1519 篇，学科信息学及各专门领域学科信息学发文数量增长趋势如图 1-3 所示。从图 1-3 可知，随着数据量的快速增加和计算技术的快速发展，有关学科信息学的研究自 2000 年之后，特别是 2008 年 *Nature* 杂志出版"大数据"专刊之后出现了迅猛增长的趋势。图 1-4 是学科信息学每 10 年发文所属期刊数量的变化趋势，可以看到，1970～1990 年发文所属期刊数量较少，自 1990 年起，发文所属期刊数量开始呈指数增长趋势，特别是 2010～2020 年发文所属期刊数量达 13 187 种，是 1970～1980 年期刊数量的 220 倍左右，说明学科信息学的快速发展带动了该学科相关期刊的陆续创办，逐渐形成一定规模、覆盖多项类别。表 1-2 和表 1-3 分别罗列了具有代表性的各出版集团出版的学科信息学相关期刊、英文著作出版态势情况，同样可以看到，近年来专门领域学科信息学的期刊种类、专著数量等快速增加，如 Springer 和 Elsevier 两大出版巨头出版的相关专著数量共计 11 000 余部，不断补充和完善学科信息学的理论基础，引领着学科信息学的发展。

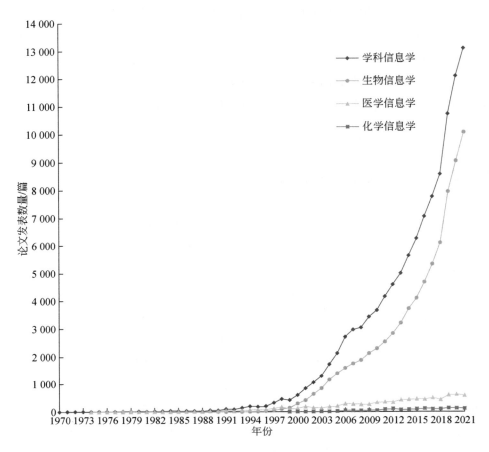

图 1-3　1970～2021 年学科信息学相关论文数量增长趋势

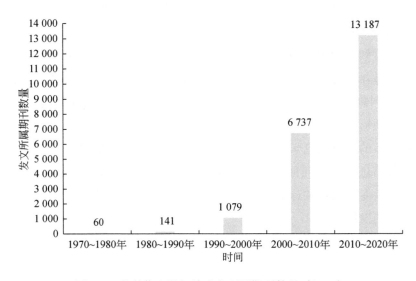

图 1-4　学科信息学相关论文所属期刊数量/每 10 年

表 1-2　学科信息学方面的期刊出版分布态势

出版集团	期刊
Springer	1. Energy Informatics（2018） 2. Journal of Healthcare Informatics Research（2017） 3. Brain Informatics（2014） 4. Applied Informatics（2014） 5. Neuroinformatics（2014） 6. Health Information Science and Systems（2013） 7. Network Modeling Analysis in Health Informatics and Bioinformatics（2012） 8. Security Informatics（2012） 9. Microbial Informatics and Experimentation（2011） 10. Journal of Clinical Bioinformatics（2011） 11. Journal of Cheminformatics（2009） 12. Applied Geomatics（2009） 13. Journal of Ocular Biology, Diseases, and Informatics（2008） 14. Earth Science Informatics（2008） 15. EURASIP Journal on Bioinformatics and Systems Biology（2006） 16. Applied Bioinformatics（2002） 17. BMC Medical Informatics and Decision Making（2001） 18. BMC Bioinformatics（2000） 19. Archives and Museum Informatics（1987）
Oxford Academic	1. Briefings in Bioinformatics（2000） 2. Journal of the American Medical Informatics Association（1994） 3. Bioinformatics（1985） 4. Nucleic Acids Research（1974）
Taylor & Francis	1. Medical Informatics（1976） 2. Informatics for Health and Social Care（1976） 3. Medical Informatics and the Internet in Medicine（1976）
Elsevier	1. Neuroscience Informatics（2021） 2. Telematics and Informatics Reports（2021） 3. ImmunoInformatics（2021） 4. Lancet Digital（2020） 5. Visual Informatics（2017） 6. Future Computing and Informatics Journal（2016） 7. Informatics in Medicine Unlocked（2015） 8. Application of Information Technology in Mental and Behavioural Health（2014）

出版集团	期刊
Elsevier	9. Applied Computing and Informatics（2011）
	10. Sustainable Computing：Informatics and Systems（2011）
	11. Egyptian Informatics Journal（2010）
	12. Journal of Pathology Informatics（2010）
	13. Advanced Engineering Informatics（2007）
	14. Ecological Informatics（2006）
	15. Genomics，Proteomics & Bioinformatics（2003）
	16. Journal of Biomedical Informatics（2001）
	17. International Journal of Medical Informatics（1997）
	18. Artificial Intelligence in Medicine（1989）
	19. Computer Methods and Programs in Biomedicine（1985）
	20. Telematics and Informatics（1984）
	21. Journal of Algorithms in Cognition，Informatics and Logic（1980）

表 1-3　学科信息学方面的英文著作出版分布态势

出版集团	著作
Springer	1. Evaluation Methods in Biomedical and Health Informatics（2022）
	2. Clinical Informatics Study Guide（2022）
	3. Health Informatics on FHIR：How HL7's API Is Transforming Healthcare（2022）
	4. Medicine-Based Informatics and Engineering（2022）
	5. Health Informatics（2021）
	6. Guide to Maritime Informatics（2021）
	7. Neurocritical Care Informatics（2020）
	8. Consumer Informatics and Digital Health（2019）
	9. Advances in Aeronautical Informatics（2018）
	10. Social Informatics（2017）
	11. Biomedical Informatics（2014）
	12. Public Health Informatics and Information Systems（2014）
	13. Security Informatics（2010）
	14. Biomedical Informatics（2006）
	15. Ecological Informatics（2006）
	16. Practical Pathology Informatics（2006）
	17. Intelligence and Security Informatics for International Security（2006）
	18. Home-Oriented Informatics and Telematics（2005）
	19. Introduction to Clinical Informatics（1997）

续表

出版集团	著作
Elsevier	1. IoT and Spacecraft Informatics（2022）
	2. Chemoinformatics and Bioinformatics in the Pharmaceutical Sciences（2021）
	3. Cognitive Informatics, Computer Modelling, and Cognitive Science（2020）
	4. Human Genome Informatics（2018）
	5. Clinical Informatics Literacy（2017）
	6. Health Informatics（2016）
	7. Epi-Informatics（2016）
	8. Oncology Informatics（2016）
	9. Hierarchical Materials Informatics（2015）
	10. Intelligent Systems for Security Informatics（2013）
	11. Informatics for Materials Science and Engineering（2013）
	12. Principles of Biomedical Informatics（2013）
	13. New Advances in Intelligence and Security Informatics（2012）
	14. Probabilistic Methods for Financial and Marketing Informatics（2007）
	15. Fundamentals of Spatial Information Systems（1992）

学科信息学的专业教育也已受到重视和发展。以中美医学信息学本硕层次教育为例，美国医学信息学教育发展已相对比较成熟，在国际上是较有代表性的，其最早可以追溯到20 世纪 50 年代，范德比尔特大学医生 Ledley 和 Lusted（1959）提出计算机可用于医学诊断和治疗；随后七八十年代有一些机构开始进行医学信息学研究和教育，进入 90 年代医学信息学得到了迅速发展。相比而言，我国医学信息学教育起步较晚，2002 年底，经教育部批准，中南大学将"信息管理和信息系统（医学方向）"专业更名为"医学信息学"，中国医学信息学专业正式起步，医学信息学教育在我国逐渐发展起来。通过对中美历史悠久、综合排名较高的开展医学信息学教育的高校基本情况进行对比分析，可以得到以下认识。

1）从入学基本要求来看，我国没有严格的入学条件限制，本科生只需达到相应学校的分数要求，硕士生原则上来说也无本科专业要求，跨专业学生仍有机会取得医学信息学相关学位。课程包括必修、选修、限选及实习课程，学生要想获得学位，要修够相应的学分；此外，还需通过最后的论文审核及答辩。全日制本科生的修读年限一般为 4 年，少数为 5 年（如吉林大学），全日制硕士研究生一般为 3 年，专业硕士为 2 年。美国本科生一般需在前两年先完成本科先修课程才有资格申请医学信息学相关课程，研究生的入学条件除常规要求外，还提倡学生有生物医学领域、公共卫生领域、计算机、数理统计等背景，譬如哥伦比亚大学，如果学生在以前未接受过计算机科学相关课程的学习，需先进行补习才能满足课程要求。要获得学位，有一定的学分要求，一般硕士学位在 30～60 学分，博士学位在 50~100 学分，这些学分包括课程、科研工作（论文）、教学、综合考试等（张远鹏等，2015）。全日制本科生修读年限为 4 年，硕士研究生修读年限为 2~3 年，非全日制硕士则需 4~5 年。

2）从课程设置来看，我国在本科生课程体系中计算机科学课程占比最高，这是顺应以大数据为基础的数据驱动模式的时代发展需求，医学信息学的发展趋势是为用户提供个性化、智能化、知识化的卫生信息服务；此外，医学课程的占比情况高于管理学与信息学，这是因为我国医学信息学教育大多从本科开始，学生没有相关医学基础，且大多依附于医科院校，注重对医药基础课程的学习。反观硕士研究生课程设置情况，医学课程仅占一小部分，管理学、信息学、计算机科学课程占比较高，首先与学生本科阶段医学知识的储备和积累有关；其次，早期医学信息学人才主要应用于医学决策和医院管理，但随着大数据在医药领域的深入发展，各个院校也逐渐转变学科方向，适应社会需求，如吉林大学与吉林大学第一医院联合共建"医学大数据研究中心"，中南大学相应教学单位改名为"信息安全与大数据研究院"等，但相应的强化计算机学科的课程设置较少，以医学为背景的大数据分析课程覆盖面仍然有限。通过本硕课程对比可知，我国医学信息学本科教育更注重基础知识的学习，要求学生在了解掌握医学、管理学、信息学、计算机科学等专业基础理论知识的前提下，能在信息处理、管理与决策等领域从事一些简单的系统设计、维护、管理等方面工作，对实践能力要求略低。硕士教育将人才培养的重点转变到注重实际操作培养上，因前期医学知识的储备，此阶段主要培养管理型、技术型人才，如具备生物医学和现代管理科学知识，熟练掌握现代信息技术，能在医学各领域从事信息管理、分析、信息系统开发设计等的复合型人才。在美国医学信息学本科生、硕士生课程设置中，管理学、信息学类课程占比均衡，而计算机科学所占比例均较高，医学所占比例最低，这是因为美国医学信息学专业是随着计算机在医疗中应用日益广泛的基础上诞生的，在美国卫生部发布的《联邦卫生信息化战略发展计划（2011~2015）》中，有三大工作目标均提到卫生信息技术，分别为：通过有意义地使用卫生信息技术，实现应用和信息交换；通过使用卫生信息技术，提高医疗和人民健康水平，降低医疗费用；加强技术创新，提高系统智能水平。说明随着"精准医疗""智慧医疗"的提出，计算机技术在美国医学信息学教育和发展中更加举足轻重。医学类课程占比最低的原因首先是医学信息学本科阶段会接受转专业的学生，有的临床医学生会转修医学信息学；其次，因美国医学信息学教育侧重点不在本科，很多学校将医学信息学作为学生的第二学位，而这部分学生有的本来就有医学相关背景知识；最后，一些学校硕士入学条件要求有生物医学领域背景知识，故美国非医学专业的学生若倾向于医学信息学硕士学位，可在大学后几年的课程里选修医学课程。通过与中国本硕课程对比可知，美国医学信息学教育更注重理论和实践结合，使学生具有更强的实际工作能力，能够用医院信息学领域内独有的方法来参加科学研究（张志美和董建成，2005），管理、信息、计算机类课程大多与医学相关，志在培养一批既懂医药学和相关学科知识，又掌握计算机信息学处理技术的高级专门人才。硕士课程难度更高，计算机高级课程偏多，适应了大数据环境下医药卫生发展新挑战。

3）从师资力量来看，因我国医学信息学教育培养体系中医学类和公共基础类课程较多，而这些学科教师分属于其他院系，故本专业专职教师较少，除个别大学本专业有 20 名左右教师（如，中南大学、辽宁中医药大学、山西医科大学等）外，其余院校均只有不到 10 名教师左右。

4）从教师的学位分布来看，我国教师硕士学位所占比例最高，学士学位所占比例最低，但大部分教师学科背景较单一，纯医学、公共卫生或图书情报背景的教师占据多数。美国教师大部分分布在不同机构的不同部门，如哈佛大学和麻省理工学院以他们为中心联合其他机构已经在波士顿地区形成了一个生物医学信息学的研究和教育团体，这些机构包括波士顿大学、Tufts 大学新英格兰医学中心、麻省综合医院、儿童医院、Brigham 妇女医院等。教师大多拥有硕士或博士学位，且博士学位人数远远多于硕士人数，而且这些教师大多数还是双学位和多学位，说明美国医学信息学教育师资力量较为雄厚，符合医学信息学本身学科交叉的属性。

5）从教育教学方式来看，我国医学信息学本科教育主要以课堂学习为主，临床类课程会有实验课，有些信息类课程（如信息检索）有上机实习，但均是以了解学科基础知识为主，未能与实际需求相结合。本科阶段学生参与医学信息学相关项目的机会很少，局限于每年的创业大赛，而且主题可能与医学信息学无关。此外，虽学期中穿插医院见习，但时间较短，未能真正深入了解各信息系统运作情况。硕士研究生的教学方式稍加丰富，除课堂学习，可通过参加会议、参与导师项目了解学科前沿。从整体上来看，实践性教学环节仍然短缺。正如杨凤丽（2008）所说，信息化必然导致教育和培养模式的变革，在医疗卫生机构现有医学信息岗位"缺人才、不缺人力"的大环境下，各院校医学信息专业教育实践教学时间普遍偏短，"重理论轻实践"的现象比较严重，因而培养的毕业生在实践技能方面难以满足用人单位的实际需求。美国医学信息学教育模式灵活，大多采取线上、线下相结合的授课方式，如印第安纳大学、堪萨斯大学等，与本科生相比，硕士生更侧重线下学习。除了必修的学分外，学校会邀请各大公司相关人员开展系列讲座，如华盛顿大学为了确保学生了解最新的行业问题和趋势动向，通过频繁的客座讲座和小组讨论使学生把握行业专业人士对企业系统、信息学发展等的见解；学校还会提供很多参与项目的机会，使学生有机会将技术和管理技能以及行业知识应用于社区中健康信息管理问题，如哥伦比亚大学在临床信息学、公共卫生信息学、临床研究信息学、转化生物信息学以及计算生物学等方面有很多项目，学生切身参与其中，明确职业发展方向。此外，美国、欧洲、澳大利亚的很多大学开设了化学信息学类的课程。美国印第安纳大学设立了化学信息学硕士学位。在我国，北京大学、南京大学、中国科技大学、复旦大学等院校先后开了化学信息学课程（陈泓等，2004）。

1.3 基于学科大数据的学科知识发现全流程

虽然各专门学科研究内容不同，但其知识发现全流程是贯通的，均包括从分布式、异构数据源中获取领域数据；根据研究目标构建特征工程向量；使用多种知识发现算法挖掘知识；实验验证知识的有效性并将其应用于学科发展中。图1-5描绘了知识发现过程流，因政策信息学、专利信息学、奖项信息学、传播信息学、文献信息学等具有代表性的普遍性和工具性学科信息学知识发现全流程已在后续章节中详细论述，故本节以典型的专门领域学科信息学为例，对其知识发现全流程进行介绍，各步骤的详细说明分别如下。

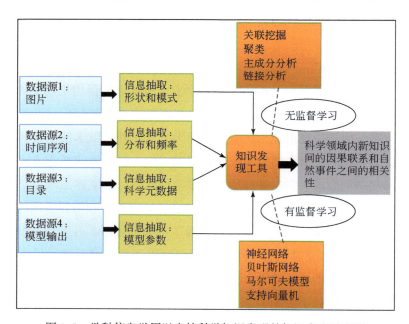

图1-5 学科信息学用以支持科学知识发现的知识发现过程流

1.3.1 学科数据收集与预处理

各专门学科数据体量和数据可靠性直接影响模型效果，即数据决定了学科知识挖掘的上限，各学科领域为了充分发挥数据的可用性和可获得性，建立了许多公共或私人可用的数据库以作为知识发现的基础，表 1-4 ～ 表 1-8 总结归纳各专门学科领域最权威和可靠的数据库。

表 1-4　发展较为成熟的生物医学信息学权威数据库概况

数据库	网址	开发机构	概述
NONCODE	http://www.noncode.org/	中国科学院计算技术研究所、中国科学院生物物理研究所	专用于非编码 RNA（不包括 tRNA 和 rRNA）的综合知识数据库，包括 16 种动物物种、23 种植物物种，其主要数据源来自文献和其他公共数据库
MNDR	https://www.rna-society.org/mndr/	南方医科大学	哺乳动物 ncRNA 疾病库，管理 ncRNA 与疾病之间关联的数据库。目前包含超过 100 万个 ncRNA 疾病条目，超过 1600 种疾病，哺乳动物物种覆盖范围增加到 111 种
RNAcentral	https://rnacentral.org/about-us	欧洲生物信息学研究所	非编码 RNA（ncRNA）序列综合数据库，现包含 44 个 ncRNA 数据库，收集自多种生物的所有类型 ncRNA 序列信息
Clusters of Orthologous Genes（COG）	https://www.ncbi.nlm.nih.gov/research/cog	美国国立卫生研究院	最后一次更新在 2014 年，包括 1187 种细菌和 122 种古细菌的完整基因组
Pfam	http://pfam.xfam.org/	欧洲分子生物学实验室	被广泛使用的蛋白家族信息查询数据库，其依赖多序列比对和隐马尔可夫模型鉴定一个或多个蛋白质功能结构域
RCSB Protein Data Bank	https://www.rcsb.org/	美国国家科学基金会、美国国立卫生研究院和美国能源部	用于探索生物大分子 3D 结构的强大新工具，用于基础生物学、生物医学、生物技术、生物工程和能源科学的基础和应用研究
ProThermDB	https://web.iitm.ac.in/bioinfo2/prothermdb/index.html	印度理工学院	是蛋白质和突变体热力学数据库（ProTherm）的更新版本，包含约 31 500 条蛋白质稳定性数据，包含熔化温度、自由能、热容变化以及实验方法和条件、序列、文献等信息
STRING	https://cn.string-db.org/	瑞士生物信息学研究所	是蛋白质相互作用数据库，相互作用包括直接（物理）和间接（功能）关联。该数据库目前涵盖来自 5090 个生物体的 24 584 628 种蛋白质
KEGG	https://www.genome.jp/kegg/	京都大学	是基因组测序和其他高通量实验技术生成的大规模分子数据集，用于了解生物系统（如细胞、生物体和生态系统）的高级功能和效用
BioCyc	https://biocyc.org/	SRI 国际生物信息学研究小组	是代谢途径的数据库集合，集合中的每个数据库描述了单个生物体的基因组和代谢途径，包括反应、酶、基因和底物化合物

续表

数据库	网址	开发机构	概述
IMG/M	https://img. jgi. doe. gov/cgi-bin/m/main. cgi	加利福尼亚大学	包含来自基因组和宏基因组的数十亿个基因,并允许在选定的序列组之间进行挖掘和比较
VIrus Particle ExploreR data base (VIPERdb)	http://viperdb. scripps. edu/	斯克里普斯研究所	是病毒衣壳结构及其衍生特性的存储库,其目标是提供全面的病毒结构衍生信息,如大小(直径)、体系结构、基因组类型、分类、亚基间关联能量和表面可及残基
DrugBank	https://go. drugbank. com/about	加拿大阿尔伯塔大学	是最大、最完整的药物和药物靶标资源库,既涵盖了详细的药物数据,也包括了综合的药物靶点信息。目前共包含 14 593 个药物实体
PharmGKB	https://www. pharmgkb. org/	美国国立卫生研究院	国际遗传药理学数据库,是目前研究药物基因组学最为全面和实用的数据库,主要收集和传播关于基因与药物关联和基因型与表型关系的知识

表 1-5 发展较为成熟的化学信息学权威数据库概况

数据库	网址	开发机构	概述
PubChem	https://pubchem. ncbi. nlm. nih. gov/	美国国立卫生研究院	用于虚拟筛选、药物再利用、化学毒性及药物副作用预测和代谢物鉴定。可供检索化合物 11 100 万种,物质 28 700 万种,生物活性物质 27 300 万种、相关文献 3200 万篇、专利 250 万种
ScaffoldGraph	https://academic. oup. com/bioinformatics/article/	伦敦大学学院	用于生成和分析骨架网络和支架树,用于可视化、聚类、支架多样性分析和活性系列识别
SciFinder	https://scifinder. cas. org/	美国化学学会	是世界上最大的公开披露化学相关信息的数据库,并为用户提供原始文献和专利的链接
RCS Publishing	https://pubs. rsc. org/	英国皇家化学学会	提供 48 种同行评审期刊、约 2000 种书籍以及一系列在线数据库和文献更新服务
ChemBioFinder	http://www. chemfinder. com/chembiofinder/default. aspx	英国 Cambridge Soft 公司	是一个在线化学和生物学参考数据库,可免费查询化合物基本性质与结构信息
ZINC	https://zinc. docking. org/	加州大学旧金山分校药物化学系	免费的商用化合物虚拟筛选数据库,包含 2100 万种可用于虚拟筛选的化合物。在该数据库中,包括各种分子特征,如分子量、logP 等
ChEMBL	https://www. ebi. ac. uk/chembl/	欧洲分子生物学实验室	提供有关 100 万种具有 8200 个药物靶点的生物活性(类药物小分子)化合物、81 544 种出版物等的综合信息

续表

数据库	网址	开发机构	概述
ChemDB	http://chemdb.ics.uci.edu/index.htm	加州大学尔湾分校	是一个包含 500 万种化学物质的数据库，其中包含化学物质的信息，包括预测或实验确定的物理化学性质，例如 3D 结构、熔化温度和溶解度
BindingDB	https://www.bindingdb.org/bind/index.jsp	加利福尼亚大学圣地亚哥分校	包含 8661 个蛋白质靶标和 1 039 940 个小分子的约 2 412 668 个结合数据
ChemSpider	http://www.chemspider.com/	英国皇家化学学会	提供对来自数百个数据源的超过 1 亿个结构的快速文本和结构搜索访问
Spectral Database for Organic Compounds（SDBS）	https://sdbs.db.aist.go.jp/sdbs/cgi-bin/cre_index.cgi	日本国家先进工业科学技术研究所	是有机化合物的综合光谱数据库系统，一个化合物目录下包括 6 种不同类型的光谱
nmrshiftdb2	https://nmrshiftdb.nmr.uni-koeln.de/	美国国立卫生研究院	是一个用于检索有机结构及其核磁共振光谱的网络数据库，允许进行光谱预测以及搜索光谱、结构和其他属性

表 1-6　发展较为成熟的材料信息学权威数据库概况

数据库	网址	开发机构	概述
AFLOW	http://aflowlib.org/	杜克大学材料科学自主材料设计中心	包含 3 562 831 种材料化合物，具有超过 705 440 538 种计算属性。用于合金、金属间化合物和无机化合物晶体结构性能高通量计算
American Mineralogist Crystal Structure Database（AMCSD）	http://rruff.geo.arizona.edu/AMS/amcsd.php	美国矿物学会和加拿大矿物协会	晶体结构数据库，包括发表在《美国矿物学家》《加拿大矿物学家》《欧洲矿物学杂志》上的所有晶体结构
Cambridge Structural Database（CSD）	https://ccdc.cam.ac.uk/	剑桥大学	有机和金属有机晶体结构存储库。每年更新约 50 000 个新结构，目前共包括晶体结构 1 151 362 个
Crystallography Open Database（COD）	http://www.crystallography.net/cod/	立陶宛科研委员会	有机、无机、金属有机化合物和矿物的晶体结构
High Throughput Experimental Materials Database（HTEM）	https://htem.nrel.gov/about	美国国家可再生能源实验室	通过向公众发布大量高质量实验数据来发现具有有用特性的新材料。包含从国家可再生能源实验室高通量实验中获得的材料信息
Materials Project（MP）	https://materialsproject.org/	劳伦斯伯克利国家实验室	包括 144 595 种无机化合物，76 240 种能带结构，63 876 种分子，530 243 种纳米多孔材料

续表

数据库	网址	开发机构	概述
National Renewable Energy Laboratory (NREL)	https://materials.nrel.gov/	美国国家可再生能源实验室	是一个计算材料数据库,特别关注可再生能源应用的材料,包括但不限于光伏材料、光电化学水分解材料、热电材料等
NCCR MARVEL (NM)	https://nccr-marvel.ch/project	瑞士国家科学基金会	通过数据库驱动的高通量量子模拟的材料信息学平台加速设计和发现新材料。大多数数据集存储于 Materials Cloud Archive 开放存储库
NIMS Materials Database	https://mits.nims.go.jp/en/	日本国家材料科学研究所	综合材料数据库系统,包括聚合物数据库、无机材料数据库等九个数据库、三个应用系统和四个在线结构数据表
NIST Materials Data Repository	https://materialsdata.nist.gov/	美国国家标准与技术研究所	用于上载与特定出版物关联的材料数据的存储库
Open Quantum Materials Database (OQMD)	http://oqmd.org/	美国西北大学	包含 1 022 603 种材料热力学和结构特性的数据库
Organic Materials Database (OMD)	https://omdb.mathub.io/	北欧理论物理研究所	有机晶体电子结构数据库,包含大约24 000种材料
Springer Materials	https://materials.springer.com/	施普林格	涵盖多种材料类别、属性类型和应用的综合数据库。提供用于可视化和分析数据的高级功能
Inorganic Crystal Structure Database (ICSD)	https://icsd.products.fiz-karlsruhe.de/	莱布尼茨信息基础设施研究所	最早记录可追溯到 1913 年,每年增加大约 6000 个新结构,现在包含 250 343 种晶体结构
Materials Data Facility (MDF)	https://materialsdatafacility.org/	美国商务部国家标准与技术研究所	主要目的为发布大型数据集,其中有关数据集超 500 个,已发布数据超 45TB,索引数据源超 100 个

表1-7 发展较为成熟的天文信息学权威数据库概况

数据库	网址	开发机构	概述
Digitized Sky Survey (DSS)	http://archive.eso.org/cms/data-portal.html	欧洲南方天文台	包括欧洲南方天文台望远镜数据、哈勃太空望远镜数据、智利拉西拉天文台新技术望远镜数据等
Astrophysics Data System (ADS)	https://ui.adsabs.harvard.edu/	史密松天体物理台	供天文和物理领域研究人员使用的数字图书馆门户,包含天文学、天体物理学、物理学和普通科学领域超过 1500 万条文献

续表

数据库	网址	开发机构	概述
Large Synoptic Survey Telescope（LSST）	https://www.lsst.org/about	美国国家科学基金会、美国能源部	集成系统由8.4米主镜、世界上最大数码相机、复杂数据处理系统和在线教育平台共同组成。其主要探索暗能量和暗物质、盘点太阳系和银河系物质等，每晚将处理和存储超过20 TB数据
Sloan Digital Sky Survey（SDSS）	https://www.sdss.org/	Alfred P. Sloan基金会、美国能源部科学办公室	已绘制有史以来最详细的宇宙三维地图，包括三分之一的宇宙深彩色图像，以及三百多万个天体的光谱。包括六种数据：图像、光谱、红外光谱、IFU光谱、恒星库光谱和目录数据
The INT/WFC Galactic Plane Surveys（IGAPS）	http://www.star.ucl.ac.uk/IGAPS/data.shtml	剑桥天文研究所	包括艾萨克牛顿望远镜上IPHAS和UVEX观测活动的几乎所有管道处理图像数据
VizieR Catalogue Service（VCS）	https://vizier.u-strasbg.fr/viz-bin/VizieR-2	斯特拉斯堡天文中心	是全球天文学家参考资料的重要来源，长期收集及整理天文数据，可找到各天文学杂志定期更新的文献数据
NASA/IPAC Extragalactic Database（NASA/IPAC ED）	https://ned.ipac.caltech.edu/	美国国家航空航天局	存储了超过1亿个星系的信息，不仅有助于研究这些星系，还能用于确定宇宙中散落的数以十亿计的其他星系的距离
Solar System Dynamics（SSD）	https://ssd.jpl.nasa.gov/about/	美国国家航空航天局下属的喷气推进实验室	提供太阳系中大多数已知天体的轨道、物理特征和发现环境相关信息，包括210个行星卫星，1 158 789个小行星，3775个彗星
Satellite Map（SM）	https://www.spacetrack.org/documentation#/tle	美国战略司令部	包含19 170颗卫星发射国家、发射时间等信息
NASA Visible Earth	https://visibleearth.nasa.gov/	美国国家航空航天局下属的戈达德太空飞行中心	由传感器、卫星等拍摄组成的有关各星球的图片和动画

表1-8　发展较为成熟的地球空间信息学权威数据库概况

数据库	网址	开发机构	概述
GIS	https://www.nationalgeographic.org/encyclopedia/geographic-information-system-gis/	美国国家地理学会	是一种用于捕获、存储、检查和显示与地球表面位置相关的数据的计算机系统。GIS可以在一张地图上显示多种不同类型的数据，例如街道、建筑物和植被

续表

数据库	网址	开发机构	概述
CroplandCROS	https://cropcros. azurewebsites. net/	美国国家农业统计局	是一个服务于美国的数据库，以中分辨率卫星图像和广泛的农业地面实况数据为主，包括各个州栅格、地理位置、土地特定作物类型等数据
Satellite Imaging Corporation（SIC）	https://www. satimagingcorp. com/	私人企业	从高分辨率立体卫星图像生成几乎任何位置清晰、迷人的模拟 3D 数字地形视图，并提供准确和正射校正的地理参考卫星图像数据
NASA Earth Observations	https://neo. gsfc. nasa. gov/	美国宇航局	提供有关海洋、植被、土地、大气层等卫星数据图像、温度、湿度等信息
Earth Engine Data Catalog（EEDC）	https://developers. google. com/earth- engine/datasets/catalog	谷歌公司	行星尺度的地球科学数据与分析平台，包括各种标准的地球科学栅格数据集，每天更新和扩展
High-Resolution Satellite Image Dataset（HRSID）	http://gaofen-challenge. com/indexpage	中国科学院空天信息研究院	遥感图像细粒度目标识别数据集，包含超过 1.5 万幅图像、覆盖 100 万个带标注场景的高清卫星图像，可供从事地理信息、图像处理、遥感测绘、人工智能等领域专业人士使用
DOTA	https://captain-whu. github. io/DOTA/dataset. html	个人	是用于航空图像中目标检测的大规模数据集，采集图像来自 Google Earth、GF-2 以及中国资源卫星数据和应用中心提供的 JL-1 卫星，每张图像的大小范围从 800×800 到 20 000×20 000 像素，并且包含各种比例、方向和形状
全国地质资料馆	http://www. ngac. org. cn/DataSpecial/geomap. html	中国地质调查局发展研究中心	是我国馆藏地质资料最全的国家级地质资料馆藏机构。截至 2019 年 3 月底，馆藏地质资料共 17 万余档，涉及我国一个多世纪以来地质工作形成的各类地质资料与数据，馆藏纸质地质资料已全部实现数字化，数据量达 220TB

1）对于生物医学数据库而言，最重要的数据资源建设机构包括美国国家生物技术信息中心（National Center for Biotechnology Information，NCBI）、欧洲生物信息学研究所（European Bioinformatics Institute，EBI）、瑞士生物信息学研究所（Swiss Institute of Bioinformatics，SIB）、中国国家基因组科学数据中心（National Genomics Data Center，NGDC）等。《核酸研究》（*Nucleic Acids Research*）期刊每年度的第一期均会在对以上 4 家著名机构的数据资源体系调研的基础上对当前生物医学信息学数据库的发展概况进行介绍。其 2021 年数据显示，过去一年生物医学领域新建 82 个数据库，更新 90 个数据库，当前数据库总量达 1641 个。根据各数据库研究重点的不同，分为核酸序列和结构、转录调控数据库，

如 NONCODE、MNDR 等；蛋白质序列和结构数据库，如 Pfam、ProThermDB 等；代谢和信号通路、酶和网络数据库，如 STRING、KEGG 等；病毒、细菌、原生动物和真菌基因组学数据库，如 VIPERdb 等；人类和模式生物基因组学和比较基因组学数据库，如 KEGG、IMG/M 等；疾病和药物数据库，如 DrugBank、PharmGKB 等。

2）对于化学数据库而言，尽管其与生物医学、材料科学等有许多共通之处，但化学信息学更多关注小分子数据，其得益于化学数据的存储和检索，以及分子结构的计算建模，试图将分子结构与其生物活性相关联。随着化学信息学的发展，数据库中存储的化学数据不仅包括真实分子，也涵盖虚拟分子，这些以各种方式生成分子和化合物的虚拟库使得探索化学空间并生成具有所需特性的新化合物成为可能并已成功应用于基于结构的药物设计中。与高通量筛选相比，虚拟筛选涉及通过各种方法在化合物的计算机库中进行计算筛选，以识别可能具有所需特性的分子结构，进一步提高挖掘化学空间结构的效率。根据数据库存储数据的侧重点不同，可将化学数据库进一步划分为分子结构数据库，如 PubChem、ScaffoldGraph 等；化学文献数据库，如 SciFinder、RCS Publishing 等；核磁共振谱数据库，如 SDBS、nmrshiftdb2 等；以及晶体学数据库，因晶体数据是材料的基础性能数据，故该类数据库在材料数据库介绍中将具体提及，此处不再赘述。

3）对于材料数据库而言，美国政府于 2011 年宣布启动材料基因组计划，该倡议强调了数据信息学对材料发现和设计的有用性，要求研究人员收集大量材料数据，建立数据库和计算平台，使用高通量筛选材料（The 2021 Materials Genome Initiative Strategic Plan，2011），材料基因组计划研发思路是建立工艺、成分、结构、性能（processing-structure-property-performance，PSPP）之间的内在联系；2016 年中国启动了材料基因工程和支持平台计划，希望建立一个能够为大多数研究人员服务的高通量计算平台。以上政策文件的出台为材料数据库由传统的数据存储和管理到现今的数据自动收集和挖掘的转型和发展提供新方向。根据数据库的信息内容可将材料数据库划分为材料基础性能数据库和材料信息数据库，其中材料基础性能数据库主要收录材料晶体结构、机械性能、物理性能等数据，为材料设计提供基础数据，如 AFLOW、CSD、ICSD 等；材料信息数据库主要从文献等数据源中提取材料生产工艺、性能等数据，如 AMCSD、NIST MDR 等。

4）对于天文数据库而言，天文领域的数据是通过各种望远镜、光子探测器和粒子探测器收集的，如利用郭守敬望远镜的数据在给银河系重新画像等方面已产生大量科学成果。虽然所有的电磁波谱都很有意义，但大部分的观测数据来自可见光/红外和无线电波谱的部分，这些数据大多以二维像素图像和一维光谱的形式记录下来，如数据库 DSS、LSST 等即存储此类数据；第二种数据来源于观测数据，如天体位置、大小、质量、化学成分等，如数据库 SDSS、NASA/IPAC ED 等；第三种数据来源于与天文和物理领域相关的文献，如数据库 ADS 等。目前以虚拟天文台数据平台的建立为主要研究方向，其试图通过先进的信息技术将全球范围内的研究资源无缝透明衔接在一起，大大提高数据的可用性。

5）对于地球空间数据库而言，数据来源多样，包括现有的和新的地球观测技术；智能手机和其他移动传感平台（Batty，2013）；与物联网相关的更广泛的传感器平台（Wilson，2015），如遥感和卫星携带的远程传感器。主要采集的数据类别包括遥感室外调查数据，包括各地区土壤、植被、交通地理位置信息，如 CroplandCROS、NASA Earth Observations 等数据库；航空测量卫星发射国家、地理位置信息，如 SSD、SM 等数据库；地形图信息，如 SSC 数据库；馆藏地质资料与相关数据信息，如全国地质资料馆数据库。

综上所述，通过对各专门学科领域权威数据库的解读，虽然各有关学科领域的研究重点不同，但各数据库数据来源机理是相通的，即可将各专门学科领域知识发现的数据对象整体划分为观测数据、实验数据、科学文献数据等三种类型，其中观测数据指通过仪器设备直接调查或观测收集的数据；实验数据指在实验过程中通过电子实验室记录和实验室信息管理系统记录保存的数据；科学文献数据指专门学科领域电子图书、期刊文献、专利文献、会议文献、学位论文等数据，一般从专门数据库中收集。下文的数据建模与分析一般均基于以上三种数据类型。

数据预处理是对采集的数据进行关键字段抽取、清洗和加工，减少数据维度，提高后续数据分析效率。采集的原始数据存在许多问题，如数据冗余、异常值、空值等，一般的数据预处理操作包括数据采样、异常值处理、数据离散化和数据归一化 4 个步骤（Holzinger，2018）。其中数据采样是确保研究人员可在不影响预测精度的前提下，用较少的数据获得高性能预测模型；异常值是过滤影响模型效果或严重偏离客观事实的数据；数据离散化是将连续变量转变为离散变量，加快拟合速度；数据归一化是在不改变数据相对大小的情况下，对数据进行标准化处理，使各指标指处于同一数量级别。各专门学科领域均有大量数据库，根据研究目的，有时需在多个数据库中同时获取数据，不同数据库有的字段彼此高度相关，因此大多数情况下，在数据建模前均需对冗余数据或高度相关数据进行降维处理，为下文数据建模分析提供高质量的数据基础。

1.3.2　构建学科领域特征工程向量

特征工程是把预处理后的数据转变为机器模型可读的数据，即用一组描述符或特征表示所要分析的领域知识。Ghiringhelli 等（2015）指出，领域特征工程提取应满足 4 个标准，分别为特征维数应尽可能低、特征应是与研究对象相关的唯一确定表示、对于非常不同（相似）的研究对象，应该用非常不同（相似）的特征值进行表征和选择、特征计算及表示应尽可能简洁明了。有学者认为，特征工程向量构建比模型构建更为关键，针对研究目标选择计算效率高、代表性强的向量是确保结果准确性的保障（Elton et al., 2018）。如要发现新材料，需不同分子体积、重量和表面积、电子数量和极性等信息（Zhou et al., 2018）；为检测化合物的潜在特性，需将重点放在最有可能发现材料模式的特定维度（Oliynyk et al., 2016）；为预测 mocroRNA，除需知道大小、稳定性、序列结构等常规特征外，Xue 等（2005）首次提出三元编码方法，它将序列–结构结合，应用序列中核苷酸与结构上连续配对关系作为重要辨别特征；Jiang 等（2007）将三元编码特征与二级结构最小能和 P 值随机化测试相结合作为特征集；Hinners 等（2018）为了对恒星光曲线进行分类，从 6038 条光曲线中提取了 46 个特征。能有效捕捉数据内涵的特征工程可以大大减少工作量，反复尝试、反复比对实验结果是构建特征工程的通用方法，然而，如何构建合适的特征工程仍然是研究中的难题之一。

1.3.3　数据分析模型构建

待分析数据集建立后，如何从海量数据中提取有价值知识是重要的分析步骤。数据挖掘是目前较为前沿的数据分析方法，其主要从数据集中甄别隐含的、过去未知的、潜在有价值的知识模式。数据挖掘算法应用于专门学科知识发现，主要分为两类：有监督学习算法、无监督学习算法，进一步地，有监督学习又可分为回归学习和分类学习。以材料信息学为例，如果研究目的为根据已知材料的属性特征预测新材料的属性，若模型输出值为离散数据，如新材料是否有毒、是否耐腐蚀，则为分类学习；若模型输出值为连续数据，如有机聚合物的介电常数、玻璃过渡温度，则为回归学习。有监督学习一共包括两个步骤，首先用两种或多种分类/回归算法分析训练数据；其次用验证数据评估各算法的准确率；最后从中选取性能较好的算法并将该算法用于预测数据的分类/回归。常用的分类算法包括决策树（Safavian and Landgrebe, 1991）、随机森林（Svetnik et al., 2003）、朴素贝叶斯（Rish, 2001）等；常用的回归算法包括高斯过程回归（Williams and Rasmussen, 1996）、人工神经网络（Abraham, 2005）、支持向量机（Cortes and Vapnik, 1995）等。与有监督学习算法不同，无监督学习算法中类标号是未知的，其根据数据对象属性值间的相似性或相异性把数据对象集划分成多个组或簇，使得簇内对象具有高相似性，簇间对象具有高相异性。常用的聚类算法包括 k-均值（Kanungo et al., 2002）、DIANA（Xu and Wunsch, 2005）、DBSCAN（Ester et al., 1996）等。表 1-9 对专门学科知识发现过程中常用的分类、聚类算法进行归纳总结，不同专门学科领域差异之处在于特征工程向量的构建，即根据研究目标选择不同的属性特征，但数据准备好后使用的建模技术如分类、聚类算法是一致的。不过每种算法均有其自身适用性和适用范围，如决策树算法只能给出最终的分类结

表 1-9　专门学科信息学分析中使用较多的机器学习算法概况

算法名称	算法简介	算法类型	应用
决策树（Decision Trees）	根据策略抉择建立树形结构，该结构由根节点、叶节点和分支组成	分类	生物医学：区分不同病症实验室检查结果、医学图像检查结果等方面的差异；预测潜在药物分子活性。 化学：通过学习分子结构，预测反应表征。 材料：预测材料性能，如不同条件下材料屈服强度、抗拉强度等的差异。 天文：发现新行星、全新天体类型；预测天体光谱和物理性质。 地理：交通可达性评价；农业估产；城市规划
随机森林（Random Forest）	将多棵树组合成一个预测模型以提高性能	分类/回归	
朴素贝叶斯（Naive Bayes Classifiers）	基于贝叶斯定理的分类算法，假定数据对象各属性特征间彼此独立	分类	
逻辑回归（Logistic Regression）	包括二元逻辑回归、多项逻辑回归等，输出结果为属于不同类别的概率值，根据阈值设定，将概率值分类	分类	
高斯过程回归（Gaussian Process Regression）	通过计算函数在给定点附近已知值的加权平均值来预测该函数在给定点的值	回归	
支持向量机（Support Vector Machine）	建立一个最优决策超平面，使得该平面两侧距离该平面最近的两类样本之间的距离最大化	分类/回归	
人工神经网络（Artificial Neural Networks）	节点之间连接有权值，权值代表网络存储的知识。学习是调整权重的过程，以便尽可能准确地再现训练数据	分类/回归	
k 近邻（K-Nearest Neighbor）	既可用于分类，也可用于回归。分类中，由 k 个最近邻点大多数类别决定；回归中，由 k 个最近邻点平均值决定	分类/回归	
k 均值（k-Means Clustering）	预先将数据对象划分为 k 组，计算每个数据对象与各聚类中心之间距离，把每个对象分配给距离其最近聚类中心	聚类	生物医学：对蛋白质、基因、疾病显微镜图像等进行分类，以分析不同类型蛋白质、基因等功能差异。 化学：对具有相同结构或功能的分子进行聚类，以分析其特点。 材料：对材料数据进行细分，鉴别不同材料群及其特点。 天文：对天体样本、星系形态等进行聚类，找出离群天体、不同星系。 地理：人口流动和迁移；商区聚类选址、广告优化
均值漂移聚类（Mean Shift Clustering）	与 k-Means 类似，依赖于自定义半径的圆形滑动窗口移动	聚类	
DIANA	层次聚类，所有数据对象初始化为一个簇，根据对象间最大欧氏距离将该簇分类	聚类	
DBSCAN	基于密度聚类，将具有足够密度的数据对象划分为簇，可发现任意形状聚类簇	聚类	
图团体检测（Graph Community Detection）	数据对象被表示为网络或图，根据节点的度和模块性指标找出网络中联系较为紧密的数据对象群	聚类	

果，无法输出所有类别的概率值；高斯过程回归、支持向量机等适用于数千至数万个节点；深度神经网络可应对大规模数据集，但模型可解释性较差。因此，根据研究目的、数据规模等选择合适算法是模型最终性能优劣的关键。

1.3.4　数据分析模型评估与应用

不论哪个专门学科领域，通过分类模型或聚类模型得到预测结果后，除了使用定量指标如准确率、召回率、F1 值等评估模型的优劣，同时需邀请同行专家对预测结果进行进一步评估及解读。具体评估标准是该模型能否真正发现专门学科领域知识，即从数据出发，能够找到新的学科领域知识或得到明确的对某些学科问题的解答。例如，能否获得基因之间的调控关系、预测药物诊疗效果、合成具有特定功能的新材料、发现具有研究价值的天体、捕捉地理位置与农业产值，商圈划分之间关系等。但是，对方法进行评价是非常困难的。分类、聚类方法作为一种探索性的知识发现方法，其结果是预测性的，一般在确定各特征工程最优参数的条件下，必须通过实验验证才能证明其预测的正确性。

1.4　普遍性和工具性学科信息学研究方向

近年来，文献信息学、专利信息学、网络信息学、政策信息学、奖项信息学、传播信息学等一系列普遍性和工具性学科信息学得到快速发展，相关学术成果产出快速积累，学科地位得到学术界普遍认可。可以说，这些普遍性和工具性学科信息学，是所有专门领域学科信息学的发展基础和基本方法论基础，它们有共同的显著学科特点和研究宗旨。

1.4.1　揭示科学研究内在规律与特征

基于特定学科领域产生的大规模数据，综合采用定性、定量分析方法，可以有效揭示科学研究的内在规律和特点，从而有助于系统梳理影响科学发展的各个因素，进而为科学研究、政策制定等提供战略决策支撑。如基于政策活动产生的大量政策科学数据可以对政策变迁过程和演化规律、政府府际关系和政策博弈、科学研究与政策制定间的关联关系等问题进行探索性回答，有助于把握政策发展脉络，明晰政策主体价值，预测政策发展趋势；基于科技文献大数据体系可以对不同科研创新主体的相关领域科学进展、学科发展水平、学科竞争力等进行多视角、多维度分析；基于权威科技奖项大数据体系可以对科技奖励获奖者的创造力峰值年龄变化、授奖时滞、获奖者机构属性特征、获奖者中存在的师承效应、合作网络、研究主题变迁等科学学现象或规律进行深入解读，发现科学演化规律的新知识。通过这些学科信息学领域的研究，可以揭示科学研究所表征的内在规律与特征，有助于知悉科技发展研究脉络、关键方向以及潜在趋势，有助于洞察科研人员科学研究行为变化规律，有助于服务科技管理部门的科技战略布局和科技管理需求等。

1.4.2 识别研究领域新兴热点与趋势

随着各学科领域开展科学研究的科学大数据蓬勃发展，通过采用概率统计、机器学习等方法对其中蕴含的大规模科技数据体系的统计与挖掘分析，可快速识别研究领域可能存在的新兴研究、研究前沿、研究热点及其未来有价值的但尚未引起广泛关注的研究方向，进而及时为科技决策、领域战略布局等提供有效信号。如基于专利大数据体系可以对新专利中高价值信息进行提早监视、对专利全生命周期数据进行分析、对专利潜在被引频次进行预测，从而实现技术预见；基于文献大数据体系可以对学科领域新颖性、关注度等各项关键指标予以测度，并进而识别并预测领域未来发展方向、对不同研究主题共现频次进行挖掘及识别隐藏的知识关联关系及"睡美人文献"等研究；基于网络维基百科大数据体系可以对隐藏在学者及其代表性作品间的链接网络中的知识进行挖掘，进而识别学科领域关联关系及学科交叉融合点等。通过对上述领域科技大数据体系的分析，有助于识别变革性或颠覆性研究，促进科技创新；有助于辨别学科交叉趋势，提前布局学科生长点发展环境。

1.4.3 开展学科领域政策绩效与科技成果评价

构建系统完善的评价机制以对政策绩效与科技成果进行客观、合理的评价是科技管理的重要方面和管理支撑工具，也是规划、决策、管理科学技术活动的重要手段。而普遍性和工具性学科信息学为这一科研活动提供了重要的数据支撑和方法手段。如以政策大数据体系为研究基础，采用政策量化评价指标体系对相关领域政策作用效果进行统计分析，可为政策制定、调整和不断完善提供理论支撑和决策依据；以专利大数据体系为研究基础，可对与特定专利技术领域相关的技术价值、技术细节、技术趋势等进行评估，从而遴选高价值专利、识别高价值技术网；以文献大数据体系为研究基础，通过对国家、机构、个人、领域等不同研究主体和评价对象的各计量指标的统计分析，可评估研究主体的学术影响力，进而识别高影响力研究主体，为科研合作、资源配置等提供决策数据支撑；在文献大数据体系侧重评估学术影响力的基础上，综合采用网络大数据和传播大数据可进一步对不同研究主体的社会影响力进行评估，补充完善科技成果的评价机制，可以提高评估结果的客观性、被认可度、被接受度等。

1.4.4　监测并识别虚假信息与网络舆情分析

随着互联网的迅猛发展，社会化媒体作为新的信息传播媒介改变了人们的信息传播行为，"两微一端"（微博、微信和客户端）、Twitter、Facebook 等主要社交平台以及各种自媒体平台逐渐成为信息用户获取和分享消息的主要信息渠道及引导舆论导向的重要平台。在这些大量的、异质的、非结构化的网络信息资源中，涵盖着巨大的潜在有价值的知识，同时也掺杂着大量虚假、无用的信息，及时跟踪、监测、捕捉这些信息，对于维护社会秩序、正确引导舆论方向至关重要。如基于社交媒体中产生的大规模数据可采用机器学习模型对所蕴含的虚假信息进行检测、对某时期某领域传播文本中的主题演化趋势或主题特征进行识别、对网民所关注的舆论话题及其关注度走向进行分析、对网民对于网络舆情的情感倾向及其情感演化特点进行研判、对相关话题帖子数量演化趋势中所隐藏的关键事件走向进行预测。同时，基于在线社交媒体、在线论坛、网络交易与评价平台等可构建整合多方资源的统一开源威胁情报挖掘平台，通过统计分析、机器学习等方法手段实时监测潜在开源威胁网络信息，从而保障信息安全。通过对上述领域科学大数据体系的分析，有助于控制负面有害信息、虚假信息和谣言传播泛滥；有助于及时识别反常危险信息，提升态势感知能力；有助于实时掌握社情民意、提高政府信息治理能力，以提高数字信息时代数字政府建设和政府治理能力及治理体系现代化。

1.5　典型专门领域学科信息学研究进展

1.5.1　学科数据库与集成平台促进领域知识发现

学科信息学知识发现建立在可解释数据的理论基础之上，即数据驱动的学科知识发现，因此建立高质量的专门学科数据集或数据库系统对于有用知识挖掘至关重要。不同领域数据形式多样，生物医学数据从小分子到组学数据（如基因组学、蛋白质组学、转录组学、代谢组学）、生物医学成像数据、临床数据、电子诊疗数据；化学数据包括物质的分子结构、谱学信息、热力学性质数据、相关反应与合成方法；材料数据包括材料结构（化学成分、晶体结构、相结构等）、材料外观（形状、尺寸、颜色、光泽）、材料性能（物理性能、力学性能等）、材料实验（实验模型、实验结果等）；天文数据主要来自新型望远镜的高质量数据的积累，包括其收集的图像数据、光谱学数据、光谱立方体数据、光度学数据等；地球空间数据通过移动传感器等设备捕获特定地理位置的视频数据、地形属性特征数据等。为了有效管理和分析这些数据，各专门学科领域分别建立大规模数据库，具体如 3.1 节所示，为专门学科发展奠定基础。通过分析现有较为成熟的数据库，可以发现，随着信息技术的发展，首先，新的数据库从早期的离线数值型数据库过渡到在线数据库，代表性的数据库如 ICSD、CSD 等。其次，从聚焦某一特定性能数据逐渐过渡到整合多种性能数据及论文、专利、图书、各国标准等多源异质数据，代表性的数据库如 NIMS Materials Database、全球地质资料馆。再次，存储数据量近年来呈现快速增长趋势，以生物医学领域为例，表 1-10 对美国国立生物技术信息中心（NCBI）收录的文献、基因组、基因、遗传学、蛋白质数据库在 2020 年和 2021 年数据量进行统计分析，可以发现，数据量整体呈现明显的增长趋势，有的数据库年增长量接近 50%，为知识发现提供翔实的数据基础，使得基于海量数据进行挖掘分析成为可能，同时也对数据存储与处理提出更高要求。最后，传统的数据分析主要借助 Excel 等分析工具，但这些工具无法适应大批量数据的实时处理与分析；另外，复杂的分析需要借助编程、数据库技术及半自动化分析工具，对不具备计算机技术的学者来说无疑是巨大的挑战，严重阻碍科学发现进展。因此，各专门学科领域开发了用于学科数据分析的、开放的、基于 web 的科学数据管理、分析和计算平台，为学科知识发现提供技术支持，具体如下。

表 1-10　NCBI 部分数据库数据量及年增长量　　　（单位：条）

项目	数据库	数据量（更新至 2020 年 9 月 9 日）	数据量（更新至 2021 年 9 月 4 日）	年增长量
文献数据库	PubMed	31 471 600	33 027 761	1 556 161
	PubMed Central	6 447 271	7 325 415	878 144
	NLM catalog	1 619 856	1 629 799	9 943
	Books	825 385	892 126	66 741
	MeSH	300 500	348 370	47 870
基因组数据库	Nucleotide	429 731 711	476 054 019	46 322 308
	BioSample	14 628 076	19 473 659	4 845 583
	Taxonomy	2 401 136	2 492 889	91 753
	Assembly	837 406	1 083 900	246 494
	BioProject	458 893	536 242	77 349
	Genome	55 580	64 815	9 235
	BioCollections	8 138	8 468	330

续表

项目	数据库	数据量（更新至 2020 年 9 月 9 日）	数据量（更新至 2021 年 9 月 4 日）	年增长量
基因数据库	Gene	28 377 759	33 664 932	5 287 173
	GEO datasets	4 002 373	4 784 603	782 230
	PopSet	350 627	366 935	16 308
遗传学数据库	SNP	720 643 623	1 076 992 604	356 348 981
	dbVar	6 030 887	7 117 914	1 087 027
	ClinVar	845 008	1 071 071	226 063
	GTR	76 814	77 498	684
蛋白质数据库	Protein	874 272 642	968 236 913	93 964 271
	Identical protein groups	329 946 078	448 096 579	118 150 501
	Structure	167 650	181 772	14 122
	Conserved domains	59 951	62 852	2 901

1）生物与医学领域。Galaxy 平台包括通用文本分析、基因组学分析等，将计算和存储管理等底层技术细节隐藏，用户不需要编写代码就能容易地使用数据、选择分析工具、设置参数、可视化实验结果等（https：//usegalaxy. org/）；Ingenuity Pathways Analysis 是美国国立卫生研究院旗下的生物医学信息学分析平台，其允许研究人员上传高通量实验数据，如微阵列、RNA-Seq 基因表达、miRNA、SNP、代谢组学、蛋白质组学等数据，以进行功能分析，并允许交互式构建生物系统网络（https：//www. nihlibrary. nih. gov/resources/tools/ingenuity- pathways- analysis- ipa）。此外，还包括 Enamine（https：//enamine. net/）、DisGeNET（https：//www. disgenet. org/）等分析平台。

2）化学领域。JMP 平台通过使用回归、偏最小二乘、主成分分析等统计模型模拟分子结构数据，可减少约75%的设计时间，污染发生概率降至原来的1/30，以及节省大量资金（https：//www. jmp. com/en _ in/industries/data- analysis- software- for- the- chemical-industry. html）；日本 AGC 企业于 2021 年 5 月推出数据分析平台 Alteryx，以加速化工厂的智能化发展。该平台具有直观的图形用户界面和丰富的工具图标集，可以进行各种数据处理。借助 Alteryx，将可以在单个平台上捕获和分析每个制造过程的数据，从而提高数据集成和分析工作的效率（https：//www. alteryx. com/ja/customer- center? filters = &page = 1）；ACD/Spectrus 平台从实验室内部和跨实验室的不同仪器收集原始数据，将异构数据转换为具有元数据的同质结构化数据，并将统一的化学、结构和分析信息存储为"实时"数据。通过与其他软件工具相辅相成，自动化和简化工作流程，解释和管理数据，从而提高科学家的工作效率（https：//www. acdlabs. com/products/enterprise/）。

3）材料学领域。MatCloud 是中国科学院计算机网络信息中心组建的高通量材料集成计算及数据管理平台，其可以提供晶体基础建模工具箱和高通量建模工具箱、预测材料的电子结构，力学，热力学，光学，声子等多种物理化学性质、对计算模拟的结果方便直接地进行可视化分析和展示等（http://matcloud. cnic. cn/help/demo/newsShow）；Integrated Computational Materials Engineering 平台致力于虚拟材料设计，包括虚拟加工和虚拟测试、不同长度和时间尺度材料建模、多尺度材料建模、计算和数据驱动的新材料发现等（https://materials. imdea. org/）。此外，还包括 Composelector（https://www. esteco. com/）、silicon interconnect fabric（https://chips. ucla. edu/research/project/4）等分析平台。

4）天文学领域。国家天文科学数据中心管理、整编、集成天文学科领域的科学数据和期刊论文关联数据，制定相关标准规范，建设天文数据资源体系，优化完善天文数据开放共享服务平台（https://nadc. china-vo. org/）；VizieR 是法国斯特拉斯堡数据中心开发的数据融合工具，提供了目前已发表数据的各种查询方式：按任务、波段或源的类型查、按关键字查（作者姓名、标题等信息）、按星表名查、日期查、图像或光谱查、首字母缩写查等（https://vizier. cds. unistra. fr/index. gml）；VOStat 是美国虚拟天文台开发的面向整个天文界的基于专业知识的统计原型工具，其可以对上传数据集进行数据转换，并进行时间序列分析、聚类分析、回归分析等操作（http://astrostatistics. psu. edu：8080/vostat/faq. html#details）。

5）地球与空间科学领域。Google Earth Engine 作为基于云的行星级集成一体化的地理空间分析平台，基于 Google Earth 数据集，可以模拟、监测地球变化，绘制趋势图，量化分析数值差异，主要用于处理各种具有高度影响的社会问题，如森林砍伐、干旱、灾难、粮食安全、环境保护等（https://earthengine. google. com/）；ArcGIS 是美国环境系统研究所公司开发的地理信息分析平台，其可以构建交互式地图、分析上传数据、揭示数据间关系、将数据转化为智能 3D 模型和可视化数据、共享地图数据等（https://www. esri. com/en-us/arcgis/about-arcgis/overview）。上述数据库和分析平台的开发与利用，为领域专家应对多源异构数据并从中发现有价值和意义的知识模式奠定了坚实的基础。

1.5.2　人工智能技术辅助领域知识发现

人工智能这一概念于 1956 年首次出现，随着数据体量增加、先进算法层出不穷、计算能力和存储能力不断改进，人工智能的理论体系和实际应用得到极大丰富。其在专门学科领域显示出了巨大潜力和应用价值，具体如下。

1）生物与医学领域。被广泛应用于临床诊断、精准医疗、药物开发等方面。其中临床诊断方面，Choi 等（2016）以电子健康档案中的疾病、诊断、药物代码为数据源，利用递归神经网络中的时间模型开发 Doctor AI，预测临床中可能发生的各种事件，Doctor AI

可在 30 分钟内进行 79% 的重复性诊断；Gould 等（2021）采用机器学习算法学习非小细胞肺癌病例和同期对照病例的常规临床和实验室数据，以此开发了一种预测肺癌的预诊模型，结果显示该模型比 PLCOm2012 模型预测准确率更高。精准医疗方面，McCarthy 等（2021）从数百万人中收集的基因组数据中揭示了与糖尿病、心脏病、精神分裂症和癌症等常见疾病相关的数千种 DNA 序列突变数据；Frazer 等（2021）以 14 万多种生物的数据为基础，基于进化过程中不同生物序列预测人类变异临床意义的模型 EVE 预测了 3219 个疾病基因中超过 3600 万个变异的致病性，并为 256 000 多个意义未知的变异的分类提供了证据。药物开发方面，Chen 等（2018）利用深度置信网络构建 RBMS 模型，结合基因表达过程、药物作用途径和本体属性特征来预测药物治疗效果，有效提高新药研发效率；Dannenfelser 等（2020）采用机器学习算法分析了在癌症和正常细胞中发现的数千种蛋白的海量数据，基于此，筛选了数百万种可能的蛋白组合，以构建出一个蛋白组合目录，可用于精确地只靶向癌细胞，而不靶向正常细胞，为寻找既能杀死癌细胞又能让正常组织不受伤害的药物奠定基础。

2）化学领域。被广泛应用于优化化学合成参数、物质性能预测、预测合成反应性能、发现新材料等。2020 年发表于 *Nature Communications* 上的一篇关于机器学习在化学知识发现中的评论文章指出，机器学习在分子和材料建模中的首次应用依赖于 100～1000 量子力学系统特性的小数据集，如今，先进的机器学习模型能够通过对 1%～2% 的数据学习来实现大分子数据集的预测准确性（Tkatchenko，2020）。其中优化化学合成方面，如 Shields（2021）将贝叶斯优化方法应用于脱氧氟化反应中，结果显示该方法可以促进更有效地合成功能性化学物质，从而对运行哪些实验、如何设置最优参数提供帮助。物质性能预测方面，Wu 等（2018）通过采用随机森林、支持向量机等学习药物化合物的化学结构，以此对物质毒性进行预测，有效减少动物实验固有的费用和不确定性。预测合成反应性能方面，Zhang 等（2021）开发了高斯过程回归模型，以基于量子化学描述符来预测聚丙烯酰胺的玻璃化转变温度。该建模方法显示出高度的稳定性和准确性，有助于快速和低成本的玻璃化转变温度估计。发现新材料方面，Janet 等（2018）使用遗传算法和人工神经网络探索了由 8 种金属/氧化态组合和 32 配体池组成的超过 5600 多种候选材料的复合空间，大大加速无机材料发现。

3）材料学领域。被广泛应用于材料设计、腐蚀检测、材料筛选。机器学习算法应用于材料领域主要包括正向性能预测，即给定相关材料成分和结构等参数信息，通过对其测量或计算，模拟材料性能。如 Lebègue 等（2013）通过对 Inorganic Crystal Structure Database 数据库中晶体结构进行数据挖掘，根据对称性、填充比、结构间隙和共价半径发现了 92 种可能的 2D 化合物；Tran 等（2013）设计了全自动化的筛选方法，结合机器学习和 DFT 计算，自动搜索金属间化合物的各种表面活性位点对 CO 及 H 的吸附能，从而预测具备高反应活性的双金属电催化剂。反向材料发现，其主要目的是优化，能够识别多个最优解决方案，并从中灵活地选择可以以最简单和最具成本效益方式获得的材料结构。如 Li 等（2019）采用粒子群优化算法，为设计红外偏振探测以及红外偏振成像的多功能超材料吸收体开辟了一条新的道路。

4）天文学领域。被广泛应用于星系形态分类、系外行星搜寻、引力波探测等方面。其中星系形态分类方面，Tadaki 等（2020）将深度学习技术应用于斯巴鲁望远镜拍摄的遥远宇宙超宽视场图像，其可在大约 8 万个星系中识别出螺旋形，准确率为 97.5%；Clarke 等（2020）以 SDSS 数据库中的 310 万个光谱标记源、5040 万个星系、210 万个类星体、5880 万颗恒星为数据源，采用随机森林算法识别星系、类星体和恒星。系外行星搜寻方面，Shallue 和 Vanderburg（2018）以行星候选体和其他噪声造成的假信号为数据集，采用机器学习算法学习真实行星候选体的特征，可有效识别行星。引力波探测方面，Chatterjee 等（2019）将天空建模为多个扇区的球体，使用深度学习方法快速探测和描述引力波；Chan 等（2020）以引力波探测器的模拟时间序列数据为基础，采用卷积神经网络用于探测和分类隐藏在噪声中的引力波信号。此外，机器学习算法还可用于光谱分类、光体参数计算等方面。

5）地球与空间科学领域。被广泛应用于作物类型监测和作物产量预测、地上生物量估算、气候预测等方面。其中作物类型监测和产量预测方面，Reza 等（2019）将 k-means 聚类方法应用于旋转翼无人机采集的低空谷物区域 RGB 图像数据集中，通过对图像数据的分割来较为准确、方便地估计水稻产量；Filippi 等（2019）以西澳大利亚几个大型农场作物产量监测时间序列数据、土壤测试数据、土壤表观电导率数据、降雨量等为数据基础，使用随机森林模型预测小麦、大麦、油菜籽的作物产量。地上生物量估算方面，Guerini 等（2020）使用 Sentinel-2 卫星上的多光谱仪器传感器采集巴西潘帕草原天然草地图像数据，通过图像数据的处理、像素重采样、植被指数计算等操作，对天然草地生物量进行估算；Wu 等（2019）以气象数据为基础，使用广义回归神经网络等 3 种机器学习算法估算中国稀有和濒危物种陆均松的地上生物量，结果显示 2041～2080 年，该生物量将增加。气候预测方面，Davenport 和 Diffenbaugh（2021）以每日海平面气压和 500hPa 位势高度异常值为数据源，使用卷积神经网络分析与美国中西部极端降水相关的大规模环流模式，正确识别 91% 的观测降水极值。Mansfield 等（2020）采用机器学习算法学习现有气候模型模拟的独特数据集，以此分析不同气候条件下短期和长期温度数值之间的关系，有助于降低情景计算成本来促进气候变化预测。以上研究进一步为可持续发展、生态环境建设、城市发展规划等提供决策支持。

1.5.3　学科交叉融合赋能领域知识发现

学科交叉是由团队或个人进行的一种研究模式，它集成了两个或两个以上学科或专业知识团体的信息、数据、技术、工具、观点、概念或理论，以解决或加深对那些超过单一学科范围或研究实践领域问题的认识（National Academy of Sciences，2004）。随着科学技术的深入发展，科学问题复杂程度不断提高、科学知识交叉融合趋势不断增强，单一学科等很难解决综合性、复杂性科研任务或技术问题，跨学科等的合作研究成为科学研究和科技发展的重要途径。学科信息学作为专门学科、信息科学、计算科学相互渗透产生的交叉学科，其本身具有交叉学科的特性。其中信息科学中的信息论、概率论、统计学等方法，实现了对原始专门学科信息的初步处理与计算；计算科学中的机器学习等方法，实现了对原始专门学科信息的挖掘。面对科技革命汹涌浪潮，目前的专门学科信息学不仅是专门学科与信息科学、计算科学三大学科门类间的交叉，不同专门学科门类间也呈现交叉融合趋势，为专门学科信息学发展提供新的机遇与挑战。

1）生物医学与材料科学交叉。解决重大公共卫生问题、疑难杂症问题往往需要多种先进技术共同参与，而功能纳米材料、微纳制备技术等在疾病诊断和治疗方面效果显著，因此生物医学与材料科学之间的学科交叉合作在解决复杂疾病诊疗问题方面至关重要。Lou 等（2020）借助纳米材料结构和机器学习算法建立了高保真度和可重复性的纳米材料辅助激光解吸电离平台，用以鉴别诊断卵巢癌和良性卵巢肿瘤。Yan 等（2020）构建了世界上首个基于纳米材料结构数字化的纳米生物效应数据库，该数据库包含 705 种独特的纳米材料、1365 个物理化学特性、2386 个生物活性数据点。

2）化学与材料科学交叉。材料是现代社会的基石，而化学在设计、创造、理解新材料的结构等方面发挥着关键作用，只有充分了解分子和原子的结构，才可以创建出具有特定结构、特性和功能的材料，因此化学与材料科学之间的交叉正合力创造一个新材料的世界。Choi 等（2022）指出无金属钙钛矿具有结构可调性和溶液加工性等优点，但与无机钙钛矿相比，它们的矫顽力较低，因此他们通过氢键组装得到了一系列矫顽力较高的无金属钙钛矿铁电体，使得该方面材料制备成本低廉、易于合成；金属有机框架是一类由离散的无机节点组成的材料，Rosen 等（2021）以金属有机框架特性数据库为研究对象，通过高通量计算筛选和机器学习其量子化学特性，可以在几秒钟预测金属的电子特性，加速材料发现。

3）生物医学与地球空间科学交叉。生命起源与演化是世界重大科学之谜之一，而关于生命演化的真谛保存在各种地层记录中，即地层中的古生物化石数据是开启生命起源的关键钥匙，因此生物科学与地球科学的交叉融合是解决该问题的重要手段。Fan 等

（2020）遴选出3112个地层剖面，以及11 268个海洋化石物种的26万条化石数据，自建了庞大的化石大数据库，利用"天河二号"超级计算机，结合模拟退火算法和遗传算法，获得了全球第一条高精度的古生代3亿多年前的海洋生物多样性变化曲线，其时间分辨率约为2.6万年，较国际同类研究的精度提高了400倍，为了解当前的地球生物多样性危机提供重要启示；Rosso等（2020）以ARGO全球海洋观测网卫星跟踪浮标收集的全球海洋上层海水温、盐度剖面、海洋生物等数据为基础，采用机器学习算法自动分类浮标测量值，并将海洋划分为具有类似属性的区域。

4）生物医学与天文科学交叉。除了探测地球上生命起源，学者对其他星球上是否有生命现象这一问题也颇为关注，搜索类地行星和寻找地外生命是天体生物学所关注的重点问题。Greaves等（2021）在2017年和2019年分别用麦克斯韦望远镜和阿塔卡马大型毫米/亚毫米波阵观测金星，通过对收集数据的分析，探测到一个只属于磷化氢的光谱特征，估算浓度达到20ppb，因正常情况下，金星上不可能存在高浓度的磷化氢，因此，有学者认为金星上可能存在生命；随后Seager等（2021）指出金星大气层50公里处的环境与地球类似，温度在30℃左右，这里可能存在着微生物；Hallsworth等（2021）通过对木星、金星和火星云层中单个分子内部的水蒸气压力值的观测与计算，结果发现金星大气中相对湿度比地球上生物所能容忍的生命阈值低100多倍，即金星云层中不可能存在生命。

1.6　学科信息学发展再展望

张志强和范少萍（2015）在文章《论学科信息学的兴起与发展》中对学科信息学未来发展作出以下展望：学科信息学极大改变相应学科知识创新的方式方法；学科信息学与数据科学的兴起与应用相互促进；学科信息学推动科学数据管理与知识计算的理论、方法与应用的发展；学科信息学是情报研究新范式的支撑学科。

从迄今学科信息学的发展来看，上述展望均在不同特定学科领域发展中有所体现。

1）数据密集型科学新范式时代全面来临。学科领域研究与新知识的发现，从传统的经验科学、理论模型、计算模拟等范式跨入到学科领域大数据驱动、大数据密集的科学发现阶段的科学新范式。

2）数据科学成为所有学科领域发展的基石。多源异构的大数据体系是知识发现的源头，因此数据的采集、存储、标准化、挖掘、应用等是学科领域发展的基石。目前各特定学科领域为适应基于大数据的知识挖掘，满足学科发展需要，建立许多经良好组织和管理的数据库和数据平台。同时大量数据的产生也对数据存储、处理、隐私管理等提出更高要求，促使数据科学的理论和实际应用得以升华。

3）学科信息学发展需要新型数据分析技术方法的支撑。传统的统计分析方法无法适应大规模数据分析需求，且受益于大量数据的可获得性、可用性，机器学习方法以及以人工神经网络为基础的深度学习技术，正在重塑学科知识发现范式。另外，得益于分析对象和分析方法的丰富，目前学科知识发现的分析粒度逐渐从早期的粗颗粒过渡到细粒度，更加注重微观知识的挖掘。

4）传统上的学科情报学在内涵上正在不断向学科领域知识发现学科（即学科信息学）发展。学科情报学的核心任务即是面向学科领域国际科技前沿，开展科学研究动态监测、学科发展态势趋势分析、学科发展战略与规划研究等专业型领域知识分析与战略情报研究与咨询服务。随着学科信息学的发展，也赋予情报研究新的范式，如开发特定学科大数据分析平台、创新学科知识发现分析理论方法与应用、设计可被读者易于理解的数据可视化方式等。

通过上述归纳梳理学科信息学研究迄今取得的进展，针对发展中存在的问题，良好支撑未来学科信息学的快速发展和成功实践应用，需要重视加强以下方面。

1.6.1　建设增强数据存储能力的数据管理平台

目前各特定学科领域主要通过建立数据中心在本地存储和处理大量数据，随着数据量爆炸式增长，各特定学科领域对于时间成本低、可扩展性强、处理能力快的数据存储技术要求越来越高，而从技术上来讲，大数据根植于云计算，因此，基于公共云和私有云的数据存储开始流行。上述两种数据存储技术为特定学科领域发展带来诸多优势，但也存在需要进一步克服的障碍：公共云虽然成本低，但安全性不高；私有云更加安全，但成本较高。基于此，维护特定学科海量数据集的安全性并找到对其进行分类和存储的方法是未来特定领域学科信息学发展的挑战之一。

对比而言，混合云兼顾公共云与私有云的优缺点，使用至少两种不同云部署模型，以较低廉的成本提供集中化的数据库，使得各特定学科可以在本地维护敏感数据，在云提供商的服务器维护公有数据，同时通过加强网络防御抵抗数据泄露的风险，进而使得数据可扩展性、安全性等得以保证，因此其是未来存储、访问和利用各特定学科领域大数据的理想解决方案。

1.6.2　完善增强数据治理能力的数据治理体系

各特定学科领域存在数据质量差、缺乏统一数据采集标准、有些机构不愿意数据共享开放等问题使得无法访问数据，从而导致数据价值远远没有充分释放。由于数据共享问题日益突出，2016 年发布 FAIR 原则（findable，可发现；accessible，可访问；interoperable，可互操作；reusable，可再用）提供了科学数据管理的原则，其中之一即为数据的可再用性；同时各国成立信息交换标准组织或专业委员会，推出各类信息标准，促进信息交换和共享。但整体来看，即使同一科学领域的数据库仍然各自成营，未能有效进行数据复用，造成数据资源和人力成本的浪费。

数据治理就是将数据作为一种战略资产进行管理，并负责任地实现数据民主化。各特定学科领域应根据学科发展特色，建立负责任的数据战略和框架。注重运用规划性政策甚至法规制度体系来规范和保障学科数据治理行为，明确数据共享的责权边界，特别是妥善处理学科领域数据采集和共享中涉及的隐私数据等问题。

1.6.3　改进增强数据分析能力的数据处理手段

就数据来源和数据类型的多样性来看，多模态数据不断增多且数据形式多样。如天文数据包括天文图形、图像、符号、文献数据等，图像数据通常用像素强度的实际值来表示，文本数据通常用词向量来表示。目前的特定领域学科信息学主要针对某一种数据类型分别分析，有关数据的整合和关联研究相对较少。就数据分析平台的可用性而言，虽然各特定学科领域均在不断推进学科领域数据的专用分析工具和平台的开发与应用，但多数的数据分析工具和平台数据容量、语义检索功能、分析方法等尚不完备，使得各有关工具和平台仅针对某个或某几个研究对象，尚不能满足相应学科领域的所有分析需求。就数据处理的速度而言，随着特定学科领域数据规模的持续快速增长，即便有特定学科领域数据分析工具和平台的辅助，仅依靠科研人员或数据科学家也无法及时、快速处理庞大的数据，导致数据分析的效率及解决问题的能力均在不同程度上下降。就数据可视化展示的效果来看，存在可视化中包含太多或太少信息，造成信息超载或信息量不足的问题。同时目前各特定学科可视化展示方法多以静态图像为主，使得数据的冲击力、说服力有待提升。

基于此，基于人工智能技术的增强数据分析能力是未来特定领域学科信息学的基础。具体而言，首先，采用深度学习算法对同一学科领域不同类型、不同尺度的多模态数据进行深度整合，由点至面，形成学科领域数据网。其次，在数据整合和数据复用能力提高的基础上，一站式、智能化的特定学科数据分析平台和工具将逐渐成熟，不断完善。再次，自动化的数据分析和机器学习技术代替科研人员或数据科学家完成大量常规、低优先级的工作，如协助数据准备，自动化数据清洗、简单数据统计等。最后，可视化作为分析过程的最后一公里，应兼顾信息丰富性和清晰性的双重特点，既应包含大量数据信息，又能帮助受众理解信息。同时交互可视化、视频可视化、实时可视化等多种形式的可视化方式将进一步丰富特定领域学科信息学的展现形式。

1.6.4　提升增强数据解释能力的数据验证功效

目前主流的分析流程是将机器学习方法应用于特定学科领域大规模数据集，虽然机器学习模型具有速度快、准确率高等优点，但其通常是不可解释的。其一，输入机器学习模型的知识表示模式很少直接映射到科学家熟悉的形式；其二，机器学习输出的知识可能是科学家尚未掌握的知识，若科学家缺乏对其基本组成部分的理解，则将发现结果转变为一个可理解的理论将会更加困难。除此之外，由于领域权威专家和微观数据处理结果并不总是同步的，造成大量数据从未得到评估和验证，使得数据全生命周期完整性不足。

因此，在保证模型精准度的前提下改进机器学习算法，使其既可以让数据科学家深入理解工作机理，从而提高模型性能；又可以让科研工作者深入解释计算结果，从而提高可信度。同时，因学科信息学的交叉学科地位，在特定领域学科信息学发展过程中针对具体研究问题建议组织多学科团队，包括但不限于领域专家、数据科学家等，使得多学科学者并行工作，进而加速领域知识发现。

1.6.5　应用元宇宙技术促进学科信息学发展

2021 年被誉为元宇宙元年。元宇宙（Metaverse）这一概念主要由于 2021 年美国社交媒体公司脸书公司（Facebook）改名为"元"（Meta）等一系列所谓的元宇宙事件而引爆学术界和社会界关注，使这个在 1992 年海外科幻小说《雪崩》里提到的"元宇宙"（Metaverse）概念获得重生。元宇宙本质上是利用现代的先进信息技术（主要是虚拟现实 VR、增强现实 AR、扩展现实 XR、3D 等技术），将真实的现实物理世界予以数字化和虚拟化，同时再加上数字世界的新创造物，创造出一个与现实物理世界映射与交互的、平行的虚拟数字世界，打造为一种新型的、完全沉浸式体验的数字社会生活空间，就是现实物理世界的数字孪生世界。这是人类的一种非接触式的社会生活方式和社会文化，显然，其发展需求受到了 2020 年暴发的新冠疫情全球大流行的有力加速。

虽然将元宇宙与现实世界完全接轨显然是道阻且长的，但随着该概念的提出和进一步探索，势必赋能学科信息学发展，进而促进专门学科领域知识发现。具体可能的应用场景包括但不限于：辅助或增强现实。旨在将虚拟信息耦合至现实世界中，其主体仍是现实世界。如不同机构的科研人员可以通过屏幕及与之交互的技术在不同地点共同完成同一科学实验，从而有效整合科技资源；也可以将计算机处理后的图像添加至现实世界中，如将天文信息学、地球空间信息学等专门学科领域采集并处理后的图片等数据叠加至现实场景中，以提前判别数据的有效性以及实施方案的可行性。混合或虚拟现实。旨在将虚拟世界和现实世界无缝耦合，二者无明显边界或边界模糊。如不仅支持多模态形式可视化展现知识发现的结果，也支持结果的虚拟化，进而允许用户与虚拟对象实时交互；或通过耳机等设备实现沉浸式体验，将用户带到现实世界中正在开展的、不同的知识发现应用场景，以实现类真实学习体验。虚拟科研人员。综合采用物理仿真、镜像孪生等技术，通过 AI+大数据模拟训练对科研人员进行数字孪生，进而形成虚拟科研人员。该虚拟科研人员可以同步开展多项虚拟服务，如在学科知识发现中完成前期常规的、普适性的实验工作；在后期对挖掘的知识模式进行解读和筛选，以供真实科研人员进一步分析。

虽然元宇宙处于发展初期，但其带来的虚拟化转型思想为学科信息学的发展提供了许多借鉴思路，期待在元宇宙的加持下，基于大数据的知识发现有更多值得深耕的切入点。

参 考 文 献

陈泓，曹庆文，李梦龙．2004．化学信息学发展现状．化学研究与应用，16（4）：453-455．

代涛．2011．医学信息学的发展与思考．医学信息学杂志，32（6）：2-16．

李德仁．2016．展望大数据时代的地球空间信息学．测绘学报，45（4）：379-384．

李德仁．2017．从测绘学到地球空间信息智能服务科学．测绘学报，46（10）：1207-1212．

邵学广，蔡文生．2002．化学信息学及其课程建设．大学化学，（3）：12-15．

宋心琦．1999．21 世纪理论化学的重要课题之我见．大学化学，（1）：16-20．

魏群义．2008．材料信息学基础及材料信息学平台工程应用研究．重庆：重庆大学博士论文．

魏群义，彭晓东．2007．材料信息学的研究现状及发展趋势分析．材料导报，（4）：1-4．

杨凤丽．2008．山东省医学信息学科人才问题与发展对策研究．济南：山东省医学科学院．

张彦霞，崔辰州，赵永恒．2016．21 世纪天文学面临的大数据和研究范式转型．大数据，2（6）：65-74．

张远鹏，盛健美，蒋葵，等．2015．中欧医学信息学教学对比研究．中国中医药图书情报杂志，39（5）：32-36．

张志美，董建成．2005．中美医学信息学教育的比较研究．医学信息，18（2）：93-94．

张志强，范少萍．2015．论学科信息学的兴起与发展．情报学报，34（10）：11-23．

郑国清，张瑞玲，段韶芬，等．2002．生物信息学的形成与发展．河南农业科学，（11）：4-7．

Abraham A. 2005. Handbook of measuring system design. Hoboken：John Wiley & Sons.

Batty M. 2013. Big data，smart cities and city planning. Dialogues in Human Geography，3（3）：274-279.

Borne K D. 2010. Astroinformatics：data-oriented astronomy research and education. Earth Science Informatics，3（1-2）：5-17.

Chan M L，Heng I S，Messenger C. 2020. Detection and classification of supernova gravitational wave signals：A deep learning approach. Physical Review D，102（4）：043022.

Chatterjee C，Wen L，Vinsen K，et al. 2019. Using deep learning to localize gravitational wave sources. Physical Review D，100（10）：103025.

Chen G, Tsoi A, Xu H, et al. 2018. Predict effective drug combination by deep belief network and ontology fingerprints. Journal of Biomedical Informatics, 85: 149-154.

Choi E, Bahadori M T, Schuetz A, et al. 2016. Doctor ai: Predicting clinical events via recurrent neural networks//Machine learning for healthcare conference. PMLR, 301-318.

Choi H S, Li S, Park I H, et al. 2022. Tailoring the coercive field in ferroelectric metal-free perovskites by hydrogen bonding. Nature Communication, 13 (1): 1-7.

Clarke A O, Scaife A M M, Greenhalgh R, et al. 2020. Identifying galaxies, quasars, and stars with machine learning: A new catalogue of classifications for 111 million SDSS sources without spectra. Astronomy & Astrophysics, 639: 1-29.

Cortes C, Vapnik V. 1995. Support-vector networks. Machine learning, 20 (3): 273-297.

Dannenfelser R, Allen G M, VanderSluis B, et al. 2020. Discriminatory power of combinatorial antigen recognition in cancer T cell therapies. Cell Systems, 11 (3): 215-228.

Davenport F V, Diffenbaugh N S. 2021. Using machine learning to analyze physical causes of climate change: A case study of US Midwest extreme precipitation. Geophysical Research Letters, 48 (15): e2021GL093787.

De Beurs Z L, Vanderburg A, Shallue C J, et al. 2020. Identifying Exoplanets with Deep Learning. IV. Removing Stellar Activity Signals from Radial Velocity Measurements Using Neural Networks. arXiv preprint arXiv: 2011.00003.

Department for Digital, Culture, Media & Sport. 2020. National Data Strategy. https://www.gov.uk/government/publications/uk-national-data-strategy/national-data-strategy. [2021-12-28].

DoD. 2020. DoD Issues New Data Strategy. https://www.defense.gov/News/Releases/Release/Article/2376629/dod-issues-new-data-strategy/. [2021-12-28].

DoD. 2016. Army Data Plan. https://www.army.mil/standto/archive/2019/11/22/. [2021-12-28].

Elton D C, Boukouvalas Z, Butrico M S, et al. 2018. Applying machine learning techniques to predict the properties of energetic materials. Scientific Reports, 8 (1): 1-12.

Ester M, Kriegel H P, Sander J, et al. 1996. A density-based algorithm for discovering clusters in large spatial databases with noise//KDD, 96 (34): 226-231.

European Commission. 2020. A European strategy for data. https://digital-strategy.ec.europa.eu/en/policies/non-personal-data. [2021-12-28].

European Commission. 2018. Free flow of non-personal data. https://www.coleurope.eu/european-strategy-data. [2021-12-28].

Fan J, Shen S, Erwin D H, et al. 2020. A high-resolution summary of Cambrian to Early Triassic marine invertebrate biodiversity. Science, 367 (6475): 272-277.

Federal Data Strategy. 2019. Federal Data Strategy 2020 Action Plan. https://strategy.data.gov/assets/docs/2020-federal-data-strategy-action-plan.pdf. [2021-12-28].

Feigelson E D, Babu G J. 2012. Big data in astronomy. Significance, 9 (4): 22-25.

Filippi P, Jones E J, Wimalathunge N S, et al. 2019. An approach to forecast grain crop yield using multilayered，multi-farm data sets and machine learning. Precision Agriculture，20（5）：1015-1029.

Frazer J，Notin P，Dias M，et al. 2021. Disease variant prediction with deep generative models of evolutionary data. Nature，599（7883）：91-95.

GAIA-X. 2020. Germany and France take the lead as Europe makes first step towards building a European data infrastructure. https：//www. bmwi. de/Redaktion/EN/Pressemitteilungen/2020/ 20200604- germany- and- france-take- the- lead- as- europe- makes- first- step- towards- building- a- european- data- infrastructure. html. ［2021-12-28］.

GDPR. 2018. General Data Protection Regulation. https：//gdpr-info. eu/. ［2021-12-28］.

Ghiringhelli L M，Vybiral J，Levchenko S V，et al. 2015. Big data of materials science：critical role of the descriptor. Physical Review Letters，114（10）：105503.

Gore A A. 1998. The Digital Earth：understanding our planet in the 21st century. Photogrammetric Engineering and Remote Sensing，65（5）：528.

Gould M K，Huang B Z，Tammemagi M C，et al. 2021. Machine Learning for Early Lung Cancer Identification Using Routine Clinical and Laboratory Data. American Journal of Respiratory and Critical Care Medicine，204（4）：445-453.

Greaves J S，Richards A M S，Bains W，et al. 2021. Phosphine gas in the cloud decks of Venus. Nature Astronomy，5（7）：655-664.

Guerini F M，Kuplich T M，Quadros F L F D. 2020. Estimating natural grassland biomass by vegetation indices using Sentinel 2 remote sensing data. International Journal of Remote Sensing，41（8）：2861-2876.

Hallsworth J E，Koop T，Dallas T D，et al. 2021. Water activity in Venus' s uninhabitable clouds and other planetary atmospheres. Nature Astronomy，5（7）：665-675.

Himanen L，Geurts A，Foster A S，et al. 2019. Data - driven materials science：status，challenges，and perspectives. Advanced Science，6（21）：1-23.

Hinners T A，Tat K，Thorp R. 2018. Machine learning techniques for stellar light curve classification. The Astronomical Journal，156（1）：1-13.

Holzinger A. 2018. From machine learning to explainable AI//2018 world symposium on digital intelligence for systems and machines（DISA）. IEEE，55-66.

IT Strategic Headquarters. 2020. Declaration to be the World's Most Advanced Digital Nation：Basic Plan for the Advancement of Public and Private Sector Data Utilization. https：//www. kantei. go. jp/jp/singi/it2/kettei/pdf/ 20200717/siryou1. pdf. ［2021-12-28］.

Janet J P，Chan L，Kulik H J. 2018. Accelerating chemical discovery with machine learning：simulated evolution of spin crossover complexes with an artificial neural network. The Journal of Physical Chemistry Letters，9（5）：1064-1071.

Jiang P，Wu H，Wang W，et al. 2007. MiPred：classification of real and pseudo microRNA precursors using random forest prediction model with combined features. Nucleic Acids Research，35（suppl_ 2）：339-344.

John R R. 1999. What is material informatics，Materials Informatics-Effective Data Management for New Materials

Discovery. Boston：Knowledge Press.

Kanungo T，Mount D M，Netanyahu N S，et al. 2002. An efficient k-means clustering algorithm：Analysis and implementation. IEEE Transactions on Pattern Analysis and Machine Intelligence，24（7）：881-892.

Lebègue S，Björkman T，Klintenberg M，et al. 2013. Two-dimensional materials from data filtering and ab initio calculations. Physical Review X，3（3）：031002.

Ledley R S，Lusted L B. 1959. Reasoning foundations of medical diagnosis：symbolic logic，probability，and value theory aid our understanding of how physicians reason. Science，130（3366）：9-21.

Lou G，Xie H，Xia B，et al. 2020. Nanomaterials assisted laser desorption ionization for differential diagnosis of ovarian cancer and benign ovarian tumors. Society Gynecologic Oncology，（159）：134-135.

Li J，Bao L，Jiang S，et al. 2019. Inverse design of multifunctional plasmonic metamaterial absorbers for infrared polarimetric imaging. Optics Express，27（6）：8375-8386.

Manyika J，Chui M，Brown B，et al. 2011. Big data：The next frontier for innovation，competition，and productivity. Washington DC：McKinsey Global Institute.

Mansfield L A，Nowack P J，Kasoar M，et al. 2020. Predicting global patterns of long-term climate change from short-term simulations using machine learning. npj Climate and Atmospheric Science，3（1）：1-9.

Matthew J S，David H M. 2021. Data Is Power. Washington DC：Foreign Affairs.

McCarthy M，Birney E. 2021. Personalized profiles for disease risk must capture all facets of health. Nature，597（7875）：175-177.

Ministry of Defense. 2020. MOD Science and Technology Strategy 2020. https：//www. gov. uk/government/publications/mod-science-and-technology-strategy-2020. ［2021-12-28］.

Nakatani K，Takeshita S，Tsujimoto H，et al. 2001. Inhibitory effect of serine protease inhibitors on neutrophil - mediated endothelial cell injury. Journal of Leukocyte Biology，69（2）：241-247.

National Academy of Sciences. 2004. Facilitating interdisciplinary research. Washington：National Academies Press.

NITRD. 2016. The Federal big data research and development strategic plan. https：//apo. org. au/node/64099. ［2021-12-28］.

Obama White House. 2012. Administration Issues Strategic Plan for Big Data Research and Development. https：//obamawhitehouse. archives. gov/blog/2016/05/23/administration-issues-strategic-plan-big-data-research-and-development. ［2021-12-28］.

Oliynyk A O，Antono E，Sparks T D，et al. 2016. High-throughput machine-learning-driven synthesis of full-Heusler compounds. Chemistry of Materials，28（20）：7324-7331.

Reinsel D，Gantz J，Rydning J. 2017. Data Age 2025：The Evolution of Data to Life-Critical. US：International Data Corporation.

Reza M N，Na I S，Baek S W，et al. 2019. Rice yield estimation based on K-means clustering with graph-cut segmentation using low-altitude UAV images. Biosystems Engineering，177：109-121.

Rish I. 2001. An empirical study of the naive Bayes classifier. IJCAI 2001 Workshop on Empirical Methods in

Artificial Intelligence, 3 (22): 41-46.

Rosen A S, Iyer S M, Ray D, et al. 2021. Machine learning the quantum-chemical properties of metal-organic frameworks for accelerated materials discovery. Matter, 4 (5): 1578-1597.

Rosso I, Mazloff M R, Talley L D, et al. 2020. Water mass and biogeochemical variability in the Kerguelen sector of the Southern Ocean: A machine learning approach for a mixing hot spot. Journal of Geophysical Research: Oceans, 125 (3): 1-23.

Safavian S R, Landgrebe D. 1991. A survey of decision tree classifier methodology. IEEE Transactions on Systems, Man, and Cybernetics, 21 (3): 660-674.

Sarkar I N. 2010. Biomedical informatics and translational medicine. Journal of Translational Medicine, 8 (1): 1-12.

Seager S, Petkowski J J, Gao P, et al. 2021. The Venusian lower atmosphere haze as a depot for desiccated microbial life: a proposed life cycle for persistence of the venusian aerial biosphere. Astrobiology, 21 (10): 1206-1223.

Shallue C J, Vanderburg A. 2018. Identifying exoplanets with deep learning: A five-planet resonant chain around kepler-80 and an eighth planet around kepler-90. The Astronomical Journal, 155 (2): 94.

Shields B J, Stevens J, Li J, et al. 2021. Bayesian reaction optimization as a tool for chemical synthesis. Nature, 590 (7844): 89-96.

Svetnik V, Liaw A, Tong C, et al. 2003. Random forest: a classification and regression tool for compound classification and QSAR modeling. Journal of Chemical Information and Computer Sciences, 43 (6): 1947-1958.

Tadaki K, Iye M, Fukumoto H, et al. 2020. Spin parity of spiral galaxies II: a catalogue of 80 k spiral galaxies using big data from the Subaru Hyper Suprime-Cam survey and deep learning. Monthly Notices of the Royal Astronomical Society, 496 (4): 4276-4286.

Tkatchenko A. 2020. Machine learning for chemical discovery. Nature Communications, 11 (4125): 1-4.

Toffler A. 1980. The Third Wave. New York: Bantam books.

Tran K, Ulissi Z W. 2018. Active learning across intermetallics to guide discovery of electrocatalysts for CO_2 reduction and H_2 evolution. Nature Catalysis, 1 (9): 696-703.

Warr W A. 2003. Evaluation of an experimental chemistry preprint server. Journal of Chemical Information and Computer Sciences, 43 (2): 362-373.

Williams C K I, Rasmussen C E. 1996. Advances in neural information processing systems. Cambridge: A Bradford Book.

Wilson M W. 2015. Flashing lights in the quantified self-city-nation. Regional Studies, Regional Science, 2 (1): 39-42.

Wu C, Chen Y, Peng C, et al. 2019. Modeling and estimating aboveground biomass of Dacrydium pierrei in China using machine learning with climate change. Journal of Environmental Management, 234: 167-179.

Wu Y, Wang G. 2018. Machine learning based toxicity prediction: from chemical structural description to transcriptome analysis. International Journal of Molecular Sciences, 19 (8): 2358.

Xu R, Wunsch D. 2005. Survey of clustering algorithms. IEEE Transactions on Neural Networks, 16（3）: 645-678.

Xue C, Li F, He T, et al. 2005. Classification of real and pseudo microRNA precursors using local structure-sequence features and support vector machine. BMC Bioinformatics, 6（1）: 1-7.

Yan X, Sedykh A, Wang W, et al. 2020. Construction of a web-based nanomaterial database by big data curation and modeling friendly nanostructure annotations. Nature Communications, 11（1）: 1-10.

Zhang Y, Xu X. 2021. Machine learning glass transition temperature of polyacrylamides using quantum chemical descriptors. Polymer Chemistry, 12（6）: 843-851.

Zhang Y, Zhao Y. 2015. Astronomy in the big data era. Data Science Journal, 14（11）: 1-9.

Zhou T, Song Z, Sundmacher K. 2019. Big data creates new opportunities for materials research: A review on methods and applications of machine learning for materials design. Engineering, 5（6）: 1017-1026.

理论方法篇

第 2 章
政策信息学与政策领域知识发现

政策信息学是学科信息学在政策信息分析领域的具体应用性学科，是开展政策领域数据挖掘分析与知识发现的专门性学科，是大数据范式下政策科学研究的新兴交叉学科。本章对政策信息的内涵界定：政策信息学是数据密集型科研新范式下，聚焦政策领域大数据，开展政策问题的发展特点与规律的大数据分析、政策演化过程的知识发现、政策过程设计和政策绩效评估的综合性跨学科（政策科学、信息科学、数据科学、系统科学、情报学、文献计量学等）研究方法、分析技术和研究范式的交叉性研究领域，是政策科学领域研究范式和方法论创新的新前沿。

本章主要梳理归纳政策信息学的发展起源和概念内涵，从数据、方法等角度详细总结梳理政策信息学的研究过程，提出围绕"理论基础–方法技术–应用实践–教育管理"四个方面相互促进发展的学科体系，并指出政策信息学发展的重点；重点总结归纳政策信息学知识分析与知识发现的研究现状，并从政策变迁过程和演化规律、政策量化分析和绩效评价、政策府际关系和政策博弈、政策研究和科学研究间关系等 4 个方面进行详细阐述；详细介绍政策信息学应用的重点领域——科技政策学的理论基础，明确科技政策学的发展背景、概念内涵和主要研究问题；以科技政策研究领域的国际论文数据为对象开展政策文献数据分析和知识发现研究，观察科技政策研究的发展现状和未来发展规律，展望政策信息学的重要作用和应用前景等。

2.1 引言

大数据和信息技术的进步与发展，对当今社会发展产生了深刻影响，图灵奖得主吉姆·格雷（James Gray）在 2007 年的演讲中提出科学已经进入了科学研究的第四范式——数据密集型科学。各学科领域的数据快速增长和积累，诸多学科与信息科学交叉融合形成了新的研究领域，并呈现出"二元化"发展趋势——"计算 X 学"（Computational-X）和"X 信息学"（X-informatics）（Tony et al.，2009），其中 X 表示专门的学科，可以具象化为生物、化学等。张志强和范少萍（2015）在现有"X 信息学"的基础上进行总结概括，提出了统一的概念——"学科信息学"，认为其是利用信息科学和计算科学的技术、方法和手段，进行科学数据收集、存储、处理、分析和可视化，从而进行学科领域知识发现、提供学科战略决策咨询的交叉性学科。《学科信息学与学科知识发现》一书全面系统阐述了学科信息学与学科领域知识发现的研究现状与进展，并对代表性领域——生物医学信息学的数据发现过程和知识组织方法进行深入研究，指出专门学科信息学既有明显的学科依赖性，又有一般学科信息学的特征（张志强等，2020）。

政策信息学是学科信息学在政策科学领域的具体化表现，是政策科学在面对大数据和信息技术对政策过程的冲击、开放数据和开放政府的兴起以及传统政策分析的研究困境下发展的新方向，它在一定程度上继承了学科信息学的理论基础和知识框架。目前，政策信息学的概念尚未广泛传播、内涵还在发展变化之中，但政策信息学相关研究正在快速增加。公共管理学领域的学者重点关注政策过程和政策制定等政策生命周期中的环节，试图通过使用机器学习、大数据、知识图谱等前沿技术，以帮助提供政策过程分析服务和支撑政府基于充分信息的政策决策，其核心是循证决策（Giest，2017；Wiguna et al.，2021；Pi，2021）；文献情报学界重点利用文献计量学方法分析政策文本内容和结构属性分布特征，旨在揭示某个领域、某个主题或某个时段的相关政策演进的变化规律，从适当层面把握政策目标意图、揭示政策工具运用组合和评估政策实施绩效等，并聚焦形成了独特的研究分支——政策计量研究，包括政策文献计量、政策科学计量和政策替代计量指标等（彭宗超等，2014；马海群和张斌，2019；Bornmann et al.，2016）；政治学界则以社交媒体数据等为对象，旨在研究政策倾向、政治意见和政治立场等（Sarmento et al.，2009；Hopkins and King，2010）。近年来随着各类政策信息数据的激增、数据处理方法的不断更新、数据分析平台的日趋完善，学科交叉融合也愈加深入，各学科领域间的研究界限越来越模糊，政策信息学已经成为一个集成公共管理领域政策过程信息分析研究特点、文献情报领域政策信息量化研究特点等的政策信息大数据分析、政策过程规律分析研究与政策决策咨询的综合性研究领域。

2.2 政策信息学发展概述

2.2.1 政策信息学的产生背景

随着数据密集型科学范式的兴起，传统的政策定性研究范式也快速向政策定量研究范式转型。大量政策文本信息的快速数据化，使得政策数据急速增长，为政策定量分析研究奠定基础。在此过程中，政策研究领域出现了许多关键问题亟待解决。例如，如何科学合理地运用相关工具和方法将政策文献量化，为政策制定提供有力的证据？如何从海量的政策信息中提取政策相关知识，评估决策本身的结果或开展前瞻性预测研究？如何让更多利益相关方参与进来并产生良好的互动，在充分尊重各方意愿的基础上优化设计政策流程？因此，政策信息学是基于问题导向，在政策分析外部信息环境变革的驱动下，以及政策分析现实困境的需求下应运而生的研究领域（图 2-1）。

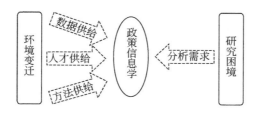

图 2-1　政策信息学产生的需求和供给模型

（1）政策分析环境的变迁

任何研究范式的更新转换，都伴随着研究环境的演进变迁（傅雨飞，2015）。各类数据的爆炸式增长，信息、计算和通信技术的飞速发展，为政策量化分析研究提供了数据基础和方法基础。主要表现在：开放数据及开放政府运动的兴起，以及各类新媒体蓬勃发展为政策分析提供了大量可用数据；新兴信息技术的快速发展为政策数据的复杂计算和政策规律的深度挖掘提供了新的解决方案；概念模型和可视化技术等扩展了对复杂信息理解的能力及向不同受众传播的能力。同时，基于政策研究的需要，不同学科之间的融合渗透和交叉现象加剧，具有情报学、数学、计算机科学等其他学科背景的学者纷纷跨界投入到政策定量分析研究中，这种人才集群与方法技术环境的变化极大拓展了传统政策分析的研究边界。

（2）政策分析研究的困境

20 世纪 50 年代拉斯韦尔基于建构"对政策的科学研究"的学科设想，首次提出政策科学的概念，随后政策科学经历了拉斯韦尔–德洛尔时代、后拉斯韦尔时代等一系列的发展阶段（严强，1998）。传统的政策分析是从政策文献解读开始的，然而这是一个偏主观、偏定性的分析过程，考虑到政策议题的复杂性，政策制定者依赖直觉、自身经验、小范围访谈、民意调查或新闻媒体等的分析结果辅助决策，其有效性往往受到质疑（Zeng，2015）。随着政策文本数量的日益增长，如何有效利用大量政策文本信息促进循证决策变得越发重要，传统基于定性的、小样本的政策科学研究受到挑战，学术界开始从政策定性分析转向政策量化研究。

2.2.2　政策信息学的发展历程

（1）国外政策信息学发展历程

随着科学技术的发展，国外公共政策领域开始更密集和创造性地利用数据信息和技术方法改进决策过程和政策制定，特别是在复杂的条件下，更倾向于用建模仿真（Gibert et al.，2018）、系统动力学（Fredericks et al.，2008）、网络分析、数据挖掘和数据可视化等技术方法来解释政策过程和服务政策决策，实现基于丰富信息的政策决策支撑。2007年，亚利桑那州立大学成立政策信息学研究中心。2008年，该校公共事务学院的两名学者Kim 和 Johnston 提出了政策信息学 1.0（Policy Informatics v1.0）的概念，旨在积极地寻求多方利益主体共同参与和利用现代信息技术进步以发掘科学制定政策的潜力。2010年，政策信息学研究中心围绕信息学下政策科学的创新为主题举办了政策信息学研讨会，来自美国 10 所高校的 25 名学者参与了讨论，最终 8 篇政策信息学相关学术论文（Barrett et al.，2011；Dawoody，2011；Koliba et al.，2011；Learmonth et al.，2011；Wachhaus，2011；Lampe et al.，2011；Desouza and Lin，2011；Heidelberg and Eckerd，2011）发表在 2011 年1 月美国《创新杂志》（*The Innovation Journal*）政策信息学特刊上，这些研究为借助先进的信息、计算和通信技术开展政策研究带来了新的希望，被视为是最早的政策信息学研究尝试。2012年，纽约州立大学奥尔巴尼分校（State University of New York at Albany）开始建立政策信息网络（Policy Informatics Network），以期利用信息和计算找到有效方法来理解和解决复杂的社会问题。2013年，美国国家科学基金会（NSF）资助了华盛顿大学政策信息学项目，鼓励来自计算机科学、信息科学、电子工程和统计学等不同学科的学者合作开展政策信息学研究。2014年，奥尔巴尼大学政府技术中心举办了公共事务教育中数据密集型分析技能整合研讨会，这一事件代表了美国和欧洲在过去几年发展的政策信息学和政策建模主题上的两股活动研究的汇合。2015年，Johnston 等出版了政策信息学的首部著作《信息时代的治理：政策信息学的理论与实践》（*Governance in the Information Era：Theory and Practice of Policy Informatics*），从理论和实践的角度对政策信息学进行了系统的分析和总结，并展望了未来发展方向。2016年，Höchtl 等提出"电子政策制定"（e-policy making）的概念，旨在通过提供令人信服的分析来识别和描述可用于支持公共政策问题解决和决策过程的新分析方法，并考虑到满足公众对透明度和参与的需求，是政策信息学的重要组成部分。总之，大数据时代的到来深刻影响着政策决策过程，为循证决策开辟了道路，在改进决策过程、政策制定和服务方面正发挥着巨大作用。

（2）国内政策信息学发展历程

国内"政策信息学"一词出现较晚，主要集中在对政策文本信息的挖掘和计量分析，是一种事后的政策规律探索与揭示。张楠（2015）在《公共衍生大数据分析与政府决策过程重构》一文中使用了"政策信息学"概念，并出版专著《政策信息学：大数据驱动的公共政策分析》（张楠，马宝君等著，2020 年出版）。黄萃等（2015）提出了公共政策研究的新方向，使用了"政策文献量化"一词，认为其是对政策文本内容与外部属性特征的分析，旨在揭示政策工具的选择和运用、政策过程的利益分配和博弈过程、政策嬗变的内在逻辑和历史规律。李江等（2015）将以"洛特卡定律"、"布拉德福定律"与"齐夫定律"三大定律为理论基础的文献计量学方法应用到政策科学的研究中，正式提出"政策文献计量"（Policiometrics）的概念。丁洁兰等（2017）将科学计量方法应用于科技政策研究中，探讨了科学计量学在政策科学领域的应用现状。随着计量学的概念不断深入发展，"五计学"的概念在 2017 年第 16 届国际科学计量学与信息计量学大会（ISSI）上以议题形式正式出现（杨思洛等，2019），主要包括文献计量学（Bibliometrics）、科学计量学（Scientometrics）、信息计量学（Informetrics）、网络计量学（Webometrics）和知识计量学（Knowledgometrics），核心均是对信息，特别是文本数据，且往往是非结构化文本数据的量化研究。由此，计量学的分析单元也从文献数据转向更为细粒度的知识单元，并逐渐渗透到政策科学领域，延伸出了政策计量的概念（杨正，2019）。在此基础上，刘昊和张志强（2019）提出计量学视角下政策科学研究已经从政策量化研究转向政策信息学。此外，有学者依托补充计量学（Altmetrics），专门对参考文献中的政策文献展开研究，提出了政策文件补充计量指标（Bornmann et al.，2016；余厚强等，2017；余厚强和李龙飞，2021），此类研究通常依托 Altmetric.com 平台中的政策数据展开，通过被政策文件引用或提及来评估学术成果的社会价值和效用。大数据时代的到来及新一轮信息技术革命的出现，为我国学者开展情报学研究提供了更为丰富的信息源，但本质上是计量学研究范式向政策文献研究的迁移，旨在研究政策的科学发展规律及事后评价。

（3）国内外政策信息学发展特点

国内外政策信息学的发展路径及侧重点有所不同。国外的政策信息学更多地是一种方法学，是指用大数据、网络分析、可视化等定量方法提升决策质量的研究，是在传统的定性政策分析基础上利用信息科学技术服务于政府决策，是围绕具体政策问题进行的事前分析研究。而我国目前的政策信息学本质上是对已有政策文本的计量分析、量化研究，是利用计量学方法、统计学方法围绕政策结果的事后量化分析与政策绩效评价等，而缺乏事先的政策决策咨询和政策过程设计等应用功能，多集中在公共管理与公共政策、经济学和情报学领域。

从政策信息学的内涵发展与外延应用的角度看，政策信息学的良好发展应当是国内外研究特点的结合，是大数据环境下基于政策科学范畴的政策量化发展和文献情报学的政策计量发展两个方向的集成性研究领域。一方面，随着数据量的不断增长，政策科学逐渐开始借鉴其他学科的方法开展政策量化分析，尤其是计量学方法得到了广泛渗透，其目的是为政府决策提供有力支撑。另一方面，随着计量学方法、计算机方法的不断融合渗透，情报学界的研究对象逐渐从论文、专利等科技文献数据扩展到了政策文献数据，其目的在于揭示政策文献的发展规律。

2.3 政策信息学的理论方法

2.3.1 政策信息学的概念内涵

（1）概念界定

政策信息学的内涵和外延、核心理论体系、应用实践等正在快速发展中，尚未形成学术界高度共识的成熟的知识体系，不同的学者基于不同的学术背景和政策场景对其有不同的理解，代表性的部分观点如表 2-1 所示。

通过对已有政策信息学定义与内涵的梳理，并结合新的发展趋势对政策信息学的概念补充完善，可以发现政策信息学的内涵主要包括以下几个方面。

研究对象：政策主体、政策目标、政策工具、政策过程等各类政策相关问题。

表 2-1 政策信息学的概念界定和体系构建

类别	作者（时间）	观点
概念界定	Kim and Johnston（2008）	政策信息学是使用工具、模型和场景模拟来帮助个人、群体和社区做出政策选择、解决政策问题和评估政策结果的学科。其创新之处在于对政策挑战研究的推进和政策讨论进程的推进
	Johnston and Kim（2015）	政策信息学是利用新兴建模和分析技术处理海量的公共政策数据，去更好地理解和解决复杂的公共政策问题和管理问题，从而实现以治理流程和制度创新为目标的若干跨学科研究
	刘昊和张志强（2019）	政策信息学是以政策问题生命周期中的文本为研究对象，利用信息科学、情报学、文献计量学和科学计量学的方法和工具开展政策知识发现，揭示政策发展演化规律和特征，评价政策运行的效果和质量，分析政策发展的热点与方向的一门学科

续表

类别	作者（时间）	观点
体系建构	Dawes and Janssen (2013)	政策信息学主要分为政策分析、基础设施和管理过程三个研究集群，政策分析包括收集数据提供证据、可视化数据间关系和模拟复杂的问题环境等；基础设置包括建设政策信息分析相关的公共机构、设计开放共享的决策平台、多方利益主体可共同参与式平台；管理过程包括引入技术优化流程、管理过程透明化、利用网络力量开展合作治理
	张楠（2015）	政策信息学主要包括公共衍生大数据的基础分析方法研究、围绕特定政策场景的知识发现研究、面向大数据的政策决策模式与决策过程重构策略研究、公共选择模拟与决策效果评估研究
	段忠贤等（2019）	提出了政策信息学基于政策过程和政策网络的二维分析框架，在政策过程维度，政策信息学可以优化政策问题、政策议程、政策决策、政策执行和评估等一系列政策流程；在政策网络维度，政策信息学能够提供政策管理平台以及更灵活的政策工具

数据来源：政策活动产生的大量科学数据，包括并不局限于法律法规、通知公报等政策文件数据，学术论文、智库报告等科研文献数据，新闻报道、网络舆情等社会媒体数据。

技术方法：主要借鉴其他学科的分析方法和技术，核心方法主要包括文献计量和科学计量、文本挖掘和语义分析、系统科学和模型构建、社会网络分析、新兴大数据分析方法等。

学科基础：政策科学、信息科学、学科信息学、数据科学、系统科学等。

研究目的：开展政策领域的知识分析和知识发现；解决日益复杂的公共政策和公共管理问题；揭示政策科学的一般性规律和特征；优化并评估政策制定过程和效果。

基于以上分析，政策信息学可以定义为：政策信息学是基于政策文件数据、科研文献数据和社会媒体数据等政策相关的多源海量异构数据，利用统计学、计量学和计算机科学等多学科的技术方法，围绕政策科学研究的关键问题开展知识挖掘和知识发现研究，以便更好地理解和解决日益复杂的政策问题的学科。可以说，政策信息学的核心是针对政策全生命周期信息的大数据分析和知识发现研究，其三大支柱是：多来源异构大数据体系；多学科技术方法体系；多类型应用场景体系。目前政策信息学的英文解释主要有两个：Policy Informatics 和 PoliInformatics，前者是学术界通常意义上的理解，常用在学术论文、学术会议和相关论坛中，而后者是 policy 和 informatics 两个单词的集成化表达，出现在美国国家科学基金会（NSF）资助的华盛顿大学政策信息学项目中。基于"X- informatics"学科群的理论，本书更倾向于使用 Policy Informatics 作为政策信息学的正式表述。

（2）概念辨析

伴随着学科交叉融合渗透，学术界涌现出了许多与政策信息学相关的概念，例如"政策量化""政策计量""政策文献量化""政策文献计量""政策科学计量"等。为了厘清各个概念之间的界限及相关关系，可以用韦恩图来直观表示（图 2-2）。从概念继承和发展的角度看，随着政策议题日趋复杂、数据规模逐渐从小样本扩展到大数据，政策分析也逐渐从传统的政策量化到政策计量再到政策信息学转变。从概念边界和范畴的角度看，政策信息学是政策研究在信息革命下新的聚焦点，是大数据范式下以量化为主要方式的政策数据分析与知识发现，旨在解决政策问题，故政策信息学包含政策文献量化；政策文献量化是对政策文献的内外部特征进行统计分析研究，随着计量学相关方法的日渐成熟，政策计量逐渐成为政策文献量化的主要研究领域；而政策文献计量和政策科学计量分别是政策计量在政策分析方法上的不同侧重。实际上，不管是政策文献计量、政策计量还是政策文献量化，本质意义上都是政策信息学的概念范畴。

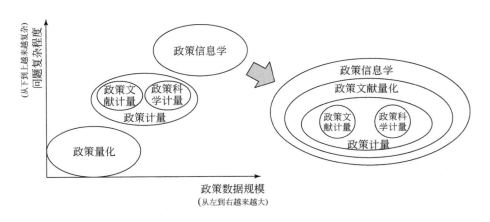

图 2-2　政策信息学相关概念发展及其关系

2.3.2　政策信息学的研究流程

政策信息学的研究流程就是从政策数据到知识的线性变化过程，如图 2-3 所示。首先从多源异构数据中提取有效信息，其次使用多种技术方法进行数据挖掘，最后通过知识分析发现的结果应用到具体的政策研究场景中。其中，政策问题既是政策信息学研究结果的应用场景，也是开展政策信息学研究的驱动因素。

（1）多来源异构大数据

政策信息学的研究基础是多源海量异构数据，自 2008 年 5 月《中华人民共和国政府信息公开条例》实施以来，政府信息逐渐从注重公开共享转向注重数据利用（段尧清等，2019）。然而由于政策信息资源的数据类型、数据标准和数据范围等有所差异，目前还没有成熟的、全面的政策数据库，也没有针对某一领域的专题政策数据库，学者们开展相关

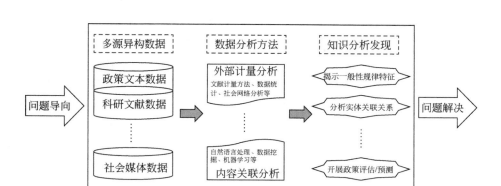

图 2-3　政策信息学的分析研究流程

政策研究，多是从各大政府官方网站自主收集数据，形成研究所需的数据集，比较常用的政策研究相关数据库如表 2-2 所示。可以看出，与生物信息学、医学信息学等成熟的专门学科信息学相比，政策信息学的数据库正处于发展期，数据分析平台和工具针对性不强，且面向具体政策问题的数据分析和知识发现功能还不完善。实际上，目前的政策数据分析平台还主要集中在对政策相关数据的简单统计分析，对政策的实质性内容挖掘和语义情感分析等还停留在理论层面。

表 2-2　政策研究部分数据平台概况

名称	简介
北大法宝（http://www.pkulaw.cn/）	北大法宝是智能型法律信息一站式检索平台，包括法律法规、司法案例、法学期刊、律所实务、专题参考等各种类型的法律信息
中国政府网（http://www.gov.cn/）	中国政府网是国务院和国务院各部门以及各省、自治区、直辖市人民政府在国际互联网上发布政府信息和提供在线服务的综合平台，主要包含重要政策文件、领导人讲话、规划报告等
Overton（https://www.overton.io/）	Overton 是世界上最大的政策文件索引数据库，其从全球 182 个国家和超过 1000 个来源收集数据，并与相关新闻报道、学术研究、智库产出和其他相关政策关联
清华大学政策文献中心（http://www.sppm.tsinghua.edu.cn/zcpt/zfwx/）	清华大学科教政策研究中心自建数据库，根据政府文献学术价值与公共管理学科建设价值的二维取向框定了数据范围，包含 1949 年以来中央级政府政策文件、政府公报、工作报告等
American Presidency Project（https://www.presidency.ucsb.edu/presidents）	该平台是美国总统公共文件的权威，包括行政命令、公告、新闻发布令、国情咨文、大会演讲等，同时提供数据分析功能，并将其映射到美国地图上，生动描绘票选情况

续表

名称	简介
the Pennsylvania Policy Database（https:// www. cla. emple. edu/pennsylvania- policy- database-project/datasets/）	宾夕法尼亚州政策数据库项目包括立法机关、州长、州最高法院、媒体和公众舆论的行为数据。数据采用与相关项目相似的 22 个大主题代码和近 250 个副主题代码进行编码，并针对国家政策责任进行了调整。包括 Governing Magazine、Newspaper Clips、Bills，Resolutions and Laws、Legislative Hearings、Legislative Service Agency Reports、Governors' Budget Addresses、Executive Orders、Supreme Court Decisions、Most Important Problems Polls、Budget 等 10 个政策数据集供开源使用

Dawes 和 Helbig（2015）指出由于开放政府和政府社交媒体的出现，政策信息资源远远超出政府本身的信息产出，已经扩展到了一个多元化的多方利益互动参与的社会形态。在这样的背景下，能否获取高质量的可用数据，直接影响着政策信息分析结果的科学性和权威性。Barrett 等（2011）在政策信息平台建设方面做了有益尝试，描述了政策信息学的信息集成和模拟方法的理念和设计，试图构建具有适应性、可扩展性、可测量性和灵活性的信息集成平台。Koliba 等（2011）在政策信息学的概念下提出治理信息学（Governance Informatics，GI）强调了数据管理功能，旨在建立政策信息学平台为政府常规和战略行动提供信息。我国在新冠疫情大流行期间涌现出了"数字战疫"的概念，为疫情精准防控和经济复苏提供了有力保障。在后疫情时代，国家更应该准确把握数字化转型趋势，加快推进从"数字战疫"到数字政府建设的转变（卢向东，2020），而数字政府建设的关键就是要拥有完备的政策信息资源体系。

（2）多学科数据分析方法

政策信息学目前常用的数据分析方法有文献计量分析、社会网络分析、内容分析法、系统科学方法、文本计算法、知识图谱与可视化方法。根据分析方法的不同，所对应的分析工具也不同，如表 2-3 所示。主要包括：CiteSpace、VOSviewer 等文献计量工具和可视化工具，Ucinet、Pajek、SCI2、Gephi 等社会网络分析工具，Python、R 等编程工具，N-Vivo 等语义分析工具。在实际应用过程中，学者通常综合运用多种方法，以便实现政策文献的系统化、整体化研究。例如，吴宾等（2017）、王芳等（2013）综合运用文献计量方法和内容分析法分别对中国海洋工程装备制造业政策和农村信息化政策进行分析，揭示了政策的历史变迁、关注重点、发布主体合作状况。大数据时代背景下，利用大规模数据和文本计算方法对政策内容进行研究被视为数据前沿（Feldman et al.，2015），大数据相关技术可以使相关但异构的信息片段快速、非持久地匹配和链接在一起，有助于识别尚未发现的信息流之间隐藏的模式和相关性，提高情景规划和预测分析的质量，并导致真正的循证决策。许多学者都致力于深化政策文本计算方法。例如，Dedaić（2004）通过机器学习的方式提升了信息抽取和特征识别的效率，为政策主题分析和热点识别等提供了技术支持；张涛等（2019）提出一种融合关键词抽取法、主题分析法和共现分析法的政策文本计算方法，主要用于对政策内容分析方法框架的提取及对政策文件和政策评论的分析研究；Chuang 和 Zeng（2016）专注于社交媒体情感语义分析，开发了基于社交媒体的公共政策信息学框架——iMood 系统，以促进自动社交媒体分析；魏宇和余青（2019）将自然语言处理引入政策量化研究，利用分词、词性标注、命名实体识别和依存句法分析等语义分析方法构建基于语义分析的"时间–空间–主体–要素–主题"政策量化模型。由于目前政策数据库的局限，语料库在时效性和完备性上还有欠缺，导致文本计算法尚未在政策分析领域全面展开。但政策文本计算是政策信息的直接语义表达，涉及文本挖掘、机器学习、自然语言处理等技术，是一种更加精细化的政策计量分析方法（Laver et al., 2003），可以预见随着政策文献日益丰盈和相关技术愈发成熟，政策文本计算将具有广阔的应用空间。

表 2-3　政策信息学研究的主要常用分析方法

分析方法	概念	常用工具	应用场景
文献计量分析	通常以科技文献体系和文献特征为研究对象，分析文献的分布结构、数量关系、变化规律和定量管理，进而探讨科学的结构、特征和规律（朱少强和邱均平，2005）	Excel、SPSS、Bibexcel、CiteSpace	发布主体、发布时间、研究主题等政策分布规律研究
社会网络分析	将政策文献中的关键主题、发布主体之间的互动关系构建一个关系网络，分为合作网络和主题关联网络。合作网络可以体现政府主体间关系；主题关联网络可以揭示政策领域的关注热点和前沿研究等	Ucinet、Pajek、Gephi、SCI2、Netdraw	府际关系、主题聚类研究
系统科学方法	运用系统科学的理论和观点，从系统的整体性、系统的结构和功能角度去研究对象，以探求所研究对象的本质和规律，获得解决问题方案的科学研究方法	无特定工具	都适用
内容分析法	对政策文献内容进行量化，对政策文本中的非结构化信息进行结构化处理，形成易读取和分析的知识单元。本质上是基于定性内容的定量分析方法	Python、R	主题变迁与演进、政策扩散、政策预测研究
文本计算法	运用政策概念词表或政策与语词之间的映射关系进行政策概念的自动识别和自动处理，构建政策文本到语义的自动解析框架。具有非介入性、客观性和中立性的特点（裴雷，2016）	Python、R、N-vivo	政策内容语义分析、政治立场
可视化方法	运用一些可视化工具，将政策主题、合作关系、变迁与演进过程以"知识图谱"的方式直观表述，便于理解，通常需要与其他方法搭配使用	CiteSpace、VOSviewer	都适用

（3）多目标知识分析与知识发现

政策信息学不仅需要使用先进的信息技术使政府数据更加可用，还需要专门的研究团队对信息展开全面客观的分析，以便将数据转化为解决政策问题的知识，因此，基于不同的应用场景围绕政策大数据知识分析与知识发现是政策信息学的关键步骤。但是需要注意的是，信息是客观的，而理解是主观的。由于开放数据运动和社会媒体的普及，信息资源更加复杂和多元，分析者根据自己的知识体系和价值观念理解多种技术方法加工后的信息，歧义是普遍存在的。同一个政策问题，政策分析常常有多种方法和路径选择，使用不同的分析思路可能会导致不同的研究结果，这要求研究者需要对不同类型的数据分析技术和工具的优势与局限性有深刻的理解，否则就有偏离分析过程的风险（Puroncid et al.,2016）。目前基于多学科技术方法的知识发现和形成有价值的实际政策问题解决方案之间还不能有效联系起来，因此如何能通过客观的信息得出客观的结论是未来政策信息学要解决的关键问题。

2.3.3　政策信息学的学科体系

学科发展初期，构建理论结构清晰、内容科学全面的学科体系至关重要。结合学科从产生到成熟的成长历程，建立了包括理论基础、方法技术、应用实践和教育管理 4 个方面的学科体系（图 2-4），以期较为全面地展示政策信息学的发展思路。

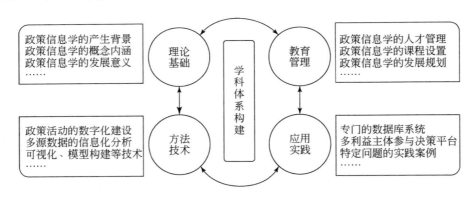

图 2-4　政策信息学的学科体系

政策信息学的发展表面上看是理论基础—方法技术—应用实践—教育管理的线性关系，实际上两两之间相互促进、交叉融合，形成了一个完整的循环圈。其中，理论基础是政策信息学产生和发展的基础，方法技术是政策信息学得以发展的有力工具，应用实践是政策信息学的最终结果和发展目标，而教育管理是促进该学科发展的不竭动力，能够源源不断地为政策信息学输送人才，使得政策信息学的知识得以传承和发展。总体来看，这 4 个方面既独立发展又相互促进，形成了一个闭合的有机发展循环圈，充分体现了政策信息学发展的全面性、合理性与科学性。

2.3.4　政策信息学的发展重点

（1）建设专业化的领域政策大数据库

目前，政策的数据资源体系建设还在起步期，数据的体量、范围和结构化程度都比较低，尤其缺乏专业的领域政策大数据资源库。政府应尽快建设以解决政策问题、服务政策制定为导向的政策大数据集成分析平台，将政策相关的全类信息汇总起来，促进数据整合与共享，并建设专门的政策事实数据库、文本语料库等，推进数据收集、管理、分析及可视化的一站式现代化平台建设，从而为政策信息学的繁荣发展提供良好的数据和工具基础。要特别注意的是，政策信息学是问题驱动型学科，只有建设专业领域政策数据库才能支撑开展专业化的政策分析，这样就能够针对性地揭示隐藏于政策信息背后的政策知识与演变轨迹，验证质性研究中的经验主义与主观判断，对政策趋势进行可视化呈现与规律性预测，有助于解决具体的政策研究问题。

（2）开发专门的政策分析技术和工具

政策文献与科研文献类似，具备基本结构要素和政策语义内容，但同时政策文献又有其自身独特性。首先，政策文献基于其独特的政治属性通常具有更高的知识密集度，拥有更加规范的话语体系；其次，政策文献之间的关系更加复杂，政府主体间复杂的相互关系可能使政策文本呈现出连续、组合和互补的网络关系；再次，政策发布具备周期性，不同时期发布的政策通常有不同的主题侧重点。基于这样的特殊性，现有的分析技术方法和工具难以胜任。这就需要在不断借鉴其他学科技术方法的基础上进行创新和整合，开发出适用于政策信息学研究的针对性技术方法和专业的数据分析工具，以便在大量非结构化和半结构化的政策文本数据集中挖掘分类或聚类特征、发现关联知识和规律，并从文件的外部属性深入到政策文本内容分析、语义分析和情感分析，推动对多源海量数据的精准分析。

（3）围绕特定政策场景开展案例研究

一个新学科的兴起和发展是理论研究和实践检验不断迭代演进的结果，只有以问题导向、需求导向开展大量的理论和实践研究，政策信息学才能不断地向前发展。目前有关解决实际政策问题的成熟研究案例还比较少，接下来需要围绕特定政策场景、特定研究领域从海量的政策数据中发现对政策决策、政策评估和政策预测等过程真正有价值的关键知识。政策信息学与其他专门学科信息学的区别在于其涉及广泛的学科领域，例如科技政策、生态政策、数字政策、信息政策和人工智能政策等。尤其是在后疫情时代，构建重点领域政策数据库，开展针对国家重大战略领域的政策案例分析显得尤为重要。一方面可以为政策信息完善理论基础，检验质性的研究结论，另一方面能为开展更为广泛的政策信息学研究提供宝贵的经验。

（4）促进政策信息学学术共同体发展

亚利桑那州立大学于 2007 年成立政策信息学中心的目的就是希望建立一个研究社区探索先进的信息技术对公共政策的影响（Johnston and Kim，2011）。然而政策信息学发展至今，持续不断增长的政策信息活动加速了该领域研究学者的聚集和研究成果的累积，但仍未成为热点研究领域，有影响力的学术共同体较少。在政策研究议题日益复杂的今天，各个研究领域都应该形成专业的政策信息分析与决策咨询团队，以满足各个学科政策科学发展需求，为解决相关科学问题提供战略参考。同时，随着信息技术的发展，政策信息学的学术交流可以转向更具互动性和协作性的模式，包括在公共管理者、政策决策者、利益集团及民间社会和私营部门组织的任何成员之间发展伙伴关系，形成在线社区、网络论坛等线上学术共同体，以应对不断变化的复杂的政策挑战。

2.4 政策信息学知识发现研究现状

政策信息学的出现是数据驱动科学研究范式下的必然结果，其发展既弥补了政策科学的研究困境，又拓展了文献计量学的研究领域。通过阅读大量的文献，发现围绕政策信息学的知识分析和知识发现研究主要集中在以下 4 个方面。

2.4.1 政策变迁过程和演化规律研究

政策变迁过程和演化规律研究是政策信息学研究的重点内容，其包含政策扩散及演变、分布态势及注意力分配（政府注意力体现了政府对相关政策治理的重视程度）等子领域。①在政策扩散及演化规律研究方面，张剑等（2016）以科技成果转化政策为例，发现政策参照网络和关键词时序分析可以从强度、广度、速度与方向的维度有效揭示政策的扩散过程和特点。Huang 等（2015）利用文献计量学方法分析了不同时期不同部门的政策出台情况，梳理了中国科技创新政策体系的发展脉络。随后，他们又提出了一种基于政策目标–政策工具模式政策主题变迁的方法，并以中国核领域的政策文献证实了该方法的有效性（Huang et al.，2018）。刘建华（2017）、李燕萍等（2019）结合时间属性从直接语义关系、直接共现关系以及间接共现关联等角度探讨了我国科技政策及科技人才政策的演变规律。②在政策分布态势及注意力分配研究方面，郑烨等（2021）、曲昭等（2015）、裘著燕等（2014）分别从政策发布时间、发布部门、发布数量角度进行计量分析，描绘了政策分布态势。王刚和毛扬（2019）、王长征等（2020）基于政策内容与社会网络的分析，分别对海洋环境治理政策和大数据相关治理政策为研究对象，分析了政府注意力分布特点及变迁规律。Mallinson（2016）以美国政治中议程设置动态变化为例探讨了政府注意力变化过程，试图为政府制度如何塑造注意力分配和间断均衡提供一个比较视角。

通过以上分析发现，政府的执政理念会随着政治、经济和社会环境的不断发展而变化，目前研究多是基于量化方法可视化地呈现某个时间段内某个研究领域的政策分布特征、扩散规律以及政策演进的历史轨迹，尚未深入到政策未来发展趋势预测研究。

2.4.2　政策量化分析和绩效评价研究

政策的量化评价研究能够为政策的制定、调整以及完善提供重要的理论支撑和决策依据，近年来成为政策信息学研究的重要组成部分。Libecap（1978）对美国矿产权相关法规政策的作用效果进行了统计研究，这是最早的政策量化评价研究。此后，国内外学者展开了大量的政策量化评价体系研究。例如，彭纪生等（2008）基于政策力度、政策措施和政策目标构建了三维评价指标体系，制定出了一套政策量化标准的具体操作手册，被学术界广泛应用，被视为是政策量化评价从主观向客观过渡的标志。Estrada（2011）基于政策主客观的角度提出的 PMC 指数（policy modeling consistency index），由于能够直观了解待评价政策的优势和缺陷，也被广泛应用于政策量化评价领域。吴卫红等（2020）、王进富等（2019）则将 PMC 指数与自编码技术（auto encoder，AE）相结合，实现了对制造业创新政策和军民融合政策的量化评价研究。其他常用的定量政策评价方法还有 AHP 层次分析法（陈云萍，2009；丁璐璐和徐恺英，2019）、BP 神经网络综合评价法（时丹丹和嵇国平，2011）、DEA 数据包络分析方法（王宁等，2018；林海华和李滢，2020）等方法。但是上述政策量化评价都建立在创建指标的基础上，而指标选择和确定都难以避免主观因素的影响，郄海拓和张志坚（2020）试图将政策文本挖掘方法用于政策评价研究，不选择指标，只分析和挖掘政策文本背后隐含的深层次信息，避免主观判断带来的偏差，以期弥补现有政策量化评价研究的不足。

目前，从政策评价的实践来看，定量的政策评价方法研究已渐成规模。但是日益复杂的政策环境对政策评价研究提出了更高的要求，大量灰色的、非结构化的因素掺杂其中，这就要求结合具体的政策特点设计对应的量化评价模型，克服主观臆断带来的政策失误，确保评价过程的规范性、完整性和准确性。

2.4.3　政策府际关系和政策博弈研究

政策制定离不开政策主体之间的合作与博弈，政策的实施往往是多个政府部门联合博弈的结果，各政府部门基于政策制定或执行形成了多种类型的府际关系。府际关系是政府治理机制的体现（Birrell，2012），随着政府治理机制日趋复杂化，社会网络分析方法日益成熟，府际关系的量化研究成为学者们研究的焦点。主要聚焦在两个方面，一方面是府际关系合作模式及演化规律分析。例如，Sun 和 Cao（2018）、黄萃等（2015）基于我国科技政策和创新政策文件，从政策中提取政府机构之间的结构关系，发现政策制定机构间网络关系逐渐复杂化、机构类型日益多样化并且跨机构合作愈发频繁。李新等（2020）为研究创新型城市建设中的府际关系，通过对相关政策文本编码，构建府际关系与政策工具的交互社会网络，探索了政府部门使用各类政策工具及其组合的方式。另一方面是府际合作中动力与阻力的量化研究。例如，刘晓燕等（2019，2021）以京津冀科技创新政策为样本，从同层级政策主体关系特征、跨层级政策主体扩散及响应特征入手，构建府际关系多层网络分析模型，探索网络内府际合作机理，揭示了府际合作中的动力与阻力。Thompson（2005）发现在英国国家公园管理中，中央政府需要将权力下放给基层单位，以允许政策差异化，这样有助于促进政府主体间合作，确保能够实现国家政策目标。孙涛和温雪梅（2017）、陈宇等（2019）基于府际关系视角，对环境治理政策演变、政策行动和主体关系结构进行量化研究，分析政府在区域环境政策执行过程中的利益博弈和行为偏差的产生机制，探讨了阻滞区域环境府际合作治理之困境。

近年来区域治理不断兴起，政府作为治理过程中的主导行动者，府际关系对于区域治理的影响日显重要（刘兴成，2020）。但目前府际关系的量化研究主要集中在合作规律描述，而对于其背后的原因机理探索还不够。

2.4.4　政策研究和科学研究间的关系

科学研究的开展与政府政策的制定之间关系的探讨一直是学术界的热点选题，许多学者针对各个实体之间的相互影响展开了定量研究。例如，Bakhtin 等（2017）以农业和食品部门为例，基于语义分析提出了"趋势监视"方法计算科学研究和政策文件之间的相似性，证明了科学研究和政策制定之间影响是相互的，即科技文献能够影响政策制定，反之亦然；方俊智和李忻蔚（2019）基于 PPP（政府和社会资本合作模式，即公私合作模式）领域的文献和政策分别研究了其主题变化特征，发现政策和文献在不同的发展阶段互动关系也不尽相同。探索期表现为文献对政策的引导，加速期体现为政策对文献的引用，优化期政策与文献则形成了良好互动。赵一方等（2020）以公共文化服务领域为例，探讨了该领域理论研究和政策制定之间的共识和分野，同时提出了疑问：理论研究和政策制定的先导关系到底是"理论服务于政策"还是"政策服膺于理论"。

在传统观念中，人们通常认为理论研究是指导政策制定的，两者之间最理想的关系是

"循证决策",为此,一些学者开展了许多实践研究。例如,Yian 等(2021)基于新冠疫情时期的政策和论文数据,追踪了两者之间的引用关系,发现疫情间多数政策文件都较大程度上援引了最新的、经过同行评审的、高影响力的学术成果,并且引用学术成果的政策文件有较高的影响力,表现为更容易被其他政策所引用。施茜等(2016)以信息化政策以及理论文献为研究对象,通过统计不同时间段的关键词词频来揭示主题概念的变化,得出了研究理论滞后于政策的结论。实际上该文章默认前提是"理论服务于政策",若忽略该前提,研究所发现的时滞性或许也可以理解为是"政策服膺于理论"的侧面证明。因此,科学研究与政策研究之间不是单一的线性关系,而是相互影响、相互促进的互动关系(图 2-5)。在这种互动关系中,一方面,科学研究为政策制定提供了理论解释和证据,推动了政策制定和执行;另一方面,政府各种政策的执行又可以成为学术导向,促进科学研究的兴起与发展。此外,智库机构作为战略与政策研究机构,也是政策体系形成中非常关键的一环。

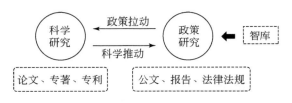

图 2-5 政策研究和科学研究间的关系框架

智库通常是以战略问题和公共政策为主要研究对象、以服务党和政府科学民主依法决策为宗旨的非营利性研究咨询机构(李刚,2017)。它具有强烈的咨政色彩,与政策制定有着密切的关系,智库研究成果可认为是政策预测的数据样本。例如,刘昊和张志强(2019)以网络安全领域的美国政府政策及智库研究成果为例,通过计算主题聚类的时序强度进行相关性检验,并尝试对"亚太地区网络安全与发展"这一主题的未来政策发展趋势进行预测,发现智库研究与政策发展之间存在一定的相关性,证实了从智库角度开展政策预测研究具有一定的可行性。目前政策发展趋势预测研究还比较少,并且多集中在总统的选举预测研究,而关于智库成果和政策制定之间的互动关系的研究尚未涌现,这或许是未来开展政策预测研究的有效路径。

2.5 政策信息学应用的一个重点领域——科技政策领域

21 世纪以来全球科技创新进入加速发展时代,促使新一轮科技革命与产业变革加速孕育和演进，尖端前沿科技领域的竞争成为科技强国博弈的主战场。创新驱动发展，人才驱动创新，制度与政策驱动人才，因此，科技竞争本质上是制度和政策的竞争，科技发达国家充分发挥政府科技政策导向进行科技战略前瞻布局，科技政策研究逐渐发展成为一门独立的学科——科技政策学。科技政策学是科技政策相关研究的体系化和学科化发展，也是公共政策研究在科技领域专业化发展的必然结果。伴随着 2020 年初暴发的新冠疫情全球长时间大流行，与新一轮科技革命与产业变革相叠加，既导致国际科技竞争态势进一步加剧，又对科技加速创新以应对疫情和健康威胁提出新要求，使科技政策研究迎来新的发展机遇、面临新的发展挑战。

政策信息学作为数据驱动下政策科学领域的知识分析和知识发现的理论支撑，能够为当前科技政策研究提供政策知识大数据分析与发现的新范式，有助于对科技政策发展趋势进行量化呈现与规律性预判、验证质化研究中带有主观色彩的思辨与判断、发现隐藏于科技政策文献背后的政策信息与内在逻辑，为科技政策决策方案选择提供有力支撑等。政策信息学与科技政策学是相互交叉、相互补充的研究领域，政策信息学提供政策大数据分析与知识发现的方法论，科技政策学是政策信息学研究的主要应用场景领域。

2.5.1　科技政策学的形成发展

现代科技政策诞生于 20 世纪中叶，第二次世界大战后美国逐步形成了以时任美国科学研究和发展办公室主任万尼瓦尔·布什（Vannevar Bush）于 1945 年提交的研究报告《科学：无尽的前沿》为标志和核心的科技政策体系。该报告明确指出基础研究是科学技术发展的基石，政府应当制定全面的科技政策资助科学研究，促进了全球范围内科技政策的兴起与发展。1963 年联合国在日内瓦召开科学技术会议后（王卉钰，2008），科技政策逐渐成为一个专业术语，并被经济和科技发达国家共同采用。迄今，有关科技政策的定义和内涵既不尽相同、又大同小异。科技政策的一些代表性定义如表 2-4 所示。

表 2-4　科技政策部分相关定义

作者	年份	科技政策定义
Brooks	1964	科技政策分为两种：一种是为了政策的科学，另一种是为了科学的政策。"为了科学的政策"是指如何资助和构建系统的科学探索的决策，而"为了政策的科学"是指使用知识来辅助和改进决策的制定
Salomon	1978	科技政策是为了实现国家良性发展与科学技术的有机整合，是政府为实现国家各方面协调发展所采取的协调性和综合性等一系列的集中措施
林慧岳、丁福虎	1999	科学技术政策是国家为了对科技活动的投入、运作、产出、转化各环节进行调控而建立的有计划、有组织地推进知识生产的科技方针和实现科技方针的体系

续表

作者	年份	科技政策定义
陈劲	2004	科技政策是一个国家的政府为了规范创新主体的行为所采取的综合性与集中性的手段和措施，制定各种政策措施进而促进一国科技创新活动的发展与完善
樊春良	2005	科技政策是政府为促进科学技术发展以及利用科学技术为国家目标（国防、社会经济发展、环境和健康等）服务而采取的集中性和协调性的措施，是科学技术与国家发展的有机结合
Lundvall、Borrás	2005	科技政策视为是实现国家目标可实施或已实施的促进科学、技术知识的生产、扩散和应用的相关政策，并将其分为科学政策、技术政策和创新政策
刘立	2011	科技政策应该是一个包含科学政策、技术政策、创新政策的一个广义的、综合性概念。对科技政策的讨论要从不同的文献和语言环境出发，具体问题具体分析
Lubell	2020	科技政策有着双重含义，既指在多个领域为公共和领域政策提供信息的科学和技术集合，也指影响科学行为、技术发展、进入产品市场的创新以及随之而来的社会影响的政策体系
联合国教科文组织	—	科技政策是一个国家为强化其科技潜力，以达成其综合开发之目标和提高其国家地位而建立的组织、制度及执行方向

从以上定义来看，国内外学者对科技政策虽然各有侧重，但整体上，科技政策是为实现国家经济、社会、政治和科技发展的总体目标和利益，系统推动科技领域发展、社会进步和经济增长的一系列制度、措施和工具的总和（徐峰，2014）。具体包含两方面的内容：通过政策制定促进科学技术发展；利用科学技术为国家社会和经济目标（包括国防、环境、健康等）服务。科技政策研究伴随着科技政策在国家政策体系中的确立而发展起来。21 世纪进入知识经济时代后，国家科技投入日益增长，如何保障科技投入的效率并实现经济社会效用最大化，成了一个现实而迫切的问题。2005 年，在时任美国科技政策办公室主任马伯格（Marburger，2005）的倡导和推动下，科学政策学（Science of Science Policy，SoSP）的概念被提出，旨在推动科技政策制定的科学化进程，将科技政策研究发展成为一门学科。2006 年，NSF 启动科学与创新政策科学计划（Science of Science and Innovation Policy，SciSIP），旨在为相关科技政策学研究提供资金支持。2008 年，美国能源部（DOE）和 NSF 牵头的 16 个联邦科技部门研究制定了一份《科技政策学发展路线图》（*The Science of Science Policy: A Federal Research Roadmap*）提炼出科技政策学研究的三类主题和 10 个科学问题，用以指导该学科的发展。2011 年，首部科技政策学著作《科学政策学手册》出版，细致地介绍了科技政策学的理论基础、数据测度和一些相关政策等，是第一部较为完整系统的科技政策学著作，标志着科技政策学已经初步具备学科发展特征。继美国之后，日本成为第二个从国家层面上提出发展科技政策的国家。2010 年日本在《第四期科学技术基本计划》中提出要推进建立"科学、技术和创新政策科学"（Science of Science，Technology and Innovation Policy），2011 年文部科学省设立科学、技术和创新政策科学计划（Science for Redesigning Science，Technology and Innovation，SciREX），推进科技创新政策科学的发展，这意味着科技政策学逐渐走向成熟化发展。

2.5.2 科技政策学的概念内涵

Lundvall 和 Borrás（2005）在《牛津创新手册》（*The Oxford Handbook of Innovation*）中将科技政策视为是实现国家目标可实施或已实施的促进科学、技术知识的生产、扩散和应用的相关政策，并将其分为科学政策、技术政策和创新政策。国内伍蓓、陈劲等对这三个概念进行了比较和辨析（伍蓓等，2007；陈劲，2013）。实际上，科学、技术和创新政策紧密相连，形成了"科学-技术-创新"政策范式，相关概念有两种：一种是继续沿用"科技政策"一词，但扩展了其概念外延以包含创新政策研究；另一种是使用"科技创新政策"或"科学、技术与创新政策"表示（樊春良，2017）。本书中采用"科技政策"一词，用于表示广泛意义上的科技政策，即科学、技术和创新政策。相应地，科技政策学也存在不同的表达方式，英文表述有 Science of Science Policy，Science of Science and Innovation Policy，Science of Science，Technology and Innovation Policy，这三种表述方式实际均是科技政策学的概念，故在此不做区分，将其统称为科技政策学。目前科技政策学的概念尚未统一，调研了国内外科技政策学相关著作，将其中科技政策学的定义概念总结如表 2-5。

表 2-5　科技政策学相关部分概念

著作名称	年份	作者	定义
《科学政策学：联邦研究路线图》	2008	〔美〕国家科学技术委员会	一门新兴的跨学科研究领域，其目的是通过科学、严谨的定量和定性研究，让政策制定者和研究人员能够评价国家科学和工程事业的影响，更好地理解其发展动力，评估可能的产出
《科学政策学手册》	2011	〔美〕凯耶·赫斯本兹·费林，茱莉亚·I. 莱恩，约翰·H. 马伯格Ⅲ等	科学政策学是通过有机发展或重塑框架，以推动几个领域和学科中科学发现边界，通过政策实践为政策制定者开发提供实证基础
《科技政策学研究》	2011	刘立	科技政策学是应用社会科学和人文科学针对促进科学技术和创新发展的政策，以及针对科学技术和创新为社会、经济和政治目标服务相关问题的研究

续表

著作名称	年份	作者	定义
《科技政策学学科发展报告 2016–2017》	2018	中国科学学与科技政策研究会	科技政策学是研究科技政策的性质、产生和发展及相关问题的学科领域，它具有核心学术问题、学科基础、制度和组织保障

21 世纪以来，随着科技创新加速演进和学科交叉融合趋势日益明显，以及新的科技认知不断产生与发展应用，科技政策学概念及其关涉领域的综合性和复杂性也日益增加。科技政策学在研究数据、对象和方法上呈现出以下变化特点。

1）研究数据已经从历史、小样本数据向实时动态大数据转变。科技政策分析的准确性、及时性和有效性是促进"循证决策"的关键，而科技政策分析的关键在于数据的选择。传统的科技政策研究强调基于历史数据和经验进行政策过程设计和辅助政策决策，但由于科技创新加速发展，政策决策容易受到过去实践经验或已过时或相关性有限的数据的明显影响。而大数据环境下的科技政策学是围绕实时动态大数据和相关性较高的事实数据的科技政策研究，能够最大程度地揭示科技政策设计、制定和执行过程中的痛点难点，提升科技政策决策的科学性、时效性和适应性。

2）研究对象发展到以科技为主、融合经济和社会发展的科技创新政策。新一轮科技革命与产业变革持续演进，成为世界百年未有之大变局的关键变量之一（张志强，2020）。在新科技变革时代，科技国家化和企业化特征日益明显，国际科技竞争空前剧烈。现代科技治理体系与治理能力建设的一个重要支撑，是发展与新一轮科技与产业变革新趋势和新规律相适应的科技与创新政策体系（张志强，2020，2021）。在新科技变革和科技激烈竞争时代，科技政策学的政策分析对象和范围也不断扩展，从主要研究和分析认识科技发展规律的科技政策研究，发展到以研究科技发展规律为主、融合经济和社会要素的科技创新政策研究，其复杂性和综合性不断增加。以创新的功能作用为研究重点的（新）熊彼特经济学和演化经济学以及国家创新体系理论等，为研究科学和技术资源高效配置提供了理论和方法，科技政策已经与创新政策紧密地联系在一起。

3）研究方法已经从多学科各自发展向多学科交叉融合渗透转变。科技政策包含广泛且复杂的研究议题，不同的学科从不同的视角对相关问题开展研究。例如，经济学主要研究科学和技术资源配置；政治学则聚焦于决策机制和决策过程研究；社会学为研究科学家群体的行为模式和激励机制提供了理论和方法。当前，科技、经济、社会和政治之间逐渐形成一个高度互动、相关和互通的复杂系统，科技政策议题变得更加复杂和多样，问题分析难度越来越大，围绕同一类问题的研究相互整合和借鉴，学科之间进行深度交叉融合渗透现象愈发明显，科技政策研究呈现出跨学科的特点。

科技政策学所依赖的学科基础是科学学、创新经济学和公共政策学（贾晓峰和高芳，

2020）。本书在传统的学科发展基础上，结合当前国家发展对科技政策研究的新需求以及科技政策学发展的新特点，将其定义为：科技政策学是应用多学科融合的技术、方法和工具，围绕社会、经济和政治等复杂的科技政策议题，基于实时动态异构大数据研究科学、技术和创新等各类科技与创新政策的性质、规律和内在机理的一门交叉性学科领域，其意义在于辅助政策制定者循证决策，完善科技政策设计和绩效评估，以有效的科技政策促进科技并驱动经济发展。

2.5.3　科技政策学研究主要问题

科技政策学是科技政策研究问题驱动下产生的研究领域，是为发展国家科技政策提供理论和方法的学科。发展和理解科技政策学，就要明确科技政策学的核心研究问题。在科技政策学诞生之初，美国科技政策学（SoSP）发展路线图中就从需求层面提出三大主题10个问题（表2-6）。但这些主题只涉及科技政策学的一部分，所列10个研究问题逻辑关系也并不系统、清晰，同时有相当部分研究问题只是基于美国国情。当前，面对国际科技竞争态势加剧、新冠疫情全球大流行、科技资源有限而竞争者众多，以及世界性经济与气候和生态环境危机等各种各样的全球性科技挑战问题，有必要重新厘清、研判和思考科技政策学的核心研究问题。

表 2-6　科技政策学（SoSP）发展路线图中的三大主题和 10 个研究问题

三大主题	10 个研究问题
科学、创新活动的理论模型	1. 创新的行为基础是什么？
	2. 如何理解技术开发、采纳和扩散？
	3. 科学和创新共同体是怎样形成和演变的？
科学合理的科技投资决策	4. 政府科技投入具有什么样的价值？
	5. 科学发展是否能预测？
	6. 科学发现对于创新产生什么影响？
	7. 科技投资的效益是怎样的？
满足国家优先战略的需求	8. 科学对于美国国家创新和竞争力将产生什么影响？
	9. 美国科技工作者的竞争力如何？
	10. 科技政策中不同政策工具的相对重要性如何？

注：摘译整理自美国《科技政策学发展路线图》（*The Science of Science Policy：A Federal Research Roadmap*）。

美国科技政策研究奠基者之一布鲁克斯科技政策的二分类思想构成了科技政策学研究问题的基本框架（Brooks，1964）。科技政策研究问题主要有两类：第一类政策问题是为政治或管理服务的，指政府将科学技术用于公共福利和政策制定。即政府在经济、环境、医疗和国防等政策的形成中，需要运用从科学技术实践中而来的经验。第二类政策问题是为国家科学和技术发展服务的，旨在解决如何科学合理地分配科学资源，促进国家科学事业发展的政策问题。即政府创造条件（决定增加科研投入、确定科技优先事项等政策）使科学技术的进展转化为整个社会的经济、安全和环境效益。

当前，新一轮世界科技与产业变革显现出一系列鲜明的新特征和新规律（张志强，2020）：科技创新范式正在发生深刻变化和持续演进；学科领域间交叉渗透跨界发展态势更加明显；基础科学理论革命性突破发展仍在不断蓄势；重大科技设施和新技术装备成为重要科学发现利器；多领域技术创新突破群发与重叠会聚融合产生颠覆性应用；专利技术成果的市场商业化应用转化周期显著缩短；私立研发机构崛起重塑全球研发格局和创新价值链；科技创新活跃中心呈全球多极多点区域集群化发展；大科学时代深度国际科技合作需求机遇与挑战并存；新兴技术领域发展挑战现有科技伦理监管治理体系。可见，当今时代是一个科技创新支撑发展、保障发展、驱动发展、引领发展的时代，新科技与产业变革的新特征和新规律，对科技政策研究提出了新挑战，一系列新的科技政策问题亟待研究与回答，主要有以下 6 个问题（张志强，2020）。

1）科技投入分配。科技投入问题是国家最关键的科技政策问题。《2020 年全球创新指数：谁来资助创新？》（WIPO，2020）指出，创新仍处于国家经济增长战略和企业战略的核心地位，在新冠疫情全球大流行造成经济严重衰退的情况下政府必须要增加其创新支出。随着科学界面临的科技问题比半个世纪以前的问题要难得多，全球研发的生产力出现下降，政府必须增加研发投入。但受到国内外科技环境变化、经济发展水平等各方面因素的影响和限制，政府增加科技投入的能力也是有限的，这就需要研究科技投入总量增长与投入强度增长的合理关系，深入思考如何科学合理地设定最优研发投入强度。

2）科研资助模式。不同类型的科研活动的稳定支持与竞争性支持之间的适当比例关系是亟需确定和解决的难题。例如，基础科学研究需要的是长期稳定支持，一直没有解决好科研机构的稳定支持与竞争性支持的适当比例关系；传统的竞争性资助方式不能保证研究工作的连续性，科学家可能为了得到经费而不得不变换研究方向，而且过多的竞争性项目争取耗费科学家宝贵的研究时间；由于政府资助项目不偏好高风险研究，科学家可能选择去实现平庸的成功，如何解决好各类科研资助活动资源分配问题对于实现研究工作连续性、资助稳定性和经费有效性之间的最优化影响很大。

3）国家技术政策。对于关键核心技术，不能粗糙、笼统地说"卡脖子"技术，这样的说法无益于政府科技决策和针对性重点支持以实现最关键技术突破。即使科技再强大的国家，也不可能在所有科技领域都包打天下、全部领先，这就需要深入研究技术创新发展的规律与特点，对关键核心技术予以科学分级分类，对不同级别的技术予以不同的治理策略，才能以有限的投入既掌握"最关键"核心技术的制高点，也有利于与其他国家开展科技合作和交流。新美国安全中心（Center for a New American Security，2021）向美国政府建议的国家技术战略的技术优先级方案与 6 项指导原则，就是对技术进行分级的一种方法，不乏参考价值和启发性。

4）创新体系建设。国家创新体系概念的兴起表明国家的科技实力不仅取决于主体的能力，更重要的是多个科学、技术和创新主体之间的系统性联系。落后的、过时的、僵化的、过度行政化的、不与时俱进的传统科技创新体系与治理能力显然不仅不会促进科技发展，甚至会成为科技发展的障碍和桎梏。要破除一切阻碍科技发展的体制机制障碍，必须建设卓越、系统的国家科技创新体系，建设完整的创新链、价值链和科技产业链，才能使本质属性上追求突破和颠覆的科技发展有所突破和颠覆。因此，厘清各类科技创新要素之间的关系、探索支持科技创新主体发展成为国家战略科技力量的激励体制等问题变得至关重要。

5）重大科技挑战领域的科技政策。以能源环境领域为例，随着人类面临的气候变化问题的日益显性化和严峻化，大力发展可再生能源及低碳技术将直接促进人类社会可持续发展，2016 年生效的《巴黎协定》是继 1992 年《联合国气候变化框架公约》、1997 年《京都议定书》后形成的第三个标志性的国际控制碳排放的法律文本，奠定了 2020 年后的全球气候治理格局。目前"碳中和"概念也已经逐步为大多数国家政府接受并成为政府政策。世界主要国家纷纷宣布"碳中和"时间表：德国计划在 2045 年实现碳中和，英国、美国、欧盟和日本等相继宣布在 2050 年实现温室气体净零排放，我国宣布 2030 年前实现碳达峰、2060 年前实现碳中和。因此，有关清洁能源、生态环境和气候变化的科技政策问题成为具有发展前景和实际应用价值的重要政策问题研究选题，无疑是近年来及今后很长时期的科技政策研究的重要领域。其他挑战性科技领域的政策问题，还包括诸如生物安全、人类健康治理等挑战性领域。

6）科技伦理治理。随着新一轮科技与产业变革深入发展，以信息技术、生物技术的突破性和颠覆性发展为代表的多领域技术叠加式、融合化发展，使得科技伦理问题的范畴不断拓展，涉及到遗传、道德、隐私、技术等，大量处于灰色地带、边界模糊的伦理挑战和相关规制的缺乏（Liautaud，2021），使得政府、家庭和个人的相关决策困难重重，已经并将继续不断生成各种挑战传统伦理理念的事件，未来面临的伦理困境还将加剧。在科技高度变革并不断重塑人类经济社会形态、伦理挑战纷繁复杂的 21 世纪，"在复杂的世界中如何做出正确的决策?"，需要未雨绸缪超前开展新科技变革的伦理治理机制和政策研究，也需要避免新科技变革带来的黑天鹅和灰犀牛事件造成负面影响。

2.6　面向科技政策领域的知识分析与发现研究

科技政策研究是制定和实施科技政策的科学基础和基本前提，是科技政策评价工作的重要组成部分。学术界围绕科技政策相关文献，运用定性和定量的方法开展了大量研究。例如，在定性研究方面，林青宁和毛世平（2018）通过梳理国内外农业科技政策相关研究文献，总结树立了国内外学者农业科技政策研究的差异和侧重点；Fagerberg 等（2012）、Martin（2012）和 Landström 等（2012）通过确定核心文献列表，利用文献调研和综述的方式对主要主题进行分析，描述了科学技术、创新创业研究的发展历程；陈光和方新（2014）通过文献综述科技政策研究现状，归纳我国科技政策学研究的方法论。在定量研究方面，Huang 等（2015）基于中国科技政策文本分析了不同时期不同部门的政策出台情况，梳理了中国科技创新政策体系的发展脉络；侯剑华（2008）、李梅芳等（2018）和杜建和武夷山（2017）利用论文或项目数据，分别对科技政策的权威期刊、代表性作者和关键节点文献进行了可视化分析，讨论了国际科技政策的发展态势。整体来看，既有研究尚存在一些局限性：一是全面性问题，相关研究发表时间较早，多以特定学科领域、特定学术期刊或特定时间段的文献作为唯一的数据来源，代表性不强，无法系统考察科技政策研究的发展过程；二是解释性问题，大多数研究聚焦在科技政策的发展态势及现象描述，缺乏理论支撑，未从历史发展的角度结合政策信息深入分析并讨论背后的内在机理。

本节基于政策信息学以及科技政策学的理论基础和分析方法，开展国际科技政策研究的政策信息学分析，观察国际科技政策领域研究的发展趋势和态势等。选择 Web of Science 核心合集（SCI-EXPANDED、SSCI、CPCI-S、CPCI-SSH、CCR-EXPANDED、IC）作为检索数据库，根据科技政策的概念内涵，构建检索式 TS =（"Science Policy" OR "Scientific Policy" OR "Technology Policy" OR "Technological Policy" OR "Science and Technology Policy" OR "Scientific and Technological Policy" OR "S&T Policy" OR "Innovation Policy" OR "Innovative Policy" OR "Research and Development Policy" OR "R&D Policy"），限定检索语言为英语，文献类型选择 article 和 review，最后得到 7858 条记录，其中 article 类型的文章 7431 篇，review 类型的文章 427 篇，检索时间是 2021 年 6 月 30 日。从政策发展与问题聚焦相结合、时间演化与空间对比相结合的视角，对"科技政策"研究文献的知识要素进行文献计量分析，并借助 VOSViewer 和 Gephi 等文献计量工具绘制相应的知识图谱，直观地展现科技政策的发展历程和演进趋势，并探讨国际科技政策研究的发展方向。

2.6.1 国际科技政策研究整体产出趋势

研究领域的科研论文产出数量的增长规律一定程度上能够反映其发展强度和发展阶段，也是该领域知识积累的一个重要体现。国际上科技创新政策领域的年度发文变化趋势如图 2-6 所示。

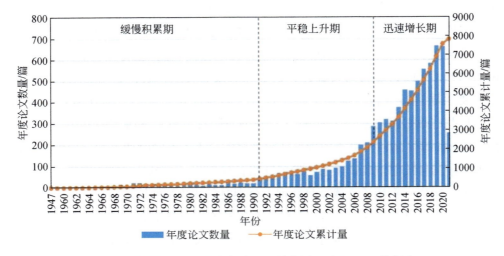

图 2-6　国际科技政策研究年度发文趋势图（基于 WOS 数据库）

从领域论文的增长态势来看，国际上科技政策的研究的文献增长量呈指数增长，其研究产出增长过程呈现出明显的三个阶段。

1）缓慢积累期（1947～1990 年），这个阶段是科技政策研究的初始探索阶段，相关研究间断性出现，直到 1961 年科技政策研究文献才开始连续出现，且年度发文量多是个位数，最多发文量为 22 篇，最早文献为华盛顿科学家协会于 1947 年发表的对美国国家科学立法的分析文章（None，1947）。这个时期距第二次世界大战结束不久，诸多国家意识到了科学技术在战争中的重要作用，纷纷开始建立科技体制，以提高本国的军事实力和经济水平。

2）平稳上升期（1991～2008 年），该阶段科技政策研究年度发文量相对平稳上升，文献数量明显增加。这个时期正值美苏冷战结束之后（1991 年苏联解体），美国巩固超级大国地位，20 世纪 90 年代开始全球化趋势日益加深和相互依存程度日益提高，全球知识经济概念兴起和相关科技政策研究快速增加，欧盟等地区性国家集团迅速崛起，中国通过改革开放经济实力也有了显著提升，世界格局呈现出显著的多极化方向发展。

3）迅速增长期（2009～2021 年），基于数据库的时滞性，2020 年数据可能尚未全部更新，2021 年数据不完整，但明显看出该阶段发文量迅猛增长，特别是 2008 年全球金融危机及经济危机爆发以后，世界主要国家不断出台科技创新战略，通过支持科技发展应对经济危机，2009 年开始全球科技政策研究显著增长，且呈现持续增长的发展趋势。整体来看，科技政策领域的研究仍处于快速成长期，还远远未达到发展顶峰，未来还具有巨大的发展潜力，尤其是随着新一轮科技与产业变革加速演进、新冠疫情大流行之后的经济复苏期，科技政策或将成为各个国家重点研究方向，带来新一轮的科技政策研究热潮。

2.6.2　国际科技政策研究国家分布及合作

（1）各国发文数量分布

世界科技政策研究主要国家的发文量如图 2-7 所示，2009～2021 年各国家发文量普遍较多。总体发文量排名前 5 的国家分别为美国、英国、德国、荷兰、加拿大，其中，美、英两国遥遥领先，科技政策研究实力和影响力远高于其他国家。中国的国际论文发文量虽位列第 7 位，与发达国家还有一定差距，但需要考虑到语言的影响，相关研究可能较多地发在国内期刊上。同时，按照上述三个时间段分阶段来看，我国的科技政策研究国际发文趋势明显提升，具体分析如下。

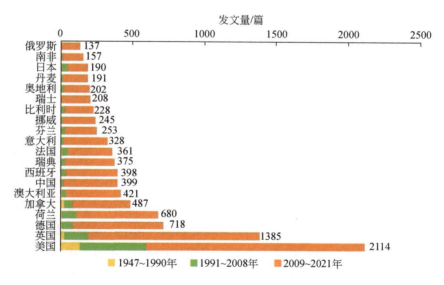

图 2-7　国际上科技政策研究主要国家发文量（TOP20）（基于 WOS 数据库）

1）探索阶段。1947～1990 年，相关科技政策研究可能更多地集中在国内，较少开展国际交流，科学数据库中尚未有收录中国发表的科技政策相关国际论文，国家的科技政策研究还处于"探索"阶段。这个时期国家先后召开全国科学大会、党的十一届三中全会等重要会议，发布《中共中央关于经济体制改革的决定》（1984）、《中共中央关于科学技术体制改革的决定》（1985）、《中共中央关于教育体制改革的决定》（1985），颁布《中华人民共和国义务教育法》（1986）、《高技术研究发展计划纲要》（又称"863 计划"）（1986）等重要文件，提出"科学技术是第一生产力""四个现代化，关键是科学技术现代化"的战略思想，推动了科技与经济的结合，为发展国民经济和科学技术的基本方针和政策奠定了思想理论基础。

2）调整阶段。1991~2008 年，相关科技政策研究国际论文只有 22 篇，排名位列第 15 位，相关科技政策研究处于"调整"阶段。这个时期国家提出"科教兴国""人才强国"战略。1993 年开始实施"211 工程"、1998 年开始实施"知识创新试点工程"和"985 工程"，先后发布《国家中长期科学技术发展纲领》（1992）、《国家重点基础研究发展计划》（又称"973 计划"）（1997）等文件，并开始实施第一部比较全面的科技法典《科学技术进步法》（1993），这促进了中国科技、教育和经济的一体化，为国家自主创新发展储备了人才力量和提供了政策保障。

3）创新阶段。2008 年以后特别是 2012 年以后，中国科技政策研究发展，发文量大幅提高，国际影响力显著增长，可将其称为科技政策研究的"创新"阶段。这个时期国家提出"创新驱动发展"战略，国务院先后印发《关于深化体制机制改革加快实施创新驱动发展战略的若干意见》（2015）、《国家创新驱动发展战略纲要》（2015）、《统筹推进世界一流大学和一流学科建设总体方案》（2015）和《中国制造 2025》（2015）等文件，把科技教育摆在经济社会发展的首要位置，强调科技自主自立自强，并制定了到 2030 年跻身创新型国家前列，2050 年建成世界科技创新强国的战略目标。可见，随着我国科技的迅猛发展和综合国力的提升，我国科技政策研究的未来发展不容小觑。

（2）国家合作关系网络

随着新一轮科技革命和产业变革的到来，全球科技创新加速，各国之间的合作日益密切，如图 2-8 所示。国际科技政策研究主要集中在北美和欧洲国家，美国和英国是国际科技政策研究的积极推动者，并据此形成了两大合作交流群。实际上，自 20 世纪 60 年代以来，科技政策研究在美、英等西方发达国家就已经发展成为一个重要的研究领域，形成了专业化的学术群体。美国的科技政策发展起步最早，以 1945 年布什报告《科学：无尽的前沿》为起点，1950 年成立国家科学基金会，增加国家的科技研发预算，加强对基础研究的支持，这一系列措施加速促进了美国科学技术政策发展，使其成为了世界科技发展的领导者。而英国的科技政策发展得益于其率先完成了第一次工业革命，为科技发展提供了良好的外部环境，其始终坚持以科技推动经济振兴为目标，通过成立科学技术办公室、颁布一系列的科技发展战略，高度重视对科学技术研发的投入，使之至今仍保持世界科技强国的地位（刘云和陶斯宇，2018）。

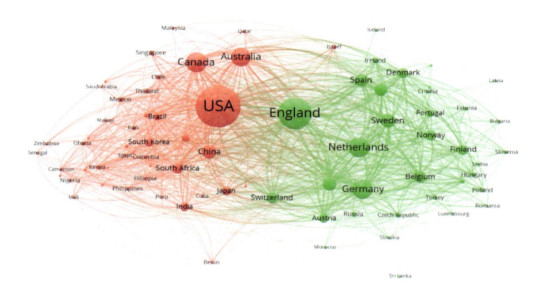

图 2-8　科技政策研究国家合作关系图（基于 WOS 数据库）

2.6.3　国际科技政策研究机构分析

　　国家的科研实力倚赖于高质量的研究机构，全球科技政策研究领域的机构合作关系如图 2-9 所示。从国家分布来看，核心研究机构大多数来自美、英两国，中国科技政策研究影响力相对较弱，主要有中国科学院、清华大学、北京大学、北京理工大学和复旦大学，在合作网络中处于边缘地带（右上角）；从机构属性来看，国际上科技政策研究机构多集中在高校和科研院所。其中，苏塞克斯大学、隆德大学、佐治亚理工学院、剑桥大学、加利福尼亚大学以及哈佛大学是科技政策合作网络中的核心机构，成果丰富且合作关系密切，背后原因可能在于其均有独立的科技政策研究中心。例如，英国苏塞克斯大学商学院的科技政策研究中心（Science Policy Research Unit，SPRU）是世界领先的科学、技术和创新政策与管理研究中心之一，致力于在能源政策、可持续发展、科技政策、创新和项目管理以及创新经济学方面制定先进的研究计划，并于 1972 年创建核心学术期刊《研究政策》（*Research Policy*），极大地推动了科技政策研究与发展，特别是创新政策研究；瑞典隆德大学经济与管理学院的政策研究所（Research Policy Institute，RPI）是致力于科学，技术与社会研究的学术研究机构，其研究计划分为"研究科学领域政策动态""促进知识创新发展""社会风险管理研究"三个主要领域；美国佐治亚理工学院的隶属于公共政策学院的佐治亚理工技术政策评估中心（The Technology Policy Assessment Center，TPAC），发展目标是应用数据分析技术来评估科学和技术发展前景。准确来说，图 2-9 中所展示的多是

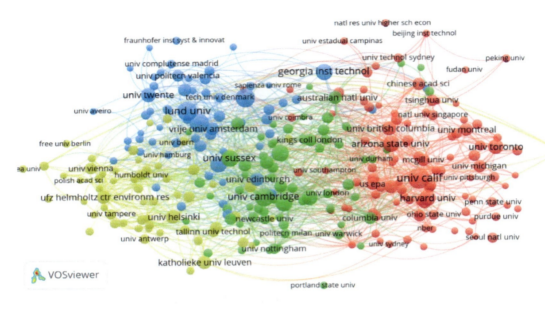

图 2-9　科技政策研究机构合作网络（基于 WOS 数据库）

科技政策研究机构的隶属单位，为具体了解科技政策研究的主要学术力量，进一步结合高校官方网站和论文的归属机构，补充了排名前 5 的（TOP5）国家和中国代表性研究机构的典型科技政策研究机构信息，如表 2-7 所示。

表 2-7　TOP5 国家及中国代表性科技政策研究机构（基于 WOS 数据库）

国家	代表性研究机构	发文量	被引量	篇均被引	典型科技政策研究机构
美国	佐治亚理工学院	78	2226	29	技术政策评估中心
	亚利桑那州立大学	75	3024	40	科学、政策和成果联盟
	哈佛大学	71	4960	70	贝尔弗科学与国际事务研究中心
	加州大学伯克利分校	54	2390	44	科学、技术、医学和社会中心
	斯坦福大学	49	2893	59	弗里曼·斯伯格里国际问题研究所
英国	曼彻斯特大学	106	3977	38	创新研究中心
	剑桥大学	99	3264	33	科学与政策中心
	苏塞克斯大学	84	3331	40	科技政策研究中心
	伦敦大学学院	78	1892	24	发展政策评估中心
	牛津大学	65	2365	36	牛津能源研究所

续表

国家	代表性研究机构	发文量	被引量	篇均被引	典型科技政策研究机构
德国	亥姆霍兹环境研究中心	48	1597	33	
	弗劳恩霍夫协会系统与创新研究所	38	753	20	
	慕尼黑工业大学	30	740	25	综合研究中心
	洪堡大学	22	810	37	中央研究院
	波恩大学	17	317	19	发展研究中心
荷兰	乌得勒支大学	104	3902	38	全球挑战中心
	瓦赫宁根大学及研究中心	80	2254	28	
	特文特大学	58	1531	26	技术、政策和社会部门
	阿姆斯特丹自由大学	45	1311	29	跨学科研究机构
	莱顿大学	42	1068	25	科学技术研究中心
加拿大	多伦多大学	61	881	14	莫厄特中心
	不列颠哥伦比亚大学	50	1411	28	卫生服务和政策研究中心
	蒙特利尔大学	42	880	21	蒙特利尔经济研究所
	麦吉尔大学	40	869	22	国际发展研究所
	达尔豪西大学	25	421	17	MacEachen 公共政策与治理研究所
中国	中国科学院	35	806	23	科技政策与管理科学研究所
	清华大学	32	674	21	中国科技政策研究中心
	北京大学	16	126	8	国际战略研究院
	北京理工大学	14	253	18	科技评价与创新管理研究中心
	复旦大学	11	340	31	复旦发展研究院

　　科技政策研究机构的专业化和独立化发展，既可以促进科技政策研究的繁荣发展，也可以发挥"耳目尖兵参谋"的作用，为国家政策制定提供指导和借鉴（杜宝贵和葛瑞，2018）。结合全球智库名录发现，一些发达国家的科技政策研究机构已经发展成为了世界知名科技智库。例如，哈佛大学贝尔弗科学与国际事务研究中心（Belfer Center for Science and International Affairs）是全球高校智库的翘楚，在美国宾夕法尼亚大学发布的《全球智库报告》中，2013~2018 年连续 6 年位居高校智库榜首，2019 年被提名为"卓越中心"，对美国国内和国际政策决策产生了重要影响（徐婧等，2020），这可能也是其隶属单位哈佛大学科技政策研究的篇均被引量最高的重要原因之一。相比而言，我国的科技政策研究机构，在国际上发文量整体偏少，政策智库的国际影响力还较弱。特别是在促进科技政策研究机构走向独立化与专业化、着力提升国际影响力和科技话语权等方面，更需结合国家科技战略发展需求和世界科技变化趋势，找准自身定位，促进科技政策研究机构向科技智库转型。

2.6.4 国际科技政策研究的学科分布及演进

从 WOS 学科分布（图 2-10）和来源期刊分布（图 2-11）可以看出，科技政策研究是一个以"政策问题"研究为焦点的、多学科交叉的研究领域，是由不同学科以松散联系构成的学科专业群（樊春良和马小亮，2013）。具体来看，科技政策研究属于管理学的研究内容，其次也出现在了教育学、情报学、环境科学和经济学等领域。同样地，科技政策研究相关文献来源除了 Research Policy、Science and Public Policy 这类政策科学领域专业期刊外，还有：能源环境政策领域的 Environmental Science Policy 和 Energy Policy；科学计量学领域的 Scientometrics 和 Journal of Informetrics；技术创新领域的 Technological Forecasting and Social Change、Technology in Society 和 Technovation 等。需要注意的是，情报学领域期刊成为科技政策研究的重要载体之一，正诠释了政策信息学理论的内涵，即政策信息学是数据驱动科学研究范式下的政策研究，其发展既丰富了政策科学研究的技术方法，又拓展了科学计量学的研究领域。

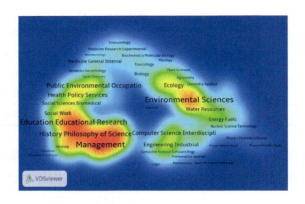

图 2-10　科技政策研究的 WOS 学科分布

随着社会经济环境的发展，科技政策研究领域不断分化和演变，不同学科聚焦于科技政策研究的不同方面，方法各异地开展各种独立研究，为进一步揭示科技政策领域的学科变迁情况，各发展阶段的学科分布百分占比如图 2-12 所示。可以看出：第一阶段，科技政策研究相对多集中在 Social Sciences Interdisciplinary、History Philosophy of Science、Education Educational Research、Social Issues 等学科，这说明科技政策的研究最早起源于社会科学和人文学科领域。例如，英国社会学家贝尔纳（John D. Bernal）的《科学的社会功能》（*The Social Function of Science*）通常被认为是科技政策的奠基性著作，它围绕"科学的作用及对社会的贡献"提出了科学研究资源配置、科技战略规划制定和科研管理体系

图 2-11　科技政策研究的来源期刊分布

等，其思想深深影响着科技政策实践；第二阶段，显著分布在 Management、Economics 和 Information Science Library Science 等经济学和管理学领域，科技政策研究成为了图书情报领域的一个重要研究分支，背后原因在于情报学的文献计量学、科学计量学等成熟的研究范式为科技政策研究提供了方法和工具，而海量科技政策文献数据的出现为情报学研究提供了新的研究对象；第三阶段，学科种类更加丰富，分布也相对更加均衡，除管理学和经济学外，环境、生态、气候等领域科技政策也占据了较大比例。2008 年全球金融和经济危机后，在经济复苏的同时应对气候变化与环境问题的意义更加深远，各国都在积极制定和实施与国家生态文明建设实际相适应的科技政策，促进了环境相关科技政策的理论研究。而 2020 年暴发的新冠疫情大流行长时间肆虐，全球处于新一轮经济复苏期，各国都在提倡绿色经济复苏。例如，英国于 2020 年 11 月提出绿色工业革命"十点计划"，旨在同步推进经济复兴和社会发展可持续。

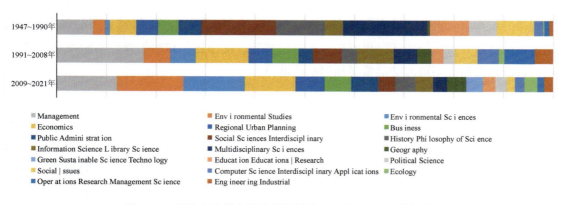

图 2-12　科技政策研究的学科领域变迁（基于 WOS 数据库）

2.6.5 国际科技政策研究的知识基础

（1）科技政策研究的关键学科知识基础

情报学界通常认为共被引文献构成了学科领域的知识基础，并且在一段时间内保持稳定（Persson，1994），而科学计量学家普莱斯将引文网络中最近的被广泛引用的文献的集合（即高共被引文献）视为是研究前沿（Price，1965）。在科技政策研究领域，共被引量超过150次的文献如表2-8所示，从题目可以看出，科技政策创新研究多涉及"创新"这一主题，这在某种程度上说明创新政策研究是科技政策研究的重要组成部分和前沿方向之一。按照时间顺序梳理可知：英国经济学家弗里曼（Christopher Freeman）于1987年《技术政策与经济绩效：日本国家创新系统的经验》中首次提出了国家创新系统（National Innovation System，NIS）的概念，指出NIS是由公共部门和私营部门中各种机构组成的网络，他们之间的活动和相互影响促进了新技术开发、引进、改进和扩散；美国经济学家波特（M. E. Porter）1990年在《国家竞争优势》中将国家创新系统的微观机制和宏观绩效结合起来，首次提出了"产业集群"（Industrial Cluster）的概念，并建立了"钻石理论模型"；丹麦经济学家伦德瓦尔（Bengt-Åke Lundvall）1992年在《国家创新系统：建构创新和交互学习的理论》中揭示了国家创新体系中最为重要的若干要素，研究了系统构成和运作，指出需要从关注用户-生产者的交互转向分析更广泛的国家创新系统；纳尔森（Nelson）1993年在《国家（地区）创新体系：比较分析》中突出了支持技术创新的制度和机制，展现了各个创新体系的相似性、差异性及其来源。高共被引文献中年限最新的研究是曼彻斯特大学科学政策专家Kieron Flanagan 2011年发表的《重新定义创新的"政策组合"》，其着重研究创新政策制定过程中的政策组合（Policy Mix）概念的应用，专注于对创新的政策组合进行科学合理的概念化。这可以勾勒出创新政策研究发展的基本脉络，国家创新体系自费里曼正式提出以来，之后经波特、伦德瓦尔和纳尔森等不断发展，已经成为科技政策研究不可或缺的重要知识组成部分。

表2-8 高共被引的科技政策研究文献（≥150）（基于WOS数据库）

序号	中文题目	作者	年份	共被引次数
1	国家创新系统：建构创新和交互学习的理论	Bengt-Åke Lundvall	1992	320
2	知识生产的新模式：当代社会科学与研究的动力学	Michael Gibbons	1994	285
3	国家（地区）创新体系：比较分析	Richard R. Nelson	1993	282
4	可持续发展的知识系统	David W. Cash	2003	270
5	经济变迁的演化理论	Richard R. Nelson	1982	242

续表

序号	中文题目	作者	年份	共被引次数
6	吸收能力：学习与创新的新视角	Wesley M. Cohen	1990	233
7	创新动力：从国家体系"模式 2"到产学研关系的三重螺旋模型	Henry Etzkowitza	2000	194
8	诚实的代理人：科学在政策与政治中的意义	Roger A. Pielke Jr	2007	189
9	后常态科学	Silvio O. Funtowicz	1993	179
10	一刀切？走向差异化的区域创新政策方法	Franz Tödtling	2005	179
11	技术政策与经济绩效：日本国家创新系统的经验	Christopher Freeman	1987	173
12	国家竞争优势	Michael E. Porter	1990	164
13	发明的经济福利与资源运用	Kenneth J. Arrow	1962	155
14	环境政策和科学中的边界组织：导论	David H. Guston	2001	154
15	重新定义创新的"政策组合"	Kieron Flanagan	2011	151

　　按照共被引次数，选取 TOP 55 篇文献，构建科技政策研究共被引文献网络图，如图 2-13 所示。节点越大代表共被引次数越高，应用 PageRank 算法计算各节点在共被引文献网络中的重要程度，用颜色的深浅表示，即颜色越深代表该文献越重要，相对应节点标签就越大。关键节点文献主要有：美国社会学家迈克·吉本斯（Mickle Gibbons）1994 年发表的《知识生产的新模式：当代社会科学与研究的动力学》，提出的两种知识生产模式为科技政策制定提供了重要的理论依据；美国科学研究和发展办公室主任布什 1945 年的研究报告《科学：无尽的前沿》，提出了科学研究的线性概念模式，深刻地影响了美国制定

图 2-13　高共被引科技政策文献关系网络（基于 WOS 数据库）

科学技术政策的战略目标，并建议政府建立国家基金会，为战后美国科学技术的发展指明了方向，成为美国科技政策的蓝图和里程碑；亨利·艾茨科威兹（Henry Etzkowitz）1995年在欧洲科学技术研究协会主办的 EASST Review 上首次提出三螺旋模型（叶鹰，2014），2000 年在《研究政策》（Research Policy）期刊上发表《创新动力：从国家体系"模式 2"到产学研关系的三重螺旋模型》，三螺旋模型的思想揭示了创新的动态性以及知识开发和传播机构之间的复杂网络，标志着创新体系从传统的线性关系向拥有众多创新参与者的动态网络模型的转变。根据其研究内容可知，共被引网络中的关键节点文献均对科技政策发展产生了里程碑式的影响，极大地推动了科技政策研究的发展进程。

（2）科技政策研究的学科知识流动

期刊的双图叠加是 Citespace 提供的一种可视化方法，可以显示各学科论文的分布、引文轨迹以及重心移动等信息（Chen and Leydesdorff, 2014）。科技政策研究领域文献的期刊双图叠加如图 2-14 所示，左边是施引文献期刊聚类（应用现状），右边是被引文献来源期刊聚类（知识基础），聚类采用 Blondel 聚类算法，再使用 VOS 方法通过施引、被引关系体现科技政策研究中两个主要学科间联系，波浪线连接知识基础与应用现状之间的关系，椭圆大小代表各学科发文量，顶部条形图显示了每年出版物数量的变动。科技政策研究主要对应"社会、经济、政治、教育""气候、环境、生态"两大聚类，基于此，可将科技政策研究分为"公共科技政策"和"领域科技政策"两大类，其中公共科技政策指广泛意义上管理学、经济学领域的科技政策；领域科技政策指具有"功能性"的专门独立领域的科技政策，如气候、健康、医疗、生物等科技政策。整体上，知识基本在科技政策研究领域内部进行流动。具体来看，生态、环境、气候等领域科技政策研究引用来源除了本领域外，还更多地引用了社会、经济、政治、教育领域的文献。而社会、经济、政治、教育领域的文献引用的期刊则比较集中在本领域内。这说明特定领域的科技政策研究涉及的知识相对宽泛，不仅需要掌握公共的科技政策知识，还要掌握本领域的专业知识。

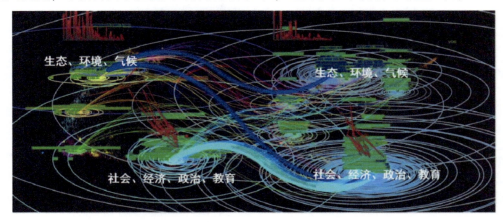

图 2-14　科技政策研究文献中的学科知识流动（基于 WOS 数据库）

2.6.6 国际科技政策研究的主题分布

利用文献题录中的标题和摘要信息得到 1782 个主题词，形成了 4 个聚类（图 2-15）。将同一聚类中的共现主题词带入具体语境之中，可以归纳总结各个聚类的主题内容。

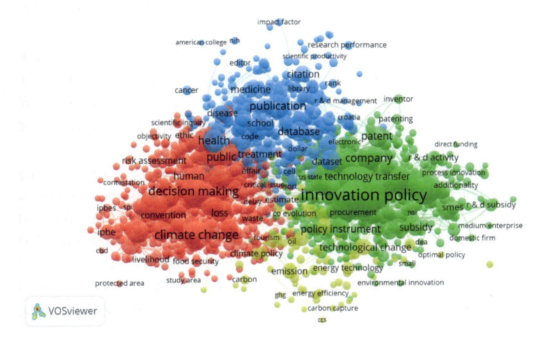

图 2-15 科技政策研究文献主题聚类分析（基于 WOS 数据库）

1）创新政策研究（绿色）。典型的主题词有创新政策（innovation policy）、政策工具（policy insturments）、技术转移（technology transfer）、专利（patent）、经济（economy）、研究与发展（R&D）等。创新的概念 1912 年由奥地利经济学家熊彼特在其著作《经济发展理论》中提。20 世纪 80 年代末，以费里曼为代表的学者逐渐将科技创新活动视为一个复杂的国家系统，使得创新政策成为科技政策研究热潮，这也从侧面解释了科技政策研究高共被引论文主要集中在"创新"的现象。可见，随着时代的进步和科技的发展，科技政策开始强调通过科技创新驱动经济增长和社会发展，区域创新系统、国家创新体系建设成为研究重点。

2）科技政策评估研究（蓝色）。典型的主题词有出版物（publication）、图书馆（library）、数据库（database）、引用（citation）、研究表现（research performance）、影响因子（impact factor）等。基于出版物、期刊和数据库等利用引文分析法进行科技评估是情报学传统的科技评价范式，可见情报学的研究方法已广泛应用于科技政策评估中。实际上，政策评估及影响测量是科技政策研究的重要组成部分，也是政策信息学的主要研究内容，其意义在于不仅能够为未来的政策制定提供借鉴，也能通过评价对正在实施的政策做出取舍或调整。

3）生态环境政策研究（红色）。典型的主题词有气候变化（climate change）、决策制定（decision making）、生态系统（ecosystem）、物种（species）、人类（human）、风险（risk）等。保护生物多样性、聚焦减缓和适应气候变化、应对全球环境挑战是近年来世界各国愈发关注的焦点问题。2016 年生效的《巴黎协定》是继 1992 年《联合国气候变化框架公约》、1997 年《京都议定书》后形成的第三个标志性的国际法律文本，奠定了 2020 年后的全球气候治理格局。可见，随着人类面临的气候变化问题的日益显性化和严峻，有关生态环境和气候变化的科技政策研究成为具有发展前景和实际应用价值的政策研究选题。

4）能源科技政策研究（黄色）。典型的主题词有排放（emission）、能源技术（energy technology）、技术变革（technological change）、碳捕获与封存（carbon capture and storage，CCS）、能源效率（energy efficiency）、碳（carbon）等。可再生能源及低碳技术直接影响着人类社会可持续发展，目前"碳中和"概念已经逐步为大多数国家政府接受并成为政府政策，世界主要国家都已经宣布"碳中和"时间表。德国计划在 2045 年实现碳中和，英国、美国、欧盟和日本等相继宣布在 2050 年实现温室气体净零排放，我国宣布 2030 年前实现碳达峰、2060 年前实现碳中和。因此，清洁能源、新能源领域的科技创新政策问题无疑是近年来及今后很长时期的科技政策研究的重要方向。

将各聚类的主题词绘制气泡图（图 2-16），相关研究越多气泡越大，颜色越接近黄色则出现时间越新。近年来科技政策研究关注的焦点在数字转型、人工智能、可持续发展、能源转型、创新体系、生物多样性等主题。其中，COVID-19 一词出现时间最新，且位于生态环境政策研究聚类中，或表明 2020 年新冠疫情大流行凸显了世界抵抗系统性风险的脆弱性，给全球社会经济可持续发展敲响了警钟，世界各国都开始关注气候变化和环境保护，制定了一系列科技发展战略以促进经济复苏的同时强调绿色可持续。此外，也可以发现创新政策相较于科学政策和技术政策出现较晚，实际上，创新某种程度上可理解为是科学和技术的发展与继承，创新研究本身涵盖了科学和技术政策（Martin et al.，2012）。按照聚类来看，创新研究和政策评估是科技政策研究的基本研究内容，研究起步较早，而生态环境和能源相关政策研究是在经济发展加快、生态环境问题凸显的背景下产生的，故其出现相对较晚。

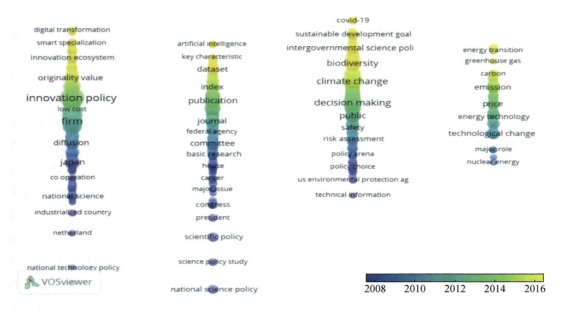

图 2-16 科技政策研究的主题词时间序列分布（基于 WOS 数据库）

2.6.7 研究结论及启示

（1）主要研究结论

综合运用知识图谱工具和文献计量方法，依托政策信息学理论对近 70 多年科技政策研究文献进行深入分析，主要研究结论如下。

科技政策研究尚处于迅速增长期，远未达到发展顶峰。美国、英国和德国等在论文发文量、研究机构数目等都处于世界前列，且在国际合作网络中占据重要地位。中国科技政策研究起步较晚，但近年来在国家科技战略的广泛推动下，科技实力迅猛提升，发文量显著增长。

苏塞克斯大学、隆德大学、佐治亚理工学院、哈佛大学等是科技政策合作网络中的核心机构，且苏塞克斯大学科技政策研究中心，哈佛大学贝尔弗科学与国际事务研究中心、亚利桑那州大学科学、政策和成果联盟以及斯坦福大学弗里曼·斯伯格里国际问题研究所等科技政策研究机构均是世界一流智库。

科技政策研究是一个涉及管理学、教育学、社会学、经济学、政治学和情报学等多学科的研究领域。按照发展阶段来看，其最早多出现在社会科学领域，随后吸收借鉴了经济学、情报学的理论和方法，创新政策研究和科技政策评估成为主流。而金融危机和新冠疫情的出现，使全球在注重经济复苏和科技发展的同时，也开始关注气候变化和环境保护。

（2）启示及思考

科技之变（科技发展）是当今世界百年未有之大变局中的关键变量和加速器，科技竞争已成为大国博弈的主战场，科技政策研究的重要性日益凸显。科技政策研究未来发展要关注科技革命发展趋势，以解决国家政策问题为导向，依赖多学科的方法和工具，聚焦创新政策、生态环境以及能源政策等研究主题开展广泛而深入的研究。

1）融合多学科的方法、工具开展科技政策研究。科技政策研究是一个多学科交叉的研究领域，越来越多的学科对科技政策研究起到了推动作用，不同的学科聚焦在科技政策研究的不同方面。例如，经济学关注经济税收和企业创新、社会科学瞄准伦理道德和人本道义、自然科学聚焦生态环境和能源技术、而文献情报学在科技政策量化评估方面发挥着重要角色。随着科技政策问题日趋复杂，科技政策研究已经从多学科向跨学科转变，传统的学科壁垒正在被打破，社会科学与自然科学的融合交叉愈发明显，借鉴多学科的技术方法和理论知识开展科技政策研究，能够使其理论知识和方法工具更加丰盈，促进科技政策研究的精细化和多样化发展。具体而言，国家可以在有关科技资助体系中设置科技政策专项，优先支持具有跨学科属性的科技政策研究议题，比如在人工智能、数字经济、合成生物、能源转型等涉及高技术与产业创新发展及重大伦理影响的科技政策学研究领域。

2）关注科技革命发展趋势，把握科技政策前沿方向。未来中长期我国处于全面实施创新驱动发展战略、建设科技强国的关键阶段，科技创新政策需围绕完善和优化国家和区域创新体系建设、新一轮科技与产业变革的规律和应对策略、从基础研究到市场开发的创新范式变化、科技治理能力与治理体系建设、大国竞争下的国际科技合作、加强产学研一体化的机制等方面开展深入研究，这能够为增强我国创新竞争力、建设创新型国家提供重要理论指导和政策方案。同时，新冠疫情全球长时间大流行，让人类认识到加强生物安全体系建设、防范重大生命健康威胁以及促进社会经济可持续发展等战略的重要性。在"十四五"时期及未来中长期时期，我国经济社会进入坚持科技自立自强以建设科技强国、坚持"碳达峰碳中和"以保护生态环境、面向生命健康以满足人民对美好生活的向往、调整优化经济结构以实现社会经济高质量发展的新阶段，这就要求科技政策研究必须充分把握科技长期发展趋势，瞄准科技创新前沿热点方向，加强面向人类生命健康、气候变化治理、生态环境保护等一系列重大社会问题的政策研究，为实现社会经济环境的绿色可持续发展提供科技政策方案。

2.7 政策信息学发展展望

政策信息学是学科信息学在政策领域的专门信息学，是围绕各类政策问题对象而开展的政策知识分析与发现研究。政策类型的纷繁复杂和政策文本的浩瀚数量，为政策大数据量化分析的开展提供了丰富的数据源，但由于结构化政策数据基础还比较薄弱，目前依赖政策信息学理论开展知识发现的案例研究还比较少，尚未形成系统的研究体系。因此，政策信息学的未来应当是以服务国家重要政策发展与政策创新为任务导向，有针对性地聚焦一系列的政策问题，构建政策领域的大数据平台，开展广泛的政策信息挖掘与发现研究，推动政策信息分析与相关学科领域的知识交叉融合，促进政策信息学的学科化、科学化和体系化发展。

2.7.1 凝练关键政策问题，以任务为导向构建研究体系

目前政策研究多是机构和个人自发式、散乱式的研究，尚未形成系统的政策研究体系，学科化进程缓慢。国家作为政策制定和管理的主体，应当充分发挥宏观调控作用，集中力量办大事，围绕国家重大战略需求，凝练出政策研究的关键科学问题，探讨政策分析研究方向和科学基金资助战略。例如，美国 NSTC 和 OSTP 于 2008 年联合发布《科技政策学研发路线图》，其中就凝练十大关键科学问题，为美国 NSF 的项目资助和研究提供了重要参考。2018 年，中国科学学与科技政策研究会虽然形成了《科技政策学学科发展报告 2016—2017》，但是集中在对过往科技政策研究的总结分析，整体层面的规划还不够，权威科研机构的战略性引领作用尚未显现。我国自然科学基金会管理科学部宏观管理与政策板块中明确了公共管理与公共政策、政策科学理论与方法、科技管理与政策、创新管理与政策、健康管理与政策、医药管理与政策、教育管理与政策、文化管理与政策、资源管理与政策等 15 个政策相关研究领域，可见政策信息学在我国的资助体系中已经形成初步的政策研究框架，但是政策问题导向不够突出，相关政策部门应以一定时间为单位，全方位评估政策研究发展现状，梳理未来政策研究重点，凝练关键科学问题，为相关学术共同体的研究工作提供方向指引。

2.7.2 聚焦基础前沿领域，促进科学技术创新协同发展

当今世界正处于百年未有之大变局中，科技自主自立自强是应对世界百年未有之大变局的根本之策（张志强，2020）。科技政策研究已不仅仅是促进科学或技术发展，更重要的是将科技进步与创新相结合，利用科技创新推动国家经济社会发展，提升国家科技竞争力。鉴于科技政策的重要性，政策研究应当根据当前研究热点和趋势，瞄准重点基础前沿科技领域科技政策，深入分析其发展态势和规律，系统探讨这些领域中科学发现、技术研发和产业化之间的互动与联系，为相关决策制定提供事实依据，力求短时间内促进科技发

展获得重大突破。此外，随着我国创新驱动发展战略的深入实施，特别是 2050 年建成世界科技强国战略目标的提出，我国科技政策研究重点需从科技政策向科技创新政策转变（梁正，2017）。中共中央国务院 2012 年在《关于深化科技体制改革加快国家创新体系建设的意见》中也明确提出要加快建设中国特色国家创新体系。可见，科学技术创新政策协同研究将成为当前和未来政策研究的重要议题。

2.7.3 推进学科交叉融合，丰富政策研究方法平台工具

随着科技、经济、社会和政治之间逐渐形成一个高度互动、相关和互通的复杂系统，政策议题变得更加复杂和多样，问题分析难度越来越大。例如，全球新冠疫情大流行和温室气体排放控制等问题，不仅仅是一个社会问题，也是一个科技问题。这就要求深度推进学科交叉融合，围绕共同政策问题开展知识发现和知识挖掘研究。具体来看：①在数据层面，随着信息处理技术的成熟发展，依赖大量的实时数据和事实数据进行政策研究成为新趋势。例如，基于政策体系的多级联动机制，相关机构可以充分利用政策实时大数据构建动态效益评估模型，以便提升政策评估的全面性和时效性（曾大军等，2021）。②在方法层面，随着科学技术的蓬勃发展和科技革命的加速演进，政策研究的未来是政策信息的智能化处理。例如，Margetts 和 Dorobantu（2019）、Athey（2017）和李永立（2021）等分别阐述了人工智能、大数据和网络技术等先进的智能化技术在政策分析领域的应用。③在平台层面，数据库平台是政策研究开展的基础，没有数据库支撑，政策研究就难以开展系统、全面的定量研究。当前，我国科技管理部门或研究机构正在建立相关的数据库，如科技项目数据库、科技人才数据库等，但还远远不够，政策信息学的发展需要一个开放整合的政策数据集成、分析和管理的一体化平台。

2.7.4 开展政策绩效评估，支撑管理部门政策制定决策

政策绩效评估是检验政策效益、效果和效率，实现科学民主决策的重要手段（中国行政管理学会课题组，2013）。政策信息学由于其政策大数据挖掘和政策知识分析与发现的定位，相比传统的政策量化分析更加注重相关关系而不是因果关系，是一种大样本知识发现过程而不是小样本统计推断分析研究，这有利于更加科学合理地开展政策绩效评估工作，为政策参与方（政策制定者与利益相关者）提供客观而全面的决策依据，促进相关政府从经验治理到数据治理、从事后管理走向事前预测、从被动监管走向主动监督。基于此，政策信息学的发展需要建立全面而系统的政策评估机制，积极探索和发展政策全过程的绩效管理，建立全方位、全过程、全覆盖的政策绩效管理体系，做到对重大政策的事前

精准预测、事中全面把控、事后积极反馈，提高管理部门政策议题设置、政策制定的前瞻性、针对性、有效性和适用性。目前我国政策绩效评估工作在部分社会组织和高校已经广泛开展，但政府层面的主导性、系统性的评估工作还不够。未来应当以重点领域政策为切入点，完善政策绩效评估的组织体系和制度规范，探索构建科学的政策评估指标、工具和方法，以便及时调整和完善政策实施过程，进一步提高政府部门的决策水平和治理质量。

参 考 文 献

陈光，方新．2014．关于科技政策学方法论研究．科学学研究，32（3）：321-326．

陈劲．2013．科学技术与创新政策．北京：科学出版社．

陈宇，闫倩倩，王洛忠．2019．府际关系视角下区域环境政策执行偏差研究——基于博弈模型的分析．北京理工大学学报（社会科学版），21（5）：56-64．

陈云萍．2009．基于层次分析法的公共政策效果评估——以阜新市经济转型试点政策为例．云南财经大学学报，25（1）：133-140．

程翔，鲍新中．2018．科技金融政策效率研究——以京津冀地区为例．北京联合大学学报（人文社会科学版），16（3）：116-124．

丁福虎．1999．科技政策的视同与规范．科研管理，（5）：33-38．

丁洁兰，刘细文，杨立英，等．2017．科学计量方法在科技政策研究中应用的实证研究．图书情报工作，61（24）：77-86．

丁璐璐，徐恺英．2019．智库网络安全政策类情报价值评价研究——基于二阶 CFA 与 AHP 的方法．情报杂志，38（11）：55-62．

董纪昌，袁铨，尹利君，等．2020．基于 PMC 指数模型的单项房地产政策量化评价研究——以我国"十三五"以来住房租赁政策为例．管理评论，32（5）：3-13，75．

杜宝贵，葛瑞．2018．科技政策研究机构演进、图景与特征：基于 37 个机构的分析．科技进步与对策，35（1）：122-130．

杜建，武夷山．2017．我国科技政策学研究态势及国际比较．科学学研究，（9）：11-22．

段尧清，尚婷，周密．2019．我国政府信息公开政策十年演化分析．情报科学，37（8）：3-7，37．

段忠贤，刘强强，黄月又．2019．政策信息学：大数据驱动的政策科学发展趋势．电子政务，（8）：2-13．

樊春良，马小亮．2013．美国科技政策科学的发展及其对中国的启示．中国软科学，（10）：168-181．

樊春良．2017．科技政策学的知识构成和体系．科学学研究，35（2）：161-169，254．

樊春良．2005．全球化时代的科技政策．北京：北京理工大学出版社．

方俊智，李忻蔚．2019．我国 PPP 政策与文献互动演化规律的计量分析．情报杂志，38（10）：161-167．

方永恒，刘佳敏．2020．国务院养老服务政策挖掘与量化评价——基于 PMC 指数模型分析．云南行政学院学报，22（5）：167-176．

傅雨飞．2015．公共政策量化分析：研究范式转换的动因和价值．中国行政管理，（8）：116-120．

侯剑华，张春博，王续琨．2008．国际科学技术政策关键节点文献演进的可视化分析．科学学与科学技术管理，(11)：10-14.

黄萃，任弢，李江，等．2015．责任与利益：基于政策文献量化分析的中国科技创新政策府际合作关系演进研究．管理世界，(12)：68-81.

黄萃，任弢，张剑．2015．政策文献量化研究：公共政策研究的新方向．公共管理学报，12(2)：129-137，158-159.

贾晓峰，高芳．2020．科技政策学的理论溯源与内容框架构建．科技管理研究，40(12)：32-38.

李刚．2017．从情报研究到智库研究．图书馆论坛，37(9)：50-54.

李江，刘源浩，黄萃，等．2015．用文献计量研究重塑政策文本数据分析——政策文献计量的起源、迁移与方法创新．公共管理学报，12(2)：138-144.

李梅芳，王梦婷，齐海花，等．2018．科技政策国际研究的演化．科学学研究，36(9)：1565-1574.

李新，李柏洲，吴翔宇．2020．创新型城市中府际关系与政策工具的社会网络．科学学研究，38(12)：2258-2270.

李燕萍，刘金璐，洪江鹏，等．2019．我国改革开放40年来科技人才政策演变、趋势与展望——基于共词分析法．科技进步与对策，36(10)：108-17.

李永立，刘超，张涵钧，等．2021．面向政策信息学与政策智能的网络分析技术．中国科学基金，35(5)：726-741.

梁正．2017．从科技政策到科技与创新政策——创新驱动发展战略下的政策范式转型与思考．科学学研究，35(2)：170-176.

林海华，李滢．2020．基于DEA模型的内蒙古科技人才政策评价研究．科技和产业，20(4)：60-64.

林慧岳．1999．论科技政策的体系结构和决策模式．自然辩证法研究，(10)：24.

林青宁，毛世平．2018．国内外农业科技政策进展及我国新兴农业科技政策研究．科技管理研究，38(16)：24-29.

刘昊，张志强．2019．文献计量视角下政策科学研究的新方向——从政策量化研究到政策信息学．情报杂志，38(1)：180-186.

刘昊．2018．政策信息学的理论方法与应用实证研究．北京：中国科学院大学．

刘建华．2017．基于实体及实体间关系的科技政策演化揭示方法研究．北京：中国科学院大学．

刘立．2011．科技政策学研究．北京：北京大学出版社．

刘晓燕，侯文爽，单晓红，等．2019．多层级视角下京津冀科技创新政策府际关系研究．科技进步与对策，36(8)：115-123.

刘晓燕，侯文爽，单晓红．2021．基于多层网络的科技创新政策府际合作机理．科研管理，42(3)：97-108.

刘兴成．2020．区域合作治理：重塑府际关系的新趋向——基于近年来国内相关文献的研究述评．学习论坛，(2)：54-62.

刘云，陶斯宇．2018．基础科学优势为创新发展注入新动力——英国成为世界科技强国之路．中国科学院院刊，33(5)：484-492.

卢向东. 2020. 准确把握数字化转型趋势 加快推进数字政府建设——从"数字战疫"到数字政府建设的实践与思考. 中国行政管理, (11): 12-14.

马海群, 张斌. 2019. 我国政策计量研究: 方法与模型. 数字图书馆论坛, (5): 2-8.

裴雷, 孙建军, 周兆韬. 2016. 政策文本计算: 一种新的政策文本解读方式. 图书与情报, (6): 47-55.

彭纪生, 仲为国, 孙文祥. 2008. 政策测量、政策协同演变与经济绩效: 基于创新政策的实证研究. 管理世界, (9): 25-36.

彭宗超, 邵东珂, 毛佩瑾. 2014. 中美公共政策研究的文献计量比较分析: 1994-2012. 中国行政管理, (2): 114-120.

郄海拓, 张志娟. 2020. 基于文本挖掘的我国科技创新政策量化评价研究. 全球科技经济瞭望, 35 (6): 53-60, 76.

曲昭, 丁堃, 张春博. 2015. 基于文献计量视角的科技金融政策研究. 科技进步与对策, 32 (13): 123-128.

施茜, 裴雷, 邱佳青. 2016. 政策扩散时间滞后效应及其实证评测——以江浙信息化政策实践为例. 图书与情报, (6): 56-62.

时丹丹, 嵇国平. 2011. 基于 BP 人工神经网络的工艺创新科技政策评价. 统计与决策, (16): 64-66.

孙涛, 温雪梅. 2017. 府际关系视角下的区域环境治理——基于京津冀地区大气治理政策文本的量化分析. 城市发展研究, 24 (12): 45-53.

王帮俊, 朱荣. 2019. 产学研协同创新政策效力与政策效果评估——基于中国 2006～2016 年政策文本的量化分析. 软科学, 33 (3): 30-35, 44.

王芳, 纪雪梅, 田红. 2013. 中国农村信息化政策计量研究与内容分析. 图书情报知识, (1): 36-46.

王刚, 毛杨. 2019. 海洋环境治理的注意力变迁: 基于政策内容与社会网络的分析. 中国海洋大学学报 (社会科学版), (1): 29-37.

王卉钰. 2008. 科技政策的理论与方法研究. 武汉: 华中科技大学出版社.

王进富, 杨青云, 张颖颖. 2019. 基于 PMC-AE 指数模型的军民融合政策量化评价. 情报杂志, 38 (4): 66-73.

王宁, 徐友真, 杨文才. 2018. 基于因子分析和 DEA 模型的河南省科技人才政策实施成效评估. 科学管理研究, 36 (4): 69-72.

王长征, 彭小兵, 彭洋. 2020. 地方政府大数据治理政策的注意力变迁——基于政策文本的扎根理论与社会网络分析. 情报杂志, 39 (12): 111-118.

魏宇, 余青. 2019. 基于语义分析的政策差异量化研究——以近三十年旅游交通政策为例. 情报杂志, 38 (3): 198-206.

吴宾, 杨一民, 娄成武. 2017. 基于文献计量与内容分析的政策文献综合量化研究——以中国海洋工程装备制造业政策为例. 情报杂志, 36 (8): 131-137.

吴卫红, 盛丽莹, 唐方成, 等. 2020. 基于特征分析的制造业创新政策量化评价. 科学学研究, 38 (12): 2246-2257.

伍蓓, 陈劲, 王姗姗. 2007. 科学、技术、创新政策的涵义界定与比较研究. 科学学与科学技术管理,

（10）：68-74.

袭著燕，迟考勋，杨卓城．2014．区域科技创新政策设计理论框架构建——基于山东省文件（2000—2012）的文献计量分析．科技进步与对策，31（5）：39-44.

徐峰．2014．科技政策研究的发展与展望探析．全球科技经济瞭望，29（9）：40-45，65.

徐婧，张志强，唐川．2020．哈佛大学贝尔弗科学与国际事务研究中心：全球一流高校智库．智库理论与实践，5（4）：97-104.

严强．1998．西方现代政策科学发展的历史轨迹．南京社会科学，（3）：47-53.

杨思洛，沈小雯，欧佳．2019．新时期"五计学"的研究内容与趋势——以第16届ISSI会议为视角．图书情报知识，（1）：67-80.

杨正．2019．政策计量的应用：概念界限、取向与趋向．情报杂志，38（4）：60-65，51.

叶鹰，鲁特·莱兹多夫，武夷山．2014．三螺旋模型及其量化分析方法研讨．中国软科学，4（11）：131-139.

余厚强，李龙飞．2021．政策文件替代计量指标影响因素研究．情报理论与实践，44（7）：28-36.

余厚强，肖婷婷，王曰芬，等．2017．政策文件替代计量指标分布特征研究．中国图书馆学报，43（5）：57-69.

曾大军，霍红，陈国青，等．2021．政策信息学与政策智能研究中的关键科学问题．中国科学基金，35（5）：719-725.

张剑，黄萃，叶选挺，等．2016．中国公共政策扩散的文献量化研究——以科技成果转化政策为例．中国软科学，（2）：145-55.

张楠．2015．公共衍生大数据分析与政府决策过程重构：理论演进与研究展望．中国行政管理，（10）：19-24.

张楠，马宝君，孟庆国．2020．政策信息学：大数据驱动的公共政策分析．北京：清华大学出版社.

张涛，蔡庆平，马海群．2019．一种基于政策文本计算的政策内容分析方法实证研究——以互联网租赁自行车为例．信息资源管理学报，9（1）：68-78.

张永安，郄海拓．2017．金融政策组合对企业技术创新影响的量化评价——基于PMC指数模型．科技进步与对策，34（2）：113-121.

张志强，范少萍．2015．论学科信息学的兴起与发展．情报学报，34（10）：1011-1023.

张志强．2020．世界百年未有之大变局与智库使命和智库建设．智库理论与实践，（4）：1-12.

张志强．2021．坚持科技发展正确理念，实现科技自主自立自强．世界科技研究与发展，43（1）：1-7.

张志强．2022．让历史昭示未来，迈向科技强国建设新征程．中国西部，（1）：6-11.

张志强等．2020．学科信息学与学科知识发现．北京：科学出版社.

赵一方，王铮，裴雷．2020．政策计量视角下公共文化服务政策内容主题分析．图书情报工作，64（10）：66-74.

郑烨，任牡丹，Jane E F．2021．基于文献计量的中外人工智能政策研究现状及启示．情报杂志，40（1）：48-55.

中国行政管理学会课题组，贾凌民．2013．政府公共政策绩效评估研究．中国行政管理，（3）：20-23.

朱少强，邱均平．2005. 文献计量与内容分析——文献群中隐含信息的挖掘．图书情报工作，49（6）：19-23.

Athey S. 2017. Beyond prediction：using big data for policy problems. Science，355（6324）：483-485.

Bakhtin P，Saritas O，Chulok A，et al. 2017. Trend monitoring for linking science and strategy. Scientometrics，111（3）：2059-2075.

Barrett C L，Eubank S，Marathe A，et al. 2011. Information integration to support model-based policy informatics. The Innovation Journal，16（1）：1-16.

Bernal J D. 1939. The Social Function of Science. London：George Routledge and Sons.

Birrell D. 2012. Intergovernmental relations and political parties in Northern Ireland. British Journal of Politics & International Relations，14（2）：270-284.

Bornmann L，Haunschild R，Marx W. 2016. Policy documents as sources for measuring societal impact：how often is climate change research mentioned in policy-related documents？. Scientometrics，109（3）：1477-1495.

Brooks H. 1964. The Scientific Advisor，In Scientists and National Policy-Making. New York：Columbia University Press.

Bush V. 1945. Science，the Endless Frontier. Washington：United States Government Printing Office.

Center for a New American Security. 2021. Taking the Helm：A National Technology Strategy to Meet the China Challenge. Washington D C：Center for a New American Security.

Chen C，Leydesdorff L. 2014. Patterns of connections and movements in dual-map overlays：A new method of publication portfolio analysis. Journal of the Association for Information Science and Technology，65（2）：334-351.

Chung W Y，Zeng D. 2016. Social-media-based public policy informatics：sentiment and network analyses of U. S. Immigration and border security. Journal of the Association for Information Science & Technology，67（7）：1588-1606.

Cornell University，INSEAD and WIPO. 2020. The Global Innovation Index 2020：Who Will Finance Innovation. 13th Edition. Ithaca，Fontainebleau and Geneva：Cornell University，INSEAD and WIPO.

Dawes S S，Helbig N. 2015. The value and limits of government information resources for policy informatics// Governance in theInformation Era. New York：Routledge.

Dawes S S，Janssen M. 2013. Policy informatics：addressing complex problems with rich data，computational tools，and stakeholder engagement//Proceedings of the 14th Annual International Conference on Digital Government Research. Quebec City ：ACM.

Dawoody A R. 2011. The global participant-observer emergence，challenges and opportunities. The Innovation Journal，16（1）：1-30.

Dedaić M N . 2004. Politics as text and talk：analytic approaches to political discourse. International Politics，41（2）：286-287.

Desouza K，Lin Y. 2011. Towards evidence-driven policy design：complex adaptive systems and computational modeling. The Innovation Journal, 16 (1): 1-19.

Estrada M A R. 2011. Policy modeling: definition, classification and evaluation. Journal ofPolicy Modeling, 33 (4): 523-536.

Etzkowitz H, Leydesdorff L. 2000. The dynamics of innovation: from National Systems and "Mode 2" to a Triple Helix of university-industry-government relations. Research Policy, 29 (2): 109-123.

Fagerberg J, Fosaas M, Sapprasert K. 2012. Innovation: Exploring the knowledge base. Research Policy, 41 (7): 1132-1153.

Feldman M, Kenney M, Lissoni F. 2015. The new data frontier: special issue of research policy. Research Policy, 44 (9): 1629-1632.

Flanagan K, Uyarra E, Laranja M. 2011. Reconceptualising the 'policy mix' for innovation. Research Policy, 40 (5): 702-713.

Fredericks K A, Deegan M, Carman J G. 2008. Using system dynamics as an evaluation tool: experience from a demonstration program. American Journal of Evaluation, 29 (3): 251-267.

Freeman C. 1987. Technology Policy and Economic Performance: Lessons from Japan. London: Frances Pinter.

Gibbons M, Limoges C, Nowotny H, et al. 1994. The New Production of Knowledge: The Dynamics of Science and Research in Contemporary Societies. New York: SAGE Publications.

Giest S. 2017. Big data for policymaking: fad or fasttrack?. Policy Sciences, 50 (3): 367-382.

Gilbert N, Ahrweiler P, Barbrook-johnson P, et al. 2018. Computational modelling of public policy: reflections on practice. Journal of Artificial Societies and Social Simulation, 21 (1): 1-14.

Heidelberg R L, Eckerd A. 2011. A challenge to the ownership society: does home ownership alone improve relative neighborhood quality?. Innovation Journal, 16 (1): 1-14.

Höchtl J, Parycek P, Schöllhammer R. 2016. Big data in the policy cycle: policy decision making in the digital era. Journal of Organizational Computing and Electronic Commerce, 26 (1/2): 147-169.

Hopkins D J, King G. 2010. A method of automated nonparametric content analysis for social science. American Journal of Political Science, 54 (1): 229-247.

Huang C, Su J, Xie X, et al. 2015. A bibliometric study of China's science and technology policies: 1949-2010. Scientometrics, 102 (2): 1521-1539.

Huang C, Yang C, Su J. 2018. Policy change analysis based on "policy target-policy instrument" patterns: a case study of China's nuclear energy policy. Scientometrics, 117 (2): 1081-114.

Johnston E W. 2015. Governance in the Information Era: Theory and Practice of Policy Informatics. New York: Routledge.

Johnston E, Kim Y. 2011. Introduction to the special issue on policy informatics. the Innovation Journal: the Public Sector Innovation Journal, 16 (1): 1-4.

Kim Y, Johnston E W. 2008. Policy informatics v1. 0//Minnowbrook III conference. New York: Arizona University.

Koliba C, Zia A, Lee H Y. 2011. Utilizing computer simulation models to manage complex governance networks.

The Innovation Journal, 16 (1): 1-26.

Lampe C, Larose R, Steinfield C, et al. 2011. Inherent barriers to the use of social media for public policy informatics. The Innovation Journal, 16 (1): 1-17.

Landström H, Harirchi G, Åström F. 2012. Entrepreneurship: Exploring the knowledge base. Research policy, 41 (7): 1154-1181.

Laver M, Benoit K, Garry J. 2003. Extracting policy positions from political texts using words as data. American Political Science Review, 97 (2): 311-331.

Learmonth G P, Smith D E, Sherman W H, et al. 2011. A practical approach to the complex problem of environmental sustainability. the Innovation Journal, 16 (1): 1-8.

Liautaud S. 2021. The Power of Ethics: How to Make Good Choices in a Complicated World. New York: Simon& Schuster Inc.

Libecap G D. 1978. Economic variables and the development of the law: the case of western mineral rights. the Journal of Economic History, 38 (2): 338-362.

Lubell M S. 2020. Navigating the Maze: How Science and Technology Policies Shape America and the World. Washington: Academic Press.

Lundvall B A, Borrás S. 2005. Science, technology and innovation policy. The Oxford Handbook of Innovation.

Lundvall B Å. 2016. National systems of innovation: towards a theory of innovation and interactive learning. The Learning Economy and the Economics of Hope, 85.

Mallinson D J. 2016. Agenda instability in pennsylvania politics: lessons for future replication. Research & Politics, 3 (1): 1-9.

Marburger III J H. 2005. Wanted: better benchmarks. Science, 308 (5725): 1087-1088.

Margetts H, Dorobantu C. 2019. Rethink government with AI. Nature, 568 (7751): 163-165.

Martin B R, Nightingale P, Yegros-Yegros A. 2012. Science and technology studies: Exploring the knowledge base. Research Policy, 41 (7): 1182-1204.

Martin B R. 2012. The evolution of science policy and innovation studies. Research Policy, 41 (7): 1219-1239.

Nelson R. 1993. National Innovation Systems: A Comparative Analysis Oxford University Press on Demand.

Persson O. 1994. The intellectual base and research fronts of JASIS 1986-1990. Journal of the American Society for Information Science, 45 (1): 31-38.

Pi Y. 2021. Machine learning in governments: benefits, challenges and future directions. JeDEM- eJournal of eDemocracy and Open Government, 13 (1): 203-219.

Porter M E. 1990. The competitive advantage of nations. Competitive Intelligence Review, 1 (1): 14.

Price D J D. 1965. Networks of Scientific Papers. Science, 149 (3683): 510-515.

Puroncid G, Gilgarcia J R, Lunareyes L F. 2016. Opportunities and challenges of policy informatics: tackling complex problems through the combination of open data, technology and analytics. International Journal of Public Administration in the Digital Age, 3 (2): 66-85.

Salomon J J. 1978. Science policy and studies and the development of science policy, in science, technology and society: A Cross-Disciplinary Presective. Ed. Ina Spiegel-Rising and Derek de Sololá Price. London, SAGE Pulications.

Sarmento L, Carvalho P, Silva M J, et al. 2009. Automatic creation of a reference corpus for political opinion mining in user-generated content//TSA'09-1st International CIKM Workshop on Topic-Sentiment Analysis for Mass Opinion Measurement. HongKong: ACM CIKM.

Study Group, Washington Association of Scientists. 1947. Toward a national science policy? . Science, 106 (2756): 385-387.

Sun Y, Cao C. 2018. The evolving relations between government agencies of innovation policymaking in emerging economies: a policy network approach and its application to the Chinese case. Research Policy, 47 (3): 592-605.

Thompson N. 2005. Inter-institutional relations in the governance of England's national parks: A governmentality perspective. Journal of Rural Studies, 21 (3): 323-334.

Tony H, Stewart T, Kristin T. 2009. The Fourth Paradigm: Data-intensive Scientific Discovery. Washington: Microsoft research.

Wachhaus T A. 2011. Governance as a framework to support informatics. the Innovation Journal, 16 (1): 1-14.

Wiguna H, Nugraha Y, Kanggrawan J I, et al. 2021. An evidence-based culture: implementing a large-scale social restriction policy on the COVID-19 prevention protocol in Jakarta//IOP Conference Series: Materials Science and Engineering. Yogyakarta: IOP Publishing.

Yian Y, Jian G, Benjamin F. J, et al. 2021. Coevolution of policy and science during the pandemic. Science, 371 (6525): 128-130.

Zeng D. 2015. Policy informatics for smart policy-making. IEEE Annals of the History of Computing, 30 (6): 2-3.

第 3 章

专利信息学与专利大数据分析和知识发现

专利信息学（Patinformatics）是聚焦于专利大数据知识分析的专门学科信息学，是大数据时代和数据密集型科学范式背景下催生出的一门交叉、横断、集成、应用基础性学科，也是专利信息分析的高阶形态和主要发展方向。与专利信息分析相关的信息分析活动虽已大量开展，但由于缺乏明确的学科定位和学科归属等，专利信息学的业界学术接受度和受重视程度还很有限。为进一步厘清专利信息学的学科体系、促进专利信息学的更好发展，本章对专利信息学及专利大数据分析和知识发现予以探讨。

本章概述了专利信息学的发展背景、学科内涵及其与专利计量学的关系与异同；概括了专利信息学的研究内容，认为其包含了围绕专利大数据分析与知识发现这一核心任务、从数据收集直至战略决策咨询服务整个流程的全部内容，并予以举例说明；介绍了现有研究中的 5 个对专利大数据分析与知识发现具有高度适用性或重要参考意义的专利大数据分析流程；梳理了在专利大数据分析与知识发现中常用且具有代表性的数据平台、方法技术和软件工具；介绍了三项严格以专利信息学概念命名的实践活动，即专利信息学发展中的部分亮点事件。在阐述专利信息学上述发展的基础上，重点开展了两项分别以跨国专利所有大数据（案例 1）和国际知识产权使用费大数据（案例 2）作为大数据研究对象的专利信息学应用案例研究。案例 1 利用复杂网络分析方法，从整体网络宏观角度和节点中心性微观角度，分析了国际跨国专利所有活动在 1981～2015 年网络结构及重点国家网络地位的演化规律；案例 2 利用重心模型、技术中心转移理论和复杂网络分析方法，从技术贸易进口和出口两个角度分析了国际技术贸易活动在 1970～2019 年的地理重心迁移、中心国家转移及网络结构演化等规律。最后，总结展望了专利信息学未来发展的重点问题和主要方向。

3.1 引言

2008 年 *Nature* 出版"大数据专刊",引起了学术界对"大数据"的高度关注,大约从此时起,全球数据呈现出前所未有的爆发式增长态势,大数据时代全面来临(张志强和陈云伟,2020)。大数据时代开始以前所未有的速度、力度、广度和深度影响、改变和颠覆着人类认识和探索世界的方式方法。具体到科学研究领域,大数据时代的来临全面催生了科研模式的重大变革。继实验科学、理论科学、计算科学之后,出现了以数据为中心思考、设计和实施的科研活动,形成了通过对海量数据的处理和分析来获得科学发现的第四范式——数据密集型科学范式(Hey et al.,2009)。

专利信息学则是在大数据时代及数据密集型科学范式背景下,专利信息管理及定量信息分析研究领域的再次发展与创新。专利信息学是对传统专利信息分析、专利计量学(或者专利信息计量学等)的继承与发展,由专利信息分析、专利计量学到专利信息学的学科跃迁是大数据时代专利大数据挖掘与知识分析工作以专利大数据为中心发展的必然结果。

3.2 专利信息学的发展背景与学科内涵

3.2.1 专利信息学的发展背景

自 20 世纪 90 年代以来,以数据分析为主的专门学科领域的"信息学"(Informatics)开始蓬勃发展,即 X-信息学(X-Informatics)。X-信息学侧重于对数据生命周期的管理与应用,侧重于对计算方法的发展与应用,进而发现并创造新的科学知识(张志强和陈云伟,2020)。相较于发展较为迅速且已被广泛接受的诸如生物信息学(Bioinformatics)、化学信息学(Cheminformatics)等各类专门领域的学科信息学,与专利信息分析相关的各类信息分析活动虽已如火如荼地开展,但由于缺乏明确的学科定位和学科归属等原因,以专利大数据作为研究对象的专利信息学却未能得到业界的充分重视。

事实上,专利信息学这一概念的提出已有 20 年时间。据文献调研发现,最早提出专利信息学(Patinformatics)这一概念的是时任美国福泰制药公司(Vertex Pharmaceuticals Incorporated,VRTX)高级研究员的 Anthony J. Trippe,其于 2002 年 10 月在期刊《检索员》（*Searcher*）上发表了文章《专利信息学：从太空中识别干草堆》（*Patinformatics：Identifying Haystacks from Space*）（Trippe，2002）。有中国学者将其译为《专利信息学：从无到有的寻觅》。Trippe 在文中指出，随着时代的发展，专利信息从业者的角色发生了转变：已不再仅仅被要求以检索者的角色从成百上千的专利信息中寻找出一个让用户满意的目标参考专利（形象表示为大海捞针）；而是越来越被要求着眼于更宏观的层面，即以分析者的角色识别出技术趋势并提供技术总体概况（形象表示为从太空中识别干草堆）。为了概括并反映出专利信息分析领域这种任务和角色的转变，Trippe 借鉴生物信息学和化学信息学的命名方式提出了专利信息学（Patinformatics）这一概念。

随后，有一些学者接受和采用了这一概念，并发表了部分研究成果。Trippe 于 2003 年再次发表文章《专利信息学：从任务到工具》（*Patinformatics：Tasks to tools*），着重梳理了专利信息学领域中的常见分析任务，并介绍了能够处理这些任务的软件工具（Trippe，2003）。瞿卫军等于 2006 年编译了 Trippe 的 "*Patinformatics：Identifying Haystacks from Space*" 一文，首次将专利信息学的概念正式引入我国（瞿卫军和邓仪友，2006）。时任德国不来梅大学 "能力转移与创新" 主席的 Martin G. Moehrle 于 2010 年发表文章《作为业务流程的专利信息学：贯穿专利研究任务和工具的指南》（*Patinformatics as a business process：A guideline through patent research tasks and tools*），研究应用业务流程建模（BPM）的方式描述了支持管理决策的专利信息学的一般流程，该流程模型概述了专利信息学中的主要任务，并将各个任务与当前可用的工具对应起来（Moehrle et al.，2011）。印度共生国际大学（Symbosis International University）研究与创新共生中心（Symbiosis Centre for Research and Innovation，SCRI）的 Amit Kumar Tiwari 于 2010 年发表文章《专利信息学——一门新兴的科学学科》（*Patinformatics——An Emerging Scientific Discipline*），研究主要介绍了专利信息学在商业和各科学领域中的应用，并探讨了专利信息学所面临的挑战（Tiwari et al.，2010）。顾东蕾于 2012 年发表文章《论专利信息学》，研究概述了专利信息学中所涉及的专利信息源、专利信息需求以及专利软件系统等内容（顾东蕾，2012）。印度科学与工业研究理事会（CSIR）信息产品研发中心（URDIP）的 Nishad Deshpande 博士于 2016 年发表文章《通过专利信息学实现商业智能：一项利用专利数据开展的数据中心节能研究》（*Business intelligence through patinformatics：A study of energy efficient data centres using patent data*），研究以专利作为竞争/商业情报的信息来源，分析了数据中心节能冷却领域的技术趋势（Deshpande et al.，2016）。

综合来看，专利信息学的发展背景可概括为以下三点。

1）世界知识产权组织（WIPO）的成立及运行为专利信息学的发展奠定了前提条件。

WIPO（https://www.wipo.int/about-wipo/en/）成立于 1967 年，是联合国用以保护知识产权的专门机构，也是一个关于知识产权服务、政策、信息和合作的全球性论坛，现已拥有 193 个成员国。WIPO 制定了世界公认的《国际专利分类系统》（IPC 分类）、《专利合作条约》（PCT）等各类组织公约、条约，力求为变化中的世界制定兼顾各方利益的国际知识产权规则，并为世界提供知识产权信息与分析的参考信息源。WIPO 的成立及运行使全球专利数据的统一分类、管理、检索、分析等一系列活动成为可能，保证了专利信息学研究对象——专利大数据的统一性、完整性和可获得性，是专利信息学产生与发展的重要前提基础条件。

2）专利数据的高价值特性是专利信息学发展的根本动力。

由于具有权威性、标准化、易采集、全面性等优势，专利数据越来越被认为是一个能够充分表征技术成果、反映技术发展态势的重要信息来源和载体（Griliches，1990）。据 WIPO 报告可知，专利是世界上最大的技术信息源，涵盖了全球科学研究与试验发展（R&D）产出的 90% 以上的发明成果；其中约有 70% 的发明成果从未在其他非专利文献上出现过（孙冰等，2019）；且同一发明成果出现在专利文献中的时间比出现在其他媒介上的时间平均早 1~2 年（文庭孝，2017）。有效利用专利信息，可平均缩短 60% 的研发时间、节省 40% 的研发费用。在新一轮科技革命和产业变革加速演进、国际科技前沿领域和关键核心技术主导权竞争日益白热化、知识经济迅猛崛起的今天，专利数据所蕴含的大量高价值信息使其在科学研究、技术研发、商业决策、政策制定等众多领域中的决策支持作用愈发凸显，这也成为专利信息学产生与发展的根本动力。

3）专利数据的大数据特征是专利信息学发展的时代驱动力。

21 世纪以来，新一轮全球科技与产业变革加速演进，科技变革的一个鲜明特征是数字化和智能化。2008 年《自然》（*Nature*）杂志出版"大数据专刊"、2011 年《科学》（*Science*）杂志出版"大数据处理"专刊，以及 2012 年《大数据时代：生活、工作与思维的大变革》等大数据著作的出版，使全球科技界迅速和清楚地认识到，全球数据正呈现出前所未有的爆发式增长态势，大数据时代已全面来临（张志强等，2020）。大数据时代更全面催生出了科学研究的第四范式——数据密集型科学范式（Hey et al.，2009）。从专利申请人向专利主管机构提出专利申请至该件专利的最终无效，在该过程中会产生一系列包含技术、法律、经济等数据及信息的专利文献。而事实上，从 20 世纪 70 年代以来，专利文献即开始以几乎超越指数函数的速度迅猛增长和积累（图 3-1），专利文献数量愈发庞大：截至 2022 年 6 月，商业专利数据库 incoPat 已收录了全球超过 1.6 亿件专利文献（https://www.incopat.com/）。专利数据表现出愈加典型的大数据特征。为了实现从海量专利数据中挖掘出其蕴含的大量高价值技术等信息，迫切需要在某一专门学科体系的指导下统筹使用信息科学、数据科学、计算科学和专门科技领域学科等多学科的方法、技术和手段，这为专利信息学的产生与发展创造了时代背景和驱动力。

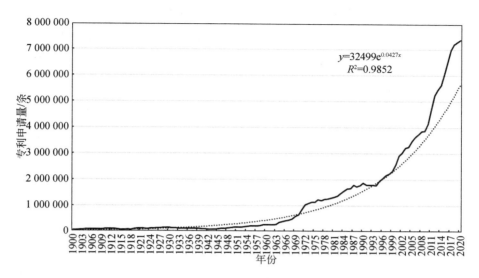

图 3-1　incoPat 收录的专利申请文献量（1900～2020 年）

注：由于 2021 年、2022 年的专利申请文献未完全收录，故未列入图中。

3.2.2　专利信息学的学科内涵

一些学者对专利信息学的内涵进行了定义和阐释。Trippe 将专利信息学定义为"一门通过利用计算方法分析大量专利数据，并从中发现那些通过逐篇处理专利文件很难被发现的关系和趋势的科学"（Trippe，2002）。德国不来梅大学"能力转移与创新"主席 Moehrle 认为"专利信息学包含了所有形式的专利信息分析"（Moehrle et al.，2010）。印度共生国际大学（Symbiosis International University）研究与创新共生中心（Symbiosis Centre for Research and Innovation，SCRI）的 Tiwari 认为"专利信息学是一门包括专利信息的设计、创建、组织、管理、检索、分析、传播、可视化和应用的新兴学科，旨在增强企业中各职能部门（包括研发、营销、财务、人力资源、并购等）的工作效能"（Tiwari et al.，2010）。

梳理上述学者对专利信息学的定义和内涵的阐释，并综合分析其他专门学科信息学概念，总结专利信息学的学科内涵主要包括以下几个方面。

1）研究对象：全球所有的专利及其相关数据，即专利大数据。

2）数据来源：主要包括全球各组织、各区域、各国/地区的知识产权官方数据库（如 WIPO 的 PATENTSCOPE 数据库、欧洲专利局的 Espacenet 数据库、美国专利商标局（USPTO）数据库等）和商业专利数据库［如德温特专利索引（DII）、incoPat 等］。

3）学科基础：信息科学、数据科学、计算机科学、数学、统计学、情报学、学科信息学，以及专利分析任务所涉及的相关专门科技领域学科等。

4）方法技术：主要借鉴其他学科的分析方法和技术，如文献计量、引文分析、自然语言处理、语义分析、机器学习、可视化等；以及专利信息分析领域特有的方法和技术，如技术功效矩阵、TRIZ 理论等。

5）核心任务：专利大数据分析与知识发现。

6）最终目标：创造新知识、研发新方法、产生新洞见、得出新路径，为科学研究、技术研发、商业决策、政策制定等众多领域提供战略决策支撑。

基于以上分析和张志强等（2020）对学科信息学概念的定义，现定义专利信息学概念如下：专利信息学是以全球专利大数据及其相关数据体系作为研究对象，利用信息科学、数据科学、计算机科学，以及专门科技领域学科等多学科的方法、技术和手段，围绕特定用户、科学与技术问题和应用场景，开展专利大数据的收集、存储、组织、标准化、检索、抽取、传播、分析、可视化、知识发现等活动，从而创造新知识、研发新方法、产生新洞见、得出新路径，为各界用户提供专利信息与知识的战略决策咨询服务的交叉性和集成性学科。

3.2.3 专利信息学与专利计量学的关系与异同

专利计量学（或称为专利信息计量学）的产生最早可追溯至 1949 年 Seidel 提出的专利引文分析概念，但当时并未引起足够关注（Seidel，1949）。1994 年，"专利信息计量和专利分析的鼻祖" Narin 发表了题为《专利文献计量学》（*Patents Bibliometrics*）的论文，标志着学界开始将专利计量（patentometrics）作为一个独立的领域进行研究（Narin，1994）。Iversen 定义专利计量是将数学和统计学的方法运用于专利研究，以探索和挖掘其分布结构、数量关系、变化规律等内在价值的学科（Iversen，2000）。栾春娟指出专利计量的本质是通过对专利文献信息的内容、专利数量以及数量的变化等方面的研究，对专利文献中包含的各种信息进行定向选择和科学抽象的研究活动（栾春娟，2008）。温芳芳指出专利计量学以专利文献及其所包含的特征项作为直接的计量对象，主要包含专利文献计量和专利知识计量两部分内容，具有科学计量学和情报学的双重研究特征（温芳芳，2015）。文庭孝指出专利信息计量学是在对专利文献进行筛选、鉴定、整理的基础上，利用文献计量学方法，对其所包含的各种专利信息要素进行统计、排序、对比、分析和研究，从而揭示专利文献的深层动态特征，了解技术、经济发展的历史及现状，进行技术评价和技术预测的学科（文庭孝，2017）。

由以上分析和专利计量学的发展历程可知，文献计量学是专利计量学产生与发展的基础，而专利计量学则是专利信息学产生与发展的基础。由专利计量学到专利信息学的学科发展与跃迁，是时代发展的必然结果和趋势，也反映了专利信息管理及定量信息分析研究领域随着社会信息环境的变化而不断创新、演变的过程。专利信息学既是专利计量学的继承与发展，更是专利信息管理及定量信息分析研究领域的拓展与创新。与传统的专利计量学相比，专利信息学表现出以下特征：

1）研究内容愈加丰富。在包含专利计量学全部研究内容的基础上，由于专利信息学更加典型的交叉、横断、集成、应用基础性等学科特性，其研究内容得到进一步丰富。具体研究内容可分为理论、技术和应用场景三大维度。其中，理论维度主要研究专利信息学的概念、内涵、学科属性、研究对象与内容、研究方法与工具等；技术维度主要研究专利信息学的相关技术、平台、系统、标准等（张志强等，2020）；应用场景主要研究如何将专利信息学整合、嵌入至各类主体不同形式的服务需求之中，从而充分拓展、发挥专利信息学的实际应用价值。

2）研究数据愈加密集。专利信息学是典型的数据驱动型和数据密集型学科。相较于专利计量学多倾向于研究来源单一、结构化、少量或部分的专利数据；专利信息学的研究数据来源更加广泛、结构更加复杂、体量更加庞大或完整，即更侧重于研究多源异构的海量或全部的专利数据。需要说明的是，专利信息学的研究数据并非仅限于纯粹的专利数据范畴，为更好解决专利信息学的研究问题、满足用户需求，还应注重结合利用与专利相关的，由专利衍生、泛化出的其他各类数据，如知识产权使用费数据、产业政策数据、产业补贴金额数据等。

3）研究方法技术愈加先进。相较于专利计量学更多侧重于传统的文献计量研究范式、方法和技术，由于研究内容的愈加丰富、研究数据的愈加密集、用户需求的愈加复杂，导致专利信息学需要更先进的方法、更优化的算法、更强大的算力、更精准的服务等，这均需要不断引入、迭代各个学科（特别是计算机科学、信息科学、数据科学、学科信息学等）更广泛、更先进的研究方法和技术（如机器学习、深度学习、强化学习、知识发现、图计算技术、自然语言处理、知识图谱、复杂网络等）。

4）知识发现层次愈加深化。相较于专利计量学，专利信息学以知识发现作为核心任务，以创造新知识、研发新方法、产生新洞见、得出新路径、为各界用户提供战略决策咨询服务作为最终目标。即侧重于利用更先进的数据分析方法和技术从更加多维、复杂、海量的专利大数据中实现更远距离、更深层次、更多维度、更细粒度、更隐蔽性、决策参考价值更高的知识发现活动。

3.3　专利信息学的研究内容

由专利信息学的学科内涵可知，专利信息学的研究内容包含了围绕专利大数据分析与知识发现这一核心任务、从数据收集直至战略决策咨询服务整个流程的全部内容。国内外学者列举了与专利信息学相关的研究内容，以下进行举例说明。

1）Trippe 明确指出专利信息学的研究内容涵盖了所有形式的专利信息分析以及涉及专利数据后续分析步骤的其他应用（Trippe，2002），并重点列举了以下 9 类研究内容（Trippe，2003）：

①列表整理和概念分组。对数据字段中的术语进行人工或自动标准化。

②生成列表（柱状图）。分析单个数据字段，并获取各类专利相关指标的计数。

③共现矩阵和网络图。在两个或多个数据字段之间建立联系，并表示出联系强度。

④结构化（字段）数据聚类。

⑤非结构化（文本）数据聚类。对原始专利文本进行处理，确定其中包含的概念和短语，并对高度重复的文档进行归类分组。

⑥文档聚类可视化。将文档集合放置于二维空间之中，其中相似度较高的文档集合距离更近，相似度较低的文档集合距离更远。

⑦在聚类图中添加时间组件。用以跟踪某一主题的发展或演进。

⑧引文分析。显示专利之间的引用关系，用于发现潜在的关键专利等。

⑨主体–行为–客体（subject-action-object，SAO）。SAOs 封装了专利中所包含的关键技术知识。

2）Dario Bonino 等将专利信息用户所提出的任务（也即反映了专利信息学的应用场景和研究内容）划分为三大类（Bonino et al.，2010）：

①专利检索。主要包括：可专利性检索；有效性（无效）检索；侵权检索；技术调研；投资组合调研。

②专利分析。主要包括：微观商业价值分析；微观技术细节分析；宏观商业价值分析；宏观技术细节分析；宏观技术趋势分析；宏观技术对策分析。

③专利监视。主要包括：早期信号监视（获取新申请专利中可被整合吸收的信息）；单一专利监视（针对特定专利的知识产权管理）；技术监视（特定技术领域的新专利和新应用）；投资组合监视（特定参与者的新专利和新应用）。

3.4　专利大数据分析与知识发现的一般流程

专利信息学的核心任务是专利大数据分析与知识发现。明确专利大数据分析与知识发现的一般流程将有助于专利信息学从业者规范分析行为、提高工作能力和工作效率、减少工作失误；也有利于新进从业者对专利信息学领域的快速了解和整体把握，并开展有针对性地学习和研究应用。国内外学者基于各自理解，分别提出了针对专利数据分析活动的、不同形式的一般流程。这些流程的提出虽非特定针对于专利大数据分析与知识发现任务，但其整体思路、最终目标、流程设计、关键步骤等对专利大数据分析与知识发现具有高度适用性或重要参考意义。这里遴选出五个具有代表性的专利数据分析流程进行简要介绍。

1）Trippe 提出了专利数据分析的一般线性流程，该流程主要包含 5 个阶段（Trippe，2002）：

①创建一个专利分析工具包。没有一种分析工具能够完成所有的专利数据分析任务，分析者必须了解可能遇到的所有类型的分析任务，并准备好能够满足相应分析需求的工具。

②理解任务需求，以及需求背后的各类因素。在专利数据分析开始之前必须明确理解用户的情报需求，而且也必须了解需求背后的其他各类因素（如分析结果的用户是谁等）。

③根据需求设定问题。理解任务需求之后，分析者需要和用户一起制定问题，并通过回答所设定的问题来提供可影响业务决策的情报。

④根据问题筛选数据。确定需要回答的问题之后，分析者需要收集相关数据。

⑤根据数据选择工具。所选择的工具不仅必须允许进行必要的分析以提供所需情报，而且还必须符合用于回答所确定问题的最佳数据的处理要求。

2）Moehrle 将专利数据分析的一般流程划分为 3 个阶段（图 3-2）（Moehrle et al.，2010）：

①预处理阶段（pre-processing）。该阶段的目的是为专利数据分析提供高质量、正确和完整的基础信息。其输入端为原始专利文件，输出端为处理好的专利数据。该阶段包含确定专利分类、专利文件数字化、将专利文件存入数据库中、生成附加价值（元数据）、限定检索范围（从研究列表中删除无关文件）等任务。

②专利分析阶段（patent analysis）。该阶段侧重于对专利数据库的高效访问和对专利内容或专利之间的关系进行分析（例如文本挖掘、引文分析等）。其输入端为经预处理后符合分析要求的专利数据，输出端为专利数据分析结果。该阶段包含专利文件检索、内容

分析、专利文件关系分析（书目分析、共词分析、引文分析等）、非文本分析（对图表、化学符号、标志等的识别）等任务。

③知识发现阶段（discovered knowledge）。该阶段的目的是对上述专利分析结果展开进一步的评估和编辑，从而得到更高质量的分析结果（包括以不同的形式进行研究结果的可视化呈现，从而快速反映出当前态势），最终用以支持专利运营决策或战略决策。该阶段包含研究结果可视化、研究结果评价、研究结果文件化等任务。

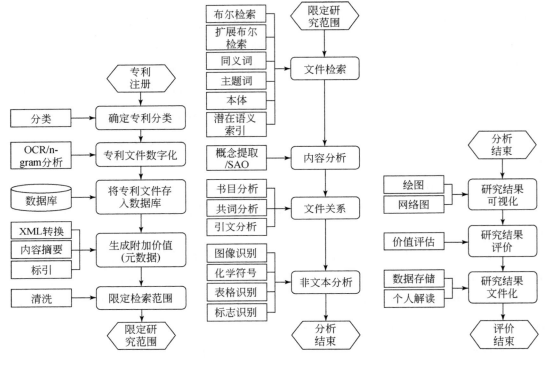

图 3-2　专利数据分析一般流程

资料来源：Moehrle et al.，2010。

3）肖沪卫等总结了制作专利地图的一般步骤和流程。专利地图在专利情报分析中处于承上启下的重要地位：承上是指将检索到的专利信息，经过整理、加工、综合和归纳，以专利地图的形式展示，供专利情报分析之用；启下是指通过对专利地图的对比、分析和研究，可作出预测和判断，从而得到可利用的水平、动态、发展趋势等情报，从而服务于各类用户的战略决策咨询。所以专利地图的制作流程及后续分析也可被参考作为专利大数据分析与知识发现的一般流程（肖沪卫和顾震宇，2011）：

①主题确定。确定专利地图分析的主题，以解决研究的对象和目标问题。包括：产品主题、技术主题、申请人主题、发明人主题、产业主题等。

②数据采集。围绕主题采集相关数据，为专利地图制作提供素材。包括：确定采集精度、限定数据范围、选择数据库、选择检索词、构造检索式、保存检索结果等。

③数据整理。对采集的数据进行加工，为专利地图制作建立可重复利用的专题数据库。包括：数据库整理、字段整理、数据清理、数据标引等。

④地图绘制。根据主题要求对数据进行各种角度的分析并可视化展现。包括：选择软件、按要素制图、按数据处理方式制图、按使用主体制图、按其他方式制图等。

⑤地图解读。解读每一幅专利地图，使读者理解地图背后的含义。应遵循用户适用、全面性、重点性、简洁性等原则。

⑥报告撰写。为决策利用提供优质的专利情报产品。

4）美国北达科他州立大学电气与计算机工程系 Assad Abbas 将专利数据分析的一般流程也划分为 3 个阶段（图3-3）：

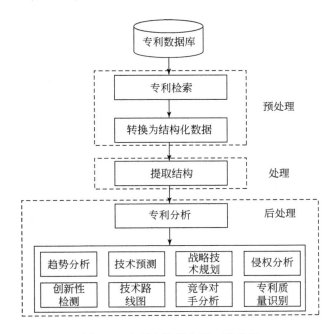

图 3-3　专利大数据分析一般流程

①预处理阶段（pre-processing）。该阶段主要包括利用各种数据和文本挖掘工具从专利数据库中检索出相关专利数据，并将非结构化的文本数据转换为结构化数据。

②处理阶段（processing）。该阶段主要表现为利用提取工具从经预处理后的专利数据中提取出有意义的结构。

③后处理阶段（post-processing）。根据分析任务的不同，该阶段主要包括趋势分析、技术预测、战略技术规划、侵权分析、创新性检测、技术路线图、竞争对手分析、专利质

量识别等内容。

5）曼彻斯特大学 Paul Oldham 在其为 WIPO 编写的《WIPO 开源专利分析手册（第二版）》［*The WIPO Manual on Open Source Patent Analytics（2nd edition*）］中指出，有效的专利数据分析涉及相当多的步骤，并将专利分析工作的一般流程划分为 6 个主要阶段（图 3-4）（Oldham，2022）：

①范围检索（scoping search）。目的是对目标主题有一个基本的把握。

②探索性数据可视化（exploratory data visualisation）。帮助更好地理解数据和完善检索策略。

③确定检索策略（defined search）。

④获得核心数据集（core dataset）。

⑤清洗核心数据集（cleaning the core dataset）。包括拆分数据和清洗数据。

⑥可视化与报告（visualise & report）。

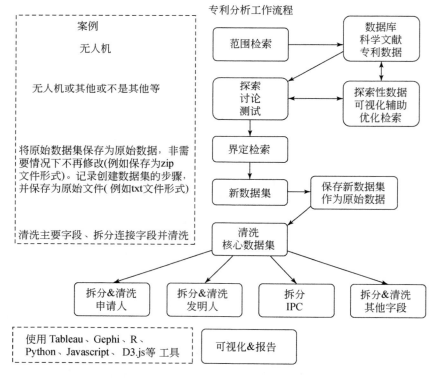

图 3-4 专利数据分析一般流程

资料来源：Oldhams，2022。

3.5 专利大数据分析与知识发现的数据平台、方法技术和软件工具

3.5.1 专利大数据分析与知识发现的数据平台

专利大数据是专利信息学的研究对象，也是专利大数据分析与知识发现的物质基础和逻辑起点，专利大数据的质量从根本上决定了专利大数据分析与知识发现的最终质量。所以，获取研究所需的准确、完整、全面、即时的高质量专利大数据是专利信息学中各类研究工作开展的首要任务。本章简要统计具有代表性的专利大数据平台（包括国内外的免费、收费等不同类型的数据平台）（表 3-1）。

表 3-1 代表性的专利大数据平台

数据平台名称（网址）	简介
世界知识产权组织专利数据库 PATENTSCOPE （https://patentscope2.wipo.int/search/zh/search.jsf）	收录了全球 1.05 亿件专利，其中包含约 430 万件已公布的国际专利申请（PCT）和来自 74 个组织、国家和地区的约 1 亿件专利和已公布的专利申请；可在线使用，完全免费；提供简单、高级、字段组合、跨语种、化合物等多种检索方式
欧洲专利局专利数据库 Espacenet （https://worldwide.espacenet.com/patent/）	欧洲专利局为用户在线、免费提供来自 80 多个国家、超过 1.3 亿件的专利文件；最早的专利文件可追溯至 1782 年。具有收录时间跨度大、范围广、文献量大，检索界面简单、系统限制严格，采用独特的欧洲专利分类体系等特点
美国专利商标局（USPTO）专利检索数据库（https://www.uspto.gov/patents/search #heading-11）	免费提供美国自 1790 年至今所有专利的全文信息，包含专利检索、专利公报、专利分类、专利法律状态等信息，并将其收录在不同的数据库（包括专利授权数据库、专利申请公布数据库、专利权转移数据库等）之中
日本特许厅（JPO）日本专利信息平台 J-platpat （https://www.jplatpat.inpit.go.jp/）	于 2015 年 3 月 23 日上线，替代了原先的官方专利检索系统——日本工业知识产权电子图书馆（IPDL）。平台向全球用户免费提供约 5000 万份专利文献的检索途径，包含日文、英文两种检索方式
中国国家知识产权局（CNIPA）专利检索及分析系统 （http://pss-system.cnipa.gov.cn/sipopublicsearch/portal/uiIndex.shtml）	是集专利检索与专利分析于一身的综合性专利服务系统，收录了我国从 1985 年至今受理的全部专利文件，可查看并下载全文。系统提供简单、方便、快捷、丰富的专利检索与分析功能，且集成了丰富的接口服务和工具性功能

续表

数据平台名称（网址）	简介
韩国知识产权局（KIPO）韩国工业产权信息服务中心 KIPRIS（https://www. kipo. go. kr/ko/MainApp. do）	自 1998 年开始为韩国和外国提供在线免费专利信息检索服务，可以检索韩国自 1948 年以来的审定/授权公告，以及自 1983 年以来公开的发明、实用新型专利申请的著录项目、摘要、附图、说明书全文、法律状态等
德温特世界专利索引数据库 DWPI（https:// clarivate. com/derwent/dwp-reference-center/）	是全球最全面的深加工增强专利信息数据库，包含 4300 余万专利家族。由来自德温特编辑团队的主题专家对每个专利记录进行分析、重新撰写重点摘要和编译手工代码，以便让用户更容易找到所需信息
德温特专利引文索引数据库 DPCI（https:// clarivate- com- 443. webvpn. bjtu. edu. cn/derwent/zh-hans/solutions/dpci/）	是德温特公司旗下一个基于引证关系建立起来的新颖独特的专利数据库，通过对已出版的专利文献上所附的专利和非专利参考文献进行著录、标引、整序加工而成。可以帮助用户很容易地找到紧密相关的专利，或者识别在某一技术领域具有高度影响力的专利
德温特创新平台 DI（https://derwentinnovation. clarivate. com. cn/login/）	是全球最著名、权威的能够同时整合专利和非专利文献的综合检索分析平台，在收录 DWPI、DPCI、欧美核心专利全文等专利文献的同时，也可以检索 Web of Science、CurrentContents Connect、INSPEC 和 Proceedings 中的非专利文献
incoPat（https://www. incopat. com/）	是一款由北京合享智慧科技有限公司研发的全球科技分析运营平台，专注于知识产权数据的深度整合和价值挖掘。其全球专利数据库收录了 120 个国家、地区和组织的超过 1. 5 亿件专利，其数据具有全面可靠、字段完善、具备强大的检索分析功能和更新及时等优点
智慧芽（PatSnap）（https://www. zhihuiya. com/products. html）	聚焦于科技创新情报和知识产权信息化服务两大板块。通过机器学习、计算机视觉、自然语言处理（NLP）等人工智能技术为全球领先的科技公司、高校和科研机构、金融机构等提供大数据情报服务。其全球专利数据库收录了 158 个国家、地区和组织的 1. 7 亿件专利，提供 9 种便捷的检索方式，能够提供精准、多维度、可视化的专利及研发情报
SooPAT（http://www. soopat. com/）	致力于专利信息获取的便捷化以及专利信息数据的深度挖掘，努力创造最强大、最专业的专利搜索引擎，为用户实现前所未有的专利搜索体验。数据库包含 110 个国家、地区和组织的超过 1 亿 4000 万件专利文献
佰腾（Baiten）（https://www. baiten. cn/）	是国内知名的知识产权信息服务平台，为用户提供专利信息应用、科技成果转化、产学研对接一条龙服务，包括专利数据库、专利监控、专利预警、企业贯标等知识产权产品和服务

3.5.2 专利大数据分析与知识发现的方法技术

鉴于专利信息学典型的交叉、横断、集成、应用基础性等学科特性，原则上只要是能够服务于专利大数据分析与知识发现这一核心任务的方法技术均可被纳入到专利信息学分析方法和技术的范畴。专利大数据分析与知识发现所需用到的方法技术多种多样，且随着时间的推移和应用场景的扩展变得愈加丰富。国内外学者从不同角度对其进行了归类。

1）郭婕婷等将专利情报分析方法划分为四大类（郭婕婷和肖国华，2008）：

①"点"情报分析。主要表现为对专利文献的外部特征进行统计分析，即对专利文献固有的单个著录项，按有关指标分别进行统计分析，是对专利信息的初步挖掘。包括简单统计分析、关键词频统计等。

②"线"情报分析。指将获得的"点"情报按照一定方式排序，从而得到有序化的"线"情报。包括专利申请的时间序列分析、技术生命周期分析、专利申请的空间分布分析、专利申请的 IPC 分类分析等。

③"面"情报分析。综合时间、空间、分类等不同因素，深入挖掘专利文献中的技术情报及各技术间的关系。包括技术矩阵分析、专利聚类分析、专利引用分析、份额分析等。

④"立体"情报分析。将上述"面"情报加以组合，即可得到发明活动与其他各因素间相联系的全面情报，也称多次元或多维分析。包括专利组合分析、TEMPST 分析、鱼骨技术分析、技术监测等。

2）肖沪卫等列举了 10 种专利数据分析方法（肖沪卫和顾震宇，2011）：

①专利申请人分析方法。可用于发现竞争对手、分析竞争对手的特点及实力、寻找合作伙伴、指导专利战略等。

②专利发明人分析方法。可用于聚焦领域精英、研发人力资源管理、战略分析、企业并购等。

③区域分析方法。可用于国家技术实力对比、主要国家专利全球布局、主要国家重点发展技术领域、主要国家技术功效图等。

④专利分类分析方法。可用于使用德温特手工代码进行技术领域分析、使用国际专利分类进行技术的内在关系分析。

⑤专利技术生命周期预测方法。指根据专利统计数据，绘制出技术 S 曲线，以帮助确定当前技术所处的发展阶段、预测技术发展极限，从而进行有效的技术管理。

⑥核心专利分析方法。可用于发现市场机会、提高研发起点、构筑外围"篱笆"、强化标准战略、获取长远利益等。

⑦专利技术功效图方法。可用于了解技术领域发展现状和趋势、了解竞争对手的技术状况和发展策略、确定技术发展方向和建立专利战略等。

⑧专利引证分析方法。可用于判断核心专利、发现核心人物、获悉发展演变、探究最新应用、识别竞争对手、洞悉专利策略等。

⑨专利权利要求分析方法。可用于侵权比对、知识产权规划与防御等。

⑩专利组合分析方法。指对多类型、多数量专利项目进行评价、选择和管理，将组织有限的资源进行优化配置，通过项目的管理运行，实现组织的战略目标。

3）Abbas 等对已有的专利分析技术进行了全面的文献综述，在常规的专利数据分析技术之外，重点区分了文本挖掘技术和可视化技术：

①文本挖掘技术。主要用于从结构化或非结构化文本（自然语言文本）中提取出有意义的信息和模式。专利大数据分析中常用的文本挖掘技术主要包括，基于自然语言处理的技术、基于属性–功能的技术、基于规则的技术、基于语义分析的技术和基于神经网络的技术。

②可视化技术。旨在帮助技术专家和决策者以可视化的方式表示和分析专利信息，将分析所得到的信息和模式转化为有意义的见解，从而帮助更科学地决策。专利大数据分析中常用的可视化技术主要包括专利网络技术和聚类技术。

4）剑桥大学的 Leonidas Aristodemou 着重总结了用于知识产权大数据（主要为专利大数据）分析的文本挖掘方法，并将其划分为六大类（图 3-5）（Aristodemou and Tietze，2017）：

①自然语言处理方法。

②语义分析方法。

③人工神经网络。

④机器学习。

⑤基于规则的方法。

⑥聚类方法。

3.5.3　专利大数据分析与知识发现的软件工具

Oldham 在《WIPO 开源专利分析手册（第二版）》中，将可用于专利分析的软件工具划分为八大类，并分别列举出了可用的开源软件工具（少部分为笔者添加）（Oldham，2022）：

1）通用工具。可执行多类型的任务，如 Apache OpenOffice、Google Sheets、Google Data Studio 等。

2）清洗工具。对要输入的原始专利数据进行清洗，如 Open Refine 等。

3）数据挖掘工具。如 RStudio、RapidMiner Studio、KNIME、DDA 等。

4）数据可视化工具。如 Google Charts、Tableau Public、R and Rstudio、Shiny 等。

5）网络可视化工具。如 Gephi、Ucinet、NodeXL、Pajek、VOSviewer、Hive Plots 等。

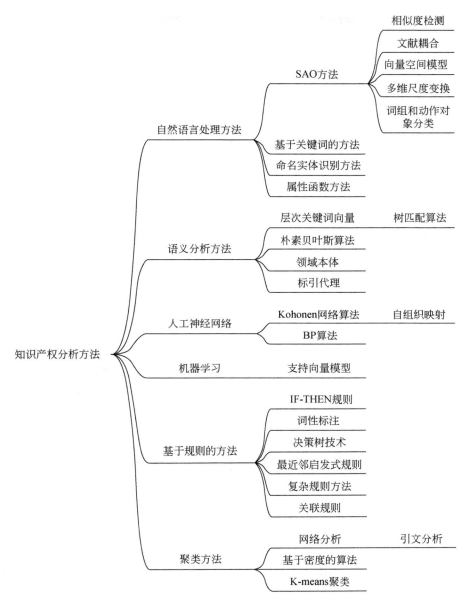

图 3-5　用于知识产权大数据分析的文本挖掘方法

资料来源：Aristodemou et al., 2017。

6）信息图表工具。如 Piktochart、Canva、Visme 等。

7）地理制图工具。如 ArcGIS、OpenStreetMap、Leaflet、Tableau Public、QGIS、Plotly 等。

8）文本挖掘工具。如 Tidytext、Weka、NLTK、Spacy、R、Python 等。

对部分专利大数据分析与知识发现常用软件工具介绍见表 3-2。

表 3-2 专利大数据分析与知识发现的常用软件工具

软件/工具名称（网址）	简介
Apache OpenOffice（https://www.openoffice.org/zh-cn/）	一款先进的开源、免费办公软件套件，包含文本文档、电子表格、演示文稿、绘图、数据库等
Google Sheets（https://docs.google.com/spreadsheets）	电子表格工具，包含有大量可用于帮助清理数据的免费附加组件，例如拆分名称或删除重复项等；可与他人在线共享
Google Data Studio（https://developers.google.cn/datastudio）	允许用户连接到自己的数据、实现数据洞察、创建自定义的可视化图表，并根据数据定制报告
Open Refine（曾用名 Google Refine）（https://openrefine.org/）	是一款处理混乱数据的强大工具，主要包括探索大型数据集、清理和转换数据、协调和匹配数据等；是清洗申请人和发明人姓名的重要免费工具
RStudio（https://www.rstudio.com/）	是一款致力于数据科学、科学研究和技术交流的免费开源集成开发环境（IDE），能将许多功能强大的编程工具（R、Python 语言）集成到一个直观、易于学习的界面之中
RapidMiner Studio（https://rapidminer.com/platform/）	专注于机器学习、数据挖掘、文本挖掘和分析，是世界领先的数据挖掘解决方案软件，包含免费服务和各种付费功能
KNIME（https://www.knime.com/）	一款基于 Eclipse 开发环境的数据挖掘开放平台，采用类似数据流的方式建立工作流程，可与其他系统集成，简单易用并且完全免费
DDA（https://clarivate.com.cn/products/derwent-data-analyzer）	一款文本挖掘软件，具有强大的数据清洗、分析、可视化等功能，可对文本数据进行多角度的数据挖掘和可视化的全景分析
Google Charts（https://developers.google.cn/chart）	是谷歌提供的一款功能强大、易于使用且免费的交互式图表工具
Tableau Public（https://public.tableau.com/s/）	一款完全免费的数据可视化平台，用户所创建的可视化项目完全公共、公开
Gephi（https://gephi.org/）	一款开源免费、可用于操作大型图形和可视化的复杂网络分析软件，具有交互程度高、节点布局合理、配色科学、可分析节点规模大等一系列优点
Ucinet（http://www.analytictech.com/archive/ucinet.htm）	一款社会网络分析工具，擅长于处理多重关系、复杂问题的中大型数据，综合性较强、运算功能强大、兼容性较强
Piktochart（https://piktochart.com/）	一款设计和制作信息图表、演示文稿和视频的软件，操作简单、免费使用
ArcGIS（https://www.arcgis.com/index.htm）	一款在线交互地图系统，可提供包括空间数据的采集、管理、编辑、分析和制图等一系列功能
R（https://www.r-project.org/）	是一套完整的数据处理、计算和制图软件系统，具有完整连贯的统计分析工具、优秀的统计制图功能以及简便而强大的编程语言
Python（https://www.python.org/）	是目前最流行的计算机程序设计语言之一，具有程序编写简洁快速、语法表达优美、易读等优点；具有丰富的自然语言处理、机器学习、可视化工具包

3.6　专利信息学发展的部分亮点事件

虽然与专利信息分析相关的各类信息分析活动早已如火如荼地开展，但被明确冠以专利信息学（Patinformatics）概念、并在其研究范式指导下开展的相关信息分析与知识发现活动还少之又少。这也是导致专利信息学至今仍未得到业界广泛关注、接受和认可的原因之一。大力推广专利信息学的学科概念对专利信息学的发展具有重要的作用和意义。现介绍三项严格以专利信息学概念命名的实践活动，也可被视作专利信息学发展中的部分亮点事件，以供读者参考。

3.6.1　印度信息科学学会多次举办专利信息学主题年会

印度信息科学协会（Society for Information Science，SIS）（http://www.sis.org.in/）成立于 1975 年，是印度一家致力于鼓励信息专业人员、科学家、管理人员和用户之间开展良好交流的专业机构。自 1981 年以来，SIS 会定期举办年会及各类会议，其目的是：①为信息科学领域各学科的专业人士提供一个能够交流各自观点、经验和成果的平台，进而丰富各自知识并提升专业能力；②使信息处理者和信息使用者能够坐在一起，探讨当前国家建设所需要的信息服务的类型、质量、性质和范围。除了举办年会及各类会议之外，SIS 还一直组织、举办各类进修课程、技能发展计划和专业提升研讨会，用以帮助从事各类信息工作的图书馆和信息专业人员提升从事各类信息分析活动的能力。

专利信息学（Patinformatics）一直是 SIS 年会的重要主题之一，SIS 主席 Manoj Kumar Patairiya 将专利信息学视为信息科学的前沿领域和未来主题。至今，SIS 已举办四届以专利信息学命名的年会。上述四届年会的主题分别为："专利信息学的最新趋势"（Recent trends in Patinformatics，2009 年）；"专利信息学在研究和商业规划中的应用"（Patinformatics for Research and Business Planning，2012 年）；"专利信息学在企业规划和商业开发中的应用"（Patinformatics for Corporate Planning and Business Development，2013 年）；"专利信息学在技术竞争情报和许可中的应用"（Patinformatics for Technological Competitive Intelligence and licensing，2015 年）。上述四届年会均为 SIS 与信息产品研发中心（URDIP）合作主办，年会地址均为位于印度马哈拉施特拉邦浦那市的国家化学实验室。以下对四届年会进行简要介绍。

1）"专利信息学的最新趋势"。举办于 2009 年 12 月 9 ~ 12 日，为 SIS 的第 26 届年会。该届年会旨在回答有关专利分析的需求、方法和应用等问题，并描绘出印度和全球在专利信息学领域的发展现状。会议内容包括培训课程（12 月 9 日）以及来自产业界和学术界知名人士的讲座（12 月 10 ~ 11 日），参会者为来自印度各研究机构和知识产权公司的代表。时任美国化学文摘社（CAS）全球销售副总裁的 Craig Stephens 博士做了有关专利信息学重要性的主旨演讲。他谈到了科学出版和专利活动的爆炸式增长，以及知识产权专业人员应该如何结合利用丰富的信息资源和专利信息学，从而达到智能地挖掘和分析数据，并实现在技术开发中增加附加价值的目的。

除此之外，会议还组织了海报会议（poster session），展示了多个印度组织正在开展的专利信息学研究。参与者展示的海报涵盖了从健康问题到环境问题以及机构之间和印度妇女之间专利活动的最新趋势等。

2）"专利信息学在研究和商业规划中的应用"。举办于 2012 年 3 月 19 ~ 21 日，为 SIS 的第 28 届年会。会议首先于 3 月 19 日举办了一系列有关专利信息学工具和技术的研讨会。3 月 20 日，各位专家就专利信息学的不同研究领域发表了演讲，重点关注于专利态势、技术空白点、产品开发、技术预见、可专利性等研究主题。3 月 21 日，专家的演讲重点关注于专利信息学在商业规划中的应用，包括竞争情报、业务多元化、并购、自由运作等主题。

3）"专利信息学在企业规划和商业开发中的应用"。举办于 2013 年 12 月 9 ~ 11 日，为 SIS 的第 30 届年会。会议指出专利在包含技术和法律信息之外，还包括以下实际应用功效：研发管理、竞争对手监测、技术评估、新创企业评估、为许可策略提供信息、支持并购和人力资源管理等。并认为在当今复杂的知识驱动型经济中，企业在开发和推出新产品时，能否有效地利用专利信息可能最终决定着产品和公司的成败。

不同于侧重关注专利信息在研究计划和技术管理中的应用的往届会议，本次年会重点聚焦于专利信息学在企业规划和商业开发中的应用。来自产业界的领军人士就相关主题进行了演讲和案例分析。除此之外，一些商业专利数据库和专利分析、可视化软件工具供应商（如 STN/SciFinder、Thomson Innovation、Derwent、Questel Orbit、Patent Café、Total Patent 等）的代表也参与了会议，部分供应商还举办了关于其产品和使用服务的研讨会、讲习班等。

4）"专利信息学在技术竞争情报和许可中的应用"。举办于 2015 年 12 月 7 ~ 9 日，为 SIS 的第 32 届年会。

3.6.2 印度设置专利信息学硕士学位课程

为了更好地培养未来重要领域的科技人才，在印度科学与创新研究院（Academy of

Scientific and Innovative Research，AcSIR）的支持下，隶属于印度科学与工业研究理事会（Council of Scientific and Industrial Research，CSIR）的信息产品研发中心（Unit for Research & Development of Information Products，URDIP）推出了为期一年的专利信息学全日制研究生课程。学员结业后将获得由 AcSIR 颁发的专利信息学研究生文凭（Post-Graduate Diploma in Patinformatics）。

（1）课程目标

该课程旨在培养专利信息学领域的专业人才，以满足业界对知识产权管理中的专利分析、技术法律和技术商业方面的人才需求。课程着重培养学员在专利检索、专利分析和专利可视化方面的能力，使学员能够掌握知识产权制图、技术方案分析、技术空白地图、竞争情报研究、新产品开发、可专利性、专利侵权分析、专利引文分析、专利评估等相关技能，并能将其应用于研究和企业规划之中。

（2）课程内容

课程为期一年，包括 12 个模块的理论课程以及数据库和分析工具的实践课程，由 URDIP 在专利信息学领域具有数十年经验的专家进行教授。其中理论课程内容主要包括：

①知识产权、专利和专利立法概论。

②知识产权国际框架。

③专利信息学和专利检索基础。

④专利数据库检索。

⑤理解专利数据库特性。

⑥高级专利检索。

⑦不同领域的专利信息检索。

⑧专利分析与制图及其应用。

⑨专利信息辅助技术规划与管理。

⑩专利信息学与专利评估。

⑪专利信息学与研发规划、战略专利申请和绩效标杆。

⑫专利信息学与专利战略和投资组合管理。

实践课程内容主要包括：

①设计有效的专利检索策略。

②掌握使用各类数据库进行实际专利检索的经验。

③与专利分析相关的分析练习和应用。

（3）报考要求及名额分配

报考的最低学历要求是获得经国会/州立法机构/教资会批准设立大学的研究生学位或理工科学士学位。报考人应具备以下条件中的任意一项：

①生命科学、化学科学或物理科学硕士学位。

②药学硕士学位。

③工学学士学位。

④具有科学背景的法学学士学位。

⑤本科为理工科的图书馆学硕士学位。

⑥本科为理工科的工商管理硕士学位。

以 2021～2022 年为例，共设有 30 个招生名额。其分配情况为：生命科学 6 人、化学和药学 10 人、工程学 8 人（其中机械 2 人、电气 2 人、计算机 2 人、其他专业 2 人）、其他专业（物理科学、法学、图书馆学、工商管理）6 人。

值得一提的是，印度政府非常重视专利信息学的发展，并倡议成立了多个开展专利信息学研究的组织，URDIP 就是其中之一。URDIP 致力于专利信息学各方面的研究，并提供专利信息学相关的多项服务。包括：专利地图绘制、专利趋势与技术分析、竞争对手/行业技术分析、技术预警和专利更新、技术引进/技术许可机会识别、专利–产品和市场监测、技术规划、新产品开发研究、活性物质和配方的专利申请、研发中的人力资源管理、风险评估/技术或业务收购/合并等（https://urdip. res. in/）。

3.6.3 专利信息学分析咨询公司 Patinformatics 成立

以专利信息学命名的专利分析咨询公司 Patinformatics，LLC（https://www. patinformatics. com/）于 2012 年成立，总部位于爱尔兰的首都都柏林，公司总经理为专利信息学概念的提出者 Trippe。

（1）公司定位

Patinformatics 将自身定位为"一家领先的、提供全方位服务的咨询公司，专门从事专利分析和专利态势报告定制，并以此支持技术型企业决策"。公司通过专利分析来支持企业战略制定和决策的主要方式包括：

①定位项目目标。完成一份高水平的商业战略竞争分析，并分析其对知识产权战略的影响。

②考虑业务构成和技术。根据业务目标和技术实现方向评估用户企业的具体定位。

③将用户企业的专利与其技术实现目标相关联。

④与竞争对手进行详细的比较。识别出主要的知识产权战略机会和业务威胁。

⑤提供一个更全面的知识产权态势地图。帮助用户企业按类别和技术侧重点识别出那些未知的专利所有者。

（2）公司业务内容

公司的核心业务是为用户定制综合、聚焦的专利态势报告。该部分业务强调从用户实际业务需求视角出发，着重考虑业务目标、金融分析和专利情况三大属性。公司现已为亚马逊、阿迪达斯、Facebook、俄亥俄州立大学、密歇根大学等著名科技公司和高校定制了专利态势报告。公司利用一套特定的工具实现报告的定制：

①空间概念图。

②网络分析。

③技术聚类。

④权利要求分析、技术可视化和阻塞点识别。

⑤专利收购和买方经纪。

公司发布的有关量子信息技术（quantum information technology）的系列专利态势报告得到了全球的广泛关注。系列报告主要包括：

①量子信息技术（QIT）：专利态势报告（quantum information technology，QIT）：A Patent Landscape Report）。

②量子计算应用：专利态势报告（quantum computing applications：a patent landscape report）。

③实用量子计算：专利态势报告（practical quantum computing：a patent landscape report）。

除了专利态势报告之外，公司还提供新产品开发协助、专利和投资组合评估以及专利分析培训等服务。Anthony J. Trippe 还撰写了一系列与专利信息学相关的博客，为《华尔街日报》《福布斯》《华盛顿邮报》等杂志撰写知识产权相关的文章，并为世界知识产权组织（WIPO）编写了《专利态势报告准备指南》。

3.7　专利信息学应用案例 1：国际跨国专利所有权活动网络结构及演化规律研究

3.7.1　引言

"大科学时代"背景下，科研合作已成为科学领域知识生产的主要模式（Wuchty et al.，2007；邱均平，2011）。同样，技术领域也呈现出合作化趋势不断增强的现象（Wuchty et al.，2007），且随着全球市场、经济一体化的快速推进，技术合作的国际化趋势愈加明显，并逐渐成为不同国家间技术、经济交流的主要途径之一。专利越来越被认为是一个能够充分表征技术性能的丰富的信息来源（Griliches，1990），近年来跨国合作专利申请量的快速增长成为国际技术合作的具体表现形式和新趋势，在国际技术合作交流中发挥着越来越重要的作用。

结合发明人与申请人两个维度来看，跨国专利合作有三种不同表现形式：发明人来自不同国家的跨国合作发明活动、申请人来自不同国家的跨国合作申请活动和发明人与申请人来自不同国家的跨国专利所有活动（王文平等，2014）。目前跨国合作发明和跨国合作申请角度的研究已较为丰富，但针对跨国专利所有活动还鲜有系统性研究。深入分析、理解跨国专利所有活动，能揭示各国对其他国家专利权的控制与被控制能力、人力和物质资源的利用与被利用能力；对全面理解各国在国际技术合作中的角色与地位、调整国际技术合作战略、推动技术合作进步与发展具有重要指导意义（冯志刚等，2020）。

3.7.2　相关研究综述

现有针对跨国合作发明活动和跨国合作申请活动的研究成果较多，研究者主要通过制定合作指标和构建合作网络以分析测度不同国家的跨国专利合作程度、趋势和国际地位。Ma 和 Lee（2008）从跨国合作发明等角度构建一系列指标，分析发现八个经合组织国家和两个亚洲经济实体（韩国和中国台湾）的国际合作发明趋势日益增强，随后又分析了中国专利的国际合作趋势（Ma，2009）。刘云等利用欧洲专利局（EPO）集成电路制造领域专利数据，从跨国合作发明角度分析了世界各国进行国际技术合作的发展潜力、发展现状和合作效果（刘云，2018）。De Prato 等利用 EPO 跨国合作发明数据构建了全球技术合作网络，并运用引力模型发现各国在网络中的位置对该国与其他国家的合作强度有显著影响（De Prato and Nepelski，2014）。张明倩等利用 EPO 专利数据，从国际合作发明角度分析了"一带一路"沿线国家跨国专利合作网络的特征及动态轨迹（张明倩和柯莉，2018）。郑栋等、李文娟等利用 40 个创新型国家的 PCT 申请数据构建了国际跨国合作申请网络，并分析中国在国际创新合作中的地位与角色演变（郑栋等，2019；李文娟和朱春奎，2019）。刘胜奇等（2015）从跨国合作申请角度构建了"锂电池"领域的专利合作全球图以揭示该领域的国际合作现状。

相对而言，跨国专利所有角度的研究较为匮乏，且仅停留在指标构建和对少量国家的水平测度层次。Guellec 等构造了本国所有外国发明和外国所有本国发明指数以反映一个国家的跨国专利合作水平，并以 OECD 国家进行了实证分析（Guellec and Van Pottelsberghe，2001）。Cincera 等（2006）从跨国所有专利权角度分析发现外国对比利时发明的控制程度在提高。刘凤朝等利用中国在美国专利商标局（USPTO）10 个技术领域的授权专利，从外国对中国专利跨国所有和中国对外国专利跨国所有角度探讨了中国专利活动的国际化渠道（刘凤朝等，2012）。王文平等利用跨国所有专利权指标研究了金砖五国的国际技术合作特征（王文平等，2014）。

综上可知，相对于跨国合作发明和跨国合作申请角度对国际合作网络的清晰呈现和深入分析，跨国专利所有角度的研究还仅停留在指标构建和对少量国家跨国专利所有水平测度层次，数据层面难以全面反映国际跨国专利所有关系的错综复杂性，方法层面也未能揭示国际跨国专利所有网络的结构特征和动态演化趋势。为拓展跨国专利合作的研究视角、呈现国际跨国专利所有活动的整体格局，本部分研究将基于跨国专利活动最活跃的 30 个主要国家（地区）1981～2015 年 PCT 申请中的跨国专利所有数据，综合利用复杂网络、数理统计和可视化方法，探索国际跨国专利所有活动的网络结构及演化特征，分析主要国家的网络地位、最大跨国专利所有伙伴国变动情况，并最终提出提升我国跨国专利所有能力的有关建议（冯志刚等，2020）。

3.7.3　数据与方法

（1）数据来源

本部分研究所需数据均来源于经济合作与发展组织（OECD）"专利国际合作（International Co-operation in Patents）"数据库中统计公布的全球各国间 PCT 专利申请中的跨国专利所有数据。现有研究跨国专利合作的数据源多来自 USPTO 和 EPO，但由于审核标准、文化差异等因素，特定国家或地区性的专利数据存在固有的地域偏见和本土优势（Huang et al.，2012），难以进行客观、公正的国际比较。而世界知识产权组织（WIPO）是联合国的自筹资金机构，拥有 191 个会员国，世界各国均可通过《专利合作条约》（PCT）这一国际多边协定提交专利申请且在同一审查体系下进行，能最大程度地避免本土优势，增加了国际可比性。且随着 PCT 程序成为世界创新者谋求国际专利的首要途径，各国 PCT 专利申请量及其动态已成为全球技术竞争格局及其变化的重要反映（俞文华，2012）。因此，本部分研究利用 PCT 专利申请中的跨国专利所有数据能较真实地反映出世界各国间的跨国专利所有情况。现统计 1981～2015 年（由于专利公布及统计时滞，数据下载时仅公布至 2015 年）的国际跨国专利所有数量如图 3-6 所示。

由图 3-6 可知，1981～2015 年跨国专利所有数量整体呈快速上升趋势，2003 年以来跨国专利所有数量占比虽有小幅下降，但长期保持在 14%以上，且 2013 年后已突破 30000 件/年。表明在全球化的竞争、创新环境下，跨国专利所有活动已愈发普遍，应引起各级创新者、管理者和决策者的足够关注。

为探究国际跨国专利所有网络结构及演化规律，在充分考虑全局性和代表性的前提下，最终从 OECD "专利国际合作"数据库中选取下载 1981～2015 年累计跨国专利所有数量排名前 30 国家（地区）的跨国专利所有数据（由于我国香港、台湾地区的特殊性，下

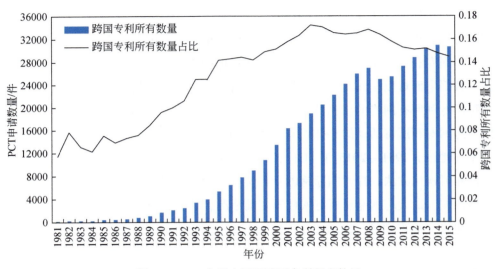

图 3-6 PCT 专利中国际跨国专利所有数量

文将其作为单独地区予以讨论，并分别记为"中国香港"和"中国台湾"，为简化表述，下文"国家"均指代"国家或地区"）。30 个对象国家既包含大部分的经合组织成员国等发达国家，也包含金砖五国等发展中国家，样本数据量为 432 288 项，占同期国际跨国专利所有总量的 97.88%，能充分反映全球整体概貌和发展格局。本部分研究旨在探究网络结构及动态演化特征，因此将时间划分为 7 个区间，并将原始数据按时间区间分别处理为 30×30 的赋权矩阵，权值为相应国家间在该时间区间的跨国专利所有数量。

（2）网络构建

由 Guellec 和 Van Pottelsberghe（2001）构造的跨国专利合作指标可知，跨国专利所有关系可界定如下：假如一项专利的发明人至少有一人来自国家 i，而申请人来自国家 j（$i \neq j$），则认为国家 j 与国家 i 间存在跨国专利所有关系，j 为 i 的跨国专利所有国，i 为 j 的跨国专利被所有国。

1）国际跨国专利所有网络。

定义国际跨国专利所有网络（Global International Patent Ownership Network，GIPON）为有向加权复杂网络：

$$GIPON = (V, E, W)$$

式中，V 为节点集合，即国家集合；E 为边集合，即跨国专利所有关系集合，连边方向为由专利被所有国指向专利所有国；W 为权重集合，即跨国专利所有数量集合。A 为 GIPON 的邻接矩阵，$A = (a_{ij})_{n \times n}$，其中 n 为网络中国家数量，a_{ij} 表示国家 i、j 间的跨国专利所有关系，如果国家 i、j 间有边相连，则 a_{ij} 为 1，否则为 0。W 为 GIPON 的权重矩阵，$W = (w_{ij})_{n \times n}$，其中 w_{ij} 为连边 a_{ij} 上的权重，即国家 i 被国家 j 所有的专利数量。由于 GIPON 为有向加权网络，则对于网络中的任意节点国家 i 均存在以下四项指标。

入度：$D_{Ii} = \sum\limits_{(V_j,\ V_i) \in E} a_{ji}$，表征被国家 i 跨国所有专利的国家总数量；

加权入度：$\boldsymbol{WD}_{Ii} = \sum\limits_{(V_j,\ V_i) \in E} w_{ji}$，表征被国家 i 跨国所有的专利总数量；

出度：$D_{Oi} = \sum\limits_{(V_i,\ V_j) \in E} a_{ij}$，表征国家 i 被跨国所有专利的国家总数量；

加权出度：$\boldsymbol{WD}_{Oi} = \sum\limits_{(V_i,\ V_j) \in E} w_{ij}$，表征国家 i 被跨国所有的专利总数量。

从网络的方向性加以区分，GIPON 又分为国际跨国专利所有入度网络（记为 $GIPON_I$）和国际跨国专利所有出度网络（记为 $GIPON_O$）。$GIPON_I$ 中国家节点大小与加权入度成正比，反映各国的跨国专利所有能力，即控制他国专利的能力；$GIPON_O$ 中国家节点大小与加权出度成正比，反映各国的专利被跨国所有情况，即专利被他国控制的程度。

2）国际跨国专利所有顶层网络。

GIPON 中包含了 30 个国家间全部的跨国专利所有关系。对国家 i 而言，可能既是多个国家的专利所有国，同时也是多个国家的专利被所有国，这些国家在跨国专利所有方向和数量上存在较大差异。而被 i 跨国所有专利最多的国家和跨国所有 i 专利最多的国家对 i 尤为重要，因为这分别是 i 的最大专利被所有国和最大专利所有国，体现了最大的控制与被控制关系。

为清晰呈现出这种最大关系，本部分研究将网络中与每个节点国家存在跨国专利所有关系的其他国家按专利所有或被所有数量进行分别排名，并抽取出排名第一的国家组成新的网络，即国际跨国专利所有顶层网络（记为 TOP1）。同样，考虑到所有关系的方向性，TOP1 又分为国际跨国专利所有顶层入度网络（记为 $TOP1_I$）和国际跨国专利所有顶层出度网络（记为 $TOP1_O$），$TOP1_I$ 呈现各国的最大专利被所有国，$TOP1_O$ 呈现各国的最大专利所有国。现绘制 TOP1 简图如图 3-7 所示。

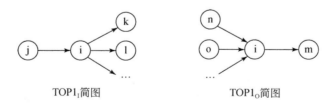

TOP1$_I$简图　　　　　　　　　TOP1$_O$简图

图 3-7　国际跨国专利所有顶层网络简图

由图 3-7 可知，在 $TOP1_I$ 中，只要国家 i 的跨国所有专利数量不为 0，则节点入度均为 1，出度则介于 0~29，因为 i 的最大专利被所有国只能有一个（j），但 i 可能同时成为多个国家的最大专利被所有国（k，l，…）；在 $TOP1_O$ 中，只要节点国家 i 的被跨国所有专利数量不为 0，则节点出度均为 1，入度则介于 0～29，因为 i 的最大专利所有国只能有一个（m），但可能同时成为多个国家的最大专利所有国（n，o，…）。

3）网络分析指标。

本部分研究将从复杂网络视角分析国际跨国专利所有网络和顶层网络的拓扑结构和演化规律。首先进行宏观层面的整体网络分析以揭示网络结构，其次从微观层面对重点节点国家的网络地位及最大跨国专利伙伴国的变化情况进行解读。文中还需利用以下分析指标。

网络密度：指网络中实际存在的关系数与理论最大关系数的比值，用以衡量网络节点间关系的紧密程度。GIPON 为有向网络，网络密度 $D = \dfrac{l}{n(n-1)}$，其中 l 为国家间实际存在的跨国专利所有关系总数目，n 为国家数量。

聚类系数：网络的聚类系数指网络中每个节点的邻接节点之间实际存在的边数与理论最大边数比值的平均值，用以衡量网络的聚集情况。聚类系数 $C = \dfrac{1}{n}\sum\limits_{i=1}^{n}\dfrac{2l_i}{m_i(m_i-1)}$，其中 m_i 为节点国家 i 的相邻节点国家数，l_i 为 m_i 个相邻节点国家间的跨国专利所有关系总数目。

平均路径长度：指网络中任意两节点间最短距离的平均值。平均路径长度 $L = \dfrac{1}{\frac{1}{2}n(n-1)}\sum\limits_{i>j}d_{ij}$，其中 d_{ij} 为节点国家 i、j 间的最短路径长度。

点度中心性：衡量节点在网络中与其直接相连的邻接节点中的中心程度，本部分研究中 GIPON、TOP1 均为有向网络，又可分为入度点度中心性和出度点度中心性。

中介中心性：衡量节点对网络中其他节点及资源的控制能力。

接近中心性：衡量节点不受网络中其他节点控制的能力。

3.7.4 分析结果与讨论

（1）国际跨国专利所有网络分析

将数据整理为 Gephi 可处理格式，从入度与出度两角度分别绘制 7 个时间区间的国际跨国专利所有网络。限于篇幅原因，图 3-8 仅呈现 $GIPON_1$ 和 $GIPON_0$ 在 1981～1985 年、1996～2000 年和 2011～2015 年三个时间区间的网络形态。图中节点大小与国家的加权入度/加权出度成正比，红色节点为该时间区间内加权入度/加权出度排名前五国家；连边宽度与国家间的跨国专利所有数量成正比。为了解网络全局特征和具体演化情况，统计各时间区间网络基本指标如表 3-3 所示。

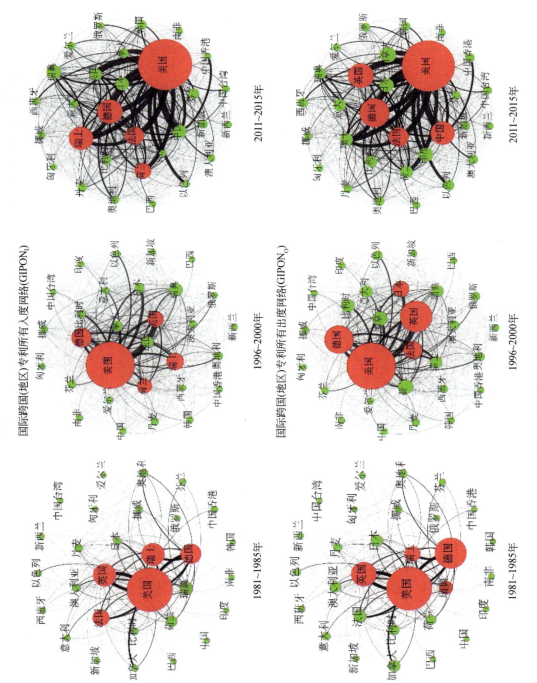

图3-8　国际跨国(地区)专利所有网络演化图

表 3-3　国际跨国专利所有网络基本指标

时间区间	1981 ~ 1985 年	1986 ~ 1990 年	1991 ~ 1995 年	1996 ~ 2000 年	2001 ~ 2005 年	2006 ~ 2010 年	2011 ~ 2015 年
节点数	30	30	30	30	30	30	30
连边数	211	333	507	642	729	781	778
网络密度	0.243	0.383	0.583	0.738	0.838	0.898	0.894
平均度	7.033	11.1	16,9	21.4	24.3	26.033	25.933
最大入度	28	28	29	29	29	29	29
最大出度	18	27	29	29	29	29	29
最小入度	0	1	4	8	12	18	17
最小出度	1	2	7	13	17	19	20
网络直径	3	3	2	2	2	2	2
平均加权度	53.3	162.933	635.733	1736.5	3482.033	4662.633	5344.9
最大加权入度	481	1662	6762	17941	31185	38961	47098
最大加权出度	405	929	4009	11335	24724	31412	34906
最小加权入度	0	1	5	30	52	117	87
最小加权出度	1	10	49	167	283	299	296
聚类系数	0.716	0.738	0.75	0.808	0.869	0.914	0.909
平均路径长度	1.832	1.622	1.417	1.262	1.162	1.102	1.106

1）整体网络结构分析。

分析图 3-8 及表 3-3 可知，国际跨国专利所有网络整体呈以下演化特征：

①跨国专利所有关系的显著增加表明国际跨国专利所有活动愈加广泛。1981 ~ 2015 年间，跨国专利所有关系数量迅速增加，连边数由 211 条增至 778 条，平均每年约新增 16 条跨国专利所有关系，愈加接近有向完全网络。连边数的增加直接导致网络密度由 0.243 上升至 0.894；平均度由 7.033 上升至 25.933，表明 2011 ~ 2015 年每个国家平均约和 26 个国家存在跨国专利所有关系；最大入度、最大出度、最小入度和最小出度均逐渐增大，网络直径则进一步减小。跨国专利所有关系的显著增加在图 3-8 中的直观反映是网络愈加稠密化，表明绝大部分国家间均已建立跨国专利所有关系，跨国专利所有活动愈加广泛。

经济全球化带动了技术创新国际化，各国为实现技术创新要素在全球范围内的优化配置，开始注重对更广泛国家优势人力和物质资源的利用，表现之一便是寻求更多的跨国专利所有伙伴国，雇佣国外创新人员开展技术研发活动，并通过跨国所有专利权的方式最终实现对技术和市场的控制与垄断。

②跨国专利所有强度的显著提高表明国际跨国专利所有活动愈加深化。1981 ~ 2015 年，国际跨国专利所有数量显著提高，平均加权度由 53.3 增至 5344.9，平均每国每年约

新增 151 项跨国所有专利。最大加权入度、最大加权出度、最小加权入度和最小加权出度均大幅提升。跨国专利所有强度的显著提高在图 3-8 中的直观反映是网络连边宽度进一步加粗，表明各国间的跨国专利所有活动愈加频繁，由最初的少量性和偶然性，逐渐演变为规模化和常态化，跨国专利所有活动愈加深化。

跨国公司是技术创新国际化的主体（许晖，2002），随着经济全球化的持续深入发展，为更好适应东道国市场、降低研发成本（王文平等，2014），跨国公司在国外设立的研发分支机构数量和研发投入规模快速增大，以东道国雇员为发明人的专利产出也随之增多，而这些专利的专利权人国家一般为跨国公司母国，这在一定程度上导致了跨国专利所有强度的显著提高。

③网络的"小世界"特性愈加明显。Valverde 等认为小世界网络的判定标准是平均路径长度小于 10 且聚类系数大于 0.1（Valverde et al.，2002）。网络较小且在不断减小的平均路径长度（由 1.832 减小至 1.106）和较大且在不断增长的聚类系数（由 0.716 增长至 0.909）表明国际跨国专利所有网络具有明显的小世界特征，且该特征愈加明显。

愈加明显的小世界特征表明各国间的信任与合作程度更加密切，以跨国控制专利权方式的跨国技术交流和扩散更加准确和高效，节点国家从其他国家快速获取必要、非冗余（Chen and Guan，2010）的技术创新信息能力进一步增强，对提升全球整体技术创新能力、加快全球整体技术创新进程有积极作用。

2）主要国家中心性分析。

中心性是评估个体地位和影响力的重要结构位置指针（罗家德，2010），衡量指标主要有点度中心性、中介中心性和接近中心性。为了解主要国家网络地位差异及演化情况，现选美国、加拿大、德国、法国、瑞士、英国、荷兰、日本、瑞典及中国 10 个开展跨国专利所有活动最多的国家，以节点的中介中心性为横坐标，接近中心性为纵坐标，入度与出度两角度的点度中心性为节点大小，分别绘制主要国家在 1981～1985 年、1996～2000 年和 2011～2015 年三个时间区间的中心性坐标如图 3-9 所示。

分析图 3-8 及图 3-9 可知，国际跨国专利所有网络中节点国家呈以下演化特征。

①网络存在明显的"核心-边缘结构"。美国、英国、德国等欧美发达国家拥有较高的中介中心性和接近中心性，且入度大于出度，整体表现出较强的跨国专利控制能力，长期处于网络核心位置。中国等发展中国家中介中心性和接近中心性均较小，且入度小于出度，跨国专利被控制程度较高，长期处于网络边缘位置。

网络"核心-边缘结构"表明，在 1981～2015 年跨国专利所有活动成为少数核心国家的"专属游戏"，欧美发达国家充分利用本国健全的专利保护制度、深厚的专利保护意识和丰富的企业海外运营经验，以跨国公司为主体在全球范围内实施大规模的跨国专利控制战略，以获得全球技术竞争优势和市场利益。

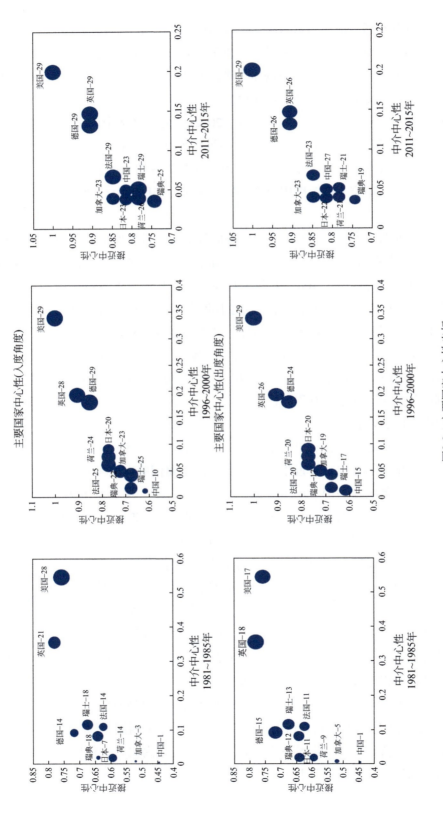

图3-9　主要国家中心性坐标

注：节点坐标格式为"国家-入度/出度"。

②美国处于网络绝对核心位置，英国和德国处于次核心位置。除 1981~1985 年的接近中心性略低于英国外，美国的三种中心性均长期排名第一，且远高于其他主要国家，在网络中具有最强的影响力和控制力，在部分未建立跨国专利所有关系的国家间起到较强的中介作用。作为网络的"中心枢纽"，美国不仅是最大的跨国专利所有活动发起国，也成为众多国家跨国专利所有活动的目标国。英国和德国长期处于网络次核心位置，三种中心性排名稳定在二三位，相较于其他国家优势地位明显，对国家间资源和技术的交流与共享起到较大促进作用。

③中国的网络地位在近期得以快速提升，开始进入核心国家行列。1981~2000 年，我国的三种中心性均较低，仅与个别国家存在少量的跨国专利所有关系，处于网络边缘位置；2001 年之后，随着正式加入 WTO 以及一系列知识产权保护法的出台（蒲岳等，2017），我国融入经济全球化进程加快、市场经济竞争环境逐步优化、知识产权保护力度和意识大幅增强，促使我国开始深度参与到国际跨国专利所有活动之中。2011~2015 年，我国已与网络中的绝大多数国家建立了大量的跨国专利所有关系，网络地位快速提升，与日本、瑞士保持相当水平，开始进入核心国家行列。但必须指出的是，与欧美等发达国家不同，我国的跨国专利被控制程度较高，长期表现为跨国专利所有的"逆差国"，表明我国主要以"发明人"而非"专利权人"角色参与国际专利合作，集聚和利用全球创新资源的水平较为有限，在网络中的影响力和控制力仍需进一步提高和优化。

（2）国际跨国专利所有顶层网络分析

将抽取出的各国最大跨国专利所有与被所有关系数据整理为 Gephi 可处理格式，从入度与出度两角度分别绘制TOP1$_I$和TOP1$_O$在 1981~1985 年、1996~2000 年和 2011~2015 年三个时间区间的国际跨国专利所有顶层网络如图 3-10 所示。图中节点大小分别与节点国家的出度/入度成正比，连边宽度与国家间的跨国专利所有数量成正比。由前文分析可知，TOP1$_I$中出度和TOP1$_O$中入度大于 0 的节点国家分别扮演了其他国家的最大专利被所有国和最大专利所有国，在网络中具有特殊地位，现将其节点颜色标为红色，并统计其中心度如表 3-4 所示。

分析图 3-10 及表 3-4 可知，国际跨国专利所有顶层网络呈以下演化特征。

1）顶层网络的拓扑结构逐渐由多核心星型–总线型演化为单核心星型结构。

1981~1985 年，从TOP1$_I$来看，美国和德国两极并存，分别成为 9 个和 6 个国家的最大跨国专利被所有国；从TOP1$_O$来看，网络呈明显的星型–总线型结构，美国、英国、瑞士多极并存，分别成为多个国家的最大专利所有国。在此期间，地理接近性对跨国专利所有活动的开展产生较大影响，许多国家偏好于将就近国作为自己跨国专利所有活动首要布局地区，如新西兰的最大专利被所有国与所有国均为邻国澳大利亚。至 2011~2015 年，

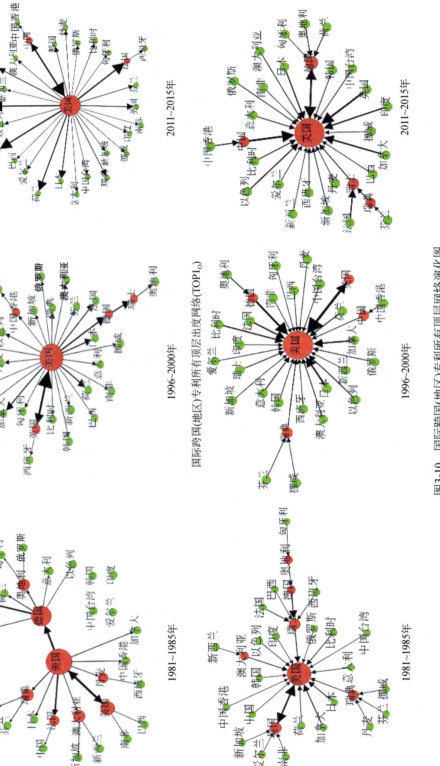

图3-10 国际跨国(地区)专利所有顶层网络演化图

表 3-4 国际跨国专利所有顶层网络特殊节点国家中心度

排名	1981～1985 年		1996～2000 年		2011～2015 年	
	TOP1$_I$ 国家-D$_O$	TOP1$_O$ 国家-D$_I$	TOP1$_I$ 国家-D$_O$	TOP1$_O$ 国家-D$_I$	TOP1$_I$ 国家-D$_O$	TOP1$_O$ 国家-D$_I$
1	美国-9	美国-16	美国-25	美国-25	美国-26	美国-22
2	德国-6	英国-4	英国-2	瑞典-2	中国-2	德国-4
3	英国-3	瑞士-4	德国-1	英国-1	德国-1	瑞士-2
4	瑞典-2	瑞典-3	瑞士-1	德国-1	法国-1	中国-1
5	奥地利-2	德国-1	中国香港-1	中国-1	—	瑞典-1
6	澳大利亚-2	澳大利亚-1	—	—	—	—
7	法国-1	奥地利-1	—	—	—	—
8	丹麦-1	—	—	—	—	—

TOP1$_I$ 与 TOP1$_O$ 网络结构均演化为仅以美国为核心的星型结构，美国成为 26 个国家的最大专利被所有国和 22 个国家的最大专利所有国。

20 世纪 90 年代后，高端创新活动国际化趋势开始显现（王元地和刘凤朝，2013），各国开展跨国专利所有活动的范围进一步扩大，地理接近性作用逐步减弱，如新西兰的最大专利被所有国与所有国均由邻国澳大利亚变为美国。作为世界上最发达的市场中心和技术中心，美国同时具备了最强的跨国专利所有活动吸引能力和发起能力，进一步确立了网络绝对优势地位。

2）不同国家的最大跨国专利被所有国与所有国表现出长期稳定性与阶段变动性并存。

部分国家的最大专利被所有国与所有国表现出长期稳定性。从 TOP1$_I$ 来看，1981～2015 年，英国、德国、日本、瑞典等国家的最大专利被所有国一直是美国，即美国始终是这些国家开展跨国专利所有活动的首要目标国；从 TOP1$_O$ 来看，1981～2015 年，中国、日本、英国、印度等国家的最大专利所有国一直是美国，即美国始终是跨国控制这些国家专利最多的国家。表明该部分国家的跨国专利所有活动已形成长期稳定格局，对特定国家已产生一定的路径依赖。

部分国家的最大跨国专利被所有国与所有国则表现出阶段变动性。从 TOP1$_I$ 来看，美国的最大专利被所有国由 1981～2010 年的英国变为 2011～2015 年的中国；从 TOP1$_O$ 来看，美国的最大专利所有国由 1981～2000 年的英国、2001～2005 年的德国、2006～2010 年的荷兰，最终变为 2011～2015 年的德国。该部分国家的阶段、变动、非稳定格局反映出其跨国专利所有活动战略布局随时间的动态调整，能间接反映出各国间国际关系、投资环境、专利保护力度等因素的变化情况。

3）近期中美两国间跨国专利所有关系愈加密切，美国优势明显。

从 TOP1$_I$ 来看，2011～2015 年，中美互为彼此的最大跨国专利被所有国。在中国跨国所有的 7363 件专利中，发明人国家为美国的专利占比最多，达 2532 件；在美国跨国所有的 47 098 件专利中，发明人国家为中国的专利占比最多，达 5876 件。但从TOP1$_0$来看，美国一直是中国的最大跨国专利所有国，中国却从未成为美国的最大跨国专利所有国。2011 ~ 2015 年，在中国被跨国所有的 13 333 件专利中，专利权人国家为美国的专利占比最多，达 5876 件；在美国被跨国所有的 34 906 件专利中，专利权人国家为中国的专利仅为 2531 件，远小于跨国控制美国专利最多国家德国的 4785 件。

由以上分析可知，中美两国间的跨国专利所有关系愈加密切，均将对方作为本国开展跨国专利所有活动的首要目标国；但我国对美国专利的控制能力远小于美国对我国专利的控制能力，在与美国的跨国专利所有活动中，我国仍处于明显劣势地位。

3.7.5 结论

跨国专利所有活动是国际技术合作的重要组成部分，是一种地位不平等、存在上下位关系的合作形式。跨国专利所有国以跨国公司为实施主体、以跨国所有专利权为具体方式在全球范围内集聚、整合和利用创新资源，最终获得更大的市场利益和竞争优势。本部分研究利用 1981 ~ 2015 年累计跨国专利所有数量最多的 30 个国家（地区）的 PCT 申请中的跨国专利所有数据，从复杂网络角度呈现了国际跨国专利所有活动的网络结构及演化特征，并分析了 1981 ~ 2015 年主要国家的网络地位、最大跨国专利所有国与被所有国的变化情况。主要研究结论如下（冯志刚等，2020）。

1）从网络整体结构角度看，跨国专利所有关系显著增加、跨国专利所有强度显著提高，跨国专利所有活动变得愈加广泛和深化；网络愈加明显的"小世界"特性表明各国间的跨国专利所有活动更加密切。

2）从网络主要国家中心性角度看，网络存在明显的"核心-边缘结构"，美国、英国、德国等少数欧美发达国家表现出较强的跨国专利所有能力，长期处于网络核心位置；中国、印度、巴西等发展中国家跨国专利被控制程度较高，长期处于网络边缘位置。中国的网络地位近期得以快速提升，开始进入核心国家行列，但跨国专利被控制程度较高，网络影响力和控制力仍需进一步提高和优化。

3）从顶层网络角度看，网络拓扑结构逐渐由多核心的星型-总线型演化为仅以美国为核心的星型结构，再次凸显出美国的绝对优势地位；不同国家的最大跨国专利所有国与被所有国表现出长期稳定性与阶段变动性并存；近期中美两国跨国专利所有关系愈加密切，但我国对美国专利的控制能力远小于美国对我国专利的控制能力。

3.8　专利信息学应用案例 2：国际技术贸易格局演化规律研究

正如前文 3.1.3 中所述，专利信息学的研究数据并非仅限于纯粹的专利数据范畴，还会根据研究需求，注重灵活利用与专利相关的，由专利衍生、泛化出的其他各类数据。本部分研究即利用由专利转让、专利许可等活动衍生出的知识产权使用费大数据来研究国际技术贸易的格局演化规律（冯志刚等，2022）。

3.8.1　引言

国际技术贸易（international technology trade），又称为有偿国际技术转让，指不同国家的企业、经济组织或个人按一定商业条件转让或许可使用某项技术，或者提供技术咨询或服务的交易行为（李虹，2013）。有别于标的物为具体货物的国际商品贸易，国际技术贸易的标的物主要为不同国家间纯技术的使用权（余涛和翁凌峻，2008）。根据 Posner 的技术差距理论（technological gap theory）（Posner，1961）可知，国家完成技术创新的先后导致国家间存在技术差距。国家间的技术差距直接催生了国际技术贸易：出于对经济利益的追求，技术领先国会充分利用技术上的比较优势，通过出口技术密集型产品、技术转让等方式获取高额经济利益；而出于对技术进步的要求，技术落后国会通过进口的方式从国外引进先进技术，利用技术溢出效应并进行消化吸收以提升本国技术水平，缩小与技术领先国间的技术差距。

第二次世界大战结束以来，国际技术贸易发展迅速，远超一般国际商品贸易（黄繁华，1997），并逐渐成为衡量一国技术实力的重要指标。随着技术对一国乃至全球产业增长和经济发展的拉动作用愈加凸显，各国对提升并保持技术创新水平的要求也愈加迫切。作为技术外溢主要传递渠道（Keller，2000）（方希桦等，2004）、技术水平提升重要手段和经济增长新兴驱动力量（许佳琪，2020）的国际技术贸易，自然成为继以国家资源禀赋为基础的劳动和资源密集型产品之后的、全球贸易的关注和发展重点（许佳琪，2020）。而且由于可以利用贸易成交金额从资本获利角度直观量化一国的技术进、出口规模，国际技术贸易也逐渐成为衡量一国真正技术实力的重要指标。

国际技术贸易与知识产权制度息息相关，可从知识产权使用费角度量化反映其整体格局。知识产权制度本身就鼓励并保护国际技术贸易，《与贸易有关的知识产权协定》第七条指出："知识产权的保护与权利行使目的应有助于促进技术的革新、转让和传播，应以有利于社会及经济福利的方式促进技术知识生产者与使用者之间的互利"。国际知识产权贸易虽不等同于国际技术贸易（《国际服务贸易统计手册2010》规定，知识产权使用费主要包括所有权使用费和复制或分销载于已制作的原件或原型中的知识产权的许可费，而国际技术贸易的标的物主要为技术类的知识产权），但由于二者具有较高的重合度，所以依然可以从知识产权使用费角度量化反映国际技术贸易的整体概貌及格局（段德忠等，2019）。

鉴于国际技术贸易愈加突出的重要地位和与知识产权的紧密联系，本部分研究拟利用知识产权使用费数据作为分析对象，从全球视角出发，探究长时间尺度下国际技术贸易活动格局的演化规律。研究有助于进一步明晰世界技术贸易活动的整体格局及发展趋势、有助于全面了解各国在国际技术贸易体系中的角色与地位，以及国家间的相互技术依存度，据此可进一步观察各国的技术创新能力及其变化特点，对各国特别是我国今后从全球视野谋划、制定、调整国际技术贸易活动策略具有一定现实指导意义（冯志刚等，2022）。

3.8.2 相关研究综述

调研发现，现有针对国际技术贸易的研究多从定性分析角度出发，相关研究成果主要分为两大类：一类研究是从法律视角出发，探讨开展国际技术贸易活动时可能涉及的相关法律问题。如限制性商业条款及法律管制（禹华英，1998；沈鸿，2005；朱梦男，2017），合同条款风险及非诉对策（姜鸿，2002；傅元红，2019），知识产权限制、侵权及保护（古祖雪，2005；郑维炜和全小莲，2009；许传奇，2019；吕晓青，2007；周桂荣和杨亚军，2017）等问题。通过对这些法律问题的研究以及总结提出的相应防范措施及应对策略，可以起到帮助国际技术贸易主体了解、规避法律风险，更好开展国际技术贸易的目的。另一类研究主要采用定性解读的方式归纳国际或我国技术贸易的基本特征、发展现状与发展趋势，总结所存在的问题，并在此基础上提出促进国际或我国技术贸易更好发展的相关政策建议（余涛和翁凌峻，2008；黄繁华，1997；陈继元，2003；赵永宁，2003；张仁开，2004；芮宝娟和许继琴，2004；华鹰，2006；罗晖等，2019）。

相对而言，国内外从定量分析角度开展具有具体数据支撑的国际技术贸易的相关研究较为匮乏，仅在我国人文经济地理学科领域存在少量研究成果。段德忠等利用2001~2015年国家（地区）知识产权贸易额数据构建了全球和"一带一路"沿线地区的技术贸易网络，并从技术供给和技术销售层面刻画了"一带一路"沿线地区的技术贸易格局及其动态变化过程（段德忠等，2019）。许佳琪分别以2000~2016年全球高新技术产品贸易金额和2000~2015年技术服务贸易金额为主体属性值构建了全球技术贸易网络，并探讨了全球技术贸易网络的时空演化特征及其影响机制（许佳琪，2020）。

综上可知，目前相较于从法律及定性解读视角较为充分的研究，从全球视角出发、具有具体数据支撑、反映国际技术贸易整体格局的量化研究依然非常匮乏。为进一步拓展国际技术贸易研究视角、呈现国际技术贸易活动的整体格局及演化规律，本部分研究将选取1970~2019 年 50 个开展国际技术贸易主要国家（地区）的知识产权使用费数据作为分析对象，利用重心模型、科学中心转移理论和复杂网络分析方法，分别从进、出口两个角度分析国际技术贸易的地理重心迁移、中心国家转移及网络结构演化等规律，以期对长时间尺度下国际技术贸易活动的整体格局及其演化规律有一个更加直观、清晰的认识（冯志刚等，2022）。

3.8.3　数据与方法

（1）数据来源

全球共有超过 220 个的国家和地区，将其全部纳入分析范围显然是不现实和不必要的。本章研究选择知识产权使用费进出口额、PCT 专利申请数量、GII 排名和 GDP 总量 5个反映一国技术、创新和经济实力的指标作为筛选条件，最终选取 50 个主要国家（地区）（由于中国香港、台湾地区的特殊性，下文将其作为单独地区予以讨论，并分别记为"中国香港"和"中国台湾"）作为分析对象。统计显示，50 个对象国家/地区在 2019 年的知识产权使用费进口额、出口额、PCT 专利申请数量和 GDP 总量分别占至全球年度总额的98.51%、99.59%、99.90% 和 91.07%，有 38 个国家进入 GII 排名前 50 位；且其人口数量和国土面积也分别占至全球总额的 69.72% 和 66.68%。综上可知，选择该 50 个国家/地区作为分析对象既能充分代表全球国际技术贸易活动，也能保证在数据获取和分析实施层面上的可行性。

本部分研究将以知识产权使用费数据作为分析对象，从国际技术贸易地理重心迁移、中心国家转移和网络结构演化等三个维度反映国际技术贸易尽可能长周期的整体格局及其演化规律。其中地理重心迁移和中心国家转移分析需要全球及 50 个国家/地区知识产权使用费年度进、出口总额的时间序列数据和 50 个国家/地区几何中心的经纬度坐标数据；网络结构演化分析需要 50 个国家/地区之间双边知识产权使用费年度进、出口额的时间序列数据。各国几何中心经纬度坐标数据可在 Google Earth 上查询获得，而另两类知识产权使用费数据则零散分布于多个国际统计数据库中。本部分研究整理出有关数据库对知识产权使用费数据的收录范围如表 3-5 所示。

由表 3-5 可知，有关数据库的数据收录范围各有不同，且在各自收录范围内也依然存在部分国家/地区、部分年份数据的缺失现象，无法从单一数据库中获取分析所需的全部数据。为尽可能获取最全面、准确的数据，现综合考虑各数据库收录特点，做如下处理：

①两类数据均以收录范围最广的数据库为主。其中知识产权使用费年度进、出口总额以世界银行公开数据库数据为主，选取 1970～2019 年共 50 年数据（1960～1969 年数据缺失过多，且 1970 年之前的国际技术贸易活动也不活跃，贸易额很低）；双边知识产权使用费年度进、出口额以经济合作与发展组织数据库数据为主，选取 1995～2019 年共 25 年数据。②主数据库中收录缺失的数据尽可能从其余数据库中补全。③对经上述处理依然缺失的数据，采用与 OECD 相同的数据估测方法（主要为线性插值、倒推与回归预测相结合）进行最终补充。为对表征国际技术贸易的知识产权使用费规模有一个整体认识，本部分研究绘制出全球知识产权使用费进、出口趋势如图 3-11 所示。

表 3-5　有关数据库对知识产权使用费数据的收录范围

数据库	数据收录范围	
	知识产权使用费年度进、出口总额	双边知识产权使用费年度进、出口额
世界银行公开数据库（World Bank Open Data）	1960～2019 年 264 个国家/地区	—
经济合作与发展组织数据库（OECD Statistics）	1995～2012 年 193 个国家/地区 2013～2019 年 40 个国家/地区	1995～2012 年 193 个国家/地区之间 2013～2019 年 40 个国家/地区与 193 个国家/地区之间
世界贸易组织数据库（WTO Data）	1980～2019 年 283 个国家/地区	2005～2019 年 250 个国家/地区之间
联合国贸易和发展组织数据库（UNCTADSTAT）	2005～2019 年 195 个国家/地区	2005～2019 年 195 个国家/地区之间
联合国商品贸易数据库（UN Comtrade Database）	2000～2019 年 255 个国家/地区	2001～2019 年 255 个国家/地区之间

由图 3-11 可知，全球知识产权使用费一直呈增长态势，可将其划分为 3 个发展阶段：①起步阶段（1970～1994 年）。该阶段知识产权贸易还未得到足够重视，知识产权使用费规模较小且增长缓慢，25 年间的年度进、出口额均未达到 500 亿美元。②低速发展阶段（1995～2002 年）。与起步阶段相比，该阶段的知识产权使用费开始有明显增幅，8 年间年度进、出口额增长至 1000 亿美元，自此知识产权贸易开始得到持续发展。这与 1995 年 1 月世界贸易组织成员方签订的《与贸易有关的知识产权协定》正式生效有关（郑渊，2020）。③高速发展阶段（2003 年以后）。该阶段知识产权使用费保持高速增长，2019 年进、出口额达到 4000 亿美元左右，比 2002 年翻了两番。可以预见，在今后一段时间内知识产权使用费将继续保持高速增长。全球知识产权使用费的发展历程也大致代表了国际技术贸易的相似发展态势。

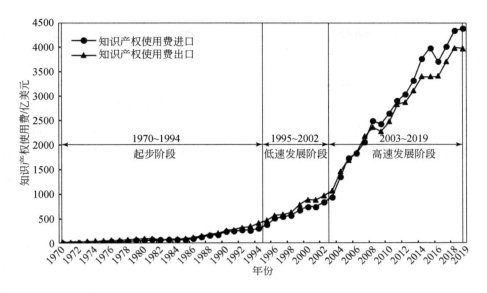

图 3-11　全球知识产权使用费进、出口趋势（1970～2019 年）

注：从理论上讲，全球知识产权使用费进、出口总额应相等，但由于统计口径（进口额统计到岸价、
出口额统计离岸价）、汇率变化、统计误差等因素影响，导致两者数据略有差异。

（2）研究方法

1）重心模型。

重心概念源于物理学，指物体在重力场中各部分所受重力合力的作用点。美国学者
弗·沃尔克于 1874 年将重心模型首次引入人口学研究（丁焕峰和李佩仪，2009），随后其
成为环境、社会、经济等众多研究领域用以反映各种地理事物和现象的空间格局分布及变
化过程的重要方法。本部分研究将利用重心模型计算各时期国际技术贸易进、出口重心的
地理坐标及重心迁移的距离和速率，从而从地理重心迁移维度直观反映国际技术贸易整体
格局的时空演变。国际技术贸易重心坐标计算公式如下：

$$X_t = \frac{\sum\limits_{c=1}^{n} P_{ti} \times X_i}{\sum\limits_{c=1}^{n} P_{ti}} \tag{1}$$

$$Y_t = \frac{\sum\limits_{c=1}^{n} P_{ti} \times Y_i}{\sum\limits_{c=1}^{n} P_{ti}} \tag{2}$$

式中，X_t、Y_t 分别代表第 t 年国际技术贸易进/出口重心的经、纬度坐标；P_{ti} 代表第 i 个国
家/地区在第 t 年的知识产权使用费进/出口总额；X_i、Y_i 分别代表第 i 个国家/地区几何中
心的经、纬度坐标；n 为国家/地区数量 50。

2）科学中心转移理论。

科学学奠基人贝尔纳在《历史上的科学》一书中首次提出"世界科学技术中心"及其转移理论。受贝尔纳的启发，日本科学史家汤浅光朝界定科学成果数超过全世界科学成果总数25%的国家为"世界科学活动中心"，并阐释了近现代科学中心的四次转移。科学中心转移理论是基于对科技成果国别分布统计而提出的一种社会理论（赵克，2013），能够反映世界各国科学实力在时空分布上的不均衡性及其格局变化。同样，为反映世界各国/地区国际技术贸易实力在时空分布上的不均衡性及其格局变化，本部分研究借鉴科学中心转移理论，通过对知识产权使用费年度进、出口总额的国家/地区分布统计，分析国际技术贸易进、出口中心国家/地区的转移规律，从而在中心国家/地区转移维度直观反映国际技术贸易整体格局的时空演变。

参照学者对科学中心（陈文化，1992）、教育中心（姜国钧，1999）、哲学中心（刘则渊和王海山，1981）、经济中心（陈文化，1992）、技术中心（陈文化，1992；黄欣荣和王英，1990，1989；彭福扬和王树仁，1997；梁立明和陈立新，2005）等一系列中心的普遍量化界定方式，并结合知识产权使用费数据的实际情况，本部分研究将国际技术贸易进、出口中心作如下量化定义：界定知识产权使用费年度进、出口额分别超过全世界知识产权使用费年度进、出口总额15%的国家/地区为国际技术贸易进、出口中心，其超过15%所持续的时间分别为该国/地区的国际技术贸易进、出口兴隆期。

3）复杂网络分析及国际技术贸易网络构建。

复杂网络分析（complex network analysis）通过把真实的复杂系统抽象成由节点和连边构成的网络的方式，实现刻画复杂系统内部各种相互作用和关系的目的，近年来该方法已被广泛应用于各种层次的社会网络关系研究之中。本部分研究将从复杂网络视角分析国际技术贸易网络的拓扑性质和结构演化规律。现定义并构建国际技术贸易网络如下。

定义国际技术贸易网络（international technology trade network，ITTN）为有向加权复杂网络，按网络的方向性将其分为国际技术贸易进口网络（$ITTN_I$）和国际技术贸易出口网络（$ITTN_O$）。与上文知识产权使用费进、出口总额不完全相等的原因相同，由于各种统计因素影响，国家/地区 i 进口国家/地区 j 的知识产权使用费与国家/地区 j 出口至国家/地区 i 的知识产权使用费在统计金额上存在差异。为尊重实际统计数据，本部分研究将分别使用50个国家/地区之间的双边知识产权使用费年度进口额和出口额构建 $ITTN_I$ 和 $ITTN_O$。现从图论角度对 ITTN 定义如下：

$$ITTN = (V, E, W)$$

式中，V 为节点集合，即国家/地区集合；E 为边集合，即国家/地区间知识产权使用费进/出口关系集合，连边方向为由知识产权使用费进口国家/地区指向出口国家/地区（遵从资金流动方向）；W 为权重集合，即知识产权使用费年度进/出口金额集合。A 为 ITTN 的邻接矩阵，$A = (a_{ij})_{n \times n}$，其中 n 为网络中国家/地区数量，a_{ij} 表示国家/地区 i、j 间的知识产权使用费进/出口关系，如果国家/地区 i、j 间有边相连，则 a_{ij} 为 1，否则为 0。W 为 ITTN 的权重矩阵，$W = (w_{ij})_{n \times n}$，其中 w_{ij} 为连边 a_{ij} 上的权重，即国家/地区 i、j 之间的知识产权使用费进/出口金额。

在 ITTN_I 中，国家/地区节点大小与加权出度成正比，反映各国/地区的国际技术贸易进口情况。网络中任意节点国家/地区 i 均存在以下两项指标。

出度：$D_{O_i} = \sum\limits_{(V_i,\ V_j)\,\in\,E} a_{ij}$，表征国家/地区 i 的知识产权使用费进口国家/地区总数量；

加权出度：$WD_{O_i} = \sum\limits_{(V_i,\ V_j)\,\in\,E} w_{ij}$，表征国家/地区 i 的知识产权使用费进口总金额。

在 ITTN_O 中，国家/地区节点大小与加权入度成正比，反映各国/地区的国际技术贸易出口能力。网络中任意节点国家/地区 i 均存在以下两项指标。

入度：$D_{I_i} = \sum\limits_{(V_j,\ V_i)\,\in\,E} a_{ji}$，表征国家/地区 i 的知识产权使用费出口国家/地区总数量；

加权入度：$WD_{I_i} = \sum\limits_{(V_j,\ V_i)\,\in\,E} w_{ji}$，表征国家/地区 i 的知识产权使用费出口总金额。

研究还需用到以下网络分析指标。

网络密度：指网络中实际存在的关系数与理论最大关系数的比值，用以衡量网络节点间关系的紧密程度。ITTN 为有向网络，网络密度 $D = \dfrac{l}{n\ (n-1)}$，其中 l 为国家/地区间实际存在的知识产权使用费进/出口关系总数目，n 为国家/地区数量。

聚类系数：指网络中每个节点的邻接节点之间实际存在的边数与理论最大边数比值的平均值，用以衡量网络的聚集情况。聚类系数 $C = \dfrac{1}{n} \sum\limits_{i=1}^{n} \dfrac{2\,l_i}{m_i(m_i - 1)}$，其中 m_i 为节点国家/地区 i 的相邻节点国家/地区数，l_i 为 m_i 个相邻节点国家/地区间的知识产权使用费进/出口关系总数目。

平均路径长度：指网络中任意两节点间最短距离的平均值。平均路径长度

$$L = \frac{1}{\frac{1}{2}n(n-1)} \sum_{i>j} d_{ij}$$

式中，d_{ij} 为节点国家/地区 i、j 间的最短路径长度。

3.8.4　分析结果与讨论

（1）国际技术贸易地理重心迁移规律

将 50 个主要国家/地区 1970～2019 年知识产权使用费年度进、出口总额数据代入重

心坐标公式，计算得出 50 年间国际技术贸易进、出口地理重心的经、纬度坐标，并整理为地理信息分析软件 ArcGIS 中 ArcMap 程序可处理的数据格式，以 5 年时间间隔绘制国际技术贸易地理重心时空迁移图如图 3-12 所示。

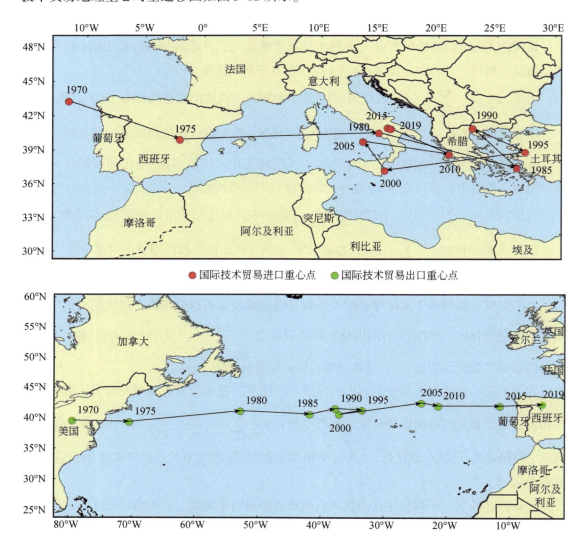

图 3-12　国际技术贸易地理重心时空迁移（1970～2019 年）

由图 3-12 可知，从全球视角来看，1970～2019 年，以知识产权使用费为指标表征的国际技术贸易地理重心表现出以下时空迁移特征。

1）国际技术贸易进、出口地理重心均一直稳定于北半球的 35°N～45°N。从南北方向总体来看，1970～2019 年国际技术贸易地理重心时空特征非常稳定：进口重心由 43.29°N向南迁移至 40.89°N，出口重心由 39.62°N 向北迁移至 42.31°N，迁移幅度较小，均在 3°

以内。国际技术贸易地理重心一直位于北半球且无明显南北向迁移，表明国际技术贸易活动在全球尺度上表现出明显且长期性的"北强南弱"现象，且这种格局在短期内仍不会改变。国际技术贸易活动需要一定的技术、经济或市场基础，主要开展于发达国家、创新型国家及经济大国或地区之间，而这些国家/地区又集中位于北半球的欧洲、亚洲和北美洲，南半球仅有澳大利亚和新西兰两国属于发达国家和排名前 50 的创新型国家/地区，故此造成明显且长期性的"北强南弱"格局。对位于南半球的非洲、南美洲等众多发展中国家而言，为改变这种长期不利格局，应更加重视国际技术贸易，努力利用国际技术贸易进口活动这一技术转移和扩散的重要渠道，不仅要从静态意义上提高本国技术存量水平，更要在动态意义上促使本国技术创新能力的提高以及创新机制的形成（李平，2006），从而改善本国技术实力、缩小与北半球国家/地区的技术差距。

2）国际技术贸易进、出口地理重心均表现出向东迁移态势。从东西方向来看，1970～2019 年国际技术贸易进、出口地理重心均表现出明显的东移态势：进口重心由西经11.53°W 以 0.56°/a（45.19km/a）的速度向东迁移至 15.96°E，总体东移 2214.39km；出口重心东移态势更加明显，由 79.19°W 以 1.52°/a（120.68km/a）的速度向东迁移至4.69°W，总体东移 5913.12km，横跨了整个北大西洋。当今世界正在经历百年未有之大变局，其中变化趋势之一便是全球经济和科技重心不断向东迁移（张志强等，2020；张志强，2020）：2018 年，英国《经济学家》杂志指出，全球经济重心正在向东迁移；2020 年《全球创新指数（GII）》报告显示由于一批亚洲经济体在创新排名中的逐年进步导致世界创新核心区域正在逐渐东移。国际技术贸易地理重心的整体东移格局正契合并进一步佐证了这一变化趋势。东半球特别是亚洲国家/地区近年来在经济及科技领域的长足进步既得益于国际技术贸易，也促进了更大规模国际技术贸易的开展，所占比重进一步增加，开始逐步形成良性循环。

3）国际技术贸易进口地理重心一直位于出口地理重心的东侧，但两者间距离在逐步缩小。从东西方向总体来看，1970～2019 年，进口重心一直位于出口重心东侧，但由于两者东移速度存在差异，两者间重心距离在以 0.96°/a（75.49 km/a）的速度由 5511.02km缩小至 1724.70km。进口重心一直位于出口重心东侧表明，世界东部技术贸易进口较多，技术创新实力较弱，主要表现为技术使用国/地区；世界西部技术贸易出口较多，技术创新实力较强，主要表现为技术提供国/地区。这主要由于西部的整体经济及科技实力领先于东部。两者间重心距离的逐步缩小表明东部技术实力在逐步提高，东、西部间的技术差距在逐步缩小，国际技术贸易在东西方向上的不均衡性格局也在逐步改善。

（2）国际技术贸易中心国家转移规律

为进一步从中心国家转移维度反映国际技术贸易整体格局的时空演变，本部分研究利用全球及 50 个国家/地区知识产权使用费年度进、出口总额数据计算出各个国家/地区所占比值的时间序列，并绘制国际技术贸易中心国家的转移次序如图 3-13 所示。

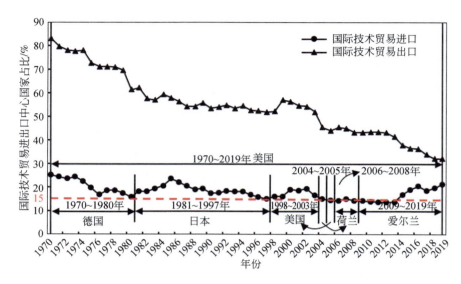

图 3-13　国际技术贸易中心国家转移次序（1970～2019 年）

由图 3-13 可知，1970～2019 年，以知识产权使用费为指标表征的国际技术贸易中心国家表现出以下转移特征。

1）国际技术贸易进口中心按德国→日本→美国→荷兰→爱尔兰的次序经历了 4 次转移。五个中心国家的技术贸易进口兴隆期依次为 1970～1980 年、1981～1997 年、1998～2003（+2005）年、2006～2008（+2004）年和 2009～2019 年。国际技术贸易进口角度上的中心转移较为频繁且所占比例较低：平均兴隆期仅为 10 年；除 1970 年德国占比为 25.12% 以外，其余时期中心占比均仅介于 15%～25%。造成这种中心频繁更替转移且占比较低的原因可能是国际技术贸易进口活动容易受到一国/地区技术进口、知识产权以及经济发展相关政策的影响，且已得到众多国家的普遍重视。同为二战战败国，德国、日本两国经济均遭受重创，为快速恢复、发展经济和技术实力，两国均开展了大规模的国际技术贸易进口活动。第二次世界大战后，在其他主要资本主义国家未进行或很少进行技术引进时，德国即开始主要以"许可证贸易"的方式大规模引进国外先进技术，并长期保持为世界技术进口最大国（周启元，1980）。随后德国被日本赶超，日本政府通过推出"产业合理化计划"等一系列政策，大规模引进国外先进技术，差不多引进吸收了世界半个世纪开发的全部先进技术（张雄辉，2011a）。随着 1995 年《科学技术基本法》的颁布实施，日本逐渐开始由技术引进到自主创新的科技战略转型，美国顺势成为进口中心国家。美国一直十分注重对世界各国先进技术的引进，也正是技术引进与技术创新的并举奠定了美国在世界技术水平中的长期领先地位（张雄辉，2011b）。荷兰、爱尔兰近年来成为进口中心国家的原因除完善的知识产权法律制度之外，很大程度上是因为两国已成为众多高科技公司的避税跳板：苹果、谷歌等高技术公司以两国的低税率和其他特殊的税法制度作为独特通道，以位于两国的子公司对外支付知识产权使用费作为转移收入的媒介，采用"双爱尔兰（荷兰三明治）"（赵国庆，2013）的方式将营收转移向"避税天堂"（百慕大群岛等不征收企业所得税地区），从而实现合法避税的目的。进口中心频繁更替转移且占比较低的不稳定性也在一定程度上造成了 1985 年以来国际技术贸易进口地理重心在东西方向上一直处于迂回震荡的现象。

2）国际技术贸易出口中心一直为美国，未发生转移，但其所占比例在持续下降。1970 年至今一直为美国的技术贸易出口兴隆期，但其占比由 1970 年的 83.07% 逐渐下降至 2019 年的 32.08%，出口中心地位呈现不断减弱趋势。美国强大的科技实力与创新能力使其长期保持为国际技术贸易出口最强国，2011 年以来的知识产权使用费年度出口总额始终保持在 1200～1300 亿美元左右。其所占比例下降的主要原因是其他创新型国家/地区技术贸易出口能力的不断提升对美国所占份额产生了一定的稀释作用。随着各国对自主创新的重视和技术实力的提升，日本、荷兰、德国、英国、瑞士等几个主要创新型国家的技术出口能力不断增强，国际技术贸易出口活动愈加活跃：在 2019 年知识产权使用费出口占比中分别达到了 11.66%、9.55%、9.00%、6.29% 和 5.95%，且继续保持增长态势。美国长期作为世界技术贸易出口中心，其占比持续下降的现象，也导致国际技术贸易出口地理重心表现出持续性的东移态势。

（3）国际技术贸易网络结构演化规律

将 50 个主要国家/地区 1995～2019 年双边知识产权使用费年度进、出口额数据整理为 Gephi 可处理格式，从进、出口两角度分别绘制 5 个时间区间的国际技术贸易网络。限于篇幅原因，图 3-14 仅呈现 $ITTN_I$ 和 $ITTN_O$ 在 1995～1999 年、2005～2009 年和 2015～2019 年 3 个时间区间的网络形态。图中节点大小分别与国家/地区的加权出度和加权入度成正比；利用 UCINET 软件的核心/边缘（Core/Periphery）分析并结合各节点的核心度（王智博等，2015），将国家划分为核心国家/地区、半核心国家/地区和边缘国家/地区，将其分别置于网络最内侧圈层、第二圈层和外侧第三、第四圈层；连边宽度分别与国家/地区间的知识产权使用费进、出口金额成正比（限定连边阈值为 ≥1 亿美元）。为了解网络全局特征与具体演化情况，研究统计各时间区间的网络基本指标如表 3-6 所示。

分析图 3-14 及表 3-6 可知，1995～2019 年，以知识产权使用费为指标表征的国际技术贸易网络整体表现出以下结构演化特征。

1）国际技术贸易关系的显著增加和强度的显著提高，表明国际技术贸易活动愈加广泛和深化。1995～2019 年，国际技术贸易进、出口关系数量迅速增加，连边数由 274/253 条增至 703/683 条，平均每年约新增 17/17 条超过 1 亿美元的进/出口关系。连边数的增

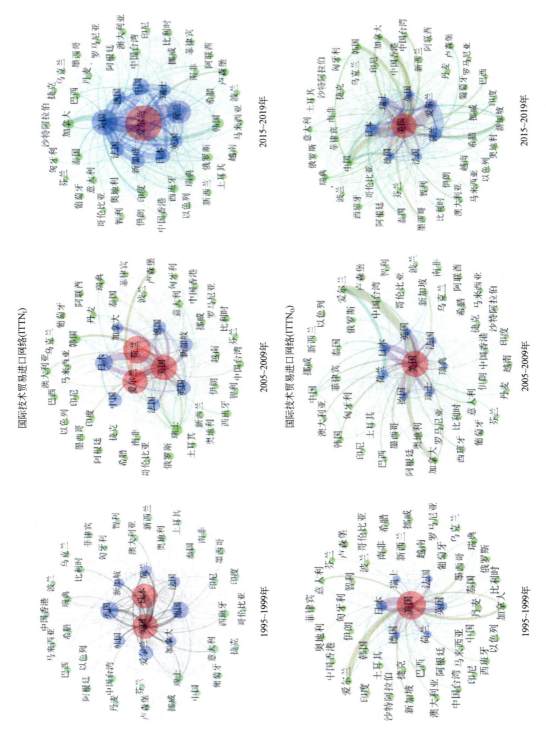

图3-14 国际技术贸易网络结构演化图（1995~2019年）

表 3-6 国际技术贸易网络基本指标（1995～2019 年）

时间区间	1995～1999 年	2000～2004 年	2005～2009 年	2010～2014 年	2015～2019 年
节点数	44/49	46/49	49/49	49/49	50/50
连边数	274/253	372/338	520/468	653/592	703/683
网络密度	0.145/0.108	0.18/0.138	0.221/0.191	0.267/0.242	0.287/0.279
平均度	6.227/5.163	8.087/6.76	10.612/9.36	13.06/11.84	14.06/13.66
最大入度	43/47	44/48	47/48	47/48	47/49
最大出度	23/22	32/28	35/31	36/35	35/36
最小入度	0/0	0/0	0/0	0/0	0/0
最小出度	1/0	0/0	0/0	0/0	0/2
网络直径	3/3	3/3	3/3	3/3	3/2
平均加权度	69.466/61.766	106.738/96.648	188.155/180.897	275.302/266.647	319.749/324.725
最大加权入度	1565/1676	2234/2577	3845/4211	4903/5406	5332/5497
最大加权出度	468/443	861/778	1327/1368	1844/2097	2057/2845
最小加权入度	0/0	0/0	0/0	0/0	0/0
最小加权出度	1/0	0/0	0/0	0/0	0/2
聚类系数	0.648/0.699	0.728/0.684	0.724/0.713	0.721/0.7	0.693/0.741
平均路径长度	1.846/1.823	1.778/1.813	1.748/1.778	1.723/1.694	1.703/1.633

注：各网络指标在各时间区间均有两个值，分别为 $ITTN_I$ 和 $ITTN_O$ 的指标值。

加直接导致网络密度由 0.145/0.108 上升至 0.287/0.279；平均度由 6.227/5.163 上升至 14.06/13.66，表明 2015～2019 年每个国家/地区平均约和 14 个国家/地区存在超过 1 亿美元的国际技术贸易关系；最大入度和最大出度均逐渐增大，网络直径也有减小趋势。同时，国际技术贸易进、出口金额也在显著提高，平均加权度由 69.466/61.766 增至 319.749/324.725，平均每国/地区每年约新增 10.011/10.518 亿美元的国际技术贸易进/出口金额；最大加权入度和最大加权出度也均大幅提升。国际技术贸易关系的显著增加和强度的显著提高在图 3-14 中的直观反映是网络愈加稠密化和连边宽度的进一步加粗，表明越来越多的国家/地区之间开始建立技术贸易进、出口关系，国际技术贸易活动愈加频繁，由最初的少量性和偶然性，逐渐演变为规模化和常态化（冯志刚等，2020），各国/地区之间的国际技术贸易活动愈加广泛和深化。

2）国际技术贸易网络具有愈加明显的"小世界"和"核心–边缘"结构特征。Valverde 等（2002）认为小世界网络的判定标准是平均路径长度小于 10 且聚类系数大于 0.1。网络较小且在不断减小的平均路径长度（由 1.846/1.823 减小至 1.703/1.633）和较大且在不断增长的聚类系数（由 0.648/0.699 增长至 0.693/0.741），表明国际技术贸易网络具有愈加明显的小世界特征。说明以国际技术贸易为方式的技术交流和技术扩散更加活跃和高效，这对全球整体技术水平的提升和技术创新进程的加快均有积极作用。"世界体系论"创立者沃勒斯坦认为现代世界体系是一个由核心–边缘区域构成的世界经济体系（伊曼纽尔·沃勒斯坦，1998）。由图 3-14 可知，国际技术贸易网络也同样呈现出明显的核心–边缘结构特征。$ITTN_1$ 和 $ITTN_0$ 虽存在一定差异，但总体来看，美国、英国、德国、法国、日本、荷兰、爱尔兰、瑞士等少数几个科技强国和创新型国家长期占据网络核心、半核心区域，而其余大部分国家/地区则长期处于边缘区域。核心、半核心国家/地区在技术贸易活动中占据主动优势地位，拥有技术贸易优先权，能获得更多的技术贸易竞争优势和市场利益，也对其他边缘国家/地区技术贸易的开展起到了引领和带动作用。

3）美国优势地位明显，具有最强的国际技术贸易获利能力；中国的网络地位近期得以快速提升，但国际技术贸易出口能力亟待提高。由图 3-14 可知，国际技术贸易进口核心在多个国家/地区之间频繁转移，但出口核心国家一直仅为美国。美国以其强大的科技实力和创新能力成为其他国家/地区技术贸易进口活动的首要目标国，对网络中其他国家/地区具有最强的控制能力，2015～2019 年有 36 个国家/地区将其作为最大技术来源地。以知识产权使用费表征的美国国际技术贸易一直处于顺差状态，2019 年顺差额达到 800 亿美元，具有最强的国际技术贸易获利能力。中国的网络地位在近期得以快速提升，但总体仍处于技术贸易链的下游。从 $ITTN_1$ 来看，我国已于 2005 年进入半核心国家行列，成为了主要的国际技术贸易进口国；但从 $ITTN_0$ 开看，我国仍一直处于技术贸易网络边缘位置，国际技术贸易出口能力极其有限。以知识产权使用费表征的我国国际技术贸易一直处于逆差状态，2019 年逆差额接近 300 亿美元。我国虽凭借巨大的技术引进需求提升了网络地位，但国际技术贸易出口能力亟待进一步提高。

3.8.5 结论

本部分研究采用 50 个主要国家/地区的知识产权使用费数据作为分析对象，从地理重心迁移、中心国家转移和网络结构演化等 3 个维度，分析了 1970～2019 年国际技术贸易的整体演化规律。知识产权使用费数据虽不能完全精准代表国际技术贸易，但也在一定程度上客观反映了国际技术贸易活动在长时间尺度内的整体格局。研究对进一步明晰世界技术贸易活动整体格局及发展趋势，对各国/地区特别是我国今后从全球视野谋划、制定、调整国际技术贸易活动策略均具有一定的现实指导意义。研究所得主要结论如下（冯志刚等，2022）。

1）从地理重心迁移维度来看：国际技术贸易进、出口地理重心一直稳定于北半球，表现出明显且长期性的"北强南弱"现象；进、出口地理重心分别以 0.56°（45.19km）/a 和 1.52°（120.68km）/a 的速度向东迁移，这得益于东半球特别是亚洲国家/地区近年来在国际技术贸易领域的长足进步；进口地理重心一直位于出口地理重心东侧，但两者间距离在逐步缩小，表明东、西部国家/地区在国际技术贸易活动中分别主要表现为技术使用国/地区和技术提供国/地区，但其技术差距在逐步缩小。

2）从中心国家转移维度来看：国际技术贸易进口中心按德国→日本→美国→荷兰→爱尔兰的次序经历了四次转移，转移较为频繁且占比较低，这应与国际技术贸易进口活动容易受一国/地区技术进口、知识产权以及经济发展相关政策的影响，且已得到众多国家/地区的普遍重视相关；技术贸易出口中心一直为美国，未发生转移，但其占比在持续下降，美国强大的科技实力与创新能力使其长期保持为出口最强国，但几个主要创新型国家/地区技术出口能力的不断增强稀释了美国所占份额。

3）从网络结构演化维度来看：国际技术贸易关系的显著增加和强度的显著提高表明国际技术贸易活动愈加广泛和深化；国际技术贸易网络具有愈加明显的"小世界"和"核心-边缘"结构特征，表明国际技术贸易活动更加活跃和高效并形成了分层现象；美国优势地位依然明显，具有最强的技术贸易获利能力，中国的网络地位近期得以快速提升，但技术贸易出口能力亟待进一步提高。总体来看，我国主要以技术引进国的角色参与国际技术贸易活动，处于被动劣势的地位，亟待由国际技术贸易大国走向国际技术贸易强国。

3.9　专利信息学发展前瞻

专利信息学是专利信息分析的未来。专利信息学未来发展的重点问题和主要着力方向，可以归纳为以下 5 个方向。

1）建设更加便捷、整合、使用友好型的专利大数据库。

专利大数据是专利信息学的研究对象，也是专利大数据分析与知识发现的物质基础和逻辑起点，专利大数据的质量从根本上决定了专利大数据分析与知识发现的最终质量。随着全球专利及其相关数据存量和增量的急剧增长，对高质量专利大数据库的需求愈加迫切。操作便捷、尽量完备、集成整合全球各类型专利数据资源、使用友好型的专利大数据库已成为开展专利大数据分析与知识发现、促进专利信息学发展的物质基础和重要前提基础条件。

2）推动大数据技术在专利信息学领域的深度应用。

专利信息学的核心任务是专利大数据挖掘分析与知识发现，学科的计算性很强、数据科学的特征极其明显。为应对大数据时代学科领域科研模式的变革、响应专利信息学学科发展的时代要求，必须推动包括数据挖掘、机器学习、深度学习、强化学习、人工智能、自然语言处理、神经网络、知识发现、图计算技术、知识图谱、复杂网络等新兴和前沿的大数据技术在专利信息学领域的深度应用。

3）开发专利信息学软件工具，增强专利大数据分析与知识发现能力。

由于专利信息学任务的综合性和复杂性，致使没有一种单一的软件工具可以实现专利大数据分析与知识发现流程的全部职能。但在专利数据迅猛增长、大数据技术快速发展、用户需求愈加复杂多样的大数据信息环境背景下，应开发并持续更新能够不断集成和应用新技术、新方法（许景龙等，2020），向着集成性、普适性、智能化、使用友好型方向发展的软件工具，以不断增强专利大数据分析与知识发现的能力。

4）构建和完善专利信息学的学科体系，培养专利信息学专业人才队伍。

相较于具有成熟学科体系的生物信息学、化学信息学等专门学科信息学，现今仍未建立起以专利大数据作为研究对象的专利信息学学科体系。致使学科的系统性、科学性、独立性和影响力大打折扣。专利大数据分析与知识发现是一项人力、时间和知识密集型活动，只有经过系统学习和培训的专门技能人才才能深入掌握相关数据分析技能。所以，为满足学术界和产业界对专利信息学领域专业人才的需求，应加快构建专利信息学学科体系和教学体系，特别是在有关高校的知识产权学院等开设相关的专利信息学研究生课程，培养一批既具有扎实科学技术知识基础、又能熟练掌握现有和前沿的数据计算技术、还能熟悉和掌握专利大数据体系的高级专业人才队伍。

5）扩展专利信息学应用场景，提升学科话语权和学科影响力。

学科贡献决定学科话语权和学科影响力。专利信息学应持续增强在科学研究、技术研发、商业决策、政策制定等众多领域中的专利知识技术决策中的支持作用，并不断探索、扩展其应用场景和应用效果，从不同应用场景角度真正释放出专利信息学基于专利大数据挖掘与知识分析所蕴含的技术知识价值，实现从根本上增强专利信息学的生命力，促进专利信息学的长远发展。

参 考 文 献

陈继元. 2003. 国际技术贸易发展趋势及我国的应对措施. 武汉市经济管理干部学院学报，(3)：25-27.

陈文化. 1992. 科学技术与发展计量研究. 长沙：中南工业大学出版社.

丁焕峰，李佩仪. 2009. 建国以来广东省人口重心与就业重心演变轨迹分析. 工业技术经济，28（4）：79-84.

段德忠，谌颖，杜德斌. 2019. "一带一路"技术贸易格局演化研究. 地理科学进展，38（7）：998-1008.

方希桦，包群，赖明勇. 2004. 国际技术溢出：基于进口传导机制的实证研究. 中国软科学，(7)：58-64.

冯志刚，张志强，刘昊. 2022. 国际技术贸易格局演化规律研究——基于知识产权使用费数据分析视角.

情报学报，41（1）：38-49.

冯志刚，张志强，刘自强 . 2020. 国际跨国专利所有网络结构及演化规律研究 . 情报科学，38（7）：153-161.

傅元红 . 2019. 中小企业国际技术贸易的合同问题及非讼对策 . 法制博览，（7）：105-106.

古祖雪 . 2005. 论国际技术贸易中的知识产权限制 . 当代法学，（2）：21-26.

顾东蕾 . 2012. 论专利信息学 . 现代情报，32（10）：32-38.

郭婕婷，肖国华 . 2008. 专利分析方法研究 . 情报杂志，（1）：12-14.

华鹰 . 2006. 我国在国际技术贸易中的知识产权策略 . 电子知识产权，（11）：33-36.

黄繁华 . 1997. 国际技术贸易：发展新趋势及其启示 . 国际经济合作，（11）：15-18.

黄欣荣，王英 . 1990. 古代技术活动中心兴衰规律的统计研究 . 科学技术与辩证法，（3）：23-27.

黄欣荣，王英 . 1989. 技术活动中心规律的统计研究 . 科学技术与辩证法，（6）：55-57.

姜国钧 . 1999. 论教育中心转移与科技中心转移的关系 . 科学技术与辩证法，（1）：43-46，54.

姜鸿 . 2002. 国际技术贸易合同条款的风险及其防范 . 江汉大学学报（人文社会科学版），（5）：61-65.

李虹 . 2013. 国际技术贸易 . 第 3 版 . 大连：东北财经大学出版社 .

李平 . 2006. 国际技术扩散的路径和方式 . 世界经济，（9）：85-93.

李文娟，朱春奎 . 2019. 中国在国际科技合作网络中的角色和地位演变——基于 2000—2015 年国际专利合作数据的实证研究 . 科技管理研究，39（3）：44-50.

梁立明，陈立新 . 2005. 世界技术成果时空分布的量化特征及世界技术中心的转移 . 自然辩证法研究，（2）：67-73.

刘凤朝，马荣康，孙玉涛 . 2012. 中国专利活动国际化的渠道与模式分析 . 研究与发展管理，24（1）：86-92.

刘胜奇，朱东华，汪雪锋，等 . 2015. 基于合作全球图的专利国际合作分析 . 科研管理，36（3）：79-83.

刘云，闫哲，程旖婕，等 . 2018. 基于专利计量的集成电路制造领域国际技术合作特征研究 . 科学学与科学技术管理，39（8）：13-25.

刘则渊，王海山 . 1981. 近代世界哲学高潮和科学中心关系的历史考察 . 科研管理，（1）：9-23.

栾春娟 . 2008. 专利文献计量分析与专利发展模式研究 . 大连：大连理工大学 .

罗晖，付震宇，王寅秋 . 2019. 发展融合、创新、联动的国际技术贸易 . 今日科苑，（9）：73-83.

罗家德 . 2010. 社会网分析讲义 . 北京：社会科学文献出版社 .

吕晓青 . 2007. 中国知识产权保护与国际技术贸易研究 . 杭州：浙江大学 .

彭福扬，王树仁 . 1997. 论技术活动中心转移 . 湖南大学学报（社会科学版），（1）：30-32.

蒲岳，吴钢，姚星 . 2017. 中国在国际创新成果保护网络中的地位及其演化分析 . 科研管理，38（3）：61-68.

邱均平 . 2011. 组织者的话 . 图书情报工作，55（20）：5.

瞿卫军，邓仪友 . 2006. 专利信息学（上）：概念与原理 . 竞争情报，（3）：18-21.

瞿卫军，刘洋，王雷 . 2006. 专利信息学（下）：任务与工具 . 竞争情报，（4）：18-24.

芮宝娟，许继琴 . 2004. 国际技术贸易的特点与趋势分析 . 宁波大学学报（人文科学版），（1）：23-

25，45.

沈鸿．2005．国际技术贸易中的限制性条款及其法律管制．广东商学院学报，（5）：84-89.

孙冰，徐晓菲，苏晓．2019．技术扩散主路径及核心企业的识别研究——以手机芯片专利引文网络为例．情报学报，38（2）：201-208.

王文平，刘云，蒋海军．2014．基于专利计量的金砖五国国际技术合作特征研究．技术经济，33（1）：48-54.

王元地，刘凤朝．2013．国家创新体系国际化实现模式与中国路径——基于中、德、日、韩的案例．科学学研究，31（1）：67-78.

王智博，盛小平，杨洋．2015．基于核心–边缘结构的开放存取期刊评价分析．情报理论与实践，38（3）：82-85.

温芳芳．2015．专利计量与专利合作．北京：中国社会科学出版社.

文庭孝．2017．专利信息计量学．北京：科学出版社.

肖沪卫，顾震宇．2011．专利地图方法与应用．上海：上海交通大学出版社.

许传奇．2019．经济全球背景下国际技术贸易中的知识产权保护问题研究．科技资讯，17（11）：176-177.

许晖．2002．跨国公司技术创新全球化探析．科学管理研究，（6）：17-20.

许佳琪．2020．全球技术贸易网络的时空演化及其影响机制．上海：华东师范大学.

许景龙，吕璐成，赵亚娟．2020．面向专利分析流程的专利情报分析工具功能比较研究．情报理论与实践，43（8）：178-185.

伊曼纽尔·沃勒斯坦．1998．现代世界体系（第一卷）．北京：高等教育出版社.

余涛，翁凌峻．2008．国际技术贸易发展趋势及我国的对策选择．经济师，（11）：55-56.

俞文华．2012．面向全球市场的技术竞争：增长贡献、优势动态和结构趋同——基于 WIPO 的 PCT 申请统计分析．中国软科学，（8）：1-22.

禹华英．1998．国际技术贸易中的限制性商业条款．现代法学，（4）：3-5.

张明倩，柯莉．2018．"一带一路"跨国专利合作网络及影响因素研究．软科学，32（6）：21-25.

张仁开．2004．当代国际技术贸易发展的新态势与新格局．对外经贸实务，（10）：38-41.

张雄辉．2011a．日本技术引进的经验及对中国的启示．现代商业，（8）：100-101.

张雄辉．2011b．美国和韩国技术引进特点的比较及启示．长春理工大学学报，6（8）：62-63.

张志强，陈云伟．2020．建设适应经济社会发展趋势的科技创新体系．中国科学院院刊，35（5）：534-544.

张志强．2020．世界百年未有之大变局与智库使命和智库建设．智库理论与实践，5（4）：1-12.

张志强，胡正银，文奕．2020．学科信息学与学科知识发现．北京：科学出版社.

赵国庆．2013．审视跨国高科技公司避税行为　完善我国反避税制度——兼评"双爱尔兰（荷兰三明治）"避税安排．国际税收，（8）：44-49.

赵克．2013．科学中心转移与中国战略机遇．毛泽东邓小平理论研究，（7）：72-77，93.

赵永宁．2003．中国国际技术贸易的问题及对策研究．云南财贸学院学报，（5）：18-21.

郑栋，朱春奎，陈玉龙. 2019. 中国在国际创新合作网络中的地位和角色——基于 2011—2015 年国际专利合作的实证研究. 科技管理研究，39（2）：194-202.

郑维炜，全小莲. 2009. 国际技术贸易中知识产权保护的前提性困境与出路. 求索，（3）：120-122.

郑渊. 2020. 中国知识产权贸易国际竞争力比较研究. 长春：吉林大学.

周桂荣，杨亚军. 2017. 浅谈我国国际技术贸易中的知识产权侵权问题. 时代金融，（12）：14-17.

周启元. 1980. 西德的技术引进及其特点. 经济学动态，（5）：63-65.

朱梦男. 2017. 对国际技术贸易中限制性商业做法的法律规制. 法制博览，（26）：267.

Aristodemou L, Tietze F. 2017. A literature review on the state-of-the-art on intellectual property analytics. Working Paper Series No. 2, Centre for Technology Management, Vol. , Cambridge, 1-13.

Aviv S, Jussi K. 2012. Identification of trends from patents using self-organizing maps. Expert Systems With Applications, 39（18）.

Bonino D, Ciaramella A, Corno F. 2010. Review of the state-of-the-art in patent information and forthcoming evolutions in intelligent patent informatics. World Patent Information, 32（1）：30-38.

Chang P L, Wu C C, Leu H J. 2010. Using patent analyses to monitor the technological trends in an emerging field of technology: a case of carbon nanotube field emission display. Scientometrics, 82（1）：5-19.

Chen Z, Guan J. 2010. The impact of small world on innovation: An empirical study of 16 countries. Journal of Informetrics, 4（1）：97-106.

Cincera M, De la Potterie B V, Veugelers R. 2006. Assessing the foreign control of production of technology: The case of a small open economy. Scientometrics, 66（3）：493-512.

De Prato G, Nepelski D. 2014. Global technological collaboration network: network analysis of international co-inventions. Journal of Technology Transfer, 39（3）：358-375.

Deshpande N, Shaikh S A, Khode A. 2016. Business intelligence through patinformatics: A study of energy efficient data centres using patent data. Journal of Intelligence Studies in Business, 6（3）：13-26.

Griliches Z. 1990. Patent statistics as economic indicators-a survey. Journal of Economic Literature, 28（4）：1661-1707.

Guellec D, Van Pottelsberghe B. 2001. The internationalisation of technology analysed with patent data. Research Policy, 30（8）：1253-1266.

Hey T, Tansley S, Tolle K. 2009. The Fourth Paradigm: Data-Intensive Scientific Discovery. Proceedings of the IEEE, 99（8）：1334-1337.

Huang M, Chang H, Chen D. 2012. The trend of concentration in scientific research and technological innovation: A reduction of the predominant role of the U.S. in world research & technology. Journal of Informetrics, 6（4）：457-468.

IncoPat. 2022. incoPat 可信好用的全球专利数据库. https://www.incopat.com/. [2022-2-9].

Iversen E J. 2000. An Excursion into the Patent-Bibliometrics of Norwegian Patenting. 49（1）：63-80.

Keller W. 2000. Do trade patterns and technology flows affect productivity growth? The World Bank Economic Review, 14（1）：17-47.

Lee C，Song B，Park Y. 2013. How to assess patent infringement risks：a semantic patent claim analysis using dependency relationships. Technology Analysis & Strategic Management，25（1）：23-38.

Leo W，Ricardo B，Sören B，et al. 2007. Towards content-oriented patent document processing. World Patent Information，30（1）.

Liu S H，Liao H L，Pi S M，et al. 2011. Development of a Patent Retrieval and Analysis Platform-A hybrid approach. Expert Systems with Applications，38（6）：7864-7868.

Ma Z，Lee Y. 2008. Patent application and technological collaboration in inventive activities：1980-2005. Technovation，28（6）：379-390.

Ma Z. 2009. Booming or emerging? China's technological capability and international collaboration in patent activities. Technological Forecasting & Social Change，76（6）：787-796.

Moehrle M G，Walter L，Bergmann I，et al. 2010. Patinformatics as a business process：A guideline through patent research tasks and tools. World Patent Information，32（4）：291-299.

Narin F. 1994. Patents Bibliometrics. Scientometrics，30（1）：147-155.

Oldham P. 2022. The WIPO Manual on Open Source Patent Analytics（2nd edition）. https：//wipo-analytics. github. io/manual/index. html.［2022-02-08］.

Park H，Ree J J，Kim K. 2013. Identification of promising patents for technology transfers using TRIZ evolution trends. Expert Systems with Applications，40（2）：736-743.

Patinformatics L. 2022. About Patinformatics.［2022-02-06］. https：//www. patinformatics. com/about-patinformatics.

Posner M V. 1961. International trade and technical change. Oxford Economic Papers，13（3）：323-341.

Seidel A H. 1949. Citation system for patent office. Journal of the Patent Office Society，（31）：554-567.

Tiwari A K，Raturi M K，Mukherjee S，et al. 2010. Patinformatics-An Emerging Scientific Discipline. SSRN Electronic Journal.

Tiwari A K. 2022. IPSPELL.［2022-02-09］. http：//ipspell. com/single. php? id=211.

Trappeyamy J C，Trappeycharles V，WuChun-Yi，et al. 2013. Intelligent patent recommendation system for innovative design collaboration. Journal of Network and Computer Applications，36（6）：1441-1450.

Trippe A J. 2022. Guidelines for Preparing Patent Landscape Reports.［2022-02-08］. https：//www. wipo. int/edocs/pubdocs/en/wipo_pub_946. pdf.

Trippe A J. 2002. Patinformatics：Identifying Haystacks from Space. Searcher，10（9）：10-20.

Trippe A J. 2003. Patinformatics：Tasks to tools. World Patent Information，25（3）：211-221.

URDIP. 2022. ABOUT US.［2022-02-06］. https：//urdip. res. in/.

URDIP. Postgraduate Diploma In Patinformatics（Patent Informatics）.［2022-02-06］. https：//pgdp. urdip. res. in/download/pgdp_brochure_2021_2022. pdf.

Valverde S，Cancho R F，Sole R V. 2002. Scale-free networks from optimal design. Europhysics Letters，60（4）：512-517.

WIPO. 2022. What is WIPO?. https：//www. wipo. int/about-wipo/en/.［2022-02-08］.

Wuchty S, Jones B F, Uzzi B. 2007. The increasing dominance of teams in production of knowledge. Science, 316 (5827): 1036-1039.

Yoon J, Kim K. 2012. An analysis of property-function based patent networks for strategic R&D planning in fast-moving industries: The case of silicon-based thin film solar cells. Expert Systems with Applications, 39 (9): 7709-7717.

Yoon J, Park H, Kim K. 2013. Identifying technological competition trends for R&D planning using dynamic patent maps: SAO-based content analysis. Scientometrics, 94 (1): 313-331.

Young G K, Jong H S, Sang C P. 2007. Visualization of patent analysis for emerging technology. Expert Systems With Applications, 34 (3).

第4章

网络信息学与网络大数据知识库挖掘和知识发现

在科学研究进入"第四范式"的大背景下,"数据密集"已逐步成为各学科的显著特色,处理各种海量、异构、复杂数据的需求日益紧迫,人工智能等前沿科技发展并日趋成熟,海量待挖掘的知识与人类能力的有限之间的差距呼唤网络信息学的产生。本章对网络信息学的内涵界定是:网络信息学是基于网络大数据知识库,利用数学理论与方法、计量学方法和计算机科学(深度学习、神经网络)等多学科的技术方法,对网络信息进行知识挖掘和知识发现研究,揭示隐藏在网络大数据中纷繁复杂的关联关系的一门新型数据分析学科。

本章主要梳理介绍了网络信息学的兴起和内涵,剖析了从网络计量学发展到网络信息学的历程;介绍了网络信息学的数据源及方法工具;从学科领域研究新兴前沿的识别、学术影响力与竞争力的评价、新兴跨学科领域知识的发现、基于深度学习的网络舆情的检测与分析、网络虚假信息甄别与分析、基于网络开源信息的国家安全情报监测与分析、面向决策咨询的网络大数据预测分析等7个方面来阐述了网络大数据知识库数据挖掘与知识发现研究进展;对网络信息学发展做了总结并展望了网络信息学发展前瞻。

4.1 引言

在科学研究进入数据密集型研究的第四范式的大背景下,大数据带来的信息风暴正在变革人类的生活、工作和思维,加之互联网+、计算机技术、大数据技术等的迅猛发展,传统的网络计量学利用传统的文献计量学的理论方法,对小数据的定量描述与统计分析已经不足以支撑复杂网络数据之间关联关系、隐形知识的揭示,网络计量学必须发展以适应在大数据与人工智能等前沿技术融合的复杂信息环境中开展网络数据信息分析与重要知识发现的研究任务。张志强和范少萍(2015)在现有"X信息学"(X-Informatics)的基础上进行总结概括，提出了统一的概念———"学科信息学"（Subject Informatics），认为其是以学科的数据信息为研究对象的，旨在挖掘并研究此类信息学中潜藏的、更有价值的信息与知识。在此背景下，基于网络计量学与网络大数据分析的"网络信息学"这一新概念应运而生。

一方面，网络信息学是网络计量学的新发展，是网络大数据时代的新型网络计量学，是网络计量学在大数据和信息与计算等前沿技术浪潮的冲击下焕发出的新的生命力。大数据的"5V"（volume、variety、value、velocity、veracity）的特征（IBM 公司，2016 年提出）加剧了网络信息的集合性和交叉性，使得数据使用难度加大，科研人员迫切渴望从海量复杂的网络数据体系中发现并获取知识。同时，人工智能等前沿计算机技术能够突破人脑的计算速度与耐力限制，拥有整合多源大数据并从中发现关联关系的能力，这弥合了大量可用知识与人的能力有限之间的差距，以找到知识间微妙的联系并使之有意义。另一方面，网络信息学是网络大数据分析与知识发现的专门学科信息学，是学科信息学在网络信息计量分析、数据挖掘与知识发现领域的专业化具体化表现，是网络大数据时代基于大数据开展知识发现的新型数据分析型学科。通过利用深度机器学习等前沿技术对网络大数据知识库的挖掘，可以洞见隐藏在大数据之间的关联关系，收获以往尚未观察到的知识（如识别学科领域研究的新兴前沿、识别学术研究的影响力与竞争力、发现新兴的跨学科知识、网络舆情检测等）。随着数据分析与信息技术的日益快速发展，网络信息学将成为探索网络虚拟世界未知的有力工具。

4.2 网络信息学兴起

4.2.1 从网络计量学到网络信息学

一般认为，网络计量学（webometrics）由阿曼德（Almind）和英格维森（Ingwersen）于 1997 年提出，他们提出"网络计量学"的概念，是将文献计量方法用于"万维网"（www）上信息的计量研究。同年，于西班牙马德里创刊的网络电子期刊 *Cybermetrics* 标志着网络计量学研究蓬勃发展起来（夏旭，2012）。1998 年，英格维森提出了利用网页的影响因子对一段时间内网页浏览关注情况进行分析，这对网络计量学的发展起到了十分重要的作用（赵蓉英和许丽敏，2018），网络计量学也逐渐从传统的信息计量学脱离出来成为一门独立的新兴学科。国内网络计量学的研究以 1999 年徐久龄在《情报学进展》上发表的《网络计量学的研究》为开端，其研究了网络计量学的产生与发展历程，探讨了网络计量学的研究对象、研究方法、主要特征以及主要应用。2000 年，在"第二届科研绩效定量评价国际学术会议暨全国科学计量学与情报计量学年会"上，邱均平首次将"webometrics"译为"网络信息计量学"，并在其文章《网络信息计量学及其应用研究》中进一步将网络信息计量学的概念定义为："网络信息计量学是采用数学、统计学等各种定量研究方法，对网上信息的组织、存储、分布、传递、相互引证和开发利用等进行定量描述和统计分析，以便揭示其数量特征和内在规律的一门新兴分支学科"。2005 年，他还将网络信息计量学的研究对象归纳三个层次：网络信息的直接计量；网络文献信息及其相关特征信息的计量；网络结构单元的信息计量。在第一个层面上，主要对网络上的信息量和信息流量进行统计分析，从而可以揭示公众所掌握的各类信息的数量特征和内在规律；第二个层面上，主要是对网络上文献资源及其特征信息进行计量分析，从而可以揭示学科的产生、发展、渗透，总结网络文献资源的潜在规律；第三个层面上主要是对网络的拓扑结构进行计量分析。此后，网络计量学和网络信息计量学的文章频繁见刊，但没有提出统一中文译名的意见。随着理论和实践的发展，2010 年，邱均平在《网络计量学》一书中系统全面地研究了网络计量学理论、方法和应用，还提出了有必要采用"网络计量学"这一更广泛的概念，他认为两个译名（网络计量学和网络信息计量学）所指内容大体相同，但也有细微差别，"网络计量学"应该是比"网络信息计量学"更广的概念，网络信息计量学不涉及网络与计算机的物理结构单元的计量，随着学科的发展和研究范围的扩大，彼时在定义网络计量学时，沿用了网络信息计量学的定义，仅将"新兴分支学科"更改为"分析学科"（邱均平，2011），"网络计量学"这一名称的统一，标志着我国网络计量学的研究趋于成熟（夏旭，2012）。经过 20 余年的发展，随着网络计量学研究队伍的不断壮大，现已有很多研究性文献，丰富了我国网络计量学的理论、方法以及应用，形成了一套完整的理论体系。

网络计量学的发展与网络环境的变迁和网络结构的演化息息相关，随着云计算、互联网+、大数据技术的兴起，网络计量学面临许多新的挑战（赵蓉英等，2016）。过去，网络计量学的研究普遍是通过网络小数据以既定的方法和分析模式实现的，小数据的特征是为回答特定问题而量身定制的抽样数据（采用采样技术限制它们的范围、时间、大小和种类，并试图捕捉和定义它们的误差、偏差、不确定性和来源水平）（苏令银，2019）。大数据时代数据分析有三个转变，第一是在大数据时代，可以分析更多的数据，有时候甚至可以处理和某个特别现象相关的所有数据，而不再依赖于随机采样；第二是研究数据如此之多以至于不再热衷于追求精确度；第三是不再热衷于寻求因果关系。大数据时代，网络计量学面对的也不仅仅是单方面的数据，还有更为庞杂的数据集合单元，因此传统研究方法正在受到挑战，海量、无序、多样、异构的网络信息加大了科研人员获取解析干净、统一、"噪声"小的数据样本的难度，而网络计量学利用传统的文献计量学的理论方法对网络大数据的定量描述与统计分析已经不足以支撑复杂网络数据之间关联关系、隐性知识的显现。同时，随着人工智能等前沿技术的发展与其在数据挖掘与知识发现中的应用，通过复杂计算能够发现隐藏在大数据中的各种潜在相关模式，而这些淹没在近于无穷的大数据中的相关模式是无法通过有限检索策略与传统分析方法被发现的。在此种背景下，网络信息学（Cyber-Informatics）应运而生，它是基于网络大数据，利用数学理论与方法、计量学方法和计算机科学（深度学习、神经网络）等多学科的技术方法，对网络信息进行知识挖掘和知识发现研究，并揭示隐藏在纷繁复杂的网络大数据之间的关联关系的分析学科。

（1）网络信息学是网络大数据时代的网络数据挖掘与知识发现学科

维克托·迈尔·舍恩伯格（2012）在《大数据时代：生活、工作与思维的大变革》中前瞻性的指出："大数据带来的信息风暴正在变革我们的生活、工作和思维，大数据开启了一次重大的时代转型，是人们获得新的认知、创造新价值的源泉"。该书出版以来，大数据的概念快速席卷全球，研究人员发现人类已经快速地进入了数据爆炸式增长、数据类型多样化的大数据时代。大数据数据量庞大（volume）、数据种类和来源多样化（variety）、数据价值密度相对较低（value）、数据增长速度快（velocity）、数据真实性（veracity）的特征（IBM，2016）加剧了网络信息的数据模式的复杂化，使得数据使用难度加大。联机计算机图书馆中心（OCLC，2010）发布的报告《研究生涯：美国研究人员所需的信息支持》指出："在这个'富信息'时代……科研人员不可避免地面临着海量信息所带来的数据资源发现、获取和管理的困惑"。大数据时代，传统网络计量学利用文献计量学的理论方法对小数据的定量描述与统计分析已经不足以支撑对网络大数据的挖掘与知识发现，人们更渴望通过某种手段，突破传统网络计量的小数据，在浩瀚的网络大数据中直接获取知识。当前，已经有很多研究人员基于网络大数据的挖掘分析来进行知识发现研究（具体内容见本章第3小节），网络信息学的提出则为这些实践提供了学科理论基础，并为这些研究找到了学科归属。如果说，网络计量学试图利用小数据从狭窄的缝隙中开采"黄金"，那么网络信息学便是试图利用大数据通过最先进的机器以露天开采、挖掘和筛选的方式在大片土地上开采"黄金"。可以说，大数据是"网络计量学"发展到"网络信息学"的催化剂。

（2）网络信息学的核心是揭示网络大数据间的复杂关联关系

大数据时代，网络信息以多元化的媒体形式存在（如视频、图片、社交网络的文本帖子、结构化数据、分布式传感器产生的数据集等），这些数据复杂的模式中蕴含着丰富的待发现的知识。然而，传统网络计量学仅对网络信息进行三个层次（网络信息的直接计量、网络文献信息及其相关特征信息的计量与网络结构单元的信息计量）的分析研究已经不能充分揭示网络信息中复杂的关联关系以满足人们对于知识的需求。张志强和范少萍（2015）提出的"学科信息学"以学科的数据信息为研究对象，旨在挖掘并研究此类信息学中的、更有价值的信息与知识，其内涵除了具有传统的情报学的含义，还包含了将学科中的数据转变为学科知识，揭示数据之间隐性关联关系、获得新的观点与看法的含义。因此，网络信息学作为网络大数据分析与知识发现的专门学科信息学，关注对网络大数据数据模式的研究，旨在从中挖掘有趣的、新颖的、重要的、有用的知识，并从不同的视角了解数据之间的复杂相互关系，相较于网络计量学，其核心是揭示隐藏在网络大数据中复杂的关联关系以发现有价值的知识。

（3）网络信息学发展的支撑是新兴数据与信息技术的发展应用

2016 年在举世瞩目的围棋人机大战中，韩国围棋九段棋手李世石、中国围棋九段棋手柯洁纷纷在谷歌（Google）旗下的 Deep Mind 开发的阿尔法围棋（AlphaGo）面前败下阵来，让大众进一步意识到了人工智能时代的到来。人工智能融合了多种学科（哲学、认知科学、数学、仿生学、生物学、神经生理学、计算机科学、信息论、控制论、语言学等），是一种能够感知外部环境从而做出成功率最高的选择行为的智能个体的思想核心（刘浏等，2017）。该智能个体以普通计算机为载体，通过观察周遭环境，模仿人的推理、规划、学习、交流、感知、逻辑推演等思考过程，以程序为手段，解决事先制定好的问题以及目标（邱均平等，2020）。

近十年来新一轮人工智能技术快速发展，在很多人类难以突破的领域取得了前所未有的成就，人工智能的深度学习技术已在改变图像与语音识别、问答系统和机器翻译等计算机科学领域；深度神经网络也在其他更广泛的领域发挥其强大的作用，如药物活性预测、粒子加速器数据分析等。在情报学领域，要在网络大数据中发现那些隐含的、不确定的模式和结构，获取有价值的信息，需要应用这些前沿技术以前所未有的广度、深度和规模利用、收集和分析数据，如深度神经网络可能很好的揭示隐藏在数据中极为错综复杂的结构和模式，扩展科研人员的认知（王大顺和艾伯特−拉斯洛·巴拉巴西，2021）。同时，复杂网络的形式主义允许描述不同元素（人、想法、作品）的个体和集体行为，这使得看似没有关联的学科之间、很少直接相互提及的元素之间可能具有的许多隐含联系被挖掘，这些隐性知识的显现赋予它们以及它们之间的关系新的含义。

在大数据时代下，数据井喷式爆发，人工智能在处理海量数据方面有先天优势，发现和解读网络世界中的各种关联关系更加便捷，人工智能等前沿技术的发展以及其在情报学领域的应用，弥合了大量可用知识与人的能力有限之间的差距，为"网络信息学"的提供了技术条件的支持。

4.2.2　网络信息学的内涵

（1）网络信息学的内涵界定

科学史告诉我们，任何科学的产生和发展都是由一定的科学背景和特定条件所决定的（邱均平，1988）。网络信息学这一新概念，一方面是网络计量学的新发展，是网络大数据时代的新型网络计量学，是网络计量学在大数据和前沿技术浪潮的冲击下焕发出的新的生命力；另一方面，是网络大数据分析与知识发现的专门学科信息学，是学科信息学在网络信息计量分析、数据挖掘与知识发现领域的具体化表现，是网络大数据时代基于大数据开展知识发现的新型数据分析型学科。结合网络信息学的时代与技术背景，网络信息学的内涵主要包括以下几个方面。

1）产生背景：在科学研究进入"第四范式"的大背景下，"数据密集"已逐步成为各学科的显著特色，处理海量、异构、复杂数据的需求日益紧迫，人工智能等前沿科技发展并日趋成熟，海量待挖掘的知识与人类能力的有限之间的差距，呼唤网络信息学的产生。

2）研究对象：网络信息学是以网络大数据知识库为研究对象，旨在挖掘并研究网络大数据中潜藏的有价值的信息与知识。

3）数据源：网络信息学的数据源主要有网络公共知识数据库、以网络资源为基础的新一代知识库、网络索引数据库、社交媒体以及网络上存在的其他有价值的数据与行为印迹的数据集等。

4）技术方法：包括计算机技术、通信技术、数学理论与方法等，涉及数据的挖掘、加工、分析等全过程。

5）学科基础：网络信息学的学科基础主要有网络计量学、信息科学、学科信息学、知识发现、计算机科学、数据科学、网络科学、复杂性科学等。

6）研究目的：揭示网络数据间蕴含的重要的隐性知识、发现在复杂数据之间的关联关系；识别科学研究新兴前沿、优化科研评价机制、网络舆情监测、网络虚假信息识别与分析、威胁国家和社会安全的开源情报监测与识别以及面向决策服务的网络大数据预测分析等。

基于此，网络信息学可以定义为：网络信息学是基于网络大数据知识库，利用数学理论与方法、计量学方法和计算机科学（深度学习、神经网络）等多学科的技术方法，对网络信息进行知识挖掘和知识发现研究，揭示隐藏在网络大数据中纷繁复杂的关联关系的一门新型数据分析学科。

网络信息学是一个新概念，目前还没有网络信息学的英文译名，由于网络计量学的英文名称为"Webometrics"（Almind and Ingwesren，1997）或"Cybermetrics"（1997 年由西班牙科学信息与文献中心创办的期刊得名），而学科信息学的英文名称为"Subject Informatics"（张志强和范少萍，2015）。因此，基于"X-informatics"学科群的理论，此处将"cyber-informatics"作为网络信息学的英文表达（"webo"是一个没有单独的含义词根，为了保持学科群格式的一致，此处不考虑"Weboinformatics"）。

（2）网络信息学相关概念辨析

为了厘清网络信息学相关概念的继承关系以及辨析各个概念之间的界限，此处使用维恩图（Venn diagram）图来直观展示，如图4-1 和图4-2 所示。

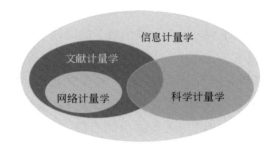

图 4-1　"三计学"与网络计量学之间的关系

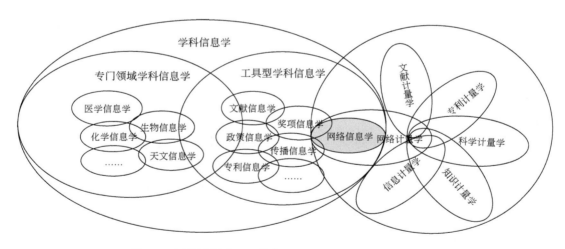

图 4-2　网络计量学、网络信息学及学科信息学之间的关系

图 4-1 是"三计学"（文献计量学、科学计量学和信息计量学）与网络计量学之间的概念内涵外延的继承关系（宋艳辉和邱均平，2019）。文献计量学（Biliometrics）和科学计量学（Scientometrics）几乎是在同一时间提出来的，文献计量学是由美国目录学家普理查德（Pritchard）于 1969 年提首次提出，科学计量学由苏联学者穆利钦科（Mul'chenko）

与纳利莫夫（Nalimov）于 1969 年提出。1987 年是信息计量学（informetrics）被情报学界正式承认的年份，信息科学与技术的迅猛发展致使文献资源数字化、电子化、网络化程度日益加快，传统的文献计量学与科学计量学理论方法对这些信息资源处理乏力，从而对计量学科提出了更高的要求，进而催生了信息计量学。如果说信息计量学是对文献计量学与科学计量学的继承与发展，那么网络计量学就是对信息计量学的继承与发展，是应网络环境对信息计量学提出的更高要求而产生的学科，也是信息计量学重要的研究内容和发展趋势。

图 4-2 展示了网络计量学、网络信息学以及学科信息学的概念内涵外延的继承关系。首先，网络信息学根植于网络计量学，属于网络计量学内容体系的一部分，是网络大数据时代的新型网络计量学。其次，学科信息学学科群分为专门领域学科信息学（医学信息学、生物信息学等）和工具型学科信息学（政策信息学、专利信息学等）两大类别，网络信息学作为学科信息学在网络信息计量分析、数据挖掘与知识发现领域的具体化表现，是工具型学科信息学体系中的重要一支。

4.3　网络信息学的数据源及方法工具

4.3.1　数据来源

网络信息学的研究基础是各类网络知识数据库，如网络公共知识数据库、以互联网资源为基础的新一代知识库、行业/领域垂直知识库、个人自建知识库、索引数据库、搜索引擎社交媒体以及网络上存在的其他有价值的数据与行为印迹的数据集等。由于索引数据库（如《科学引文索引》）、搜索引擎和社交媒体是传统的网络计量学以及补充计量学（altmetrics）的研究数据源，在此将不再详细介绍这几类数据源。

（1）网络公共知识数据库

数量庞大的可用知识使得人类无法阅读甚至访问全部知识，适当地挖掘公共知识数据库［如维基百科（Wikipedia）］可以使我们超越这种限制，揭示遥远的学科的内容元素之间惊人的关系（Schwartz，2021）。这类公共知识库是由人工或专家构建的知识库，以下列举了几个常见的知识库。

1）维基百科（Wikipedia）：维基百科是由 Jimmy Wells 于 2001 年创建的，是一个强调自由内容（free content）、协同编辑（collaborative editing）以及多语言支持的网络百科全书，截至 2022 年 5 月，维基百科拥有 326 种语言版本，总计 5871 余万条目。它是最令人印象深刻的集体创作之一，它由数百万匿名编辑以一种非协调的方式工作，建立了人类所见过的最大的知识来源。维基百科具有知识更新速度快、知识形式统一，所有信息都以词条的形式呈现、其知识向公众开放，可以免费下载研究使用等特点。除了其文章中包含的显性知识外，维基百科中还含有大量的隐性知识，这些隐性知识来自底层密集的内部链接（文章正文中的链接，这些链接将相关元素与维基百科中的其他文章连接起来），这些链接代表着人、思想和作品之间的联系，构成了一个庞大的概念网络，这个巨大的知识网络可以被转换成有向图，并且已经被用于从计算语义相关到自然语言处理的众多研究。

2）百度百科：百度百科是百度公司推出的一部内容开放、自由的中文网络公共知识库，于 2006 年正式上线，截至 2022 年 3 月已收录 2500 余万个词条，几乎涵盖了所有已知的知识领域。百度百科以人人可编辑的模式，有利于将碎片化的知识重新组合起来。

3）概念网（ConceptNet）：ConceptNet 是基于 OMCS（Open Mind Common Sense），由著名人工智能专家 Marvin Minsky 于 1999 年建议创立的数据库构建的语义知识库，它以有向网的形式存储信息。ConceptNet 主要依靠互联网众包、专家创建和游戏三种方法来构建，其知识库以三元组形式的关系型知识构成，采用了非形式化、更加接近自然语言的描述，比较侧重于词与词之间的关系。此外，ConceptNet 完全免费开放，并支持多种语言。图 4-3 是 ConceptNet 的简介图（https://conceptnet.io/）。

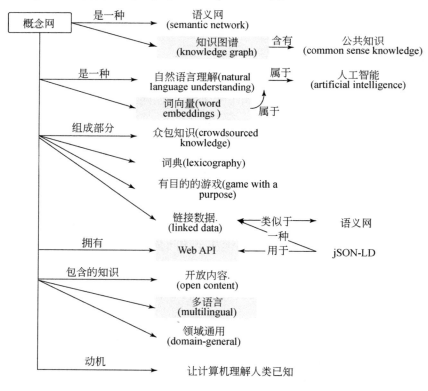

图 4-3　ConceptNet 的简介图

4）词汇网络（WordNet）：WordNet 由普林斯顿大学认识科学实验室从 1985 年开始开发，是一种基于认知语言学创建的的英语词典。WordNet 试图在概念之间设置不相同的指针用以表示不相同的语义关系，典型的有上下位关系、整体部分关系，一个相对完备的词汇语义网络系统就这样形成了，通过这样一个流程，使得抽象概念具体化（刘扬等，2005）。WordNet 主要定义了名词、动词、形容词和副词之间的语义关系，例如名词之间的上下位关系（如"猫科动物"是"猫"的上位词），动词之间的蕴含关系（如"打鼾"蕴含着"睡眠"）等。

（2）以互联网资源为基础的新一代知识库（知识图谱）

从蒂姆·伯纳斯·李（Tim Berners Lee）于 1998 年提出语义网至今，涌现出大量以互联网资源为基础的新一代知识库，这些知识库以"主语、谓语、宾语"三元组的形式表示并储存了海量对象的结构化信息（Saxena et al.，2021）。表 4-1、表 4-2 分别列举了国内外代表性的知识库名称及其介绍。

表 4-1　国外代表性网络知识库名称及其简介

知识库名称	研发机构	知识库介绍	知识库 URL
DBPedia	德国莱比锡大学与曼海姆大学	DBpedia 是基于维基百科、语义 Web 和关联数据技术建立起来的跨领域跨语言的综合链式创新型知识库，它从维基百科页面中抽取实体的结构化信息，通过一组通用的信息框属性来描述实体信息（王志春等，2021）。DBpedia 继承了 Wikipedia 的开放式大规模协同处理特征，通过发挥长尾用户的贡献，解决了目前知识库建设中存在的数据规模与其结构化程度之间的矛盾，以较低成本建设和维护结构化程度较高的大规模海量知识库（朝乐门，2011）	https://www.dbpedia.org/
Schema.org	必应（Bing）、谷歌（Google）以及雅虎（Yahoo）搜索引擎公司	Schema.org 是 2011 年起，由微软、谷歌、雅虎和 Yandex 等搜索引擎公司共同支持的语义网项目。Schema.org 支持各个网站采用语义标签（Semantic Markup）的方式将语义化的链接数据嵌入到网页中。搜索引擎自动搜集和归集这些，快速地从网页中抽取语义化的数据，其本质是采用互联网众包的方式生成和收集高质量的知识图谱数据。Schema.org 还提供了一个词汇本体用于描述这些语义标签，词汇本体覆盖范围包括：个人、组织机构、地点、时间、医疗、商品等。 谷歌于 2015 年推出的定制化知识图谱支持个人和企业在其网页中增加包括企业联系方法、个人社交信息等在内的语义标签，并通过这种方式快速地汇集高质量的知识图谱数据（Wong，2015）	https://schema.org/

续表

知识库名称	研发机构	知识库介绍	知识库 URL
Wikidata	维基	Wikidata 是维基媒体基金会于 2012 年 10 月成立的项目，用于存储维基百科的所有语言特定版本。Wikidata 提取了不同语言版本维基百科中具有共同认知的条目，并抽取了该页面中的结构化数据，是一个基于语义的超大知识数据库，支持用户、机器读取和编辑（寇蕾蕾，2020）。Wikidata 继承了 Wikipedia 的众包协作的机制，但与 Wikipedia 不同，Wikidata 支持的是以三元组为基础的知识条目（Items）的自由编辑。例如可以给"地球"的条目增加"<地球，地表面积是，五亿平方公里>"的三元组陈述，图 4-4 为 Wikidata 网站首页	https://www.wikidata.org/wiki/Wikidata:Main_Page
YAGO	德国马普研究所	YAGO 是由德国马普研究所研制的多语言链接知识数据库，主要集成了维基百科、WordNet 和 GeoNames 三个来源的数据。YGAO 从维基百科中抽取的实体、实体之间的关系，使用了基于规则与启发式算法的方法，并将这些信息与 Wordnet 中的概念进行集成，通过利用 Wordnet 良好的概念层次与维基百科中大量的实体数据，使 YAGO 成为了一个高品质、涵盖多领域的知识库（王志春等，2021）。此外，YAGO 还考虑了时间和空间知识，为很多知识条目增加了时间和空间维度的属性描述（Fabian，2008）。此外，YAGO 还是 IBM Watson 的后端知识库之一	https://www.mpiinf.mpg.de/departments/databases and information systems/research/yagonaga/yago
LOD-Linked Open Data	由向 W3C SWEO 提交的一个项目申请关联开放数据项目中提出	LOD(开放关联数据集)的初衷是为了实现蒂姆·伯纳斯·李 2006 年提出的有关链接数据(Linked Data)作为语义网的一种实现的设想，所以 LOD 遵循了他提出的进行数据链接的四个规则，即①使用 URI 标识万物；②使用 HTTP URI，以便用户可以（像访问网页一样）查看事物的描述；③使用 RDF 和 SPARQL 标准；④为事物添加与其他事物的 URI 链接，建立数据关联。 LOD 的内容包含了出版物、跨领域、媒体、语言学、地理、用户生成内容、政府、环境、生命科学和社交网络等多个领域(董杰，2017)	https://lodcloud.net/

表 4-2 国内代表性网络知识库名称及其简介

知识库名称	研发机构	网络知识库介绍	知识库 URL
THUOCL（THU Open Chinese Lexicon）	清华大学自然语言处理与社会人文计算实验室	THUOCL 是由清华大学自然语言处理与社会人文计算实验室整理推出的一套高质量的中文词库，词表来自主流网站的社会标签、搜索热词、输入法词库等。THUOCL 具有以下特点：包含词频统计信息 DF 值（Document Frequency），方便用户个性化选择使用；词库经过多轮人工筛选，保证词库收录的准确性；开放更新，将不断更新现有词表，并推出更多类别词表	http://thuocl.thunlp.org/

续表

知识库名称	研发机构	网络知识库介绍	知识库 URL
大词林	哈尔滨工业大学社会计算与信息检索研究中心	大词林是由哈尔滨工业大学社会计算与信息检索中心推出的一个自动构建的大规模开放域中文知识库。目前《大词林》2.0 版已拥有实体 30 102 845 个，上位词 182 079 个，优质的实体上下位关系对 15 577 846 对，属性–值对 79 568 791 对，关系（属性）数 436 961 个	http://101. 200. 120. 155/
Zhishi. me	上海交通大学	Zhishi. me 是由上海交通大学通过从开放的百科数据中抽取结构化数据构建的中文通用知识图谱。目前，已融合了三大中文百科，百度百科，互动百科以及维基百科中的数据	http://zhishi. me/
XLore	清华大学计算机系知识工程研究室	Xlore 是融合中英文维基百科和百度百科，对百科知识进行结构化和跨语言链接构建的多语言知识库，是中英文知识规模较平衡的大规模多语言知识图谱，图 4-5 展示了 XLore 的主页页面	https://www. xlore. cn/
CN-DBpedia	复旦大学知识工厂实验室	CN-DBpedia 是由复旦大学知识工场实验室研发并维护的大规模通用领域结构化百科知识库，是国内最早推出的也是目前最大规模的开放百科中文知识库（任笑笑，2021）。截至 2022 年 3 月，CN-DBpedia 的 API 调用次数已高达 13 亿次，实体数多达 1698 余万、关系数目更是达到了 2.2 亿以上	http://kw. fudan. edu. cn/

（3）领域垂直知识库

除了上述的网络知识库之外，还有一部分垂直领域的网络知识库，垂直领域知识库是针对某个学科领域、某个行业或者是某种媒体类型而构建的，根据某个学科领域/行业/媒体类型的数据来构建的知识库，相比于通用知识库，更强调知识的深度，其数据来源相对较窄。表 4-3 和表 4-4 分别列出了国内外代表性的领域垂直知识库，图 4-4 和图 4-5 分别展示了 Wikidata 网站、XLore 网站首页。

表 4-3　国外代表性垂直领域的网络知识库

知识库名称	研发机构	领域	简介	知识库 URL
Digital Bibliography & Library Project（DBLP）	德国的特里尔大学（University of Trier）	计算机	DBLP 是计算机领域内对研究的成果以作者为核心的一个计算机类英文文献的集成数据库系统，按年代列出了作者的科研成果，包括国际期刊和会议等公开发表的论文。DBLP 没有提供对中文文献的收录和检索功能，国内类似的权威期刊及重要会议论文集成检索系统有 C-DBLP	https://dblp. uni trier. de/

续表

知识库名称	研发机构	领域	简介	知识库 URL
Flickr	雅虎（Yahoo）公司	图片	Flickr 是一种方便进行存储、分类、搜索、分享图片数据的图片数据库	https://www.flickr.com/
Geonames	美国政府部门	地理	Geonames 一个免费的全球地理数据库，其目标是把各种来源的免费数据进行集成并制作成一个数据库或一系列的 Web 服务。Geonames 是一个免费的全球地理数据库，包含了将近 200 种语言的 2700 万个地名和 1500 万个别名信息，地名数据包括坐标、行政区划、邮政编码、人口、海拔和时区等属性。Geonames 的数据收集自美国国家测绘部门、国家统计署、国家邮政局和美国陆军等相关机构（魏勇，2016）	https://www.geonames.org/
Drugbank	阿尔伯塔大学（University of Alberta）	生物医学	Drugbank 是一个整合了生物信息学和化学信息学资源，并提供详细的药物数据与药物靶标信息及其机制的全面分子信息的医学数据知识库，包括药物化学、药理学、药代动力学、ADME 及其相互作用信息	https://go.drugbank.com/
Linked Life Data	保加利亚 Ontotext 公司与 LarKC 项目		Linked Life Data 是一个拥有超 100 亿三元组，包含基因知识库、蛋白质知识库、疾病的知识库	http://www.linkedlifedata.com/
UMLS	美国国家医学图书馆		UMLS 是一个一体化医学语言系统，可一体化检索病案记录、书目数据库、事实数据库以及专家系统中的电子式生物医学情报	https://www.nlm.nih.gov/research/umls/index.html
Diseasome	法国国家科学研究中心、Gephi 小组、Linkfluence 和 WebAtlas 公司		Diseasome 是以地图导向方式探索疾病之间的关系的知识库	https://www.ncbi.nlm.nih.gov/Omim/restrictions.html
Bio2RDF	加拿大基因组、魁北克基因组	生命科学	Bio2RDF 是一个构建生命科学领域数据库的关联数据网络知识库	https://bio2rdf.org/

表 4-4　国内代表性垂直领域的网络知识库

知识库名称	研发机构	领域	简介	知识库 URL
影视双语知识图谱	清华大学计算机系知识工程实验室	影视	影视双语知识图谱是由清华大学计算机系知识工程实验室构建的完全结构化的双语影视本体，共包括 23 个概念，91 个属性，70 余万个实体以及 1000 多万个三元组，其数据源包括 Linked-IMDB，百度百科，豆瓣等	http://166. 111. 68. 66：8082/KegMovieKB/ KegMovie_Index. html
有色行业产业链图谱	深圳市爱智慧科技有限公司	有色行业	有色行业产业链图谱展示有色行业（包括有色金属、贵金属、稀土、金属非金属新材料的产品产业链信息）内部结构的关系与产品上下游的关系	
中医药知识图谱	中国中医科学院中医药信息研究所	医学	中医药知识图谱由中医医案知识图谱、中医特色诊疗技术知识图谱、中医美容知识图谱、中医学术传承知识图谱、中医养生知识图谱、中医经方知识图谱、中医特色疗法知识地图和中医药学语言系统组成	

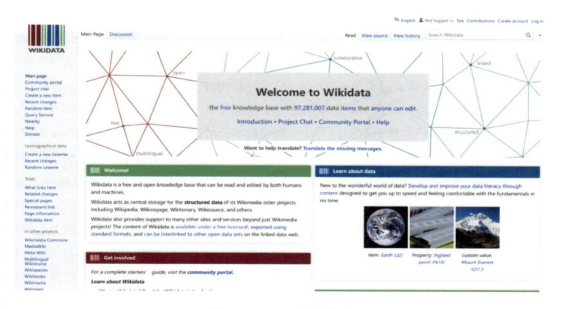

图 4-4　Wikidata 网站首页

　　近年来研究人员已经利用这些知识库为数据源开展了一系列数据挖掘与知识发现研究活动。李欣（2015）设计了基于 DBpedia 知识库的金属材料知识抽取系统，以将所有金属材料相关的知识从 DBpedia 中全部抽取出来形成一个语义丰富的知识网络，并且在维基百

图 4-5　XLore 主页页面

科网页中抽取相关信息进行补充，实现了金属材料图谱和材料本体的链接，这一尝试为专门信息专家提供了一个从链式数据中抽取学科知识形成一个语义丰富的知识图谱的方法。贾君枝和冯婕（2017a，2017b）利用跨领域的因果链求解算法，辅助使用罗马亲等计算法（古罗马帝国使用的计算亲属关系远近的单位，是国际上通用的亲等计算方法）、模糊认知图等方法，以 Wikidata 知识库为数据源构建了个人实体知识关联模型，实现了基于"人–物"关系的知识关联，实体数据运行关联规则挖掘实验的研究框架，并从 Wikidata 知识库提取 113 位诺贝尔文学奖得主的实体条目进行实证分析，为知识的揭示、聚合和关联提供新的视角。Hanika 等（2019）以 Wikidata 为研究数据源使用形式概念分析方法（FCA）有效识别提取 Wikidata 的子集并简洁地表示数据中隐含地知识。Demidov 等（2020）使用简化的 Google 矩阵算法，针对英语维基百科上的 500 多万篇文章，分析了世界上最大的 60 家银行对 195 个国家的影响和互动网络，研究发现，虽然中国的银行资产排名靠前，但网络影响力由美国银行主导，而高盛集团则是位于中心的银行。张帆（2019）收集了百度百科、维基百科、课本及通用知识图谱等资源作为历史学科数据，利用远程监督、深度学习、自然语言处理等技术为历史领域的实体关系挖掘设计了两种算法，为从复杂网络文本中抽取有效学科信息提供了借鉴。刘昱彤等（2020）利用改进的 Apriori 算法等方法以从"百度汉语"中可检索到的 40 531 首唐诗以及注释信息为数据源，构建了古诗词知识图谱，并通过机器学习的方法分析了不同因素（季节、天气、地点以及时间等）对诗人情感的影响，此外还探索了古诗词知识图谱基于机器学习进行推理和任务分析的性能。

除了上述数据源外，网络上还存在大量的个人自建的知识库（如利用 Trilium 建立个人维基、Nicolas 等建立的一个覆盖 3800 年、77 个历史时期以及 19 个地理趋于的古代文学小说数据库等），这类知识库数据量大、覆盖面广且往往是利用网络爬虫等技术来获取数据，因此也可作为网络信息学数据挖掘与知识发现的数据源。

4.3.2　网络数据分析理论方法技术

网络信息学的研究，需要采用恰当的理论支撑与方法技术，除了网络计量学的基本理论以及所常用的连接分析法、统计分析法以及图论分析法等以外，根据当前国内外研究发展来看，其所用使用的理论方法技术主要复杂网络、深度机器学习、数据挖掘与知识发现以及知识图谱等。

（1）网络科学——复杂网络

复杂网络理论研究最早可追溯到 18 世纪由数学家欧拉（Euler）提出的"七桥问题"，将陆地抽象为点，将连接陆地的桥梁抽象为边，点与连接点的边就组成了网络。Watts 及其导师 Strogatz（1998）在《自然》（Nature）上的文章《小世界网络的集体动力学》中刻画了现实世界中的网络所具有的大的凝聚系数和短的平均路径长度的小世界特性。巴拉巴西（Barabási）及其博士生 Albert 等（1999）在《科学》（Science）上的文章《随机网络中标度的涌现》中提出无尺度网络模型（度分布为幂律分布），刻画了实际网络中普遍存在的"富者更富"的现象，这标志着网络的研究进入到了复杂网络时期。随着复杂系统的快速发展，复杂网络的分析方法被广泛应用于社会、经济、军事等领域，如在线社交网络、社会网络、国际贸易、现代化信息作战系统等。

关于什么是复杂网络，目前还没有一个统一的定义。周涛等认为之所以称为复杂网络，大致上包含三层意思：首先，它是大量真实复杂系统的拓扑抽象；其次，它至少在感觉上比规则网络和随机网络复杂（目前还没有一种简单方法能够生成完全符合真实统计特征的复杂网络）；最后，由于复杂网络是大量复杂系统得以存在的拓扑基础，因此对它的研究被认为有助于理解"复杂系统之所以复杂"这一至关重要的问题。复杂网络就可看作复杂系统的高度抽象，将网络中的节点抽象为复杂系统中的个体，网络中的边抽象为复杂系统中个体之间的关系（安沈昊和于荣欢，2020）。因此，由大量的节点及节点间相互连接的边所构成的网络就可称之为复杂网络。

复杂网络有 4 个基本概念：①度分布（degree distribution）：节点的度定义为与该节点相连的边的个数，反映该节点在网络中的重要程度；②平均路径长度（average path length）：连接两个节点的最短路径所用边的个数为两节点之间的距离，平均路径长度反映了节点之间联系的紧密程度和网络的大小；③集聚系数（clustering coefficient）：节点的集聚系数表示为邻居节点之间实际存在的边数与最大可能边数之比，反映一个节点的相邻节点之间相互连接的情况．网络的集聚系数表示为所有节点集聚系数的平均值，反映了网络的社团结构特性；④介数（betweenness）：介数分为点介数和边介数，点介数表示为经过该节点的最短路径数目占所有最短路径数目的比例，边介数表示为所有经过该边的最短路径数目占所有最短路径数目的比例，介数反映了相应节点或边在整个网络中的作用和地位。

为研究复杂网络拓扑结构特性，学者们提出了大量不同的复杂网络模型。著名的凯莱图（Cayley）最早由英国数学家 Cayley 提出，其最大的优点是网络拓扑简单，而且节点与边都具有可迁性，典型的 Kautz 网格、超立方体网络、De Brujin 网络等都是凯莱图。Parhami 等结合小世界网络理论与凯莱图理论，通过在凯莱图模型上随机化加边，构造了具有小世界特性的凯莱图理论模型，这些模型在计算机科学领域具有重大的应用价值（熊云艳，2016）。表 4-5 列出了一些经典的复杂网络模型。

表 4-5　典型的复杂网络模型

复杂网络模型	模型介绍
小世界网络模型（WS 模型）	小世界网络模型（Watts and Strogatz，1998）是指在一个包含 N 个节点的环状规则网络中，以顺时针方向访问每个节点并选取与当前节点连接的边，以概率 ρ 对每条边进行删除和重连，将边的另一端随机连接到其他节点上，在这个过程中可能会出现长程边从而减小网络的平均路径长度，以概率 $1-\rho$ 保留原有边，整个过程中不允许出现重复连接和自环。可以改变 ρ 值来调节网络的随机性，并保持网络中边数的平衡，$\rho=0$ 时对应规则网络，$\rho=1$ 时对应随机网络。通过这种方法构造出来的小世界网络具有较小的平均路径长度和较大的集聚系数（安沈昊，2020）
无标度网络模型（BA 模型）	无标度网络模型（Barabás and Albert，1999）从两方面来描述其产生机制，即网络增长和优先连接。 网络增长意味着网络中不断有新节点加入并连接到已存在的节点上，初始网络包含 m_0 个节点和 m_1 条边，每个时间步增加一个新节点和 m（$m \leq m_0$）条边，连接到 m 个已有的节点上。 优先连接意味着新增的节点会优先连接度值较大的节点，将节点 i 的度 k_i 和所有节点度的总和 k 的比值作为新增加的节点连接到节点 i 的概率，新增加的节点根据此概率选择所要连接的 m 个节点。经过 t 个时间步后初始网络就会演化成具有 m_0+t 个节点和 m_1+m_t 条边的网络，其中大多数节点度值较小，少数节点度值很大。无标度网络不仅兼具小世界效应和较大的集群系数，其度分布也满足幂率分布
局域世界网络模型（LC 模型）	局域世界网络模型是（Li et al.，2003）提出的，该模型首先随机选取 m 个节点作为新增节点的局域世界，新增节点会优先连接所对应的局域世界中度值较大的节点，而不是选择全局网络中度值较大的节点进行连接

续表

复杂网络模型	模型介绍
权重网络模型	上述网络模型均将网络视为无权网络，忽略了节点之间的相互作用程度或节点和边的物理量等信息。而真实网络往往为节点或边具有权重的有权网络，相比于无权网络，有权网络更能反映真实情况（安沈昊，2020）。 Yook（2001）提出了一种基于无标度网络模型的简单加权网络模型，通过赋予边权重来描述节点之间的相互作用强度与连接边之间的异质性。Barrat（2004）等提出了具有较强代表性的 BBV 模型。该模型综合考虑了拓扑结构和权重在网络动态演化过程中的影响，随着网络规模的增大，其度分布、边权分布和节点权分布都具有无标度特性

自 21 世纪以来，随着可计算设备和互联网的飞速发展，人们开始收集和处理大规模的实际网络数据，涌现出许多基于复杂网络理论的应用研究。Jeong 等（2000）在《自然》（*Nature*）上发表文章，公布其基于复杂网络理论研究的细胞代谢网络拓扑特性，开启了研究细胞代谢复杂网络的大门。在生物领域中，应用复杂网络理论的研究还体现在蛋白质网络、海洋食物网、淡水食物网以及神经网络等领域，旨在挖掘生物体相互作用的潜在规则与结构特性（徐自祥和孙啸，2011）。在公众健康领域，利用复杂网络理论研究疾病的传播过程，不仅可更直观形象地反映疾病传播的特点，并且有助于根据已有的传播特点来（朱晓军等，2010）。在图书情报领域，学者大多开展基于复杂网络理论的引文网络、科研合作网络研究。早在 2001 年，Newman 就依据物理、生物医学及计算机科学领域内的作者合著关系，对科研合作网络进行初探，并基于作者共同发文数量等定量指标发现网络中的核心作者。此外，也有学者探索基于复杂网络理论的知识组织系统研究，如进行概念社区发现等（殷希红，2014）。Chen 等（2020）将数据挖掘领域用于评价网页重要性的 PageRank 算法引入引文网络分析中，并根据引文网络环境，对算法参数值的选取进行了优化，实现将文献的质量引入学术评价指标优化中。Kajikawa 等则通过引文网络对文献节点进行聚类分析找到了当时能源领域的主要研究方向，然后利用统计的方法仔细研究了每个方向的潜力，并对其进行细分与跟踪，最终找到了最具前景的技术热点。

（2）数据挖掘与知识发现

海量数据与知识贫乏导致了数据挖掘和知识发现研究的出现。数据挖掘就是从大量的、不完全的、有噪声的、模糊的、随机的实际应用数据中，提取隐含在其中的但又是潜在有用的信息过程（Frawley et al.，1991）。知识发现作为一个明确的概念最早在 1989 年被提出，是从数据中识别出有效的、新颖的、潜在有用的、最终可理解的模式的非平凡过程（Fayyad and Piatetsky-Shapiro，1991）。目前，关于数据挖掘与知识发现的关系的观点主要有 3 种：数据挖掘就是知识发现（李楠，2012）、数据挖掘是知识发现的一个步骤、数据挖掘与知识发现是完全不同的两个概念。本书同意第二种观点，即数据挖掘是知识发现的一个步骤。数据挖掘从数据中抽取模式，知识发现的过程除了数据挖掘外，还有数据预处理、数据清洗、已有匹配知识的吸收、结果的解释与评估等，以确保抽取的知识是有用的。

目前知识发现的技术主要有两类：基于算法的知识发现技术和基于可视化的知识发现技术。基于算法的方法是在人工智能、信息检索、数据库、统计学、模糊集和粗糙集理论基础上发展起来的，具体技术有贝叶斯理论、决策树、K-means 聚类、遗传算法、神经网络、模糊分类与聚类等；基于可视化的方法是在图形学、科学可视化、和信息可视化的理论基础上发展起来的，具体包括几何投射技术、基于图标技术、面向像素的技术、层次技术以及混合技术等。

（3）深度机器学习

机器学习技术始于 1952 年 Samuel 设计了第一个可以玩跳棋的电脑学习程序，至今已有 70 年的发展历史，Samuel 将机器学习定义为"使计算机在没有明确编程的情况下进行学习"。20 世纪年代开始，科学家们将知识驱动方法转变为数据驱动方法，开发了今天人们所知的机器学习（赵彰，2018）。1997 年，卡内基梅隆大学计算机科学教授 Mitchell 在《机器学习》（*Machine Learnig*）一书中将机器学习定义为：对于计算机程序有经验 E、学习任务 T 和性能度量 P，如果计算机程序针对任务 T 的性能 P 随着经验 E 不断增长，就称这个计算机程序从经验 E 学习。

受益于计算力和智能设备的飞速发展，全世界正在经历第三次人工智能浪潮。人工智能以计算机视觉、序列处理、智能决策等技术为核心在各个应用领域展开，并延伸到人类生活的方方面面（纪守领等，2022）。机器学习通常分为有监督的学习算法、无监督的学习算法以及强化学习算法三类。当前人工智能的核心技术是深度机器学习（王大顺和艾伯特-拉斯洛·巴拉巴西，2021），深度学习最早起源于 Hinton 等（2006）的工作，其指出采用由一系列受限波尔兹曼机组成的深度置信网络（deep belief network，DBN）进行无监督贪婪逐层预训练，可以获得优秀的性能。此外，传统的神经网络在训练过程中很容易收敛到局部最优值，而深度置信网络无监督预训练先优化得到网络参数的初值，再进行微调，使得收敛到局部最优问题得到了改善，Hinton 等的工作重燃了人们对于神经网络的热情，由此掀起了深度学习的浪潮。随着对深度学习研究的不断深入，学术界发现只要数据样本足够大、网络层数足够深，即使不采用训练，深度学习也可以取得很好的结果（Deng and Dong，2014）。图 4-6 显示了传统机器学习中的神经网络与深度学习中的深度神经网络的示意图。可以看出，传统的神经网络由输入层（input layer）、隐层（hidden layer）和输出层（output layer）构成，是一种较低水平的"浅层"神经网络结构，因此经过学习后获得的是没有层次结构的单层特征，而深度神经网络通常包括多个隐层，并且对原始信号采用逐层特征变换的方法，将输入信号的初始特征表示逐层变换到新的特征空间，得到层次化的特征表示，从而更有利于特征训练分类（许峰，2019）。

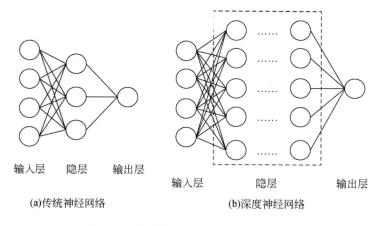

图 4-6　传统神经网络与深度神经网络

资料来源：Deng et al., 2014；刘建伟等，2014

　　近期的深度机器学习的发展主要有赖于一个方法：无监督学习。该方法要求只给算法提供两组信息：大量的输入，也被称作"训练数据"及为了给输入分类所用到的清晰的指令（"标记"）。例如，如果目标是识别垃圾邮件，那么就会给算法提供数百万的邮件并告知其中每个邮件是否是垃圾邮件。然后算法就会仔细检查数据以确定垃圾邮件的特征。在这一学习任务完成后，如果给算法输入一封新邮件，算法就会告诉你该邮件是否看上去是垃圾邮件。深度机器学习的魔力就在于它无需人工输入就能找到数据的最佳表示方式，这是因为它包含许多中间层，并且其中的每一层都会根据标记给出数据的一种表示和转换方式。只要层数足够多，深度神经网络就有可能很好地解释隐藏在数据中极为错综复杂的结构或模式。更值得注意地是，深度神经网络具有的不同层想象为它拥有了能够调节数百万旋钮地灵活性。只要给系统提供指引清晰且足够多的数据，它就能够自动调节所有的旋钮以找出表示数据地最佳方式（王大顺和艾伯特–拉斯洛·巴拉巴西，2021）。

　　随着可用的训练数据量不断增加、计算机软硬件的不断改善，深度学习模型的规模也随之增长，用来解决日益复杂的应用问题，并且精度不断提高。表 4-6 列出了目前最具代表性的深度学习模型（深度神经网络）。

　　王昊等（2020）通过采集我国近 20 年来情报学领域相关文献约 20 000 篇，利用命名实体识别任务的分支——术语识别，对情报学理论方法进行研究，其应用深度学习模型——Bi-LSTM-CRFs 进行大规模语料训练与测试，通过实验验证其可行性并探究各实验变量对模型效果的影响，以求最大限度提高模型识别的效果。余传明等（2019）在知识图谱深度表示学习的基础上，提出了一种新的知识图谱对齐（knowledge graph alignment，KGA）模型，为验证模型的有效性，选择在异构知识图谱和跨语言知识图谱的相关数据集上进行对比实验，研究结果对于改进知识图谱实体对齐效果，提升领域知识的覆盖率和正确率，促进知识图谱在情报学领域的应用具有重要意义。

表 4-6　典型深度学习模型

模型类别	模型简介
卷积神经网络（convolutional neural networks，CNN）	卷积神经网络最早由 Le Cun 和 Bottou（1990）提出，用于手写符号图像识别，是指那些至少在网络的一层中使用卷积（一种特殊的线性运算）来替代一般的矩阵乘法运算的神经网络，它是一种专门用来处理具有类似网格结构的数据（例如，图像可看作为二维的像素网格）的神经网络。卷积神经网络可以更好地反映图像的局部特征（马永杰等，2021）
多层感知机（multilayer perception，MLP）	多层感知机 Hornik 等（1990）是在单层感知机的基础上提出的，是最基本的深度神经网络模型，也是研究最为深入的一类深度神经网络。多层感知器是一种多层的前馈神经网络，由若干层组成，每一层包含若干个神经元。各层只接收前一层的输入，把计算结果输出到后一层，不给前一层反馈，因此整个神经网络可以采用无向图来描述（许峰，2019）
递归神经网络（recursive neural network，RNN）	递归神经网络是为解决上述两种神经网阔无法对时间序列进行建模而提出来的。递归神经网络的神经元在某一时刻的输出在下一时刻可以直接作用到自身，即某时刻网络的输出是该时刻网络输入和网络历史信息共同作用的结果，从而完成了时间序列的建模。递归神经网络的潜在用途是学习推论，已成功地应用于输入是数据结构的神经网络，如自然语言处理和计算机视觉
生成式对抗网络（generative adversarial network，GAN）	生成式对抗网络的灵感来自于博弈论中的纳什均衡（Nash equilibrium），由一个生成模型 G 和一个判别模型 D 组成。实际学习过程可以看作是生成模型 G 和判别模型 D 之间的竞争过程，该竞争过程随机地取一个真实样本和由生成模型 G 生成的"假样本"来判断判别模型 D 是否为真（Goodfellow，2016）。生成式对抗网络采用无监督的学习方式，自动从源数据中进行学习，在不需要人工对数据集进行标记的情况下就可以产生令人惊叹的效果（Fanny，2018）

（4）网络大数据挖掘与分析工具

在网络信息学框架下，对于从事数据挖掘与分析的人员来说，除了掌握理论方法，还需要学习和了解各种类型的数据分析与挖掘工具，随着技术的语法成熟、软件的迭代，当前我们可以选用带有不同算法的工具来进行数据分析与挖掘。表 4-7 列举了常见的数据挖掘与分析工具以及机器学习工具。

其中，本小节根据不同工具的功能侧重将网络大数据挖掘工具分为用于统计分析的集成类数据挖掘工具、开源的数据挖掘工具、大数据类挖掘工具（鉴于大数据的"5V"特征，对于海量数据的存储，模式的发现，以及趋势的预测等，都很难在一台计算机上处理与实现，因此需要用到分布式的数据挖掘工具）、用于云端数据的挖掘工具（云端数据挖掘技术可以帮助研究人员从虚拟的集成数据仓库中，检索到重要的信息，进而降低存储和基础架构的成本）、使用神经网络的数据挖掘工具、用于数据可视化的数据挖掘工具等，并将机器学习分为面向非程序员的机器学习工具以及面向程序员的常用的机器学习以及深度学习工具。需要注意的是，大多数数据挖掘和分析工具或方案以及机器学习工具，都用到了 R 和 Python 两种主要编程语言。

表 4-7　常用网络大数据挖掘与分析工具

	工具类别	举例
数据挖掘与分析工具	用于统计分析的集成类数据挖掘工具	IBM SPSS、R、SAS、Oracle Data Mining 等
	开源的数据挖掘工具	KNIME（Konstanz Information Miner）、RapidMiner、Orange（基于 Python 的开源式数据挖掘软件）等
	大数据类挖掘工具	Apache Spark、Hadoop MapReduce、Dataiku、Qlik、Looker、Tableau、Weka、Sisense 等
	用于云端数据的挖掘工具	Amazon EMR、Azure ML、Google AI Platform 等
	使用神经网络的数据挖掘工具	PyTorch（既是一个 Python 包，也是一个基于 Torch 库的深度学习框架）、TensorFlow 等
	可视化的分析工具	Matplotlib（python 的一个工具库）、ggplot2（R 的一个包）、Gephi、BIRST 等
	情感分析工具	HubSpot's ServiceHub、Semantria、Trackur、SAS Sentiment Analysis、Hootsuit Insight 等
机器学习工具	面向非程序员的机器学习工具	Uber Ludwig、KNIME、Orange、Google AutoML、Azure Studio、Deep Cognition、Data Robot、RapidMiner 等
	面向程序员的常用的机器学习以及深度学习工具	Knime、Accord.net、Scikit-Learn、TensorFlow、Weka、Pytorch、Jupyter Notebook、Apache Mahout、Pylearn2、CNTK、Theano 等

4.3.3　知识图谱

（1）知识图谱概念

知识图谱（knowledge graph，KG）的概念是由谷歌公司于 2012 年首次提出的，旨在描述客观世界中的实体、概念、事件、属性及其之间的关系（谭晓和张志强，2020）。知识图谱可以形式化定义为：$G = \{E, R, F\}$，其中 E，R 和 F 分别是实体集合、关系集合和事实集合。事实可以表示为 $(h, r, t) \in F$，其中 h，r 和 t 分别是头实体、关系和尾实体（Ji，2021）。知识图谱从结构化的、半结构化的、非结构化的数据源中抽取知识及知识间的关系，强调现实世界的实体、关系，并以图的形式进行组织（谭晓和张志强，2020），通过对数据的整合与规范，向人们提供有价值的结构化信息，已被广泛应用于信息搜索、自动问答、决策分析等领域，知识图谱已经成为大数据时代最有效的知识表示及整合方法之一。

知识图谱采用三元组描述事实，所使用的描述语言大多是已研发的本体语言，如RDFS、OWL 等。知识图谱也可以通过 RDFS（Pan & Horrocks，2007）或 OWL（Mcguinness，2004）定义规则用于知识推理。知识图谱的关键技术也与本体很相似，涉及诸如：①知识图谱构建阶段的实体抽取、关系抽取、语义解析等机器学习和自然语言处理方法和算法；②用于知识图谱存储的知识表示、图数据库和知识融合等方法和技术；③知识图谱应用阶段的数据集成、知识推理等（黄恒琪等，2019）。

知识图谱由模式层（schema layer）和数据层（data layer）两部分构成（徐增林等，2016）。模式层是知识图谱的概念模型和逻辑基础，对数据层进行规范约束，本体经常被作为知识图谱的模式层，借助本体定义的规则和公理约束知识图谱的数据层。此外，知识图谱也可被视为实例化的本体，知识图谱的数据层是本体的实例。在知识图谱的模式层，节点表示本体概念，边表示概念间的关系。在数据层，事实以"实体-关系-实体"或"实体-属性-属性值"的三元组存储，形成一个图状知识库。其中，实体是知识图谱的基本元素，指具体的人名、组织机构名、地名、日期、时间等。关系是两个实体之间的语义关系，是模式层所定义关系的实例。属性是对实体的说明，是实体与属性值之间的映射关系。属性可视为实体与属性值之间的"has value"关系，从而也转化为以"实体-关系-实体"的三元组存储。在知识图谱的数据层，节点表示实体，边表示实体间关系或实体的属性（黄恒琪等，2019），图4-7 以"蒂姆·伯纳斯·李"为例说明了知识图谱的基本结构。

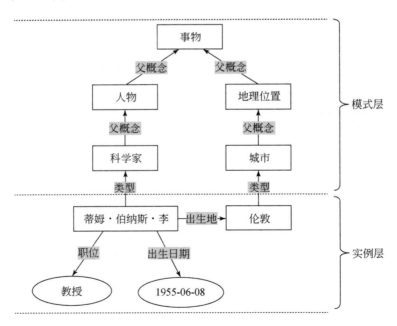

图 4-7　知识图谱基本结构案例

（2）知识图谱的类型

从构建过程是否依赖自动抽取技术来看，知识图谱大致可分为两类。一类是早期的本体，如 WordNet、CYC、HowNet 等。这类知识图谱大多由专业人士手工构建，规模较小，但其知识质量高，能够确保准确性与完整性；另一类是从开放的互联网信息中自动抽取实体与关系构建的，如 YAGO、DBPedia 等。这类知识图谱规模大，但因其数据源的复杂多样及自动抽取算法的不完全准确，可能会有大量不完整信息、噪声等。近年来，随着知识图谱成为学界及商界的热点，国内也重视知识图谱的研究发展，中文的知识图谱纷纷涌现，如 CN-DBpedia、zhishi. me 等。

从覆盖范围来看，知识图谱也可分为通用知识图谱与行业知识图谱两类。通用知识图谱（generic knowledge graph）描述全面的常识性的知识，主要应用于语义搜索，对知识的准确度要求不高，如百科类的 DBpedia、zhishi. me 和语言学类的 WordNet、大词林等。通用知识图谱强调知识的广度，大多采用自底向上的方式构建，侧重实体层的扩充，因此也导致其大部分较难构建规范的本体层；行业领域知识图谱（domain knowledge graph）面向特定领域，能够进行知识推理，实现辅助分析及决策支持等功能，如 GeoNames、中医医案知识图谱等。行业知识图谱对专业性与准确度的要求高，这也要求其必须有严格的本体层模式，通常采用自底向上与自顶向下结合的方式进行构建。通用知识图谱可作为行业知识图谱的构建基础，行业知识图谱也可在构建完成后补充融合至通用知识图谱中。

4.4 网络大数据知识库数据挖掘与知识发现研究进展

4.4.1 学科领域研究新兴前沿的识别

研究前沿（research fronts）最先是由普赖斯（Price）于 1956 年提出来以描述研究领域的瞬态性质。他们通常可分为五类：新兴前沿（emerging fronts）、生长中的前沿（growing fronts）、稳定前沿（stable fronts）、收缩前沿（shrinking fronts）以及既存前沿（existing fronts），一般地，只有前两种被视为是我们所理解的研究前沿（Huang and Chang, 2016；卢超等, 2019）。各学科领域的研究前沿是科学研究的重点，代表了科学发展的难点、热点和发展趋势，指引着科学发展的方向（黄晓斌和吴高, 2019）。在全球科技竞争不断加剧的背景下，准确识别一个特定学科领域的研究前沿不仅可以提供对当前研究重点的洞察，还可以作为政府技术发展蓝图和政策决策指定的重要参考。

科技发达国家都高度重视对研究前沿的科研部署。如日本 2016 年发布《第五期科学技术基础计划（2016—2020）》，强调将基础领域的 AI 技术、生物技术、量子技术以及生物技术等前沿科学领域作为发展的重点领域；2021 年《第六期科学技术基础计划（2021—2025）》里明确继续这些战略领域为基础，并且加大投资力度。2007 年美国国家科学基金会（NSF）成立研究和创新新兴前沿办公室（Office of Emerging Frontiers in Research and Innovation），通过资助研究前沿项目，鼓励科学家跨领域合作，推动知识融合。美国自 2020 年以来不遗余力推动科技竞争立法，意图巩固美国的世界科技领导地位，2021 年 5 月，美国国会参议院通过《无尽前沿法案》（Endless Frontier Act），明确提出要加大对人工智能、量子计算、先进通信、生物技术、先进能源等 10 个关键前沿技术研究领域的资金投入以增强美国的科技竞争力；美国国会众议院也于 2021 年 5 月通过《美国科学基金会未来法案》（NSF for the Future Act，EFA），提出大幅增加 NSF 的预算（从目前的 85 亿美元增至 2026 财年 183 亿美元），支持量子信息科学、人工智能、超级计算、网络安全和先进制造等未来产业；美国国会参议院 2021 年 6 月又通过《2021 美国创新与竞争法案》（US Innovation and Competition Act of 2021），提出拨款约 2500 亿美元，发展半导体、芯片和电信等先进技术，以应对中国科技威胁；美国国会众议院 2022 年 2 月通过《2022 年美国竞争法案》（America COMPETES Act of 2022），提出拨款约 1600 亿美元推动先进科技和科研发展，以应对中国科技威胁。美国国会两院的上述科技竞争立法，由于参众两院的"斗法"动作，都还没有在两院都通过而签署成法，但内容不断升级，预计美国国会两院在 2022 年会协商推出统一的《竞争法案》，以立法形式强化科技战略竞争。加拿大创新基金会（Canada Foundation for Innovation，CFI）设立创新研究前沿基金，以支持前沿性研究。准确识别全球科技研究热点方向，预测科学技术发展趋势，合理配置科学研究资源，对于我国这样一个发展中国家来说更具重要的指导意义。我国《国民经济和社会发展第十四个五年规划和 2035 年远景目标纲要》中明确提出："瞄准人工智能、量子信息、集成电路、生命健康、脑科学、生物育种、空天科技、深地深海等前沿领域，实施一批具有前瞻性、战略性的国家重大科技项目"，并且详细列出了七大前沿领域技术攻关项目。在当前科技创新竞争加剧和交叉融合加速的国际大环境下，如何高效利用情报研究方法来提前识别科技创新中的各学科领域研究前沿，预测科技未来发展趋势，具有重要现实意义。

以往的学科前沿的研究方法主要有两种：一种是基于领域专家知识的定性方法，如专家访谈、场景规划等；另一种是定量方法，如文献计量法、专利分析法或它们的组合。同时，受规范性数据来源影响，且期刊论文形成了庞大规模的规范性数据库，因此目前研究前沿探测方法主要以期刊论文等为分析对象，较少涉及其他形式的数据源。很显然，期刊论文无法涵盖所有的科研成果信息，同时由于科技规划、项目申请书、研究报告、专利文件或战略报告等其他形式数据源更多是针对未解决的研究前沿问题，从某种程度上说，这些数据更能反映学科领域研究前沿（黄晓斌和吴高，2019）。

随着人工智能和大数据技术的不断融合发展，越来越多的学者正在利用多源数据源，探索基于机器学习等前沿技术的学科研究新兴前沿识别。Krenn 和 Zeilinger（2019）基于已发表的科学论文，利用深度神经网络模型构建了一种语义网络 SemNet 来预测未来的研究趋势，研究以量子物理学科为例，利用 1919 年以来发表的 750 000 余篇科学论文训练模型以预测量子物理研究的未来发展，并使用历史数据验证了该模型预测的准确性。李欣等（2021）提出了一个基于机器学习的研究前沿识别模型，通过不断调整模型参数，使模型达到最优，然后以 Web of Science（WOS）为数据源验证各模型的泛化能力，选择泛化能力最好的模型对最新公开论文的未来被引量进行预测，识别出潜在高被引论文，再将这些潜在高被引论文纳入高被引论文核心文档集，利用聚类分析法识别出研究前沿主题，并对研究前沿主题进行对比和评价分析，进而识别出研究前沿。孙震和冷伏海（2022）基于语义标注和机器学习等技术提出一种基于知识元变异的研究前沿知识演进分析模型来挖掘出 ESI 研究前沿演进中的知识元变异特征和规律。Kreuchauff 等利用 15 名领域专家，对其采集的"服务机器人"相关的 228 份专利全文进行影响力评判，筛选出新兴技术专利，然后利用支持向量机模型对这些文献进行分类，取得正确率为 85% 的预测结果。Wang 等（2021）建立了一个通用的计算机框架 ITGInsight 来探测某一学科领域的研究前沿并进一步跟踪每个研究前沿背后的知识结构演化趋势以识别知识创新，图 4-8 展示了 ITGInsight 通用计算框架的概念结构（研究前沿通过领域项提取（domian term extraction）来标记；主题聚类模型（topic clustering model）用来识别每个研究前沿的知识结构；主题演化模型（topic evolution model）用来跟踪这些知识结构的演化趋势），最后该研究还以生物学为案例证明了 ITGInsight 计算框架的准确性。

4.4.2　学术影响力与竞争力的评价

学术影响力体现了科研人员在所属科研领域中的学术地位以及其研究成果所具有的科研学术价值，社会影响力表现在被学术同行、专家群体外的社会大众所认知和了解的程度（赵蓉英等，2016）。传统的基于文献计量学的学术论文影响力评价依赖于引文指标，如引用频次、h 指数（h-index）和期刊影响因子（journal impact factor，JIF）等，这类指标只能提供不完善、不一致且容易操纵的研究质量度量，并不能代表论文的质量或潜力。此外，这类指标的使用可能导致决策者在学术招聘、晋升和资助方面做出次优决策。

Weis 等（2021）在《自然-生物技术》（*Nature Biotechnology*）发表题为《基于对知识网络动力学的学习，可以提前预测有影响力的研究》的论文，该文章基于复杂网络模型构建了一种机器学习框架——DELPHI 模型（Dynamic Early- warning by Learning to Predict

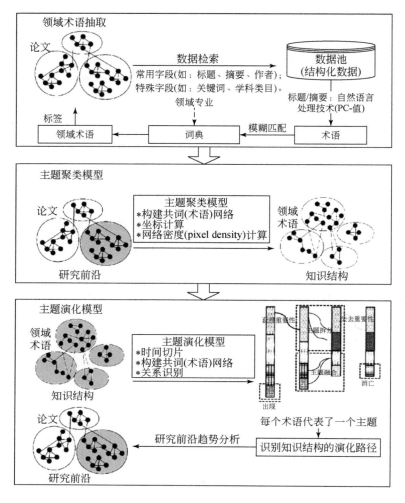

图 4-8　ITGInsight 通用计算框架的概念结构

资料来源：Wang et al.，2021。

High Impact)，它可以通过分析从科技文献中计算得到的一系列特征之间的高维关系来预测未来可能的"高影响力"（high impact）研究，图 4-9 展示了 DELPHI 模型的算法框架。文章通过盲法回顾性研究正确识别了 1980～2014 年的 20 种开创性生物技术中的 19 种。同时，文章利用 2018 年的 50 篇研究论文，证明了该框架可以在发表的当年就对生物技术类论文的应用潜力给出准确的预测。这项技术及其背后的方法学，将有助于科研资助方，选出那些更有潜力的研究方向，如图 4-10、图 4-11 分别展示了 DELPHI 模型能够在出版年份就正确识别未来具有高影响力的研究和 DELPHI 预警信号可以识别开创性的生物技术论文并前瞻性地预示有趣的研究。Wen 和 Deng（2019）提出了一种通过局部信息维度识别复杂网络中节点影响力的新方法。该方法考虑了中心节点周围的局部结构特性，因此局部

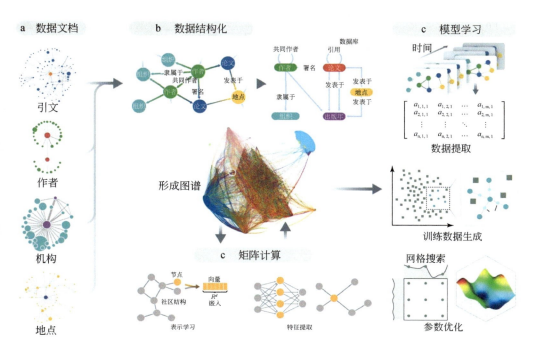

图 4-9　DELPHI 模型的算法框架

资料来源：Weis and Jacobson，2021。

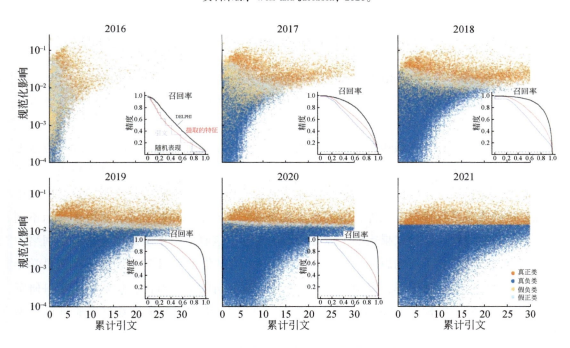

图 4-10　DELPHI 准确区分论文未来影响力

资料来源：Weis and Jacobson，2021。

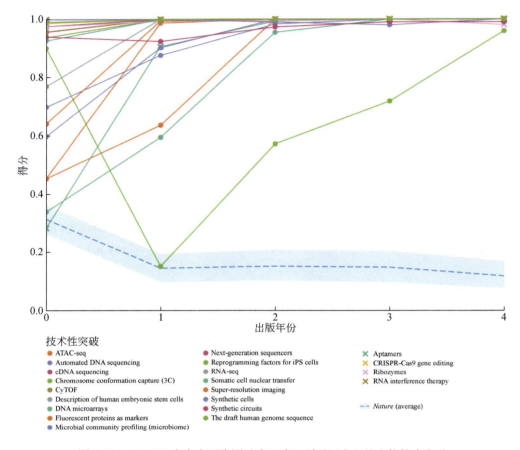

图 4-11　DELPHI 在盲态回溯测试中正确识别了历史上的生物技术突破

资料来源：Weis and Jacobson，2021。

尺度仅增加到距中心节点最短距离最大值的一半，采用香农熵（Shannon entropy）方法考虑框中的信息（节点数），当该节点的本地信息维度较高时，该节点将更具影响力。为了验证该方法的有效性，使用五种现有的中心度量作为比较方法，来对六个真实复杂网络中的有影响的节点进行排序。此外，应用易感染（SI）模型和 Kendall's tau 系数来显示不同方法之间的相关性，实验结果表明了该方法的优越性，该研究为高效识别复杂科研网络中有影响力的节点提供了新的思路。Wang 等（2019）尝试借助科研资助数据来评估科学影响力，通过挖掘资助数据库，以识别和提取资产影响分析的重要特征，创建了基于科研资助评估科学影响力的模型 GImpact，利用 2512 个机构 14 年的科研资助数据来验证该模型的有效性。

4.4.3　新兴跨学科领域知识的发现

专业化必然会导致知识的碎片化，创造出联系松散的学科，导致其中一个领域的发现在其他领域几乎不为人所知。这意味着知识的流动在学科之间甚至在同一学科内的不同领域之间受到严重限制。近几十年来，人们提出了不同的方法来克服这一差距。例如，使用共现或语义模型或基于文献计量学的系统通过引文信息来查找相关项目。然而，尽管这些主要通过引文网络的方法取得了重大进展，但跨学科研究仍然缺乏在不同学科之间建立定量联系的有效工具。如果考虑可用知识的数量，这个问题就变得更加重要，数量庞大的可用知识使得人类无法阅读甚至访问全部知识。

人工智能和大数据技术的不断融合发展可以使研究人员超越西班牙 San Sebastian 材料物理中心和 Donostia 国际物理中心施瓦茨（Schwartz，2021）在线发文《复杂网络揭示维基百科中新兴跨学科知识》，文章通过探究爱因斯坦（Einstein）和毕加索（Picasso）在20 世纪初的作品之间的关系，回答了毕加索几乎在爱因斯坦发表相对论的同时发展了立体主义是否是巧合、是否回答了同样的问题、是否受到相同人物/作品的影响的问题，图 4-12 展示了毕加索、爱因斯坦和乔伊斯（Joyce）相关元素之间关系。研究结果表明适当的网络科学工具的应用可能导致隐藏在维基百科密集的链接网络中的知识自现，不仅可以显示学科间的知识流动，还可以量化连接不同知识领域的元素的个体和集体行为。类似地，Baumard 等（2022）在《自然——人类行为》（*Nature Human Behaviour*）发文研究了爱情在文化史中的演变，该团队建立了一个覆盖 3800 年和 77 个历史时期（从青铜时代中期到现代早期）、19 个地理趋于的古代文学小说数据库，通过 n-gram、广义线性模型 GLM 以及潜在概率生成模型等揭示了经济发展水平越高，叙事小说中的爱情元素出现频率就越高的现象。

基于国内数字社交经济发展的新形态，清华大学电子系数据科学与智能实验室联合斯坦福大学、哈佛商学院等研究机构发表系列成果，系统揭示、建模以社交电商为代表的社会关系与经济行为耦合新范式。基于国内社交电商之一的贝店网站（https：//beidian.com/）的千万用户的购买数据，Xu 等（2019a）定量研究分析社交经济场景下的用户购买行为，发现社交电商平台中的购买转化率是传统电商的 3.09 ~ 10.37 倍（图 4-13）。Cao 等（2020）分析了社交电商平台的其网络拓扑结构、动态以及用户行为，发现社交电商在去中心化网络结构、邀请级联、购买同质性和用户忠诚度方面与传统电子商务网站存在显著差异，且社交电商具有更快的生长速度、更高的用户黏性和忠诚度以及更高的复购率。Chen 等（2020）分析了社交经济生态环境中介主体（agent/intermdisary，社交电商中介于平台与普通用户中间连接供需两端、帮助销售的角色，如"社区团长"）的角色特征及其

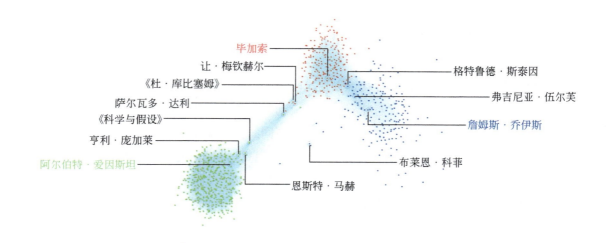

图 4-12　毕加索、爱因斯坦和乔伊斯相关元素之间关系的知识图谱

资料来源：Schwartz，2021。

在社交电商中发挥的作用（图 4-14）。Xu 等（2019b）则揭示了这类主体的转变过程。该研究团队还利用新型神经网络对社交电商中复杂的社交互动进行了建模，实现了精准的用户价值预测（Piao et al.，2021）以及社群价值预测（Zhang et al.，2021a）。

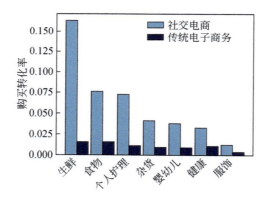

图 4-13　社交电商和传统电子商务购买转化率的比较

资料来源：Xu et al.，2019a。

此外，Lai 等（2022）在《自然–人类行为》（*Nature Human Behaviour*）使用全球最大支付网络（中国的银联支付网络）的高频精细数据研究了温度冲击对消费的影响，分析结果析表明，高温和低温在短期内对各种消费活动产生直接和即时的负面影响，导致温度与消费之间呈倒 U 形关系。Davies 等（2021）在《自然》（*Nature*）发文，该研究让 AI 与人类数学家进行了合作，利用机器学习从大规模数据中探测模式，然后数学家尝试据此提出

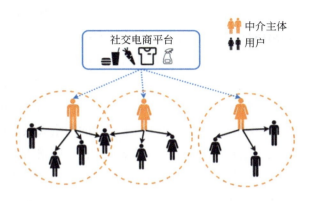

图 4-14　介于社交电商平台与普通用户间的中介主体

资料来源：Chen et al.，2020。

猜想，精确表述猜想并给出严格证明。这次成功是数学与计算机人工智能跨界合作的成功，参与研究的数学家认为，这就像是伽利略有了望远镜，能够凝视数据宇宙的深处，看到之前从未探测到的东西。该研究为人工智能等前沿技术与专业学科领域知识结合进行跨学科知识发现、挖掘数据隐含的关联模式提供了一种有效的机制参考。美国西北大学的 Yin 等（2021）在《科学》（*Science*）发文，研究使用 Overton 数据集（涵盖来自 114 个国家的政府机构、智库和 55 个 IGO 发布的 37 725 份政策文件）梳理了新冠疫情之后的政策和科研数据，挖掘其共同演化规律。结果表明，应对新冠疫情相关的政策文件占比能反映出病例数量的变化，并且新冠病毒（SARS-CoV-2）相关研究开始进行的时候，新的科学工作已迅速进入政策文件，促使科学研究为政策提供信息的科学证据的质量。Dey 等使用自然语言处理（NLP）和主题建模对社会媒体数据中有关"乳房假体疾病"（BII）的推文进行分析，研究发现与 BII 相关的话题有硅胶植入的毒性、癌症、身体免疫性和心理疾病等，并且社交用户通常用破裂、感染、疼痛和劈来等来描述乳房植入带来的问题，该研究首次使用了 NLP 技术对社交媒体数据进行分析，对进一步研究 BII 的相关症状与病因具有指导意义，并且为相关类似新型疾病的研究提供了一种新的思路。

4.4.4　基于深度学习的网络舆情的检测与分析

中国互联网信息中心（CNNIC）最新公布的《第 49 次中国互联网络发展状况统计报告》（中国互联网络信息中心，2022）中统计数据显示，截至 2021 年 12 月，我国网民规模为 10.32 亿，人均每周上网时长为 28.5 个小时，这表明互联网已经成为人们日常生活中获取信息重要的方式，作为一个开放的平台，互联网也为公众提供了一个多元开放的舆论环境，促进了公众舆情观点表达以及传播，积累了海量复杂的网络舆情数据。这类数据中汇聚了众多对社会发展有益的观点，也存在着对社会稳定具有潜在威胁的信息，因此有必要对网络舆情大数据的有效检测与分析。

随着人工智能技术的不断发展及计算机大数据处理能力的不断提高，深度机器学习在基于网络大数据识别与分析舆情中发挥着越来越重要的作用。许峰（2019）设计并实现了一种基于其提出了基于长短期记忆（long short-term memory，LSTM）网络模型和基于卷积神经网络（CNN）的中文文本情感识别系统以用于实际的网络大数据舆情检测与分析。张柳（2019）基于信息理论，结合字词向量的多尺度卷积神经网络构建社交网络舆情用户情感知识图谱，以突发事件"埃及空难"话题为例，利用 Python 获取微博转发评论数据并绘制知识图谱，并识别分析了不同时期（爆发期、蔓延期、衰退期）用户的舆论情感，结果验证了其模型的优越性，图 4-15 显示了社交网络舆情用户情感知识图谱模型。越来越多的证据表明，人类情感也会在网络社交媒体中传播，然而这种情绪传染的潜在机制在过去由于很少被研究。随着社交媒体用户群体不断扩大，其累计的数据也越来越庞杂，加之人工智能等技术的愈发成熟，对网络用户情绪的分析引起了研究人员的关注。Fan 等（2020）基于微博百万的推文通过训练的贝叶斯分类器，将每条推文的情感分类为喜悦、愤怒、厌恶或悲伤，并且建立一个简扩散模型（玩具模型，toy model）来研究微博中情感的传播，研究表明社交媒体中的弱关系加剧了愤怒情感的蔓延，图 4-16 展示了微博推文形成的 4 个社区的情绪扩散情况（表示愤怒推文之间的链接为橙色，表达喜悦推文之间的链接为绿色），很明显可以看出愤怒的情绪更容易通过社交媒体的弱关系传播扩散。Xie 等（2021）连续三年对新浪微博进行实时数据收集，基于深度学习建模分析了由 1 亿用户形成的网络结构以及 18 万多的用户的传播行为数据并辅以大量推特（Twitter）数据，研究发现，社交媒体声音集中程度和正反馈效应都被以往舆情检测大大低估，庞大的社交网络将进一步加剧人们通过社交媒体表达观点的失衡。

新冠疫情对人们生活生产的方方面面产生了重要影响，并引发世界人民舆论的广泛关注，研究网络用户对于新冠疫情的态度及其随着时间的变化，有助于政府及时掌握真实社会舆论情况，科学高效地做好疫情防控宣传和舆情引导工作，对此研究人员进行了大量的相关研究。Imran 等（2020）利用自然语言处理（NLP）和深度学习技术，检测和分析了在疫情初期和封锁期间推特（Twitter）的推文所表现出来的情绪。Chire-Saire 等（2020）基于3300 多个推特信息源的大规模数据集，利用信息流学方法研究了封锁行为对于所有讲西班牙语的南美洲国家首都人民心理方面的影响，研究结果表明在疫情初期人们表现出的强烈焦虑、担忧、恐惧的情绪随时间的推移逐渐减弱，从而推测南美人口正在逐渐适应疫情，从而整体的心理压力得到了改善。Kruspe 等（2020）使用多语种句子嵌入的神经网络对欧洲 COVID-19（新冠疫情）疫情流行的前几个月 Twitter 上的相关推文进行情感分析，研究发现欧洲国家情绪的恶化与封锁的宣布有关，但情绪在短期内得到了恢复。

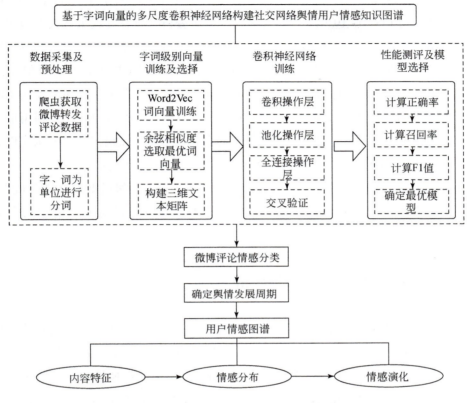

图 4-15　社交网络舆情用户情感知识图谱模型

资料来源：张柳，2019。

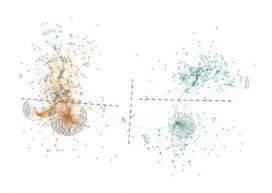

图 4-16　微博 4 个社区的情绪传染快照

资料来源：Fan et al.，2020。

Dubey 等对美国、意大利、西班牙、德国、中国等 12 个不同国家 3 月 11 日至 3 月 31 日期间在社交媒体上与 COVID-19 相关的推文进行了情绪分析，研究发现虽然大多数国家对新冠疫情的情绪是积极的，但人们也存在诸如恐惧、悲伤等消极情绪，同时，与其他国家相比，法国、瑞士、荷兰和美国等国家表现出的不信任感和愤怒更为强烈。类似地，Wang 等（2022）在《自然–人类行为》（*Nature Human Behaviour*）发文，该团队使用 100 多个国家的 6.54 亿条带有地理标签的社交媒体帖子（覆盖世界 74% 的人口），利用最先进的自然语言处理技术，开发了一个表达情感指数的全球数据集，以跟踪国家和国家以下级别的日常情感状态，如图 4-17 显示了按国家/地区分类的标准化情绪指数（standardized sentiment index）随时间的变化情况，紫色线代表每个国家的情绪最低点（即最低点）。这项研究表明社交媒体数据与机器学习技术相结合时，可以提供对人们情感状态的实时测量。

4.4.5 网络虚假信息甄别与分析

虚假信息是指向目标个人、群体或国家传递、提供或确认的虚假、不完整或误导信息（RAND Corporation，2021a，2021b），以文本、图像、视频等形式存在，具有话题重要性、信源模糊性、内容攻击性（韩娜，2020）、目标明确性、传播快速性、高度欺骗性以及受众敏感性等特征。社交媒体和互联网的普及以及人工智能、社交机器人的兴起，使得虚假信息能够以前所未有的速度传递给目标受众。2016 年美国大选中，特朗普在传统媒体对其不友好的情况下充分利用新型社交媒体开展竞选活动创造了历史；在特朗普意外获胜后，有研究（Silver，2016）表明社交媒体中少数社交机器人在传播分裂信息和虚假信息方面的巨大作用可能有助于特朗普的胜利，世界开始意识到网络虚假信息的严重欺骗性。就个人而言，虚假信息的传播会侵犯其名誉与隐私（暴雨轩等，2020）；就社会而言，虚假信息会引起社会秩序的混乱；就国家而言，若虚假信息被用于制造政治矛盾（如 2018 年奥巴马攻击特朗普的假视频事件）、传播极端思想（如 2021 年美国涉枪暴力事件等）、煽动民众不安情绪（2022 年俄乌冲突中虚假信息充斥社交媒体等）等，将会对国家安全造成巨大威胁（Chesney & Citron，2019）。

基于虚假信息的威胁性，我国于 2019 年起陆续出台《网络音视频信息服务管理规定》（2019 年）、《网络信息内容生态治理规定》（2019 年）、《互联网用户公众账号信息服务管理规定》（2020 年）、《互联网信息服务深度合成管理规定（征求意见稿）》（2022 年）等打击治理虚假信息。欧盟主要的社交媒体代表等在布鲁塞尔发布了《反虚假信息行为准测》（2018 年）来解决欧盟地区网络虚假信息泛滥的问题。美国国家情报局总监办公室（ODNI，2021 年）建立了社会媒体数据和威胁分析中心，以促进打击虚假信息的公私合

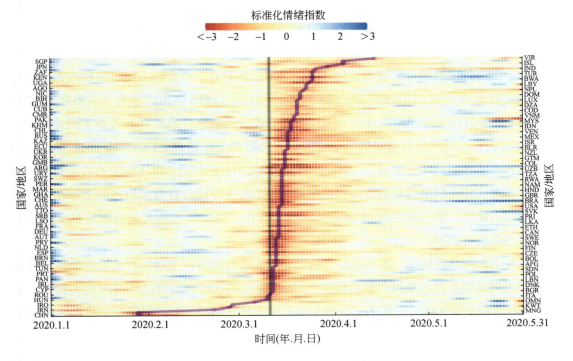

图 4-17　按国家/地区分类的标准化情绪指数

国家/地区缩写注释：CHN-中国；IRN-伊朗；SGP-新加坡；JPN-日本；ZAF-南非；KEN-肯尼亚；AGO-安哥拉；NIC-尼加拉瓜；BIH-波斯尼亚和黑塞哥维那；GUM-关岛；CUB-古巴；CMR-喀麦隆；PAK-巴基斯坦；KHM-柬埔寨；CHL-智利；RUS-俄罗斯；KAZ-哈萨克斯坦；ECU-厄瓜多尔；UKR-乌克兰；KOR-韩国；GMB-冈比亚；AGR-阿根廷；URY-乌拉圭；SWZ-瑞典；PER-秘鲁；MAR-摩洛哥；GHA-加纳；CHE-瑞士；AUS-澳大利亚；TTO-特立尼达和多巴哥；SRB-塞尔维亚；LSO-莱索托；FRA-法国；DEU-德国；AUT-奥地利；PRY-巴拉圭；NLD-荷兰；ESP-西班牙；BRN-文莱；BEL-比利时；TUN-突尼斯；PRT-葡萄牙；PAN-巴拿马；IRL-爱尔兰；CYP-塞浦路斯；ROU-罗马尼亚；HUN-匈牙利；IRQ-伊拉克；MNG-蒙古国；KWT-科威特；OMN-阿曼；ITA-意大利；BGR-保加利亚；DNK-丹麦；LBN-黎巴嫩；POL-波兰；SDN-苏丹；AFG-阿富汗；BOL-玻利维亚；CZE-捷克；FIN-芬兰；NOR-挪威；SWE-瑞典；CAN-加拿大；ETH-埃塞俄比亚；LKA-斯里兰卡；PRI-波多黎各；SVK-斯洛伐克；USA-美国；BRA-巴西；GBR-英国；HND-洪都拉斯；NAM-纳米比亚；RWA-卢旺达；TZA-坦桑尼亚；UZB-乌兹别克斯坦；COL-哥伦比亚；GTM-危地马拉；NZL-新西兰；BLR-白俄罗斯；ISR-以色列；MEX-墨西哥；VEN-委内瑞拉；IDN-印度尼西亚；MYS-马来西亚；VNM-越南；COD-刚果民主共和国；DZA-阿尔及利亚；LUX-卢森堡；DOM-多米尼加共和国；NPL-尼泊尔；LBY-利比亚；BWA-博茨瓦纳；TUR-土耳其；IND-印度；ISL-冰岛；VIR-美属维尔京群岛

资料来源：Wang et al., 2022。

作；美国网络空间日光沐浴委员会（CSC，2021 等）发布第 6 号白皮书《打击美国面临的虚假信息》提出 7 项建议以减少信息生态心痛中的虚假信息，增加个人和社会对虚假信息和恶意外国影响的适应能力。美国国防高级研究计划局（DARPA）设立了"媒体鉴证"

项目（2018 等）以开发能识别深度伪造视频的工具。RAND Corporation（2021b）发布研究报告《构建基于人工智能的反虚假信息框架》分析了人工智能在检测网络虚假信息方面的优势与挑战，并就建立反虚假信息机制提出了建议；2021 年 7 月又发布报告《打击社交媒体上的外国虚假信息》建议美国举全国之力，集政府、军方、工业界及相关盟友之力共同应对社交媒体虚假信息威胁，从而确保美国信息战优势和国家安全。谷歌母公司 Alphabet 的子公司 Jigsaw 2017 年宣布专门负责打击虚假信息，2020 年其发布了照片打假工具 Assembler，通过网络海量案例的学习来识别造假的图像信息。Facebook 2017 年也在德国正式推出了虚假新闻过滤器。Logically 科技公司 2019 年利用其自主研发的人工智能产品对印度大选的相关网络信息进行监测，识别出了 200 多万篇含有不实信息的文章和 5 万多条假新闻，此后，该公司 2020 年又与美国政府合作，在美国总统大选期间对社交媒体上的虚假信息进行识别。

在复杂的网络环境下，基于网络大数据利用人工智能新技术建立自动检测框架以快速检测和识别虚假信息、抵制"信息操纵"、防止虚假信息收割民智已经引起相关研究人员高度关注。Cao 等（2012）提出了一种基于图的方法 Sybil Rank 以识别社交机器人进而检测虚假信息。Wang 等（2018）提出了事件对抗神经网络（EANN），通过对网络海量虚假信息的学习推导出事件不变特征，而事件不变特征有助于检测新的网络虚假信息。Wang 等（2020）提出了一种基于动态传播结构（NM-DPS）的神经网络模型用于社交媒体中的虚假信息检测。Guacho 等（2020）提出了一种半监督的机器学习网络虚假信息识别方法，并利用真实的网络大数据验证了该方法的适用性。Sitaula 等（2020）利用 Buzzfeed 和 Pllotifact 两个新闻网站的数据进行分析，发现新闻源以及新闻作者可以成为网络新闻可信度监测的一个有力指标，该方法可以改进传统以内容特征进行虚假新闻检测的方法。Sharma 等（2020）提出了一个基于时间点过程的 AMDN（Attentive Mixture Density Network）模型来自动揭示虚假信息活动中的恶意账户，并且利用与俄罗斯干涉美国选举有关的推特数据验证该方法的有效性。

深度伪造（deepfake）是"deep learning"和"fake"的组合，是基于深度学习、虚拟现实等技术伪造音频、图像以及视频的技术，图 4-18 展示了深度伪造人脸图像的形成过程。2017 年，一位名叫"Deepfakes"的用户在美国 Reddit 网站上分享了篡改人脸的视频，将深度伪造技术带到了大众面前并引起了研究深度伪造技术的热潮，但是深度伪造技术在带来新奇的同时也带来了非常大的隐患，通过制造虚假视频、虚假音频进行诬陷、诽谤、诈骗、勒索等违法行为和事例已屡见不鲜（清华大学人工智能研究院等，2022），越来越多的深度伪造内容的出现引起了人们对身份盗窃与冒充、虚假信息与影片的传播等现象的恐慌（王任颖等，2022）。为此，越来越多的研究者开展了深度伪造的音频、视频识别研究，基于 CelebA（Liu et al.，2015）、FaceForensics++（Rössler et al.，2019）、UADFV

（Yang et al.，2019）、WildDeepfake（Zi et al.，2020）等深度伪造数据集，提出识别检测识别深度伪造信息的方法。如 Mo 等（2018）通过分析深度伪造图像中的人脸轮廓边缘，提出了将伪造图像裁剪成小块单独处理识别轮廓的方法以识别深度伪造视频。美国马里兰州立大学的 Adobe 团队（2018）提出了一种 R-CNN（Region-CNN）双流网络来检测伪造的虚假视频信息。由于深度伪造技术中的核心 GAN 模型是在基于大量人像的基础上训练的，与真实情景中人的眨眼频率不同，Li 等（2018）提出了针对真人眨眼频率的深度伪造识别技术，图 4-19 展示了该方法的模型框架。Li 等（2020）基于深度伪造的视频大部分都会将伪造的人脸融合进原图背景这一点，训练了一个用于预测图像混合边界的 CNN 网络以识别伪造视频。Nguyen 等（2019）提出了一个基于胶囊网络的通用检测模型以识别伪造图像和视频。张亚等（2021）提出了一种基于自动编码器的 Deepfake 检测方法，实现了对多种 GAN 生成的伪造图像进行检测识别。

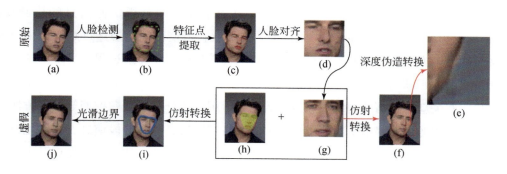

图 4-18　深度伪造人脸图像形成过程

资料来源：Li et al.，2018。

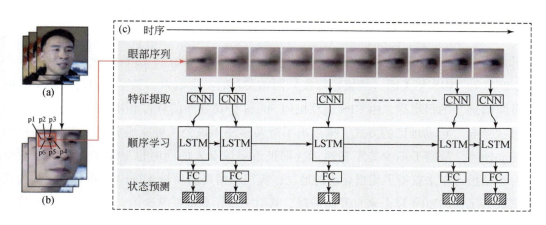

图 4-19　眨眼检测模型架构

注：CNN 代表卷积神经网络；LSTM 代表长短期记忆网络；FC 代表全连接层。

资料来源：Li et al.，2018。

2020 年初，世界卫生组织（WHO）宣布全球正在陷入信息流行病（Infodemic）。据北京师范大学新媒体传播研究中心的调查报告显示，87% 的网民都遭遇过与新型冠状病毒感染疫情有关的虚假信息，《麻省理工学院技术评论》（*MIT Technology Review*）刊发《新冠病毒是第一个通过社交媒体传播的"信息流行病"》（Hao，2020）阐述了疫情期间，人们最大的焦虑就来源于社交媒体上纷繁杂乱的消息。虚假信息的传播已对公共卫生和新型冠状病毒感染疫情的成功管控构成很大的威胁，现在比以往任何时候都更需要找到方法来揭穿、纠正以及分析网上的虚假信息。Gallotti 等（2020）在《自然-人类行为》发文，该研究收集了在新冠疫情大流行早期（2020 年 1 月 22 日～2020 年 3 月 10 日）全球 162 个国家的 1 亿条推特信息研究了与新冠疫情相伴而生的"信息流行病"现象，研究结果表明社交网络中关于疫情的信息大多是未经验证的、错误的，且不同国家可信与不可信新闻来源的占比，和其社会经济发展程度没有关联。Shahan 等（2020）设计并收集了一个带不同的注释的新冠疫情推特数据集，其中包含了可用于检测和分析虚假信息的检测模型。Johnson 等（2020）选取了 Facebook 平台上 1 亿个就新冠疫苗问题表达过观点的用户利用复杂网络的理论方法系统地分析了在社交媒体上科学与谣言在传播过程中呈现出的不同特征，研究表明关于新冠疫苗的谣言的传播更为分散。张帅等（2021）利用 python 的爬虫程序采集了有关新冠疫情的网络虚假信息数据，运用统计分析、主题挖掘等技术方法，从数量、来源和主题维度揭示了新冠疫情相关的网络虚假信息呈现分段演进、视频化以及反复波动的传播规律，且传播态势与新冠疫情扩散趋势基本保持一致，这一发现既为有关部门治理疫情相关网络虚假信息提供有益参考，也为相关平台遏制网络虚假信息的传播提供了有效途径。

4.4.6 基于网络开源信息的国家安全情报监测与分析

开源情报（OSINT）是利用对公开数据和信息的搜集、处理、分析而成的情报（张志强等，2022）。2018 年美国《华盛顿邮报》网站发布的一则题为"美军正通过慢跑暴露敏感和危险信息"的报道称，由 GPS 追踪机构 Strava 公司发布的软件利用 13 万亿个 GPS 信息通过"照亮"运动地区的方式，描画出了近两年使用该公司健康服务的 2700 万用户的日常运动轨迹，暴露了不少美军基地，这则报道震惊众人的同时也显示了开源情报的价值。开源情报近年来获得了相当显著的地位，美国中情局前局长 Allen Welsh Dulles 认为政府情报收集工作的 80% 以上来自开源情报，其对一个国家的战略决策、军事领域、科研活动、社会经济等都有强大的支持价值。美国战略与国际问题研究中心（CSIS）2020～2022 年连续三年发布了以下研究报告都强调了开源情报的重要价值，《收集优势：利用新兴技术建立情报收集优势》中指出适应不断演变的情报威胁与收集环境，需要结合先进技术与开源网络情报数据生成高质量、即时的全员情报产品；《保持情报优势：通过创新重塑情报》中提出将开源情报提升为核心情报的建议；《合作案例：美英情报联盟的未来》中在解释英美情报联盟加强合作的理由中明确强调了快速发展的技术和越来越多的数据（开源数据和机密数据）对于情报活动带来了新的严峻的挑战。澳大利亚信号局（Australian Signals Directorate）2022 年发布的增强网络情报的"红辣椒计划——弹性、效能、防御、太空、情报、网络与赋能要素"中重点强调了要持续扩大网络狩猎活动，引入先进的人工智能、机器学习和云计算技术以掌握处理复杂海量数据的能力。

大数据时代，开源情报的信息来源由传统的书籍、报告、报纸等向网络舆情信息、社交媒体数据、社会事件信息等一系列复杂结构类型的信息系统扩展，图 4-20 展示了网络开源信息数据来源渠道。面对这些网络开源信息的无序性、复杂性和数量庞大，仅依靠科技情报人员人力处理和分析，已经不能满足需求（谢琪彬等，2019），相比之下人工智能够突破人脑的计算速度与耐力限制，拥有整合多源大数据的能力，人工智能算法的传感器和大数据可以用于模式探测、识别反常、提供提升态势感知和支持决策的洞见。

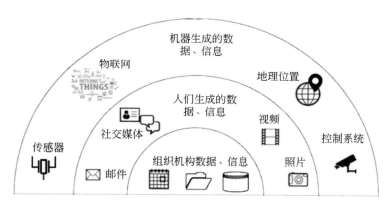

图 4-20 开源信息数据来源渠道

资料来源：赵宁等，2021。

在网络信息学框架下，基于开源的网络大数据，利用人工智能等先进的技术手段监测与分析威胁国家和社会安全的情报体现在实践和学术研究层面。为了强化对社交媒体内容的搜索与追踪能力，扩大开源情报来源并在职责范围内对暴力威胁、恐怖主义等国家安全威胁进行确认和反应，各国都积极推进人工智能技术在情报检测与分析工作中的应用。美国情报机构和军方越来越多地利用基于机器学习的分析平台来筛选社交媒体等数据源，其目的是抓取和筛选数据以搜集到可用于分析的大量文档并自动生成包含任务、地点和时间的规范化材料。2019 年，美国陆军情报与安全司令部（INSCOM）与 BAE Systems 公司合作，旨在向美国陆军派驻国外的部队提供开源情报支持，为地区指挥官提供骚乱、政治暴力、恐怖主义袭击或其他与安全相关事件的预警。美国联邦调查局（FBI）2022 年花费 2700 万美元采购了 Babel X 社交媒体监控服务，监控平台包括 Twitter、Facebook、新浪微博、Instsgram 等 17 个平台。欧洲网络与信息安全局（ENISA）于 2019 年建立了一个整合各方资源的统一开源威胁情报挖掘共享中心，强调扩大网络威胁情报的收集范围，利用先进技术提高情报挖掘与分析能力。我国国家应急响应中心（CNCERT）构建了开源威胁情报平台，实时采集整理网络开源威胁信息，使其成为我国网络安全防御体系的关键组成部分（崔琳等，2022）。

在学术研究方面，崔琳等（2022）深入分析了威胁情报挖掘的一百多篇相关文献，提出了一个挖掘网络开源威胁情报的分析框架（图 4-21），集成了多种计算机技术对多源的网络数据进行挖掘与分析，已有绝大部分开源威胁情报挖掘的研究工作都可以纳入到该框架中。Lindley 等研究了根据社交网络演化识别极端恐怖组织，研究通过类比凝胶来描述人类社交网络群体建立了网络群体模型，并利用俄罗斯社交网络 VKontakte 的信息进行模型验证，在 2014 年底，在数十亿的 VKontakte 成员中，一些支持极端主义的群体开始出现，这些群体的规模和数量在数周内不断增加，直到系统管理员开始识别并关闭极端主义者的连接，而模型模拟结果与这一事实相契合。这一研究为检测与识别网络信息中存在的威胁国家、社会稳定与安全的情报提供了一个很好的机制。Dionísio 等提出了使用深度神经网络对推特（Twitter）进行开源威胁情报检监测，并且在 3 个案例的研究中，该网络的表现都超出预期。

4.4.7　面向决策咨询的网络大数据预测分析

决策不仅是各行业管理活动的重要组成部分，而且贯穿于管理活动的各个方面，是实现科学管理的重要环节。决策是否正确，直接关系国家的兴亡、国民经济建设的效率、区域和企业的兴衰以及个人的前途和命运。预测是决策的基础，是进行科学决策的前提条件，预测为决策服务。网络大数据时代，科研人员基于海量的各行业数据（如城市时空流量数据、环境数据、气候数据、移动数据、科研数据、经济数据等），利用深度学习等技术方法，提出了大量的预测模型以期为决策提供参考。

随着城市化进程的发展，基于预测的城市规划成为城市科学一个新型研究热点。Gong 等（2020）提出了一种用于潜在客流预测方法（PPF）的多视角的局部相关学习模型（MLC-PPF）并利用真实的客流数据集验证了该模型的有效性，该模型可以为城市交通规划（如地铁修建）提高决策参考。Verbavatz 等（2020）在《自然》（*Nature*）发文，该研究基于加拿大、法国、英国和美国的真实城市人口数据，构建了一个能够精准预测城市人口数量变化并解释城市人口分布状况的数学模型，该模型能够动态地预测，在一个较长的

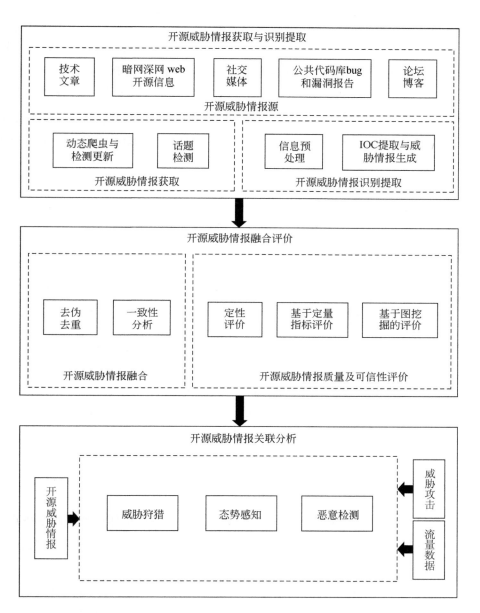

图 4-21　开源威胁情报挖掘整体框架

资料来源：崔琳等，2022。

时间尺度内，哪些城市可能会衰败，又有哪些城市的人口会增长，对城市规划与城市基础建设具有重要的参考意义。

　　近年来，随着智能城市建设的大力推进，学术界出现了大量基于城市时空数据分析与挖掘来进行预测的研究工作，京东智能城市时空 AI 团队 2021 年提出了一种面向时空图数据预测任务的神经网格结构搜索算法 AutoSTG 框架，并在两个公开的交通数据集 PEMS-

BAY 和 METR-l'A 上验证了该算法框架预测结果的优越性，该模型可用于城市交通流量预测、区域客流量预测等任务，为智能城市化应用建设提供了一定的前期支撑。图 4-22 展示了 AutoSTG 算法框架，该框架主要由网格结构搜索空间和参数权重的元学习两个模块组成，预测网络包含若干个 Cell 或 Pooling 层，所有层的输出聚合后用全连接网络预测未来数据，然后 AutoSTG 框架交替优化网络结构权重和元学习网络参数权重再输出搜索到的网络结构，最后再以该网络结构为基础重新训练网络参数权重，即可得到理想的时空图数据预测模型。

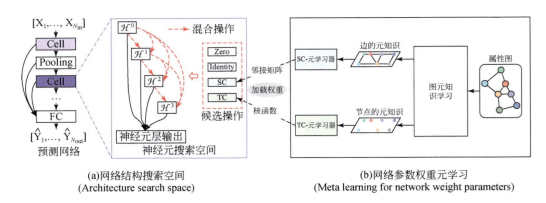

(a)网络结构搜索空间
(Architecture search space)

(b)网络参数权重元学习
(Meta learning for network weight parameters)

图 4-22　AutoSTG 算法框架

注：Cell：神经元；Pooling：池化（是仿照人的视觉系统进行降维（降采样），用更高层的抽象表示图像特征）；Zero：空网格；Identity：恒等映射网格；SC：空间图卷积网络（Spatial graph convolution）；TC：时间卷积网络（temporal convolution）。

资料来源：Pan et al., 2021。

随着计算科学、网络科学和统计学在气候建模和预测方面的作用变得越来越重要，应用机器学习研究预测气候问题，帮助解决气候危机的相关性已经引起来科研人员的注意。Amato 等（2020）基于空间不规则分布的时间序列数据提出了一种基于深度学习的气候和环境数据时空预测框架（Framework for Spatio-Temporal Prediction of Climate Data），并以欧洲复杂的阿尔卑斯地区的气温预报为例，验证了该框架在模拟真实世界气候和环境现象方面的有效性。Yin 等（2021）提出了一个机器学习框架，利用历史上观察到的火灾相关时空变量，基于机器学习的观测约束预测揭示森林火灾增加全球社会经济风险。圣塔菲研究所的跨学科小组 2020 年在《美国科学院院刊》（PNAS）上发表论文《人类未来的气候生态位》，该研究挖掘了近年来出现的大量人口、土地利用和气候信息数据，搜集了过去几千年人类生活的气候条件资料，对人类气候宜居带进行了分析和预测，研究结果预言了如果按照当今的碳排放轨迹，未来 50 年间，会有 35 亿人的生存由于全球变暖而受到严重威胁。图 4-23 展示了不同年代（当代、500 年前的中世纪、6000 年前的史前时代）的人类宜居环境温度湿度热力图，显示了无论人类科技和文化如何变革和进步，人类适合生存的环境和史前时代差不多。

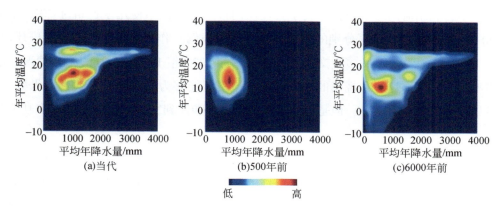

图 4-23　不同年代的人类宜居环境热图

资料来源：Xu et al., 2020。

新型冠状病毒感染疫情大流行的初期，新冠病毒的未来演变尚不明晰，有效控制和管理需要政府实施有效的非药物干预措施，而对疫情下一步发展的预测以及流行病传播模型是政府决策的重要参考。Prasse 等（2020）基于武汉疫情的相关数据提出了一个基于网络的方法来预测未来新冠病毒在每一个城市的感染率。Shen 等（2020）则利用微博中 2019年 11 月 20 日到 2020 年 3 月 3 日的 1200 万余条与新冠疫情相关的帖子，提出了利用机器学习来模拟预测新增病例的方法；Johnson 等（2020）基于疫情暴发初期武汉封城前流出到全国各地的海量手机用户定位数据（汇总群体数据，不涉及个人隐私）建立了风险源模型（risk source model），该模型可以至少提前一周预测全国范围内感染的病例情况，并且准确率非常高（$R^2 = 0.927$），可以用来检测和预警疫情的早期发展，为应急预案和相关决策提供依据。Amol 等（2020）基于图形深度学习方法结合人员移动数据等提出了一种时空图神经网络利用细粒度的移动性数据对新冠疫情的每日新病例进行预测，并通过美国县级新型冠状病毒感染数据集验证了该方法的有效性。Wang 等（2021）基于深度学习提出了基于主体的模拟模型来预测社会分阶段重新开放政策的影响；伦敦帝国理工学院（IC）2020 年开发了流行病预测模型 CovidSim（http://covidsim.eu），该团队使用扩展的 SEIR模型，基于现实真实的疫情数据对新冠疫情的扩散进行确定性建模，该模型给出的预测结果一度成为英美政府置顶封锁政策的重要参考，然而随着疫情的继续流行，该模型的预测结果高估了封锁政策能减少的死亡人数（Edeling et al., 2020）。其后随着更多真实的疫情数据的积累，该团队进一步借助超级计算机捕捉模型中复杂参数的变化，并引入了气候模型和贝叶斯工具来提高预测模型的可靠性（Adam, 2020）。Murphy 等（2021）发表于

《自然——通信》（*Nature Communications*）的论文《基于复杂网络中传染动态的深度学习模型》，基于时间序列，使用图神经网络，提出了一种数据驱动的方式，从一个未知的动力学过程中，利用时间序列来获得关于其性质的模型。该模型使用了西班牙2020年1月到2020年12月间，52个区分别的日感染数（新冠病例）作为训练集，结合西班牙汽车、大巴、火车、飞机和轮渡的多重交通网，准确预测2021年1月到3月的感染情况，证明了该模型的适用性。通过大规模的数据开源，该模型能够为人类应对疾病传播做好准备，目前虽集中在传染动力学上，但是它的潜在适用范围涉及到复杂系统建模的许多其他学科领域。

此外，基于网络大数据的预测也体现在科研合作、科研机构影响力预测、商业分析等方面。预测研究机构的影响能够辅助决策者进行资助机构的资源合理分配等任务，有学者提出了一种数据驱动的方法来预测不同研究机构在8个顶级学术会议上的贡献，该研究利用Microsoft Academic Graph（MAG）的数据研究了推动研究机构影响力变化的因素以及这些因素对于机构影响力变化的权重，并基于XGBoost模型构建了一个综合考虑机构人员个人能力、地理位置、机构制度以及地区生产总值等因素的新的预测模型来预测科研机构的影响力，该模型揭示了影响机构未来影响力的因素，为预测机构未来影响力，方便决策者做出合理规划提供了参考借鉴。Filletti等（2020）通过挖掘真实的财务数据以及行业新闻文章报道提出了一个用于预测公司破产的框架。Bonaventura等（2020）通过大规模由crunchbase提供的1990~2015年（共26年）全世界的创业公司数据构建了全球初创企业之间的关系网络——WWS网络（world wide start-up network）对公司的长期潜力进行无风险的评估，借此模型投资人和政策制定者能够对创业公司的长期潜力进行更客观的评估并进行相应的干预措施。此外，美国国防部高级研究计划局（DARPA）2021年支持计划研发一个基于wikipedia和wikidata的事件预测系统，该系统原型基于Wiki中现有的事件相关概念和关系数据建立事件和结果的基本知识图谱，并采用多种先进的知识提取手段使用自然语言描述来扩充知识图谱，当前该原型已经在多个使用场景案例中证明了其可行性。

4.5 网络信息学发展总结与前瞻

4.5.1 网络信息学发展总结

（1）网络信息学兴起的催化剂是网络大数据

传统网络计量学的研究通常是通过网络小数据以既定的方法和分析模式实现的，大数据的"5V"特征及网络海量可用信息缺乏标引的现状使得传统网络计量学受到了冲击与挑战，而在大数据时代，传统网络计量学利用文献计量学的理论方法对小数据的定量描述与统计分析已经不足以支撑对网络大数据的挖掘与知识发现，人们更渴望突破传统网络计量的小数据，在浩瀚的网络大数据中直接获取知识。这催生了网络计量学向网络信息学的发展，可以说，网络大数据是网络信息学兴起的催化剂，是网络信息学发展的基础。

（2）网络信息学的发展支撑是新兴前沿计算技术

在网络信息学的理论方法框架下，对网络大数据知识库数据挖掘与知识发现需要以深度学习、自然语言处理等新兴前沿计算技术作为支撑，这些前沿计算技术以前所未有的广度、深度和规模利用、收集和分析数据，帮助研究者发现过去无法观察到的数据模式以及数据间存在的微妙关系，这在一定程度上弥补了传统网络计量学研究工具对大数据定量分析的局限性，也弥合了人类能力与海量网络可用知识之间的差距。

（3）网络信息学的应用领域广泛且深入

从当前网络信息学的应用实践来看，网络信息学的应用领域广泛且深入，既渗透多个研究领域，也在现实应用方面发挥其重要价值。在学科领域研究新兴前沿的识别、学术影响力与竞争力的评价、预测与分析等备受传统网络计量学关注的研究领域，网络信息学利用人工智能等前沿技术，融合更多维度的指标，更加精确、更加智能化的识别、评价与分析。此外，网络信息学也实践着在传统网络计量学的概念和内涵框架下无法胜任的研究工作，如基于深度学习的网络舆情的检测与分析、网络虚假信息甄别与分析、基于网络开源信息的国家安全情报监测与分析等。

（4）网络信息学是网络信息研究新范式的支撑学科

网络信息学将成为网络知识库数据挖掘与知识发现的重要支撑学科，大数据与计算机技术的融合在情报学的应用已经成为了当前情报学实践发展方向与发展趋势。

2000 年以来，网络、社交媒体、传感器、数字化文化资料等产生的电子印迹数据海量、异构、复杂，加之网络上大部分可用知识都没有索引，知识发现变得越来越复杂。网络信息学提出了利用前沿计算技术挖掘网络大数据的方法来揭示有价值的知识，从而映射和理解不同领域相互关联和相互作用关系，该学科旨在弥合大量可用知识与人的能力有限之间的差距，以找到知识间微妙的联系并使之有意义。网络信息学为人们从海量网络信息中挖掘隐含的知识提供坚实的理论方法支撑，是网络信息研究新范式的支撑学科。

（5）网络信息学提高探索网络世界未知的能力

在大数据时代，数据的爆炸式增长正在改变科学研究的方法，利用数据的相关关系来分析探索未知世界将成为人类认识世界的主流方式。数据的核心是"预测"，即基于海量数据的数学运算来"预测"事物发生的可能性，从而成为新发现、新发明和新服务可能的源泉（张志强，2015）。科学发展日益成为复杂系统，网络信息学借助大量的网络信息资源和前沿计算技术（深度学习、神经网络等），将能够比较准确地揭示出客观事物运行中的本质联系及发展趋势，勾画出未来事物发展的基本轮廓，使研究者具有战略眼光，提出各种可以互相替代的发展方案，使决策有了充分的科学依据。

（6）网络信息学有助于创新科研评价方式

长久以来，学术界对于论文质量的评价，往往基于引文提出各类指标，然而，事实证明这类指标并不能代表论文的质量或潜力。Serra-Garcia 等（2021）发表于《自然——科学进展》（*Nature Advances*）的论文《不可重复论文的被引频次高于可重复论文》就指出，相比可重复的研究，无法重复的研究被引用的次数更多，因为，不可重复的研究会更加有趣或者有争议性，这样的研究更容易被之后的研究者关注并记住，这一趋势使得仅仅通过引用数量来判断研究的价值变得不可靠。传统的评价学术研究的指标例如发表论文的影响因子（IF）、h 指数（h-index）等存在着在不同时间、不同领域无法以统一的方式对比、容易被操纵等诸多问题，且这些指标的评价都相对滞后，无法辅助科技决策应用。

在网络信息学框架下，可以借助机器学习利用多源异构的数据去评价科研成果的价值，算法能够捕捉隐藏的网络模式来区分科研成果的价值。机器学习的模型输入考虑中不仅可以包含论文的引用信息、作者、作者所属的机构，还可以包含论文发表的期刊或会议所属的网络、网络传播热度、正负情感因素等因素。当前科研成果发表数量的增加，使得科研人员需要花费大量的时间寻找有价值的研究方向，去进行更优突破性的研究。而经由机器学习，可以综合利用多个网络的指标，为研究者指出最新研究中有潜力的那部分，以辅助科技管理决策，从而提升科研决策的效率。兰德公司（RAND Corporation，2021c）发布的报告《评估国家科技水平的一种开源方法：应用于人工智能和机器学习领域》中提出了一种使用高影响力论文、合作网络密度、质量调整专利和科技组织能力 4 个指标来评估特定领域的国家科技水平的开源方法，该报告收集了推动科学和技术（S & T）领域发展的机构和个人、出版物和专利分类代码、合著论文和合作专利、专利和论文引用、资金来源以及论文摘要等文本数据，利用自然语言技术处理技术、复杂网络等对 9 个国家的人工智能和机器学习领域的科技水平进行了评估。

4.5.2 网络信息学发展的关键问题

网络信息学的概念才刚提出，正处于学科发展的起步阶段，在其发展过程中必然会产生诸多当前难以预料的问题，然而，总体来看，网络信息学是网络大数据时代的网络数据挖掘与知识发现学科，其核心是揭示网络大数据间的复杂关联关系，因此，对于网络大数据质量的控制、专门技术工具的发展、专业人才的培养以及与专业领域知识的融合是当前网络信息学发展的关键问题。

（1）网络大数据质量控制

大数据质量是大数据研究的前提，是一切数据分析、挖掘、决策支持的基础（汪应洛等，2014），数据质量低会导致分析结果的失真、降低决策质量，甚至带来难以估量的损失。尽管当前大数据质量研究已经引起了各界关注，科研人员有的基于大数据流程和生命周期构建数据质量管理模型［如 PDDQM 模型、QBD 模型（Taleb et al.，2018）、QLM 模型（Chen et al.，2018）等］，有的基于大数据质量关键坐标（刘冰等，2019）与大数据自身特点构建数据质量评价模型［如 "3As" 数据质量使用模型（Merino et al.，2016）等］来尝试控制数据质量，但是，大数据的 "5V" 特征（volume、variety、value、velocity、veracity）以及数据模式高度复杂化，导致数据质量保证暂时还没有非常行之有效的措施。因此，保障和控制网络大数据知识库的数据质量对于网络信息学发展是关键基础，也是迫切需要得以有效解决的关键问题。

（2）网络信息学专门技术工具的发展

网络信息学的兴起与计算机科学、网络科学的发展密不可分，新兴的数据与信息技术的发展为网络信息学发展提供了关键方法和技术工具支撑。但是，机器学习、深度学习等人工智能技术的应用需要一定的计算机学科专业背景知识，这使得多数不具备相关技能的相关领域的研究人员受困于技术门槛，不利于推动网络信息学的向前发展。因此，探索开发面向非程序员的技术门槛低、通用的、开源的大数据分析工具，是网络信息学发展的关键问题。

（3）网络信息学专业人才的培养

从事网络信息学分析研究的专门人才，需要多维度的数据库、计算技术、人工智能等最新信息技术以及专业领域等的专门知识和技术，专业人才的培养是学科发展的关键要素，网络信息数据模式日益复杂化使得对网络信息的挖掘、测度、分析会越来越依靠机器学习等人工智能技术。因此，建设一个全面、多维、兼顾理论与技术的网络信息学教育体系，培养同时掌握数据分析理论与精通人工智能技术的网络信息学人才是引领和推动网络信息学发展的重要推动力。

（4）网络大数据知识发现须与专业知识相融合

知识的发现需要有学科领域的先验知识作为基础，网络信息学作为网络大数据分析与知识发现的专门学科，作为一种方法和工具性学科，其必须应用到有关的专门专业领域中的数据分析与知识发现，与专业领域知识相融合的网络大数据的分析才是知识发现的前提。因此，从学科和领域等专业角度出发，合理且最大化地利用专业知识解释大数据之间的关联关系，是网络大数据充分发挥价值的前提，也是网络信息学发展应用的关键环节。

4.5.3 网络信息学发展展望

（1）网络大数据知识库将蓬勃发展

网络大数据是网络信息学研究的数据基础，然而，大数据的"5V"特征使得有必要对网络信息和知识进行实时动态的大规模的收集和整理，按照符合各类大数据特征的方法储存，从而使海量的信息和知识便从原来的混乱状态变得相对有序化，即将某类网络大数据通过组织使之成为不断动态更新的网络大数据知识库。随着网络信息学理论框架体系的不断完善以及实践应用的不断深入，不同类型、不同学科领域的网络大数据知识库也将不断应运而生，网络大数据知识库将蓬勃发展。

（2）网络大数据挖掘的相应技术与工具不断开发

新兴大数据技术的发展应用是网络信息学发展的支撑，大数据挖掘、机器学习等新兴前沿技术帮助研究者以前所未有的广度、深度和规模利用、收集和分析数据，这弥合了大量可用知识与研究者的能力有限之间的差距。然而，相关的应用分析领域的研究人员大多缺乏一定的计算机专业技能，加之对不同类型网络大数据挖掘分析需要采用不同的技术方法，这对研究人员提出了很大的挑战。未来，在网络大数据分析的强劲需求驱动下，随着网络信息学的不断深入发展，需要开发专门的、技术门槛低的网络信息学专门技术工具以支撑网络信息学的研究人员更好地开展研究。

（3）网络信息学研究应用领域将快速扩展

大数据时代的到来，互联网每分每秒都在产生着海量、异源、异构的数据，几乎涉及所有的学科领域。海量的网络数据迅速引起了各个领域科学研究的重视，几乎各个学科领域都需要更宽广的视野和长久的策略以全面应对网络大数据时代研究的挑战，即挖掘、计算、分析各领域的海量的网络数据，以发现隐藏在数据中的新的模式，而这些均属于网络信息学的学科范畴。因此，随着数据密集型研究范式的进一步发展，网络信息学研究应用领域也将得到快速扩展。

（4）网络信息学或成为学科信息学的领头学科

网络信息学以网络大数据为数据基础，是网络信息研究新范式的支撑学科。相比于生物信息学、材料信息学、地理信息学等专门学科信息学，网络信息学没有专门的学科依赖性，核心是揭示网络大数据间的复杂关联关系，其研究对象、研究过程、结果分析都不是在单一的学科范畴内进行，而是交叉了多个的学科领域。同时，网络信息理论方法与技术工具可以移植到其他的专门领域学科信息学中为其所用，助力其他专门领域学科信息学的发展。因此，未来，随着网络信息学理论框架的不断完善、方法工具的不断成熟，网络信息学可能会成为学科信息学的领头学科。

（5）培养网络大数据挖掘的情报分析人才

随着网络大数据类型愈加多样化和立体化、结构和模式愈加复杂化，其开发利用的难度势必会越来越大，对于网络数据的挖掘分析会越来越依赖于大数据挖掘技术、机器学习等人工智能技术，这对网络信息学的研究人员的能力提出了更高的要求，研究人员需要掌握更精湛的大数据挖掘与分析技术。同时，对于数据的分析解读需要有专业的情报、信息、数据等分析人员运用其扎实的情报学、数据科学、计算科学等的理论知识进行。因此，要促进网络信息学的发展和应用，未来需要着重培养既掌握扎实的相关多学科的理论知识，又精通大数据挖掘技术、人工智能技术的网络信息学专业分析人才。

参 考 文 献

艾凉琼．2012．从诺贝尔自然科学奖看现代科研合作——以 2008—2010 年诺贝尔自然科学奖为例．科技管理研究，32（10）：236-239.

安沈昊，于荣欢．2020．复杂网络理论研究综述．计算机系统应用，29（9）：26-31.

暴雨轩，芦天亮，杜彦辉．2020．深度伪造视频检测技术综述．计算机科学，47（9）：283-292.

朝乐门，张勇，邢春晓．2011．DBpedia 及其典型应用．现代图书情报技术，（3）：80-87.

崔琳，杨黎斌，何清林，等．2022．基于开源信息平台的威胁情报挖掘综述．信息安全学报，7（1）：1-26.

丁冰，2008．近年来我国网络计量学研究综述．图书馆学刊，（4）：26-28.

董杰．2017．LOD 技术在德国图书档案馆的应用．知识管理论坛，2（6）：492-499.

董克，邱均平．2017．论大数据环境对情报学发展的影响．情报学报，36（9）：886-893.

董尹，赵小康．2013．公开源情报研究综述．情报理论与实践，36（1）：119-123，118.

范昊，郑小川．2021．国内外开源情报研究综述．情报理论与实践，（10）：185-192，201.

国家互联网信息办公室，文化和旅游部，国家广播电视总局．2019．网络音视频信息服务管理规定．http：//www. gov. cn/zhengce/zhengceku/2018-12/31/content_5458107. htm［2022-04-15］.

国家互联网信息办公室．2019．网络信息内容生态治理规定．https：//www. cicpa. org. cn/ztzl1/hy xxhckzl/zcyxs/201912/W020210419757380126820. pdf.［2022-04-15］.

国家互联网信息办公室．2020．互联网用户公众账号信息服务管理规定．http：//www. cac. gov. cn/ 2021-01/22/c_1612887880656609. htm［2022-04-15］.

国家互联网信息办公室．2022．互联网信息服务深度合成管理规定（征求意见稿）．http：//www. moj. gov. cn/pub/sfbgw/zlk/202201/t20220128_447320. html［2022-04-15］.

韩娜．2020．行动者网络视角下虚假信息治理的困境与路径．领导科学，（22）：31-34.

杭婷婷，冯钧，陆佳民．2021．知识图谱构建技术：分类、调查和未来方向．计算机科学，48（2）：175-189.

化柏林．2008．数据挖掘与知识发现关系探析．情报理论与实践，（4）：507-510.

黄恒琪，于娟，廖晓，等．2019．知识图谱研究综述．计算机系统应用，28（6）：1-12.

黄晓斌，吴高．2019. 学科领域研究前沿探测方法研究述评．情报学报，38（8）：872-880.

纪守领，杜天宇，邓水光，等．2022. 深度学习模型鲁棒性研究综述．计算机学报，45（1）：190-206.

贾君枝，冯婕．2017a. 基于关联规则的 Wikidata 人物名称数据分析——以诺贝尔文学奖得主为主题．图书情报工作，61（12）：122-128.

贾君枝，冯婕．2017b. 基于因果链求解算法的人物关系挖掘研究——以 Wikidata 知识库为例．情报学报，36（3）：221-230.

京东城市智能城市研究院研究成果．2021. https://icity.jd.com/research/achievement［2022-04-16］.

寇蕾蕾．2020. Wikidata 中数据来源分析．图书馆理论与实践，（4）：67-71.

李楠．2012. 基于关联数据的知识发现研究．北京：中国农业科学院．

李欣，温阳，黄鲁成，等．2021. 一种基于机器学习的研究前沿识别方法研究．科研管理，42（1）：20-32.

李欣．2015. 基于 DBpedia 的材料知识抽取系统设计与实现．石家庄：河北科技大学．

刘建伟，刘媛，罗雄麟．2014. 深度学习研究进展．计算机应用研究，31（7）：1921-1930，1942.

刘浏，王东波，黄水清．2017. 机器学习视角的人工智能研究回顾及对图书情报学的影响．图书与情报，（6）：84-95.

刘扬，俞士汶，于江生．2005. CCD 语义知识库的构造研究．小型微型计算机系统，（8）：1411-1415.

刘昱彤，吴斌，白婷．2020. 古诗词图谱的构建及分析研究．计算机研究与发展，57（6）：1252-1268.

卢超，侯海燕，Ding Ying，等．2019. 国外新兴研究话题发现研究综述．情报学报，38（1）：97-110.

罗平，阳广元，甯佐斌．2011. 数据挖掘方法和知识发现研究．图书情报工作，55（S1）：217-219，228.

罗瑞，许海云，董坤．2018. 领域前沿识别方法综述．图书情报工作，62（23）：119-131.

马永杰，程时升，马芸婷，等．2021. 卷积神经网络及其在智能交通系统中的应用综述．交通运输工程学报，21（4）：48-71.

梅建明，刘明辉．2021. 论开源情报的渊源、变革及其影响．情报杂志，（12）：1-7，102.

清华大学人工智能研究院，北京瑞莱智慧科技有限公司，清华大学智媒研究中心，等．2022. 深度合成十大趋势报告．http://www.chuangze.cn/third_down.asp? Txtid=4762［2022-04-19］.

清华大学自然语言处理与社会人文计算实验室．2022. THUOCL：清华大学开放中文词库．http://thuocl.thunlp.org/［2022-2-22］.

邱均平，邝玉林．2020. 人工智能对"五计学"的影响研究——以网络计量学为例．图书馆理论与实践，（6）：17-22.

邱均平，余厚强．2015. 论推动替代计量学发展的若干基本问题．中国图书馆学报，41（1）：4-15.

邱均平，张洋．2005. 网络信息计量学综述．高校图书馆工作，（1）：1-12.

邱均平．2019. "五计学"的知识融合与应用研究．现代情报，39（2）：3.

邱均平．2011. 组织者的话．图书情报工作，55（20）：5.

邱均平．1988. "文献计量学"定义的发展．情报杂志，（04）：45-47+31.

任伟建，宋月，陈建玲，等．2018. 基于改进的卷积神经网络的钢号识别．吉林大学学报（信息科学版），36（3）：325-332.

日本内阁府．2021．第 6 期科学技术・イノベーション基本計画．https://www8. cao. go. jp/ cstp/ kihonkeika ku/6honbun. pdf.［2022-03-12］.

商容轩，张斌，马海群，等．2022．国外开源情报领域研究现状、研究热点及趋势分析．现代情报，(1)：5-13，86.

宋艳辉，邱均平．2019．从"三计学"到"五计学"的演化发展．图书馆论坛，39 (4)：1-7.

苏令银．2019．大数据时代的小数据会消亡吗．探索与争鸣，(07)：74-84，158.

孙震，冷伏海．2022．一种基于知识元变异的 ESI 研究前沿知识演进分析方法．图书情报工作，66 (2)：136-148.

谭晓，张志强．2020．知识图谱研究进展及其前沿主题分析．图书与情报，(2)：50-63.

唐晓萍．2002．数据挖掘与知识发现综述．电脑开发与应用，(4)：31-32，35.

唐振宇，赵宁，张斌，等．马海群．2022．信息环境对开源情报开发利用影响分析．现代情报，(1)：24-32.

田姗．2013．一种基于 WordNet 语义相似度的改进算法．数字技术与应用，(8)：113.

田玉晶．2008．我国网络计量学研究综述（1998—2007 年）．科技情报开发与经济，(6)：121-123.

万姗姗．2017．经济学与商学学科文献计量与可视化分析．合肥：中国科学技术大学．

汪应洛，黄伟，朱志祥．2014．大数据产业及管理问题的一些初步思考．科技促进发展，(1)：15-19.

王大顺，艾伯特-拉斯洛・巴拉巴西（Albert-László Barabási）．2021．给科学家的科学思维．天津：天津科学技术出版社．

王昊，邓三鸿，苏新宁，等．2020．基于深度学习的情报学理论及方法术语识别研究．情报学报，39 (8)：817-828.

王任颖，储贝林，杨震，等．2022．视觉深度伪造检测技术综述．中国图像图形学报，27 (1)：43-62.

王晓文，沈思．2015．基于知识管理软件的学科服务对接科研团队研究．情报资料工作，(5)：73-76.

王志春，李邦祺，李凯曼，等．2021．全球通信光缆知识图谱构建及应用．北京师范大学学报（自然科学版），57 (6)：883-887.

维克托・迈尔・舍恩伯格．2012．盛杨燕，周涛译．大数据时代：生活、工作与思维的大变革．杭州：浙江人民出版社．

魏勇，胡丹露，李响，等．2016．基于 GeoNames 和 Solr 的地名数据全文检索．测绘工程，25 (2)：28-32.

文庭孝．2018．近五年来国内外"五计学"研究进展．情报学进展，12：81-116.

吴胜男，赵蓉英．2016．Altmetrics 应用工具的发展现状及趋势之分析．图书情报知识，(1)：84-93.

夏旭．2012．高屋建瓴 臻于至善——《网络计量学》评价．图书情报知识，(3)：125-129.

谢琪彬，石宇．2021．人工智能融入美国情报体系的现状及发展困境分析．情报杂志，40 (4)：5-12.

谢琪彬．2021．开源情报与其他来源情报融合的必要性及可行性分析．情报杂志，(1)：12-18.

熊杰，邴志桐，杨磊．2011．随机抽样对蛋白质相互作用网络度分布的影响．生物信息学，(3)：235-237.

熊云艳．2016．复杂网络的某些性质研究及其应用．广州：华南理工大学．

徐久龄，刘春茂，刘亚轩．2000．网络计量学的研究．情报学进展，3（00）：78-107.

徐久龄，许莲莲．2002．网络计量学．情报科学，（1）：62-65.

徐增林，盛泳潘，贺丽荣，等．2016．知识图谱技术综述．电子科技大学学报，45（4）：589-606.

徐自祥，孙啸．2009．细胞代谢复杂网络研究进展．生物信息学，（2）：120-124.

许峰．2019．基于深度学习的网络舆情识别研究．北京：北京邮电大学．

杨丽，吴雨茜，王俊丽，等．2018 循环神经网络研究综述．计算机应用，38（S2）：1-6+26.

杨泽龙．2020．融合文本和图像描述的网络地图服务主题分类研究．武汉：武汉大学．

殷希红，乔晓东，张运良．2014．基于复杂网络的知识组织系统概念社区发现．数字图书馆论坛，（8）：45-51. 59-61.

余传明，王峰，安璐．2019．基于深度学习的领域知识对齐模型研究：知识图谱视角．情报学报，38（6）：641-654.

张帆．2019．历史知识图谱的实体关系挖掘方法．哈尔滨：哈尔滨工业大学．

张柳．2021．社交网络舆情用户主题图谱构建及舆情引导策略研究．长春：吉林大学．

张猛．2020．基于大数据框架的开源情报特征提取算法．舰船电子工程，（9）：36-40.

张帅，刘运梅，司湘云．2021．信息疫情下网络虚假信息的传播特征及演化规律．情报理论与实践，44（8）：112-118.

张亚，金鑫，江倩，等．2021．基于自动编码器的深度伪造图像检测方法．计算机应用，41（10）：2985-2990.

张洋，赵镇宁，庞进京，等．2020．近 15 年网络计量学研究进展．信息与管理研究，5（Z2）：42-56.

张志强，范少萍．2015．论学科信息学的兴起与发展．情报学报，34（10）：1011-1023.

赵宁，石磊，徐乐，等．2021．开源情报开发利用的精益六西格玛管理．情报理论与实践，44（11）：53-59.

赵蓉英，郭凤娇，谭洁．2016．基于 Altmetrics 的学术论文影响力评价研究——以汉语言文学学科为例．中国图书馆学报，42（1）：96-108.

赵蓉英，魏绪秋．2017．知识图谱视角下的国内外 Altmetrics 研究比较．图书馆论坛，37（5）：74-80.

赵蓉英，许丽敏．2018．从文献计量学到网络计量学嬗变的可视化分析．情报科学，29（7）：975-983.

赵一鸣，吴林容，任笑笑．2021．基于多知识图谱的中文文本语义图构建研究．情报科学，39（4）：23-29.

赵彰．2018．机器学习研究范式的哲学基础及其可解释性问题．上海：上海社会科学院．

中国互联网络信息中心（CNNIC）．2022．第 49 次中国互联网络发展状况统计报告．https://www.cauc.edu.cn/jsjxy/upfiles/202203/20220318171634656.pdf.［2022-03-14］.

中华人民共和国国家发展和改革委员会．2021．国民经济和社会发展"十四五"规划和 2035 年远景目标纲要．http://www.gov.cn/xinwen/ 2021-03/13/ content_5592681.htm.［2022-03-12］.

周婷婷．2009．国内外网络信息计量学研究综述．科技情报开发与经济，19（26）：129-131.

朱晓军，张宁，李季明．2010．考虑远程随机感染的复杂网络上疾病传播行为．计算机应用研究，27（11）：4081-4083.

Adam D. 2020. Simulating the pandemic：What COVID forecasters can learn from climate models. Nature，587
　（7835）：533-534.

Alireza N. 2006. The web impact factor：a critical review. The Electronic Library，24（4）.

Almind T C，Ingwersen P. 1997. Informetric analyses on the world wide web：methodological approaches to
　'webometrics'. Journal of Documentation，53（4）：404-426.

Amato F，Guignard F，Robert S. 2020. A novel framework for spatio-temporal prediction of environmental data
　using deep learning. Scientific reports，10（1）：22243.

AMITS. 2012. Introducing the konwledge graph：things，nothings. https：//blog. googlre/products/searcb/
　intronducing-konwledge-grsaph-things-not/［2022-02-22］.

Amol K，Ben X，Liu L，et al. 2020. Examining COVID-19 Forecasting using Spatio-Temporal Graph Neural
　Networks. https：//arxiv. org/pdf/2007. 03113. pdf［2022-04-17］.

Auer S，Bizer C，Kobilarov G，et al. 2007. DBpedia：A Nucleus for a Web of Open Data. The Semantic Web，
　4825：722-735.

Australian Signals Directorate. 2022. Resilience、Effects、Defence、Space、Intelligence、Cyber and Enablers，
　Project REDSPICE. https：//www. asd. gov. au/about/redspice［2022-04-20］.

Barabási A L，Albert R，Jeong H. 1999. Mean-field theory for scalefree random networks. Physica A：Statistical
　Mechanics andits Applications，272（1-2）：173-187.

Barrat A，Barthélemy M，Vespignani A. 2004. Weighted evolving networks：Coupling topology and weight
　dynamics. Physical Review Letters，92（22）：228，701.

Baumard N，Huillery E，Hyafil A，et al. 2022. The cultural evolution of love in literary history. Nature Human
　Behaviour，6：506-522.

Becker M，Staniek M，Nastase V，et al. 2019. Assessing the Difficulty of Classifying ConceptNet Relations in a
　Multi-Label Classification Setting. https：//aclanthology. org/W19-0801. pdf.［2022-04-19］.

Beskow D M，Carley K M. 2020. Bot-Match：Social Bot Detection with Recursive Nearest Neighbors Search.
　https：//arxiv. org/pdf/2007. 076 36. pdf.［2022-04-17］.

Bilbao-Osorio B，Dutta S，Lanvin B. 2014. Global Information Technology Report 2014. https：//
　www3. weforum. org/docs/WEF_GlobalInformationTechnology_Report_ 2014. pdf.［2022-04-17］.

Biswas T，Fitzgerald J E. 2020. A geometric framework to predict structure from function in neural networks.
　https：//arxiv. org/pdf/2010. 09660. pdf.［2022-04-17］.

Bizer C，Lehmann J，Kobilarov G，et al. 2009. DBpedia-acrystallization point for the web of data. Journal of Web
　Semantics，7（3）：154-165.

Bonaventura M，Ciotti V，Panzarasa P. 2020. Predicting success in the worldwide start-up network. Scientific
　reports，10（1）：345.

Cao H，Chen Z，Cheng M，et al. 2021. You Recommend，I Buy：How and Why People Engage in Instant
　Messaging Based Social Commerce. In Proceedings of the ACM on Human-Computer Interaction 5，CSCW1
　（2021），1-25.

Cao H, Chen Z, Xu F, et al. 2020. When Your Friends Become Sellers：An Empirical Study of Social Commerce Site Beidian. In Proceedings of the International AAAI Conference on Web and Social Media, 14：83-94.

Cao Q, Sirivianos M, Yang X, et al. 2012. Aiding the Detection of Fake Accounts in Large Scale Social Online Services. Proceedings of the 9th USENIX conference on Networked Systems Design and Implementation（NSDI'12）, 15.

Center for Strategic and International Studies（CSIS）. 2020. The Collection Edge：Harnessing Emerging Technologies for Intelligence Collection. https：//cissar. com/the-collection-edge-harnessing-emerging-technologies-for-intelligence-collection/ ［2022-04-15］.

Center for Strategic and International Studies（CSIS）. 2022. The Case for Cooperation：The Future of the U. S. -UK Intelligence Alliance. https：//www. baogaoting. com/info/114140 ［2022-04-20］.

Center for Strategic and International Studies（CSIS）.2021. Maintaining the Intelligence Edge：Reimagining and Reinventing Intelligence through Inn ovation. https：//cissar. com/maintainin g- the- intelligence- edge-reimagining- and- reinventing-intelligence-through-innovation/［2022-04-20］.

Chen H, Zhu Z, Qi F, et al. 2021. Country Image in COVID-19 Pandemic：A Case Study of China. IEEE Transactions on Big Data, 7：81-92.

Chen Z, Cao H, Lan X, et al. 2022. Beyond Virtual Bazaar：How Social Commerce Promotes Inclusivity for the Traditionally Underserved Community in Chinese Developing Regions. Proceedings of the 2022 CHI Conference on Human Factors in Computing Systems, 1-15.

Chen Z, Cao H, Xu F, et al. 2020. Understanding the Role of Intermediaries in Online Social E-commerce：An Exploratory Study of Beidian. Proceedings of the ACM on Human- Computer Interaction 4, CSCW2（2020）：1-24.

Chire-Saire J E. 2020. Characterizing Twitter Interaction during COVID-19 pandemic using Complex Networks and Text Mining. arXiv：Computers and Society.

Christensen C M. 1997. The innovator's dilemma. Boston：Harvriard Business School Press.

Congressional Budget Office. 2021. Endless Frontiers Act 2021. https：//casp. wisc. edu/the-endless-frontier-act/. ［2022-03-12］.

Cun Y, Boser B, Denker J, et al. 1990. Handwritten digit recognition with a back- propogation network. Advances in Neural Information Processing Systems, 396-404.

Cyberspace Solarium Commission. 2021. Countering Disinformation in the United States. https：//www. solarium. gov/public-communications/disinfor mation-white- paper ［2022-04-15］.

Davies A, Veličković P, Buesing L, et al. 2021. Advancing mathematics by guiding human intuition with AI. Nature, 600（7887）：70-74.

Demidov D, Frahm K M, Dima L. 2020. What is the central bank of Wikipedia? . Physica A：Statistical Mechanics and its Applications, 542（C）.

Deng L, Dong Y . 2014. Deep learning：methods and applications. Foundations & Trends in Signal Processing,

7（3）：197-387.

Edeling W，Hamid A，Sinclair R，et al. 2020. Model uncertainty and decision making：Predicting the Impact of COVID-19 Using the CovidSim Epidemiological Code. https：// www. researchsquare. com/article/rs-82122 /v1 ［2022-04-16］.

European Commission. 2018. Code of Practice on Disinformation. https：//digital- strategy. ec. europa. eu/en/policies/code-practice-disinformation. ［2022-04-15］.

Evans H. 2010. Emerging technologies IPC has Inaugural meeting. http：//www. whitehouse. gov/blog/2010/05/15/emerging-technologies-ipc-has-unaugural-meeting. ［2022-03-14］.

Fan R，Xu K，Zhao J. 2020. Weak ties strengthen anger contagion in social media. https：//arxiv- export-lb. library. cornell. edu/pdf/2005. 01 924 ［2022-04-16］.

Fayyad U M，Piatetsky-Shapiro G，Smyth P. 1996. From Data Mining to Knowledge Discovery in Databases. AI Magzine，17：37-54.

Filletti M，Grech A. 2020. Using News Articles and Financial Data to predict the likelihood of bankruptcy. https：//arxiv. org/pdf/2003. 134 14. pdf. ［2022-04-17］.

Foodfellow I，Pouget Abadie J，Mirazam，et al. 2014. Generative adversarial nets. International Conference on Neural Information Processing Systems，2672-2680.

Frawley W J，Piatetsky- Shapiro G. 1991. Knowledge Discovery in Databases：An Overview. Cambridge：MIT Press.

Gallotti R，Valle F，Castaldo N，et al. 2020. Assessing the risks of infodemics'in response to COVID- 19 epidemics. Nature human behaviour，4（12）：1285-1293.

Gettelman A，Geer A J，Carmichael G R，et al. 2022. The future of Earth system prediction：Advances in model- data fusion. Science advances，8（14）：eabn3488.

Gong Y，Li Z，Jian Z, et al. 2020. Potential Passenger Flow Prediction：A Novel Study for Urban Transportation Development. https：//arxiv. org/pdf/1912. 03440. pdf. ［2022-04-17］.

Goodfellow I. 2016. NIPS 2016 tutorial：Generative adversarial networks. https：//arxiv. org/pdf/1701. 00160. pdf. ［2020-04-17］.

Guacho G B，Abdali S，Shah N，et al. 2018. Semi- supervised content- based detection of misinformation via tensor embeddings. 2018 IEEE/ACM International Conference on Advances in Social Networks Analysis and Mining（ASONAM）：322-325.

Hanika T，Marx M，Stumme G. 2019. Discovering Implicational Knowledge in Wikidata. https：//arxiv. org/pdf/1902. 00916. pdf. ［2022-04-17］.

Hao K，Basu T. 2020. The coronavirus is the first true social- media "infodemic". MIT Technology Review. https：//www. technologyreview. com/2020/02/12/844851/the- coronavirus- is- the- first- true- social- media-infodemic/. ［2022-04-12］.

Hassanzadeh O. 2021. Building a knowledge graph of events and consequences using wikidata？. CEUR Workshop Proceedings，2982.

Hassanzadeh O. 2021. Predicting the future with wikidata and wikipedia. CEUR Workshop Proceedings, 2980.

Hinton G E, Osindero S, Teh Y W. 2006. A fast learning algorithm for deep belief nets. Neural computation, 18 (7): 1527-1554.

Hornik K, Stinchcombe M, White H. 1989. Multilayer feedforward networks are universal approximators. Neural Networks, 2 (5): 359-366.

Huang M, Chang C. 2016. A comparative study on three citationwindows for detecting research fronts. Scientometrics, 109 (3): 1835-1853.

Hussain F, Khan Z S, Bussel F V. 2020. US faces endemic Covid-19 infections and deaths; ways to stop the pandemic. https://arxiv.org/pdf/2007.07789.pdf. [2022-04-17].

Imran A S, Doudpota S M, Kastrat Z, et al. 2020. Cross-Cultural Polarity and Emotion Detection Using Sentiment Analysis and Deep Learning-a Case Study on COVID-19. ArXiv: abs/2008.10031.

Jeong H, Tombor B, Albert R, et al. 2000. The large-scale organization of metabolic networks. Nature, 407 (6804): 651-654.

Ji S, Pan S, Cambria E, et al. 2021. A Survey on Knowledge Graphs: Representation, Acquisition, and Applications. IEEE transactions on neural networks and learning systems, 99.

Jia J S, Lu X, Yuan Y, et al. 2020. Population flow drives spatio-temporal distribution of COVID-19 in China. Nature, 582 (7812): 389-394.

Johnson N F, Velásquez N, Restrepo J, et al. 2020. The online competition between pro- and anti-vaccination views. Nature, 582 (7811): 230-233.

Josimar E, Chire-Saire J, Mahmood K, et al. 2021. Hope Amid of a Pandemic: Is Psychological Distress Alleviating in South America while Coronavirus is still on Surge? WorldCIST. https://arxiv.org/pdf/2008.12289.pdf. [2022-04-18].

Kaur M, Salim F D, Ren Y. 2020. Joint Modelling of Cyber Activities and Physical Context to Improve Prediction of Visitor Behaviors. ACM Transactions on Sensor Networks (TOSN), 16: 1-25.

Khodabakhsh A, Ramachandra R, Raja K, et al. 2018. Fake face detection methods: can they be generalized?. Proceedings of 2018 International Conference of the Biometrics Special Interest Group (BIOSIG), IEEE: 1-6.

Kosowska-Stamirowska Z. 2020. Network effects govern the evolution of maritime trade. Proceedings of the National Academy of Sciences of the United States of America, 117 (23): 12719-12728.

Krenn M, Zeilinger A. 2020. Predicting research trends with sem antic and neural networks with an application in quantum physics. Proceedings of the National Academy of Sciences of the United States of America, 117 (4): 1910-1916.

Kreuchauff F, Korzinov V. 2017. A patent search strategy based on machine learning for the emerging field of service robotics. Scientometrics, 111 (2): 743-772.

Kruspe A, Häberle M, Zhu X. 2020. Cross-language sentim-ent analysis of European Twitter messages during the COVID-19 pandemic. https://aclanthology.org/2020.nl pcovid19-acl.14.pdf. [2022-04-17].

Kulshrestha J, Eslami M, Messias J, et al. 2017. Quantifying search bias: investigating sources of bias for political searches in social media. Proceedings of the 2017 ACM Conference on Computer Supported Cooperative Work and Social Computing, 417-432.

Lai W, Li S, Liu Y, et al. 2022. Adaptation mitigates the negative effect of temperature shocks on household consumption. Nature Human Behaviour.

Le Cun Y, Bottou L. 1998. Gradient-based learning applied to document recognition. Proceedings of the IEEE, 86 (11): 2278-2324.

Lehmann J, Isele R, Jakob M, et al. 2015. DBpedia-a largescale, multilingual knowledge base extracted from Wikipedia. Semantic Web, 6 (2): 167-195.

Li L, Bao J, Zhang T, et al. 2020. Face X-Ray for More General Face Forgery Detection. 2020 IEEE/CVF Conference on Computer Vision and Pattern Recognition (CVPR), 5000-5009.

Li X, Chen G R. 2003. A local-world evolving network model. Physica A: Statistical Mechanics and its Applications, 328 (1-2): 274-286.

Lindley D. 2018. Identifying early signs of online extremist groups. Physics, 11 (1).

Liu Z, Luo P, Wang X, et al. 2015. Deep Learning Face Attributes in the Wild. 2015 IEEE International Conference on Computer Vision (ICCV), 3730-3738.

Ludescher J, Maria M, Boers N, et al. 2021. Network-based forecasting of climate phenomena. Proceedings of the National Academy of Sciences, 118 (47): e1922872118.

Mcguinness D L, Harmelen F. 2004. OWL Web ontology language overview. W3C Recommendation, 63 (45): 990-996.

Memon S A, Carley K M. 2020. Characterizing COVID-19 Misinformat ion Communities Using a Novel Twitter Dataset. https://arxiv.org/pdf/2 008.00791.pdf. [2022-04-12].

Merino J, Caballero I, Rivas B, et al. 2016. A data quality in use modelfor big data. Future Generation Computer Systems, 63: 123-130.

Mo H, Chen B, Luo W. 2018. Fake Faces Identification via Convolutional Neural Network. Proceedings of the 6th ACM Workshop on Information Hiding and Multimedia Security, 43-47.

Murphy C, Laurence E, Allard A. 2021. Deep learning of contagion dynamics on complex networks. Nature Communication, 12 (4720).

Murphy C, Laurence E, Allard A. 2021. Deep learning of contagion dynamics on complex networks. Nature Communications, 12.

Navigli R, Ponzetto S P. 2012. BabelNet: The automatic construction, evaluation and application of a wide-coverage multilingual semantic network. Artificial Intelligence, 193: 217-250.

Newman M. 2004. Who is the best connected scientist? a study of scientific coauthorship networks. Lecture Notes in Physics, 650: 337-370.

Nguyen H H, Tieu N D T , Nguyen-Son H Q, et al. 2018. Modular Convolutional Neural Network for Discriminating between Computer-Gener ated Images and Photographic Images. Proceedings of the 13th International Conference on Availability, Reliability and Security, 1-10.

Niu X, Sun X, Wang H, et al. 2011. Zhishi. me- Weaving Chinese Linking Open Data. SEMWEB. https:// link. springer. com/content/pdf/10. 1007%2F978-3-642-25093-4_14. pdf. [2022-04-19].

Pan J Z, Horrocks I. 2007. RDFS (FA): Connecting RDF (S) and OWL DL. IEEE Transactions on Knowledge and Data Engineering, 19 (2): 192-206.

Pham H, Guan M, Zoph B, et al. 2018. Efficient neural architecture search via parameters sharing. Proceedings of the International Conference on Machine Learning (PMLR), 4095-4104.

Piao J, Zhang G, Xu F, et al. 2021. Bringing Friends into the Loop of Recommender Systems: An Exploratory Study. Proceedings of the ACM on Human- Computer Interaction 5, CSCW2 (2021): 1-26.

Prasse B, Achterberg M, Ma L. et al. 2020. Network-based prediction of the 2019-nCoV epidemic outbreak in the Chinese province Hubei. https://arxiv. org/pdf/2002. 04482. pdf. [2022-04-17].

RAND Corporation. 2021a. Combating Foreign Disinformation on Social Media. https://www. rand. org/paf/ projects/combating-foreign-disinformation. html [2022-04-15].

RAND Corporation. 2021b. Towards an AI- Based Counter- Disinformation Framework. https://www. rand. org/ blog/2021/03/towards- an- ai- based- counter- disinformation- framework. html[2022-04-15].

RAND Corporation. 2021c. An Open- Source Method for Assessing National Scientific and Technological Standing with Applications to Artificial Intelligence and Machine Learning. https://www. rand. org/pubs/research reports/RRA1482-3. html [2022-04-17].

Rousseau R. 2021. Naukometriya, Nalimov and Mul'chenko. COLLNET Journal of Scientometrics and Information Management, 15 (1): 213-224.

Rumelhart D E, Hinton G E, Williams R J. 1986. Learning representations by back propagating errors. Nature, 323 (6088): 533-536.

Rössler A, Cozzolino D, Verdoliva L, et al. 2018. FaceForensics: a large- scale video dataset for forgery detection in human faces. https://arxiv. org/pdf/1803. 09179. pdf. [2022-04-17].

Salih F I, Ismail S A, Hamed M M, et al. 2015. Data quality issues in Big Data. Proceedings of IEEE International Conference on Big Data, IEEE: 2654-2660.

Saxena A, Tripathi A, Talukdar P. 2020. Improving multihop question answering over knowledge graph using knowledge base embedding. https://malllabiisc. github. io/publications/papers/ final_embedkgqa. Pdf. [2021-04-15].

Schwartz G A. 2021. Complex networks reveal emergent interdisciplinary knowledge in Wikipedia. Humanities and Social Sciences Communications, 8 (127): 1-6.

Serra- Garcia M, Gneezy U. 2021. Nonreplicable publications are cited more than replicable ones. Science advances, 7 (21): eabd1705.

Sharma K, Ferrara E, Liu Y. 2020. Identifying Coordinated Accounts in Disinformation Campaigns. https:// arxiv. org/pdf/2008. 11308v1. pdf. [2022-04-18].

Shen C, Chen A, Luo C, et al. 2020. Reports of Own and Others' Symptoms and Diagnosis on Social Media Predict COVID- 19 Case Counts in Mainland China. https://arxiv. org/ftp/arxiv/papers/2004/2004.

06169. pdf. ［2022-04-17］.

Shu K, Wang S, Lee D, et al. 2020. Mining Disinformation and Fake News: Concepts, Methods, and Recent Advancements. Lecture Notes in Social Networks, Springer: 1-19.

Silver D, Huang A, Maddison C J, et al. 2016. Mastering the game of Go with deep neural networks and tree search. Nature, 529 (7587): 484-489.

Sitaula N, Mohan C K, Grygiel J, et al. 2020. Credibility-Based Fake News Detection. Disinformation, Misinformation, and Fake News in Social Media. Lecture Notes in Social Networks. Heidelberg: Springer.

Speer R, Chin J, Havasi C. 2016. ConceptNet 5.5: An Open Multilingual Graph of General Knowledge. https://arxiv. org/pdf/1612. 03975. pdf. ［2022-04-15］.

Suchanek F M, Kasneci G, Weikum G. 2007. YAGO: a core of semantic knowledge unifying wordnet and Wikipedia. http://delis. upb. de/paper/DELIS-TR-0593. pdf. ［2022-04-15］.

Suchanek F M, Kasneci G, Weikum G. YAGO: A Large Ontology from Wikipedia and WordNet. Web Semantics: Science, Services and Agents on the World Wide Web, 2008, 6 (3): 203-277.

Taleb I, Dssouli R, Serhani M A. 2015. Big data pre-processing: A quality framework. Proceedings of the IEEE International Congress on Big Data, IEEE: 191-198.

Taleb I, Serhani M A, Dssouli R. 2018. Big data quality: A survey. Proceedings of the 2018 IEEE International Congress on Big Data, IEEE: 166-173.

Tanon T P, Weikum G, Suchanek F M. 2020. YAGO 4: A Reason-able Knowledge Base. The Semantic Web, 12123: 583-596.

The DBpedia Data. http://wiki. dbpedia. org/Datasets. ［2022-02-15］.

University of Alberta. About DrugBank. https://go. drugbank. com/about. ［2022-2-25］.

Verbavatz V, Barthelemy M. 2020. The growth equation of cities. Nature, 587 (7834): 397-401.

Wang J, Fan Y, Palacios J, et al. 2022. Global evidence of expressed sentiment alterations during the COVID-19 pandemic. Nature human behaviour, 6: 349-358.

Wang X, Zhang S, Liu Y. 2021. ITGInsight-discovering and visualizing research fronts in the scientific literature. Scientometrics, 26: 8471-8490.

Wang Y, Long Y, Tu L, et al. 2019. Delivering Scientific Influence Analysis as a Service on Research Grants Repository . https://arxiv. org/pdf/1908. 08715. pdf. ［2022-04-19］.

Wang Y, Ma F, Jin Z, et al. 2018. EANN: Event Adversarial Neural Networks for Multi-Modal Fake News Detection. KDD' 18: Proceedings of the 24th ACM SIGKDD International Conference on Knowledge Discovery & Data Mining, 849-857.

Watts D J, Strogatz S H. 1998. Collective dynamics of "small world" networks. Nature, 393 (6684): 440-442.

Weis J W, Jacobson J M. 2021. Learning on knowledge graph dynamics provides an early warning of impactful research. Nature biotechnology, 39 (10): 1300-1307.

Wen T, Deng Y. 2019. Identification of influencers in complex networks by local information dimension. https://

arxiv. org/pdf/1908. 11298. pdf. [2022-04-15].

Wong E Y. 2015. Schema. org. Technical Services Quarterly, 32 (2): 229-230.

Wysocki K, Ritter L S. 2011. Diseasome: an approach to understanding gene- disease interactions. Annual Review of Nursing Research, 29: 55-72.

Xiao W, Peng L. 2009. On general models of complex networks with some applications. 1st IEEE Symposium on Web Society, IEEE: 153-156.

Xiao W, Qin Y, Parhami B. 2007. Extended clustering coefficients of small- world network. https://link. springer. com/content/pdf/10. 1007%2F978-3-540-72590-9_9. pdf. [2022-04-17].

XiaoW, Parhami B. 2006. Cayley graphs as models of deterministic small-world networks. Information Processing Letters, 97 (3): 115-117.

Xie J, Meng F, Sun J, et al. 2021. Detecting and modelling real percolation and phase transitions of information on social media. Nature Human Behaviour, 5 (9): 1161-1168.

Xu B, Liang J, Xie C, et al. 2019a. CN- DBpedia2: An Extraction and Verification Framework for Enriching Chinese Encyclopedia Knowledge Base. Data Intelligence, 1 (3): 244-261.

Xu C, Kohler T A, Lenton T M. 2020. Future of the human climate niche. Proceedings of the National Academy of Sciences of the United States of America, 117 (21): 1350-1355.

Xu F, Han Z, Piao J, et al. 2019b. "I Think You' ll Like It" Modelling the Online Purchase Behavior in Social E-Commerce. Proceedings of the ACM on Human-Computer Interaction 3, CSCW (2019): 1-23.

Xu F, Lian J, Han Z, et al. 2019c. Relation-Aware Graph Convo-lutional Networks for Agent-Initiated Social E-Commerce Recommendation. Proceedings of the 28th ACM International Conference on Information and Knowledge Management, 529-538.

Xu F, Zhang G, Yuan Y, et al. 2021. Understanding the Invitation Acceptance in Agent- Initiated Social E-Commerce. Proceedings of the International AAAI Conference on Web and Social Media, 15: 820-829.

Yang X, Li Y, Lyu S. 2019. Exposing Deep Fakes Using Inconsistent Head Poses. ICASSP 2019-2019 IEEE International Conference on Acoustics, Speech and Signal Processing, 8261-8265.

Yin Y, Gao J, Jones B F, et al. 2021. Coevolution of policy and science during the pandemic. Science, 371 (6525): 128-130.

Yook S H, Jeong H, Barabasi A L, et al. 2001. Weighted evolving networks. Physical Review Letters, 86 (25): 5835-5838.

Zhang G, Li Y, Yuan Y, et al. 2021. Community Value Prediction in Social E-Commerce. Proceedings of the Web Conference 2021, 2958-2967.

Zhang G, Zeng J, Zhao Z, et al. 2022. A Counterfactual Modeling Framework for Churn Prediction. In Proceedings of the Fifteenth ACM International Conference on Web Search and Data Mining, 1424-1432.

Zhang J, Gao C, Jin D, et al. 2021. Group- Buying Recommendation for Social E-Commerce. 2021 IEEE 37th International Conference on Data Engineering (ICDE), 1536-1547.

Zheng X. 2020. Predicting the number of coauthors for researchers: A learning model. Journal of Informetrics, 14

（2）：1751-1577.

Zi B，Chang M，Chen J. 2020. WildDeepfake：A Challenging Real- World Dataset for Deepfake Detection. https：//arxiv. org/pdf/2101. 01456. pdf. ［2022-04-19］.

Zoph B，Le Q V. 2016. Neural Architecture Search with Reinforce ment Learning. Proce- edings of the International Conference on Learning Repre sentations（ICLR）. https：//arxiv. org /pdf/1611. 01578. pdf. ［2022-04-16］.

第 5 章

传播信息学与传播领域知识发现

传播信息学是传播大数据范式下开展信息传播规律研究与分析的新领域，是以人类的一切信息传播行为为研究对象，运用信息科学、计算机科学、数据科学、社会科学等相关学科的理论、技术和方法，进行人类信息传播行为数据的收集、存储、处理、分析与可视化，并进行传播领域隐形知识发现，从而创造新知识、发现新方法、支撑传播相关问题解决的交叉性研究领域方向。从传播信息学的理论建构、技术方法、研究内容、发展的关键问题和应用案例等 5 个方面，对传播信息学进行全面介绍、阐释和研究。首先，从传播信息学的产生背景论起，对传播信息学进行概念界定和内涵辨析，并梳理其发展脉络。其次，从数据采集、数据存储、数据处理、数据分析与知识发现等角度论述传播信息学的技术方法。再次，基于传播学"5W"框架，围绕传播者、传播内容、传播渠道、传播对象、传播效果等方面对其研究内容进行论述。然后，分析传播信息学发展的关键问题与努力方向。最后，以国际知名智库为例，介绍其利用社交媒体进行主动传播的规律和相关知识发现。

5.1　引言

在信息技术、计算机技术迅速发展的推动下，大量从宏观到微观、从自然到社会的观察、感知、计算、仿真、模拟等活动产生出巨量的各种类型的数据；这些门类繁多的数据不仅是各学科领域科研活动的产出结果，更逐渐变成各类学术研究活动的研究对象和工具。吉姆·格雷提出科学研究已进入继实验科学（第一范式）、理论科学（第二范式）、计算科学（第三范式）之后的"基于数据密集型计算的第四范式"（Hey et al., 2009），即数据驱动型的科学研究范式，其借助设备采集数据并存储于数据库中，通过数据挖掘、机器学习等方法对相关数据进行挖掘和分析，从而发现其中的规律和知识。第四范式在分析的数据规模、分析方法等方面区别于实验科学、理论科学和计算科学，如图 5-1 所示。与以科学大数据为分析对象的科学研究第三范式、第四范式相伴而生的是诸多学科或领域的二元化发展，并衍生出新的学科或领域——"计算 X 学"（Computational-X）与"X 信息学"（X-Informatics），其中 X 指具体的学科或领域，如医学、生物学、化学、生态学等自然科学领域，经济学、心理学、法学、教育学、档案学等社会科学领域。以生物学为例，该学科逐渐出现了模拟生物系统怎样运转，一个细胞的行为或代谢路径，又或一个蛋白质生成的方式等的计算生物学，以及收集、存储、处理、分析生物信息从而进行知识发现的生物信息学（Hey et al.，2009）。比较来看，"计算 X 学"与"X 信息学"的差异在于，"计算 X 学"侧重于模拟计算研究对象，是理论模式导向的科学，对应于科学研究第三范式，而"X 信息学"更侧重于对数据生命周期的管理与应用、对计算方法的发展与应用，从而发现并创造新的科学知识，是数据导向的科学（张志强和范少萍，2015），对应于科学研究第四范式。

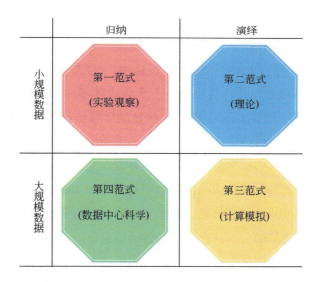

图 5-1　四种科学研究范式关系图

资料来源：Kitamoto，2021。

　　传播学是一门研究人类一切传播行为、传播过程及其规律的学科，旨在解释信息传播的机制和本质、描述传播过程和传播效果，预测未来的传播形势和结构等（张伦等，2018），其传统的研究数据主要依赖于调查等方式收集，为小科学数据。随着互联网、移动互联网、新媒体技术等的快速发展，人们基于互联网进行传播和互动的大量数字痕迹（digital traces）被记录下来，这些数字痕迹提供了传统数据无法提供的人类传播行为的丰富信息，成为传播学研究新的数据形式和来源。加之飞速发展的信息技术、计算技术的赋能，共同催生了传播学研究范式的变革。传播学也逐渐演变出两个新的交叉学科研究方向——"计算传播学"（Computational Communication）与"传播信息学"（Communication Informatics）。目前，传播学界的部分学者已对计算传播学开展了讨论与研究，包括计算传播学的概念、内涵、理论、方法、研究问题及具体的应用等（塔娜，2020；王成军，2016；张伦，2020；祝建华等，2014），并产出了一些具有代表性的成果。相对而言，学界专门针对传播信息学的讨论则相对较少，仅在部分研究中提及，甚至传播信息学还没有明确的概念界定。而实质上，传播学与信息科学早期就有着紧密的联系，传播信息学作为传播学与信息科学的交叉领域，从 20 世纪 40 年代信息科学诞生以后，许多传播学家在界定传播概念之际就突出强调传播的信息属性（郭庆光，2011），之后传播学与信息科学一直相互影响、相互渗透。此外，传播信息学这一概念虽未在研究中广泛使用，但传播信息学相关的理念、技术、方法早已在传播学的研究中频繁出现，相关研究成果散落在传播学的文献中。而学界针对已渗透在传播学中很久的传播信息学相关的理论基础、方法体系及研究应用等现状尚无清晰的认识、也缺乏体系化的梳理。

数据密集型环境下的传播信息学若要进一步发展，需厘清其发展现状、把握其未来发展前景。张志强和范少萍（2015）在"X 信息学"的基础上提出了"学科信息学"（Subject Informatics）的概念，并将具化到某个学科或领域的"X 信息学"称为"专门学科信息学"，他们认为专门学科信息学即具有明显的学科依赖性，又具有一般信息科学的特征。因此，本章将结合学科信息学、信息科学、传播学的特征，梳理国内外传播信息学相关的研究成果，成果遴选的标准为：①研究内容为人类的信息传播行为、传播过程及其规律；②研究数据必须是数字痕迹或其他的数字化档案（如媒体数据库）；③研究方法为信息技术、计算技术等，涉及数据收集、存储、处理、分析等整个数据生命周期。在深入阅读这些有关研究文献的基础上，首先，总结传播信息学的理论基础，包括梳理其产生背景、发展脉络，尝试性提出传播信息学的定义并辨析相关概念；其次，归纳传播信息学在进行传播领域知识发现过程中所涉及的方法与技术以及具体的研究内容；最后，基于传播信息学的发展现状针对性提出传播信息学发展的关键问题。

5.2 传播信息学的理论建构

5.2.1 传播信息学产生背景

传播信息学作为传播学的一个新的研究方向在传播学学科之下形成萌芽并发展，主要得益于传播学学科内部发展需要及外部环境变化的共同驱动，具体见图 5-2。

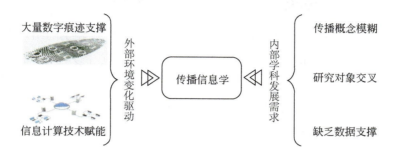

图 5-2　传播信息学的产生背景

5.2.1.1　传播学学科发展的需要

首先，传播学发展初期存在"传播"概念不明确的问题。在传播学发展之初，不同学者从不同角度界定了"传播"的概念，但都存在不够明确的问题。自信息科学诞生后，信息的概念便被引入到传播学中；有了信息的概念，传播概念的阐述便更加科学和严谨了，如施拉姆认为传播至少有三个要素：信源、讯息和信宿（Schramm，1954），阿耶尔提出传播在广义上指的是信息的传递（Ayer，1995）。由此来看，传播学与信息科学交叉融合并产生传播信息学有其历史必然性。其次，传播学与信息科学的研究对象存在交叉，传播信息学的产生是传播学寻求发展的必然趋势。信息科学是以信息作为主要研究对象、以信息运动规律为主要研究内容、以信息科学方法论为主要研究方法的科学（钟义信，2002），而传播无非是信息的传递或信息系统的运行，信息科学的很多技术方法适用于传播学研究。再次，传统的传播科学研究过于强调理论和假设，缺乏大数据和恰当方法的验证。传统的传播研究主要以调查、内容分析、控制实验等方式开展，以数据为中心的科学研究范式可使传统传播研究的不足得以改进。

5.2.1.2　大规模数字痕迹的支撑

传播学研究需要大量的人类信息传播行为数据作为支撑。互联网、新媒体技术的发展带来了崭新的传播渠道，催生了很多前所未有的人类信息传播行为，这些行为信息被数字化媒体记录下来（即数字痕迹），成为传播学研究新的数据支撑。大数据时代下的数字痕迹具有数据规模大、数据类型丰富等特点。在数据规模方面，以移动互联网为例，据 QuestMobile TRUTH 中国移动互联网数据库统计数据，截至 2021 年 9 月，中国移动互联网的用户规模已达 11.67 亿，移动互联网用户月人均单日使用时长达 6.6 小时，每日产生的数字痕迹是海量的（QuestMobile 研究院，2022）。在数据类型方面，依据产生方式的不同，数字痕迹的类型主要包括：①记录用户基础行为的系统级日志数据，包括用户的网页浏览历史，在线行为发生时的时间、用户所在地理位置和行为类型等；②用户级别数据，包括用户生成的数据（user generated content，UGC）及与 UGC 伴生的用户交互关系数据，UGC 主要类型包括用户在网络论坛、社交媒体上发布的文字、图片、音频、视频等类型数据，用户交互关系数据主要包括评论、点赞、转发等类型数据。规模庞大和类型丰富的数字痕迹，为利用计算方法和技术开展人类传播过程及现象的研究提供了海量的数据"原料"，有力支撑了传播信息学的发展。

5.2.1.3 信息、计算技术的赋能

得益于信息、计算技术的提升，数据的获取和利用情况得到极大改善。一方面，以前沉睡于数字化媒体中的数据被唤醒并被重新认识；另一方面，网络空间实时产生的数据也可及时得到利用。借助于自动化的手段（如爬虫程序、专业数据采集工具和平台等），研究人员可较为便捷的获取网络上数量庞大和类型丰富的用户行为数据，为人们观察和研究信息传播行为、传播过程提供数据支撑。伴随着数据可获得性和数据丰富程度的提升，数据利用的技术和方法也在飞速发展。尤其是在近年来大数据技术和人工智能技术取得实质性突破之后，数据挖掘、机器学习、自然语言处理、计算机视觉等先进技术和智能算法被应用于数据处理、分析与可视化，为描述、解释和预测人类信息传播行为及其背后的驱动机制提供了充足的工具和方法。在信息、计算技术的赋能下，数据的获取、存储、处理、分析等过程更加规范和便捷，数字化的人类信息传播行为背后的各种隐含价值更易得到发掘和利用。

5.2.2 传播信息学发展演进

5.2.2.1 传播信息学的萌芽期

观察传播信息学的发展脉络，传播学与信息科学的互动与融合由来已久，最初传播学与信息科学的相遇可追溯至香农的信息论。信息论一经提出，许多学科的研究者便试图将信息论的概念和方法用于解决各自学科的难题，传播学因为其与"信息"的本质联系更在其中。信息论对传播学的贡献在于，一方面为传播学提供了一个具有普遍意义的信息概念，拓宽了传播学研究的视野；另一方面，信息论解决了信息的度量问题，为传播学的定量研究提供了新的方法（郭庆光，2011）。传播学与信息科学相遇之后，美国和西欧的学者开始逐步吸收借鉴信息科学，运用信息论方法来研究传播系统、传播过程和传播行为，并不断探讨传播学基础理论的构建，以期对传播实践做出明确而有力的指导（梅琼林，

2007）。

5.2.2.2　传播信息学的发展期

信息的概念被引入传播学后，传播学与信息科学便相互碰撞和影响，产生了两个具有代表性的研究领域——"信息传播学"（Communication and Information Sciences 或 Information and Communication Sciences）和"社会信息学"（Social Informatics）。

信息传播学的概念最早出现在美国的夏威夷大学（University of Hawaii），随后在罗格斯大学（Rutgers，The State University of New Jersey）、加州大学奇科分校（California State University at Chico）、内布拉斯加大学（University of Nebraska）、法国的巴黎第四大学（University of Paris-Sorbonne Paris Ⅳ）、理尔大学（University of Lille），日本的东京大学（University of Tokyo），澳大利亚的南澳大利亚大学（University of South Australia）等学校出现；此外还有一些以"信息传播学"命名的学术研究团体，也有一些政府机构开始以"信息传播"命名，如法国工业、邮电和外贸部的信息与传播局，法国总理府的信息与传播处（闫学杉，1997）。信息传播学的理念对我国也有一定的影响，有些新闻传播院系的命名中加入了"信息"，如华中科技大学新闻与信息传播学院。总的来说，信息传播学与目前的传播信息学依然有本质的区别，信息传播学主要将"信息"视为研究对象，通过传播学的知识研究信息的传播规律，而传播信息学更侧重于将传播的"信息"作为方法论，通过对被传播的大数据信息的深度分析和挖掘，研究人类的信息传播行为、传播过程相关的隐含的规律。

社会信息学这一领域是在社会信息化进程快速发展的背景下产生的，不同学科的学者对其均有讨论并从不同角度提出了一些具有代表性的概念。新闻传播领域的学者对其也有关注，较典型的是日本在 20 世纪 90 年代从新闻传播的角度提出的社会信息学概念，强调社会信息学是对社会信息的生产、流通、处理、积蓄、使用进行综合性研究，通过这些研究，从信息角度对人类社会进行社会科学的解释，同时对信息社会现象所产生的各种课题从学术上采取对策的学科（滨田纯一，1999）。该概念是在 1992 年东京大学新闻研究所更名为社会信息研究所的背景下产生的，受当时社会信息化的影响，东京大学新闻研究所的学者认为新闻传播的研究范围不仅限于新闻现象、大众传播现象，更涉及广泛的社会信息现象（吴信训，1993）。由此可知，传播学领域提出的社会信息学也更强调将"社会信息"作为研究对象，与传播信息学的关注点依然有差异。

5.2.2.3　传播信息学的形成期

传播学与信息科学融合形成传播信息学并在国内研究文献中出现，源于欧阳康（2007）对社会信息科学的学科定位与研究思路的讨论，他指出社会信息科学是对各种具体的社会分支信息学科的概括，传播信息学属于具体的信息科学之一。之后，陈少华（2008）讨论了信息科学视角下的传播学，从多个方面肯定了传播信息学的价值，认为信息科学的理论和方法，可以拓宽传播研究的视野、理论和方法，还可开辟传播与信息环境优化、复杂社会系统的信息模拟及通过对海量信息的分析发现社会舆情及变化的规律等新的研究领域，传播信息学可能会应运而生。国外研究中较少使用传播信息学一词，但在实践中能看到传播信息学的身影，如美国南加州大学的新闻与传播学院与工程学院联合设立了传播信息学硕士培养项目（University of Southern California, 2016），面向数据密集型新环境开设包括信息学中的安全与隐私、面向数据信息学的机器学习、数据挖掘的基础与应用、信息可视化、数据管理导论、信息学编程原理等课程。

总体来看，传播信息学一词尚未得到广泛传播；但在传播学领域，信息观念、信息理论和信息方法已得到广泛应用，基于媒体的信息分析和社会模拟也得到有效展开。

5.2.3 传播信息学概念界定与辨析

5.2.3.1 概念界定

目前，学界尚未对传播信息学的概念内涵做出明确的界定。本小节基于张志强和范少萍（2015）提出的学科信息学概念的总体特征："学科信息学是指学科领域在科研创新中应用信息科学与计算科学的技术、手段与方法，进行科学数据收集、存储、处理、再分析、可视化和知识发现，从而创造新知识、发现新方法、提供学科战略决策咨询的交叉性学科"，并结合信息科学、传播学的学科特征，提出传播信息学的定义。传播信息学是以人类的一切信息传播行为为研究对象，运用信息科学、计算机科学、数据科学、社会科学等相关学科的理论、技术和方法，进行人类信息传播行为数据的收集、存储、处理、分析与可视化，并进行传播领域隐形知识发现，从而创造新知识、发现新方法、支撑传播相关问题解决的交叉性研究领域方向。具体来说，传播信息学的内涵可从以下几个层面理解。

1）学科基础：传播信息学作为交叉性的研究领域，其学科基础由基础学科、支撑学科、应用学科三部分构成（王知津等，2012），如图5-3。基础学科为传播信息学提供了原理性、基础性理论，主要指信息科学，支撑学科为传播信息学提供了直接的方法和技术支持，包括计算机科学、通信科学、网络科学、人工智能、认知科学等（Lamb and Kling, 2003），应用学科为传播信息学的应用提供具体的领域知识，指传播学。

2）研究对象：为人类的一切信息传播行为，具体可从传播主体、传播渠道、传播内容、传播对象、传播效果等维度进行揭示。

3）数据来源：人类在进行各种社会活动过程中产生的大规模传播行为数据均可作为

传播信息学的研究数据，包括服务器日志数据、网页数据（如社交媒体数据、论坛数据、电商平台数据）、在线档案数据（如一些典型的媒体数据库）等。

4）研究方法：主要借助信息科学、计算机科学、网络科学、通信科学、人工智能等的技术方法，如统计分析、社会网络分析、文本挖掘、机器学习等，应用于信息传播行为数据的收集、存储、处理、分析等整个流程。

5）研究目标：揭示人类的信息传播行为特征与规律；发现传播领域的新技术、新方法、新知识；为传播领域相关问题的解决提供决策支撑。

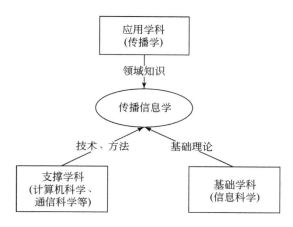

图 5-3　传播信息学的学科基础

资料来源：王知津等，2012。

5.2.3.2　内涵辨析

数据密集型环境下，传播学领域衍生出了传播信息学和计算传播学两个研究方向，虽然传播信息学属于"X 信息学"的范畴，计算传播学属于"计算 X 学"的范畴，但从目前学界对两者的讨论来看，其区别和联系却不同于"X 信息学"与"计算 X 学"。传播信息学和计算传播学发展过程中在研究内容、研究方法等层面呈现诸多相似之处，为明确传播信息学的概念内涵，有必要在"X 信息学"和"计算 X 学"的基础上将两者进行进一步的区分。

计算传播学在传播学领域的研究实践存在已久，王成军较早对该术语予以界定，认为计算传播学主要关注人类传播行为的可计算性基础，以传播网络分析、传播文本挖掘、数据科学等为主要分析工具，（以非介入的方式）大规模的收集并分析人类传播行为数据，挖掘人类传播行为背后的模式和法则，分析模式背后的生成机制与基本原理，可以被应用于数据新闻和计算广告等场景（王成军，2014），目前此概念已得到学界的广泛使用。对比于传播信息学，两者既有交叉但也有不同，可通过图 5-4 展示。首先，在研究方法上，传播信息学主要以数据为中心，采用归纳的方法进行科学知识发现；计算传播学既有归纳法、又有演绎法（计算模拟），其中归纳法这部分研究与传播信息学相似。其次，在研究内容上，传播信息学侧重于通过信息技术、计算机技术等对整个传播大数据生命周期进行管理、数据分析挖掘并开展传播相关的知识发现；计算传播学侧重于寻找传播过程中的可计算基因，并进行传播规律挖掘，虽然也涉及数据的收集、处理、分析，但更侧重数据生命周期的尾端。

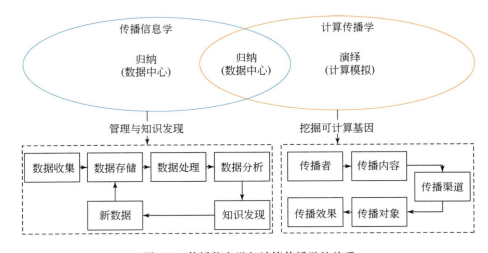

图 5-4　传播信息学与计算传播学的关系

5.3　传播信息学的技术方法

　　传播信息学的研究过程中，传播的大数据是必不可少的要素。从数据产生方式来看，传播信息学研究所使用的数据主要包括记录用户基础行为的系统级日志数据和用户级别数据，这些数据具有来源多样、非结构化、文本语义复杂等特点。网络时代的发展以及信息、计算技术的赋能，给传播信息学研究的开展带来了机遇，新的技术和研究方法的应用，为传播信息学研究过程中的各个环节的开展提供了支撑。传播信息学的研究是以问题为导向，实现从新闻传播数据到知识，最终解决问题的过程，如图 5-5。首先，根据研究问题，基于多种数据来源，借助多种数据采集手段获取所需数据，然后经过数据存储、数据处理，采用多种方法进行数据分析，实现不同场景下的数据管理与知识发现，最终解决传播学相关问题。

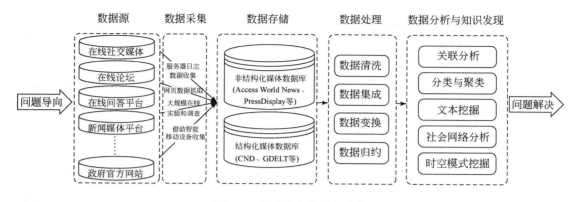

图 5-5　传播信息学研究过程

5.3.1　数据采集

从社交媒体、其他"数字痕迹"到数字化的媒体以及数字档案等都是传播信息学研究的数据来源，具体来说包括在线社交媒体（如微博、微信、Twitter、Facebook、Bilibili、抖音、快手等）、在线论坛（如贴吧、Reddit、豆瓣、天涯论坛等）、在线问答平台（如知乎、Quora 等）、网络交易与评价平台（如淘宝、京东、亚马逊、大众点评、链家网等）、新闻媒体平台（如人民日报、新华社、New York Times 等）、政府官方网站（如政府留言板、中国裁判文书网等）等。

由此，目前传播信息学研究的主要数据获取方式不再是传统的内容分析、问卷调查和控制实验，而是来自于服务器日志数据收集、网页数据抓取、大规模在线实验和调查、借助智能移动设备收集等。

1）服务器日志数据收集。服务器日志是一个或多个由服务器自动创建和维护的日志文件，记录用户的基础行为，包括用户的网页浏览历史记录、应用使用时长、在线行为的类别（查询、阅读、下载、购买、转存等）、在线行为发生的时间及发生时的地理位置等。各类业务平台每天都会产生大量的日志数据，对这些日志数据的收集和分析，对于了解用户的行为偏好和平台的优势、不足等具有重要意义。例如，通过收集和处理谷歌浏览器用户浏览数据并据此创建用户行为模型，可以从个人的浏览数据中发现有价值的行为模式（Seemi et al.，2019）。除一些涉及隐私的数据（如地理位置）等需要授权外，此类数据一般不需要用户主动干预即可生成。日志数据的收集一般通过日志收集系统自动完成，也可通过第三方平台获取，如 CNZZ 数据专家网站（https：//www.umeng.com/），可以帮助统计某一网站的浏览次数、访客人数、访问内容等。

2）网页数据抓取。网页数据抓取是指采用自动化的手段，根据相关的主题或关键词，批量、快速从网站上提取特定内容，既包括网络上的内容数据，也包括用户行为数据。网页数据抓取旨在将非结构化的信息从大量的网页中抽取出来并以结构化的方式进行存储，方便后续的分析和挖掘。网页数据抓取一般有两种途径，一种是通过编写爬虫程序来进行爬取，这种方式需要一定的编程基础，可根据自己的需要进行程序的调整；一种是利用现成的工具进行数据采集，常见的爬虫工具有后羿采集器（https://www.houyicaiji.com/）、八爪鱼采集器（https://www.bazhuayu.com/）和 GooSeeker（https://www.gooseeker.com/）等，这些工具可覆盖日常的数据抓取需求，从指定网页中获取特定内容。

3）大规模在线实验和调查。相对于传统的只能招募几十个、几百个被试的实验，互联网作为一个开展自然实验的天然平台（典型表现形式包括在线实验平台、社交网站等），可以触及海量受众，开展更大规模的实验。在线实验平台通常由两部分组成，一类是实验发布与被试招募平台，为线上调查与实验的发布、被试管理、招募进度及结果跟踪等提供便利，如 MTurk（https://www.mturk.com/）、爱实验被试招募平台（http://aishiyan.bnu.edu.cn/）等；一类是实验设计平台，如 SurveyMonkey（https://www.surveymonkey.com/）、oTree（http://www.otree.org/）、Qualtrics（https://www.qualtrics.com/）、问卷星（https://www.wjx.cn/）等。Facebook、Twitter、新浪微博等社交网站的发展，建立了人与人之间的链接和交互，为旨在探索媒介信息与个人行为关系的大规模在线实验的开展提供了途径，例如，可利用 Facebook 平台向用户发送政治动员信息，研究媒介信息对用户政治表达、信息寻求和现实世界投票行为的影响（Bond et al.，2012）。

4）借助智能移动设备收集数据。随着移动互联网的发展，智能移动设备（尤其是智能手机）的使用不断普及，移动应用开发得到迅猛发展，为收集大规模异质人群数据提供了可能。研究人员通过开发移动应用软件供研究对象下载使用，在获得授权的前提下，完成对研究对象个人资料、行为数据的采集和上传。例如，Wagner 等（2014）通过 Device Analyzer 项目，利用两年时间收集了 12 500 台安卓设备的 530 亿条数据，为研究智能手机应用使用行为积累了大量的数据。Eagle 等（2009）通过开展 Reality Mining 项目，在 94 名受试者的手机中预装了多个软件，记录其通话记录、蓝牙设备、手机发射塔、应用程序使用、手机状态等方面的数据，用于开展人机互动和社会网络结构研究。

5.3.2　数据存储

数字化或从网络爬取到的数据，会以专门的媒体数据库形式进行存储，这类平台汇集了大量媒体资讯内容，既包括报纸、杂志、书刊等传统的平面媒体内容，又包括传媒机构发布在网站上的各类信息（表 5-1）。目前众多的数据库中，以保存新闻数据为主要目的的非结构化数据库居多，如 Access World News 数据库、PressDisplay 在线报纸数据库、慧科中文媒体资讯及商业情报数据库等非结构化数据库，收录了大量报刊、网站、社交媒体的新闻资讯，并提供了多种检索方式。也有一些数据库，使用自动化算法提取新闻文本中的时间、空间、人物、机构、事件、主题、情感、位置、数量等内容，形成结构化的可供分析研究的数据库，如 CND 中文新闻数据库、GDELT 等。

表 5-1　传播信息学研究典型常用数据库

序号	名称	简介
1	Access World News 数据库 （https：//infoweb. newsbank. com/）	由美国 NewsBank 公司出品，提供了 8 000 余种世界各地最受欢迎的媒体资源，内含 5 000 余种媒体资源，700 余种期刊杂志、近 600 家主要通讯社、近 100 家主要电台电视台以及博客、网络资源等其他资源。资源语种以英语为主，包含一定数量的西班牙语、法语、德语、意大利语、葡萄牙语等语种的媒体资源。最早可以回溯至 20 世纪 70 年代的信息。该数据库检索功能强大，提供全文、标题、引言、日期、作者、章节、页码等多种检索方式
2	PressDisplay 在线报纸数据库 （https：//www. pressdisplay. com/）	由 Swets 公司推出，该数据库收录了来自全世界 150 多个国家 3 000 多份数字化或印刷版的知名报纸和杂志，语种包括英语、俄语、德语、日语、韩语、阿拉伯语、西班牙语、法语、波兰语、葡萄牙语等 70 多种语言。该数据库保持印本报纸的原始版面，每日更新，可以看到当天的报刊内容，具备 8 种标准语音的播放功能，读者可按照国家、语言、报纸名称浏览，提供全文检索，可提供 12 种语言的翻译
3	慧科中文媒体资讯及商业情报数据库 （http：//wisesearch6. wisers. net/）	由慧科讯业（北京）网络科技有限公司（Wisers Information Limited）开发，是一个全面、及时的媒体资讯库。数据库涵盖了丰富的平面媒体资源，同时也收录了源自 1 200+报刊、10 000+网站、1 500+社交媒体的新闻资讯，用户可从全景角度了解事件的新闻报道情况。收录的新闻资料可最早回溯到 1998 年，为用户提供了珍贵的历史资料。数据库更新速度快，提供了超强的新闻检索、灵活的媒体/事件对比分析、智能的热门报道发现、实时在线图表分析等功能
4	CND 中文新闻数据库 （https：//www. ringdata. com/news）	由萌泰数据联合南京大学新闻传播学院合作研发的面向社会科学研究的中文新闻数据库。新闻数据来源覆盖国家网信办公布的可供新闻转载的 380 家新闻单位（含报纸和网站）、各级省市的地方媒体、知名微信公众号等，并提取新闻的时间、空间、人物、机构、事件、主题、情感、影响力、词频等关键指标，形成结构化的可供分析研究的数据库。数据库提供的服务包括中文新闻数据检索、可视化分析、新闻指数、知识挖掘、内容生产、科研和社会服务等

续表

序号	名称	简介
5	GDELT（https://www.gdeltproject.org/）	GDELT 是一个开放的全球社会数据库，在 Google Jigsaw 的支持下，时刻监控着每个国家的几乎每个角落的 100 多种语言的新闻媒体（包括印刷的、广播的和 web 形式的），识别人员、位置、组织、数量、主题、数据源、情绪、报价、图片和每秒都在推动全球社会的事件，GDELT 为全球提供了一个自由开放的计算平台。GDELT 主要包含两大数据集：Event Database（事件数据库）、Global Knowledge Graph（GKG，全球知识图谱），记录了从 1969 年至今的新闻，每十五分钟更新一次数据
6	ICEWS（https://www.lockheedmartin.com/en-us/capabilities/research-labs/advanced-technology-labs/icews.html）	国际危机早期预警系统（Integrated Crisis Early Warning System，ICEWS）收录了来自 6 000 余个各类国际、国家/地区和地方新闻来源的 4 500 余万篇新闻报道，最远可追溯至 1991 年，涵盖数字化新闻媒体、社交媒体和其他来源，并近乎实时地捕获和处理其中的新闻要素，构建编码事件数据库，以预测、跟踪和响应世界各地的事件，主要用于早期预警。ICEWS 为全球 167 个国家/地区提供 6 个月的不稳定事件的滚动预测

5.3.3 数据处理

采集到的数据往往存在着一定的噪声，在进行分析和挖掘之前需进行预处理，以清理异常值、纠正错误数据、统一数据格式等。数据预处理的方法主要包括数据清洗、数据集成、数据变换及数据归约等四类①。

1）数据清洗（data cleaning）。旨在发现并纠正数据文件中可识别的错误，解决直接采集来的数据所带来的不完整性、异常性、错误性和冗余性的问题，包括纠正不一致数据、填补遗漏数据、消除异常数据以及平滑噪音数据等步骤。数据清洗常见操作方法包括缺失值处理、重复值处理和异常值处理等。对于缺失值的处理，主要通过推断进行填补，大多数情况下需要手动补充缺失值。对于重复值，可通过判断记录间的属性是否相等来检测记录是否重复，重复的记录合并成为一条记录。对于异常值，可通过绘制箱线图（Box-Plot）来识别。

2）数据集成（data integration）。指将多个数据源中的数据整合到一个一致的存储库中，以解决数据的分布性和异构性问题。数据集成的关键是要建立统一的数据规范结构，

---

① 新媒体数据新闻 第四章 新媒体数据预处理［EB/OL］．［2022-02-04］．https://www.doc88.com/p-66316030452743.html？s=rel&id=5.

集成过程中需要解决实体识别、冗余、数据值冲突等问题。

3）数据变换（data transformation）。指对数据进行规范化处理，将数据转换或统一成适合挖掘的形式。数据变换的途径包括平滑、聚集、数据概化、规范化和属性构造等。平滑是指去除噪声，将连续的数据离散化，增加粒度，实现方式主要有分箱、聚类和回归等。聚集主要是指对数据进行汇总。数据概化是指用更高层次、更抽象的概念来取代低层次或数据层的数据对象，如街道属性可以泛化到更高层次的概念——城市、国家。规范化是指将数据按比例进行缩放，使之落入一个特定的区域，以消除数值型属性因大小不一而造成挖掘结果的偏差，主要方法有最小–最大规范化、零均值规范化和小数定标规范化。属性构造是指利用已有属性集构造出新的属性，并加入到现有属性集合中以帮助挖掘更深层次的模式知识，提高挖掘结果准确性。

4）数据归约（data reduction）。指在尽可能保持数据原貌的前提下，最大限度地精简数据量。归约后的数据量要比原数据小，但可以产生与原始数据相同或基本相同的分析结果。数据归约的常见方法包括数据立方聚集、维归约、数据压缩和数值归约等。

5.3.4　数据分析与知识发现

互联网及相关媒介的发展以及由此产生的大数据，深刻改变了传播学研究的对象和经验（巢乃鹏和黄文森，2020）。传播信息学研究以海量数据为依托，一定程度上由传统的假设检验驱动转向基于科学大数据进行探索的科学方法，即采用数据驱动的计算方法，对大规模信息传播行为数据进行快速运算，发现隐藏在数据中的规律和对应关系。传播信息学领域常见的数据分析与知识发现方法包括关联分析、分类与聚类、文本挖掘、社会网络分析和时空模式挖掘等。

1）关联分析。也叫关联规则挖掘，用于从大量数据集中挖掘出潜在的关联关系或相关关系，描述一个事物中某些属性同时出现的规律和模式。关联分析常用的算法包括挖掘产生布尔关联规则所需频繁项集的 Apriori 算法，以及基于频繁模式树（frequent pattern tree，FP-tree）的发现频繁模式的算法 FP-growth。例如，王奕文（2018）提出一种基于并行关联规则的热点事件演化和传播路径跟踪方法，通过挖掘话题关键词集合与时间窗口的关联关系，分析热点事件多个话题的演化和传播路径，为网络舆情监控和管理提供支撑。李佳彤和黄燕梅（2021）以新浪微博平台 2020 年 1 月 20 日 ~ 2 月 28 日的新冠疫情数据为基础，利用关联规则挖掘信息发布主体、发布方式和对公众关注度的实际影响效果间的内在关联，并识别出可有效降低公众关注度的信息发布模式，为类似公共卫生事件的信息发布工作提供借鉴。郑玲玲（2021）结合新媒体的数据特点，利用 FP-Growth 算法分析评估各大网络平台的传播数据，识别传播数据的焦点，为相关人员迅速作出舆情响应提供参考。Zhang 等（2017）以改进后的 FP-growth 算法为核心，提出一种基于模式的微博话题监测与分析系统，用于实时检测微博事件或主题。

2）分类与聚类。分类是根据数据的特征或属性，将其按照预订的类目进行归类，常见的方法有支持向量机（support vector machine，SVM）、朴素贝叶斯、决策树、随机森林、人工神经网络、逻辑回归等。在传播信息学领域，分类这一方法主要应用于情感分析或意见挖掘，用于判断相关文本所包含的态度是积极正面的还是消极负面的（钟智锦和王童辰，2018）。例如，Vargo 等（2014）将词典法和有监督的情感分析技术结合，用于检测推文的情绪倾向来区分推特用户对美国总统候选人的态度。郑雯等（2019）以新浪微博 2013~2018 年共计 2.75 亿条随机微博博文为数据基础，基于 SVM 的监督学习法分析六年间网民对"改革开放"的争论态度的演进。聚类是指在没有先验知识的情况下，按照某个特定标准（如距离、密度）将一个数据集分割成不同的类或簇，使得不同类或簇中的对象之间的差异尽可能大，同一类或簇中的对象间的差异尽可能小。常用的数据聚类方法有划分式聚类方法（如 K-means 算法、Bi-kmeans 算法、CLARANS 算法等）、基于密度的聚类方法（如 DBSCAN 算法、OPTICS 算法、DENCLUE 算法等）、层次化聚类方法（如 BIRCH 算法、CURE 算法、CHAMELEON 算法等）、基于网格的聚类方法（如 STING 算法、CLIQUE 算法、WAVE-CLUSTER 算法等）等。聚类方法在传播信息学领域的一类主要应用是主题模型，主题模型的主要任务是通过对词语、文本和主题之间的关系的分析，对大量文本进行主题归类。Sachdeva 等（2016）基于收集到的约 14 000 条有关名为"king fire"的火灾的推文数据，通过结构话题建模（STM）算法进行主题建模，得到 20 个主题，对火灾、烟雾、推文发布地理位置等进行探讨，可对火灾及火灾引发的烟雾起到追踪作用，对于空气质量检测和公共卫生预警具有重要的现实意义。Kim 等（2021）设计了基于 LDA 的主题模型，利用文本特征和视觉特征来帮助图片分享社交媒体用户发现潜在的兴趣类似好友和兴趣点。分类与聚类的思想也可用于媒体用户画像研究，例如，魏明珠等（2019）以微博平台高影响力用户数据为基础，采用 K-means 聚类算法划分用户所属群体；冯秋燕和朱学芳（2019）在构建 LRCFP 特征模型表征社交媒体用户价值的基础上，选择 SOM 聚类模型对用户进行细分，并采用决策树模型实现对未知用户价值的预测。

3）文本挖掘。文本挖掘利用智能算法（如神经网络、可能性推理等），结合文字处理技术，从大量非结构化文本中获取有用的信息和知识。文本挖掘在传播信息学领域的一项重要任务是信息抽取，即从大量的实体、关系和事件文本中识别和抽取出相关的信息。随着自然语言处理的不断发展和完善，在传播信息学领域，文本挖掘的典型应用是基于文本信息的知识发现。例如，Shen 等（2019）基于 Twitter 数据，采用双语文本挖掘方法，识别与 O2O 关系最为密切的关键词及其概念链接图，并按照公司、地区、服务 APP 和运营模式分析等类别分析 O2O 商务的发展趋势。

4）社会网络分析。社会网络分析是研究一组行动者及其关系的研究方法。在传播信息学领域，一组行动者可以是个人、媒体、组织、群体、机构等具体对象，也可以是词语、事件、议题等抽象概念。我国传播学自 2011 年起引入社会网络分析，已在新媒体传播、国际传播、政治传播、健康传播、复杂网络研究、网络舆情、社会资本研究等领域广泛应用该方法（瞿旭晟和赵鹏程，2021）。例如，可采用社会网络分析方法来研究微公益传播的动员模式（沈阳等，2013）；分析社会化媒体时代下各国媒介机构形成的社会网络及媒介机构在国际传播关系中的地位和影响力（韦路和丁方舟，2015）；构建健康传播的社会网络分析框架，丰富健康传播研究的视野和方法（刘双庆和涂光晋，2016）；揭示网络协同进化传播的动力学机制、演化和时空格局，及其在社会网络舆情传播过程中的作用（Wang et al.，2019）；与社会资本结合，识别 Twitter 上两极分化政治对话中的用户角色（Recuero et al.，2019）。随着信息网络数据规模的增大，无监督深度学习方法（如 Deep Walk、LINE、PTE 和 Node2vec 等（Qiu et al.，2018））被应用于解决网络表示学习的问题。

5）时空模式挖掘。时空模式挖掘是指从海量、异构、含噪声的移动全球定位系统轨迹序列中提取潜在的、频繁出现的、具有价值的轨迹序列的过程。时空模式挖掘的方法主要有三类：位置模式挖掘、周期模式挖掘和语义模式挖掘。该方法在传播信息学领域主要用于交通管理、信息的时空传播、用户行为轨迹挖掘等方面。例如，包丹（2021）以重庆高速路 2015～2019 年的交通事件类微博数据为基础，将交通事件的时间维度与传统的空间核密度相融合，构建时空核密度模型，用于检测事件多发点路段；孙国道（2015）提出了用于定量衡量社交媒体上用户所发表信息在大规模时空维度上传播过程的数学模型，用于分析信息时空传播过程中的复杂动态变化；邵首飞（2021）将原始轨迹数据和社交媒体签到数据结合，提出基于周期模式挖掘的轨迹时空特征表示方法，挖掘出用户的周期模式特征并识别出用户的活动语义，为提供个性化制定服务提供支撑。

5.4　传播信息学的研究内容

传播信息学使传播学突破了现有的研究瓶颈，为传播学界带来了全新的研究趋势。Lasswell（1984）提出传播过程的 5W 模式，即"传播者→传播内容→传播渠道→传播对象→传播效果"，后大众传播学的研究领域便沿着 5W 的思路逐渐形成。根据对传播信息学现有研究文献的整理和分析，其相关研究方向和内容依然主要聚焦于"传播者→传播内容→传播渠道→传播对象→传播效果"五个分支领域方向开展。

5.4.1 围绕传播者的研究

对海量信息的传播者进行研究是传播信息学领域的一个重要研究方向，该方面的研究常用社会网络分析的方法，揭示信息传播主体的特点及其所形成的网络结构特征与演变规律，进而揭示信息传播与演化机理。例如，Ogan 和 Varol（2017）综合利用社会网络分析和内容分析的方法，探究使用 Twitter 进行交流的人在土耳其格兹公园起义运动期间所扮演的角色，其中涉及对包括发布推文、转发推文在内的信息传播行为的分析；Jackson 和 Welles（2016）通过社会网络分析的方法对美国的一次枪杀事件的社交媒体讨论数据进行分析，研究了普通公民、激进主义者、新闻工作者对网络结构的影响，并从中识别出关键的行动者；韩运荣和漆雪（2019）抓取了 Twitter 上中美贸易战相关的数据，从中遴选出影响力较大的 70 个账号，通过社交网络分析的方法，对这些账号之间的关系进行了整体网络分析、个体网络分析和子群网络分析，揭示了 Twitter 传播机制下涉华舆情的极化现象及其社交网络结构和影响力。

互联网信息环境下，人人皆可生产信息内容，信息传播者与接收者之间的关系越来越不明晰。因此，在围绕信息传播主体开展相关研究的过程中，一个重要问题便是如何识别传播者？从目前的研究来看，很多研究并未将其进行区分，但也有学者提出，并非每个用户都是传播者，受众与传播者之间还是应该单独存在（祝建华等，2014）。那么，将传播者与受众进行区分也成为很多传播者相关问题研究的首要工作。较有代表性的是 Wu 等（2011）对 Twitter 中信息生产、流动和消费的研究，他们引入了"滚雪球"和"活跃发帖人"两种非随机抽样的方法找到了 54 万名传播者（抽取结果如表 5-2 所示），并关注了不同类型用户的受关注程度、信息流向、不同话题的受关注程度、寿命及其在不同类型用户中的生存方式。之后，Xu 等（2014）在研究美国大选期间 Twitter 内容时，参考了 Wu 等的方法，将 Twitter 上的传播者分为"媒体""政党""专业博客"三类，分别计算各自对普通用户在"选举""经济""国际"等六大类议题上的影响力，并通过可视化的方式展示三类传播者在不同议题和不同时间上的竞争关系。

表 5-2　通过"滚雪球"和"活跃发帖人"两种方式抽取的用户分布

用户类别	滚雪球抽样		活跃发帖人抽样	
	用户人数	占比/%	用户人数	占比/%
名人	82 770	15.8	14 778	13.0
媒体	216 010	41.2	40 186	35.3
组织机构	97 853	18.7	14 891	13.1

续表

用户类别	滚雪球抽样		活跃发帖人抽样	
	用户人数	占比/%	用户人数	占比/%
博主	127 483	24.3	43 830	38.6
总计	524 116	100	113 685	100

资料来源：Wu et al.，2011。

5.4.2　基于传播内容的研究

传统的传播内容主要是文字形态的小文本数据，研究方法以基于人工编码的内容分析法为主。互联网环境下，传播内容呈现多元化，包括文字、图片、音频、视频等多种形式，传统的方法难以处理这些海量异构的数据，传播信息学的相关方法得到广泛的应用。梳理传播信息学中基于传播内容开展的研究，发现传播内容研究是传播信息学领域成果较丰硕的一个研究方向，具体包括传播主题挖掘和传播内容情感分析。

1）传播内容主题挖掘。主要通过主题模型、文本挖掘、社会网络分析等方法对传播文本的主题进行分析。一方面，挖掘传播文本的静态主题。如 Abd-Alrazaq 等（2020）使用 LDA 主题模型，提取 Twitter 中 COVID-19 相关的主题，共确定病毒的起源、来源、影响以及防治方法四大类主题，推文的主题分布具体如表 5-3 所示；金苗等（2019）通过 LDA 主题模型，对 2013～2018 年美、英、澳、俄、日、法、德等 7 国主流媒体有关"一带一路"的报道进行数据挖掘，勾勒出西方主流媒体关于"一带一路"倡议的 6 个主题：国际秩序、基建战略、意识形态、市场经贸、地缘联盟和本土利益（图 5-6）。另一方面，从时间序列的角度或不同的研究对象出发，分析传播文本的主题演化或比较不同文本的主题特征。如 Lambert 等（2020）运用 LDA 主题模型对流行歌曲、小说、医学文章和汽车车型进行处理来研究现代文化的进化速度；赵蓉英等（2021）针对话题讨论平台知乎，利用 LDA 主题模型，对新冠疫情期间的网络讨论主题进行了内容和强度演化分析，探究疫情期间网络上的舆论关注话题及其关注度的变化。

2）传播内容情感分析。情感分析的主要目的是识别传播内容中体现的人们对事物或人物的看法、态度，被广泛地应用到传播学的各个细分领域，比如在政治传播研究中（Guo et al.，2016），通过情感分析判断网民的政治倾向；在公共传播研究中（钟智锦等，2017），判断网民对某些公共事件或社会重大议题的情感倾向；在品牌传播研究中（Hsu and Jane，2016），通过对用户评论的分析，判断其对产品和服务的评价（钟智锦，2020）。目前，大部分传播内容的情感分析是以基础情绪中的"正面""中性""负面"或"积极"

表 5-3 与每个主题（对角线值）及两个主题交叉点（非对角线值）相关的推文数量与百分比

主题和子主题	中国, (n)/%	COVID-19暴发, (n)/%	吃肉, (n)/%	开发生化武器, (n)/%	COVID-19造成的死亡人数, (n)/%	对COVID-19的恐惧和压力, (n)/%	旅行禁令和警告, (n)/%	经济损失, (n)/%	抢购, (n)/%	种族主义加剧, (n)/%	戴口罩, (n)/%	隔离对象, (n)/%
COVID-19 的起源												
中国	27 128(16.24)	—b	—	—	—	—	—	—	—	—	—	—
COVID-19暴发	2 776(1.66)	7 468(4.47)	—	—	—	—	—	—	—	—	—	—
新型冠状病毒的来源												
吃肉	4 200(2.51)	560(0.34)	12 772(7.65)	—	—	—	—	—	—	—	—	—
开发生化武器	808(0.48)	151(0.09)	220(0.13)	2 021(1.21)	—	—	—	—	—	—	—	—
COVID-19 对人民和国家的影响												
COVID-19 造成的死亡	4 332(2.59)	905(0.54)	2 621(1.57)	219(0.13)	17 606(10.54)	—	—	—	—	—	—	—
对 COVID-19 的恐惧和压力	1 820(1.09)	484(0.29)	841(0.50)	137(0.08)	1 421(0.85)	8 785(5.26)	—	—	—	—	—	—
旅行禁令和警告	912(0.55)	424(0.25)	175(0.10)	25(0.01)	313(0.19)	339(0.20)	4 358(2.61)	—	—	—	—	—
经济损失	1 019(0.61)	273(0.16)	208(0.12)	65(0.04)	192(0.11)	198(0.12)	67(0.04)	2 565(1.54)	—	—	—	—
抢购	598(0.36)	175(0.10)	115(0.07)	39(0.02)	183(0.11)	161(0.10)	83(0.05)	826(0.49)	2 161(1.29)	—	—	—
种族主义加剧	614(0.37)	98(0.06)	134(0.08)	7(0.01)	191(0.11)	192(0.11)	32(0.02)	9(0.01)	22(0.01)	2 136(1.28)	—	—
减少 COVID-19 传播的方法												
戴口罩	560(0.34)	221(0.13)	166(0.10)	16(0.01)	293(0.18)	218(0.13)	113(0.07)	50(0.03)	178(0.10)	51(0.03)	3 397(2.03)	—
隔离对象	524(0.31)	148(0.09)	90(0.05)	15(0.01)	251(0.15)	134(0.08)	322(0.19)	32(0.02)	20(0.01)	12(0.01)	39(0.02)	2 014(1.21)

注：aCOVID-19：新型冠状病毒感染。 b—：无。

Topic 1	Topic 2	Topic 3	Topic 4	Topic 5	Topic 6
权重0.263572	权重0.260288	权重0.21779	双重0.205048	权重0.136828	权重0.107276
国际秩序框架	基建战略框架	意识形态框架	市场经贸框架	地缘联盟框架	本土利益框架

图 5-6　"一带一路"倡议报道主题权重及主题词云

资料来源：金苗等，2019。

"中性""消极"情绪识别为主，如 Liu 等（2017）利用情感分析对推特上用户发表的与品牌相关的文本进行积极、中立、消极的情感分类，来探究不同种类的主流产品品牌之间的情感差异及排名。也有部分研究对传播内容的细分情绪进行分析，如 Bollen 等（2011）利用情绪分析模型 Google Profile of Mood States（GPOMS）将 Twitter 上用户发布的推文所反映的公众情绪划分为 Calm、Alert、Sure、Vital、Kind 和 Happy 六类（图 5-7），结果发现"冷静"（Calm）这一情绪可以较好地预测股票的涨落；周莉等（2018）通过有监督的机器学习，分析了 2013 ~ 2016 年具有较大影响力的 32 个反腐案件的 10 万条微博评论中出现的愤怒、厌恶、恐惧、高兴、喜好、悲伤、惊讶等情绪，发现网民对反腐议题的评论以负面情绪为主，其中厌恶情绪最为突出。

5.4.3　针对传播渠道的研究

传播渠道，是指传播者发送传播内容、传播对象接受传播内容的途径和方法，传播渠道研究串联起了传播学研究的其余 4 个分支领域（传播者、传播内容、传播对象、传播效果）。根据刘建明等（1993）的表述，围绕传播渠道的研究主要包括传播媒介（涵盖传播媒介的产生和发展历史、种类、特点和作用，不同媒介的相互关系等）和传播对象获取信息的途径和方式研究（涵盖一级传播、二级传播、多级传播、意见领袖等）。在互联网传播媒介和大数据信息环境下，大量丰富易得的数字痕迹推动了传播渠道研究。目前的研究领域主要分为传播媒介研究和传播模式研究，其中，传播媒介研究以新兴传播渠道与传统传播渠道的比较研究为主，传播模式研究以数字媒体中的信息扩散模式研究为主。

1）新兴传播渠道与传统传播渠道对比研究。相对于传统的传播渠道，如报纸、电视、广播等，互联网作为新兴的传播媒介，深刻地影响了信息传播渠道的发展，使得内容分发渠道向网络科技公司迁移，传统媒体的渠道垄断格局被打破，引发了研究人员对新旧传播渠道的对比分析。例如，张子俊（2018）从媒介组织建设的渠道、传输内容、传播形式、

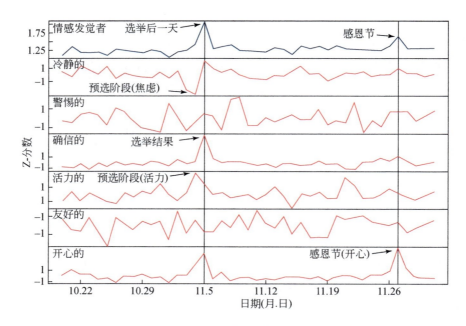

图 5-7　2008 年 10 月至 2008 年 12 月公众发布推文情绪变化

资料来源：Bollen et al.，2011。

传播者和传播对象在渠道选择和使用时的地位状态、渠道功能等角度对传统媒体语境下和新媒体语境下的传播渠道作了对比研究，发现互联网下的传播渠道的形态、内涵发生了变化，更加强调人际关系传播的重要性；Petrovic 等（2013）从新闻报道内容的全面性和实效性两个角度比较了 Twitter 和传统通讯社（如美联社、路透社等），发现在新闻报道的及时性方面，Twitter 与传统通讯社没有明显差别（表 5-4），Twitter 的优势在于对"微小事件"的报道上比传统通讯社更加全面。

表 5-4　Twitter 与传统通讯社事件报道时间对比

事件	通讯社	Twitter	Twitter 领先时间
艾米·怀恩豪斯去世	07-23 16：10	07-23 16：11	-0：01
阿特兰蒂斯号航天飞机着陆	07-21 09：59	07-21 09：56	+0：03
贝蒂福特去世	07-09 00：00	07-09 00：57	-0：57
理查德·鲍斯在英国骚乱中丧生	08-11 23：18	08-11 23：31	-0：14
4896 航班空难	07-13 11：37	07-13 11：46	-0：09
标准普尔下调美国信用评级	08-06 00：11	08-06 00：18	-0：07
美国提高债务上限	08-01 23：06	08-01 23：06	0：00
德里恐怖袭击	09-01 05：12	09-07 04：53	+0：19
弗吉尼亚州地震	08-23 18：24	08-23 17：53	+0：31

续表

事件	通讯社	Twitter	Twitter 领先时间
伦敦骚乱的第一名受害者死亡	08-09 11：46	08-09 11：45	+0：01
战犯戈兰·哈迪奇被捕	07-20 07：56	07-21 05：42	-21：46
印度和孟加拉国签署边界协议	09-06 07：15	09-06 14：24	-7：09
俄罗斯曲棍球队火车头的飞机坠毁	09-07 12：51	09-07 12：59	-0：08
法国马库勒核电站爆炸	09-12 11：42	09-12 11：42	0：00
NASA 宣布火星上可能有水	08-04 18：08	08-04 18：08	0：00
谷歌宣布计划收购摩托罗拉移动公司	08-15 11：43	08-15 11：38	+0：05
汽车炸弹在挪威奥斯陆爆炸	07-22 13：57	07-22 13：38	+0：19
枪手在挪威青年营开火	07-22 16：13	07-22 16：14	-0：01
第一次人工器官移植	07-07 16：03	07-07 16：25	-0：22
肯尼亚汽油管道爆炸	09-12 04：34	09-12 08：17	-3：43
索马里宣布饥荒	07-20 07：21	07-20 07：21	0：00
南苏丹成为独立国家	07-08 21：03	07-08 21：05	-0：02
南苏丹成为联合国会员国	07-14 14：23	07-14 14：31	-0：08
三名男子在英国骚乱中死亡	08-10 06：33	08-10 05：45	+0：48
英国托特纳姆发生骚乱	08-06 21：13	08-06 20：08	+1：05
叛军攻占的黎波里国际机场	08-21 08：00	08-21 23：08	-15：08
桑给巴尔渡轮沉没	09-10 04：21	09-10 06：56	-2：35

资料来源：Petrovic et al.，2013。

2）数字媒体中的信息扩散模式研究。该类主题的研究一方面集中于新型的数字媒体平台对信息扩散的影响。例如，毛艳（2016）基于创新扩散理论，通过仿真模拟对利用微信平台开展信息传播的过程进行分析，揭示微信上信息传播的机理和过程；张伟和夏志杰（2021）以"回形针 PaperClip"新冠感染科普短视频为例，采用社会网络分析法，对该视频在微博、Bilibili 弹幕网、西瓜视频等三个网络社交媒体平台的扩散模式进行对比研究；沈阳和冯杰（2019）以 2018 世界杯、娱乐圈阴阳合同、问题疫苗三起重大事件为例，对比分析了微博、微信和今日头条的重大事件信息扩散模式（图 5-8）；Kim 等（2013）指出，对于不同类型的新闻信息，不同的传播渠道会产生不同的影响，如相较于新闻网站，社交媒体和博客可以更加有效地扩散政治和文化新闻。另一方面，部分研究聚焦于不同类型的信息扩散模式研究。例如，曾祥敏和王孜（2019）对移动互联背景下的健康传播中的虚假信息扩散机制进行了研究并提出了建设性的治理对策；殳欣成（2020）提出一种基于智慧社交网络的自学习信息扩散模型，研究真假信息传播过程中的动态演化过程，并提出了基于动态规划的真假信息传播能力估计算法，为舆论控制和真假信息识别提供参考；李江（2018）收集了45 000多个大规模社会网络信息扩散事件，对影响社会网络中信息扩散的重要因素和信息扩散模型进行研究。再者，互联网时代的渠道更加凸显个体地位，强调社交和关系，人际传播的重要性超过大众传播，人际传播也成为一个重要的研究主题。例如，王振晓和陈勤（2021）基于QQ和微信的版本更新日志，对网络人际传播的变迁展开纵向研究，探究社交媒体时代网络人际传播的发展轨迹；彭玥（2015）指出意见领袖是人际传播中的重要活跃分子，并基于文本倾向性分析识别网络舆情中的意见领袖。

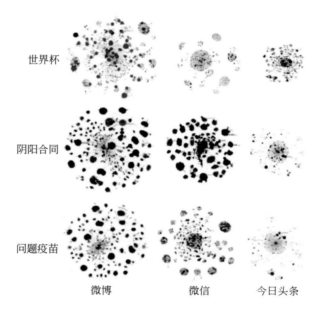

图 5-8　两微一端中的2018世界杯、娱乐圈阴阳合同、问题疫苗三起重大事件信息扩散模式图
资料来源：沈阳和冯杰，2019。

5.4.4　面向传播对象的研究

传播对象，即信息的受众，是相对于传播者而言的。受众研究是传播学领域关注已久的研究方向，包括结构性受众研究、行为性受众研究和社会文化性受众研究（丹尼斯·麦奎尔，2006）。结合新的数据特点、新的技术优势，传播信息学中的受众研究，既延续了受众研究的传统，又有新的突破，其研究内容重点聚焦于两个层面。

1）受众的行为特征研究。该方面研究的目的主要在于揭示传播的现象与规律。例如，Benevenuto等（2009）基于用户访问Orkut、MySpace、Hi5、LinkedIn四家社交网站的点击流数据，统计分析了37 024名用户访问社交网络的频率、访问活动类型及相关活动的顺序等行为规律，并将分析出的41项社交网络活动归为搜索、私信等9种类型，如表5-5为用户在 Orkut 中的活动情况;Guess 等(2019)对 2016 年美国总统大选前后几个月 Facebook 用户的行为进行了监测,发现老年人更爱分享假新闻,超过 65 岁的受访者分享出自假新闻网站的文章数量,平均是 18 ~ 29 岁年轻人的约 7 倍,30 ~ 44 岁受访者的 3 倍,以及 45 ~ 64 岁受访者的 2 倍(图 5-9)。

表 5-5 **Orkut 中的所有活动类型及它们在点击数据流中出现的情况(与浏览相关的活动用 ∗ 标注)**

活动类别	序号	活动描述	用户数	(占比)/%	请求数	(占比)/%	字节/MB
搜索	1	整合搜索	2 383	(2.1)	15 409	(2.0)	287
剪贴簿	2	∗浏览剪贴信息	17 753	(15.9)	147 249	(18.7)	2 740
	3	撰写剪贴信息	2 307	(2.1)	7 623	(1.0)	113
私信	4	∗浏览私信	931	(0.8)	3 905	(0.5)	64
	5	撰写私信	70	(0.1)	289	(<0.1)	5
留言	6	∗浏览收到的留言	1 085	(1.0)	3 402	(0.4)	57
	7	撰写留言	911	(0.8)	4 128	(0.5)	65
	8	∗浏览撰写的留言	540	(0.5)	1 633	(0.2)	26
视频	9	∗浏览最喜欢的视频列表	494	(0.4)	2 262	(0.3)	44
	10	∗浏览最喜欢的视频	390	(0.3)	862	(0.1)	13
照片	11	∗浏览相册列表	8 769	(7.8)	43 743	(5.6)	871
	12	∗浏览相册	8 201	(7.3)	70 329	(8.9)	2 313
	13	∗浏览照片	8 176	(7.3)	122 152	(15.5)	1 147
	14	∗浏览用户标记的照片	1 217	(1.1)	3 004	(0.4)	47
	15	∗浏览照片评论	355	(0.3)	842	(0.1)	16
	16	编辑和组织照片	82	(0.1)	266	0.0	3
个人简介与朋友	17	∗浏览个人简介	19 984	(17.9)	149 402	(19.0)	3 534
	18	∗浏览主页	18 868	(16.9)	92 699	(11.8)	3 866
	19	∗浏览好友列表	6 364	(5.7)	50 537	(6.4)	1 032
	20	管理好友邀请	1 656	(1.5)	8 517	(1.1)	144
	21	∗浏览好友更新	1 601	(1.4)	6 644	(0.8)	200
	22	∗浏览成员社区	1 455	(1.3)	6 963	(0.9)	133
	23	编辑个人简介	1 293	(1.2)	7 054	(0.9)	369
	24	∗浏览粉丝	361	(0.3)	1 103	(0.1)	17
	25	∗浏览用户列表	126	(0.1)	626	(0.1)	9
	26	管理用户事件	44	(<0.1)	129	(<0.1)	2
社区	27	∗浏览社区	2 109	(1.9)	8 850	(1.1)	164
	28	∗在社区浏览话题	926	(0.8)	9 454	(1.2)	143
	29	加入或离开社区	523	(0.5)	3 043	(0.4)	43

续表

活动类别	序号	活动描述	用户数	（占比）/%	请求数	（占比）/%	字节/MB
社区	30	＊浏览社区成员	415	（0.4）	3 639	（0.5）	56
	31	＊浏览社区话题列表	412	（0.4）	2 066	（0.3）	38
	32	社区话题中的帖子	227	（0.2）	1 680	（0.2）	24
	33	社区管理	105	（0.1）	682	（0.1）	12
	34	访问社区投票	99	（0.1）	360	（<0.1）	6
	35	＊浏览社区列表	47	（<0.1）	337	（<0.1）	8
	36	管理社区邀请	20	（<0.1）	63	（<0.1）	1
	37	社区活动	19	（<0.1）	41	（<0.1）	1
其他	38	访问应用程序	1 092	（1.0）	4 043	（0.5）	61
	39	用户设置	403	（0.4）	2 020	（0.3）	32
	40	垃圾邮件箱，频道，验证码	48	（<0.1）	150	（<0.1）	2
	41	账号登录和删除	39	（<0.1）	76	（<0.1）	1
合计			36 309		787 276		17.3GB

资料来源：Benevenuto et al.，2009。

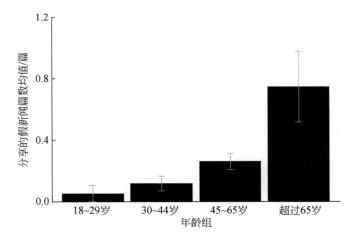

图 5-9　假新闻分享年龄分布

资料来源：Guess et al.，2019。

2）受众/用户画像研究。此类研究是近些年受众研究的热点。具体来说，部分研究侧重于用户画像的方法研究，包括基于本体或概念的用户画像构建方法（牛温佳等，2016；Leung and Lee，2010）、基于主题或话题的用户画像构建方法（郭光明，2017；Chen，2013）、基于兴趣或偏好的用户画像构建方法（Wang et al.，2013；Wu et al.，2016）、基于行为或日志的用户画像构建方法（段建勇等，2013；Wang et al.，2016）、基于多维或融合的用户画像构建方法（An et al.，2017；Jung et al.，2017；Rosenthal and Mckeown，2011）等。另有部分研究侧重于用户画像的应用研究，这部分研究主要站在更好地服务受众的角度，了解受众的特征和需求，以提供精准化、精细化的服务。例如，王帅（2022）以"COVID-19"为例，结合社区数据特点从用户基本特征、用户兴趣主题、情感倾向、用户问诊需求和用户交互网络角色 5 个角度出发构建画像标签并利用 DBSCAN 聚类实现画像，以提升在线健康社区的服务质量。刘海鸥等（2018）通过对微博、QQ 群、天涯论坛、人人网等社交平台的深入挖掘，构建了在线社交活动中的用户画像模型，并对其信息传播行为的时间统计特征进行实证分析，有助于平台根据用户特征及其偏好提供更精准的个性化服务。张艳丰等（2019）对新媒体环境下移动社交媒体倦怠用户进行了画像研究（图 5-10，表 5-6），为社交媒体运营商深入了解移动社交媒体倦怠发展态势提供指导。

表 5-6　用户画像特征标签及分类结果

用户画像类型	潜水忽略型	忍耐使用型	平台转移型	行为替代型
行为特征	只浏览，不发表评论和看法，进行信息分组和信息屏蔽	倦怠情绪突出，但由于社交需要被迫持续使用和关注	使用减少或停用，转移到其他应用平台	使用减少或停用，被其他行为替代
标签云图				
信息人	① 性别比例：男 26.3%，女 26.9% ② 职业比例：学生 24.5%，农民 23.6%，教师 25.6% ③学历比例：高中及以下 23.9%，本、专科 25.0%，硕士 26.6%，博士 26.9% ④年龄比例：20 岁以下 24.7%，21～30 岁 24.9%，31～40 岁 25.8%，41～50 岁 26.7%，50 岁以上 27.8%	① 性别比例：男 24.8%，女 23.7% ② 职业比例：学生 23.2%，农民 22.6%，教师 24.8% ③学历比例：高中及以下 23.5%，本、专科 23.9%，硕士 24.7%，博士 24.2% ④年龄比例：20 岁以下 22.8%，21～30 岁 23.1%，31～40 岁 23.8%，41～50 岁 23.2%，50 岁以上 23.6%	① 性别比例：男 25.4%，女 25.1% ② 职业比例：学生 25.6%，农民 31.7%，教师 22.7% ③学历比例：高中及以下 29.2%，本、专科 25.8%，硕士 24.1%，博士 22.6% ④年龄比例：20 岁以下 26.8%，21～30 岁 26.2%，31～40 岁 25.4%，41～50 岁 24.7%，50 岁以上 23.9%	① 性别比例：男 23.5%，女 24.3% ② 职业比例：学生 26.7%，农民 22.1%，教师 26.9% ③学历比例：高中及以下 23.4%，本、专科 25.3%，硕士 24.6%，博士 26.3% ④年龄比例：20 岁以下 25.7%，21～30 岁 25.8%，31～40 岁 25.0%，41～50 岁 25.4%，50 岁以上 24.7%

续表

用户画像类型	潜水忽略型	忍耐使用型	平台转移型	行为替代型
原因要素 （排名前4位）	①信息过载48.7% ②知音难求48.1% ③顾虑增多47.6% ④隐私关注46.5%	①顾虑增多45.5% ②隐私关注44.9% ③知音难求44.1% ④强迫使用43.6%	①知音难求50.4% ②兴趣衰减49.4% ③热度降低48.7% ④关注减少48.2%	①时间成本47.4% ②隐私关注46.7% ③信息过载46.1% ④顾虑增多45.3%
情感结果 （排名前4位）	①无感68.4% ②焦虑65.4% ③压抑62.7% ④轻松61.5%	①焦虑65.4% ②无感64.2% ③压抑62.7% ④轻松62.1%	①愉悦67.1% ②轻松65.4% ③焦虑64.8% ④压抑62.7%	①无感6.9% ②轻松65.7% ③焦虑63.8% ④压抑62.3%
行为结果 （排名前4位）	①潜水行为52.7% ②忽略行为51.8% ③回避行为50.2% ④平台转移49.6%	①回避行为51.1% ②行为替代50.9% ③潜水行为50.2% ④忍耐行为49.4%	①平台转移52.4% ②行为替代51.6% ③忍耐行为50.3% ④潜水行为49.2%	①行为替代50.9% ②忍耐行为49.5% ③平台转移49.1% ④忽略行为48.7%

资料来源：张艳丰等，2019。

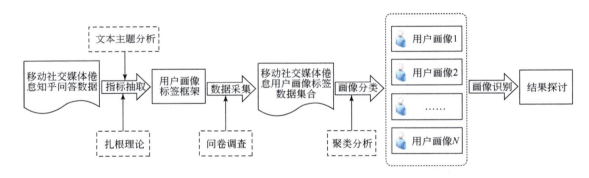

图 5-10　社交媒体用户画像分析流程

资料来源：张艳丰等，2019。

5.4.5　聚焦传播效果的研究

传播效果研究是传播学核心的研究领域，指受众接收信息后，其情感、知识、态度和行为等方面发生的变化，表明传播活动在多大程度上实现了传播者的意图或目的（张博和李竹君，2017）。新的数据收集、分析方法以及研究范式，拓展了传播效果研究的方法优势，传播信息学领域的传播效果研究，可分为以下两类。

1）传播效果分析研究。各种新媒体（如微博、微信、博客、论坛等）的出现改变了传统的信息传播模式，在成为人们日常生活中获取和分享信息重要渠道的同时，也面临着信息过载、虚假信息、信息茧房等问题，引发了人们对新媒体传播效果的关注。关于传播效果的测量，主要分为两类，一类是从传播内容的角度，用转发数、评论数、点赞数、传播速度和持续时长等客观指标进行传播效果量化。例如，Zhang 和 Peng（2015）以新浪微博中随机抽取的 2 万条广告信息为研究数据，用微博传播的广度、深度和速度来评价传播效果（表 5-7）；代丽和樊粤湘（2019）则认为可通过阅读数、点赞数、转发数等可量化指标对微信公众号的传播效果进行衡量。另一类是基于传播对象实际行为进行分析，根据传播内容如何被传播对象解读、评价，对其情感、认知、态度等变化进行量化。例如，Ceron 等（2012）采用文本挖掘方法分析法国 2012 年大选的 Twitter 文本，指出社交媒体意见表达的增多会影响受众的线下行为，据此考察了社交媒体的传播效果；付树森（2014）从信息接收者的主观角度出发，用微博受众的再传播意愿和品牌态度来评估企业微博的传播效果；季丹和谢耘耕（2014）参考巩固、结晶和改变这三个传播效果指标，设置五个问项来测量网络危机信息的传播效果。

表 5-7　广告信息传播广度、深度和速度的描述性统计

项目	均值	标准差	中位数	最小值	最大值	相关性		
						广度	深度	速度（小时）
广度	16	136	2	0	8889	1	0.23 ***	−0.02
深度	2	1.1	1	1	28			−0.03 **
速度（小时）	5	67.2	0	0	3650			

注：**$p<0.01$；***$p<0.00$。

2）传播效果的影响因素及对策研究。信息在传播过程中会受到很多环节和因素的制约，传播者、传播内容和传播对象皆会影响传播效果。网络环境下的信息传播和加工更加便捷，网络个体在作为信息接受者的同时也会担任传播者的角色，这进一步放大了传播者、传播内容和传播对象对传播效果的影响。从传播者角度看，信息来源可信度是影响传播对象再传播意愿的重要因素（钟宏彬，2003；Gilly et al.，1998）；意见领袖也会对传播对象的再传播意愿产生影响（尹中英等，2014；周庆山等，2012）；发布者的活跃度、自我展示度、经验和权威性（Metzger et al.，2010），发布者是否得到认证（Cha et al.，2012）等，都会影响到传播效果。从传播内容维度看，内容类别、内容特征、内容表达技巧等也是决定信息传播效果的关键因素，例如，董道力（2020）以 2017～2019 年 122 个微博热搜中的医生相关博文及博文下 127 136 条评论作为研究对象，通过计算相关博文的

传播效果与传播过程中涉及到的因素之间的相关性，探究影响医生相关博文传播效果的因素，其中，传播内容的情感倾向是影响传播效果的因素之一；Zhang 等（2019）以某餐厅评论网站的服务器日志数据为基础，研究了虚假评论究竟是否会对后续评分产生影响，结果表明刷分不会对店铺未来的评分产生明显影响。从传播对象维度看，受众的网络使用经验和专业知识水平（Vitak et al.，2011）、受众的心理动机（尤达，2021）也会对传播效果产生影响。为提高信息传播的效果，部分学者根据当前发展环境，在分析传播效果弱化和影响因素的基础上，提出相应的对策，如陈默（2021）指出了新媒体环境下主流媒体传播力、影响力弱化的原因并进行深入分析，强调主流媒体应走趣群化发展之路，以提高传播力和影响力；匡文波和武晓立（2019）建立了基于微信公众号的健康传播效果评价指标，并提出应从粉丝规模、文章发布位置、话题选择、多媒体使用、趣味度等角度来提升传播效果。

5.5 传播信息学发展的关键问题

传播信息学已在技术方法、研究成果等方面取得了显著成绩。但作为数据密集型环境下的一个新研究领域，依然有许多关键问题需要解决，如数据获取问题、数据质量问题、虚假信息问题、隐私和伦理问题、人才培养问题等。针对这些问题，可尝试从以下方面进行突破。

5.5.1 推动传播大数据的合作与共享

传播信息学研究所依赖的"数字痕迹"往往掌握在众多数字媒体公司（如互联网企业）手中，这些数据蕴藏着巨大的商业利益，例如基于微博用户个人数据，可以构建用户人物画像，根据用户标签进行针对性广告信息推送。从数字媒体公司的商业逻辑来看，公司以商业目的为主导，掌握着数据霸权，不太愿意主动分享数据，造成"数据孤岛"问题，研究者从业界获取数据便存在较大障碍。此外，为了保护商业利益和用户隐私，这些公司的数据保护意识日渐增强，对数据爬取的政策逐步收紧，特别是在欧盟《通用数据保护条例》（General Data Protection Regulation，GDPR）法案实施后变得更加严格，研究者数据爬取难度逐渐增大。针对上述问题，一方面要加强研究者与数字媒体公司间的合作，从实际问题出发，建立互惠互利机制，推动业界向学界开放数据；另一方面，加强数据基础设施建设，建立统一的数据共享框架和标准，实现对可公开数据的链接和管理。

5.5.2 优化传播大数据分析的技术与方法

首先，大数据、互联网环境下产生的传播数据具有体量大、种类繁多、信息稀疏的特点，采集过程中难免会产生疏漏，造成数据缺失、数据重复和数据异常，从而影响数据质量。其次，网络用户身份具有高度的不确定性，水军和社交机器人的存在造成大量虚假信息和无用数据的产生，会直接影响到数据分析的结果。再次，不同的数据具有不同的本质和特征，不同类型平台产生的数据带有极强的自身特征，平台用户本身也具有"选择性偏见"，这会导致数据质量存在平台偏见和用户偏见问题（向征和丁于思，2017）。为应对这些问题，一方面需全面了解数据的生成、采集、存储、分析、挖掘的方式和过程，充分认识各类数据的本质和特征（陈峥，2019），提高数据处理的技术水平，对数据作精细化处理，保证采集到的数据质量；另一方面，继续推动水军和社交机器人识别研究，利用异常检测、特征识别等方法进行甄别，剔除虚假数据和无用数据。

5.5.3 强化虚假信息传播与舆论控制研究

在西方，"媒体"是国家的第四种力量，传播被视为国家的战略力量，成为西方国家进行舆论控制的工具，这就出现了人为操纵的、背离"传播信息"真实性的虚假传播。虚假传播，可以达到控制舆论的目的，实现虚假传播控制者的某种战略目标。在传播信息学大数据分析中，如何甄别虚假信息传播？如何揭示传播舆论控制？这在信息战（情报战、网络战）的背景下，显得非常重要和关键，也应成为传播信息学去伪存真的关键问题方面。因此，未来传播信息学的研究中，应强化虚假信息传播与舆论控制方面的研究，尤其是面向传播大数据的虚假信息甄别方法、舆论传播机理的研究。

5.5.4 构建用户隐私及其伦理的规范机制

传播信息学领域研究所利用的数据，很大一部分涉及用户的个人隐私，尤其是大数据环境下的社交媒体公司侵犯用户隐私的事件更是屡见不鲜。这些数据为某些公司或个别机构所有，受限于不同公司对数据安全性理解程度的不同，以及数据共享协议的不统一，或是追求经济利益最大化，在利用过程中存在着泄露、误用和滥用等问题，会对个人或机构造成伤害。例如，2018 年 9 月，Facebook 公司约 5000 万用户账号登入代码被盗，给用户个人隐私造成极大威胁（Meta，2018）；2020 年 TikTok 因非法收集 14 岁以下儿童的数据而受到韩国通信委员会处罚（Sean，2020）；Facebook 滥用用户个人数据，通过数据挖掘等技术手段实现广告精准推送，甚至操纵用户情感（Dewey，2016）。此外，某些信息虽然是匿名的，但通过技术手段或多渠道综合分析，仍然可以还原用户个人原始信息，造成隐私泄露。因此，传播信息学研究过程中需要树立"伦理意识"（巢乃鹏和黄文森，2020），建立系统化的监管机制，从法律、制度、机制等层面进行规范，在保障个人隐私的前提下，使得数据的采集、存储、共享和利用有章可循。

5.5.5 明确传播信息学与现代网络情报分析的关系

基于大数据信息环境和网络传播条件的传播信息学分析，与现代网络情报分析的研究范式非常靠近。发展传播信息学，应明确界定其与类似研究领域（如现代网络情报分析）的关系，把握其在社会进步、学科发展中的位置。相较而言，传播信息学的分析研究范围领域更加广泛，基本上没有领域范围的限制和约束。现代网络情报分析有明确的领域和方向范围，其重点聚焦于影响国家总体安全的重点领域与方向上。可以说，传播信息学是现代网络情报分析的基础和重要支撑。

5.5.6 注重综合性研究人才的培养

传播信息学是一类跨学科的研究，需要扎实的理论基础和先进的技术工具作支撑。现有技术的高端性和复杂性，使得传播信息学的研究者一时难于入手，需要花费大量的时间和精力研习诸如数据挖掘、机器学习等技术，而专长于技术工具的研究人员则苦于没有具体的应用场景和缺乏系统理论支撑。因此，未来传播信息学领域人才的培养，应以培养综合性、跨学科研究人才为目标，在加强传播学理论教育的同时，增强信息科学技术的应用，以研究问题为中心，培养理论知识扎实，兼具数据收集、处理、分析、可视化等方面能力的人才，防止陷入唯技术工具的泥潭。

5.6 应用案例：国际知名智库社交媒体传播规律分析与知识发现

智库作为一个国家立法、行政、司法、媒体之后的"第五种力量"（张志强，2020），在培养与储备人才、影响政治决策、引导公众舆论、开展政治外交等方面均发挥着重要作用。纵观世界史，几乎每个大国崛起的背后，都有来自智库的力量支撑（王耀辉和苗绿，

2017）。近些年，随着全球化局势的发展，智库在国际传播中的作用越来越凸显，包括构建国家形象、传递国家声音、掌握国际话语权等。2015 年 1 月 20 日，中共中央办公厅、国务院办公厅印发了《关于加强中国特色新型智库建设的意见》，强调"智库是国家软实力的重要载体，越来越成为国际竞争力的重要要素，在对外交往中发挥着不可替代的作用"，需"加强中国特色新型智库对外传播能力和话语体系建设，提升我国智库的国际竞争力和国际影响力"。

目前我国诸多智库尝试通过多种方式提升国际影响力，如设立海外分支机构、开展国际合作研究项目、举办或参加国际会议、吸纳海外智库专家人才、开办外文网站等（陈秀娟，2021）。近些年，Twitter、Facebook、Reddit、Instagram、微博、微信等社交媒体的兴起开创了人类交流工具的革命性变革，人们可以在社交媒体上随时生产、共享内容。Twitter 2020 财年与第四季度财报数据显示，Twitter 在第四季度的日活跃用户达 1.92 亿（Twitter，2021），Facebook 2020 年年度与第四季度财报显示，2020 年 12 月 Facebook 的日活跃用户达 18.4 亿（Facebook，2021），社交媒体已成为人们交流的重要平台。组织机构利用社交媒体宣传推广产品，新闻媒体利用社交媒体发布新闻，名人利用社交媒体与粉丝互动、提升影响力，个人利用社交媒体分享生活日常、观点、想法、参与在线讨论等。智库作为决策支撑的智囊团，也没缺席这场数字革命。我国的一些智库除了通过传统的方式扩大国际影响力，还抓住社交媒体平台带来的国际传播机遇，如全球化智库（CCG）、中国人民大学重阳金融研究院（RDCY）等均在 Twitter、Facebook 等国外社交平台开设新媒体账号。

据 2021 年 1 月 28 日美国宾夕法尼亚大学智库与公民社会研究项目组（Think Tanks and Civil Societies Program，TTCSP）发布的《全球智库报告 2020》（McGann，2021）显示，我国 2020 年的智库数量较去年有较大增长，位居世界第二；但我国仅有 8 家智库进入"全球顶级智库百强榜单"，与有影响力的欧美国家相比，依然存在较大的差距。作为发展中的大国，我国智库的国际传播能力及其在国际舞台的地位和话语权是不容忽视的重要问题。目前，美国宾夕法尼亚大学 TTCSP 发布的《全球智库报告》、中国社会科学院发布的《全球智库评价报告》、上海社会科学院发布的《中国智库报告》、南京大学发布的《中国智库网络影响力评价报告》等都将社交媒体的指标纳入评价体系中；清华大学的朱旭峰课题组还专门发布了针对新媒体的《智库大数据报告》（陈秀娟，2021），说明社交媒体平台在智库影响力传播中扮演着重要的角色，是提升我国智库国际影响力的重要途径之一。我国智库社交媒体的建设，尤其是国外社交媒体的布局（庄雪娇，2021），依然处于起步阶段：一方面，目前开设国外社交媒体的中国智库依然处于少数，另一方面，已经开设国外社交媒体的中国智库的活跃度普遍较低。相对来说，一些国际知名智库如美国传统基金会（Heritage Foundation）、美国布鲁金斯学会（Brookings Institution）等的社交媒体布局较为成熟，是我国新型智库策划国外社交媒体营销战略可参考的对象。因此，选取一些国外社交媒体应用成效较为突出的国际知名智库为研究对象，分析其社交媒体的传播特征，为调整和优化我国新型智库国外社交媒体的运营和推广提供科学的理论依据。

5.6.1 研究方法与数据来源

本小节选取美国宾夕法尼亚大学 TTCSP 发布的《全球智库报告 2020》（2020 Global Go to Think Tank Index Report）中"2020 年利用社交媒体和社交网络最佳智库"排行榜上的 86 家智库为研究对象。首先，通过网络调查法统计分析这些智库在国际主流社交媒体上建设情况；其次，遴选其中开设 Twitter 账号的智库，通过网络爬虫软件集搜客（GooSeeker）抓取这些智库 2020 年 1 月 1 日至 2020 年 12 月 31 日在 Twitter 上发布的全部信息，提取字段包括账号用户名、账号粉丝量、账号关注量、推文时间、推文正文、推文评论量、推文转发量、推文点赞量等；最后，通过文本分析法并结合网络调查对国际知名智库的社交媒体传播特征进行分析。基于拉斯韦尔的 5W 理论，传播过程包括 5 个基本要素：传播者、传播内容、传播渠道、传播对象、传播效果。智库通过社交媒体传播信息内容，相应地智库即为传播者，智库在社交媒体上发布的信息对应于传播内容，社交媒体为传播渠道，社交媒体的粉丝、评论者等为传播对象，智库的社交媒体影响力为传播效果。本章重点关注传播内容、传播渠道以及传播对象（表 5-8），数据采集时间为 2021 年 8 月 1 ~ 14 日。

表 5-8　国际知名智库社交媒体传播特征的分析视角

一级视角	二级视角
平台建设情况	使用社交媒体成效较为突出的智库国家分布
	社交媒体开通年份
	社交媒体开通平台
平台信息发布	信息发布时间
	信息发布媒介
	信息发布议题
平台用户交互	账号粉丝数
	推文的评论、点赞、转发数

5.6.2　国际知名智库社交媒体平台建设情况

5.6.2.1　国家分布

自 2006 年开始，美国宾夕法尼亚大学 TTCSP 每年发布一份全球智库报告，根据全球智库综合排名、分布区域、研究领域和特殊成就四大类别，对所收集到的全球智库进行排名，揭示全球智库行业发展，截至 2021 年，已累计发布 15 份报告。当下社交媒体日益成为人类沟通、交流的重要场所，各国智库纷纷开通社交媒体，传播智库信息，影响公众舆论。该报告从 2011 年开始，在特殊成就排行榜中新增了最佳利用社交媒体榜单。对 "2020 年利用社交媒体和社交网络最佳智库" 排行榜的 86 家上榜智库的国家分布进行统计，发现它们分别隶属于 35 个国家。图 5-11 为智库数量大于等于 2 的国家分布，以及每个国家利用社交媒体和社交网络最佳智库数量在其智库总量中的比重。其中，美国利用社交媒体和社交网络最佳智库的数量最多，共有 16 家，如美国传统基金会、美国进步中心（Center for American Progress，CAP）、美国布鲁金斯学会等，主要是由于美国是目前智库数量最多的国家（截至 2020 年有 2 203 家）；其次是德国和巴西，分别有 6 家智库上榜，如德国透明国际组织（Transparency International，TI）、巴西盖图罗·瓦格斯基金会

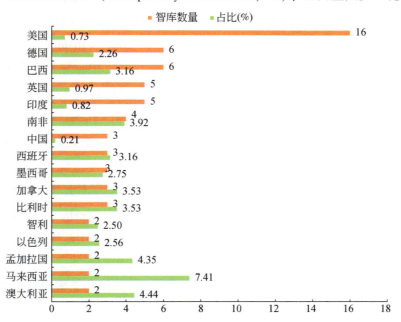

图 5-11　2020 年利用社交媒体和社交网络最佳智库的国家分布（频次≥2）

数据来源：McGann，2021。

（Fundação Getúlio Vargas，FGV）等。而截至 2020 年，中国虽已有智库 1 413 家，数量上仅次于美国，但智库对社交媒体和社交网络的使用并不突出，仅有 3 家上榜，分别为中国国际经济交流中心（CCIEE）、北京某经济研究所和全球化智库，占中国智库总量的 0.21%，需要进一步加强通过社交媒体开展信息传播的能力。

5.6.2.2 社交媒体平台分布

为进一步了解智库开设社交媒体账号的情况，搜索智库的官方网站及国际主流社交媒体平台，对 86 家智库的国外主流社交媒体平台账号进行网络调研。结果发现，86 家智库均开通了社交媒体账号，其中 81 家至少在 4 个以上社交媒体平台上开通了账号；仅开通 1 个平台账号的智库有 2 家，分别为以色列社会和经济发展中心（Israel Center for Social and Economic Progress，ICSEP）与北京某经济研究所；在 2 个平台上开通账号的有 2 家，分别为中国国际经济交流中心和印度科学传播协会（Indian Science Communication Society，ISCOS）；在 3 个平台上开通账号的智库也有 2 家，分别为阿尔巴尼亚国际研究所（Albanian Institute for International Studies，AIIS）和印度的加瓦哈拉尔·尼赫鲁大学科学政策学中心（Centre for Studies in Science Policy，CSSP）。总体来看，这些智库社交媒体账号的开通率比较高。具体到平台类型（图 5-12），Twitter、Facebook、YouTube、LinkedIn 和 Instagram 是智库开通最多的五大社交媒体平台，很多智库甚至在官方首页及产品页面明确标出其社交媒体的图标进行推广，并鼓励用户将相关内容分享到各平台。也有不少智库开通了 Flickr 和 SoundCloud，还有少数智库使用了 Vimeo、Reddit、TikTok、Telegram、SlideShare、Spotify、Tumblr、Medium、Podcasts、Newsletter、RSS 等。考虑到信息的本土化传播，有些智库开通了当地的社交平台，如莫斯科卡耐基中心（Carnegie Endowment for International Peace Moscow Center）使用了俄罗斯的社交网站 Vkontakte 与 Yandex Zen；中国的全球化智库除了通过 Twitter、Facebook、YouTube、LinkedIn 扩大影响力，还开通了新浪微博、微信 2 个账号。

从社交媒体的开通时间来看（图 5-13），自 2005 年开始逐渐有智库在 Flickr 平台上开通账号，接着有部分智库入驻 Twitter、Facebook、YouTube（Facebook 与 Flickr 于 2004 年成立，YouTube 和 Twitter 分别于 2005 年和 2006 年成立），2012 年部分智库开始运营 Instagram 账号（Instagram 成立于 2010 年）。而从图 5-13 可以看出，大多数智库部署社交媒体战略的时间集中于 2009~2010 年，这与当时社交媒体正处于繁荣发展期是完全吻合的。再观察我国的几家智库，开通国外社交媒体的时间相对较晚，北京某经济研究所 2018 年开通 Twitter，全球化智库分别在 2015 年和 2016 年开通 Facebook 和 Twitter、2018 年开通 YouTube。

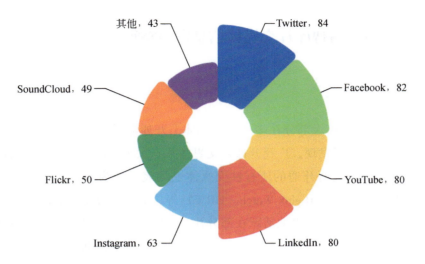

图 5-12 86 家智库社交媒体平台分布

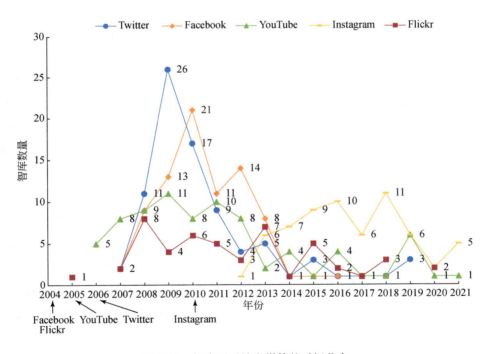

图 5-13 智库开通社交媒体的时间分布

注：LinkedIn 和 SoundCloud 未在平台上对外公布用户的注册时间，因此图中未呈现智库开通这两类社交媒体的时间分布；图下方的箭头标注分别为几个社交媒体的创建时间。

5.6.3　国际知名智库社交媒体信息发布特征

5.6.3.1　时间特征

本文调查的 86 家智库大部分在多个社交媒体上开通账号，但进一步分析其在不同社交媒体上的信息发布情况发现，广泛开通社交媒体并不意味着这些社交媒体均被智库充分使用。一些智库可能在其所开通的所有社交媒体上均表现较为活跃，如美国布鲁金斯学会、美国人权观察（Human Rights Watch，HRW）等；而有些智库可能由于内部资源有限或社交媒体战略使然等，只频繁地活跃在部分社交媒体中，如斯里兰卡地区战略研究中心（Regional Centre for Strategic Studies，RCSS）、巴西社会与教育援助组织联合会（Federation of Organizations for Social and Educational Assistance，FASE）等。为更深入地了解智库利用社交媒体发布信息的时间特征，下面以智库开通数最多的平台 Twitter 为例，分析相关智库 2020 年发布推文的时间特征。

84 家开通 Twitter 账号的智库 2020 年发布推文的情况见图 5-14，其中全年零更新的智库有 4 家，分别为阿塞拜疆经济与社会发展中心（Center for Economic and Social Development，CESD）、北京某经济研究所、印度科学传播协会和巴西社会与教育援助组织联合会；全年更新条数在 1~100 条的有 9 家，101~1000 条的有 29 家，1001~10 000 条的有 40 家；全年更新 10 000 条以上的有 2 家，分别为印度观察家研究基金会（Observer Research Foundation，ORF）和美国伍德罗·威尔逊国际学者中心（Woodrow Wilson International Center for Scholars）。总体而言，大部分智库在 Twitter 上发布信息的频次都比较高，有 63.10% 的智库（53 家）每天至少更新 2 条推文，其中发文频次最高的是印度观察家研究基金会，平均每天发推文 47 条。从智库每小时发布的推文量分布来看（图 5-15），部分智库 24 个时间段内均有推文发布，如美国人权观察、印度观察家研究基金会、美国卡托研究所（Cato Institute）等，较好地满足了全球用户获取信息的需求。但智库也有集中发文的时间段，主要集中在一天的后半段。当地时间 11：00~19：00 是大部分智库发布推文的高峰时间，午夜时段（23：00~1：00）的推文发布量也较高，推文发布最少的时间段是早晨 2：00~4：00。

5.6.3.2　媒介特征

86 家智库中大部分采用多元化的媒介实施信息发布。一方面，不少智库均通过极具差异化的社交媒体平台发布信息，以实现不同的信息传播目的。例如，Twitter 受众面广、传播速度快，可发布不超过 140 个字符的文本、图片、视频等，可作为即时性信息的发布

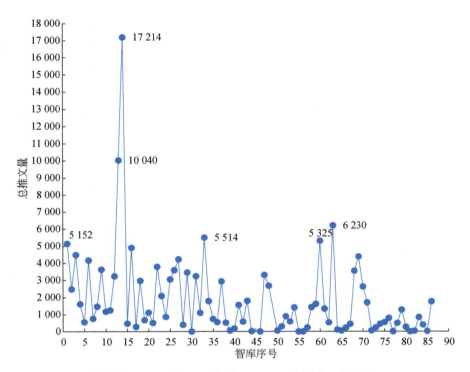

图 5-14　2020 年 84 家智库 Twitter 推文发布总量分布

注：图中横坐标"智库序号"与《全球智库报告 2020》中"2020 年利用社交媒体和社交网络最佳智库"排行榜
序号一致，下同。

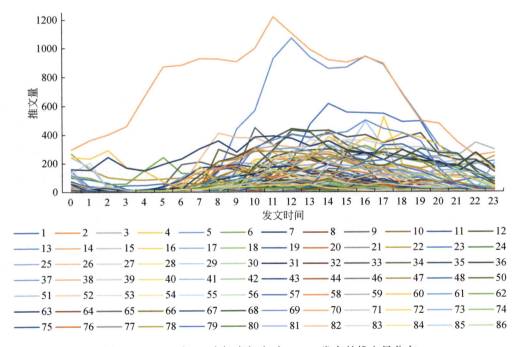

图 5-15　2020 年 84 家智库每小时 Twitter 发布的推文量分布

平台；Facebook 作为关系型的社区平台，更侧重于关系的管理，可用以发布长文本、图片、视频等；YouTube 是全球最大的视频分享网站，智库主要通过其分享独家动态视频、专家观点视频、会议视频等；LinkedIn 是国际上比较流行的职场社交平台，可通过其发布智库职位信息、智库动态等；Instagram 和 Flickr 是图片分享网站，主要被智库用于发布有关研究专家、会议、研究成果等的图片；而 SoundCloud、Podcasts 则是音频广播平台，可利用其进行智库政策、成果、观点等的解读与传播。另一方面，智库在单个社交平台上常发布多种载体的信息，尤其是在 Twitter、Facebook 中，形式包括短文本、图片、图表、短视频等，非常符合社交媒体时代用户的阅读习惯。例如，Twitter 中的文本信息不超过 140 个字符，而 Facebook 虽可发布长文本，但多数帖子也都控制在较短的篇幅内，若文本过长，帖子后面一般会附有链接，供感兴趣的用户进一步阅读。图片、图表、短视频是目前智库社交平台常用的信息发布形式，在保证内容可靠性、权威性的基础上，将智库专业、晦涩的研究成果转化成通俗易懂的"社交媒体语言"，更容易在社交媒体中获得用户的信任、肯定与喜爱，产生广泛而深远的影响（相德宝和张文正，2018）。

5.6.3.3 议题设置

从智库在各社交媒体上发布的信息内容来看，研究动态、专家观点、成果宣传、活动报道是其主要的发布对象。具体分析这些内容可发现，智库在社交媒体中的议题设置大致可以分为两类，一类为其研究领域内当下的全球性热点话题，一类为研究领域内的国内重要问题。

以美国布鲁金斯学会 2020 年发布的 Twitter 推文为例，表 5-9 为采用 LDA 主题模型对该学会 2020 年发布的 4488 条推文进行主题挖掘得到的 10 个议题，以及每个议题中按后验概率从高到低排序的前 20 个关键词。2020 年是特殊的一年，从世界范围来看，一方面中美关系持续紧张，另一方面新冠疫情在全球蔓延；从美国国内来看，2020 年是美国的总统大选之年，引起国内外广泛关注。从表 5-9 中可以看出，美国布鲁金斯学会既强调全球议题，也关注国内重大民生议题。在全球性热点议题方面，主要关注中美关系及其对全球经济发展的影响、气候变化与国际关系、科技发展与世界治理、COVID-19 及其对社会治理的影响等；在国内热点议题方面，围绕着美国总统大选，对总统大选期间候选人所主张的施政方针及美国国内亟待解决的社会问题给予持续关注，主要涉及税收政策与国家治理、学校教育与家庭关系、社区健康政策、阶层与种族关系、妇女权益、COVID-19 对国内工业发展的影响等。与以往不同，受新冠疫情影响，为避免人群聚集，2020 年总统选举的投票方式增加了邮寄选票，由此引发了巨大的争议，美国布鲁金斯学会对此议题也开展了跟踪研究和讨论。

表 5-9　2020 年美国布鲁金斯学会 Twitter 推文关注的十大议题

序号	主题	关键词（Top-20）
1	经济发展与中美关系	Trump, president, economy, Biden, elect, write, state, explain, Joe, senate, China, people, court, year, decision, policy, thing, poll, book, record
2	税收政策与国家治理	president, Trump, question, policy, brooking, John, write, administrate, people, tax, debate, state, govern, Allen, vice, time, piece, policy2020, school, tomorrow
3	气候变化与国际关系	year, climate, change, administrate, state, relationship, secure, elect, step, country, reduce, job, argue, China, explain, Riedel, today, recovery, expert, Trump
4	学校教育与家庭关系	country, candid, children, party, family, democrat, role, write, covid, goal, state, women, school, develop, govern, experience, change, policy, China, voter
5	社区健康与教育政策	health, school, discuss, care, community, covid19, crisis, education, today, America, access, system, policy, pandemic, area, rate, economy, coronavirus, unemployed, govern
6	阶层与种族关系	American, worker, people, class, policy, wage, job, country, economy, wealth, population, data, decade, family, state, health, race, gap, America, nation
7	妇女权益与邮寄选票	women, elect, vote, mail, men, state, event, issue, house, analysis, ballot, primary, process, number, brooking, sign, bill, America, party, policy
8	工业发展与COVID-19	state, worker, crisis, law, time, industry, coronavirus, write, opportune, country, trade, people, enforce, America, war, covid, power, busy, county, report
9	科技发展与世界治理	world, way, time, state, check, issue, American, write, voter, technology, thank, democracy, polit, event, today, govern, techstream, equal, argue, question
10	COVID-19与社会治理	covid, crisis, argue, busy, community, policy, cost, America, inequity, state, write, student, serious, program, food, system, year, change, country, response

注：LDA 主题模型为一种无监督机器学习方法，可用于挖掘和识别文档中的潜在主题。本研究首先通过 Python 调用 NLTK 自然语言处理工具包，对美国布鲁金斯学会 2020 年发布的 4 488 条推文进行小写化、去除特殊标点、分词、去除停用词、词形还原、词干提取等处理，得到构建 LDA 主题模型的数据。然后，在经过多次实验和综合考虑损失率的基础上，以 10 个议题作为最佳主题数，经过 500 次迭代后，得到最终的主题识别结果。

5.6.4　国际知名智库社交媒体的用户交互特征

智库借助社交媒体传播信息，其核心目标之一为扩大受众范围，从而提升影响力。账号的粉丝，用户对信息的评论、转发、点赞/喜欢、分享等，均从一定程度上说明了智库社交媒体账号的传播力及其内容的影响力。通过分析发现，智库不同社交媒体的用户交互性存在差异，Twitter 和 Facebook 是智库用户交互最好的平台，其次是 YouTube 和 Instagram。下面以 Twitter 为例，观察智库在社交媒体中与用户的交互情况。

1）Twitter 账号粉丝量。截至 2021 年 8 月 14 日，84 家智库中粉丝量最低的为阿塞拜疆经济与社会发展中心，仅有 3 个，主要是由于该智库 2019 年才开通 Twitter 账号；粉丝量最高的为美国人权观察，粉丝量达 4 743 502。整体来看，69.05% 的智库（58 家）粉丝量在 10 000 以上，多数智库的粉丝量远高于其关注用户量，相差最大的美国皮尤研究中心（Pew Research Center），Twitter 粉丝量（434 664 个）是其关注用户（93 个）的 4 674 倍，说明这些智库在社交媒体中具有较高的影响力。但是，也有少数智库在 Twitter 中影响力较低，如印度科学传播协会 2009 年开通 Twitter，截至数据收集日，粉丝量仅为 66 个；巴西社会与教育援助组织联合会 2009 年开通 Twitter，粉丝量仅为 352 个。这与智库在社交媒体中的活跃度是分不开的，印度科学传播协会自开通 Twitter 后只发过 1 条推文，巴西社会与教育援助组织联合会也仅仅发布了 132 条推文。

2）2020 年 Twitter 推文的用户评论、转发、点赞。转发和点赞是用户与智库之间较为常见的互动类型，调研的 84 家智库中，多数智库发布的推文均有 50% 以上被用户转发和点赞；相比之下，用户通过评论来开展互动则处于较低的水平，大多数智库 50% 以上的推文均无用户评论（图 5-16）。分析 84 家智库发布的每条推文的平均评论量、平均转发量与平均点赞量发现（图 5-17），与智库有评论、转发、点赞的推文占比规律相似，大部分智库推文的平均转发量及平均点赞量要高于推文的平均评论量；智库平均每条推文的转发量和点赞量在 5 个左右，而评论量多数处于 0~1。当然也有少数智库在评论、转发、点赞方面均有较好表现，用户交互性良好，如美国人权观察、荷兰海牙全球公正研究所（Hague Institute for Global Justice）、美国传统基金会、德国透明国际组织等（表 5-10）。总的来说，Twitter 用户主要通过评论、转发、点赞与智库进行互动。其中，评论是一种深入型的互动，但用户对智库推文的评论量却远低于转发和点赞的数量；转发是用户与智库之间较频繁的一种互动方式，也被认为是最有价值的互动类型，用户转发智库推文，意味着其内容有机会被传播开来并对目标公众产生影响，从而提升智库的影响力。

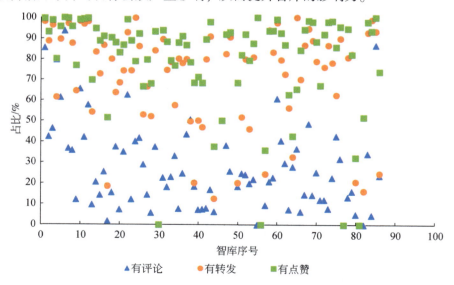

图 5-16　2020 年 84 家智库有评论、转发、点赞的 Twitter 推文占比分布

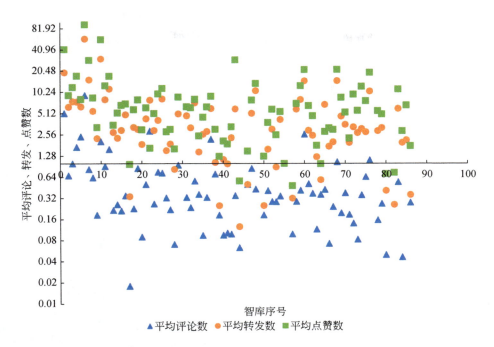

图 5-17　2020 年 84 家智库每条 Twitter 推文的平均评论、转发、点赞数

表 5-10　与 Twitter 用户交互较为突出的智库（部分）

智库名称	有评论的推文占比/%	有转发的推文占比/%	有点赞的推文占比/%	每条推文平均评论数	每条推文平均转发数	每条推文平均点赞数
美国人权观察（HRW）	93.72	100.00	100.00	9.19	58.59	93.81
荷兰海牙全球公正研究所（Hague Institute for Global Justice）	86.67	93.33	100.00	2.13	2.13	6.67
美国传统基金会（Heritage Foundation）	85.58	98.04	99.65	5.11	19.28	41.51
德国透明国际组织（TI）	65.56	98.22	98.98	2.05	30.31	57.50
加拿大菲沙研究所（Fraser Institute）	61.38	89.62	95.63	2.41	6.36	8.10
美国皮尤研究中心（Pew Research Center）	60.69	97.41	99.10	2.60	14.69	21.24

注：表中仅列出有评论、转发、点赞的推文在其总发布量中的比例大于等于 50% 且每条推文平均评论、转发、点赞数大于等于 2 的智库。

3）每小时篇均交互程度。从图 5-18 可知，Twitter 用户的交互活跃时段主要集中在当地时间 10∶00 到 20∶00、22∶00 至次日 1∶00，与智库每小时发布的推文量分布基本吻合。前述 24 个时间段内均有推文发布的美国人权观察、美国卡托研究所在全天任一时间段均保持着较高的用户交互度，这在一定程度上说明，保持连续的推文发布是维持良好的用户交互的重要条件。

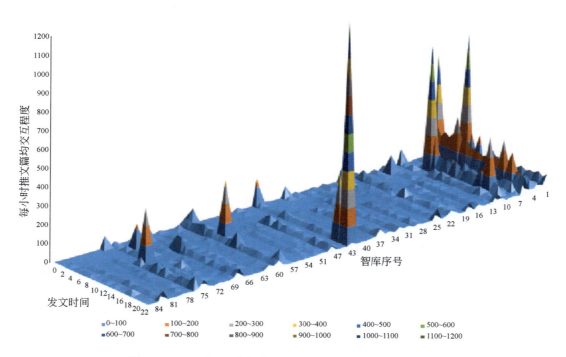

图 5-18　2020 年 84 家智库 Twitter 推文每小时篇均交互程度

注：推文每小时篇均交互程度=该小时内评论、转发、点赞总数/该小时内的推文数。

整体来看，多数智库在社交媒体中表现出较好的用户交互性，但不同智库在社交媒体中的影响力也存在着差异。究其原因，一方面与智库本身的影响力有关；另一方面与智库的信息发布策略密不可分，包括发布时间、发布媒介以及议题设置等，保持稳定连续的发布频率、选择适当的发布平台和恰当的发布时间点、设置全球性热点话题和国内重要议题，将有助于与用户建立良好的交互，提高用户对智库的关注度和影响力。例如，美国人权观察以较高的频率更新推文，保持 24 小时不间断发布，采用视频、链接、图片等能带动用户互动的形式发布推文，且注意社交媒体语言的使用，从而在用户交互方面取得了较为显著的效果。

5.6.5   提升我国新型智库国际传播力的路径

我国新型智库在国际影响力方面与国际知名智库之间的差距有目共睹。智库若想提升影响力和扩大声誉，须善用社交媒体的平台及传播技巧来抓取公众眼球，发掘流量潜力和培养用户粘性，获取流量红利（政策产品关注力提升），这已成为智库追求社会可见性的一条有效路径（朱旭峰和赵静，2021）。我国新型智库的社交媒体传播矩阵布局尚处于起步阶段，"2020 年利用社交媒体和社交网络最佳智库"排行榜中仅有 3 家智库上榜，其中北京某经济研究所开通了 LinkedIn，中国国际经济交流中心开通了 LinkedIn 和微信，全球化智库开通了 Twitter、Facebook、YouTube 和 LinkedIn。3 家智库 Twitter 平台的运营情况如表 5-11 所示。总的来说，我国新型智库的国外社交媒体运营与国际知名智库相比依然存在不足，难以支撑国际传播的发展需求。国际知名智库在国外社交媒体的应用上表现较为突出，其社交媒体传播特征可为我国新型智库全方位布局国外社交媒体提供最佳实践。

表 5-11   我国智库 Twitter 平台运营情况

智库名称	开通时间	粉丝数	2020 总发文数	2020 总评论量	2020 总转发量	2020 总点赞量
中国国际经济交流中心（CCIEE）	—	—	—	—	—	—
北京某经济研究所（Unirule Institute of Economics）	2018 年	799	0	0	0	0
全球化智库（CCG）	2016 年	5 466	452	109	905	1 359

5.6.5.1   构建以官网为核心的辐射状社交媒体传播矩阵

国际知名智库多开通了具有异质性、多元化的社交媒体账号，如 Twitter、Facebook、YouTube、LinkedIn、Instagram、SoundCloud 等，让不同受众可以在不同属性的平台中寻找讨论和交流的舒适空间，表达各自的诉求和意见，从而扩大智库信息的传播范围。我国新型智库在内部资源充足的基础上，当以官方网站建设为核心，以国内有影响力的社交媒体建设为起点，积极进驻国外有影响力的社交媒体，形成以官方网站为核心，兼具文本、图片、视频、声音等形态的多元化社交媒体信息传播矩阵。官方网站发布的信息包括机构动态、研究成果、活动报道等，多元的智库社交媒体平台将以"社交媒体语言"对这些内容进行二次联动宣传与推广；同时也可以通过一定的机制连接智库官方网站与社交媒体，如在官方网站的机构动态、研究成果、活动报道页面标注社交媒体的图标，用户可以一键将相关内容分享到 Twitter、Facebook、YouTube 等平台上（徐奇渊，2014）。当然，我国智库国外社交媒体传播矩阵的建设具体包含哪些社交媒体平台，还是要从智库自身的特点出发，国外不少知名智库也存在社交媒体投入有所侧重的情况。

5.6.5.2 培养专职管理智库社交媒体的专家型人才队伍

从国际知名智库信息发布的时间、媒介、议题设置及用户交互来看，智库社交媒体的运营均需要专业的人才去维护，如信息应该选择哪个平台发布、应该什么时间发布和以什么频率发布、社交媒体中的议题如何设置，以及如何在社交媒体中实现较好的用户交互等。本文调研的大部分智库在以上方面都有较为突出的表现，但也有少数智库的社交媒体账户存在没有定期发帖、缺乏与用户互动、用户参与较少（如评论量较低）等情况，仅将社交媒体作为发布与传播信息的"第二媒体"，而不是与用户对话或互动的重要渠道。因此，专业的社交媒体专职管理人才队伍建设，是我国新型智库开展国外社交媒体营运、扩大国际影响力所必需的。专职可以保证社交媒体的正常运行；而专业指的是社交媒体管理人员既要懂智库研究，又要擅长新媒体运营和国际传播，了解不同社交媒体平台的属性和用户特质，掌握通过社交媒体开展国际传播的话语策略（媒介形式、议题设置、语言风格等），从而通过精准投放，以及有效的社交媒体传播语言，满足不同社交媒体异质性用户的需求。

5.6.5.3 围绕全球热点与国内重要议题发布高质量信息

通过多元的社交媒体平台能否成功影响异质性的用户群体，其核心在于发布信息的议题设置。我国新型智库在国际舞台中依然存在议题设置能力和话语权过弱的问题，难以与活跃在全球政治经济社会诸多方面的西方智库相匹敌（肖锋，2009）。借鉴国际知名智库在社交媒体议题设置方面的有益经验，一方面，我国智库在社交媒体中应拓宽关注的视野，面向全球的热点问题，设置与本国利益密切相关的全球性、战略性、前瞻性的议题，并力争提出能够让其他国家争相讨论的理念、名词和观点（王眉，2015），从而在全球性问题中贡献中国方案；另一方面，我国智库应在社交媒体中充分展示自己的阵地，立足本土的重要问题，向外讲述中国故事、传递中国声音、阐释中国立场，构建有中国特色的国际话语体系。此外，有价值的议题能否取得预期的传播效力，取决于发布信息的质量。高质量、高品质的战略与政策研究成果对智库的声望至关重要，国际智库视研究的质量为其发展的基石，是塑造其影响力的根本（张志强，2016）。我国智库在通过社交媒体拓展新的商业模式时，应制作高质量、有影响力的研究资讯，传播与分享有价值的研究内容与观点（朱旭峰和赵静，2021），这样方可保证持久的用户粘性。

5.6.5.4 建立推动智库运用国外社交媒体的保障与评价机制

我国智库在运用国外社交媒体开展国际传播方面还存在着技术障碍，如网络访问屏蔽的限制以及国外新媒体运用意识的薄弱。为推动我国智库积极、顺利、流畅地借力国外社交媒体提升智库的国际影响力，在确保合法性的基础上，需要保障在国内运行国外社交媒体的网络基础设施建设，减少国外社交媒体运营的难度，使运营人员能将时间有效投入智库的国际传播管理而非相关网络技术的攻关中；另外，将国外社交媒体矩阵的布局、社交媒体人才专业化及专职化程度，乃至国外社交媒体的传播效果（即社交媒体影响力，包括粉丝量、评论量、点赞量、转发量等）纳入到智库的考核机制中，使其与智库的经费支持、智库的国际传播专项排名等挂钩，从而推动智库主动涉足国外社交媒体并重视其传播，全方位发挥国外社交媒体在提升智库国际传播力方面的作用。

参 考 文 献

包丹 . 2021. 基于微博数据的高速公路交通事件研究 . 重庆：重庆交通大学 .

滨田纯一 . 1999. "社会信息学"综述 . 国际新闻界，（1）：29-32.

巢乃鹏，黄文森 . 2020. 范式转型与科学意识：计算传播学的新思考 . 新闻与写作，（5）：13-18.

陈默 . 2021. 媒体融合视域下主流媒体趣群化发展探索 . 青年记者，（14）：43-44.

陈少华 . 2008. 信息科学视野下的传播及传播学研究探析 . 南京邮电大学学报（社会科学版），（3）：44-47.

陈秀娟 . 2021. 新型智库国际传播研究现状及展望 . 中国社会科学报，5-6（2）.

陈峥 . 2019. 虚拟与现实：电子踪迹大数据质量与知识发现 . 图书馆，（5）：80-85.

代丽，樊粤湘 . 2019. 微信公众号信息传播效果研究综述 . 数字与缩微影像，（3）：35-39.

丹尼斯·麦奎尔 . 2006. 受众分析 . 刘燕南等译 . 北京：中国人民大学出版社 .

董道力 . 2020. 计算传播视域下医生相关博文传播效果的影响因素和传播特征研究 . 广州：广东外语外贸大学 .

段建勇，魏晓亮，张梅，等 . 2013. 基于网络日志的用户兴趣模型构建 . 情报科学，31（9）：78-82.

冯秋燕，朱学芳 . 2019. 社交媒体用户价值画像建模与应用研究 . 情报资料工作，40（6）：73-80.

付树森 . 2013. 企业微博对受众再传播意愿和品牌态度的影响研究 . 成都：西南财经大学 .

郭光明 . 2017. 基于社交大数据的用户信用画像方法研究 . 合肥：中国科学技术大学 .

郭庆光 . 2011. 传播学教程 . 北京：中国人民大学出版社 .

韩运荣，漆雪 . 2019. Twitter 涉华舆情极化现象研究——以中美贸易争端为例 . 现代传播（中国传媒大学学报），（3）：144-150.

季丹，谢耘耕 . 2014. 网络危机信息传播效果的影响因素实证研究——以微博为例 . 情报科学，32（7）：70-77.

金苗，自国天然，纪娇娇 . 2019. 意义探索与意图查核——"一带一路"倡议五年来西方主流媒体报道

LDA 主题模型分析. 新闻大学,（5）：13-29，116-117.

匡文波，武晓立. 2019. 基于微信公众号的健康传播效果评价指标体系研究. 国际新闻界,（1）：153-176.

李佳彤，黄燕梅. 2021. 公共卫生事件信息发布对公众关注度的影响——基于关联规则挖掘的典型案例分析. 现代交际,（11）：226-228.

李江. 2018. 大规模社会网络中的信息扩散建模与应用研究. 北京：北京邮电大学.

刘海鸥，孙晶晶，张亚明，等. 2018. 在线社交活动中的用户画像及其信息传播行为研究. 情报科学, 36（12）：17-21.

刘建明，王泰玄，古长岭，等. 1993. 宣传舆论学大辞典. 北京：经济日报出版社.

刘双庆，涂光晋. 2016. 社会网络分析视野下的健康传播. 现代传播（中国传媒大学学报）, 38（4）：46-50.

毛艳. 2016. 基于创新扩散理论的微信信息传播机制研究. 上海：上海工程技术大学.

梅琼林. 2007. 克劳德·香农的信息论方法及其对传播学的贡献. 九江学院学报,（6）：1-5.

牛温佳，刘吉强，石川. 2016. 用户网络行为画像：大数据中的用户网络行为画像分析与内容推荐应用. 北京：电子工业出版社.

欧阳康. 2007. 社会信息科学的学科定位与研究思路. 华中科技大学学报（社会科学版）,（1）：72-77.

彭玥. 2015. 基于文本倾向性分析的网络意见领袖识别. 南京：南京理工大学.

QuestMobile 研究院. 2022. QuestMobile 中国移动互联网发展启示录（一）. https://www.questmobile.com.cn/research/report-new/216［2022-01-28］.

瞿旭晟，赵鹏程. 2021. 现状与特征：社会网络分析在我国传播学研究中的应用. 新闻爱好者,（3）：67-69.

邵首飞. 2021. 个体时空轨迹活动语义识别方法研究. 北京：北京建筑大学.

沈阳，冯杰. 2019. 两微一端重大事件信息扩散模式对比研究. 现代传播（中国传媒大学学报）, 41（2）：63-67.

沈阳，刘朝阳，芦何秋，等. 2013. 微公益传播的动员模式研究. 新闻与传播研究, 20（3）：96-111，128.

殳欣成. 2020. 复杂网络中真假信息传播机制研究. 杭州：浙江工业大学.

孙国道. 2015. 用户行为数据的交互式可视挖掘方法研究. 杭州：浙江工业大学.

塔娜. 2020. "计算传播学"的发展路径：概念、数据及研究领域. 新闻与写作,（5）：5-12.

王成军. 2016. 计算传播学的起源、概念和应用. 编辑学刊,（3）：59-64.

王成军. 2014. 计算传播学：作为计算社会科学的传播学. 中国网络传播研究, 8：193-206.

王眉. 2015. 智库国际传播与对外话语体系构建. 新疆师范大学学报（哲学社会科学版）, 36（6）：94-100，2.

王帅. 2022. 突发公共卫生事件情境下在线健康社区用户画像与分群研究. 情报科学. https://kns.cnki.net/kcms/detail/22.1264.G2.20220120.1441.008.html.［2022-01-28］.

王耀辉，苗绿. 2017. 大国背后的"第四力量". 北京：中信出版社.

王奕文. 2018. 基于并行关联规则的舆情热点跟踪和关系发现方法研究. 青岛：中国石油大学（华东）.

王振晓，陈勤. 2021. 微信、QQ 功能迭代与网络人际传播变迁研究. 北京印刷学院学报，29（9）：17-22.

王知津，韩正彪，周鹏. 2012. Informatics 学科群研究进展. 情报学进展，9：1-45.

韦路，丁方舟. 2015. 社会化媒体时代的全球传播图景：基于 Twitter 媒介机构账号的社会网络分析. 浙江大学学报（人文社会科学版），45（6）：91-105.

魏明珠，张海涛，刘雅姝，等. 2019. 多维属性融合的社交媒体高影响力人物画像研究. 图书情报知识，（5）：73-79，100.

吴信训. 1993. 从新闻学到社会信息学——从东京大学新闻研究所更名谈起. 新闻界，（5）：31-32.

肖锋. 2009. 中国需要智库，而不是翰林院. 新周刊，（14）：5-8.

相德宝，张文正. 2018. 新媒体时代全球智库社交网络影响力探析. 国际展望，10（1）：129-146，153-154.

向征，丁于思. 2017. 去芜存菁：小议社交媒体分析学中的数据质量问题. 旅游学刊，32（10）：6-8.

徐奇渊. 2014. 欧洲智库的生存之道. http://joul. cssn. cn/jjx/xk/jjx_lljjx/sjjjygjjjx/201407/t20140715_1254554. shtml. ［2021-08-29］.

闫学杉. 1997. 人类信息学的基本问题. 国外社会科学，（6）：32-38.

尹中英，崔嘉玥，段泽宁. 2014. 意见领袖在传播过程中影响传播效果分析. 新闻传播，（10）：126.

尤达. 2021. 自决理论视域下的中国式"刷剧"——网络时代的受众心理与传播效果. 编辑之友，（12）：65-73.

曾祥敏，王孜. 2019. 健康传播中的虚假信息扩散机制与网络治理研究. 现代传播（中国传媒大学学报），41（6）：34-40.

张博，李竹君. 2017. 微博信息传播效果研究综述. 现代情报，37（1）：165-171.

张伦. 2020. 计算传播学范式对传播效果研究的机遇与挑战. 新闻与写作，（5）：19-25.

张伦，王成军，许小可. 2018. 计算传播学导论. 北京：北京师范大学出版社.

张伟，夏志杰. 2021. 科普视频在不同网络社交媒体平台的扩散模式对比研究——以"回形针 PaperClip"新冠肺炎科普短视频为例. 图书情报研究，14（2）：108-115.

张艳丰，彭丽徽，刘金承，等. 2019. 新媒体环境下移动社交媒体倦怠用户画像实证研究——基于 SSO 理论的因果关系视角. 情报学报，38（10）：1092-1101.

张志强. 2020. "国际著名智库网信领域研究观察"专栏按语. 智库理论与实践，5（4）：56.

张志强，范少萍. 2015. 论学科信息学的兴起与发展. 情报学报，34（10）：1011-1023.

张志强，苏娜. 2016. 一流智库战略研究成果的质量管理机制. 中国科学院院刊，31（8）：940-950.

张子俊. 2018. 重新认识传播渠道——以政府网络传播为对象. 广州：暨南大学.

赵蓉英，常茹茹，陈湛，等. 2021. 基于知乎平台的突发公共卫生事件主题演化研究. 信息资源管理学报，11（2）：52-59.

郑玲玲. 2021. 基于深度数据挖掘的传播数据分析与评估模型仿真. 电子设计工程，29（18）：161-165.

郑雯，桂勇，黄荣贵. 2019. 论争与演进：作为一种网络社会思潮的改革开放——以 2013－2018 年 2.75

亿条微博为分析样本. 新闻记者，（1）：51-62.

钟宏彬. 2002. 影响网络谣言传播的因素及扩散模式——由电子邮件谣言的散播与企业辟谣作为谈起. 台湾：台湾"国立"政治大学.

钟义信. 2002. 信息科学原理（第三版）. 北京：北京邮电大学出版社.

钟智锦. 2020. 计算传播视野下的网络舆论研究. 新闻与写作，（5）：26-32.

钟智锦，王童辰. 2018. 大数据文本挖掘技术在新闻传播学科的应用. 当代传播，（5）：12-18.

钟智锦，林淑金，温仪，等. 2017. 内地网民情绪记忆中的香港澳门回归. 新闻与传播研究，24（1）：27-46，126-127.

周莉，王子宇，胡珀. 2018. 反腐议题中的网络情绪归因及其影响因素——基于 32 个案例微博评论的细粒度情感分析. 新闻与传播研究，25（12）：42-56，127.

周庆山，梁兴堃，曹雨佳. 2012. 微博中意见领袖甄别与内容特征的实证研究. 山东图书馆学刊，（1）：22-27，35.

祝建华，彭泰权，梁海，等. 2014. 计算社会科学在新闻传播研究中的应用. 科研信息化技术与应用，5（2）：3-13.

朱旭峰，赵静. 2021. 社交媒体时代中国智库发展面临的机遇与挑战. 治理研究，37（1）：90-97.

庄雪娇. 2021. 论中国智库的国际传播新媒体矩阵：现状与未来. 智库理论与实践，6（2）：24-32.

Abd-Alrazaq A，Alhuwail D，Househ M，et al. 2020. Top concerns of Tweeters during the COVID-19 pandemic：Infoveillance study. Journal of Medical Internet Research，22（4）：e19016.

An J，Kwak H，Jansen B J. 2017. Automatic generation of personas using YouTube social media data// Washington，DC：Proceedings of the 50th Hawaii International Conference on System Sciences. IEEE Computer Society. 833-842.

Ayer A J. 1995. What is communication? Studies in communication. London：Martin Secker and Warburg.

Benevenutoy F，Rodriguesy T，Cha M，et al. 2009. Characterizing user behavior in online social networks//New York：Proceedings of the 9th ACM SIGCOMM conference on Internet measurement. ACM. 49-62.

Bollen J，Mao H N，Zeng X J. 2011. Twitter mood predicts the stock market. Journal of Computational Science，2（1）：1-8.

Bond R M，Fariss C J，Jones J J，et al. 2012. A 61-million-person experiment in social influence and political mobilization. Nature，489：295-298.

Ceron A，Curini L，Iacus S M，et al. 2012. Every tweet counts? How sentiment analysis of social media can improve our knowledge of citizens' political preferences with an application to Italy and France. Departmental Working Papers，16（2）：340-358.

Cha M，Benevenuto F，Haddadi H，et al. 2012. The world of connections and information flow in Twitter. IEEE Transactions on Systems，Man，and Cybernetics-Part A：Systems and Humans，42（4）：991-998.

Chen Z H. 2013. Modeling research on micro-blog users//Paris：Proceedings of the 2nd International Conference on Computer Science and Electronics Engineering.

Dewey C. 2016. 98 personal data points that Facebook uses to target ads to you. https：//www. washingtonpost.

com/news/the- intersect/wp/2016/08/19/98- personal- data- points- that- facebook- uses- to- target- ads- to- you/ ［2022-2-13］.

Eagle N, Pentland A, Lazer D. 2009. Inferring friendship network structure by using mobile phone data. Proceedings of the National Academy of Sciences of the United States of America, 106 (36): 15274-15278.

Facebook. 2021. Facebook reports fourth quarter and full year 2020 results. https：//investor. fb. com/investor- news/press- release- details/2021/Facebook- Reports- Fourth- Quarter- and- Full- Year- 2020- Results/default. aspx ［2022-02-13］.

Gilly M C, Graham J L, Wolfinbarger M F, et al. 1998. A dyadic study of interpersonal information search. Journal of the Academy of Marketing Science, 26 (2): 83-100.

Guess A, Nagler J, Tucker J. 2019. Less than you think: Prevalence and predictors of fake news dissemination on Facebook. Science Advances, 5 (1): eaau4586.

Guo L, Vargo C J, Pan Z X, et al. 2016. Big social data analytics in journalism and mass communication: comparing dictionary-based text analysis and unsupervised topic modeling. Journalism and Mass Communication Quarterly, 93 (2): 332-359.

Hey T, Tansley S, Tolle K. 2009. The fourth paradigm: data- intensive scientific discovery. Redmond: Microsoft Research.

Hsu Y L, Jane W J. 2016. Bidirectional causality for word of mouth and the movie box office: An empirical investigation of panel data. Journal of Media Economics, 29 (3): 139-152.

Jackson S J, Welles B F. 2016. #Ferguson is everywhere: initiators in emerging counterpublic networks. Information Communication & Society, 19 (3): 397-418.

Jung S G, An J, Kwak H, et al. 2017. Persona generation from aggregated social media data//New York: Proceedings of the 2017 CHI Conference Extended Abstracts on Human Factors in Computing Systems.

Kim K, Kim J, Kim M, et al. 2021. User interest- based recommender system for image- sharing social media. World Wide Web, 24 (3): 1003-1025.

Kim M, Newth D, Christen P. 2013. Modeling dynamics of diffusion across heterogeneous social networks: News diffusion in social media. Entropy, 15 (10): 4215-4242.

Kitamoto A. 2021. X- Informatics: Change of scientific research by the fourth paradigm and the development of data-intensive science. The Journal of Information Science and Technology Association, 71 (6): 240-246.

Lamb R, Kling R. 2003. Reconceptualizing users as social actors in information systems research. MIS Quarterly, 27 (2): 197-235.

Lambert B, Kontonatsios G, Mauch M, et al. 2020. The pace of modern culture. Nature Human Behaviour, 4 (4): 1-9.

Lasswell H D. 1984. The structure and function of communication in society. Urbana, IL: University of Illinois Press.

Leung K W T, Lee D L. 2010. Deriving concept-based user profiles from search engine logs. IEEE Transactions on Knowledge and Data Engineering, 22 (7): 969-982.

Liu X, Burns A C, Hou Y J. 2017. An investigation of brand-related user-generated content on Twitter. Journal of Advertising, 46 (2): 236-247.

McGann G. 2021. 2020 Global Go to Think Tank Index Report. Philadelphia: University of Pennsylvania.

Meta. 2018. Security Update. https://about. fb. com/news/2018/09/security-update/ [2022-01-28].

Metzger M J, Flanagin A J, Medders R B. 2010. Social and heuristic approaches to credibility evaluation online. Journal of Communication, 60 (3): 413-439.

Ogan C, Varol O. 2017. What is gained and what is left to be done when content analysis is added to network analysis in the study of a social movement: Twitter use during Gezi Park. Information Communication & Society, 18 (2): 221-242.

Petrovic S, Osborne M, Mccreadie R, et al. 2013. Can Twitter replace newswire for breaking news? //Boston: Proceedings of the 7th International AAAI Conference on Weblogs and Social Media (ICWSM2013).

Qiu J Z, Dong Y X, Ma H, et al. 2018. Network embedding a smatrix factorization: Unifying deep walk, line, pte, and node2vec//New York: Proceedings of the Eleventh ACM International Conference on Web Search and Data Mining.

Recuero R, Zago G, Soares F. 2019. Using social network analysis and social capital to identify user roles on polarized political conversations on Twitter. Social Media + Society, 5 (2): 1-18.

Rosenthal S, Mckeown K. 2011. Age prediction in blogs: A study of style, content, and online behavior in pre- and post-social media generations//Proceedings of the 49th Annual Meeting of the Association for Computational Linguistics. New York, NY: ACM. 763-772.

Sachdeva S, Mccaffrey S, Locke D. 2016. Social media approaches to modeling wildfire smoke dispersion: spatio-temporal and social scientific investigations. Information, Communication & Society, 19 (9): 1-16.

Schramm W. 1954. How communication works, The process and effects of mass communication, Urbana: University of Illinois Press.

Sean. 2020. TikTok faces $155, 000 fine for mishandling child data in South Korea. https://www. gizmochina. com/2020/07/15/tiktok-faces-155000-fine-mishandling-child-data-south-korea/ [2022-2-13].

Seemi F, Aslam H, Mukhtar H, et al. 2019. Browsing behaviour analysis using data mining. International Journal of Advanced Computer Science and Applications, 10 (2): 490-498.

Shen C W, Chen M, Wang C C. 2019. Analyzing the trend of O2O commerce by bilingual text mining on social media. Computers in Human Behavior, 101: 474-483.

Twitter. 2021. Q4 and fiscal year 2020 letter to shareholders. https://s22. q4cdn. com/826641620/files/doc_financials/2020/q4/FINAL-Q4′20-TWTR-Shareholder-Letter. pdf [2022-01-28].

University of Southern California. 2016. Master of communication informatics. http://datascience. usc. edu/academics/programs/master-of-communication-informatics. htm [2022-01-28].

Vargo C J, Guo L, Mccombs M, et al. 2014. Network issue agendas on Twitter during the 2012 U. S. presidential election. Journal of Communication, 64 (2): 296-316.

Vitak J, Zube P, Smock A, et al. 2011. It's complicated: Facebook users' political participation in the 2008 election. Cyberpsychology, Behavior and Social Networking, 14 (3): 107-114.

Wagner D T, Rice A, Beresford A R. 2014. Device analyzer: largescale mobile data collection. ACM Sigmetrics Performance Evaluation Review, 41 (4): 53-56.

Wang G, Zhang X Y, Tang S L, et al. 2016. Unsupervised clickstream clustering for user behavior analysis// New York: Proceedings of the 2016 CHI Conference on Human Factors in Computing Systems.

Wang W, Liu Q H, Liang J H, et al. 2019. Coevolution spreading in complex networks. Physics Reports, 820: 1-51.

Wang W, Zhao D Y, Luo H N, et al. 2013. Mining user interests in web logs of an online news service based on memory model//Piscataway: Proceedings of the IEEE 8th International Conference on Networking, Architecture and Storage.

Wu L, Ge Y, Liu Q, et al. 2016. Modeling users' preferences and social links in social networking services: A joint-evolving perspective//New York: Proceedings of the 30th AAAI Conference on Artificial Intelligence.

Wu S M, Hofman J M, Mason W A, et al. 2011. Who says what to whom on Twitter//New York: WWW '11: Proceedings of the 20th international conference on World Wide Web.

Xu P P, Wu Y C, Wei E X, et al. 2013. Visual analysis of topic competition on social media. IEEE Transactions on Visualization and Computer Graphics, 19 (12): 2012-2021.

Zhang L, Peng T Q. 2015. Breadth, depth, and speed: diffusion of advertising messages on microblogging sites. Internet Research Electronic Networking Applications & Policy, 25 (3): 453-470.

Zhang L, Wang S F, Lin Z Z, et al. 2019. Online ballot stuffing: Influence of self-boosting manipulation on rating dynamics in online rating systems. Telematics and Informatics, 38: 1-12.

Zhang L, Wu Z A, Bu Z, et al. 2017. A pattern-based topic detection and analysis system on Chinese Tweets. Journal of Computational Science, 22 (2): 267-274.

第 6 章

文献信息学与文献数据挖掘和知识发现

随着科学技术进入数据密集、数据驱动的新发展范式，科学数据日益膨胀。科学数据本身作为科研的最重要产出，随着面向科技大数据的分析方法和工具平台愈加丰富完善，以数据计量分析为核心的一系列专门学科领域的"学科信息学"获得了快速发展和应用。数据收集、数据处理、数据挖掘、数据可视化等方法与技术也愈加成熟。数据分析挖掘提供了新的技术手段，基于数据分析的知识发现拓展了新的科学视野，以文献为计量单位的传统文献计量学研究模式正在不断改变，向基于文献数据挖掘和知识发现的新型文献信息学演进，新型文献信息学也被赋予了新的使命。

文献信息学是基于文献大数据的数据挖掘分析和知识发现的研究，也是基于文献大数据挖掘分析的数据密集型科研新范式，其有关的概念、技术和方法等已经得到了相应学科领域的认可。新型文献信息学基于文献大数据挖掘分析的数据密集型科研新范式，其研究内容远超出信息检索和信息计量的范畴，不再只是文献数量统计规律的学科，而是从海量文献数据关联关系中探求隐含新知识和内在规律的新学科，是面向文献大数据分析挖掘和新知识发现的研究领域。新型文献信息学研究更加侧重信息流规律的探索，旨在从大量的文献数据中高效准确地提炼信息并发现知识，解决信息积累与利用之间的矛盾，引导新知识的探索发现，直接为知识生产服务。

文献信息学的发展为科研人员开展学科领域的文献数据挖掘分析和研究创新提供了重要路径和方法，为决策管理部门提供了把握学科领域发展现状规律和趋势的全新观察视角，引导文献情报学科领域向更高层次的知识关联关系挖掘与新知识发现方向发展。

本章旨在介绍以揭示蕴含于公开发表的文献中知识片段间的关联关系并发现新知识为目的的文献信息学及其相关研究前沿进展。对文献信息学的发展历程、概念内涵、理论基础予以描述，提炼出文献信息学研究进展中涉及的平台工具、知识发现方法、数据挖掘分析技术，分析并思考该研究领域的研究现状和学科价值，总结归纳文献信息学存在的关键问题，分析梳理发展趋势并展望未来。对发展文献信息学理论体系、促进文献信息学发展应用、推动知识创新以及发展领域知识发现研究等具有重要意义。

6.1　引言

　　自 2008 年 *Nature* "大数据专刊"、《大数据时代》以来（维克托·迈尔和肯尼斯·库克耶，2012），"大数据"概念席卷全球。也是大约此时，全球数据呈现前所未有的爆发式增长态势。无一例外，文献数据的爆发也为文献情报领域带来变革的契机。

　　如今的文献数据正以指数级速度增长（Hunter and Cohen，2006），研究人员也变得越来越专业化，这导致研究人员甚至很难在他们本身专精的学科中保持最新认知状态，并且检索系统自身的不完备及压倒性的文献数量也会产生很多专业但非交互的文献，造成知识孤岛，其中一个领域的新知识发现在其之外往往是不为人所知的（Swanson，1990a）。越来越多的新兴学科的科技文献中包含大量新概念，也意味着可能产生新颖、有趣、合理的知识。

　　在传统科学研究中，由于数据的获取、存储和计算能力所限，人们往往采取知识范式（"数据→知识→问题"的范式）。大数据时代的到来及数据科学的出现为人们提供了另一种研究思路，即数据范式（"数据→问题"范式）（朝乐门等，2018）。数据驱动下的基于文献知识发现是一种"数据—问题—验证知识"的模式，体现的是新理论和海量数据在科学知识发现中的作用，是在尚未将数据转换为知识的前提下，直接用数据进行新知识的发现以解决现实问题。

　　由此，大数据文献信息环境下专门开展文献信息的全价值链的管理、处理、分析、挖掘和知识发现的文献信息学应运而生。文献信息学的研究也不仅仅是信息与情报的计量和检索，更是基于文献大数据的数据挖掘分析和知识发现的研究。文献信息学不只是解决"数量""时间""地点""生产者"等一类的信息源问题，更注重解决"有什么"、"为什么"和"如何做"一类的科研问题，

　　其实自 20 世纪 90 年代以来，以数据分析为主的专门学科领域的"信息学"已经开始蓬勃发展（张志强等，2020），随着"学科信息学"的快速发展和应用，专业型、计算型、战略型、政策型、方法型"五型融合"的科技情报研究新范式也已经形成（张志强，2012）。数据密集型与"五型融合"新范式下的文献信息学既具有明显的学科依赖性，又具有一般信息科学的特征（张志强和范少萍，2015）。文献信息学注重从大量的文献数据中高效准确地提炼信息、探索信息流规律，可以在知识孤岛之间架起桥梁，增加跨学科的信息共享，解决信息积累与利用之间的矛盾，直接为知识生产服务。同时作为"工具型信息学"，文献信息学是其他领域学科的一种重要的分析工具，为科研人员开展学科领域的文献数据挖掘分析和研究创新提供了重要路径和方法，辅助领域信息学的发展，为决策管

理部门提供了把握学科领域发展现状规律和趋势的全新观察视角，推动文献情报学科向更高层次的知识关联关系挖掘与新知识发现发展。

6.2　文献信息学发展概述

6.2.1　文献信息学发展背景

文献信息是指用文字、符号、图像、声频、视频等手段记录于一定物质载体上的信息，是一种以文献为形式的固化的信息，可以通过文献进行存贮和传播并供研究人员利用。黄宗忠（1990）在回顾文献信息学的产生时指出"图书、情报、档案这样多个部门实际工作与理论体系的一体化是一种在实际工作中优化资源配置/减少人、财、物的重复浪费的趋势"，是图书馆学、情报学、档案学进化的产物。

在数据密集型科研新范式促进学科信息学快速发展的今天，文献信息学更应该是文献计量学升华的产物。自"文献计量学"一词最早在1969年12月的《文献工作杂志》上被英国学者罗纳德·费雪（Ronald Aylmer Fisher）在其论文的标题中使用，文献计量学经历了由萌芽、发展到成熟与分化的阶段（邱均平，1988），它作为一门学科，无论是理论还是应用都取得了很多成果，得到广大学者的认可（赵蓉英和许丽敏，2010）。20世纪90年代是信息计量学、科学计量学、情报计量学与文献计量学并行发展共同繁荣的时期（任全娥，2020），1990~1994年随着互联网的发展，对情报的认识加深，信息计量主题随之出现（邱均平和余厚强，2013）2000~2004年快速发展阶段中网络计量研究脱颖而出；2005~2009年又诞生了知识计量主题；在暴发增长阶段，聚类主题越来越多，主题间的演化关系也趋于复杂，引文分析、链接分析甚至可视化分析的主题出现意味着这些研究方法已经趋于成熟，2010年后又在前五种计量学的基础上发展出了"补充计量学"（Altmetrics）主题（邱均平和余厚强，2013）。现代意义上的文献计量学，还包括全文本文献计量学、语义文献计量学、政策文本计量学等组成的学科群体（任全娥，2020）。

文献计量学的发展促使了以文献等"粗颗粒"为单元的传统文献计量学研究模式转向以文献承载的信息、数据为对象的"细颗粒"化信息分析研究，通过章节结构、引用网络、知识导图等结构化的全文本信息揭示"知识"层次输出智慧成果。文献计量学在本质上是文献信息应用的具体表现，于是可以在此基础上以文献信息学引导其向深入挖掘分析文献内容、揭示隐含关联关系的高层次方向发展。

21世纪以来，科技全球化、新科技变革带来的数据信息技术革命性发展和数据系统集成的快速发展变化，导致科学研究的数据爆发式增长和科研新范式产生，也使信息得以更加有效地收集、组织、存储、检索、解释、传输、转换和开发利用。这促进了基于文献的大数据挖掘与知识发现的新理论、新技术、新方法的产生，使科研人员得以开发和利用最先进的工具和方法，进行科学研究创新和科学知识发现。

6.2.2　文献信息学发展历程

信息学发端于 20 世纪 40 年代，关于信息学理论的起源，学界较广泛的共识是源自 20 世纪 40 年代末香农（Claude Elwood Shannon）发表的论文《通信的数学原理》（*A Mathematical Theory of Communication*），香农也因此被誉为"信息论之父"。

国内的文献信息学进入理论冲撞多元化建设时期始于 1984 年，当年在杭州召开的中国图书馆学会图书馆学基础理论讨论会上，陈士宗发表了对图书馆学发展及文献信息学的见解。随后，陈士宗的《图书文献信息资源开发利用的科学》发表在《津图学刊》1986 年第 1 期上，以此提出建立文献信息学的观点（陈士宗，1989）。李益婷（2010）在回顾文献信息学的发展后总结道，20 世纪 70 年代以来飞速发展的信息技术使图书馆学显得过于陈旧和滞后，相比之下情报学的迅速发展大有取代图书馆学的趋势。

黄宗忠（1990）指出建立"文献信息学"不是取消或合并图书馆学、情报学、档案学等，而是要使这些学科在一个共同理论的指导下形成学科体系。1992 年黄宗忠的著作《文献信息学》作为文献信息学建立的标志被广泛认可，该书中指出文献信息学就是研究文献信息的产生、收集、整理、加工、传递、利用与组织管理及其发展规律的科学，其本质包括三方面的含义：一是指文献的内在信息，也就是文献的内容信息；二是指文献的形式信息，也就是文献的外在形式和特征；三是指文献内容信息的信息（黄宗忠，1992）。1996 年国际图书馆协会联合会（International Federation of Library Associations and Institutions，IFLA）大会在北京的召开，此前文献信息学相关研究的论文讨论较多，且观点较为统一（李益婷，2010）。

1990 年以后至 2006 年有学者总结了文献信息学的理论体系（吴淑娟和屈福志，2006），或探讨了文献信息在哲学中的定位（王爱芳，2006）。但也出现了一些对文献信息学作为大学科的疑问，其中以周文骏和杨晓骏为代表认为文献信息学应该属于文献学的分支并且提出文献学的大学科体系（周文骏和杨晓骏，1994）。康军认为文献信息学应作为图书、情报、档案的学科理论基础，而在上位类学科上用"文献工程学"替之（康军，1998）。于鸣镝在吸收康军的观点的基础上试图用大文献学的概念作为图书、情报、档案等相关学科的上位类学科（于鸣镝，2000）。但这段时间国内学者对文献信息学更为深入的理论探讨相对较少，其原因是 1990 年以后如何在信息化背景下建设图书馆学学科体系以及有关数字图书馆提出的理论与实践吸引了学界的注意。

由于当时文献信息学的学科发展远未成熟、其内涵的狭隘性，以及与图书馆学、情报学、文献学等的关系论述不清，因而一直未得到学术共同体的普遍接受、以及在学术界的广泛传播。这些较早提出来的"文献信息学"概念，与现在的大数据环境下的、本章阐述的"文献信息学"也有明显的不同。尽管如此，通过广泛阅读文献可知，文献信息学及其所指的基于文献的知识发现研究工作却一直在发展之中。相比国内，国外的研究更加成熟并和现在意义上的文献信息学更为接近。

国外的一些研究人员在 1986 年后开始对揭示文献中的隐含逻辑关系产生兴趣。其中美国芝加哥大学的 Swanson 在生物医学文献中进行的研究具有开拓性和代表性（Swanson，1986a，1988，1990b）。Swanson 指出，当将逻辑上相关但相互独立的两个知识片段放到一起加以考虑，并且能够进行合理解释的时候，可能会有新的发现，他将其称为"未被发现的公开知识"（undiscovered public knowledge）（Swanson，1986b），其关键思想是（图 6-1）通过他们共享的中间标题单词和短语（B 术语 $i=1$，2）将两组本身相互独立的文章或文献（A 和 C）联系起来以识别可能的伙伴文献，利用 AB1 和 B1C 的相对结合发现未被注意的有用信息（Swanson and Smalheiser，1997）。不久后 Swanson 和 Smalheiser 还开发并提交了支持术语发现过程和交互的软件包（Arrowsmith）（Swanson and Smalheiser，1999）。

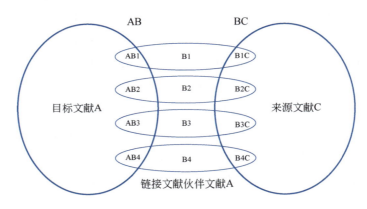

图 6-1　基于文献的发现关键思想

资料来源：Swanson and Smalheiser，1997。

Swanson 将包含着"未被发现的公开知识"的文献称为逻辑上相关的非交互（noninteractive）文献或互补但不相交（complementary but disjoint，CBD）文献，将自己进行的"基于文献的发现"的研究称为"基于文本的情报学"（text-based informatics），Stegmann 和 Grohmann 想提出术语"SL"（swanson linking）作为这种基于文献的发现的名称（Stegmann and Grohmann，2003），国内后续发表的文献将该方法称为非相关文献（马明和武夷山，2003）。而之后的研究更多更常用 LBD（literature based discovery）来统称所有基于文献的发现，其中也包含了非相关文献的知识发现。

继 Swanson 的研究，其他一些研究人员也开始了此类研究工作，并在 Swanson 的研究理念基础上进行了拓展性研究。美国密西根大学商学院的 Gordon 首先将这种研究称为"基于文献的发现"，更有意义的是他们设计了一种计算机辅助文献发现的查询方法，得出 Medline 数据库中的标识频率和记录频率有助于实现基于文献的发现（Gordon and Lindsay，1996）；Chen 的研究兴趣在于探询不同文献中的知识是怎样联系在一起的（Chen，1993）；Cort 将 Swanson 的方法成功地应用于 Wilson 人文数据库文献，发现了此前未被研究人员发现的诗人 Robort Forst（1874～1963）和古希腊哲学家 Carneades（约公元前 214～公元前 129）间的联系（Cort，1999）。Swanson 的方法在人文数据库中的成功应用更说明其他学科的文献数据库中确实也存在着尚未被研究人员发现的关联关系和知识。

自 1990 年以来，以数据分析为主的专门学科领域的"信息学"开始蓬勃发展。E-Science 由英国在 2000 年提出，是为了应对当时各学科研究领域所面临问题的空前复杂化，利用新一代网络技术（Internet）和广域分布式高性能计算环境（Grid）建立的一种全新科学研究模式，即在信息化基础设施支持下的科学研究活动。2002 年时任英国首相布莱尔曾指出："英国是第一个开发全国范围电子科研（e- Science）网格的国家。英国 e-Science 网格应该使英国科学家对计算能力、科学数据仓库和实验设施的访问像经由 web 对信息的访问一样容易。"E-Science 的产生与发展为数据密集型科学研究的兴起提供了支撑环境，可以说是数据密集型科研新范式的肇始。数据密集型科学研究新范式为文献信息学注入新的活力，促进文献信息学作为理论研究本质的进一步深化。黄宗忠（2001）提出"知识信息"不能停留在一般内容和形式"信息"的揭示上而要直逼"知识"层次以及知识产品的生产。张志强等指出，以论文单元等"粗颗粒"为对象的文献计量学等传统研究模式正在发生改变，转向以论文承载的信息、数据为对象的"细颗粒"化微观知识单元研究（张志强和范少萍，2015）。

2008 年英国维克托·迈尔–舍恩伯格（Viktor Mayer-Schönberger）和肯尼斯·库克耶（Kenneth Cukier）的《大数据时代：生活、工作与思维的大变革》（*Big Data*：*A Revolution That Will Transform How We Live*，*Work*，*and Think*）一书的出版，正式预告和揭示了一个前所未有的大数据时代已经来临（维克托·迈尔–舍恩伯格和肯尼斯·库克耶，2012）。

大数据时代的到来拉开了基于大数据分析的"数据驱动的科学时代"的序幕，以数据驱动为核心的一系列专业学科领域的专门化"学科信息学"获得了快速发展和应用，新的知识体系正在快速发展和不断完善，新的概念、技术和方法等不断得到专业学科领域的认可。张志强提出一个全新的概念——"学科信息学"（Subject Informatics）（张志强和范少萍，2015），为文献信息学未来理论方法的发展奠定了坚实的基础。由此，大数据文献信息环境下专门开展文献信息的全价值链的管理、处理、分析、挖掘和知识发现的文献信息学应运而生。文献信息学的发展历程简述见图6-2。

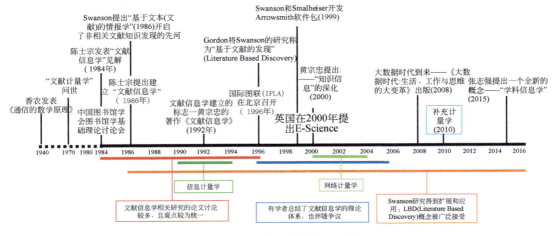

图 6-2　文献信息学的发展历程

6.2.3　文献信息学发展态势

本章从文献信息学是基于文献大数据的数据挖掘分析和知识发现的研究这一概念内涵出发，聚焦"基于文献数据""非相关文献""相关文献""弱相关文献""文献信息学""基于文献的发现"等主题范畴，进行文献检索以分析文献信息学发展态势。在 WOS（Web of Science）中以 Swanson Linking（主题）or Text-based Informatics（主题）or Literature Based Discovery（主题）为检索式在 Web of Science 核心合集、MEDLINE（数据库）、Current Contents Connect（数据库）、Zoological Record（数据库）、KCI-Korean Journal Database（数据库）中检索，截至 2022 年 5 月 20 日，得到 9561 篇文献。在知网（CNKI）的中文期刊范围中检索并筛选，截至 2022 年 5 月 20 日，得到 7494 篇文献。

根据检索结果绘制出按年份的被引频次和出版物分布的趋势图（图6-3），以及 WOS 中研究方向的树状图（图6-4）和 CNKI 中发文的学科分布图（图6-5）。由图可见国内外的相关研究在 2000 年以前几乎可以忽略不计，2000 后进入震荡发展的时期，而 2008 年后突然出现数量级的增长。这与 2008 年 *Nature* "大数据专刊"、《大数据时代》（维克托·迈尔和肯尼斯·库克耶，2012）的出版相互呼应。国外研究更多注重基于文献的应用，其充分体现在医学、计算机、生物、药学等方面，而国内的研究主要围绕文献进行图书情报类的相关研究，其次也涉及医药，计算机等方面。从文献信息学真正高速发展的时间段可以看出，正是由于大数据时代的来临和学科信息学的兴起（张志强，2012；张志强和范少萍，2015；张志强等，2020），文献信息学可以作为专门从事文献大数据管理、分析、挖掘和知识发现的专门领域学科信息学而得到蓬勃发展。

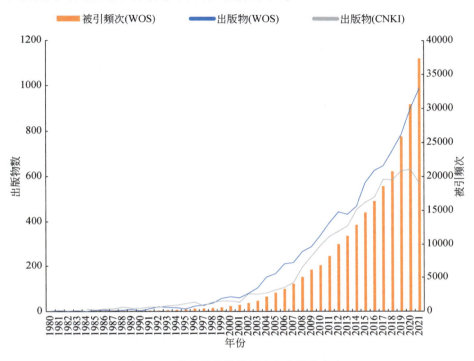

图 6-3　按年份的被引频次和出版物分布

图 6-4　WOS 中研究方向的树状图

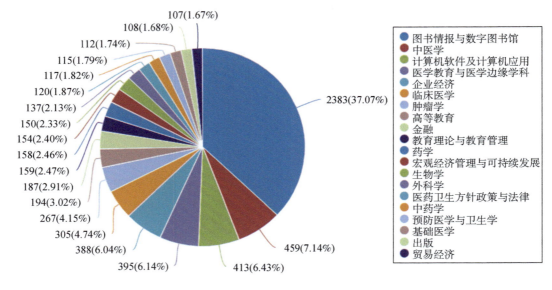

图 6-5　CNKI 中发文的学科分布图

6.3　文献信息学的概念内涵

6.3.1　数据驱动的知识发现

在传统科学研究中，由于数据的获取、存储和计算能力所限，人们往往采取知识范式（"数据→知识→问题"的范式），从样本数据中提炼出知识来解决问题。大数据时代的到来及数据科学的出现为人们提供了另一种研究思路，即数据范式（"数据→问题"范式）（朝乐门等，2018）。数据驱动的知识发现强调的是一种研究范式，体现的是新理论和海量数据在科学知识发现中的作用，是在尚未将数据转换为知识的前提下，直接用数据进行新知识的发现解决现实问题。数据驱动的知识发现可概况为以下三种类型。

一是通过大科学装置收集到更多丰富的数据，如天文学，生物学、地球科学和海洋科学的连续数据等。主要是被动的数据收集，统计测量更加丰富、全面的数据。

二是组织更多的测试，以传感器、数字记录等方式记录多样性数据，寻求不同数据之间的内在关联，发现变量之间相关性的。如使用数据驱动的算法发现特定电信研究问题的关联（Okoniewski et al.，2003），对多个城市规模数据集进行实验，捕获城市动态（Yuan et al.，2015），以 GPS 数据研究人类流动性复杂性（Giannotti et al.，2011）。

三是处理结构化的文献数据、专利数据，运用数学方法、数理统计、数据挖掘等数据分析处理方法，结合文献情报学科方法发现其中新的知识。如识别学科前沿，学科交叉的测度，未来趋势的判断，用户个性化等。

但随着数据样本数量的增加，发现变量之间相关性的可能性也会增加，相关性和因果关系之间的区别变得更加难以辨别，虽然存在"科学证明的逻辑"，但尚没有"科学发现的逻辑"（Wadoux et al.，2021）。大多数数据驱动的研究往往鼓励被动的数据收集，进行更多的实验和测试，而不是理论体系和方法论的进步，例如生物多样性科学或基因组科学的很大一部分，是提供列表、目录和分类，在方法论上所做的是收集更多的数据，本身并没有提供任何解释或理论。而文献信息学中数据驱动的知识发现更强调一种新的理论方法，新的模式创新，其往往体现在"数据—问题—验证知识"的知识发现模式中。

6.3.2 文献信息学的必要性

随着信息技术的快速发展，新的信息环境被不断地创造出来。文献作为科研知识的主要载体也是科研知识发现的主要分析对象，在数据驱动的知识发现的科研创新研究中扮演了日益重要的新的角色，大数据信息环境下的文献情报知识分析研究内容更加注重基于文献大数据分析的知识发现而不仅仅是信息与情报的计量和检索。最需要解决"有什么"、"为什么"和"如何做"一类的科研问题，而不是"数量""时间""地点""生产者"等一类的信息源问题。

自 Swanson "基于文献的发现"的研究在揭示生物医学文献间隐含关联关系方面取得重要进展开始，文献信息学就展示了一种新的知识分析研究方法，它证明了表面上没有任何联系（不存在互引、共引或其他文献上的直接联系）的文献中可能存在着被研究人员忽视的能导致新知识产生的潜在关联关系，从而开辟了一个新的研究领域、提供了一条新的研究途径。

如今的科学文献正以指数级的速度增长（Hunter and Cohen，2006），研究人员也变得越来越专业化，这导致研究人员甚至很难在他们本身专精的学科中保持最新认知状态，并且检索系统自身的不完备性及压倒性的文献数量也会产生很多专业但非交互的文献，造成知识孤岛，其中一个领域的新知识发现在其之外往往是不为人所知的（Swanson，1990）。越来越多的新兴学科的科技文献包含大量的新概念，也意味着存在更多不同概念组合，其中可能产生新颖、有趣、合理的知识，文献信息学正成为日益重要的研究工具。

文献信息学不但引导图书馆学、情报学、档案学这些学科在一个共同理论的指导下形成学科体系促进更高层次的发展，还促进专门学科领域基于大数据分析开展知识发现的专门学科信息学的发展，在各个学科领域的知识孤岛之间架起桥梁，增加跨学科的信息共享，在信息的深入认识和知识发现方面具有重要作用。

6.3.3 文献信息学——文献数据驱动的知识发现

数据驱动的信息科学通常被视为革命性的，得益于收集数据能力、计算能力、分析数据能力的革命性进步，大量的数据积累使从数据中发现新知识成为可能。

相比最初的文献信息学，大数据时代下文献信息学被赋予新的定义。新型的文献信息学是由文献数据驱动的知识发现，通过文献数据分析将知识显性化，再进行知识加工完成知识具象化，形成智慧应用到各个学科领域，以自然语言处理、机器学习和知识抽取为手段的数据挖掘技术和文献计量、科学计量学的方法体系则为知识发现过程提供数据基础和技术方法的支撑。新型的文献信息学不仅强调科学还重视技术（马费成，1996），其原本作为研究方法移植到其他学科中进行科研知识发现的能力（王崇德，1988）也得以增强。

专业型、计算型、战略型、政策型、方法型"五型融合"的科技情报研究新范式已经形成（张志强，2012）。在数据密集型科学研究新范式下，文献情报知识分析领域的研究正处于从文献收集到知识挖掘、从文献翻译到知识计算、从传统计量分析到关联规则分析、从内容分析到提供解决方案的范式转型。

6.4 文献信息学的相关理论与基础

6.4.1 文献信息学的研究内容

最初的文献信息学其研究对象是文献信息系统。具体来说，是研究文献信息的集聚、存贮、转化、传递、利用与组织管理。包括图书馆学、文献学、图书学、目录学、情报学、档案学、图书发行管理（黄宗忠，1990）。

新型的文献信息学作为一门独立的，有交叉学科特性的学科，其研究内容丰富多样。借鉴已有相关文献情报学科与信息学科的研究内容，结合文献信息学产生背景与发展历程，概括出文献信息学的主要研究内容，包括理论与技术两大主线和六个细分研究方向。

两大主线具体如下。

1）理论研究是文献信息学的基础本质研究，研究文献信息学的概念、内涵、学科属性、研究对象等理论内容。

2）技术方法研究是文献信息学的方法论研究，包括从文献信息中发现知识的方法，对文献信息数据挖掘、知识抽取、知识组织的技术，将文献信息或者知识进行可视化的方法，以及文献数据平台系统的搭建、可视化工具的应用等。

六个细分研究方向具体如下。

1）合作关系的研究：检索文献数据库，以文献为媒介发现国家、地区、团队或者个人的合作规律，从文献大数据的角度研究分析不同类型创新主体的差异性、创造性等。

2）科学发展规律的探索：通过对文献、专利等数据的分析，分析科技领域发展的影响力、规模、演变等，研究学科领域的知识传承、科研产出的规律，进行学科交叉的测度等。

3）科学发展水平的分析：通过文献信息的数据挖掘以定量化、可视化的方法分析国家之间学科发展、科技发展的水平，进行学科、领域等的研究影响力和竞争力的分析比较。

4）识别学科前沿发展：基于文献中抽取的信息，利用概率统计、数据挖掘或者机器学习的方法，对未知的信息或者未来的发展进行识别探测，发现可能存在的学科研究前沿和尚未引起关注的领域方向。

5）潜在关联关系的发现：通过数据挖掘技术在非直接相关的文献之间发现某些概念或者事物实际存在但未经发现的关联关系。

6）行为信息的分析挖掘：通过文献发表时的地理位置、作者年龄等信息，进行作者的流动规律、成长规律的行为学研究；通过文献的使用记录，进行精细化的读者分析和个性化读者服务的制定。

6.4.2　文献信息学的学科体系

新型的文献信息学不但研究文献信息的显性内容（文献检索、文献计量、情报分析），更注重研究文献信息的隐性知识（知识关联关系挖掘与新知识发现）。该学科体系的建立包括基础理论、方法技术、应用分析、基础设施 4 个方面（图 6-6）。

基础理论是文献信息学产生及发展的基础；方法技术研究包括知识获取、知识发现、知识挖掘、知识组织、可视化等；基础设施包含学科所需的一切数据库、平台系统、软件工具和数据集成处理工具，与方法技术共同对学科的发展起到支撑作用；应用分析是促进文献信息学发展的有力途径，完善学科体系建设并推动学科延伸到新的高度。

文献信息学学科体系的建立正是 4 个方面相互关联、有机搭配、合理组合而成的一个整体。该学科体系图不仅展示了文献信息学的主要研究内容和发展思路，更揭示了 4 个方面之间的关系。这 4 个方面既独立发展又相互影响，它们之间不是简单的线性关系，而是形成了循环促进的有机链模式，体现了文献信息学发展的全面性、深层次性、广博性与连续性。

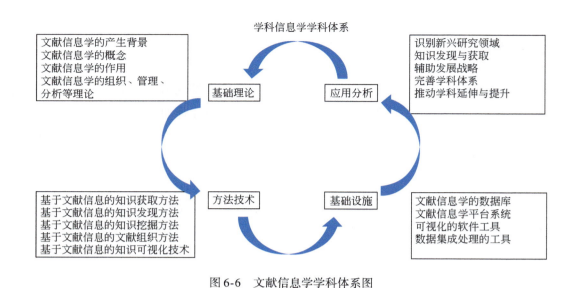

图 6-6 文献信息学学科体系图

6.4.3 文献信息学的研究目的

文献信息学的学科体系是在数据密集型科研范式背景下，根据文献信息学的自身特点、发展现状及科研需求提出的。在此基础上根据文献信息学研究内容、学科体系，结合实际应用总结归纳文献信息学的 3 个层次的研究目的。

1) 文献信息学的理论研究是学科的基本研究内容。研究其内在现象、本质、特征、规律，统筹文献、情报、档案学科之间，以及相关支撑学科之间的内在关联。

2) 研究一般内容和形式的"文献信息"。运用一定手段挖掘文献载体上的信息，结合定量与定性的方法进行文献数量统计发现一般性的规律，以文献信息的生产代表价值的产生，引用与传播代表社会的认同过程等，是文献信息的一般增值过程。

3) 进行文献信息的数据分析挖掘，直逼"知识"层次以及知识产品的生产。通过搜索、聚集现有的文献以数据分析、数据挖掘、可视化等方式对文献内容及其信息的关联关系进行深入分析和揭示，细粒化特定文献信息以进行价值选择，形成深层次加工的科研知识。

6.4.4 文献信息学的学科与理论基础

近现代科学诞生以来，科学研究经历了从孤立数据、小数据、多数据到大数据的演进过程（张志强和范少萍，2015）。科学研究依赖于数据，随着知识载体形式的演变，邱均平率先提出"五计学"（文献计量学、科学计量学、信息计量学、网络计量学、知识计量学）的学科体系（宋艳辉和邱均平，2019；周子番等，2021），得到了国内外学者的广泛认可。其中文献计量几乎连接了所有出现的研究方法，科学计量与信息计量方法差异不大（杨思洛和袁庆莉，2017），主要以聚类分析、可视化分析、共词分析、引文分析、内容分析、一般理论分析、描述性统计分析、词频分析等核心方法为主。此后的发展中，对文献信息学起到主要影响的学科基础和理论基础有以下几种。

（1）学科基础

数据科学：在数据驱动和计算技术支撑下大数据已受到各学科领域的高度关注，成为多个学科领域的新方向，并表现出与不同专业领域高度融合的趋势，进而独立出一门新兴学科——数据科学（朝乐门等，2018）。数据科学是一门基于数据处理、以数据为中心的科学，其方法包括、数据建模、机器学习等，关注数据分析、数据计量、数据管理以及跨学科的研究等。

数据计量学：计量学和数据科学的研究方法又交叉融合在数据计量学的相关研究方法中，数据计量学通过对异构、多源和海量数据进行有效的计量和统计分析，挖掘数据的知识价值和资源价值。数据计量学丰富了计量学的学科体系，促进数据科学的发展（邱均平等，2021）。

学科信息学：学科信息学是在全面信息化和数据化的数据密集型科学新范式下崛起的一门新兴学科，将信息科学和计算机科学的技术、手段和方法应用于科学数据的收集、存储、分析、可视化和知识发现，以创造新知识、发现新方法和提供战略决策咨询。国内学者张志强主编的《学科信息学与学科知识发现》（张志强等，2020）对学科信息学和数据驱动的理论、数据、技术、应用方面进行了全面的理论综述。

文献计量学：文献计量学是用数学和统计学的方法，定量的分析知识载体的交叉科学，最本质的特征在于其输出是"量"，如量化文献（出版物，出版信息和引文等）、合作关系程度（个人，机构，国家等）、特定词汇频次（各种文献标识，关键词等）。文献计量学已成为情报学和文献学的一个重要学科分支，同时也展现出重要的方法论价值，成为情报学的一个特殊研究方法。在情报学内部的逻辑结构中，是与科学传播及基础理论关系密切的学术环节，其发展有赖于数学工具和统计学技术的支持，移植或利用更有效的数学工具和统计学方法。

网络计量学：科研人员在科学研究和学术交流中越来越频繁地使用社交媒体，产生大量在线活动数据，科研影响力也从单一的学术层面扩展到社会层面。科学活动的社会影响力也逐渐增大，网络计量学由此向系统化和多样化发展。它主要是由网络技术、网络管理、信息资源管理与信息计量学等相互结合、交叉渗透形成的一门交叉性边缘学科，也是信息计量学的一个新的发展方向和重要的研究领域（邱均平，2000）。

补充/替代计量学：补充/替代计量学（Altmetrics）是计量学的一个新的研究方向，自 2012 年在《图书情报工作》期刊上以论文形式正式引入"Altmetrics"（刘春丽，2012）后，经过近年来的发展，已逐渐得到图书情报、管理学、新闻传播领域的专家学者的关注（刘春丽等，2021）。补充/替代计量学专门研究相对基于引文传统指标的新型计量指标，强调研究视角的变化，尤其重视基于社交网络数据的计量指标，即面向学术成果的全面影响力的评价指标体系，旨在替代传统上片面依靠引文指标的定量科研评价体系，同时促进开放科学和在线交流的全面发展。

（2）理论基础

检索理论：文献检索是指根据特定课题的需要，运用科学的方法，采用专门的工具，从大量文献中迅速、准确而无重大遗漏地获取所需文献的过程（赖茂生，2006），其结果是获得与用户需求的文献核心特征（主题、文献作者、标题、关键词等）相匹配的文献集合。

共现理论：文献中的共现是指相同或不同类型特征对象共同出现的现象，包括文献耦合、文献同被引、共词以及作者同被引、期刊同被引等。非相关文献知识发现中的共词与文献计量学中共词的侧重点不同，分析的目的以及所采用的分析技术也不相同（张云秋和冷伏海，2009）。

在相关文献（给定主题或者在特定相关范围内的检索结果）知识发现中，首先确定目标文献集，再通过统计文献集之间共同出现的特征词（标题词、关键词、主题词等）、合作作者、合作机构等，分析发展过程和特点及领域或学科之间的关系，以静态或者动态的结构反映研究领域的科研发展，从横向和纵向的角度分析领域学科水平。

而非相关文献（不存在引用、互相引用和共同引用的文献）知识发现中，主要包括文献同被引和词共现。文献同被引是指两篇文献同时被其他文献引用，一般认为同被引的文献在主题上具有或多或少的相关性，因此可以测度文献在内容方面的相关度或者知识存在的逻辑互补性。词共现是在某一主题的相关文献集中或初始概念确定的文献集中，提取共现词的集合，描述该词的语境，并分析这些共现词与文献集的关联强度，以这些共现词进行开放式搜索发现未知的非相关文献分析可能的潜在关联。

逻辑学理论：文献信息学中的知识发现是由已知的知识作为前提推断出文献中有效的、新颖的、潜在有用且最终合理的知识的过程，实质是一个推理加验证的过程。逻辑学是从形式上或结构上来研究推理的正确性和有效性的科学，推理是指由已知的知识作前提推出新知识作结论的思维过程。研究人员的直觉、经验和知识以及跨学科研究的能力都是该逻辑产生的因素。

6.5　文献信息学数据挖掘与知识发现

6.5.1　文献信息学数据平台和分析工具

科学软件质量和科学论文直接存在非常显著的正向关系，从数据分析技术的角度来看，优秀的算法和工具有助于发现海量数据中存在的隐含规律（杨波等，2016）。相关的领域数据集（构建）、匹配的准确性、专门的数据分析工具都是文献信息学数据挖掘和知识发现的先决条件。

科学文献的全面数据挖掘已成为一项日益严峻的挑战，更准确高效地集成数据、更清晰便捷地展示数据成果尤为重要。本章将相关基础设施总结归纳为文献信息数据库，文献数据集、数据库与研究平台，数据分析工具 3 个部分。

（1）文献信息数据库

文献数据库主要分为以下几种：

①全文数据库存储文献全文；以知网（CNKI）、ScienceDirect、Springer 为代表；②书目数据库存储内容为题录、文摘、提要或简介，是收录摘要、文献来源和文献引证关系的数据库（三大索引数据库统一于 ISI Web of Knowledge）；③含有少量免费全文，但对于大多数文章只是收录摘要和文献来源信息的数据库，以 PubMed 为代表；④既包含全文电子期刊库，又包含文摘的数据库，以 Ovid 为代表；⑤以及一些术语数据库，它是一种计算机化的术语词典或词库。

国内外的主要文献数据库的简要介绍见表 6-1。

表 6-1　国内外的主要文献数据库

数据库名称	介绍
CNKI	中国知识资源总库，是国内最大、最权威、最常用的学术数据库
万方数据	中国学术期刊数据库，也是常用的学术数据平台，其中医学类数据库很齐全
重庆维普	中文科技期刊数据库，源于重庆维普资讯有限公司 1989 年创建的《中文科技期刊篇名数据库》，其全文和题录文摘版一一对应
CBM	中国生物医学文献数据库（CBM）（China Biology Medicine disc）是由中国医学科学院医学信息研究所于 1994 年研制开发，它收录 1978 年以来 1600 余种中国生物医学期刊
SpringerLink	全球最大的在线科学、技术和医学（STM）领域学术资源平台，涵盖计算机科学、地球和环境科学、数学和统计学、物理和天文学等 12 个领域

续表

数据库名称	介绍
Web of Science	科睿唯安（原汤森路透知识产权与科技）的产品，Web of Science 包括著名的三大引文索引数据库（SCI，SSCI，A & HCI），收录各学科领域中权威、有影响力的期刊，Web of Science 在作为文献检索工具的同时，也是文献计量学和科学计量学的最重要基本评价工具之一
NASA/ADS	著名的天体物理学术文献数据库
Base	德国的学术搜索引擎，面向全球开放
High Wire	斯坦福学术文献数据库，号称是提供免费全文的、全球最大的学术文献出版商之一
BIOSIS	BIOSIS Preview（BP，生物学文摘数据库）生命科学方面最完善的综合性文献数据库之一
PubMed 数据库	PubMed 数据库是一个免费的搜寻引擎，提供生物医学方面的论文搜寻以及摘要。它的数据库来源为 Medline
Medline 数据库	Medline 是美国国立医学图书馆（The National Library of Medicine，NLM）生产的国际性综合生物医学信息书目数据库，是当前国际上最权威的生物医学文献数据库
EMBASE	医学外文文献数据库（Excerpt Medica Database），是由荷兰 Elsevier Science 出版公司建立的 EM 的书目型数据库，以光盘数据库、国际联机数据库及网络数据库的形式为用户提供。内容涉及药学、临床医学、基础医学、预防医学、法医学和生物医学工程等
HeinOnline	是美国著名的以法律为核心，涉及政治、国际关系、外交等领域的法学期刊全文数据库，该数据库所收录的大部分期刊是从创刊开始收到现在，是许多学术期刊回溯查询的重要资源
Scopus 数据库	爱思唯尔引文数据库，涵盖了世界上最广泛的科技和医学文献的文摘、参考文献及索引。提供快速检索、基本检索、作者检索和高级检索，及多种检索结果精练模式，可以同时检索网络和专利信息，提供标准的全文链接
ScienceDirect	爱思唯尔数据库 ScienceDirect（简称 SD），是著名的学术数据库，是所有学术类数据库中下载量最大的，也是所有数据库中单篇下载成本最低的，是性价比最高的数据库
Karger 数据库	Karger 出版的学科领域涵盖了医学的传统领域及现代医学的最新发展，所有文章拥有 DOI 号
Ovid Technologies	简称 Ovid，是全球数据库提供商，在国外医学界被应用。其 Databases@ Ovid 包括 300 多种数据库，并可直接链接全文期刊和馆藏
UMLS 术语库	统一医学语言系统（Unified Medical Language System，UMLS）是美国国立医学图书馆持续开发了 20 多年的巨型医学术语系统，涵盖了临床、基础、药学、生物学、医学管理等医学及与医学相关学科，收录了约 200 万个医学概念，医学词汇更是空前，达到了 500 多万个

（2）数据集、数据库与研究平台

数据驱动的知识发现使从大型异质数据集中提取有意义的综合特征知识成为可能。数据集、知识库的使用与数据平台有一定相似，相比而言数据集、知识库的体量更小，更容易在特定的某个研究中由研究者自行建立。

Nielson 和 Paquette（2015）描述了拓扑数据分析在临床前创伤性脑损伤和脊髓损伤数据集中数据驱动的知识发现，这些数据集来自 Neurotrauma-SCI（VISION-SCI）（神经创伤性可视化综合征信息和结果存储库）；崔雷等（2008）构建书目信息共现挖掘系统

（Bibliographic Item Co-Occurrence Mining System，BI-COMS），具有基本的文献计量学分析功能，可分析包括来自于权威的生物医学数据库——PubMed 数据库中的主题词共现关系，Web of Science 的引文同被引关系。

此外，还有以数据挖掘为基础的半自动化数据库。

古今医案云平台（V1.4）：以数据挖掘技术作基础，集医案采集（语音、手动、批量导入）、标准化校对、存储分享、数据挖掘分析等于一体，可探究医案信息中的诊疗信息、用药分量及规律、取穴规律，同时进行关联分析、复杂网络分析等（张琼琼等，2018）。

爱思唯尔 Pathway Studio 软件：使用自然语言处理技术，系统地从期刊文章和摘要中提取特定的生物信息，用于创建一个庞大、结构化且不断扩展的文献知识库。其可视化工具允许用户以交互方式探索 Pathway Studio 数据库并创建和存储的大量连接（Cheadle et al.，2017）。

ISI Web of Knowledge 研究平台：该平台以三大引文索引数据库作为其核心，利用信息资源之间的内在联系，把各种相关资源提供给研究人员。兼具知识的检索、提取、管理、分析与评价等多项功能。在 ISI Web of Knowledge 平台上，还可以跨库检索 ISI Proceedings、Derwent、Innovations Index、Biosis Previews、CAB Abstracts、Inspec 以及外部信息资源。

（3）数据分析工具

通用型工具目前应用最为广泛，其所占市场也最大，技术手段最成熟。通用的数据挖掘工具不区分具体数据的含义，采用通用的挖掘算法处理常见的数据类型，其中包括的主要工具有 IBM 公司 Almaden 研究中心开发的 QUEST 系统、Intelligent Miner、文本信息挖掘工具 Intelligent Miner for Text；SGI 公司开发的 Mine Set 系统；加拿大 Simon Fraser 大学开发的 DB Miner 系统；SAS 公司的 SAS Enterprise Miner；Research 公司的 See5 以及 SPSS Clementine、Unica PRW 等软件。

从文献情报领域数据挖掘软件使用来看，大部分还是通过使用 SPSS、SAS Enterprise Miner、RefViz、Arrowsmith、Statistica 等数据挖掘软件对文献数据进行分析处理（王颖和戎文慧，2006；王慧敏等，2014；高巨山，2009；潘庆超，2009；Aronson，2001；Swanson，1999）。与文献信息分析相匹配的可视化辅助工具，如 Citespace、Ucinet、VOSviewer、Gephi 等（张家铭等，2021；李润宇，2021；高凯，2015；关迎晖等，2013），可以更直观地展示研究热点与趋势和研究对象之间的关联关系。相关分析工具的简要介绍见表 6-2。

表6-2　文献信息学的数据分析工具介绍

主要用途	工具名称	工具简介
数据挖掘	RefViz	RefViz 是可视化的数据挖掘工具，利用其独特的算法能够发现文献之间的关联性，从中挖掘出某一研究领域的热点问题和发展趋势

续表

主要用途	工具名称	工具简介
数据挖掘	SSPS	SSPS（Statistical Product Service Solutions），是一个功能比较全面的数据挖掘工具，提供数据预处理、数据离散化、分类、预测、聚类、关联分析、概念描述等功能
数据挖掘	Statistica	是 STATSOFT 公司开发的数据挖掘专用软件，是一套完整的统计资料分析、图表、资料管理、应用程序发展系统，主要功能如下：切片、切块等 OLAP 操作、回归分析、分类与预测、相关分析、聚类、主元素分析、要素分析、可靠性与项目分析等
数据挖掘	Arrowsmith	芝加哥大学图书馆的 Swansan 及其合作者开发的软件系统，用于发现 Medline 数据库中所收录的医学文献间联系，该系统可以对数据库文献信息进行深度挖掘，探索文献中信息之间的内在联系，这一成果吸引了该领域专家学者的广泛关注
文献索引	MetaMap	这是由国家医学图书馆（The United States National Library of Medicine，NLM）开发的一个程序，用于将生物医学文本映射到元词库，或者等效地发现文本中提到的元词库概念。该系统正应用于图书馆生物医学文献的半自动和全自动索引
概念抽取	SemRep	SemRep 是一个基于 UMLS 的程序，它从生物医学文本的句子中提取三部分命题，称为语义预测。由一个主语实参、一个宾语实参和将它们联系起来的关系组成
分析报告	JCR	ISI 每年出版《期刊引用报告》（Journal Citation Reports，JCR）对包括 SCI 收录的 3800 种核心期刊（光盘版）在内的 8000 多种期刊（网络版）之间的引用和被引用数据进行统计、运算，并针对每种期刊定义了影响因子（Impact Factor）等指数加以报道
管理工具	EndNote	EndNote 是 SCI（Thomson Scientific 公司）的官方软件，支持国际期刊的参考文献格式有 3776 种，写作模板几百种，涵盖各个领域的杂志，并且能嵌入到 Word 编辑器中
管理工具	Notefirst	是一款网络版文献管理软件。针对个人用户，它集成了文件管理，文献收集，论文中参考文献的自动形成，参考文献自动校对，免费科技文献等功能
可视化	Citespace	Citespace 是在由陈美超支持开发，主要用以分析共被引网络的软件。可以显示一个学科或知识域在一定时期发展的趋势与动向，寻找某一学科领域的研究进展和当前的研究前沿，及其对应的知识基础
可视化	Ucinet	能够处理的原始数据为矩阵格式，提供了大量数据管理和转化工具，包括一维与二维数据分析软件 NetDraw，三维展示分析软件 Mage 等，该程序本身不包含网络可视化的图形程序，但可将数据和处理结果输出至 NetDraw、Pajek、Mage & KrackPlot 等软件作图
可视化	VOSviewer	VOSviewer 可以于生成多种基于文献计量关系的图谱，如作者或期刊的共引关系图，关键词共现关系图
可视化	Gephi	Gephi 是一款复杂网络分析软件，主要用于各种网络和复杂系统，动态和分层图的交互可视化与探测开源，用于探索性数据分析，链接分析，社交网络分析，生物网络分析等

6.5.2 文献信息学中知识发现的方法

在数据密集型研究范式的学科信息学快速发展之后，文献数据库的完善也带来了更多科学知识发现的机会，基于文献的知识发现从题录信息的简单统计分析发展到对文献文本的深度挖掘，研究方法也更加侧重于探索信息流的规律。文献信息学就是基于文献大数据的知识发现，根据使用文献集合的不同可以分为相关文献知识发现、非相关文献知识发现、弱相关文献知识发现。

相关文献知识发现是主观选定有直接关联的文献集合进行知识发现，是根据明确具体的研究目标主观构建数据集，完成从数据到知识的定量化分析再产出有效决策的过程。相关文献知识发现也是文献信息学中开始最早，使用最广泛的知识发现方法。

非相关文献知识发现是通过他们共享的中间词或短语将两组本身相互独立的文章或文献联系起来的知识发现方法，先由开放式寻找中间媒介再进行闭合式知识验证，用于发现潜在的有用知识。

弱相关文献的知识发现是由研究人员主观地选择存在或不存在直接联系的大量文献数集进行探索性的知识发现，在文献集合涵盖的概念内容上可能比相关文献或非相关文献更广。

而知识图谱与知识网络常用于相关文献、弱相关文献知识发现的过程中，分析计量的方法和数据挖掘的方法在基于文献的知识发现过程中是必要的技术方法，文献数据库和分析挖掘工具即是研究的基础也决定研究质量的因素。文献信息学的体系结构如图6-7。

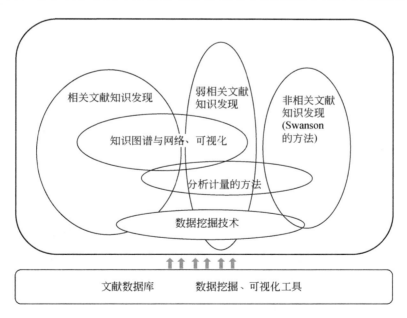

图 6-7　文献信息学中知识发现方法的相互关系图

（1）相关文献知识发现

相关文献知识发现是通过数据挖掘的方法从有直接关联（通常是同一主题或学科领

域）的文献集合中抽取有关作者产出、合作关系或关键词等信息的数据集合，再进行共引分析、共著分析、著者分析、共词分析和共篇分析等，以计量分析的方法揭示各学科的文献特点。前沿的相关文献知识发现涉及数据科学、文献科学和计算科学多个学科领域的融合，数据挖掘与知识发现的过程既独立发展又相互影响，形成了相辅相成的模式，相互融合成一个完整整体（图6-8）。回顾文献信息学的发展历程，相关文献知识发现是文献信息学中开始最早，使用最广泛的知识发现方法，之后分析方法的改进和知识图谱与网络的发展也在此基础上建立。

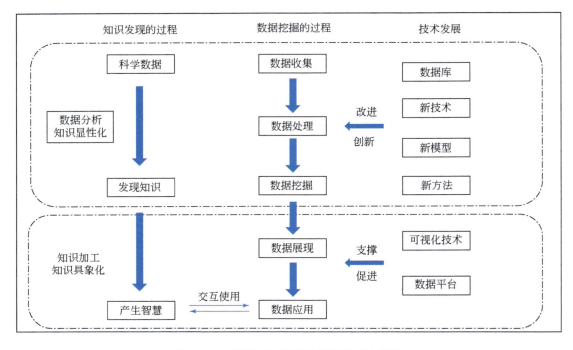

图 6-8　知识发现与数据挖掘的关系流程图

　　相关文献知识发现中常用频率较高的关键词来识别研究领域的热点问题（栾春娟和赵呈刚，2009），冯璐和冷伏海（2006）以一组词在同一篇文献中出现的次数分析这些词所代表的学科和主题的结构变化；花芳等（2017）通过选定的科研团体的发文情况研究测度其绩效；张崴和王续琨（2012）研究不同领域的研究者对团体创造力研究的主要贡献。

　　文献信息学交叉学科的特性使其更容易和其他学科领域产生联系。乔莉等（2017）基于 CNKI 数据挖掘分析黄芪多糖治疗糖尿病的文献特征和研究现状；顾东蕾和朱正唯（2010）基于 Scopus 的药学文献的计量分析，寻找药学信息学领域内的核心文献群；胡云鹤（2010）利用文献计量、词频统计等方法从载文期刊、作者及关键词等方面对 1985～2008 年国内发表的口腔医学信息学论文进行了统计分析，揭示了该学科的发展动态以掌握目前的主要研究方向；高爽等（2016）根据推拿治疗内科病临床研究文献信息数据库，整理罗列推拿治疗内科病症及相应文献频次，采用多维、分层关联规则分析方法分析文献特点；Wang等（2021）学者以电子医疗为例探讨了跨学科领域知识整合的内容特征。

（2）非相关文献知识发现

非相关文献知识发现是 Swanson 提出的一种情报学方法，是挖掘隐藏在文献中尚未被研究人员完全认识或发觉的知识片段间的逻辑联系，从而提出知识假设以便专业研究人员进一步证实促使新知识的发现（张云秋和冷伏海，2007）。

非相关文献的知识发现过程包括两部分：开放式知识发现和闭合式知识发现（图6-9），开放式知识发现过程始于某一主题 A，比如一种疾病、一种药用物质或一种基因，通过中间主题集合或文献集合 B 最终发现目标主题 C，C 主题对 A 主题产生一定的关联和影响。闭合的知识发现方法是检验假设的过程，如果科研人员已经通过上述开放式知识发现方法形成了假设，他可以以 A 和 C 为出发点寻找文献、寻找共同的关联词 B 来详细地论证他的假设，A 和 C 的联系越多所做的假设越有价值（Henry and Bridget，2017）。

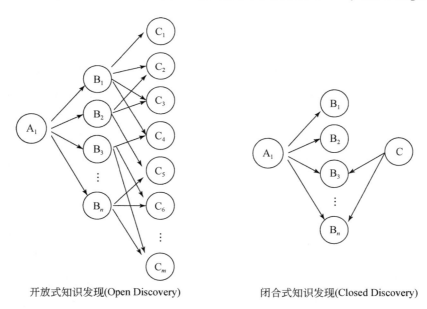

开放式知识发现(Open Discovery)　　　　闭合式知识发现(Closed Discovery)

图 6-9　开放式知识发现和闭合式知识发现过程图

资料来源：Henry and Bridget，2017。

在非相关文献知识发现中并不需要假设的关系必须可传递，关注的焦点是其提示性，即"提示性逻辑"（logic of suggestibility），关键思想为如果一组文献表明 A 可导致 B 发生，而另一组文献表明 B 可导致 C 发生，那么通过逻辑递推关系可推知 A 和 C 可能存在着一定联系，而这种联系在此前没有在任何文献中有过记录，便可以建立一定的知识假设。提示性逻辑的目的是刺激新的和可能的假设形成，但最后因为任何知识假设结论总是带有一定的猜测性质，必须实际验证才能形成最终结论。非相关文献知识发现流程如下图6-10所示。

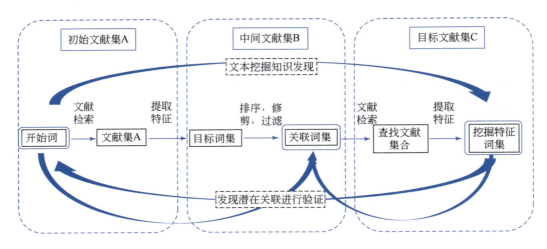

图6-10　非相关文献知识发现流程图

最早的非相关文献知识发现是Swanson通过对比分析25篇论述食用鱼油可以引起血液的某种变化的生物医学文献和34篇论述相似的血流变化可以导致雷诺氏症的生物医学文献，在两组文献间建立了联系（Swanson，1986a），并且关于食用鱼油会对雷诺氏症患者有益的假设得到了临床报告的证实。随后，Swanson又通过研究发现了偏头痛和镁的11条被忽视的联系（Swanson，1988）；精安酸和生长调节素C的隐含关系（Swanson，1990）；镁和神经健康的隐含关系（Swanson，1994）。Swanson和Smalheiser（1997）概述了Two-procedures以识别可能的文献伙伴：程序Ⅰ（开放式知识发现）从源文献开始，并试图通过中间文献找到可能的目标术语，如图6-11所示从右到左，从源文献C到中间标题词（B-术语）或文献，再到一个或多个可以代表有希望的目标文献的标题词 A_i （i=1，2，…）。基于排名算法计算通向它的b路径的总数，对每个 A_i 排名并显示在最左边的列中。程序Ⅱ（封闭式的知识发现）从预选的来源和目标文献开始，并试图通过检测中间术语来找到它们之间的有趣关系（Swanson and Smalheiser，1997）。

非相关文献的研究中出现了无数的知识发现建议，从白内障治疗（Kostoff，2008）、多发性硬化症（Kostoff et al.，2008a）和帕金森病（Kostoff and Briggs，2008c），到理解和发现姜黄素的新健康益处（Srinivasan，2004），发现癌症的潜在治疗方法（Ahlers et al.，2007），以及发现药物的更多生物学效应（Ahlers et al.，2007；Deftereos et al.，2011；Cohen et al.，2014；Yang et al.，2017；Mojarad et al.，2015）。

Henry和Bridget（2017）描述了基于文献的发现（LBD）系统的统一框架。在这个框

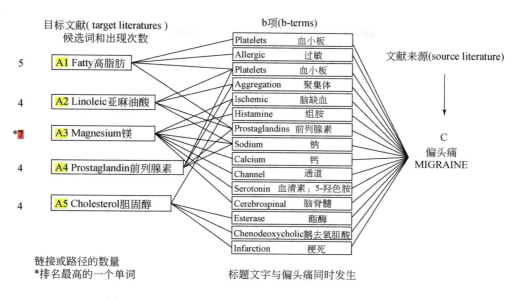

图 6-11　Two-procedures 识别可能的文献伙伴–程序 I 过程

资料来源：Swanson and Smalheiser，1997。

架内，提出了不同的模型，包括共现模型、语义模型和分布模型，以区分和显示系统之间的重叠，并绘制 LBD 发展时间图（图 6-12），彩色条表示不同方法模式的文献随着时间的推移对 LBD 的贡献，以提供该领域如何进展的想法。

（3）非相关文献知识发现方法改进

在非相关文献知识发现方法的改进上，主要是从扩展查询范围、消除歧义、提高中间词表质量三个方向进行。

扩展查询范围：查询扩展是大多数信息检索系统的关键（Henry and Bridget，2017），保证有意义的术语和文档不会被排除在关联步骤之外。用户的查询是对其信息需求的不精确描述，而查询扩展使查询增强为该信息需求的更精确表示（Symonds et al.，2014）。Kostoff 等（2008b）在"核心文献扩展"方面进行努力，Wilkowski 等（2011）手动执行了查询扩展，Cameron 等（2015）在封闭发现过程中手动增强起始项和目标术语。

消除歧义：将词义消歧（word sense disambiguation，WSD）作为基于文献知识发现的预处理来执行可以改善结果（Preiss and Stevenson，2015），在消除歧义上主要从主题词分析，UMLS 概念映射，人工干预等角度对进行改进。

研究表明主题词作为内容分析单元在技术上可行且容易实现（Hao and Guo，2007），鉴于主题词表的规范性，主题词作为分析单元可增加分析的准确度，减少自由词引起的噪声，郝丽云和郭启煜（2007）基于主题词分析法进行改进。Hao 和 Guo 以 Medline 为数据源，以 Mesh 字段中的主题词为内容分析单元，进行主题词分析法的医学实践；张晗等采

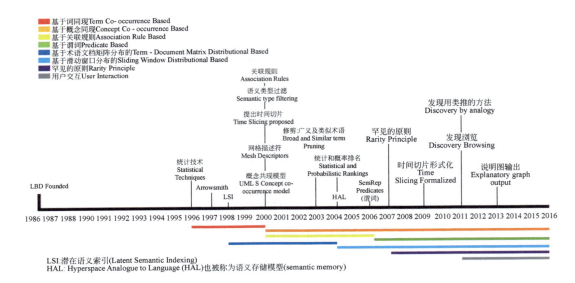

图 6-12　基于文献的发现（LBD）发展时间图

资料来源：Henry and Bridget，2017。

用自然语言处理技术，基于 UMLS（Unified Medical Language System，统一医学语言系统）地将不规范的自然语言转换为 UMLS 中的概念（张晗等，2007）。

生物医学文献高度模糊，这种模糊性导致虚假的联系（Preiss and Stevenson，2015）。MetaMap 和 SemRep 等工具有助于减少歧义，但仅靠这些工具是不够的。Weeper（2001）引入语义分析设计了 DAD 系统，通过 MetaMap 实现自然语言与 UMLS 概念的映射。Zhang 等（2014）选择在 2012 年使用 2006 年版本的 UMLS 以消除 SemRep 生成的所有模棱两可的谓词；Wren 等（2004）使用首字母缩略词解析一般启发式（acronym resolving general heuristics，ARGH）来解析首字母缩略词。

提高中间词表质量：扩展查阅和词义的消歧都可以提高中间词表质量，此外 Swanson 也提出并测试几种提高中间词表质量的技术（Swanson，2006）；Weeber（2001）系统地对 LBD（基于文献的发现）输出项进行分组，他们概述这些分组中的每一个都包含多个密切相关的术语，当单独分析每个功能组时，结果更加可解释和有意义；Baker（2010）通过 MeSH 层次结构为术语分配了高级分类；Cameron 等（2015）使用基于图的相似性度量和分层聚集聚类来对 SemRep 谓词的相似"上下文"进行分组。

（4）弱相关文献知识发现

在数据密集型研究范式的学科信息学快速发展之后，文献数据库的完善也带来了更多科学知识发现的机会，相比相关文献和非相关文献的知识发现，本章独立归纳出一种弱相关文献的知识发现进行补充说明。相关文献知识发现可以理解成一种主观选定有直接关联的文献进行知识发现，非相关文献知识发现是先由开放式的知识发现构建中间媒介再进行闭合式的知识验证，而弱相关文献的知识发现是基于文献大数据由研究人员主观地选择并未有直接联系的大量文献数据集进行探索性的知识发现。

　　弱相关文献知识发现包含挖掘文献使用信息、位置信息等来研究用户行为（Nicholson，2003）、作者行为的研究（Verginer and Riccaboni，2021）。Bettencourt 等（2007）研究了 1980~2001 年美国专利活动与美国大都市地区人口规模之间的关系，发现全球城市在专利和科学生产方面的创新率更高。Verginer 和 Riccaboni 根据科学家在已发表论文中隶属关系的变化来重建并研究了数百万科学家的全球城际流动性，依靠个人随时间推移的论文记录来确定作者经过的城市序列。他们从 Medline 论文中提取移动网络（图 6-13），作者的论文显示为从上到下的红色圆圈序列，每个出版物都有一个日期（行）和一个城市（以列为单位），依靠个人随时间推移的论文记录来确定作者经过的城市序列，解决了以往履历分析研究（CV）中数据质量和效率的问题。

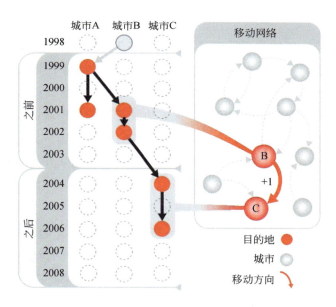

图 6-13　从论文中提取作者移动网络的方法

资料来源：Verginer and Riccaboni，2021。

　　《科学学》（*The Science of Science*）一书中，对 1990 万篇研究论文和 210 万项专利的作者进行研究，发现了普遍的科研领域团队化趋势（图 6-14）。在过去的一个世纪里，团队规模一直在稳步扩大，红色虚线表示所有论文中共同作者的平均数，黑色曲线考虑那些引用数高于领域平均值的文章的团队平均大小。黑色曲线于红色虚线之上，意味着大型团队比小型团队更容易产生高影响力的工作。但另一个有趣的发现是小型团队倾向于用新想法和机会变革科学和技术，而大型团队则推动现有的研究的进程，即小型团队往往更具有颠覆性（Dashun and Albert，2021）。

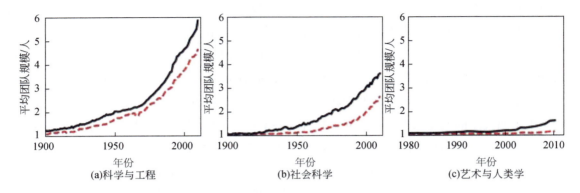

图 6-14　科研领域的团队化趋势

资料来源：Dashun and Albert，2021。

此外 Gus 等在 2017 年的一项研究引入了一种基于文献发现的模块化方法，该方法由机器阅读和知识组装组件组成，这些组件共同从一系列出版物中生成影响关系图（例如，"A 促进 B"）。搜索引擎用于探索直接和间接的影响链，根据其相关性进行排名，并以基于表的视图和网络图可视化形式呈现。该方法既适用于特定域的设置（其中有知识库和本体可用于指导阅读），也适用于缺少此类资源的多域设置。并且可以减少发现"未被发现的公共知识"所需的工作量，能够将其模型构建时间从几个月缩短到两天（Gus，2017）。

（5）分析计量方法的改进

数据驱动知识发现的视角下，研究者不再局限于某一个特定的信息计量分析方法，或一组小体量的文献数据，逐渐形成了全新的研究理论体系。借助数据挖掘相关方法从海量高度分化的文献中发现新知识，文献不再被认为是分散的存在而是相互关联的知识单元，分析计量的方法在此基础上得以不断改进。

基于共现、共引的改进：从基于文献引用数据的引文关系构建到基于概念内容的知识共现关联。从方法学看不仅仅是引文统计，词频排序或单一聚类，而更多从共现、共引、协同等角度观察知识的分布特征，提取所需科研知识并利用多维标度分析将其网络化。如赵登鹏等（2021）结合词性标注结果与 Word2Vec 构建语词对矩阵，有效提升文本相似性计算准确度；杨辰等（2021）基于细粒度属性偏好聚类，采用聚类方法分别从用户和项目两个角度构建相似簇，采用协同过滤算法生成推荐列表构建新型推荐模型。

链接分析的改进：数据规模的扩大促进基于网络内容要素的链接分析向基于海量数据的科研关系网络挖掘改进。文献情报领域的链接分析是从传统的引文网络分析中发展出来的一种研究方法，如通过对网页间链接资源数量、类型、链接集中、分散和共链等现象的处理分析，完成 Web 信息评价和 Web 挖掘（邱均平和李江，2007）。

　　基于聚类的改进：从基于文本的文献数据信息分析到基于科学数据的跨学科知识整合链接。在聚类的基础上，Vahidnia 等（2021）提出了一种改进的深度聚类方法，可以从学术文档的摘要和标题中检测研究趋势，改进后的 Doc2Vec（无监督算法）在聚类任务中的表现优于其他方法。

　　计数方法的改进：依据一定规则来分配科研论文权益归属的计数方法是与科研知识发现最相关的方法，计数方法的是构建计量网络分析的前提，是大量计量分析工作的基础，可用于计算作者、机构和国家的发文数量、被引频次，科研产出。通常计数方法分为全计数法与分数计数法两大类，目前的研究主要围绕计数方法对网络布局算法的优化以及分数计数法的优化方法两大方向进行（陈莉玥等，2018）。Antonio 等基于全计数法与分数计数法，使用 VOSviewer 工具对 2015 年 Leiden Ranking 中的 750 所大学构建合作网络，发现基于全计数法构建的网络更容易受合著者数相对较大的论文的影响，而分数计数法构建的网络比全计数法更容易辨识出簇群（Antonio and Ludo，2016）。

（6）构建知识图谱与网络

　　文献信息领域的发展使描述知识发现的模型从二维空间模型发展到三维模型，科学知识图谱也从简单的曲线图发展到更加复杂的三维图谱。各种科学数据可以按照网络的形式进行组织，并逐渐成为计算机科学、管理学、图书情报学等诸多领域共同关注的热点问题（张斌和马费成，2015）。文献信息学中知识组织和可视化的过程主要体现在构建知识图谱和网络图谱上。

　　梁野等（2020）提出基于多源的面向舆情分析与预警的跨语言学习知识图谱系统，探索语言之间的信息映射实现跨语言的舆情分析与预警；余传明等（2021）比较了基于翻译的知识图谱和基于语义匹配的知识图谱表示模型，探讨其内部机制和影响因素对面向链接预测任务的影响；王颖等提出科技大数据知识图谱的构建模型和技术架构（王颖，2019）；阮小芸基于真实的简历数据集构建人才社会经历知识图谱，依据强化学习理论训练策略智能体，提出基于人才知识图谱的推荐方法（阮小芸，2021）。

　　社会网络分析被广泛应用于社会学研究中，成为社会学科研究的一种新范式（朱庆华和李亮，2008）。在文献信息学的方面，Newman（2001）对自然科学领域的合著网络进行研究，应用社会关系网络分析物理学、生物医学和计算机信息科学领域的合著网络，发现不同学科合著类型的差异；王松等（2021）基于图注意力网络设计用户创意的双重网络结构模型，发现用户创意潜在价值；黄晓斌（2003）提出用移动多智能系统构建基于网络的文献知识发现系统的观点，讨论了网络文献知识发现系统的评价方法。

6.5.3 文献信息学中数据挖掘的技术

数据挖掘一词首次出现是在 1989 年 8 月在美国底特律举行的第 11 届国际联合人工智能学术大会（IJCAI-89）上，是随着数据库和人工智能技术的发展而出现的一种新的信息处理技术。

知识体量的激增，呈现方式复杂度的增加，都对抽取技术与工具的要求越来越高，传统的技术研究逐渐转向基于机器学习和深度学习的研究（冯青文，2017）。显而易见的是第 17 届国际科学计量学和信息计量学（ISSI）会议论文，绝大部分研究都应用了深度学习和机器学习技术（杨思洛和祁凡，2020）。数据挖掘的功能与基于文献大数据的知识发现研究不谋而合，能很好地应用于文献信息学领域，并展现出卓越的发展潜力和广阔的应用前景。

（1）数据挖掘的目的

文献信息学科中的数据挖掘广义上是指从文献数据库的大量数据中揭示出隐含的、先前未知的并有潜在价值的信息的过程，狭义上数据挖掘是指运用机器学习、深度学习、自然语言处理等计算机学科的技术方法从大量不完全、有噪声、模糊的文献数据库中进行文本分析、消歧，来进行准确有用知识抽取的过程。

其目的可以分为两方面：

一是运用数据挖掘在数据组织、分析、处理等方面的巨大优势和对信息间关联关系的深层挖掘能力，将研究人员对数据的应用从低层次的简单查询、检索、计量，提升到知识关联关系挖掘与新知识发现，从而为管理决策工作提供支持。

二是通过机器学习中如本体构建、知识组织、语义链接数据、语义检索等自动化功能，进行大批量的文本处理、文本挖掘以完成海量数据的集成，从而提高效率为全局性的知识发现提供研究基础。

（2）数据挖掘的任务

根据使用的任务类型把数据挖掘归纳为预测、分类、关联规则分析、知识抽取四种类型。

一是预测任务，包括分类回归、线性回归和神经网络分析等，①分类回归预测丰富的分类变量，即发现一个函数，该函数映射一组预定义变量（称为类）中的一组记录。此类函数可以应用于新记录，以便预测此类记录所在的类。②线性回归的输入是大量已知数据，通过计算得到以上方程的系数使因变量方均根达到最小，但对复杂问题线性回归模型精确度不够。③神经网络是最近发展起来的用于解决预测、分类或控制方面问题的一门新兴技术，其对复杂问题的处理能力较强。

　　二是分类任务，主要是聚类分析，用于将数据库的记录分成不同子集，以便聚类的元素共享公共属性，这些属性用于区分其他子集中的元素，目的是最大化群集内相似性并最小化群集间相似性。此任务中最常用的算法是 K-Means、KModes、K-Protopypes、K-Medoids、Kohonem 等。

　　三是关联规则分析任务，是识别和描述同一项目中变量之间的关联，或者同时发生的不同项目之间的关联关系。常见的关联规则挖掘算法要包括 FP-growth 算法、Apriori 算法、DHP 算法、Partition 算法、FUP 算法、CD 算法等。

　　四是知识抽取任务，是指把蕴含在信息源中的知识经过识别、理解、筛选、归纳等过程抽取出来，存储形成知识元库，目前研究较多的是自然语言处理。数据源处理往往因为知识源库中数据的形式不同而呈现不同难度，对于蕴含于数据库或文献大数据的信息，尽管有显示的表达形式，但要得到结构化、集中化的数据还是依赖于数据挖掘的技术与方法。

　　（3）数据挖掘的技术方法

　　用于文献信息学的数据挖掘技术主要包括文本挖掘、人工神经网络、机器学习、可视化技术等。

　　文本挖掘技术：是文献信息学的核心方法，文本挖掘方法的改进很大程度上推动了基于非相关文献知识发现系统的发展。①中间词发现、排序和过滤是非相关文献知识发现过程中文本挖掘关键算法的应用环节。常见有基于词频的算法对中间词进行排序和过滤（郝丽云和郭启煜，2007）；TF＊IDF 算法和 N-Gram 切词方法进行文本分析和中间词的提取（曹志杰和冷伏海，2008）；共词分析的聚类算法筛查中间词（Stegmann and Grohmann，2003）等。②对语义索引和过滤、关联规则等算法的结合研究是未来文献信息学发展的重点。张云秋等归纳总结为，针对概念的关联强度改进可采用双向概念同现挖掘方法；针对部分概念的非正确映射可发展结合语境的映射；针对相关性计算方法存在的问题可采用基于概率分布的统计学计算方法；针对词汇修剪时大量人工参与可采用双层过滤的方法；针对知识发现系统应用范围的局限可发展基于整合资源的文本挖掘（张云秋和冷伏海，2007）。

　　人工神经网络技术：从信息处理角度对人脑神经元网络进行抽象，由简单处理单元构成有非线性、适应性信息处理能力的分布式系统，用于模拟涉及复杂关系的系统。神经网络是一种运算模型，由大量的节点（或称神经元）相互链接构成，每两个节点间的连接都代表一个对于通过该连接信号的加权值，称之为权重，权重在学习过程之后存储网络获得的知识，相当于神经网络获得记忆。人工神经网络具有学习、泛化、关联和抽象的功能，对于预测有特别重要的意义。

　　机器学习技术：其属于计算机和统计学交叉学科，核心目标是通过函数映射、数据训练、最优化求解、模型评估等一系列算法实现让计算机拥有对数据进行自动分类和预测的功能。是大数据处理承上启下的关键技术，在计算机专业研究的层次中机器学习往上是深度学习、人工智能，机器学习，往下是数据挖掘和统计学习。如在机器学习中，决策树是一个预测模型，它代表的是对象属性与对象值之间的一种映射关系。是在已知各种情况发生概率的基础上，通过构成决策树来求取净现值的期望值大于等于零的概率，判断其可行性的决策分析方法，是直观运用概率分析的一种图解法，其目的是生成精确的预测模型或发现问题的预测结构来预测和获取知识。

可视化技术：可视化的主要过程是把数据映射成物体的几何图形或图像，用大小、方位、颜色、链接关系等展示数据本身和关联关系信息，是大量数据高效分析的手段。主要用于各种网络和复杂系统的交互可视化，生成关系图谱进行文献信息的探索性知识发现，可以显示一个学科或知识领域在一定时期发展的趋势与动向，往往给予研究人员深刻与意想不到的发现。

（4）数据挖掘实例

文献信息学中数据挖掘的部分实例总结如表6-3。

表6-3 文献信息学中数据挖掘实例

数据挖掘方法技术/算法	目的	介绍
萤火虫算法	文本聚类	萤火虫算法是一种基于自然启发的群体智能算法，用于多文档文本摘要的提取，其他一些自然启发算法进行了比较，例如粒子群优化和遗传算法（Minakshi and Manoj，2021）
"Bibliomining"（书目挖掘）	数据挖掘	书目挖掘（Bibliomining）是在图书馆中，将数据挖掘技术、书目计量方法、统计学理论与报告工具有机结合在一起，从行为信息与数据中获取知识（Nicholson，2003）
Apriori算法与FP-growth	关联规则挖掘	Apriori算法是关联规则挖掘的经典算法，而FP-growth算法将发现长频繁模式的问题转换为递归地发现一些短模式，大大降低了搜索开销（Han et al.，2004）
TF∗IDF算法和N-Gram	知识抽取	使用TF∗IDF算法和N-Gram切词方法进行文本分析和中间词的提取（曹志杰和冷伏海，2008）
实体抽取关系计算	关联导航	利用数据挖掘技术进行科研实体抽取与关系计算，基于实体知识图谱构建分布式索引，实现知识多维度检索和关联导航（胡吉颖等，2019）
卷积神经网络	分类模型	参考已有研究的主要嵌入特征，提出融合位置和词汇级特征嵌入的卷积神经网络实体关系分类模型，提升关系分类模型性能（范少萍等，2021）
机器学习与文本挖掘	自动化框架	描述并验证了一个自动化的大脑映射框架，该框架使用文本挖掘，荟萃分析和机器学习技术来生成神经和认知状态之间映射的大型数据库。可用于自动进行大规模，高质量的神经成像荟萃分析（Yarkoni et al.，2011）

续表

数据挖掘方法技术/算法	目的	介绍
N-Gram 模型	回归聚类预测	基于 N-Gram 模型抽取含时间标签的科学文献文本数据中的多元词汇特征，利用分段线性回归模型，层次聚类算法识别领域新兴趋势并进行可视化分析（刘自强等，2020）
时间序列聚类分析	回归聚类预测	利用数据挖掘对加州大学数字图书馆使用记录进行分析，应用时间序列以及聚类等分析方法研究图书馆用户的行为规律，进行未来的趋向的科学预测（Nicholson，2003）
机器学习	知识抽取	提出了一种基于字符级序列标注的中文医学文摘关键短语自动提取模型，相比监督机器学习模型获得了显著提升（Ding，2021）
机器学习方法 Doc2vec	引文识别	引入表示学习方法 Doc2vec 实现了整个专利科学引文的语义向量表示，并结合机器学习分类方法实现了专利科学的引文识别（张金柱和胡一鸣，2019）
深度学习	知识抽取	基于深度学习的方法将科学文献的人工特征和机器特征进行融合，提升知识元抽取的效率（柴庆凤等，2021）
人工蜂群机器学习	预测模型	探索基于机器学习组合预测方法建立术后感染预测模型，得出基于人工蜂群组合优化方法的混合预测模型能够有效提高预测能力（苏强等，2021）
机器学习无监督方法	数据分类	基于数据驱动发现的特征提取无监督方法，用于遥感数据的准确分类，所提方法得到了从遥感影像中提取特征的有效框架（Marinoni and Gamba，2017）
Word2Vec 模型	分析预测	将词向量和语义知识相结合，利用 Word2Vec 等模型得到词语的分布式数据，再结合相关构词语义理论知识对候选词之间进行中心词和词性过滤，提高未登录词语义分析预测的准确性（魏庭新等，2020）
机器学习本体模型	知识抽取	通过在概率本体模型（POM）中以实例化建模原语的形式在元级别上表示知识，结合数据驱动更改发现策略构建文本资源中学习的本体框架（Cimiano and Volker，2005）
文本挖掘	词义消歧	基于主题词分析法进行改进，减少分析文献自由词所引起的噪声增加分析的准确度（郝丽云和郭启煜，2007）
文本挖掘	词义消歧	采用自然语言处理技术，同时引入语义过滤系统，将不规范的自然语言转换为 UMLS 统一医学语言系统）中的概念（张晗等，2007）
文本挖掘	词义消歧	引入了语义分析设计了 DAD 系统，通过 MetaMap 实现自然语言与 UMLS 概念的映射（Weeper，2001）
文本挖掘	知识抽取	提出并测试几种提高中间词表质量的技术，在一个发表的偏头痛和镁缺乏之间的间接联系的例子上进行了测试。结果表明，早期的结果可以用更有效、更系统的计算机辅助过程来复制（Swanson，2006）

6.5.4　文献信息学的应用领域

种类繁多的信息源产生的大量数据，对全部数据有效分析和解释的需求远远超出了科研工作者分析的能力，更重要的是科学专业化的后果引起跨专业的沟通不畅，在一个研究领域开发的信息可能在另一个研究领域具有价值但没有人意识到。越来越多用的科学信息被淹没，这显然会明显阻碍了科学研究的进展。

得益于各领域文献的大量积累，基于文献大数据知识发现的文献信息学不但能从大量文献数据中提取隐含在其中的有用的信息和知识，也为不同学科领域的文献架起桥梁，让很多被忽视的文献的科研价值得到发掘。从三个层次看文献信息学的应用。

微观的应用主要体现在对文献内容客观、系统地量化描述，以确定学科领域内核心文献、文献指标评价、发现文献之间的内在关联等，实现文献计量方面的科学价值。

中观的应用体现在将知识分析和知识发现嵌入实际运营、服务或管理过程中，包括科研服务平台的优化、文献关联者的行为分析以及知识的再利用等。如通过文献信息辅助科学发现、助力现代图书馆、智库的构建；通过文献信息绘制用户画像实现个性化服务，绘制作者的流动地图；通过不同领域之间文献的关联关系实现知识的充分利用提高社会生活质量等。

宏观的应用体现在对国家战略的支持和情报系统的完善上。如从文献中发现新知识以识别新兴研究领域、新兴科学技术等，为国家科学研究的发展出谋划策；通过文献信息学基础理论的优势设计更经济高效的情报系统和网络，提高效率完善系统。

根据文献信息学的具体应用领域，可以将其归纳总结为以下 5 个部分。

（1）融合跨学科领域

学科交叉是随着社会和学科自身的发展需要而出现的一种综合性科学活动，在人类发展过程中的很多重要成果都是跨学科领域的研究成果。由于各个学科均会积累文献信息，这赋予了文献信息学交叉学科的特性与基础条件，同时受制于检索系统自身的不完备以及研究人员几乎花费全部时间在自身的学科领域进行科学知识的发现，对其他研究领域的科学进展相对不熟悉。因此文献信息学在跨学科领域的应用就显得尤为重要。

如在医学领域，Wang 等（2021）以电子医疗为例探讨了跨学科领域知识整合的内容特征，提出了一种的分类模式，表明不同的知识类型在知识量、源学科广度和集成时滞方面具有显着不同；Nielson 和 Paquette（2015）描述了拓扑数据分析在临床前创伤性脑损伤和脊髓损伤数据集中的应用，表明复杂神经系统疾病中的数据驱动发现有可能从大型异质数据集中提取有意义的综合特征知识，有增强精准医疗的潜力；Yarkoni 等（2011）使用文本挖掘，荟萃分析和机器学习技术来生成神经和认知状态之间映射的大型数据库，解决神经影像学文献中长期存在的推断问题。此外还有生命科学领域、计算生物学的应用等（Bourdon and Roux，2016；Wu et al.，2021）。

在药物开发领域应用颇多前途广阔（Hristovski et al.，2010；Zhang et al.，2014；Hu et al.，2003）。美国食品和药物管理局最近的一项研究（Matthews and Frid，2010）发现，药物不良反应（adverse drug reactio，ADE）预测系统能够预测许多危及生命的 ADE，并预计类似技术的发展并将成为未来的有用工具。由于基于文献的知识发现可以解释药物机制和副作用，通过文献和临床记录的自动分析快速识别 ADE（Banerjee et al.，2014；Shang et al.，2014；Hristovski et al.，2016），更容易预测和避免 ADE，使患者生命健康的安全性和质量有所提高。

最初的非相关文献知识发现主要集中在生物医学领域，是因为生物医学领域的数据库以及生物医学的词语库更齐全和统一，所以更加便于文本挖掘。现在的非相关文献知识发现已不仅仅局限于 PubMed（生物医学数据库），还扩展到 Biosis（生物学文摘数据库）、Embase（医药学文献资料库）、SciSearch（科学引文索引）、Internet databases（网络互联网数据库）等数据库，涉及文学、航天及网络等多个学科领域。

除生物医学领域以外的应用领域包括：Cort（1999）通过美国 19 世纪中期的实用主义哲学家 William James（1842～1910），发现了此前未被研究人员发现的诗人 Robort Forst（1874～1963）和古希腊哲学家 Carneades（约公元前 214～公元前 129）之间的联系；曹志杰和冷伏海（2008）验证了非相关文献知识发现方法用于航天科技情报研究领域的可行性，用该方法发现新型飞行器隐身技术；Kostoff 等（2008）开发高效的水净化系统；Gordon 和 Awad（2008）揭示发展中国家的创新发展；Swanson 等（2001）对潜在的生物武器进行分类；Aamot（2014）研究海洋气候变化（Aamot，2014）；Hristovski 等（2015）基于语义确定生命科学中的有前途的研究合作；张晗等（2006）利用 Arrowsmith 所挖掘的科研合作与交流的内容并能更好地体现出两个机构研究内容的相似点和不同点。

（2）识别新兴研究领域

新兴技术、学科、研究领域的识别是关系到一个国家和地区未来发展战略的重要议题。文献信息学基于已经掌握的专利文献数据，利用概率统计、数据挖掘或者机器学习的方法对未知的信息或者未来的发展进行识别探测，自动分析快速识别可能存在的学科研究前沿和尚未引起关注的领域方向、新兴技术。对新兴趋势的研判、监测、识别以及构建准确有效的领域新兴趋势分析框架具有重要意义。

李蓓和陈向东（2015）依据新兴技术和专利文献的核心特征，尝试建立了基于专利引用耦合聚类的新兴技术识别模型及其相关指标体系，并以美国专利商标局授权专利数据库为数据源，对纳米技术领域展开了实证分析，成功识别出了两项纳米新兴技术；李永洁等（2019）基于 Web of Science 数据库获取 2013～2017 年神经科学领域的 ESI 高被引论文，使用 Lens. Org 构建专利—高被引论文引用映射关系，就科学技术交叉视角下探索神经科学领域内新兴技术识别。

（3）唤醒被忽视的知识

在医学文献中可以找到许多被忽视的文章，在某些情况下这些文献已经存在多年但未被曝光，其中一些文献可能具有不同寻常的科学价值（Swanson，2011）。

Vosgerau 是第一个在医学期刊文章上将"偏头痛和镁"作为文章主题联系在一起的人，直到 1987 年，Medline 数据库中对"偏头痛和镁"的标题搜索只产生了 Vosgerau 的单一记录，文章称在接受谷氨酸镁注射治疗的 10 名患者中，偏头痛发作持续快速终止（Vosgerau，1973）。但 Vosgerau 的论文在出版后的 15 年里，只被引用了 2 次，直到在 1988 年 Swanson 通过非相关文献知识发现的方法发现了"偏头痛和镁"的关联关系（Swanson，1988），1988～1998 年中，大约有 57 篇引用文章出现。确实是 Swanson 基于文献的知识发现唤醒了人们对 1988 年之前"偏头痛和镁"研究的兴趣，可以被视为文献信息学唤醒旧知识实现知识再利用的例子。

同时基于文献的知识发现可以更好地了解药物的生物学效应，这对于药物再利用和评估药物的益处/风险状况很有用（Ahlers et al.，2007；Deftereos et al.，2011；Cohen et al.，2014；Yang et al.，2017；Mojarad et al.，2015）。

除此之外，有时候不同背景下表述的看似不同的概念实际是同一概念或现象（Smalheiser et al.，2009），通过文献信息学集成这些概念或现象的信息可以帮助不同专业领域的研究人员更好地获取最新科研成果。

蛋白酶 Nexin-Ⅱ（Protease nexin-Ⅱ）是一种蛋白酶抑制剂，1989 年发现它与 β-淀粉样蛋白前体蛋白（beta amyloid precursor protein）的可溶性羧基截断形式相对应（Nostrand et al.，1989）。发育中的大脑皮层中的"放射状胶质细胞（radial glial cells）"和"神经前体细胞（neural progenitor cells）"多年来都得到了深入研究，人们相信它们是不同的细胞类型，但最近的研究表明，整合已有的不同文献的信息从两个不同的角度来看，它们实际上是相同的细胞（Noctor et al.，2002）。

（4）揭示科技发展趋势

在新一轮科技革命和产业变革的趋势下，揭示科技发展前沿方向、抓住科技与产业变革趋势十分重要。建立在海量数据处理以及可视化分析上的专利情报分析方法具有极大的优势（詹爱岚和王黎萤，2017）。通过基于文献大数据的知识发现进行国家之间科学进展、学科发展水平、学科竞争力的定量化、可视化分析，揭示战略前沿领域的核心技术，确定核心技术的关键研发方向和潜在研发趋势，对我国核心技术研发的前瞻性布局具有重要意义。

王燕鹏等（2020）通过科学文献进行信息数据挖掘及核心企业技术识别并建立方法体

系，利用复杂网络链路预测算法识别能源产业前沿领域核心技术；郭世杰等（2021）以美国在空间科学领域的相关规章文件分析为例，构建面向文件语义要素的信息抽取方法和信息同步匹配方法，对我国关键核心技术所面临的风险进行监测预警；李顺求等（2021）提出数据驱动的生物安全情报系统可将生物安全大数据转化为生物安全信息，进而转化为生物安全情报运用于国家生物安全治理；祝捷频和赵蕴华根据美国出口管制法规中关于"数控系统"的文本内容，归纳出该领域的关键技术和专利检索词，对比分析了中美两国在该技术领域的专利数量、专利强度、专利引用等情况，对中国在该领域的技术竞争力进行研究。

（5）分析社会舆情信息

依托大数据技术和人工智能技术，文献信息学中的知识发现作为强有力的信息化手段为社会舆情信息的研究提供了全新的方法，增强了分析社会舆情信息的效能，促进了网络舆情治理工作和用户服务个性化定制的全面化、自动化、科学化、精准化和个性化发展。

丁晟春等（2021）利用共现网络分析和主题关联分析，挖掘舆情事件中网民观点随时间演化的规律；王菲妍等（2021）分析发现重大疫情突发时网民的信息需求主题关注度最高的是：影响、预防、管控、知识教育、症状和治疗，其中影响和管控之间的关联最强；赵梓博等（2021）发现关联数据知识图谱可以直观显示新冠疫情新闻要素及内容，并且融合迁移学习模型对于要素识别也有较优效果。

受益于文献信息学知识发现的发展，许多专家学者采用聚类分析方法对用户类别进行划分，再进一步进行关联规则分析，对每一类用户的特征进行深入挖掘分析，精确地掌握用户信息。针对不同类别的用户对象构建多层次数字资源信息服务，更好地服务用户并有效提升数字资源的利用率。

赵继海（2001）提出个性化定制服务技术是根据用户需求定制特殊用户界面的技术，是用户组织数字信息资源的理想方法，是适应数字图书馆用户多样化需求的重要手段。李伟卿等（2021）论证了基于用户长短偏好调节的可解释个性化推荐算法，可以精准多样地满足用户偏好并能解释推荐理由。Nicholson（2003）利用数据挖掘对加州大学数字图书馆使用记录进行分析，应用时间序列以及聚类等分析方法研究图书馆用户的行为规律，并对未来的趋向进行了科学预测。

6.6　文献信息学的发展与展望

大数据的发展对文献情报领域的知识分析与知识服务都产生了深远影响，为文献信息学深层次化、知识化、个性化的发展提供技术与方法上的支持，促进了经验积累为主的理论归纳向科学探索性发现和数据理论与技术研究的方向发展（胡昌平和吕美娇，2020）。同时大数据时代的变革使得文献情报领域需要处理分析的数据源明显地具有了大数据复杂性、多维性、碎片化、非结构性等特征（曾建勋和魏来，2015）。文献信息学也面临着多样化的数据分析方法、更加复杂的数据网络、精准化的用户需求的挑战和机遇。

6.6.1　文献信息学面临的关键问题

（1）文献信息学的发展进程问题

但目前根据统计，信息学研究在医学类、计算机科学、生物学类这三大方向的年度发文数量在1990后开始快速增长，而文献情报学领域一直表现得比较平稳（图6-15）（刘昊和张志强，2017）。图书馆和文献信息机构收藏的差不多有75%的文献馆藏无人问津，有50%的文献收藏有10余年未被核查过（梁战平和梁建，2005）。

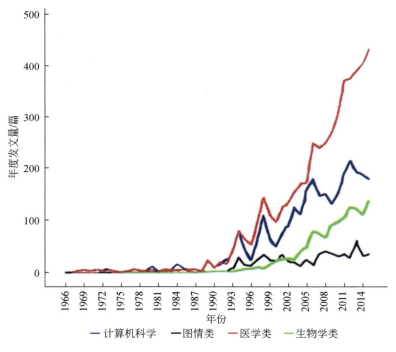

图6-15　信息学学科发展态势文献计量分析

资料来源：刘昊和张志强，2017。

虽然数据密集型科学研究的快速发展趋势促进了文献数据库和专业术语库的发展，从而使文献信息学领域具备大量可供研究的数据和规模，但是其自身的发展程度有些不尽如人意。文献情报研究人员要抓住历史机遇，顺应历史潮流，积极进行推动文献信息学自身发展以及与其他领域学科信息学的交叉融合。

（2）文献信息学理论与方法的创新问题

通过文献大数据挖掘发现新知识解决实际问题是文献信息学的使命。但专业科研人员还没有把"基于文献的发现"看作一种创新的重要方法（荣毅虹和梁战平，2002）。

回顾文献信息学的历史发展，国内对于原始文献信息学的理论研究有很多，但基于文献大数据的数据分析挖掘与新知识发现的基础理论研究还很薄弱，从方法论的角度看，很多文献信息学的研究所做的是收集更多的数据，通过文本挖掘、数据挖掘技术辅助文献的定性分析以解决数据体量带来的复杂问题，它们本身并没有提供任何解释或理论、也没有充分合理解决科学问题，这难以体现数据爆发增长所带来的数据驱动新模式。

相比于国外学者 Swanson 提出非相关文献知识发现后，基于文献的知识发现得到了广泛应用和充分发展，国内的文献信息学缺乏必要的理论研究，还没有形成较为系统、成熟的知识发现与数据挖掘的理论体系，还没有提出具有影响力的数据挖掘与知识发现模型。迄今为止，国内尚未正式出版过基于文献大数据的数据挖掘与知识发现的专著。

对数据挖掘与知识发现理论在文献信息学上应用方面的探讨将是长期而艰巨的任务，需要颠覆性创新和理论与方法的新剧变。

（3）文献信息学的人才培养问题

相比计算机、数学等学科，文献情报类学科所用到的数据挖掘方法和技术较少也较为初级。数据挖掘的集成软件初步使用并不困难，但是要练掌握这门技术，并解决实际操作中的种种问题，需要有数理统计学、数据库、编程等基础知识和技能，而大部分文献情报研究人员对于计算机或者数据挖掘技术的生疏，会导致在进行文献信息的数据挖掘过程中出现疏漏难以达到理想效果。

社会需要更多的大数据产业管理人才，随着数据科学平台的发展，各个学科领域与人工智能融合将会更加密切（朝乐门和王锐，2021），这需要引起文献信息领域的研究人员对数据科学的重视，培养拥有数据驱动思维、熟练掌握数据挖掘技术的人才，共同助力科研数据的高质量组织管理满足人才供给和科研发展需求。

（4）文献信息数字资源整合

文献信息数字资源在数量、结构、分布、传播范围、机制、使用、传递等方面都与传统文献信息资源有显著的差异。文献信息数字资源管理的对象具有多样性、复杂性；数字信息的分布与构成缺乏结构和组织，数字信息缺乏有效的统一管理机制。因此对数字资源进行整合显得十分重要。

文献信息数字资源的整合是运用各种技术、方法和手段对文献库、图书库等拥有的众多数字资源的系统进行优化，目的是将所有数字资源透明地、无缝地集成在一起，提升信息之间关链度，解决信息孤岛问题，将数据线性一元转变为网络多元，同时，也可以使查全率与查准率共生增长。

"信息孤岛"和由"信息孤岛"形成的数字鸿沟是当前世界范围内普遍存在的重大问题（王俭敏，2005）。以用户为中心，提供自由在库与库之间、文献与文献之间任意关联的有效链接，充分利用信息技术促进数字资源整合是文献信息学发展中必然出现的任务。

6.6.2 文献信息学的发展趋势

（1）理论体系更加完善

学科是不断发展的有机体。辛希孟在总结其40余年研究体会时谈到应该"不失时机地拓展本专业学科领域、不断地对原有一些名词术语注入新的内容和含义、不断强化图书馆的社会功能、不断采用新的技术和设备"（本刊编辑，2000）。邱均平等（2009）指出"信息技术每发展一步，都会将情报学实践推向新的高度，极大地丰富情报学的研究，并使情报学的理论体系进一步完善"。

随着相关数据挖掘和知识发现的理论、方法和技术的不断更新发展，文献信息学中研究对象从传统文献计量学的"粗颗粒"的知识单元（图书、论文、专利等）向"细颗粒"的信息分析研究对象的转变（张志强等，2015）。未来的文献信息学体系将愈加完善，依托完善的文本挖掘、知识组织、知识发现和可视化的交互服务系统，快捷高效的进行各学科领域的知识创新和知识发现。数据时代的来临和学科信息学的蓬勃发展促进了文献信息学知识创新和知识发现的新的理论体系的形成。

（2）学科综合化的发展

情报学研究关注在大量实验数据基础上进行分析，探索在大量信息基础上找到知识发现的规律与方法。在新的数据科学环境下，数据量的激增对数据处理和计算能力提出了新的要求，研究的日益深化也要求研究方法有更高的分析能力和解释能力。文献信息学重点关注文献大数据的处理、分析及深层次挖掘，从复杂的文献数据中找到知识之间的有效关联和发现新知识的最佳方法，在大数据理论与技术发展中更容易获得学科融合的新机遇，获得学科体系的革新。

从学科内部的角度看，文献信息学融汇了"五计学"（文献计量学、科学计量学、信息计量学、网络计量学、知识计量学）中出现的研究方法，并且大数据理论与技术为有关计量分析的研究提供了更充分的数据基础和数据处理方法。其次，文献信息学作为方法性学科与其他学科的联系愈加密切，传统的文献检索、文献计量、情报分析形成了向信息计量、知识关联关系挖掘与新知识发现研究的发展趋势。更重要的是基于文献大数据的知识发现可以为不同学科的"知识孤岛"之间架起连接的桥梁，极大地促进了新知识的发现。

从科学发展的角度看，学科独立纵深的发展状况渐渐让位于学科综合化的发展趋势，整体—分化—综合是一切事物发展的规律也是图书情报档案发展的必然结果（黄宗忠，1990）。文献信息学得在与大数据理论和技术的融合碰撞中将探索出学科综合化道路形成综合化的学科体系。

（3）数据驱动的兴起与运用

E-science 的提出和大数据时代的到来促使了数据驱动思维在科学研究中的应用。学界已经开始突破传统文献信息学的内涵和外延去探索更本质更深层的原理，力图扩大理论事业以解释和规范由于信息革命带来的复杂现象。一些前沿的数据驱动研究或许会为文献信息学带来启发。

已经有研究通过构建数据驱动的框架，建立模型探索不同学科中的新知识。如 Giancarlo 和 Lo（2015）通过比较三个贝叶斯与几种最先进的数据驱动的模型选择方法，得出数据驱动的方法在预测数据集中正确数量的聚类的能力方面更占优势；Wang（2017）通过数据驱动的粒度认知计算将数据视为一种特殊的知识，从大数据中高效发现知识。

也有研究使用数据驱动的方法来扩展或修改不完整的知识库或领域理论。Yang 等（1999）基于 DistA（建设性神经网络学习算法）提出了一种有效的算法，用于数据驱动的知识发现和理论提炼，所提出的算法在泛化精度和网络大小方面都优于其他理论改进的算法；Steyvers 和 Chemuduganta（2011）基于统计主题模型结合得到一个通用的数据驱动框架，从大型文本文档集合中自动发现高级知识，该框架将语义概念的层次结构与统计主题模型相结合，得到综合性能的改进；Tripathi 等（2021）基于知识的理论建模方法与数据驱动的经验建模相结合得到动态系统建模框架，从测量数据进行模型归纳的过程中集成特定于感兴趣领域的建模知识。

数据驱动框架的建立和数据驱动方法的运用为基于文献大数据驱动的文献信息学构建更为坚实的理论框架和理论基础，促进文献信息学领域数据驱动的兴起与发展。

（4）在其他学科领域积极应用的趋势

随着科学的持续进步，科学文献体量呈指数增长，科学专业化程度加深，这将导致各个学科积累大量文献资源，不同专业的研究人员难以保持最新信息的沟通，在一个研究领域开发的信息可能在另一个研究领域具有价值。基于文献的知识发现方法在医学数据库与人文数据库中的成功应用表明，从某一个或者不同领域的文献中确实也存在着尚未被研究人员发觉的关联关系和知识，文献信息学具有为某些学科的发展提供方向性建议的潜能，文献信息学在未来也将在其他学科领域中知识发现中占据举足轻重的地位。

首先文献信息学本身是一个应用性很强的学科领域，基于学科领域文献开展的知识分析和发现研究是文献信息领域研究的基础，其用于研究各种领域科学知识规律和知识发现的方法也将在各种领域科学大数据分析、专利信息学、政策信息学、奖项信息学等方面得到应用，日益融合发展。

其次文献信息学可以为多个学科建立链接，发现潜在的实际存在但未经发现的联系。早期的这种跨学科的知识发现研究主要集中于生物医学领域，是因为其标准的医学数据库和生物医学统一术语更方便进行文本挖掘，未来随着各领域的数据库的不断扩展和完备，文献信息学也将在生物、医学、文学、航天以及网络等多个领域大放异彩。

（5）社会交互与影响的扩大

在科学研究的开展过程中，当需要不同性能的仪器设备、不同领域或不同来源的数据以及独特的资源时，为求资源的互补和共享完成研究目标，科研人员（团队）之间围绕特定科学问题开展科研合作的动力就大大增强（陈秀娟和张志强，2019）。

文献信息学本身是研究文献信息关联关系和文献信息活动规律的科学，文献信息的使用是一种普遍的社会现象，与人们的社会生活有着广泛而又密切的联系。特别是在现代社会中开放科学鼓励更多人参与到科研中，不仅包括普通的科研人员，还包括其他的群体，如"公民科学家"（陈秀娟和张志强，2018）。

人们的社会活动同文献信息的关系越来越密切，一个人利用文献、获取信息的能力至关重要。文献信息学的发展为社会交互提供了贡献自身力量的途径，也为科学研究提供了更多的解决思路，对社会的影响也将日益扩大。

6.6.3　文献信息学发展展望

（1）开放科学促进数据驱动的文献信息学发展

2014年，欧洲研究图书馆协会（Association of European Research Libraries，LIBER）发布《促进开放科学的声明》（*LIBER Statement on Enabling Open Science*），LIBER认为科学走向开放将带来更高透明度的科学研究和更高质量、更高层次的公民参与，也将通过推动数据驱动创新来加速科学发现的步伐。

开放科学能够受到广泛关注并快速向前推进，受益于新兴科研信息环境下科学发展的内在需求以及全球开放科学政策的井喷发展（陈秀娟和张志强，2018）。开放科学进程的加快，深刻影响了众多学科领域的发展，迸发出开放获取、开放同行评议、开放科学数据等多种新兴话题。

开放科学作为一种新型信息组织方式为文献信息学研究提供了更多素材，科研人员集成和挖掘来源广泛的数据，将其投入到新的科研项目中并以新的角度和方法分析处理文献数据，促进新知识的发现，催生新的科研成果，驱动文献信息学大发展。

（2）推动传统知识设施的创新转型

大数据环境下更加注重海量数据的存储、计算和计量分析，形成系统集成自动化的工具及可视化展示平台，传统设施的创新转型包括以下三方面。

一是传统图书馆与智库向数字（智能）图书馆和数据赋能型智库的转型。开发数据驱动的智慧图书馆阅读推荐服务，以解决图书馆用户流失的问题，优化图书馆阅读资源数据推荐模式（潘辉，2021），引入大数据思维和大数据分析技术，对智库知识服务的具体环节进行优化（申静和杨家鑫，2021）。文献信息学将人的思维、知识和智慧集成起来形成知识与智慧结晶，对传统的图书馆与智库的知识服务流程进行数据赋能，提高工作效率和服务水平，推动创新转型。

二是文献数据库和各个学科术语库向更加精准、更全面的方向转型。文献数据库会检索到大量与主题无关或冗余的参考文献，研究人员往往要花费大量的人力和时间阅读摘要甚至对全文进行人工筛选（李华新和李望秀，2012）。利用数据挖掘技术对选定的主题词进行数据挖掘，找出主题词以及主题词间的关联规则，可以建立学科主题词表、学科主题规范款目和规范文档，实现文献数据更加精准、更全面地检索分类。各个学科的术语库也将随着数据驱动下学科领域的发展逐渐完善，更加普遍地参与文献信息学的研究中。

三是知识发现的工具向系统集成自动化的转型。现有知识发现的方法和过程涉及信息检索、自然语言处理、语义识别与概念映射、关联词的排序和过滤等复杂过程。已有的ArrowSmith 系统在一定程度上解决了信息检索的问题，辅助开放式知识发现的过程，Weeper 开发地 DAD 系统在一定程度上解决了语义识别和概念映射问题，这些辅助系统都发挥了重要作用。但是，由于涉及的算法、技术较复杂，还没有开发出能够集成化实现文献知识自动发现的系统，仍以实现部分功能的辅助系统的开发为主。随着基于文献的知识发现的推广与发展，未来或许能开发出在信息检索方面快速准确的构建目标文献集；在自然语言处理方面结合专业词表实现高质量的语义识别和概念映射；在关联词的发现、排序和过滤方面集成关联规则相关算法的集成自动化系统，实现文献大数据的自动化分析并快速发现知识。

（3）文献信息学发展趋于实用化、精准化

科学科研的目的是解决实际问题，改善日常生活，所以科研成果的实用化、精准化就显得尤为重要。文献信息学的研究对象已经从文献等"粗颗粒"为单元的传统文献计量学向"细颗粒"化信息分析研究转移，研究对象的类型在原有基础类文献资源基础上，更多包含了事实型数据资源（如科研项目库、专利数据库）、术语类资源（如基础词库、各类型规范档、网络百科等）、关联型标注资源（如关联数据、书目数据等）及工具分析性资源。

提高信息分析和研究产出的"实用化"和"精准化"是社会需求也是历史必然，文献信息学研究对象的"细颗粒性"更有利于文献信息领域的科研成果产生，以及跨学科领域产生的科学技术迅速转化为直接生产力。

　　日本以情报立国，他们既依靠本国的科学技术，也依靠国外的科学技术的快速传播。得益于日本的文献信息工作把科学技术迅速转化为生产力，所以日本只花了 20 多年的时间，就成为发达国家（陈士宗，1989），更重要的是最近的研究表明，商业化的诺贝尔奖成果呈现上升趋势（张庆芝等，2015）。

　　（4）引导情报分析与战略研究计算化定量化发展

　　情报学的最高价值在于对信息和知识的存取及挖掘利用，但情报研究是一项极其复杂的知识活动，对情报价值的定量化研究有一定难度。

　　文献信息学的发展合理整合了各种强大功能的智能化工具，对文献数据中大量分散的知识信息进行收集、存储、组织、共享和集成。文献信息学数据挖掘与知识发现的过程是从数据到知识再到决策的定量化知识分析的过程，以新的科学范式进行信息分类、信息表达、数据挖掘、信息转化、信息可视化。

　　科学研究定量化的不断深化是科学发展的必然趋势，计算化定量化是规范化和精确化的基础，文献信息学将引导情报分析与战略研究计算化、定量化发展，帮助情报人员高效获得信息，分析理解信息，形成决策报告或方案供服务对象参考。

参 考 文 献

本刊编辑 . 2000. 面对知识经济与网络环境要有新思维——我国著名图书馆学家、文献信息学家辛希孟先生访谈录 . 图书馆理论与实践，（4）：3-5.

曹志杰，冷伏海 . 2008. 相关文献知识发现方法在航天科技情报研究中的应用分析 . 情报理论与实践，（4）：569-572.

柴庆凤，史霖炎，梅珊，等，2021. 于人工特征和机器特征融合的科技文献知识元抽取 . 数据分析与知识发现，5（8）：132-143.

朝乐门，王锐 . 2021. 数据科学平台：特征、技术及趋势 . 计算机科学，48（8）：1-12.

朝乐门，邢春晓，张勇 . 2018. 数据科学研究的现状与趋势 . 计算机科学，45（1）：1-13.

陈莉玥，杨立英，丁洁兰 . 2018. 科学计量研究中全计数法与分数计数法研究综述 . 图书情报工作，62（23）：132-141.

陈士宗 . 1989. 文献信息学的形成及其发展 . 高校图书馆工作，（4）：9-13.

陈秀娟，张志强 . 2018. 开放科学的驱动因素、发展优势与障碍 . 图书情报工作，62（6）：77-84.

陈秀娟，张志强 . 2019. 国际科研合作对科研绩效的影响研究综述 . 图书情报工作，63（15）：127-139.

崔雷，刘伟，闫雷，等 . 2008. 文献数据库中书目信息共现挖掘系统的开发 . 现代图书情报技术，（8）：70-75.

丁晟春，刘笑迎，李真 . 2021. 融合评论影响力的网络舆情热点主题演化研究 . 现代情报，41（8）：87-97.

范少萍，赵雨宣，安新颖，等 . 2021. 基于卷积神经网络的医学实体关系分类模型研究 . 数据分析与知识发现，5（9）：75-84.

冯璐，冷伏海 . 2006. 共词分析方法理论进展 . 中国图书馆学报，（2）：88-92.

冯青文 . 2017. 知识抽取国内研究现状分析 . 常州信息职业技术学院学报，16（2）：32-36.

高巨山 . 2009. 数字图书馆构建中的数据挖掘应用研究 . 图书馆工作与研究，158（4）：20-21.

高凯 . 2015. 文献计量分析软件 VOSviewer 的应用研究 . 科技情报开发与经济，25（12）：95-98.

高爽，王金贵，李华南，等 . 2016. 基于数据挖掘探析推拿治疗内科病临床研究文献特点 . 中华中医药杂
　　志，31（2）：619-623.

顾东蕾，朱正唯 . 2010. 基于 Scopus 的药学信息学文献计量学分析 . 现代情报，30（11）：97-102.

关迎晖，向勇，陈康 . 2013. 基于 Gephi 的可视分析方法研究与应用 . 电信科学，29（S1）：112-119.

郭世杰，陈芳，韩涛，等 . 2021. 基于文本挖掘的中美技术差距分析——以空间技术领域为例 . 情报学
　　报，40（8）：806-816.

郝丽云，郭启煜 . 2007. 主题词分析法进行非相关文献知识发现的探索（Ⅰ）：模拟 Swanson 的知识发现过
　　程 . 情报学报，（5）：741-747.

胡昌平，吕美娇 . 2020. 大数据与智能环境下的情报学理论发展 . 情报理论与实践，43（10）：1-6.

胡吉颖，谢靖，钱力，等 . 2019. 基于知识图谱的科技大数据知识发现平台建设 . 数据分析与知识发现，
　　3（1）：55-62.

胡云鹤 . 2010. 1985–2008 年口腔医学信息学研究论文的文献计量学分析 . 情报杂志，29（S1）：82-83.

花芳，管楠祥，李凤侠，等 . 2017. 文献计量方法在大学小团体层面的基础研究绩效评价的应用 . 图书情
　　报工作，61（4）：108-114.

黄晓斌 . 2003. 基于网络的文献知识发现系统研究 . 情报科学，（2）：158-162.

黄宗忠 . 1990. 试论文献信息学 . 图书情报知识，（4）：2-8，13.

黄宗忠 . 1992. 文献信息学 . 北京：科学技术文献出版社 .

黄宗忠 . 2001. 图书馆实践与理论研究的新创获——《知识信息管理》评介 . 中国图书馆学报，（2）：
　　65-67.

康军 . 1998.《文献工程学》论纲 . 图书馆工作与研究，（6）：1-5.

赖茂生 . 2006. 计算机情报检索 . 北京：北京大学出版社 .

李蓓，陈向东 . 2015. 基于专利引用耦合聚类的纳米领域新兴技术识别 . 情报杂志，34（5）：35-40.

李华新，李望秀 . 2012 数据挖掘技术在文献研究法中的应用——以 RefViz 为例 . 中国医学教育技术，
　　26（4）：430-433.

李润宇 . 2021. 基于 Ucinet 社会网络分析的上市公司数量对地区经济发展效应研究——以山东省 16 地市
　　为例 . 中国管理信息化，24（13）：162-164.

李顺求，王渊洁，王秉 . 2021. 大数据驱动的生物安全情报系统：一个理论框架 . 情报杂志，40（11）：
　　1-7.

李伟卿，池毛毛，王伟军 . 2021. 面向用户长短期偏好调节的可解释个性化推荐方法研究 . 图书情报工
　　作，65（12）：101-111.

李益婷 . 2010. 文献信息学研究回顾与展望 . 图书馆学研究，（4）：7-10.

李永洁，杜建，孙轶楠，等 . 2019. 基于科学技术交叉的神经科学领域内新兴技术识别 . 中华医学图书情

报杂志，28（1）：27-33.

梁野，李小元，许航，等.2020. CLOpin：一种面向舆情分析与预警领域的跨语言知识图谱架构. 数据分析与知识发现，4（6）：1-14.

梁战平，梁建.2005. 新世纪情报学学科发展趋势探析. 情报理论与实践，（3）：225-229.

刘春丽，盛南洪，马凤毛.2021. "五计学"学科体系的完善与新发展——评《替代计量学理论、方法与应用》. 图书情报工作，65（5）：144-146.

刘春丽.2012. Web2.0 环境下的科学计量学：选择性计量学. 图书情报工作，56（14）：52-56，92.

刘昊，张志强，范少萍.2017. 信息学学科发展态势文献计量分析. 情报探索，（3）：102-110.

刘自强，胡正银，许海云，等.2020. 基于 PWLR 模型的领域新兴趋势识别及其可视化研究. 情报学报，39（9）：979-988.

栾春娟，赵呈刚.2009. 基于 SCI 的基因操作技术国际前沿分析. 技术与创新管理，30（1）：11-13.

马费成.1996. 情报学的进展与深化. 情报学报，（5）：22-28.

马明，武夷山.2003. Don R. Swanson 的情报学学术成就的方法论意义与启示. 情报学报，22（3）：259-266.

潘辉.2021. 基于数据驱动的智慧图书馆阅读推荐服务模式研究. 图书馆，（8）：49-56.

潘庆超.2009. 网格数据挖掘在信息服务质量评价中的应用. 现代情报，（7）：141-143.

乔莉，郑慧，杨丽霞，等.2017. 基于 CNKI 数据挖掘分析黄芪多糖治疗糖尿病的文献特征和研究现状. 西部中医药，30（3）：56-59.

邱均平，李江.2007. 当前链接分析工具的缺陷及其解决方案. 情报科学，（5）：641-647.

邱均平，余波，杨思洛.2021. 大数据背景下一门交叉学科的兴起——论数据计量学的构建. 中国图书馆学报，47（5）：48-58.

邱均平，余厚强.2013. 替代计量学的提出过程与研究进展. 图书情报工作，57（19）：5-12.

邱均平，周春雷，杨思洛.2009. 改革开放 30 年来我国情报学研究的回顾与展望（三）情报学的发展阶段及趋势分析. 图书情报研究，2（3）：1-9.

邱均平.1988. "文献计量学"定义的发展. 情报杂志，（4）：45-47，31.

邱均平.2000. 信息计量学（一）第一讲信息计量学的兴起和发展. 情报理论与实践，（1）：75-80.

任全娥.2020. 我国文献计量学研究 40 年——基于知识图谱的回顾与展望. 信息与管理研究，5（Z2）：16-31.

荣毅虹，梁战平.2002. 基于文献的发现. 情报学报，（4）：386-390.

阮小芸，廖健斌，李祥，等.2021. 基于人才知识图谱推理的强化学习可解释推荐研究. 数据分析与知识发现，5（6）：36-50.

申静，杨家鑫.2021. 数据驱动的智库知识服务流程优化. 图书情报知识，38（4）：114-124.

宋艳辉，邱均平.2019. 从"三计学"到"五计学"的演化发展. 图书馆论坛，39（4）：1-7.

苏强，侯校理，邹妮.2021. 基于机器学习组合优化方法的术后感染预测模型研究. 数据分析与知识发现，5（8）：65-75.

王爱芳.2006. 文献信息学哲学辨析. 情报杂志，（4）：53-54.

王崇德．1988．图书情报学方法论．北京：科学技术文献出版社．

王菲妍，曹韵秋，肖安琪，等．2021．新冠肺炎疫情时期网民的信息需求主题关联及情境因素研究．农业图书情报学报，33（5）：28-39．

王慧敏，贺兴时，牛四强．2014．数据挖掘在高校图书馆中的应用．西安工程大学报，（2）：241-245．

王松，杨洋，刘新民．2021．基于图注意力网络的开放式创新社区用户创意潜在价值发现研究．数据分析与知识发现，5（11）：1-17．

王燕鹏，赵宇，刘盼盼，等．2020．基于复杂网络的产业核心技术识别预测研究——以能源产业为例．今日科苑，（11）：50-59．

王颖，钱力，谢靖，等．2019．科技大数据知识图谱构建模型与方法研究．数据分析与知识发现，3（1）：15-26．

王颖，戎文慧．2006．可视化文本分析和数据挖掘工具 RefViz．中华医学图书情报杂志，（6）：61-64．

维克托·迈尔–舍恩伯格，肯尼思·库克耶．2012．大数据时代：生活、工作与思维的大变革．盛杨燕，周涛译．杭州：浙江人民出版社．

魏庭新，柏文雷，曲维光．2020．词向量和语义知识相结合的汉语未登录词语义预测研究．数据分析与知识发现，4（6）：109-117．

吴淑娟，屈福志．2006．论文献信息学的理论体系．图书与情报，（4）：65-68．

杨波，王雪，佘曾溙．2016．生物信息学文献中的科学软件利用行为研究．情报学报，35（11）：1140-1147．

杨辰，陈晓虹，王楚涵，等．2021．基于用户细粒度属性偏好聚类的推荐策略．数据分析与知识发现，5（10）：94-102．

杨思洛，祁凡．2020．信息计量学的新发展：开放、融合、拓展——第 17 届 ISSI 会议综述．图书馆论坛，40（6）：28-38．

杨思洛，袁庆莉．2017．科学计量学与信息计量学之异同分析．知识管理论坛，（5）：370-379．

于鸣镝．2000．试论大文献学．图书馆工作与研究，（1）：9-12．

余传明，张贞港，孔令格．2021．面向链接预测的知识图谱表示模型对比研究．数据分析与知识发现，5（11）：29-44．

詹爱岚，王黎萤．2017．国外基于专利情报网络分析的创新研究综述．情报杂志，36（4）：72-77，92．

张斌，马费成．2015．科学知识网络中的链路预测研究述评．中国图书馆学报，41（3）：99-113．

张晗，崔雷，姜洋．2006．运用非相关文献知识发现方法挖掘科研机构潜在的合作方向．现代图书情报技术，（4）：45-48．

张晗，任志国，于倩．2007．基于 UMLS 医学本体的挖掘文献间潜在联系的设计与实现．现代图书情报技术，（9）：72-75．

张家铭，刘丹阳，钟冬灵，等．2021．基于 CiteSpace 的脑电图诊断抑郁症可视化分析的特异性研究．生物医学工程学杂志，38（5）：919-931．

张金柱，胡一鸣．2019．融合表示学习与机器学习的专利科学引文标题自动抽取研究．数据分析与知识发现，3（5）：68-76．

张庆芝，段勇倩，雷家骕．2015．基于科学的创新研究——以诺贝尔奖科学成果到商业产品为例．科学学研究，33（12）：1770-1778，1866．

张琼琼，刘平，赵金蕾，等．2018．基于数据挖掘近30年针灸治疗失眠临床取穴规律研究．世界科学技术–中医药现代化，20（9）：1596-1602．

张崴，王续琨．2012．国际团体创造力研究进展及其科学可视化分析．图书情报工作，56（S1）：213-216．

张云秋，冷伏海．2007．基于非相关文献知识发现中的文本挖掘研究．情报理论与实践，（2）：2-14．

张云秋，冷伏海．2009．非相关文献知识发现的理论基础研究．中国图书馆学报，35（4）：25-30．

张志强，范少萍．2015．论学科信息学的兴起与发展．情报学报，34（10）：1011-1023．

张志强．2012．论科技情报研究新范式．情报学报，31（8）：788-797．

张志强，文奕，胡正银．2020．学科信息学与学科知识发现．北京：科学出版社．

赵登鹏，熊回香，田丰收，等．2021．基于序列比对算法的中文文本相似度计算研究．图书情报工作，65（11）：101-112．

赵继海．2001．论数字图书馆个性化定制服务．中国图书馆学报，（3）：63-65，84．

赵蓉英，许丽敏．2010．文献计量学发展演进与研究前沿的知识图谱探析．中国图书馆学报，36（5）：60-68．

赵梓博，王昊，刘友华，等．2021．多任务环境下融合迁移学习的新冠疫情新闻要素识别研究．知识管理论坛，6（1）：2-13．

曾建勋，魏来．2015．大数据时代的情报学变革．情报学报，34（1）：37-44．

周文骏，杨晓骏．1994．文献学新论．中国图书馆学报，（1）：61-65．

周子番，邱均平，魏开洋．2021．从文献计量学到"五计学"：计量学方法的演化与发展．情报杂志，40（10）：171-178．

朱庆华，李亮．2008．社会网络分析法及其在情报学中的应用．情报理论与实践，（2）：179-183，174．

祝捷频，赵蕴华．2014．基于美国对华技术管制清单的专利分析——以数控系统领域为例．情报杂志，33（11）：46-53．

Aamot E. 2014. Literature-based discovery for oceanographic climate science. Proceedings of the Student Research Workshop at the 14th Conference of the European Chapter of the Association for Computational Linguistics. Gothenburg：Association for Computational Linguistics. 1-10.

Ahlers C B, Hristovski D, Kilicoglu H, et al. 2007. Using the literature-based discovery paradigm to investigate drug mechanisms. Proceedings of American Medical Informatics Association Symposium. Washington：AMIA Knowledge Center. 6-10.

Antonio P, Ludo W. 2016. Constructing bibliometric networks：A comparison between full and fractional counting. Journal of Informetrics, 10（4）：1178-1195.

Aronson R. 2001. Effective mapping of biomedical text to the UMLS metathesaurus：The MetaMap Program. Proceedings of the AMIA Symposium. Washington：AMIA Knowledge Center. 17-21.

Baker N C. 2010. Methods in literature-based drug discovery. University of North Carolina at Chapel Hill.

Banerjee R, Choi Y, Piyush G, et al. 2014. Automated suggestion of tests for identifying likelihood of adverse drug events. Proceedings of IEEE International Conference on Healthcare Informatics. Citeseer, 170-176.

Bettencourt L M, Lobo J, Strumsky D. 2007. Invention in the city: increasing returns to patenting as a scaling function of metropolitan size. Research Policy, 36 (1): 107-120.

Bourdon J, Roux O. 2016. Computational Methods in Systems Biology. Biosystems, 149 (S1): 1-2.

Cameron D, Kavuluru R, Rindflesch T C, et al. 2015. Context-driven automatic subgraph creation for literature-based discovery. Journal of Biomedical Informatics, 54: 141-157.

Cheadle C, Cao H, Kalinin A, et al. 2017. Advanced literature analysis in a Big Data world. Annals of the New York Academy of Sciences, 1387 (1): 25-33.

Chen Z. 1993. Let documents talk to each other: a computer model for connection of short documents. Journal of Documentation, 49 (1): 44-54.

Cimiano P, Volker J. 2005. Text2Onto- A framework for ontology learning and data- driven change discovery. Proceedings of 10th International Conference on Applications of Natural Language to Information Systems. Univ Alicante: Natural Language Processing and Information Systems Proceedings. 3513: 227-238.

Cohen T, Widdows D, Stephan C, et al. 2014. Predicting high- throughput screening results with scalable literature-based discovery methods. CPT-Pharmacometr & Systems Pharmacology, 3 (10): 1-9.

Cort K A. 1999. Discovering hidden analogies in an online humanities databases. Library Trends, 48 (1): 60-71.

Dashun W, Albert L. 2021. The science of science. Cambridge: Cambridge University Press.

Deftereos S N, Andronis C, Friedla E J, et al. 2011. Drug repurposing and adverse event prediction using high-throughput literature analysis. Wiley Interdisciplinary Reviews- Systems Biology and Medicine, 3 (3): 323-334.

Ding L, Zhang Z, Liu H. 2021. Automatic keyphrase extraction from scientific Chinese medical abstracts based on character-level sequence labeling. Journal of Data and Information Science, 6 (3): 35-57.

Giancarlo R, Lo B. 2015. Bayesian versus data driven model selection for microarray data. Natural Computing, 14 (3): 393-402.

Giannotti F, Nanni M, Pedreschi D, et al. 2011. Unveiling the complexity of human mobility by querying and mining massive trajectory data. VLDB Journal, 20 (5): 695-719.

Gordon M D, Awad N F. 2008. The tip of the iceberg: the quest for innovation at the base of the pyramid. Information Science and Knowledge Management, 15: 23-37.

Gordon M D, Lindsay R K. 1996. Toward discovery support systems: A replication be-Examination and extension of swanson's work on literature- based discovery of connection between Raynaud's and fish oil. Journal of the American Society for Information Science, 47 (2): 116-128.

Gus H P, Marco V E, Mihai S. 2017. Swanson linking revisited: Accelerating literature- based discovery across domains using a conceptual influence graph. Proceedings of 55th Annual Meeting of the Association for Computational Linguistics System Demonstrations. Vancouver: Association for Computational Linguistics. 6: 103-108.

Han J, Pei J, Yin Y. 2004. Mining frequent patterns without candidate generation: A frequent-pattern tree approach. Data Mining and Knowledge Discovery, 8 (1): 53-87.

Hao L, Guo Q. 2007. Practice of non-interactive literature-based knowledge discovery through subject analysis (Ⅱ) mining new knowledge in literatures on type 2 diabetes. Journal of the China Society for Scientific and Technical Information, 26 (6): 45-850.

Henry S, Bridget T M. 2017. Literature based discovery: Models, methods, and trends. Journal of Biomedical Informatics, 74: 20-32.

Hristovski D, Kastrin A, Dinevski D, et al. 2016. Using literature-based discovery to explain adverse drug effects. Journal of Medical Systems, 40 (8): 1-5.

Hristovski D, Kastrin A, Peterlin B, et al. 2010. Combining semantic relations and DNA microarray data for novel hypotheses generation. Workshop of the BioLINK Special Interest Group on Linking Literature, Information and Knowledge for Biology. Stockholm: Linking Literature, Information, and Knowledge for Biology, 6004: 53-61.

Hristovski D, Kastrin A, Rindflesch T C. 2015. Semantics-based cross-domain collaboration recommendation in the life sciences: preliminary results. Proceedings of the 2015 IEEE. Paris: ACM International Conference on Advances in Social Networks Analysis and Mining 2015, 805-806.

Hu Y, Hines L M, Weng H, et al. 2003. Analysis of genomic and proteomic data using advanced literature mining. Journal of Proteome Research, 2 (4): 405-412.

Hunter L, Cohen K B. 2006. Biomedical language processing: what's beyond PubMed? Molecular Cell, 21 (5): 589-594.

Kostoff R N, Briggs M B, Lyons T J. 2008a. Literature-related discovery (lrd): potential treatments for multiple sclerosis. Technological Forecasting & Social Change, 75 (2): 239-255.

Kostoff R N, Briggs M B, Solka J L, et al. 2008b. Literature-related discovery (lrd): methodology. Technological Forecasting & Social Change, 75 (2): 186-202.

Kostoff R N, Briggs M B. 2008. Literature-related discovery (lrd): potential treatments for Parkinson's disease. Technological Forecasting & Social Change, 75 (2): 226-238.

Kostoff R N, Solka J L, Rushenberg R L, et al. 2008c. Literature-related discovery (lrd): water purification. Technological Forecasting & Social Change, 75 (2): 256-275.

Kostoff R N. 2008. Literature-related discovery (lrd): potential treatments for cataracts. Technological Forecasting & Social Change, 75 (2): 215-225.

Marinoni A, Gamba P. 2017. Unsupervised Data Driven Feature Extraction by Means of Mutual Information Maximization. IEEE Transactions on Computational Imaging, 3 (2): 243-253.

Matthews E J, Frid A A. 2010. Prediction of drug-related cardiac adverse effects in humansa: creation of a database of effects and identification of factors affecting their occurrence. Regul Toxicol Pharmacol, 56 (3): 247-275.

Minakshi T, Manoj K. 2021. Multi-document extractive text summarization based on firefly algorithm. Journal of

King Saud University - Computer and Information Sciences.

Mojarad M R, Elayavilli R K, Li D, et al. 2015. A new method for prioritizing drug repositioning candidates extracted by literature-based discovery. Proceedings of 2015 IEEE International Conference on Bioinformatics and Biomedicine. Washington: IEEE International Conference on Bioinformatics and Biomedicine - Medical Informatics and Decision Making, 669-674.

Newman M. 2001. Scientific collaboration networks I: Network construction and fundamental results. Physical Review E, 64 (1): (Pt 2).

Nicholson S. 2003. Bibliomining for automated collection development in a digital library setting: Using data mining to discover web - based scholarly research works. Journal of the American Society for Information Science and Technology, 54 (12): 1081-1090.

Nielson J, Paquette J. 2015. Topological data analysis for discovery in preclinical spinal cord injury and traumatic brain injury. Nature Communications, 37 (12): 113-117.

Noctor S C, Flint A C, Weissman T A, et al. 2002. Dividing precursor cells of the embryonic cortical ventricular zone have morphological and molecular characteristics of radial glia. Journal of Neuroscience, 22 (8): 3161-3173.

Nostrand W E, Wagner S L, Suzuki M, et al. 1989. Protease nexin-II, a potent antichymotrypsin, shows identity to amyloid beta-protein precursor. Nature, 341 (6242): 546-549.

Okoniewski M, Gancarz L, Gawrysiak P. 2003. Mining multi-dimensional quantitative associations. Knowledge Management and Decision Supports, 2543: 265-275.

Preiss J, Stevenson M. 2015. The effect of word sense disambiguation accuracy on literature based discovery. BMC Medical Informatics and Decision Making, 16 (1).

Shang N, Xu H, Rindflesch T C, et al. 2014. Identifying plausible adverse drug reactions using knowledge extracted from the literature. Journal of Biomedical Informatics, 52: 293-310.

Smalheiser N R, Torvik V I, Zhou W. 2009. Arrowsmith two-node search interface: A tutorial on finding meaningful links between two disparate sets of articles in MEDLINE. Computer Methods and Programs in Biomedicine, 94 (2): 190-197.

Srinivasan P, Libbus B. 2004. Mining medline for implicit links between dietary substances and diseases. Bioinformatics, 20 (1): 290-296.

Stegmann J, Grohmann G. 2003. Hypothesis generation guided by co-word clustering. Scientometrics, 56 (1): 111-135.

Steyvers M, Chemuduganta C. 2011. Combining background knowledge and learned topics. Topics in Cognitive Science, 3 (1): 18-47.

Swanson D R, Smalheiser N R, Bookstein A. 2001. Information discovery from complementary literatures: categorizing viruses as potential weapons. Journal of the American Society for Information Science, 52 (10): 797-812.

Swanson D R, Smalheiser N R. 1997. An interactive system for finding complementary literatures: a stimulus to scientific discovery. Artificial Intelligence, 91 (2): 183-203.

Swanson D R, Smalheiser N R. 1999. Implicit text linkages between Medline records: using Arrowsmith as an aid to scientific discovery, Library Trends, 48 (1): 48-59.

Swanson D R. 1986a. Fish oil Raynaud's syndrome and undiscovery public knowledge. Perspectives in Biology and Medicine, 30 (1): 7-18.

Swanson D R. 1986b. Undiscovered public knowledge. Library Quarterly, 56: 103-118.

Swanson D R. 1988. Migraine and magnesium: Eleven neglected connections. Perspectives in Biology and Medicine, 31 (4): 526-55.

Swanson D R. 1990a. Medical literature as a potential source of new knowledge. Bull. Med. Library Assoc, 78 (1): 29.

Swanson D R. 1990b. Somatomedin C and arginine: Implicit connections between mutually isolated literatures. Perspectives in Biology and Medicine, 33 (2): 157-186.

Swanson D R. 1994. Assessing a gap in the biomedical literature: Magnesium deficiency and neurologic disease. Neuroscience Research Communications, 15: 1-9.

Swanson D R. 1999. Implicit text linkages between medline records: Using arrowsmith as an aid to scientific discovery. Library Trends, 48 (1): 48-59.

Swanson D R. 2006. Ranking indirect connections in literature-based discovery: The role of medical subject headings. Journal of the American Society for Information Science and Technology, 57 (11): 1427-1439.

Swanson D R. 2011. Literature- based Resurrection of Neglected Medical Discoveries. Journal of Biomedical Discovery and Collaboration, 6: 34-47.

Symonds M, Bruza P, Zuccon G, et al. 2014. Automatic query expansion: a structural linguistic perspective. Journal of the Association for Information Science and Technology, 65 (8): 1577-1596.

Tripathi S, Muhr D, Brunner M. 2021. Ensuring the robustness and reliability of data-driven knowledge discovery models in production and manufacturing. Frontiers in Artificial Intelligence, 4: 576892.

Vahidnia S, Abbasi A, Abbass H. 2021. Embedding- based detection and extraction of research topics from academic documents using deep clustering. Journal of Data and Information Science, 6 (3).

Verginer L, Riccaboni, M. 2021. Talent goes to global cities: The world network of scientists' mobility. Research Policy, 50 (1): 104-127.

Vosgerau H. 1973. Migraine therapy with magnesium glutamate. Zur Behandlung der Migrane mit Magnesiumglutamat. Therapie der Gegenwart, 112 (4): 540-648.

Wadoux A, Roman M, McBratney A. 2021. Perspectives on data- driven soil research. European Journal of Soil Science, 72 (4): 1675-1689.

Wang G. 2017. DGCC: data-driven granular cognitive computing. Granular Computing, 2 (4): 343-355.

Wang S, Mao J, Tang J, et al. 2021. Content characteristics of knowledge integration in the eHealth field: An analysis based on citation contexts. Journal of Data and Information Science, 6 (3): 58-74.

Weeber M, Klein H, Berg L J, et al. 2001. Using concepts in literature-based discovery: Simulating swanson's raynaud-fish oil and migraine-magnesium discoveries. Journal of the American Society for Information Sciences and Technology, 52 (7): 548-557.

Weeper M. 2001. Using concepts in literature-based discovery: Simulating Swanson's Raynaud-fish oil and migraine-magnesium discoveries. Journal of the American Society for Information Sciences and Technology, 52 (3): 548-557.

Wilkowski B, Fiszman M, Miller C M, et al. 2011. Graph-based methods for discovery browsing with semantic predications. AMIA Annual Symposium proceeding, 2011: 1514-1523.

Wren J D, Bekeredjian R, Stewart J A, et al. 2004. Knowledge discovery by automated identification and ranking of implicit relationships. Bioinformatics, 20 (3): 389-398.

Wu Q, Coumoul X, Grandjean P, et al. 2021. Endocrine disrupting chemicals and COVID-19 relationships: A computational systems biology approach. Environment International, 157: 106232.

Yang H T, Ju J H, Wong Y T, et al. 2017. Literature-based discovery of new candidates for drug repurposing. Briefings Bioinformatics, 18 (3): 488-497.

Yang J, Parekh R, Honavar V, et al. 1999. Data-driven theory refinement using KBDistAl. Proceedings of 3rd International Symposium on Advances in Intelligent Data Analysis. Amsterdam: Advances in Intelligent Data Analysis Proceedings. 1642: 331-342.

Yarkoni T, Poldrack R, Nichols T, et al. 2011. Large-scale automated synthesis of human functional neuroimaging data. Nature Methods, 8 (8): 665-U95.

Yuan N, Zheng Y, Xie X, et al. 2015. Discovering urban functional zones using latent activity trajectories. IEEE Transactions on Knowledge and Data Engineering, 27 (3): 712-725.

Zhang R, Cairelli M J, Fiszman M, et al. 2014. Exploiting literature-derived knowledge and semantics to identify potential prostate cancer drugs. Cancer-Information, 13 (Suppl 1): 103-111.

第 7 章

生物医学信息学发展及其领域知识发现

　　生物医学信息学是发展较早、较快，且最为成熟的专门学科信息学之一，是包括生物信息学、医学信息学两大分支学科信息学在内的综合性、交叉性的专门学科信息学。生物医学信息学是综合运用生物学、医学、计算机科学、信息学等相关学科理论、技术、方法和工具，深入研究和探讨分子生物学、临床医学和健康数据采集、处理、储存、分发、分析、解释和可视化等在内的生物学和医学的所有方面的大数据分析和知识发现的科学研究领域。

　　随着数据驱动的科学研究范式的深刻变革，以及生物医学领域科学大数据的加速积累，面向生命健康和生物安全的知识发现研究的战略需求愈加强烈，生物医学信息学正在经历前所未有的快速发展阶段。本章主要针对生物医学信息学理论、最新进展及发展展望等方面进行梳理总结，研究发现：生物医学信息学学科框架不断完善，学科概念与范畴愈加清晰，与相关学科的关系也更加紧密；以科技文献为例，生物医学信息学发文量快速上升，研究方向聚焦于重大疾病与数据库/工具研发；生物医学信息学的数据资源体系仍保持快速增长趋势，数据分析算法与模型不断更新迭代，数据分析工具与软件推陈出新并逐步推广应用；生物医学信息学在数据驱动的真实世界研究与实践中发挥了重要作用，以提高诊断精度，简化临床决策；深度学习已成为生物医学文本知识发现研究中的主流方法，且性能不断优化升级；生物医学信息学在数据标准化与开放共享、高质量大数据资源体系建设、数据挖掘分析方法与工具研发、综合技能人才培养以及研究成果转化应用等方面仍有较大发展空间。

　　面对复杂多变的国际大环境以及生物医学大数据的挑战，生物医学信息学需抢抓机遇，迎难而上，形成以资源为基础、以技术为手段、以人才为核心、以应用为导向的学科发展路径，推动学科高质量发展。

7.1　引言

生物医学信息学（Biomedical Informatics）是包括生物信息学（Biological Informatics）、医学信息学（Meidical Informatics）在内的综合性交叉学科，是研究和探讨分子生物学、临床医学和健康数据采集、处理、储存、分发、分析、解释和可视化等在内的所有方面的科学，综合运用了生物学、医学、计算机科学、信息学等各种理论与技术（Embi et al.，2009；Sarkar，2010），是学科信息学中发展最快的专门信息学领域之一。

随着数据驱动的科学研究范式的深刻变革，以及生物医学领域科学大数据的加速积累与面向生命健康和生物安全的知识发现研究的战略需求的驱动，生物医学信息学正在经历前所未有的快速发展阶段，其研究成果在实践中亦得到有效应用与推广。特别是在新型冠状病毒感染疫情防控中，发挥了重要作用。新型冠状病毒感染疫情的全球大流行，给卫生健康领域带来了前所未有的挑战和发展需求。全球科学家在患者救治、药物研发、公共卫生防护体系等方面开展科研攻关，积极运用信息科技助力疫情防控。欧洲核酸档案（European Nucleotide Archive，ENA）（Leinonen et al.，2011）、FastQC（Brown et al.，2017）、NCBI 基因数据库（Brown et al.，2015）、PubChem（Kim et al.，2016）、Drug Bank（Wishart et al.，2018）等生物医学信息学数据库/工具在新型冠状病毒下一代测序数据分析、基因组学研究等方面发挥了重要支撑作用。生物医学信息学工具和技术的迅速研发成功解释了新型冠状病毒基因组学架构。一些涉及下一代测序（Lu et al.，2020）、全基因组关联（Ramírez et al.，2020）、计算机辅助药物设计（Prasanth et al.，2021）等研究已有效地应用于新型冠状病毒感染研究中，并以多种方式发现了有关新型冠状病毒感染的新信息（Ray et al.，2021），为早日战胜病毒争取时间。新型冠状病毒感染疫情长时间全球大流行更是加速了生物医学信息学的发展。

为明确生物医学信息学发展现状，本章主要梳理了生物医学信息学理论、方法与最新进展，探究生物医学信息学的机遇与挑战，并提出未来生物医学信息学发展建议。

7.2　生物医学信息学理论

生物医学信息学是信息技术向医疗领域的延伸，也是医学信息化、标准化的必然趋势。随着信息技术、组学技术、计算机技术等地不断发展，生物医学信息学的重要性愈加突出，其研究成果不仅为医患沟通提供了极大便利，也为从实验数据与文献信息中发现新知识提供了强大工具。作为一门独立的新兴学科，生物医学信息学已逐步形成其独特的学科理论框架。

7.2.1 生物医学信息学学科框架

7.2.1.1 生物医学信息学学科概念与范畴

20 世纪 60 年代起，从事生物医学计算的人员就通过访问某些计算机系统开展相关工作，但一直未出现明确术语确定其概念与内涵。"生物医学信息学"一词在 90 年代随着人类基因组计划开始出现，是由于对基础生物学数据分析问题的扩展调查导致人们更加意识到所谓的"医学信息学"的方法和过程广泛适用于所有生物医学。

20 世纪 90 年代后期，美国国立卫生研究院（National Institutes of Health，NIH）主任 Harold Varmus 任命了生物医学计算工作组，该工作组在 1999 年提交报告，建议 NIH 发表生物医学信息科学和技术倡议（Biomedical Information Science and Technology Initiative，BISTI）。2012 年数据与信息学工作组领导了大数据到知识倡议（Big Data to Knowledge，BD2K），两份倡议大力支持生物医学和医疗保健领域数据科学和计算的发展。此后，各项活动逐步开展，推动信息学从医疗保健和生物医学研究的外围转移到中心位置（Lucila，2014）。越来越多的科学研究机构改变其学术单位的名称，取代医学信息学这一术语，以支持生物医学信息学。当然，并非所有机构都改变其名称，如美国医学信息学协会（American Medical Informatics Association，AMIA）等仍使用医学信息学术语（Kulikowski et al.，2012）。

AMIA 在 2001～2002 年开始定义生物医学信息学的概念、角色和能力，认为生物医学信息学是一门跨学科领域，以改善人类健康为驱动力，研究如何有效利用生物医学数据、信息和知识进行科学探究、解决问题和辅助决策。AMIA 对生物医学信息学学科范围、理论方法等内容进行界定，如表 7-1 所示（Kulikowski et al.，2012）。

表 7-1　生物医学信息学学科范围、理论方法等界定

界定	内容
学科范围	研究并支持从分子到个体乃至人群，从生物系统到社会系统的推理、建模、模拟、实验和翻译，将基础和临床研究与实践同医疗卫生企业联系起来
理论方法	开发、研究和应用理论、方法和过程以生成、存储、检索、使用、管理和共享生物医学数据、信息和知识

续表

界定	内容
技术方法	建立在计算机、通信和信息科学与技术基础上并对其做出贡献，强调它们在生物医学中的应用
社会背景	认识到人类是生物医学信息学的最终用户，利用社会和行为科学，为技术解决方案、政策设计和评估以及经济、伦理、社会、教育和组织系统的演变提供信息

资料来源：Kulikowski et al.，2012。

图 7-1 展示了生物医学信息学与其主要应用和实践领域之间的关系。通过健康信息学（Health Informatics）解决个体和人群研究，通过生物信息学和结构信息学［Bioinformatics and Structural（Imaging）Informatics］解决分子、细胞和器官系统相关研究。最近出现的转化生物信息学（Translational Bioinformatics）在寻求基因组和细胞机制解释和预测临床现象时将生物信息学、结构信息学和临床信息学联系起来，处理和分析数据，以支持临床试验和人群研究（Kulikowski et al.，2012）。

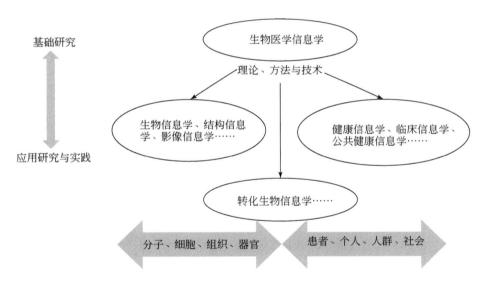

图 7-1　生物医学信息学及其应用和实践领域

资料来源：Kulikowski et al.，2012。

7.2.1.2　生物医学信息学与相关学科关系

生物医学信息学是建立在计算机科学、信息科学与技术基础之上的，并为其发展做出贡献。此外该学科还有许多其他学科组成，包括统计学、认知科学、管理学、决策科学等，相关学科关系如图 7-2 所示（Kulikowski et al.，2012）。

生物医学信息学最具影响力的应用是在图书情报与信息学领域。如生物医学文献检索系统 MEDLINE、PubMed，统一医学语言系统（Unified Medical Language System，UMLS），各种生物生物医学本体、词表等，使得通过计算机挖掘生物医学数据成为可能，促成了生物医学领域的知识发现研究与实践。通信与工程科学为生物医学数据交流与交互提供了便利条件。如远程医疗、可穿戴设备等的发展，使得偏远地区、慢性病患者等的救治与健康管理变得更加便捷可行。认知科学和社会科学在生物医学信息学领域的研究与应用主要是对于认知及其在智能计算中的探索。如对医学文本理解的研究、知识编码、知识推理、基于计算机的临床指南对治疗决策制订的影响（Shortliffe，2011）。在序列相似性分析、基因表达分析、基因转录调控网络分析、序列结构与模式识别分析（刘壮和张悦，2020）等研究中，数学与统计学方法得到广泛应用。在医学影像、模拟建模等研究中，生物与物理科学发挥了其独特的交叉学科优势，进一步解释生物的物理学特性。

随着机器学习、语义网络、自然语言处理、计算机视觉、医学成像、人工智能等领域的飞速发展，必将为生物医学信息学研究提供强大动力。

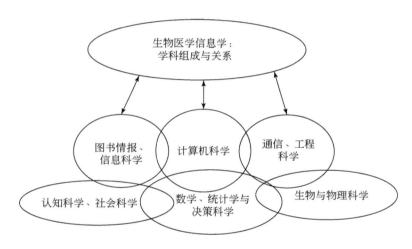

图 7-2　生物医学信息学与相关学科关系

资料来源：Kulikowski et al.，2012。

7.2.2　生物医学信息学学科发展

为进一步了解生物医学信息学学科进展与发展趋势，梳理本学科的主要研究内容，在 Web of Science 核心合集数据库检索相关文献，检索式为 TS =（bioinformatics OR bioinformatic OR bio-informatics OR bio-informatic OR（Medical Informatics）OR（Medical Informatic）OR medicalinformatics OR medicalinformatic OR（Biomedical Informatics）or（Biomedical Informatic））and PY =（2000-2021），检索数据库为 SCIE 和 CPCI 数据库，检

索时间为 2022 年 1 月 11 日，共检索得到 94 955 篇相关文献。

7.2.2.1　生物医学信息学学科发文量近年快速上升

自 2000 年起，生物医学信息学学科文献量逐年加速上升（图 7-3），特别是 2020 年伊始新型冠状病毒感染疫情全球暴发以来，发文量上升趋势更加明显。说明学科呈现出强劲发展趋势，且在大数据与大医学的时代背景下，具有较大发展潜力。

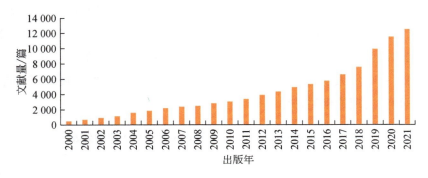

图 7-3　生物医学信息学学科发文趋势图

7.2.2.2　中国生物医学信息学发文量全球第一

我国生物医学信息学相关研究发文量全球第一（图 7-4），其次是美国和英国等发达国家。"十三五"以来，我国政府高度重视人民生命健康，《"健康中国 2030"规划纲要》中提出要推进健康医疗大数据应用；《国务院办公厅关于促进"互联网+医疗健康"发展

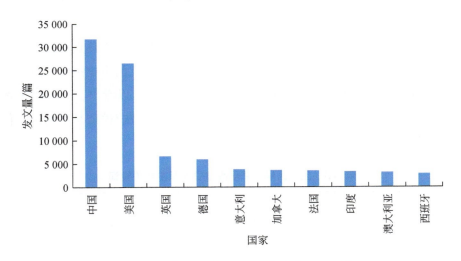

图 7-4　生物医学信息学学科研究主要国家分布图

的意见》中提到要推进"互联网+"人工智能应用服务,并完善"互联网+医疗健康"支撑体系。上述政策文件的发布实施,为生物医学信息学的发展提供了良好的政策环境,加之我国科技领域创新不断,相关产出层出不穷,客观上推动了学科发展。

7.2.2.3 国际主要研究机构均设有生物医学信息学相关学系

美国加利福尼亚大学各分校、中国科学院、美国哈佛大学是生物医学信息学研究的主要机构(表7-2)。加利福尼亚大学戴维斯分校卫生技术中心设有医学信息学相关专业,旧金山分校医学院设有医学信息学相关专业,开展生物医学信息学相关研究与教学工作;原中国科学院上海生命科学学院(现为中国科学院上海生命科学研究院)主要开展生物医学信息学相关研究;哈佛大学医学院设有生物医学信息学部,主要开展人工智能、计算组学、生物医学知识发现等相关研究。

表 7-2   生物医学信息学发文量 1000 篇及以上机构列表

序号	机构名称	文献量	序号	机构名称	文献量
1	美国加利福尼亚大学系统	2844	7	美国得克萨斯大学系统	1278
2	中国科学院	1911	8	复旦大学	1191
3	美国哈佛大学	1756	9	南京医科大学	1173
4	法国科学研究中心	1577	10	伦敦大学	1108
5	上海交通大学	1446	11	中山大学	1054
6	美国国立卫生研究院	1385	12	法国国家健康与医学研究院	1053

7.2.2.4 学科方向主要集中于重大疾病与数据库/工具研发

由于文献量较大,筛选 791 篇高被引文献进行生物医学信息学热点研究主题分析,结果如图 7-5 和表 7-3 所示。主要分为 4 类研究主题:癌症研究的生物医学信息学、组学数据库等资源研究、算法与模型研究、分析工具/软件研究。可以看出,癌症是生物医学信息学主要关注的疾病领域,数据资源、分析工具/软件以及算法/模型是生物医学信息学的主要且热点研究内容。

表 7-3   生物医学信息学高被引文献主要关键词

序号	类团名称	主要关键词
1	癌症研究的生物医学信息学	表达、肿瘤、小 RNA、乳腺癌、长链非编码 RNA、转移、突变、细胞、生物标志物、激活、肝细胞癌、信使 RNA、RNA、特异性、甲基化等
2	组学数据库等资源研究	数据库、识别、发现、网络、资源、基因组学、全基因组关联、蛋白质组学、代谢组学、转录组学等

续表

序号	类团名称	主要关键词
3	算法与模型研究	蛋白质、预测、机器学习、算法、分类、模型、2019 冠状病毒疾病、多序列比对、SARS 冠状病毒 2 型、大数据、神经网络等
4	分析工具/软件研究	序列、工具、基因组、对齐、宏基因组学、软件、网络服务器、遗传学、搜索等

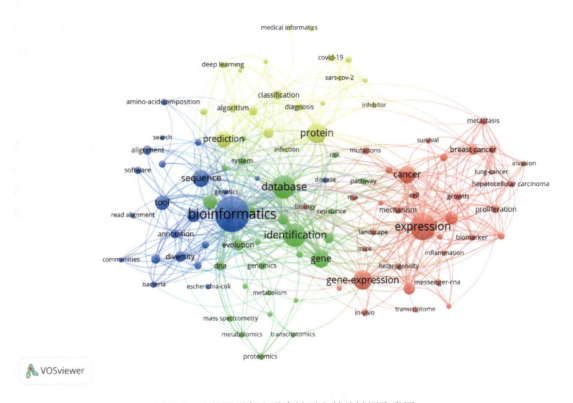

图 7-5　生物医学信息学高被引文献关键词聚类图

7.3　生物医学信息学最新进展

根据 7.2.2 小节分析内容，本节主要从数据资源体系建设、数据分析算法与模型、数据分析工具与软件 3 个方面介绍生物医学信息学的最新进展。

7.3.1 生物医学数据资源体系建设

数据是生物医学信息学研究的核心，生物医学领域数据库众多，有力地支撑了相关研究的开展。依据数据库的数据资源内容，可将数据库分为核酸数据库、蛋白质数据库、药物数据库、通路数据库、基因/突变–疾病数据库、文献数据库、临床试验数据库等几大类（张志强等，2018）。*Nucleic Acids Research* 期刊每年对相关数据库进行统计，2022 年第 1 期"数据库特刊"中介绍到，NAR 在线分子数据库集合达 1645 个，过去一年更新了 317 个数据库，新增了 89 个数据库（Rigden and Fernández，2022）。

7.3.1.1 美国

美国国家生物技术信息中心（NCBI）拥有 35 个数据库，共包含约 36 亿条记录，每个数据库都支持使用简单的布尔查询进行搜索，可以单独或批量下载。截至 2021 年 9 月 4 日，各数据库记录数年增长率情况如图 7-6 所示。可以看出，单核苷酸多态性数据库（dbSNP）累计记录数达 10 亿之多，年增长率接近 50%；存储生物医学文献的 PubMed 数据库累计记录数为 3300 万，年增长率约 5%（Sayers et al.，2022）。

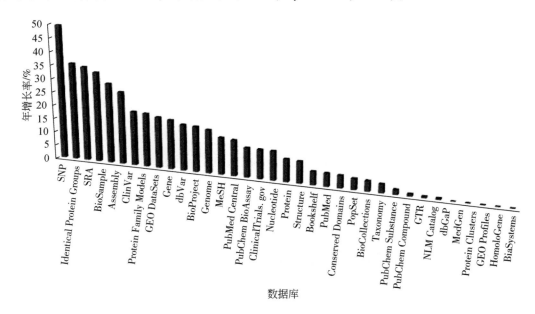

图 7-6　NCBI 数据库中记录数年增长率

注：截至 2021 年 9 月 4 日

资料来源：Sayers et al.，2022。

7.3.1.2　欧洲

欧洲生物信息学研究所（EMBL-EBI）拥有 40 多个开放数据资源，涵盖分子生物学中每种数据类型，到 2020 年底，EMBL-EBI 原始数据存储量已超过 390PB。全球研究人员不断向 EMBL-EBI 提供数据，基因组序列数据（European Nucleotide Archive）、受控访问的人类基因组和表型数据（European Genome- phenome Archive）、质谱数据（Proteomics Identification Database）、功能基因组数据（ArrayExpress）、代谢组学数据（MetaboLights）、大分子结构数据（PDBe）、电子冷冻显微镜和生物成像数据（EMDB、BioImage Archive 和 EMPIAR）近年来持续增长（Cantelli et al.，2022），如图 7-7 所示。

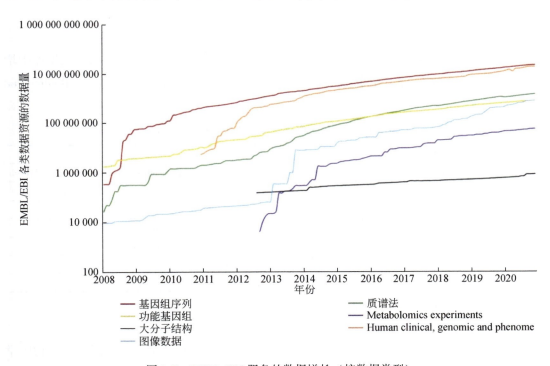

图 7-7　EMBL-EBI 服务的数据增长（按数据类型）

注：Y 轴为对数刻度。

资料来源：Cantelli et al.，2022。

7.3.1.3　中国

由北京基因组研究所、中国科学院生物物理研究所和上海营养与健康研究所等共同建设的国家基因组学数据中心（NGDC）于 2019 年正式成立，致力于通过大数据归档、管理、集成和分析，提供一套数据库资源的开放访问，从而加速生命和健康科学的进步。

NGDC 包含了健康与疾病、文献与教育、生物多样性与生物合成等九大类资源的多个数据库。例如，CancerSCEM 是癌症单细胞表达图谱的开放存取数据库。在当前版本中，整合了来自 20 种人类癌症类型的 208 个样本的总共 638 341 个高质量细胞。CompoDynamics 是综合数据库，其中包含各种物种的编码序列（CDS）和基因组的序列组成，描述了 24 995 个物种的 118 689 747 条高质量 CDS 和 34 562 个基因组的丰富序列组成和衍生分子特征。BioProject 和 BioSample 分别是生物研究项目和样本的两个公共存储库，收集有关生物项目和实验研究样本的描述性元数据。截至 2021 年 9 月，共有来自 514 个组织的 2538 名用户提交了 4514 个生物项目和 482 577 个样本，与 2020 年 8 月的 2288 个项目和 176 288 个样本相比增长迅速（CNCB-NGDC Members and Partners，2022）。

7.3.1.4 新冠疫情相关数据库

为支持新冠疫情相关研究的有效开展，生物医学数据库研究人员除在已有数据库中增加相关新冠疫情数据外，全新构建了新冠疫情特色数据库（表 7-4）（Rigden and Fernández，2022）。

表 7-4 新冠疫情相关生物医学数据库（部分）

序号	数据库名称	URL
1	COVID19db	http://www.biomedical-web.com/covid19db or http://hpcc.siat.ac.cn/covid19db
2	Ensembl COVID-19 resource	https://covid-19.ensembl.org
3	ESC	http://clingen.igib.res.in/esc
4	SCoV2-MD	http://www.scov2-md.org
5	SCovid	http://bio-annotation.cn/scovid
6	T-cell COVID-19 Atlas	https://t-cov.hse.ru
7	VarEPS	https://nmdc.cn/ncovn

资料来源：Rigden and Fernández，2022。

上述数据库数量与存储数据量变化可以看出，在过去一年甚至一段时间内，生物医学数据仍旧保持较快增长趋势。一方面，随着新技术、新工具的应用促使更多数据资源被发现与开发，导致数据量增加，另一方面，相关学科的快速发展、人类疾病的演进、重大公共卫生事件等对生物医学数据资源的快速增加也产生了积极作用。

7.3.2 数据分析算法与模型

生物医学领域存在大量标注与未标注的文本数据、图像数据等，利用统计学、机器学习等信息学与计算机领域算法和模型可以有效挖掘潜藏在大规模领域数据中的领域知识，实现领域知识发现。传统且典型的生物医学分析方法主要有：用于序列分析的非线性动力系统方法、复杂性分析方法、多序列比较方法、统计学方法、数据库技术、数据挖掘、生物分析的计算机模拟动态规划方法等。还有用于医学文本分析的统计学方法、机器学习方法、自然语言处理技术等。

目前，深度神经网络已经成为数据分析的主流模型，广泛应用在图像识别、语音识别和自然语言处理等多个方面，该方法的主要优点是能够自动学习各种任务的有效特征，降低特征工程的成本。

在数据与文本挖掘领域，最近的图卷积网络（graph convolutional network，GCN）（Kipf and Welling，2017）开辟了图学习的新范式，并在疾病基因优先排序（Han et al.，2019）、多药副作用（Zitnik et al.，2018）和药物再利用（Wang et al.，2020）等领域取得不错效果。例如，Coşkun 和 Koyutürk（2021）在 GCN 中使用基于节点相似性的卷积矩阵计算节点嵌入进行链接预测，并在 DrugBank、CTD_DDA、NDFRT 和 STRING 数据集上进行药物–疾病关联预测、药物–药物相互作用预测和蛋白质–蛋白质相互作用预测。

在生物图像信息处理领域，Xue 等（2022）开发了用于蛋白质亚细胞定位（DULoc）的基于深度学习的模式分解管道，以从免疫荧光图像中定量估计定位在不同亚细胞区室中的蛋白质分数。Wang 等（2021）开发基于深度学习的自动化框架（HEAL），它集成了自动化图像预处理、超参数优化、模型训练、性能测试和数据可视化等模块，用于简单、灵活和多方面的组织病理学图像分析，并通过两个肺癌案例研究和一个结肠癌案例研究展示其实用性和功能性。

在序列分析领域，Qiao 等（2022）使用迁移学习方法提出了一种用于蛋白 Kcr 位点预测的新型预测器 BERT-Kcr，将每个氨基酸转换成一个词作为预训练 BERT 模型的输入信息，提取由 BERT 编码的特征，然后将其输送到 BiLSTM 网络以构建最终模型。

7.3.3　数据分析工具与软件

日益增长的生物医学数据资源对分析工具与软件的需求与日俱增，充分利用信息学、计算机等方法与技术，研发高效、便捷的数据分析工具与软件是生物医学信息学的主要研究方向之一。基因组计划中海量生物分子信息的挖掘、DNA 序列的相似搜索与比对、基因组特征及基因序列的分析等，可用于分析疾病不同阶段的致病因素。整合与挖掘生物医学文献中基因、疾病、药物等相互关系，可为医学决策提供证据支持。近年来，典型分析工具与软件如 BLAST、EMBOSS 系列工具等不断更新以适应数据需求，还出现了很多新工具，更好地服务生命与健康科技发展。

7.3.3.1　蛋白质结构/功能预测工具

蛋白质结构/功能预测是生物学的重要研究内容，也是人工智能在生命科学领域的研究热点。

GalaxyHeteromer 从氨基酸序列或组成异源二聚体的两个不同亚基蛋白的结构中预测异源二聚体蛋白质–蛋白质复合物结构。利用现代结构预测方法，通过深度学习探索同源序列之间的共进化关系，采用残差间距离预测，进行亚基结构预测（Taeyong et al.，2021）。DeepGOWeb 通过网站、API 和 SPARQL 查询语言提供蛋白质功能预测模型，以实现与依赖语义 Web 技术的数据库的互操作性。其使用 DeepGOPlus 方法进行预测，这是一种基于深度学习和序列相似性的蛋白质功能预测方法。DeepGOWeb 可以为基因本体中的所有蛋白质提供预测（Maxat et al.，2021）。

7.3.3.2 多组学分析工具

组学技术的出现在揭示各种与疾病相关的遗传和表观遗传变异、基因、蛋白质和代谢物方面取得了重大进展，越来越多的可用多组学数据集对数据处理工具与技术提出新的挑战。

Mergeomics 是用于多组学数据集成的在线工具，不仅适用于特定疾病不同来源、不同数据类型，还通过功能基因组学考虑组学之间的关系，以推导疾病网络和预测治疗方法。具有 4 个主要功能：标记依赖性过滤（MDF）以纠正组学标记之间的已知依赖性、标记集富集分析（MSEA）用于检测疾病相关的生物过程、Meta-MSEA 用于检查由各种组学数据集提供的生物过程的一致性，以及关键驱动分析（KDA）识别疾病相关途径和网络的基本调节因子（Ding et al.，2021）。iNetModels 提供了与用户查询特征相关的临床化学、人体测量参数、血浆蛋白、血浆代谢物、口腔微生物组和肠道微生物组的探索能力。其中对具有不同代谢条件的个体进行了大规模的多组学生物网络（MOBN）分析。此外，从基因型组织表达（GTEx）项目和癌症基因组图谱（TCGA）中检索数据，创建了正常组织和癌症特异性基因共表达网络（GCN），并进行可视化（Arif et al.，2021）。

7.3.3.3 药物分析工具

药物研发是生物医药领域的重要研究内容，生物医学信息学在药物设计、药物发现、药物不良反应等方面具有突出优势。

DrugComb 对大量癌细胞系的药物组合筛选研究结果进行了积累和标准化，为分析药物组合数据提供了可扩展的数据可视化和计算工具阵列。具有两个主要组件，一个用于存放最新药物筛选数据集的数据库，一个用于分析和可视化这些数据集或用户上传的数据集的敏感度和相互作用程度的 Web 服务器。当用户设计药物组合实验时，可以利用 Web 服务器预测敏感性和相互作用，并利用这些信息指导药物选择（Zheng et al.，2021）。LigAdvisor 是数据驱动的药物分析工具，将 DrugBank、Protein Data Bank、UniProt、Clinical

Trials 和 Therapeutic Target Database 整合到一个直观的平台中，以促进药物发现任务。LigAdvisor 可以将相似性结果与临床数据集成，从而在不同的药物发现环境中更有效地利用信息。用户还可以通过搜索模式，在自己的分子上开发可定制的药物设计任务，并下载结果（Luca et al.，2021）。

已有分析工具与软件的迭代升级以及新工具与软件的开发，为生物医学领域的快速进步与发展提供了极大便利。

7.4　生物医学信息学在真实世界数据知识发现的研究进展

真实世界数据（real world data，RWD）是指由非随机对照研究得到的临床数据，主要来源于电子病历、医保索赔、患者报告结果、患者和疾病登记、前瞻性观察研究、生物标志物研究、可穿戴设备传感器、移动健康数据等（刘尚麟等，2022）。真实世界研究（real world study，RWS）是指在非随机选择治疗下，在监护人意愿及患者实际病情基础上加入大样本量，采取随机对照试验方法验证内部有效性和安全性（张晗和陈建丽，2020）。真实世界研究最早应用于药物流行病学，并在现实医疗过程中评价干预措施的外部有效性和安全性。由于真实世界研究基于大量真实世界数据，即临床数据，越来越多的电子健康记录（electronic health records，EHR）等数据用于真实世界研究。EHR 生成的数据量是惊人的，并随着时间的推移而增加，非常适合在大型数据集上训练人工智能（artificial intelligence，AI）模型。人工智能方法整合各种类型的非结构化和结构化数据使得进行数据驱动的真实世界研究变得可行（Ding et al.，2020；Matsumoto et al.，2020）。既可用于发现患者数据中的新模式，也可用于分类和预测，以提高诊断精度，简化临床决策。生物医学信息学在真实世界知识发现研究中的作用愈来愈重。

7.4.1　应用系统

AI 技术快速兴起，医疗卫生领域围绕 AI 的研究推动了生物医学信息学在临床的发展，但高质量数据是 AI 的基础。大量临床数据以自由文本格式存储，自然语言处理（natural language processing，NLP）技术可以将非结构化文本转换为结构化格式，并提取有价值信息，有助于临床研究以及决策制定。

目前已开发了多个临床 NLP 系统，如梅奥诊所构建的临床文本分析和知识提取系统（clinical Text Analysis and Knowledge Extraction System，cTAKES）（Savova et al.，2010）、 i2b2（Informatics for Integrating Biology and the Bedside）（Goryachev et al.，2006），以及哥伦比亚大学的医学语言提取和编码系统（Medical Language Extraction and Encoding，MedLEE）（Friedman et al.，1994）都是基于 NLP 的临床表型系统。梅奥诊所基于其实施 NLP 多年的经验，开发了 NLPaaS 平台，用于支持临床研究与决策。如，在心脏结节患者识别中，心脏病专家使用 NLPaaS 识别相关概念，定义了 6 个用于识别心脏结节病患者临床概念，患者可借助 NLPaaS 查看自动诊断结果。无症状脑梗死（SBI）识别非常具有挑战性，对其症状描述经常以文本形式记录在放射学报告中，促使 NLPaaS 成为帮助识别 SBI 病例的理想工具。通过神经学家和神经放射学家迭代细化，生成了 36 个与 SBI 相关术语，方便用户查询结果（Wen et al.，2019）。

7.4.2　探索性研究

除上述在真实世界使用的系统，还有大量基于真实世界数据开展的探索性研究，促进真实世界数据知识发现研究的快速发展。

机器学习算法可用于多种疾病预测与分类。但每种机器学习算法对于不同的任务都有明显的优缺点，性能取决于算法和任务之间的拟合度。最近机器学习结合术中时间序列数据进行死亡率与术后风险预测等研究成果丰富。Adhikari 等（2019）使用 2911 名患者临床数据，使用随机森林的机器学习和统计学方法提出 IDEA 算法预测手术后前三天，手术后前七天以及整体（手术后到住院期间）发生急性肾损伤的风险。结果表明，通过动态结合术中数据的机器学习方法，提高了术后急性肾损伤预测，且算法具有高灵敏度和特异性。Delahanty 等（2018）使用 237 173 名重症监护室患者 EHR 数据，基于 XGBoost 模型开发重症监护室患者住院死亡率风险调整算法，使得住院患者死亡风险评分可以完全自动化。Bihorac 等（2019）开发并验证了机器学习算法 My Surgery Risk，该算法使用 EHR 中临床数据预测 8 种主要手术术后重大并发症和死亡风险，在大多数情况下，优于医生对术后并发症（心血管并发症除外）的初始风险评估，具有高灵敏度和特异性，并成为 My Surgery Risk 平台的重要组成部分（Brennan et al.，2019）。

深度学习算法既可以输入多种不同类型和来源的数据，又可以进行自动特征选择，在真实世界研究方面具有广泛应用。Ge 等（2019）使用 13 930 名符合条件的急性缺血性卒中患者临床数据，采用逻辑回归（LR）、支持向量机（SVM），极限梯度提升（XGBoost）、基于多层感知器（MLP）神经网络和递归神经网络（RNN）等方法，结合 EHR 时间序列信息预测中风后肺炎概率。结果表明，采用基于深度学习的预测模型对中风患者管理是可行的，性能优于传统机器学习方法。Choi 等（2017）采用 RNN 模型使用 4178 名患者 EHR 数据预测心力衰竭。研究表明，用于编码医疗数据的医学概念向量可以普遍提高深度学习算法性能。初步研究表明，深度学习算法理论上能够准确预测围手术期和术后并发症的风险，并增加手术管理和知情同意过程的建议。

对比深度学习算法预测结果概率，强化学习更适合支持患者、医生等作出决策。Sun等（2019）基于强化学习，提出自适应基团算法（adaptive basal-bolus algorithm，ABBA），对 1 型糖尿病患者提供个性化建议。ABBA 使用血糖自我监测（SMBG）和连续血糖监测（CGM）作为输入，根据患者前一天的血糖水平为每日基础代谢率和胰岛素剂量提供个性化建议。Zheng 等（2021）开发了基于强化学习的深度确定性策略梯度算法（DDPG）用于个性化重症患者氧气流速管理。根据个体患者特征和健康状况，利用 DDPG 学习最佳氧气流速控制策略，并实时推荐氧气流速以降低死亡率。使用 1372 名新型冠状病毒感染危重患者电子健康记录验证算法有效性，新型冠状病毒感染流行期间，可降低患者死亡率，节省氧气资源。

上述系统或探索性研究均已证实人工智能技术在真实世界研究中具有广泛应用并效果良好。但人工智能技术与临床决策的成功整合还需要数据标准化、模型可解释性的进步、严格实施和监控、对道德挑战的关注以及在决策过程中保留医生评估。如果应用得当，人工智能有可能通过增强手术决策、知情同意过程、可改变风险因素的识别和缓解、并发症的识别和管理以及有关资源使用的共享决策改变临床预后（Loftus et al.，2020）。

7.5　生物医学文本知识发现研究进展及成果

生物医学文献数量迅速增加，且多以电子格式在线提供易于获取，隐藏在其中的领域知识对生物医学研究和应用至关重要，这使得生物医学文本知识发现研究一直是领域热点。生物医学文本挖掘集成了 NLP、数据挖掘等多种技术，已成功应用于文献检索、自动问答、临床决策支持等。目前生物医学文本挖掘主要研究内容包括实体识别与规范化、关系抽取、通路提取、文本分类和预测等（Zhao et al.，2021），各任务间关系如图 7-8 所示。

7.5.1　文本知识发现研究进展

将深度学习应用于生物医学文本挖掘之前，大多数方法都依赖于基于规则、基于语义、基于词典等的方法，广泛使用相似性方法、SVM、决策树、马尔可夫模型等，传统机器学习方法难以泛化并识别词表以外的实体，且需要丰富的领域知识构建规则，特征提取需人工介入。近年来深度学习的兴起，已经成为生物医学文本挖掘领域的最佳方法，研究

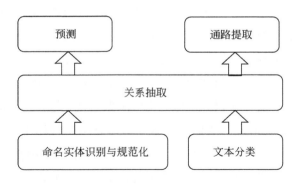

图 7-8　生物医学文本挖掘各任务间关系

将针对深度学习在生物医学文本挖掘领域的最新进展进行简要梳理。

7.5.1.1　命名实体识别

命名实体识别（NER）和规范化（EN）是许多生物医学自然语言处理不可或缺的第一步。在生物医学信息学中，识别实体（例如，基因、疾病或药物）并将它们规范化为标准术语或叙词表中的概念对于识别它们之间更多信息与关系至关重要。但由于缺乏大量高质量标注数据，加之自由文本的不规范，构建高性能的生物医学实体识别模型具有很大挑战。近期研究人员多以 BERT（Devlin et al., 2018）（bidirectional encoder representation from transformers）为基础进行实体识别研究。BERT 是一个预训练的语言表征模型，不采用传统的单向语言模型或者把两个单向语言模型进行浅层拼接的方法进行预训练，而是采用 masked language model（MLM）生成深度双向语言表征。BERT 在多个 NLP 任务中获得了 state-of-the-art 的结果。为提高 BERT 在生物医学领域性能，需在生物医学语料库上进行预训练，Lee 等（2020）提出 BioBERT，这一在大规模生物医学语料库上预训练的特定领域语言表示模型，该模型在生物医学命名实体识别、生物医学关系提取和生物医学问答等生物医学文本挖掘任务上取得了最佳性能。Naseem 等（2020）通过分层融合来自 BioBERT 的表示和深层上下文级词嵌入，使用 BiLSTM+CRF 模型进行命名实体识别。除了使用 BioBERT 这种具有强大编码器的模型外，另一种提高命名实体识别算法性能的方法就是利用易于获取的其他知识。如，Tian 等（2020）提出具有键值记忆网络（KVMN）的 BIOKMNER 模型，该模型结合自动处理的句法信息，在 BC2GM 等 6 个语料库上获得了最佳性能。

精准识别生物医学实体还存在许多挑战，主要是由于生物医学实体本身存在同义词、缩略词、实体嵌套、语义变异等情况。

7.5.1.2　文本分类

医学数据可以按单词、句子甚至文档级别进行分类。Yao 等（2019）提出了基于规则的特征工程和知识引导的深度学习相结合的疾病分类方法。在 i2b2 2008 上验证方法性能优于最佳方法。Li 等（2021）提出了一种基于门控注意力的双向长短期记忆（ABLSTM）和基于正则表达式的分类器相结合的三阶段混合方法，用于医学文本分类任务。同时，基于医学主题词表 MeSH 自动索引生物医学文献已经成为生物医学文本分类的主要方面之一。Medical Text Indexer、MeSHLabeler、DeepMeSH 和 MeSHProbeNet 等多种索引方法相继提出。Dai 等（2020）提出了 FullMeSH 方法，该方法利用文章全文信息，使用基于注意力的卷积神经网络（AttentionCNN）为每篇文章预测主题词分数，性能优于已有方法。

开展生物医学文本分类仍存在尚未解决的问题，如对文本进行 MeSH 标签分类时面临多标签、标签关系确定等标签学习问题，这将会影响分类器性能。

7.5.1.3　关系抽取

生物医学关系抽取是指识别文本中不同生物医学概念之间的关系，与实体类型相比，关系类型更加丰富多样。早期关系抽取主要关注实体间二元关系，如蛋白质–蛋白质相互关系、基因–表型关系、化合物–蛋白质相互关系和药物–药物相互关系等，且有标注语料库可使用。Sun 等（2021）提出了知识引导注意力和图卷积网络（KGAGN）用于化合物–疾病关系抽取，模型将深度学习方法与先验知识相结合，通过使用加权上下文特征和远程依赖特征提取化合物诱发疾病（CID），在 CDR 数据集上 F1 值为 73.3%。Zhu 等（2021）提出分段注意力卷积神经网络和强化学习（PACNN+RL）模型进行关系抽取研究。引入分段注意力卷积神经网络对生物医学文本语义信息进行编码，并利用具有记忆回溯机制的强化学习方法缓解错误数据问题。在 DDI、PPI 等 4 个不同类型数据集上验证了模型的有效性。除直接改进深度学习模型外，另一种有效方式是在深度学习模型基础上，改进特征嵌入表示方法。如，Peng 等（2018）融合实体周围的单词、词袋、两个实体之间的距离、SDP 等特征，利用 SVM、CNN 和 RNN 等模型在 ChemProt 语料库进行测试，最终发现使用三个模型组合效果最佳。Zhang 等（2018）首先根据句子的依存关系生成 SDP，将 SDP 分为依赖词序列和关系序列。使用 RNN 和 CNN 分别从句子序列和依存序列自动学习特征。在 AIMed 等 5 个语料库上最佳 F1 值为 61.7%。

与一般领域关系抽取相比，生物医学领域关系抽取存在更多挑战，一方面是由于生物医学领域可使用的标注关系数据库远少于一般领域，另一方面生物医学领域关系复杂，往往涉及多元或多重关系以及未标注新关系的识别等。

7.5.1.4　通路提取

生物通路对于了解复杂疾病潜在机制具有重要作用。大多数通路知识都包含在自由文本中，需大量人力进行解读，因此，对自动提取生物通路算法要求很高。目前，采用深度学习进行通路提取研究极少，主要原因是缺乏有效的公开可用训练数据集（Zhao et al.，2021），目前通路提取方法大多还是基于规则或机器学习与规则相结合的方法。Poon 等（2015）将远程监督方法用于通路提取，将通路提取视为分类问题。结果表明，远程监督学习的精度接近监督学习，在 2200 万份 PubMed 摘要中，以 25% 的精度提取了 150 万条通路。

7.5.1.5　预测

预测是通过计算方法利用文本中挖掘的已知知识，发现文本中未明确提及的潜在知识，实现新的生物医学知识发现。传统方法的预测研究大多基于 ABC 模型（Swanson，1986），即显性知识以"A 与 B 存在关系"和"B 与 C 存在关系"的形式编码在文本中，可以得出"因此 A 与 C 存在关系"的结论。Zhao 等（2018）提出因子图模型 CausalTriad，从三元结构中推断出可能存在的因果关系。生物医学文本预测研究大多是关系预测，因此，为了实现高预测性能，构建高质量的医学知识图谱是必不可少的。Sang 等（2018）提出一种基于生物医学知识图谱的药物发现方法 SemaTyP，通过挖掘已发表生物医学文献中存在的疾病–药物关系，发现疾病的候选药物。Sosa 等（2020）从生物医学文献中构建药物、疾病、基因和蛋白质知识图谱，并使用图嵌入技术对文献衍生关系的不确定性进行建模，使用链接预测药物和疾病间相互关系。BenevolentAI 知识图谱是结构化医疗信息的大型数据库，包括通过机器学习从科学文献中提取的大量链接。Richardson 等（2020）利用 BenevolentAI 预测对新型冠状病毒感染可能有帮助的药物，重点关注那些可能阻止病毒感染过程的药物。最终发现，巴瑞替尼可能通过抑制 AP2 相关蛋白激酶 1（AAK1）降低病毒感染肺细胞的能力。

虽然基于深度学习的预测研究在生物医学文本挖掘中广泛应用，也促进了知识图谱技术的发展，但预测研究仍面临诸多挑战，特别是预测结果的可靠性与可解释性。有些预测结果与来自不同文章的发现是相互矛盾的，这仍需领域专家介入，通过设定规则等进一步确定结果的可靠性与可用性。

7.5.1.6　进展总结

综上所述，生物医学文本挖掘研究目前还主要集中在实体识别与标准化、文本分类、关系抽取与预测研究中，各项任务的研究均已取得令人振奋的进展，具有良好性能的模型不断迭代，结果越来越接近人类判断结果。但这些实验室研究距离真实世界应用还有一定差距，仍需在实践中不断完善。未来随着标注数据库的不断完善，算法性能的不断提升，文本挖掘将会有更多更具代表性研究，或推广至实践应用。

7.5.2　文本知识发现研究成果

生物医学文本知识发现研究内容丰富，本小节重点介绍笔者在生物医学文本关系抽取方面的研究成果（范少萍等，2021），以丰富关系抽取理论与方法。

7.5.2.1　方法与模型

已有研究证实，用于描述关系的文本特征可以代表关系特征。Porumb 等（2015）提出 4 个特征可用于医学文本的语义关系抽取，分别是词汇、上下文、语法和句法，并依据重要性为四种特征赋分，依次为 3、6、4 和 4。Zeng 等（2014）研究说明位置特征是比较有效的特征。参考已有研究的主要嵌入特征，考虑到特征的表示维度及计算的复杂性，本书提出在以词向量为词表示方法基础上，分别加入位置特征与词汇级特征作为模型输入，从而提高模型分类性能。其中，利用词向量表示方法突出词汇–句子的整体效应；位置特征通过描述每个词与句子中两个实体的位置距离，加强对句子语义特征和结构特征描述；词汇级特征通过设定两个实体的上下文特征，突出实体信息在关系分类中的作用，也是实体关系分类与文本分类的重要区别之一，同时强化对句子核心局部特征的描述。

（1）词表示

词表示通过词嵌入技术将句子中每个单词转换为向量，可以代表单词在全局的语义信息。词向量作为词嵌入的常用技术，具有较好的计算效果。目前，词向量的训练方法有多种，研究选择训练速度快、效果好的 Word2Vec（Mikolov et al.，2013）。其中，采用 Skip-Gram 算法训练词向量。由于医学文本中存在部分生僻罕见词，采用 Hierarchical Softmax 方法代替负采样。

（2）位置特征

Zeng 等（2014）提出了位置特征的概念，利用句子中每个词与标注实体的相对距离表征词的位置特征，可用 $pe_i(i = 1, 2, \cdots, T)$ 表示，基本信息如下：

$$pe_i(i = 1, 2, \cdots, T) = [d_{i1}, d_{i2}] \tag{1}$$

式中，d_{i1} 和 d_{i2} 分别表示第 i 个词到第一个实体 e_1 和第二个实体 e_2 的距离向量，其维度用 d_p 表示，pe_i 的维度为 $d_p * 2$，对于句子 S 而言，其位置特征为 PE $= [pe_1, pe_2, \cdots, pe_T]$。句子中每个词距离实体 e_1 的相对位置和距离实体 e_2 的相对位置可能存在负值，因此对所有相对位置值加上句子最大长度使其转化为正值。

（3）词汇级特征

实体关系分类的关键在于识别并突出实体在文本中的作用，文本中同时存在实体 e_1 和实体 e_2，e_1 和 e_2 的上下文词汇很可能决定了二者间的关系。以表7-5句子为例，e_1 和 e_2 间距离很近，提取 e_1 右边和 e_2 左边的词汇特征将分别提取到 e_2 和 e_1，可以实现对实体信息的强化。e_1 右侧"inhibited"一词也正是判定该语句中 e_1 和 e_2 间关系的关键。研究设定词汇级特征为两个实体及其上下文各两个词组成。

表 7-5　实体关系分类示例

句子：

<e1>1, 25D </e1> inhibited <e2>MYC gene</e2> expression and accelerated its protein turnover

e1：1, 25D	e2：MYC gene	关系：inhibit（e1, e2）

（4）模型结构

卷积神经网络（CNN）（Krizhevsky et al., 2012）是神经网络的一种变体，利用"卷积核"机制有效地对输入向量的局部特征进行提取，将模型从复杂的特征工程解脱出来。相比传统网络各层级简单的输入输出，卷积神经网络更加灵活，且支持多通道输入，通过共享权重和偏置，有效降低了参数复杂程度。卷积神经网络的经典结构包括卷积层，池化层和全连接层。卷积层利用多个卷积核从输入向量中提取局部特征，池化层将卷积核提取到的特征进行突出表达和降维，全连接层则将池化层的输出映射。网络结构如图7-9所示。

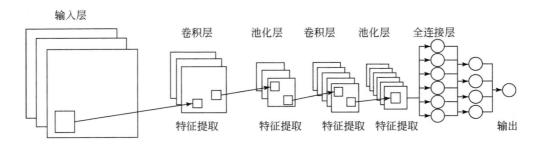

图 7-9　卷积神经网络结构层次示意图

卷积层采用卷积核对输入向量进行卷积操作，提取输入向量的局部特征。池化层作为卷积层与全连接层的中间层，具有降低参数维度，提取核心特征，减小过拟合程度的作用。池化层在降低参数数量的同时，由于对输入做了池化处理，仍然保留了输入特征的某种特性。常见的池化方式有两种，分别为最大池化和平均池化。最大池化取池化层输入矩阵对应大小的邻域内的最大值作为输出，平均池化则取对应邻域内的平均值。研究采用最大池化方法作为模型的池化层。

全连接层通常出现在整个网络结构的最后一层，将网络前置结构中经过复杂卷积和池化的数据输入到全连接层，并输出最终结果。全连接层将输入矩阵作线性变换，起到分类器的作用。全连接层将输入的局部特征联接起来并做加权计算，最终映射到样本标记空间。研究将输入数据作线性变换作为全连接层。

在经典卷积神经网络结构基础上，逐步增加研究所采用特征，构建关系分类模型，结果如图 7-10 ～ 图 7-12 所示。

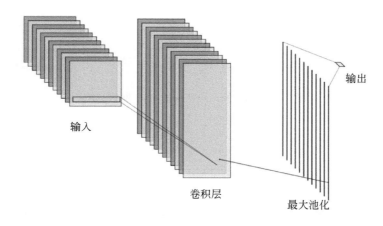

图 7-10　仅词表示的 CNN 网络结构

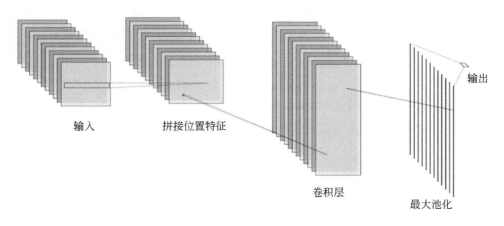

图 7-11　加入位置特征的 CNN 网络结构

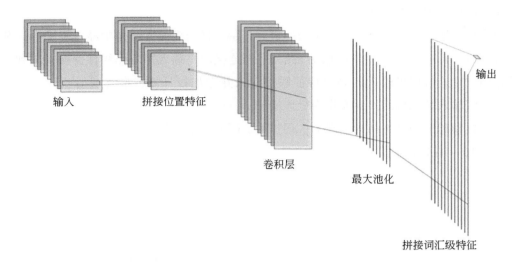

图 7-12　加入词汇级特征的 CNN 网络结构

7.5.2.2　结果与分析

（1）模型性能评价指标

为对模型性能作出客观评价，实验选取常用的准确率和 F1 值两个评价指标。其中，F1 值可以有效衡量模型分类的准确率和召回率，F1 值越高，则模型的准确率和召回率越高。对于多分类问题，F1 值有两种计算方法，分别为 Micro 方法和 Macro 方法（Yang, 1999）。多分类问题中 Micro 方法的 F1 值经推导后与准确率值相等，Macro 方法则是计算每一类别的 F1 值均值。为确保研究所提模型对多分类问题同样有效，选择 Macro 方法的 F1 值作为模型的评价指标。

（2）语料库

研究选择了 AIMed、GENIA 和 ChemProt 语料库进行模型性能测试。表 7-6 展示了各语料库规模以及在研究中训练集与测试集数量的划分情况。

表 7-6　语料库规模与数量分布

语料库	关系名称	关系语句数量	训练集	测试集
AIMed	False	4834	4861	973
	True	1000		
GENIA	Protein-Component	1302	1547	310
	Subunit-Complex	555		

续表

语料库	关系名称	关系语句数量	训练集	测试集
ChemProt	Activator	2571	5363	1073
	Indirect-Downregulator	446		
	Indirect-Upregulator	3225		
	Inhibitor	194		

（3）结果

实验利用 Pytorch 框架进行，词向量维度为 100，位置特征维度为 5，卷积核数量为 230，卷积核尺寸为 3×3，每批次载入 Dataloader 数据量为 128。为减小过拟合影响设置 dropout 函数，比例为 0.5。损失函数选择交叉熵 CrossEntropy，采用 Adam 方法进行网络向前传播过程中的优化，学习率设为 0.001，seed 值设为 99。为确保控制变量，网络结构变化的同时并未改变参数。

表 7-7 展示了所提模型在 AIMed、GENIA 和 ChemProt 语料库上的性能。可以看出，模型在 GENIA 语料库上 F1 值最高，AIMed 语料库 F1 值较低。

表 7-7　AIMed、GENIA 和 ChemProt 语料库在研究所提模型进行语义关系分类的准确率与 F1 值

语料库	模型结构	准确率	F1 值
AIMed	CNN+Word Representation+Position Features+Lexical Features	0.8561	0.7342
GENIA	CNN+Word Representation+Position Features+Lexical Features	0.9806	0.9764
ChemProt	CNN+Word Representation+Position Features+Lexical Features	0.9236	0.8900

图 7-13 清晰展示了随着特征的加入，模型在 AIMed、GENIA 和 ChemProt 语料库的分类效果。其中，（a）、（b）、（c）分别代表 AIMed 语料库依次加入词表示、位置和词汇级特征后关系分类效果；（d）、（e）、（f）分别代表 GENIA 语料库依次加入词表示、位置和词汇级特征后关系分类效果；（g）、（h）、（i）分别代表 ChemProt 语料库依次加入词表示、位置和词汇级特征后关系分类效果。可以看出，随着特征的加入，F1 值明显升高；AIMed 语料库 F1 值变化幅度较大，且三种特征同时加入后，可经较少迭代后达到较高值；GENIA 语料库结果更加稳定，随着迭代次数的增加，准确率与 F1 值变化幅度小；ChemProt 语料库在三种特征加入后，F1 值可经较少迭代次数后即达到较高值，随着特征加入 F1 值变化幅度小；在相同特征嵌入下，GENIA 语料库的分类效果优于 AIMed 和 ChemProt 语料库，这可能与其语料库规模较小有关。模型性能差异与语料库本身包含的句子数量、句子结构、分类数量、关系特征等也有一定相关性。

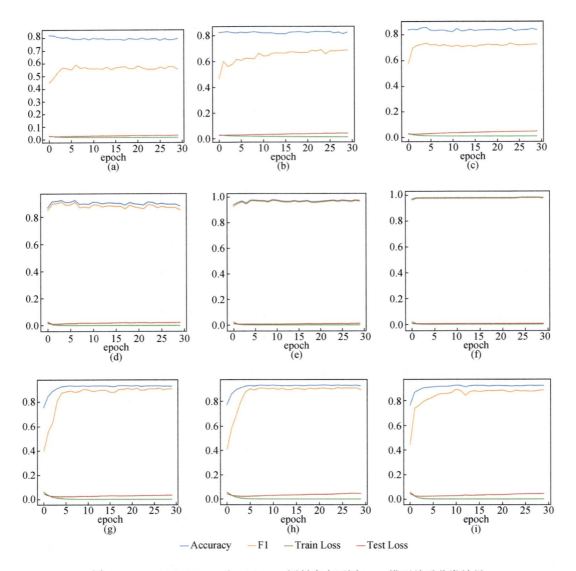

图 7-13　AIMed、GENIA 和 ChemProt 语料库在不同 CNN 模型关系分类效果

7.5.2.3　模型对比

表 7-8 表示了研究所提模型与已有关系抽取模型在相同语料库上性能对比结果。研究所提模型在 ChemProt 和 GENIA 语料库都取得不错的 F1 值，在 AIMed 语料库上取得较高 F1 值。与传统方法相比，模型性能明显提升。

实验结果表明：第一，研究所提模型具有良好的泛化能力。现有生物医学领域实体关系抽取研究多集中于某一类关系抽取，如蛋白质与蛋白质关系、疾病与疾病关系、化合物与疾病关系等。研究所提模型在生物医学领域可以适用于多种关系抽取任务。如，ChemProt 语料库描述化合物与基因关系，GENIA 描述实体与蛋白质关系，研究所提模型在上述两个不同实体类型、关系类型与数量的语料库上都取得不错性能。在 AIMed 蛋白质与蛋白质关系语料库上虽未取得最佳性能，但结果优于多种经过复杂特征工程计算的多特征嵌入模型。第二，研究所提特征可以较好地概括句子级关系分类的特征，且无需复杂算法计算，无需多次特征组合变换，降低了特征计算复杂性。

表 7-8　研究所提模型与其他关系抽取/分类模型性能对比

语料库	模型	F1 值
AIMed	所提模型（CNN+Word Representation+Position Features+Lexical Features）	0.7342
	Zhang et al.（Word，position，SDP）	0.617
	Peng et al.（Word，position，POS，chunk，dependency information）	0.635
	Chang et al.（convolution tree kernel）	0.567
	Hsieh et al.（LSTM_{pre}）	0.7690
	Yadav et al.（Att-sdpLSTM）	0.9329
GENIA	所提模型（CNN+Word Representation+Position Features+Lexical Features）	0.9764
	Balaji et al.（SVM+CFR）	0.761
ChemProt	所提模型（CNN+Word Representation+Position Features+Lexical Features）	0.8900
	Corbett et al.（RNNs+word）	0.6151
	Sangrak et al.（tree-LSTM：position+syntactic parse tree）	0.641
	Beltagy et al.（SciBERT）	0.8364

7.6　生物医学信息学发展展望

随着"数据密集型"或"数据驱动型"科研范式的兴起，学科领域大数据驱动的学科知识发现已成为科学研究的显著特色和重要方式（胡正银等，2020）。生物医学信息学是生物学、医学、信息学、计算机科学等融合发展的交叉学科，需要在海量可靠数据资源基础上，建立科学、可解释、可迁移的计算模型，对生物医学领域数据进行深入挖掘，发现新知识，探索新领域。虽然生物医学信息学学科逐渐成熟，研究成果丰硕，但国际卫生健康环境变幻莫测、人类面临的生命健康与公共卫生安全风险不断，新的生物医学大数据不断产生并海量增长，新的技术手段不断迭代应用，创新人才不断涌现，生物医学信息学仍有较大发展空间。

7.6.1　数据标准化与开放共享是学科发展的前提保障

生物医学研究进入数据密集型时代，海量数据资源在收集、整合、存储、共享、互操作等方面面临许多挑战。建立统一、规范的元数据标准是提高数据收集质量、促进数据集成整合、实现数据互联互通的前提（王安然和吴思竹，2020）。但目前仍存在一些阻碍数据互联互通和再利用的障碍，如数据存放分散、数据标准与格式不统一、数据开放获取程度不同等。2016 年 FORCE11 组织正式提出了在科学数据管理领域引入"FAIR 准则"，FAIR 是指导如何通过数据管理，将科学数据建设成为可查找（Findable）、可获取（Accessible）、可互操作（Interoperable）、可重利用（Reusable）的基本指导原则（Wilkinson et al.，2016）。数据的 FAIR 化是数据开放共享、分析利用的基础，也是科学数据管理的基本目标。生物医学领域构建了大量领域数据标准、术语、本体等，可以实现数据的语义标准化，提升数据质量，促进数据整合共享。但术语或本体还存在开发与维护耗时耗力、多语言版本兼容性等问题。新冠疫情再次令各国政府意识到数据标准化与开放共享的重要性，各国都在确保数据安全的前提下，纷纷推进生物医学数据标准化与共享，未来生物医学数据的标准化与可获得性也将大大提升。

7.6.2　高质量大数据资源体系是学科发展的重要基础

生物医学大数据蕴含了极其丰富的信息和知识，是关乎国家持续发展、公共卫生安全和人类生存健康的重要战略资源（樊代明，2019）。新一代测序技术的发展以及精准医学计划等推进，使得生物医学数据指数级持续增加，各国科学家意识到数据资源的重要性，积极积累各类数据资源，除不断扩充已有资源外，面对新发突发新冠疫情，快速有效构建相关数据资源，为相关科学研究提供数据基础。生物医学大数据事关人类生命健康，容不得半点虚假，如何确保数据资源质量是关键。不同数据类型的数据质控要求也不同，需要提供参考数据集作为基准，包括实验方法产出的原始数据、数据分析形成的分析结果等与参考数据集的吻合情况，因此，建设参考数据集是控制数据质量的关键一环（张国庆等，2018）。同时，数据的可交互性和互操作性也是数据资源建设过程中需考虑的重要问题之一。

7.6.3　数据挖掘分析方法与工具是学科发展的关键手段

获取生物医学大数据已不再困难，但大数据本身不是直接可使用的专门知识，只有经过有效地处理、分析和挖掘，才能充分发挥数据应有的价值。这就需要生物信息学、计算机科学、信息学等理论、方法与技术的深入研究。然而，生物医学数据的实时性、多模态、结构化程度弱、噪声大等问题对数据分析方法与工具提出了更高要求。新兴前沿技术在生物医学数据分析中的应用涵盖数据获取、数据预处理、数据分析、数据共享等方面。近年来，以人工智能、大数据计算、区块链等为代表的新兴技术有了突飞猛进的发展，在疾病诊断、分类、预测、医学影像分析等方面研究爆发式增长。通过技术手段整合各类组学数据、影像数据、表型数据、文献数据等生物医学大数据，利用人工智能技术进行深度挖掘，已成为生物医学信息学研究的重中之重，已经在肿瘤、阿尔茨海默病等疾病诊断、分型分类、风险预测、医学影像辅助诊断等（Esteva et al.，2017；Amoroso et al.，2018）具有良好应用。因具有去中心特性，区块链技术在生物医学数据共享方面有所应用（Li et al.，2018）。未来随着人工智能技术的迭代更新、多模态异构资源整合技术的不断突破、组学技术的快速发展等，"生物医学+计算机"的生态环境将不断完善，促使生物医学知识发现早日走向临床实践。

7.6.4　生物医学信息学综合技能人才培养是学科发展的核心竞争力

生物医学信息学是典型的交叉学科，多学科交叉与融合是学科发展特色，培养具有多学科视野与思维方式的复合型人才是学科发展的关键。国外生物医学信息学课程存在多元化、个性化与职业化倾向，包含通识与人文社科类课程，重视人才综合素质的培养，而国内而课程设置上仍以专业化为主。因此，生物医学信息学教育将向着高层次、理论与实践相结合的方向发展，并将基于生物、医学、计算机科学、信息科学等多元依赖关系构建课程体系，进一步体现其多学科交叉融合特色，更加注重基础理论和核心技能培养（钱庆和薛伟，2020）。根据学科特点，突出科研优势、拓宽人才知识范围、储备闭环多学科交叉融合人才是未来人才培养的重点。

7.6.5　生物医学信息学研究成果的转化应用是学科发展的最终目标

生物医学信息学的研究目的之一就是通过技术与数据的融合，辅助临床决策，改善临床结局。一些生物医学数据分析平台或系统已经在小范围内推广应用，尚因数据兼容性、隐私性、安全性等突出问题无法大规模推广应用。除此之外，一些新技术在临床研究中取得突破，可有效辅助临床决策，但因管理不清、政策不明等原因无法有效转化应用。因此，生物医学信息学研究成果应在遵守法律与合乎伦理的情况下转化应用。（国家卫生健康委员会）2019 年发布《生物医学新技术临床应用管理条例（征求意见稿）》①中对生物医学新技术临床研究的管理、监督、转化应用等做出明确规定，未来该条例将颁布实施，将进一步加强对临床研究转化应用的监管，有利于促进生物医学信息学研究成果的转化应用。

面对复杂多变的国际大环境以及生物医学大数据的挑战，建立全面支撑科学研究的数据汇交、管理、共享与挖掘的技术与资源体系，形成以资源为基础、以技术为手段、以人才为核心、以应用为导向的生物医学信息学发展路径，将有效支撑生物医学信息学学科发展。

参 考 文 献

樊代明. 2019. 生物医学大数据是重要战略资源. 科学新闻，（6）：34.

范少萍，赵雨宣，安新颖，等. 2021. 基于卷积神经网络的医学实体关系分类模型研究. 数据分析与知识发现，5（9）：75-84.

胡正银，刘蕾蕾，代冰，等. 2020. 基于领域知识图谱的生命医学学科知识发现探析. 数据分析与知识发现，4（11）：1-14.

刘尚麟，廖思捷，杨春霞，等. 2022. 基于区块链的真实世界数据共享系统研究. 信息安全研究，8（1）：49-54.

刘壮，张悦. 2020. 统计学方法在生物信息学分析中的应用. 医学信息学杂志，（6）：4.

钱庆，薛伟. 2020. 医学信息学发展现状与展望. 中华医学信息导报，35（18）：10.

王安然，吴思竹. 2020. 美国癌症数据标准注册存储库的实践与启示. 中华医学图书情报杂志，29（10）：15-23.

张国庆，李亦学，王泽峰，等. 2018. 生物医学大数据发展的新挑战与趋势. 中国科学院院刊，33（8）：853-886.

张晗，陈建丽. 2020. 真实世界研究进展. 医药前沿，10（9）：14-16.

张志强，范少萍，陈秀娟. 2018. 面向精准医学知识发现的生物医学信息学发展. 数据分析与知识发现，2（1）：1-8.

Shortliffe E H. 2011. 生物医学信息学. 罗述谦等译. 北京：科学出版社.

Adhikari L，Ozrazgat- Baslanti T，Ruppert M，et al. 2019. Improved predictive models for acute kidney injury with IDEA：Intraoperative Data Embedded Analytics. PLoS One，14（4）：e0214904.

Amoroso N，Diacono D，Fanizzi A，et al. 2018. Deep learning reveals Alzheimer's disease onset in MCI subjects：results from an international challenge. Journal of Neuroscience Methods，302：3-9.

Arif M，Zhang C，Li X Y，et al. 2021. iNetModels 2.0：an interactive visualization and database of multi-omics

---

① 关于生物医学新技术临床应用管理条例（征求意见稿）公开征求意见的公告. http://www.nhc.gov.cn/yzygj/s7659/201902/0f24ddc242c24212abc42aa8b539584d.shtml.［2022-01-20］.

data. Nucleic Acids Research, 49 (W1): W271-W276.

Bihorac A, Ozrazgat-Baslanti T, Ebadi A, et al. 2019. My surgery risk: development and validation of a machine-learning risk algorithm for major complications and death after surgery. Annals of Surgery, 269 (4): 652-662.

Brennan M, Puri S, Ozrazgat-Baslanti T, et al. 2019. Comparing clinical judgment with the my Surgery risk algorithm for preoperative risk assessment: a pilot usability study. Surgery, 165 (5): 1035-1045.

Brown G R, Hem V, Katz K S, et al. 2015. Gene: a gene-centered information resource at NCBI. Nucleic Acids Research, 43: 36-42.

Brown J, Pirrung M, McCue LA. 2017. FQC Dashboard: integrates FastQC results into a web-based, interactive, and extensible FASTQ quality control tool. Bioinformatics, 33 (19): 3137-3139.

Cantelli G, Bateman A, Brooksbank C, et al. 2022. The European Bioinformatics Institute (EMBL-EBI) in 2021. Nucleic Acids Research, 50 (10): D11-D19.

Choi E, Schuetz A, Stewart W F, et al. 2017. Using recurrent neural network models for early detection of heart failure onset. Journal of the American Medical Informatics Association, 24 (2): 361-370.

CNCB-NGDC Members and Partners. 2022. Database resources of the national genomics data center, China National Center for Bioinformation in 2022. Nucleic Acids Research, 50 (10): D27-D38.

Coşkun M, Koyutürk M. 2021. Node similarity-based graph convolution for link prediction in biological networks. Bioinformatics, 37 (23): 4501-4508.

Dai S, You R, Lu Z, et al. 2020. FullMeSH: improving large-scale MeSH indexing with full text. Bioinformatics, 36 (5): 1533-1541.

Delahanty RJ, Kaufman D, Jones SS. 2018. Development and evaluation of an automated machine learning algorithm for in-hospital mortality risk adjustment among critical care patients. Critical Care Medicine, 46 (6): e481-e488.

Devlin J, Chang M W, Lee K, et al. 2018. BERT: pre-training of deep bidirectional transformers for language understanding. arXiv, arXiv: 1810.04805.

Ding J, Montgomery B, Thien N, et al. 2021. Mergeomics 2.0: a web server for multi-omics data integration to elucidate disease networks and predict therapeutics. Nucleic Acids Research, 49 (W1): W375-W387.

Ding L, Liu C, Li Z, et al. 2020. Incorporating artificial intelligence into stroke care and research. Stroke, 51 (12): e351-e354.

Embi P J, Kaufman S E, Payne P R. 2009. Biomedical informatics and outcomes research: enabling knowledge-driven healthcare. Circulation, 120 (23): 2393-2399.

Esteva A, Kuprel B, Novoa R A, et al. 2017. Corrigendum: dermatologist-level classification of skin cancer with deep neural networks. Nature, 546 (7660): 686.

Friedman C, Alderson P O, Austin J H, et al. 1994. A general natural-language text processor for clinical radiology. Journal of the American Medical Informatics Association, 1: 161-174.

Ge Y, Wang Q, Wang L, et al. 2019. Predicting post-stroke pneumonia using deep neural network approaches. International Journal of Medical Informatics, 132: 103986.

Goryachev S, Sordo M, Zeng QT. 2006. A suite of natural language processing tools developed for the I2B2 project. AMIA Annual Symposium Proceedings Archive, 931.

Han P, Yang P, Zhao P, et al. 2019. GCN-MF: disease-gene association identification by graph convolutional networks and matrix factorization. the 25th ACM SIGKDD International Conference. ACM.

Kim S, Thiessen P A, Cheng T, et al. 2016. Literature information in PubChem: associations between PubChem records and scientific articles. Journal of Cheminformatics, 8: 32.

Kipf T, Welling M. 2017. Semi-supervised classification with graph convolutional networks. Toulon: 5th International Conference on Learning Representations, ICLR 2017.

Krizhevsky A, Sutskever I, Hinton G. 2012. Image net classification with deep convolutional neural networks. NIPS'12: Proceedings of the 25th International Conference on Neural Information Processing Systems, 1097-1105.

Kulikowski C A, Shortliffe E H, Currie L M, et al. 2012. AMIA Board white paper: definition of biomedical informatics and specification of core competencies for graduate education in the discipline. Journal of the American Medical Informatics Association, 19 (6): 931-938.

Lee J, Yoon W, Kim S, et al. 2020. BioBERT: a pre-trained biomedical language representation model for biomedical text mining. Bioinformatics, 36 (4): 1234-1240.

Leinonen R, Sugawara H, Shumway M, et al. 2011. The sequence read archive. Nucleic Acids Research, 39: 19-21.

Li H, Zhu L, Shen M, et al. 2018. Blockchain-based data preservation system for medical data. Journal of Medical Systems, 42 (8): 141.

Li X, Cui M L, Li J P, et al. 2021. A hybrid medical text classification framework: Integrating attentive rule construction and neural network. Neurocomputing, 443: 345-355.

Loftus T J, Tighe P J, Filiberto A C, et al. 2020. Artificial intelligence and surgical decision-making. JAMA Surgery, 155 (2): 148-158.

Lu I N, Muller C P, He F Q. 2020. Applying next-generation sequencing to unravel the mutational landscape in viral quasispecies. Virus Research, 283: 197963.

Luca P, Annachiara T, Luca G, et al. 2021. LigAdvisor: a versatile and user-friendly web-platform for drug design. Nucleic Acids Research, 49 (W1): W326-W335.

Lucila O M. 2014. NIH's Big Data to Knowledge initiative and the advancement of biomedical informatics. Journal of the American Medical Informatics Association, 21 (2): 193.

Matsumoto K, Nohara Y, Soejima H, et al. 2020. Stroke prognostic scores and data-driven prediction of clinical outcomes after acute ischemic stroke. Stroke, 51 (5): 1477-1483.

Maxat K, Fernando Z C, Robert H. 2021. DeepGOWeb: fast and accurate protein function prediction on the (Semantic) Web. Nucleic Acids Research, 49 (W1): W140-W146.

Mikolov T, Chen K, Corrado G, et al. 2013. Efficient estimation of word representations in vector space. arXiv,

arXiv：1301. 3781V3.

Naseem U, Musial K, Eklund P, et al. 2020. Biomedical named- entity recognition by hierarchically fusing biobert representations and deep contextual-level word-embedding. 2020 International Joint Conference on Neural Networks （IJCNN）. IEEE, 1-8.

Peng Y F, Rios A, Kavuluru R, et al. 2018. Extracting chemical- protein relations with ensembles of SVM and deep learning models. Database the Journal of Biological Databases & Curation, 1-9.

Poon H, Toutanova K, Quirk C. 2015. Distant supervision for cancer pathway extraction from text. Pacific Symposium on Biocomputing, 120-131.

Porumb M, Barbantan I, Lemnaru C, et al. 2015. REMed- Automatic relation extraction from medical Documents. The 17th International Conference on Information Integration and Web-based Applications & Services （iiWAS2015）. ACM.

Prasanth D S N B K, Murahari M, Chandramohan V, et al. 2021. Insilico identification of potential inhibitors from Cinnamon against main protease and spike glycoprotein of SARS CoV-2. Journal of biomolecular Structure & Dynamics, 39 （13）：4618-4632.

Qiao Y H, Zhu X L, Gong H P. 2022. BERT- Kcr：prediction of lysine crotonylation sites by a transfer learning method with pre- trained BERT models. Bioinformatics, 38 （3）：648-654.

Ramírez J D, Muñoz M, Hernández C, et al. 2020. Genetic diversity among SARS- CoV2 strains in south America may impact performance of molecular detection. Pathogens, 9 （7）：580.

Ray M, Sable M N, Sarkar S, et al. 2021. Essential interpretations of bioinformatics in covid-19 pandemic. Meta Gene, 27：100844.

Richardson P, Griffin I, Tucker C, et al. 2020. Baricitinib as potential treatment for 2019-nCoV acute respiratory disease. Lancet, 395 （10223）：e30- e31.

Rigden D J, Fernández X M. 2022. The 2022 Nucleic Acids Research database issue and the online molecular biology database collection. Nucleic Acids Research, 50 （10）：D1-D10.

Sang S, Yang Z, Wang L, et al. 2018. SemaTyP：a knowledge graph based literature mining method for drug discovery. BMC Bioinformatics, 19 （1）：193.

Sarkar I N. 2010. Biomedical informatics and translational medicine. Journal of Translational Medicine, 8 （1）：22.

Savova G K, Masanz J J, Ogren P V, et al. 2010. Mayo clinical text analysis and knowledge extraction system （cTAKES）：architecture, component evaluation and applications. Journal of the American Medical Informatics Association, 17：507-513.

Sayers E W, Bolton E E, Brister J R, et al. 2022. Database resources of the national center for biotechnology information. Nucleic Acids Research, 50 （10）：D20-D26.

Sosa D N, Derry A, Guo M, et al. 2020. A literature- based knowledge graph embedding method for identifying drug repurposing opportunities in rare diseases. Pacific Symposium on Biocomputing, 25：463-474.

Sun Q, Jankovic M, Budzinski J, et al. 2019. A dual mode adaptive basal- bolus advisor based on reinforcement learning. IEEE Journal of Biomedical and Health Informatics, 23 (6): 2633-2641.

Sun Y, Wang J, Lin H, et al. 2021. Knowledge guided attention and graph convolutional networks for chemical-disease relation extraction. IEEE/ACM Transactions on Computational Biology and Bioinformatics: 3135844.

Swanson D R. 1986. Fish oil, Raynaud's syndrome, and undiscovered public knowledge. Perspectives in Biology and Medicine, 30 (1): 7-18.

Taeyong P, Jonghun W, Minkyung B, et al. 2021. GalaxyHeteromer: protein heterodimer structure prediction by template-based and ab initio docking. Nucleic Acids Research, 49 (W1): W237-W241.

Tian Y, Shen W, Song Y, et al. 2020. Improving biomedical named entity recognition with syntactic information. BMC Bioinformatics, 21 (1): 539.

Wang Y N, Coudray N, Zhao Y, et al. 2021. HEAL: an automated deep learning framework for cancer histopathology image analysis. Bioinformatics, 37 (22): 4291-4295.

Wang Z C, Zhou M, Arnold C. 2020. Toward heterogeneous information fusion: bipartite graph convolutional networks for in silico drug repurposing. Bioinformatics, 36 (1): i525-i533.

Wen A, Fu S, Moon S, et al. 2019. Desiderata for delivering NLP to accelerate healthcare AI advancement and a Mayo Clinic NLP-as-a-service implementation. NPJ Digital Medicine, 2: 130.

Wilkinson M, Dumontier M, Aalbersberg I, et al. 2016. The FAIR guiding principles for scientific data management and stewardship. Scientific Data, 3: 160018.

Wishart D S, Feunang Y D, Guo A C, et al. 2018. DrugBank 5.0: a major update to the DrugBank database for 2018. Nucleic Acids Research, 46 (D1): 1074-1082.

Xue M Q, Zhu X L, Wang G, et al. 2022. DULoc: quantitatively unmixing protein subcellular location patterns in immunofluorescence images based on deep learning features. Bioinformatics, 38 (3): 827-833.

Yang Y. 1999. An evaluation of statistical approaches to text categorization. Information Retrieval, 1: 69-90.

Yao L, Mao C, Luo Y. 2019. Clinical text classification with rule-based features and knowledge-guided convolutional neural networks. BMC Medical Informatics and Decision Making, 19 (Suppl 3): 71.

Zeng D J, Liu K, Lai S W, et al. 2014. Relation classification via convolutional deep neural network. Proceedings of COLING 2014, the 25th International Conference on Computational Linguistics: Technical Papers, 2335-2344.

Zhang Y, Lin H, Yang Z, et al. 2018. A hybrid model based on neural networks for biomedical relation extraction. Journal of Biomedical Informatics, 81: 83-92.

Zhao S, Jiang M, Liu M, et al. 2018. Causal triad: toward pseudo causal relation discovery and hypotheses generation from medical text data. The 2018 ACM International Conference on Bioinformatics, Computational Biology, and Health Informatics. ACM, 184-193.

Zhao S, Su C, Lu Z, et al. 2021. Recent advances in biomedical literature mining. Brief in Bioinformatics, 22 (3): bbaa057.

Zheng H, Zhu J, Xie W, et al. 2021. Reinforcement learning assisted oxygen therapy for COVID-19 patients under intensive care. BMC Medical Informatics and Decision Making, 21 (1): 350.

Zheng S, Aldahdooh J, Shadbahr T, et al. 2021. DrugComb update: a more comprehensive drug sensitivity data repository and analysis portal. Nucleic Acids Research, 49 (W1): W174-W184.

Zhu T, Qin Y, Xiang Y, et al. 2021. Distantly supervised biomedical relation extraction using piecewise attentive convolutional neural network and reinforcement learning. Journal of the American Medical Informatics Association, 28 (12): 2571-2581.

Zitnik M, Agrawal M, Leskovec J. 2018. Modeling polypharmacy side effects with graph convolutional networks. Bioinformatics, 34 (13): i457-i466.

应用实践篇

第 8 章

科学学大数据分析与知识发现

科学学大数据是与科学学紧密联系在一起的概念，是用于科学学研究的各类数据的统称，具体包括贯穿科学研究全过程的有关科学生产活动的基金、论文和专利等科技文献数据，科研主体的合作、引用、流动等网络关系数据，以及学者背景数据、科研行为信息、科研工具软件数据、科研新媒体数据等，这些数据为开展科学学研究提供了广泛的数据基础（陈云伟和曹玲静，2020）。

本章主要梳理归纳科学学大数据的概念，理论基础、分析方法与主流工具，介绍其对知识发现研究的价值。重点从揭示科研规律、解析科学结构、分析科研活动、支撑技术识别与预测、服务科技评价 5 个方面出发，讨论了科学学大数据分析在支撑知识发现研究方面的价值和发挥作用的主要方式。最后从 3 个角度展望了科学学大数据分析用于知识发现研究面临的挑战和机遇，即重视数据质量建设问题，科学地利用科学学大数据开展问题导向的知识发现研究，科学解读并利用基于科学学大数据分析所取得的知识发现成果。

8.1 引言

近年来，随着数字技术的快速进步，数字产业化加速演进，数据作为生产要素的特征日益鲜明，各类型大数据在科技与经济领域的决定性价值日益显现。有关科研活动、科研行为与科研成果信息的数字化程度不断提升，深度标引的结构化的数字化信息的易获取性日益提高，可利用的数据分析工具也越来越多，为科学学研究提供了更多的研究方向、更广泛的高质量的大数据，为揭示更多潜在信息与发现深层知识提供了可能，为认识科学规律、开展多维度的知识发现研究提供了更为广阔的视角，进而吸引了越来越多的来自计算机科学、社会科学等领域的科学家涌入科学学研究领域，开展基于科学学大数据的知识发现研究。例如，Wu 等（2019）研究发现，小团队更有潜力做出颠覆性创新，提示我们在组织科技创新活动时需要考虑多元组织模式，支持多形式的科研组织机制。

科学学大数据研究的进步给知识发现研究带来了新的视角和手段，Web of Science（WOS）、Scopus等科学学大数据库的数据规模与质量日益提升，知识图谱技术等热点技术快速发展（Ji et al.，2021），数据科学家对数据与信息的整合利用水平大大提高，加深了对科学学大数据分析的深度（张吉祥等，2022）。科学学大数据已成为揭示更深层次的信息与知识的重要手段，有效促进科学研究全过程的知识融合，为知识发现研究提供了新的思路和手段。

8.2 科学学大数据分析概述

所谓科学学是从不同空间和时间尺度来揭示科学发现过程和科学活动规律的学科，可以分析科学结构、预测科技趋势、发现科学前沿，服务于科技政策制定、战略规划部署、科技管理及相关社会问题等工作。而科学学大数据则是用于科学学研究的数据的统称，具体包括贯穿科学研究全过程的有关科学生产活动的基金、论文和专利等科技文献数据，科研主体的合作、引用、流动等网络关系数据，以及学者背景数据、科研行为信息、科研工具软件数据、科研新媒体数据等，这些数据为开展科学学研究提供了广泛的数据基础（图8-1）（陈云伟和曹玲静，2020）。

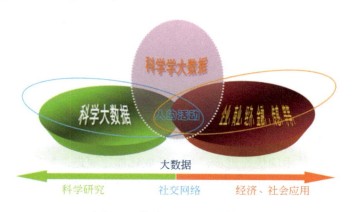

图 8-1 科学学大数据概念辨析

Fortunato 等（2018）指出，科学学能够揭示不同空间和时间尺度的科学主体之间的相互作用，挖掘特定领域的科学结构和普遍规律，其目标是服务促进科学研究的政策和工具。潜伟（2022）指出，科学学揭示科学技术的发展规律，分析科技结构，预测科技发展趋势，制定科技发展战略和政策，为科研管理提供理论和方法，促进科学技术与经济、社会协调发展。可见，科学学大数据研究对知识发现的价值在于可揭示更深层次的信息与知识，促进科学研究全过程的知识融合，引导学科交叉融合，为知识发现研究提供新思路和新手段。赵兰香（2020）指出，当前我国科学学研究工作应立足中国国情和科技创新发展实践，适时总结经验和剖析问题，提炼和总结我国发展实践的规律，把实践经验上升为科学学理论，不仅是国家发展的需要，也是科学学理论发展的新机遇。

科学学大数据研究对知识发现的价值在于可揭示更深层次的信息与知识，促进科学研究全过程的知识融合，引导学科交叉融合，为知识发现研究提供新思路和新手段。本章从5 个方面讨论了科学学大数据分析在支撑知识发现研究方面的价值和发挥作用的主要方式，包括揭示科研规律，解析科学结构，分析科研活动，支撑技术识别与预测，服务科技评价。

8.3　理论方法与数据工具

科学学大数据分析的理论基础与大数据分析一致，本质上属于数据科学的范畴，开展从科学学大数据中发现知识的理论、方法与应用研究。科学学大数据分析本质上是一个跨学科的研究领域，汇集了数学、统计学、网络科学、系统科学、图书情报、机器学习、数据库、人工智能等计算机科学与技术，针对定义中所提及的各类结构化或非结构化数据，通过数据准备、清洗、整理、转换、建模、分析、挖掘等结构化的步骤，获得基于科学学大数据的更具全面性的新信息、新知识、新发现，联合专家智慧等定性研究，实现揭示科研规律、解析科学结构、分析科研活动、支撑技术识别与预测、服务科技评价等新价值。

科学计量、数据挖掘、文本挖掘、知识图谱、机器学习、主题模型、复杂系统科学等方法被广泛用于科学学大数据分析工作，并成为当前应用最广泛的技术。例如，知识图谱技术表示实体之间结构关系，已成为认知科学与人类智能研究的热点研究方向之一（Ji et al., 2021），能有效地提升对数据与信息的整合利用水平，通过与深度学习技术的结合，极大地提升了对科学学大数据分析的深度和效果（张吉祥等，2022）。复杂系统科学则为科学学大数据分析人员提供了一套可对现实世界的复杂系统进行解释的基本理论和方法，其强调的是对系统共性属性的一般性理解，而非对特定系统的建模，这一点对科学学大数据分析而言至关重要，可有效克服多数科学计量学研究所依据的假设的适用性局限，更能有效地分析科学研究行为背后的动因及开展因果分析（Siegenfeld and Bar-Yam, 2020）。

随着数字技术的快速进步，支持科学学研究的高质量数据越来越多，如 Web of

Science（WOS）、Scopus、Elsevier、Springer、自然指数（Nature Index，2013）等论文数据库；Incopat、Relecura 等专利数据库；以及各类预印本、科研社区、科研报告、基金等数据库，有关实体信息、概念和主题词等构成了数以万计节点的网络，蕴含着丰富的潜在信息与隐性知识。这些数据被单独或联合利用，不断刷新开展知识发现研究的视角和方式。面对如此丰富的、多类型的科学学大数据，科研人员已经很难满足于上述数据库平台自身提供的分析功能，进而不断开发新算法或模型来开展知识发现研究，然而对很多从事知识发现研究的研究人员而言，面对不同的数据开发各类型的算法或模型是一项非常耗费时间和精力的工作，对不同人员开展同一类型研究时，又是一个算法重复利用的过程。

鉴于此，有技术开发团队则开发了若干通用的工具，可完成既定的统计、计算和算法运行工作。在科学计量学领域具有代表性的几个工具包括由美国德雷塞尔大学陈超美团队开发的 CiteSpace 工具，由美国印第安纳大学 Katy Borner 团队开发的 NWB 以及 SCI2 工具，荷兰莱顿大学 Van Eck 与 Waltman 团队开发的 VOSviewer 以及 CitNetExplorer 工具等。这几个工具共性的特点在于操作简便，流程清晰，无需代码介入，可分析科学计量学研究人员常用的论文数据，集成了常用的算法，如社会网络分析的基本度数、密度、社团发现等算法，并可快速进行可视化呈现，极大地方便了缺乏编程基础的情报分析人员使用（表8-1）。

表 8-1　代表性数据库及工具简介

数据库/工具	功能简介
Web of Science 平台	Web of Science 平台将 Web of Science 核心合集与多个区域性引文索引、专利数据、专业领域的索引以及研究数据引文索引连接起来，总计拥有超过 3.3 万种学术期刊。其中，我国的中国科学引文数据库也集成在该平台中。通过 Web of Science 平台，研究人员可以最大程度地获取来自经过严格遴选的核心学术期刊中的世界一流学术文献，并在精心抓取的元数据和引证关系中发现新的高价值信息，开展多维度的知识发现研究。平台支持检索自然科学、社会科学、艺术和人文领域世界一流的学术期刊、书籍和会议录，并浏览完整的引文网络；支持对所有出版物的参考文献进行检索；支持检索所有作者和作者的所有附属机构。另外，使用引文跟踪功能，还可以对引用活动进行跟踪。平台提供引文报告功能，以图形方式展示引用活动和趋势
Scopus	Scopus 是规模最大的同行评议文献（科学期刊、书籍和会议记录）的摘要和引文数据库。提供全球科学、技术、医学、社会科学、艺术和人文等领域研究成果的全面概述，并提供跟踪、分析和可视化研究等智能工具。特色功能包括：Scopus 作者标识符为 Scopus 中的每个作者分配了一个唯一编号并将该作者所著述的所有文献分为一组，从而可以将相似的项目区分开来。CiteScore 可以简单地衡量来源出版物（例如期刊）的引用影响。Scopus 高级搜索功能里包含了 Elsevier 数据科学团队针对 16 个可持续发展目标建立的预先生成的搜索查询结果，可帮助研究人员和机构跟踪和展示联合国可持续发展目标（SDG）进展

续表

数据库/工具	功能简介
自然指数	自然指数（Nature Index）是自然出版集团推出的用以追踪全球作者或机构在 82 种国际一流期刊的论文发表情况的数据库。该数据库月度更新，从 2013 年开始每年发布一次年度数据统计报告，以汇总前一年的数据。自然指数对物理、化学、地球与环境科学、生命科学这 4 个学科领域发表在由专家组遴选的 82 种国际期刊上的论文数量进行国家和机构排名，论文计数有两种方法：第一种是论文计数——不论 1 篇文章有 1 个还是多个作者，每位作者所在的国家或机构都获得 1 个 AC 计数。第二种是分值计数——考虑的是每位论文作者的相对贡献。1 篇文章的总分值为 1，在假定每人贡献相同的情况下，该分值由所有作者平等共享。例如，1 篇论文有 10 个作者，那每位作者的 FC 得分为 0.1
IncoPat	IncoPat 收录了全世界范围的海量专利信息，集成了专利检索、专题库、分析和监视预警等多个功能模块，提供全面、准确、及时的创新情报。根据国家知识产权局办公室关于印发《战略性新兴产业分类与国际专利分类参照关系表（2021）（试行）》的关系表，对战略性新兴产业分类的数据进行了标引，并支持显示、检索、统计筛选和分析。旗舰版 IncoPat 集成了德温特世界专利索引（DWPI）专利信息数据库，专为中文用户提供权威、精确的数据，提升专利检索与查看效率。人工扩展的专利标题，突出范围、新颖性、用途；信息结构化的摘要内容，区分用途、优势、新颖性；统一的中文机翻摘要，方便中文使用者阅读、检索各国专利；DWPI 专利家族通过人工识别具有相同发明的专利家族，完善家族信息，避免重复阅读相同发明；标题摘要使用统一的术语表达进行改写，提高理解效率及检索准确度。语义检索功能同时呈现出了对于新的专利技术/各领域专利技术的适应能力、更加聚焦于专利的主题意图、更好地过滤了噪音词汇、更加重视技术细节等性能，提供给用户更加智能、更加符合用户期望的语义检索体验
CiteSpace	CiteSpace 是一个免费的 Java 应用程序，用于支持科学计量学相关分析的一种渐进式的知识领域可视化分析软件。它侧重于寻找一个领域或领域发展的关键点，特别是智力转折点和关键点。CiteSpace 提供了多种功能来促进对网络模式和历史模式的理解和解释，包括识别快速增长的主题领域、在出版物领域寻找引用热点、将网络分解为集群、使用引用文章中的术语自动标记集群、合作的地理空间模式，以及国际合作的独特领域。CiteSpace 支持对源自科学出版物的各种网络进行结构和时间分析，包括合作网络、作者同被引网络和文献耦合网络。它还支持术语、机构和国家等混合节点类型的网络，以及同被引、同现和定向引用链接等混合链接类型的网络。CiteSpace 支持的主要来源是 Web of Science，同时 CiteSpace 还提供了一些简单的接口，用于从 PubMed、arXiv、ADS 和 NSF Award Abstracts 中获取数据。CiteSpace 可用于根据作者的位置生成可在 Google 地球中查看的地理地图叠加层
SCI2	SCI2 工具是专门为科学研究而设计的模块化工具集。它支持微观（个人）、中观（局部）和宏观（全球）级别的学术数据集的时间、地理空间、主题和网络分析和可视化。借助 SCI2，研究人员可实现在线访问科学数据集或加载自己的数据集；使用可用的最有效算法执行不同类型的分析；使用不同的可视化来交互式地探索和理解特定的数据集；跨科学边界共享数据集和算法。最典型的特点有 3 个：其一是 SCI2 集成了有关科学计量学研究的主流分析功能，如合作、引用、同被引、文献耦合、突发词监测、地理地图分析等。其二是 SCI2 集成了社会网络分析的多数算法，可以快速地计算网络的度数、密度，以及进行社团划分。其三是集成了 GUESS、Gephi 等丰富的可视化工具，实现了分析计算结果与可视化呈现的无缝连接

续表

数据库/工具	功能简介
VOSviewer	VOSviewer 是一个用于构建和可视化文献计量网络的软件工具。这些网络可能包括期刊、研究人员或个人出版物等节点，它们可以基于引用、文献耦合、同被引或作者合作关系进行构建。VOSviewer 还提供了文本挖掘功能，可用于构建和可视化从大量科学文献中提取的重要术语的共现网络。可分析的数据类型主要包括：Web of Science, Scopus, Dimensions, Lens, and PubMed; Crossref, Europe PMC, and OpenAlex; Semantic Scholar, OpenCitations, and WikiData 等。三大核心技术包括：第一，先进的布局和聚类技术。提供了用于网络布局和网络社团划分的最新技术，布局和聚类结果可以使用各种参数进行微调。第二，自然语言处理技术。自然语言处理技术可用于创建基于英语文本数据的术语共现网络，可以通过算法区分相关和非相关术语。第三，创建文献计量网络。许多高级功能可用于创建文献计量网络（例如，共同作者、文献耦合和共引网络）。可以使用分数计数方法来开展统计分析，可以使用词库文件执行数据清理
CitNetExplorer	CitNetExplorer 是一个用于可视化和分析科学出版物引文网络的软件工具。该工具允许直接从 Web of Science 数据库导入引文网络。可以交互式地探索引文网络，例如通过深入研究网络和识别密切相关的出版物集群。该工具的四大特点包括：第一，分析研究领域随时间的发展情况。对一个领域中最重要的出版物进行可视化，并显示这些出版物之间的引用关系，以指示出版物如何相互关联。第二，识别有关研究主题的文献。通过识别在引文关系方面彼此密切相关的出版物来描述有关研究主题的文献。第三，探索研究人员的出版作品。通过对研究人员出版物的引文网络进行可视化，显示研究人员的工作如何影响其他研究人员的产出。第四，支持文献综述。通过识别被一个或多个选定出版物引用或引用的出版物来促进系统的文献审查
DDA	德温特数据分析软件（Derwent Data Analyzer，DDA）是一款专利和论文等文献统计与挖掘软件，可以对文本数据进行多角度的数据挖掘和可视化分析。对海量数据清理、洞察科技发展趋势、发现新兴技术、寻找合作伙伴，确定研究战略和发展方向提供有价值的依据。支持对 Web of Science 数据、Derwent Innovation 数据无缝衔接的快捷导入；具有自动和人工两种手段开展数据清理功能，提高分析效率和准确度

注：简介信息基于各数据库或工具官网介绍整理。

8.4　研究方向与进展

对于科学学大数据分析在知识发现研究中的重要性这一问题，学术界尚无系统的梳理和认识，为此，本章主要从揭示科研规律、解析科学结构、分析科研活动、支撑技术识别与预测、服务科技评价等 5 个方面，述评和讨论科学学大数据分析及其科学学知识发现研究方面的主要内容、方式和价值、进展，以及面临的挑战等问题，以期全面观察科学学大数据分析与知识发现研究的总体进展态势与未来发展展望。

8.4.1　揭示科研规律

基于丰富的科学学大数据，可以揭示与描绘科学研究的内在规律与特征，如揭示学科方向的诞生与演化进程，挖掘科研活动规律，科研创新规律等，有助于从科学研究全过程视角整体理解影响科学发展的各种因素，从而促进科技管理与研发组织行为向更优方向发展。例如，Schummer（2004）归纳出学科交叉研究中存在对称和非对称两种合作模式，该研究描述了许多学科、国家和机构的科学家和工程师以惊人的速度越来越多地从事纳米级研究的最新发展，通过对 2002 年和 2003 年在"纳米期刊"上发表的 600 多篇论文的共同作者分析，调查了这种明显的一致性是否伴随着多学科和跨学科以及机构和地理研究合作的新形式和程度，借助可视化方法，对研究合作的模式进行了分析，并与经典学科研究的模式进行了比较，发现当前的纳米级研究没有揭示出特定的跨学科模式和程度，其明显的多学科性由不同的、很大程度上是单一学科的领域组成，这些领域彼此相当不相关，而且几乎没有比前缀"纳米"更多的共同点。Zuo 和 Zhao（2018）发现机构的学科多样性与合作水平并没有明显的正相关关系，他们分析了来自 3 个跨学科领域（信息、公共政策和神经科学）的 100 多个学术机构的 2500 名教职员工的 90 000 篇论文，基于社交网络分析和文本挖掘方法，分析了跨学科与研究合作之间的联系。分析表明，更多的跨学科机构不一定更具合作性，尽管它们确实具有更多跨学科的合作。该研究结果为学术管理者和政策制定者促进学术机构的研究合作和跨学科性提供了启示。这些发现提示我们在开展学科交叉研究时，利用机构的学科领域结构或合作结构时，需要进行合理的边界限定，避免绝对化的假设。Wu 等（2019）关于小团队更有潜力做出颠覆性创新（图 8-2）的发现表明，科技创新活动需要多元组织模式，在制定科技政策工具与科研资助过程中需要考虑支持多形式的科研组织机制。

以 Wu 等（2019）的工作为例，我们通常以为，开展重大科研项目攻关，取得颠覆性技术突破，需要大量的人力和财力投入，需要更大规模的团队规模。实际情况亦然，各个领域大团队普遍增长，而小团队或独自一人的研究越来越少。然而，Wu 等（2019）通过分析 1954～2014 年超过 6500 万篇论文、专利和软件产品等发现，较小的团队倾向于用新的想法和机会来颠覆现有科学和技术，而较大的团队倾向于关注现有的科学和技术。他们指出，大型团队的工作更加追求最近的和流行的趋势，以寻求即刻受到关注。相比之下，较小团队更多地去深入研究过去，被认为是可能会对科学和技术带来颠覆性影响，并可能在未来取得更大的成功。该研究结果表明，小型和大型团队对于蓬勃发展的科技生态至关重要，为实现这一目标，科学政策应旨在支持团队规模的多样性。

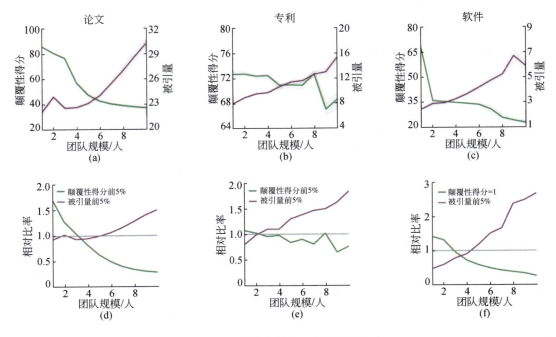

图 8-2　小团队颠覆，大团队发展

注：1954～2014 年，更大规模的团队中每增加一个团队成员，产生的论文（1954～2014 年发表的 24 174 022 篇 WOS 文章）、专利（2002～2014 年转让的 2 548 038 项美国专利）和软件（2011～2014 年上传的 26 900 个 GitHub 存储库）的颠覆性得分是显著下降的。

资料来源：Wu et al.，2019。

　　通常而言，科学规律是指通用的普适规律和表征，然而，就科学研究而言，这种普遍的规律或特征通常是受限于一定地域或领域范围内的共性特征和规律，这种规律是在特定文化、特定领域背景下产生的。因此，基于科学学大数据揭示的科研规律和特征的普适性需要辩证地理解，将其限定在一定的条件下进行解读，必要时进行相应检验。例如，温芳芳（2015）研究发现，我国和国外在情报学领域的合作模式就存在差异，我国的学者合作关系以师生或同事等亲缘关系为主，而国外的合作主要基于共同的研究领域或研究兴趣。因此，就此而论，在解读同样的两个网络时，一样的数据特征背后却暗含着不同的内在动力，如果要将国内外合作网络整合在一起进行讨论时，将是一个非常棘手的现实挑战。

8.4.2　解析科学结构

　　得益于网络分析方法、数据挖掘算法、机器学习模型、信息可视化方法的发展，以及 CiteSpace、SCI2、VOSviewer、CitNetExplorer 等各类分析工具的出现，研究人员可以从基于科学学大数据的外部特征出发来解析并识别出科技领域本身固有的、客观存在的科学结构特征（卫军朝和蔚海燕，2011）。例如，Janssens（2019）就证实了基于文本与文献计量学的数据关系来揭示研究领域科学结构的有效性；邱均平等（2013）和 Chen 等（2015）发现了引文网络在呈现科学结构和学科演化过程方面的作用；Gates 等（2019）发现自 20世纪初期至今，所有学科的发展都表现出交叉性的增长现象；研究发现，作者合作网络社团（Girvan and Newman，2022）是呈现科学结构的有效手段（陈云伟等，2016）。

需要指出的是，当前针对科学结构的分析多基于合作或引用网络而展开，然而这种选择尚无系统的理论解释，也无明确的理论依据，到底哪种类型的网络更适用于揭示科学结构，还需深入探讨。例如，Ahlgren 等（2020）比较了通过间接引文关系（文献耦合、共引和扩展的直接引用）和文本关系来增强直接引用关系，观察对基于出版物–出版物相关性网络聚类效果的影响。为了比较，该文包括了增强直接引用所涉及的每种方法。为了评估这些方法，该文所使用的评估标准是基于 MeSH 的相似性网络。结果表明，利用共引方法构建的网络所形成的社团划分性能最差，直接引用方法的性能优于其他五种研究方法。扩展的直接引用方法具有最佳性能。将直接引用与文献耦合和共引相结合的方法比文献耦合方法的性能略好。该文采用了一种基于插值精度值的方法，通过该方法可以研究整体相对聚类解决方案的精度（图 8-3）。此外，针对多元异构网络或混合网络的社团划分研究已被证实具有更有的效果（张瑞红等，2019；蒋璐和陈云伟，2021），因此在科学结构研究中还需持续研究网络的构建问题，网络是否科学、合理且准确，是能否有效揭示科学结构的最基本前提。

在此驱动下，我们团队开展了混合网络的社团划分方法研究。所谓混合网络是指含有多种节点类型或多种关系的网络，即网络中同时包含作者和论文两种或两种以上类型的节点、或网络的边涵盖了合作、引用或主题相似等两种或两种以上的关系。笔者团队以作者为节点，构建了基因编辑领域作者间基于合作与引用关系的混合网络，并基于不同加权方法赋予混合网络边不同的权重方案，进而进行社团划分，以期找出更为准确合适的混合权值，修正单一网络社团划分的结果的单一性。合作与引用关系相互作用下的社团改变，展示出了比仅基于一种关系所无法说明的科学结构，最终用于更好地揭示科学结构。

8.4.3　分析科研活动

通过分析论文、专利等科研产出数据，以及科学家个人的教育经历和职业生涯等信息，可以揭示研究人员的科学行为、就业和职业选择等规律性知识，可以揭示科研团队或机构的组织运行模式，对于指导科研团队建设、人才引进与培养等工作具有重要价值。贾韬和夏锋（2019）指出，科学的复杂性、数据的可用性、对科学研究中客观规律认知的现

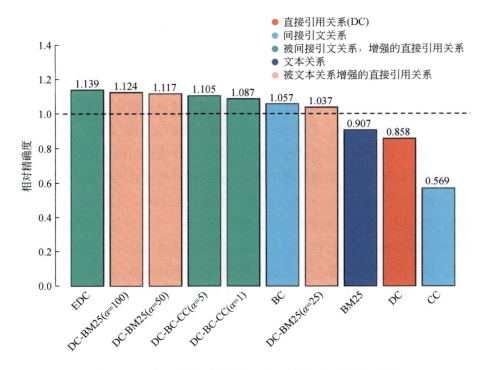

图 8-3　10 个相关性度量的相对整体聚类解决方案准确度

注：EDC 是指增强直接引用；DC-BM25 是指被文本关系增强的直接引用关系；DC-BC-CC 是指被同被引关系和文献耦合关系增强的直接引用关系；BC 是指文献耦合关系；CC 是指同被引关系；BM25 是指一种文本关系。通过比较直接引用、同被引、文献耦合以及被 BM25 主题网络增强的引用网络的社团划分效果后发现，基于图书情报领域常用的同被引网络划分的社团，对主题的区分度相对较弱。

实需求使科学学在近年来成为研究热点，其中研究并理解科研工作者科研活动的行为特征则成为首要规律解释性问题。相关研究可归纳为科学家研究兴趣的演化、科研合作的内在驱动因素、科研团队差异、多维度科研评价与学术不端监测等几类。例如，在针对科研人员个人的科研活动研究方面，Sugimoto 等（2017）研究发现科研人员的自由流动最有利于发挥科学家的最大价值，最有利于科学体系的健康发展。Zeng 等（2019）发现研究人员在职业生涯早期不宜频繁地转变研究方向。王贤文等（2012）发现了不同国家科学家的工作习惯存在明显差异，他们提出了一种监测和记录科学家工作时间表的新方法，全天候地从 Springer 实时记录科学论文的下载信息，进而探索科学家的工作习惯。观察发现，许多科学家每天下班后仍在从事他们的研究工作，其中许多人一直要工作到深夜，甚至是第二天早上。周末也是科学家工作的重要时间。在美国科学家通宵工作的情况更为普遍，而中国科学家大多在周末仍忙于科学研究（图 8-4）。冯志刚等（2020）研究发现，全球范围内跨国专利日益增加，并形成了以美、英、德为核心的跨国专利申请网络。冯志刚和张志强（2020）的另一项研究表明，行为态度、感知行为控制和主观规范对潜在跨学科合作的开展有显著正向影响。

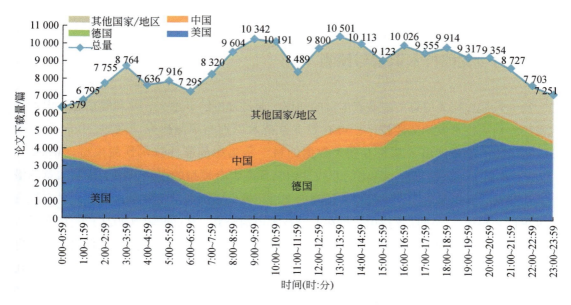

图 8-4　前 3 个国家/地区的每小时论文下载量［2012 年 4 月 12 日（格林威治标准时间）］

在针对科研机构或科研团队的科研活动研究方面，张志强等（2018）比较了国际上 4 家量子科技科研团队的科研活动特征，进而通过科学家合作网络揭示科研团队的研究组织方式的差异，基于人才队伍学科背景与年龄信息揭示团队的结构，通过每位科学家论文篇均被引信息揭示科研人员影响力总体水平和分布结构，更全面揭示科研团队竞争力和科研水平等信息。研究结果显示，在量子信息研究步入全球竞赛的背景下，中国的量子信息研究在国际上处于领先水平，中国科学院量子信息与量子科技创新研究院与美国麻省理工量子理论中心、英国牛津量子计算中心以及加拿大卡尔加里量子科技所相比，各自研究特色鲜明，中国科学院量子信息与量子科技创新研究院的定位是为形成完整的国家实验室构架创造条件并奠定基础，重点聚焦于量子通信和量子计算等实验与应用研究；而麻省理工量子理论中心的定位是探索和解决在极端量子信息环境下 NP 完全问题（世界七大数学难题之一，即多项式复杂程度的非确定性问题）、量子通信编码技术和量子传感和控制的基本物理限制这三大理论问题；牛津量子计算中心的定位是利用新一代设备更好地探索量子效用；卡尔加里量子科技所的定位是开展量子科学与技术领域关键理论和实验主题的前沿研究。中国科学院量子信息与量子科技创新研究院科研团队人员平均年龄最小，年轻科学家占比最高，学科背景相对单一地集中于物理领域，以集团军式的联合攻关工作模式为主，而其他 3 个科研单元科研团队人员平均年龄较高，中年科学家占比最高，学科背景相对更加多样化，科学家更多的是各自开展研究。基于这些研究发现，中国团队提出了加强量子信息科技学科交叉研究、强化基础理论研究、加强顶尖人才引进和潜力人才培养、创新管理服务体制机制建设一流创新生态系统等建议。

8.4.4　支撑技术识别与预测

科学数据与相关信息中蕴藏着丰富的知识，通过分析已有论文、专利等信息，识别技术前沿、新兴技术或颠覆性技术，可有效支撑技术识别与预测研究。例如，Buchanan 和 Corken（2010）开发出了基于专利大数据的科学密集型颠覆性技术预测模型。Wang 等（2021）提出了一种基于神经网络的非线性引文预测组合模型的概念，用于预测文章的潜在被引频次，其结果表明，该模型在预测论文潜在被引频次和学术文章排名方面具有较高的准确性和鲁棒性，进而支持用于潜在前沿技术识别研究。Huang 等（2021）利用在线医疗咨询、在线医疗预约和在线医疗搜索等在线医疗行为数据，采用多元向量自回归模型进行预测病例数的发展趋势，为指导疫情防控和资源调配提供参考依据。Farber（2016）还采用了语义维基技术开展技术预测与技术监测研究，证明了语义维基除了可作为理想的知识管理工具外，在技术预测与技术监测领域也可发挥作用。技术雷达（technology radar）和技术组合（technology portfolio）是工业中广泛使用的两种技术监测和预测方法，也是技术语义维基不可分割的一部分。技术雷达的目的是检测满足特定配置文件的一整套技术，可以针对当前或未来的产品、服务或流程对调整配置文件（图 8-5）（Farber，2016）。

在技术预测领域，早先的研究主要以同行评议与德尔菲法为主，然而在图书情报领域，研究人员对基于定量数据开展技术预测研究的热情持续不减。例如，基于引用网络的主路径识别研究被认为是技术预测研究的有效工具，可以沿着引用主路径分析技术演化的历程，并预测下一步发展趋势。陈云伟等（2017）提出了引擎技术的概念，并提出与专利权人合作网络结构有关的四点假设来反映引擎技术的特征，在此基础上开展了基于大规模专利数据集的专利权人合作网络结构分析，实现对引擎技术的预见研究。该研究结果表明，引擎技术与非引擎技术的专利权人合作网络结构存在显著的差异，反过来基于这种网络结构的差异特征即可实现技术预见研究。

然而，急剧增长的科学学大数据对分析方法和工具的需求快速增加，传统的统计与分析指标、算法和模型已经无法满足新的研究需求，特别是在技术识别与预测研究方法，尚无完全可靠的有效方法和工具。为了解决这一瓶颈问题，一方面需要构建科学可行的理论框架体系和方法体系，提出有效的算法或模型，另一方面要求开发开源的标准化工具和平台供用户广泛使用并不断升级工具的实用性。

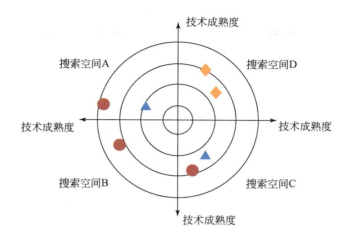

图 8-5　技术雷达的构成要素

注：技术雷达分为不同的搜索空间 A、B、C、D，这些搜索空间通常是技术的不同领域（技术类），它们被存储为技术的属性，也可以将产品的趋势或功能视为搜索空间。成熟度可以存储在相应的技术配置文件中，例如，1（状态：基础研究）和 5（状态：进入市场）之间的数值。技术越靠近技术雷达的中心，该技术就越适合应用，而实际应用的时间间隔就越短。如果一项技术是面向产品的，那么它就非常适合应用。另一方面，愿景声明中提到的技术远未准备好应用，但是它们被列出以密切关注它们。图中描绘的技术具有不同的形状和颜色，具体取决于公司对这些技术的特定相关性评估。通常，这些技术被分为低相关性、中等相关性、高相关性和未申报。有关相关性的信息可以从技术概况中获取，类似于成熟度。这种可视化中所描绘的相关程度主要有助于概述公司的技术方向。

资料来源：Farber，2016。

8.4.5　开展科技评价

国务院办公厅 2021 年 7 月发布《关于完善科技成果评价机制的指导意见》（以下简称《意见》），强调要坚持正确的科技成果评价导向，创新科技成果评价方式，健全完善科技成果评价体系，更好发挥科技成果评价作用，促进科学技术发展，强化原始创新，推动技术创新和产业发展，最终促进经济社会发展（陈云伟和张志强，2020）。因此，科技成果评价工作必须要回归科学研究本身来寻求科学的解决方案，真正通过科学的评价方案去催生真正高水平的科技成果。

在此过程中，一方面，我们要充分认识到科技成果价值的多元性，避免采用单一的、片面的指标。例如，学术论文发表了大量基础研究的理论成果或原创发现，是评估科技成果科学价值的重要载体之一，但是却不能有效反映其他几类价值。许多关键核心技术的突破往往只是特定的参数或指标的优化，非专业人员很难发现其背后隐含的重大技术价值，而这种技术优化与改进所带来的潜在经济价值更是受多元因素影响的。人文社科领域成果如果也用影响因子或专利等指标来衡量，则很容易抹杀掉其文化价值，特别是文化价值又是很难度量的，如果利用科学与技术类指标来对其进行评价，文化价值则往往容易被忽视。

　　另一方面，科技成果多元价值的评估就涉及到不同评估方法与指标选取的问题。研究成果和影响是多维概念，各类科技评价指标都不是万能的，因此要特别注意避免误用、错用各类评价指标，目前的赢得学术界共识的普遍做法是采取定量与定性相结合的方法，其中定量指标常常用于支撑定性的专家评议（DORA，2012）（Hicks et al.，2015），并受到严格的限制（Adams et al.，2019；Moed，2020）。在如何利用定量评价指标时，《意见》第八条对指标利用的原则进行了解释，即要坚决破解科技成果评价中的"唯论文、唯职称、唯学历、唯奖项"问题，全面纠正科技成果评价中单纯重数量指标、轻质量贡献等不良倾向，鼓励广大科技工作者把论文写在祖国大地上。需要注意的是，在《意见》以及科技部早先文件里，提出要对论文评价实行代表作制度，要鼓励发表"三类高质量论文"。在实际操作中需要处理好 SCI 论文与高质量论文的关系问题，合理利用期刊的影响因子、被引频次等数据。科学合理地使用定量评价指标已成为科技界关注与议论的焦点，如何改进定量评价指标也是学术界非常关注的问题，科学学大数据的发展为科技评价走向深化带来了契机。例如，刘强等（2021）采用引文迭代的思想，加入时间维度，构建了同时考虑论文被引次数、发表期刊质量和施引论文影响力的动态论文影响力评价 Q 指数，并基于作者全部论文的 Q 指数得分构建了反映科学家影响力 F 指数（图8-6），可揭示论文基于多个引用层级的施引文献的影响力差异。通过对数学领域的高被引科学家的分析结果表明，该研究提出的基于迭代的论文影响力和作者影响力评价方法可克服传统方法看重被引频次而忽视被引频次背后蕴含的施引文献质量差异的不足，可得出更为深层次的信息，提高科学家影响力评价结果的被认可度和被接受度。

8.5　科学学大数据分析与知识发现研究展望

　　前文从 5 个方面讨论了科学学大数据分析对于知识发现而言的价值与发挥作用的方式或途径，我们可以发现，越来越丰富的科学学大数据为深入开展知识发现研究提供了前所未有的数据基础。然而，由于科学学大数据类型多样、数量庞大，而知识发现的需求却非常具体且异常迫切，在供给与需求两段尚存在一定程度的鸿沟，弥补这一鸿沟的用于科学学大数据分析的理论、方法和工具仍相对缺乏，科学学大数据分析用于知识发现依然面临着极大的挑战，同时也迎来重大机遇。

　　1）科学学大数据自身的数据质量建设是决定知识发现深度的基本前提。当我们计划

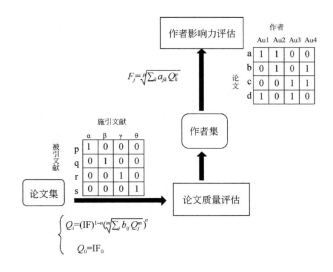

图 8-6　基于引用迭代的论文和科学家影响力评价方法

注：在非线性的作用下，论文的影响力 Q_i 应该更加倾向于那些被高影响力论文引用的论文。其中 *b* 是引文网络的邻接矩阵，b_{ij} 是矩阵中的相应元素值，对于每一篇文献 i 而言，越是影响力高的文献对其产生引用越能体现其价值。在此处设定一个比例系数 m，比例系数 m 即是非线性作用的体现，其作用即是调节基于施引文献影响力的数据计算出的结果从而使得结果到达一个可解读性最强的数量级，b_{ji} 的值代表的是两篇文献之间是否存在引证关系，其值非 0 即 1。科学家的影响力 F_j 应该更加倾向于发表的那些高影响力的论文。其中 *a* 是作者–论文网络的邻接矩阵，a_{jk} 是矩阵中的相应元素值，对于每一个作者 j 而言，越是影响力高的文献对其影响力带来的作用越大。此处同样需要设定一个比例系数 p，比例系数 p 即是非线性作用的体现，其作用即是调节基于作者所著文献影响力的数据计算出的结果从而使得结果到达一个可解读性最强的数量级，a_{jk} 的值代表的是一个作者是否撰写了某篇文献，其值非 0 即 1，IF 代表影响因子。

资料来源：Liu et al., 2021。

开展一项令人期待的研究时，先要考虑的就是需要什么数据，在哪里才能获得这些数据。然而，多数情况下我们很难一站式地获取全部所需的数据，如果能从多个来源汇集到全部所需数据，已足够令人欣喜。多数情况下，开展科学学研究时我们常常要根据可用数据的情况来调整研究方案，甚至降低既定目标。可见，基于科学学大数据的知识发现研究对科学学大数据的质量建设提出了更具体的要求，需要有越来越多类型的数据库，以满足不同角度的分析；需要在统一的标准指导数据库建设，以提高不同数据来源的数据集成利用的效果；需要重视知识图谱技术的运用，重视元数据以及数据库中各个字段的关联关系建设；需要强化高标准的实体标引及消歧工作；需要集成多类型数据于一体的新型数据库。

2）倡导问题导向的知识发现研究，科学地利用科学学大数据，大胆假设、小心求证。数据是宝贵的财富，我们要提高对已有数据的利用效果，充分利用各类型科学学大数据，但是要避免开展数据导向的知识发现研究，即不能因为可用某些数据而仅开展基于这些数据的知识发现研究，这也是当前很多数据分析工作的局限性所在。所谓问题导向的知识发现研究，即从研究之初所提出的假设出发，围绕既定目标，选取适合的数据、有效的算法或模型来验证这种假设。例如，不论是前文提及的基于科学学大数据分析的科学结构研究、科研规律与科研活动研究，还是技术预测与科技评价研究，这些都是问题导向的研究，理想的研究方案应是围绕相关问题选定若干类型数据来开展研究，然而在当前的数据环境下，研究人员最常用的手段依旧是选择较长时间尺度的较大规模论文数据开展研究。这种与生俱来的局限性导致了相关知识发现或特征规律都仅能限定在一定边界范围内进行有限解读或利用。

3）科学解读并利用基于科学学大数据分析所取得的知识发现成果。以用于科技评价为例，2021 年 7 月，国务院办公厅发布《关于完善科技成果评价机制的指导意见》，强调要坚持正确的科技成果评价导向，创新科技成果评价方式，健全完善科技成果评价体系，更好发挥科技成果评价作用。一方面，我们要充分认识到科技成果价值的多元性。科技成果的科学价值、技术价值、经济价值、社会价值、文化价值的内在属性是存在明显差异的，能分别揭示这些价值的指标也不尽相同。科学学大数据能反映的价值也不是完全全面的。另一方面，我们要科学、合理、有限地利用各类基于科学学大数据的评价结果。研究成果和影响是多维概念，各类科技评价指标都不是万能的，因此要破解科技成果评价中的"唯论文、唯职称、唯学历、唯奖项"问题，全面纠正科技成果评价中单纯重数量指标、轻质量贡献等不良倾向，特别注意避免误用、错用各类评价指标。

参 考 文 献

陈云伟，曹玲静 . 2020. 科学学大数据研究的机遇与挑战 . 信息资源管理学报，10（3）：11-17，69.

陈云伟，邓勇，陈方，等 . 2017. 引擎技术预见模型的构建及实证研究 . 图书情报工作，61（13）：77-86.

陈云伟，许轶，王立娜，等 . 2016. 基于网络结构的科研单元的科研范式研究 . 图书情报知识，（5）：53-61.

陈云伟，张志强 . 2020. 科技评价走出"破"与"立"困局的思考与建议 . 情报学报，39（8）：796-805.

冯志刚，张志强 . 2020. 潜在跨学科合作行为影响因素分析 . 情报理论与实践，43（2）：114-120，149.

冯志刚，张志强，刘自强 . 2020. 国际跨国专利所有网络结构及演化规律研究 . 情报科学，38（7）：153-161.

贾韬，夏锋 . 2019. "科学学"视角下的科研工作者行为研究 . 大数据，5（5）：38-47.

蒋璐，陈云伟 . 2021. 多节点多关系的混合网络社团划分研究综述 . 图书情报工作，65（19）：142-150.

潜伟 . 2022. 坚持新时代中国特色的科学学研究 . 科学学研究，40（1）：1-3.

邱均平，董克 . 2013. 引文网络中文献深度聚合方法与实证研究——以 WOS 数据库中 XML 研究论文为例 . 中国图书馆学报，39（204）：111-120.

卫军朝，蔚海燕 . 2011. 科学结构及演化分析方法研究综述 . 图书与情报，（4）：48-52.

温芳芳 . 2015. 基于社会网络分析的中外情报学合作模式比较研究 . 情报科学，（7）：128-133.

张吉祥，张祥森，武长旭，等 . 2022. 知识图谱构建技术综述 . 计算机工程：1-16.

张瑞红，陈云伟，邓勇 . 2019. 用于科学结构分析的混合网络社团划分方法述评 . 图书情报工作，63（4）：135-141.

张志强，陈云伟，陶诚，等 . 2018. 基于文献计量的量子信息研究国际竞争态势分析 . 世界科技研究与发展，40（1）：37-49.

赵兰香 . 2020. 立足我国科技创新实践，关注科学学研究新需求 . 科学学研究，38（1）：1-2.

Adams J, McVeigh M, Pendlebury D, et al. 2019. 全面画像而非简单指标 . 科学观察，14（4）：58-65.

Ahlgren P, Chen Y W, Colliander C, et al. 2020. Enhancing direct citations: a comparison of relatedness measures for community detection in a large set of PubMed publications. Quantitative Science Studies, 1 (2): 714-729.

Buchanan B, Corken R. 2010. A toolkit for the systematic analysis of patent data to assess a potentially disruptive technology. Intellectual Property Office United Kingdom.

Chen S, Arsenault C, Gingras Y, et al. 2015. Exploring the interdisciplinary evolution of a discipline: the case of Biochemistry and Molecular Biology. Scientometrics, 102 (2): 1307-1323.

DORA (The San Francisco Declaration on Research Assessment) . 2012. https://en. wikipedia. org/wiki/San_ Francisco_ Declaration_ on_ Research_ Assessment. ［2017-11-05］.

Farber M. 2016. Using a semantic wiki for technology forecast and technology monitoring. Program- Electronic Library and Infaomation System, 50 (2): 225-242.

Fortunato S, Bergstrom C T, Börner K, et al. 2018. Science of science. Science, 359 (6379): eaao0185.

Gates A J, Ke Q, Varol O, et al. 2019. Nature′s reach: narrow work has broad impact. Nature, 575 (7781): 32-34.

Girvan M, Newman M E J. 2002. Community structure in social and biological networks. PNAS, 99 (12): 7821-7826.

Hicks D, Wouters P, Waltman L. et al. 2015. The Leiden Manifesto for research metrics. Nature, 520: 429-431.

Huang W S, Cao B L, Yang G, et al. Turn to the Internet First? Using Online Medical Behavioral Data to Forecast COVID-19 Epidemic Trend. Information Processing & Managemet, 2021, 58 (3): 102486.

Janssens F. 2019. Clustering of Scientific Fields by Integrating Text Mining and Bibliometrics. https://repository. libis. kuleuven. be/dspace/bitstream/1979/847/5/PhD_ Frizo_ Janssens. pdf. ［2019-12-12］.

Ji S X, Pan S R, Cambria E, et al. 2021. A Survey on Knowledge Graphs: Representation, Acquisition, and Applications. IEEE transactions on neural networks and learning systems. Doi10. 1109/tnnls. 2021. 3070843.

Moed H F. 2020. Appropriate Use of Metrics in Research Assessment of Autonomous Academic Institutions. Scholarly Assessment Reports, 2 (1): 1.

Nature Index. 2013. Frequently asked questions. https://www. natureindex. com/faq#introduction1 ［2019-12-12］.

Liu Q, Jorge Gulín-González, Chen Y W. 2021. A citation iteration method for publications and scientists evaluation. Data Science and Informetrics, 1 (2): 100-109.

Schummer J. 2004. Multidisciplinarity, interdisciplinarity, and patterns of research collaboration in nanoscience and nanotechnology. Scientometrics, 59 (3): 425-465.

Siegenfeld A F, Bar-Yam Y. 2020. An Introduction to Complex Systems Science and Its Applications. Complexity: 6105872.

Sugimoto C R, Robinson-García N, Murray D S, et al. 2017. Scientists have most impact when they're free to move. Nature News, 550 (7674): 29-31.

Wang K H, Shi W X, Bai J S, et al. 2021. Prediction and application of article potential citations based on nonlinear citation-forecasting combined model. Scientometrics, 126 (8): 6533-6550.

Wang X, Xu S, Peng L, et al. 2012. Exploring scientists' working timetable: Do scientists often work overtime? Journal of Informetrics, 6 (4): 655-660.

Wu L F, Wang D S, Evans J A. 2019. Large teams develop and small teams disrupt science and technology. Nature, 566 (7743): 378-382.

Zeng A, Shen Z, Zhou J, et al. 2019. Increasing trend of scientists to switch between topics. Nature Communications, 10: 3439.

Zuo Zhiya, Zhao K. 2018. The more multidisciplinary the better? - The prevalence and interdisciplinarity of research collaborations in multidisciplinary institutions. Journal of Informetrics, 12 (3): 736-756.

第 9 章

诺贝尔科学奖领域大数据挖掘与知识发现

诺贝尔科学奖因其获奖成果的科学价值之大、设立时间序列之长、奖励制度非功利性等众多因素，成为自然科学领域国际学术共同体普遍认可的最权威奖项，是国际上最具有影响力的科技奖励之一，为观察和研究科学发展规律提供了一个良好视角。

本章选择 1901～2021 年诺贝尔科学奖获奖者作为同时期杰出科学家的样本，对该公认的国际权威奖项获奖者大数据进行挖掘和知识发现。诺贝尔科学奖拥有几个鲜明的特征：作为世界上最重要的科学奖励系统，其获奖成果基本上代表了现代科学发展最杰出的成就，同时其获奖者是世界顶级科学家的权威代表；诺贝尔奖委员会建有完备的官方网站、收集有丰富的获奖科学家传记类材料，数据集权威、准确、开放、易获得；该奖项由 1897 年成立的诺贝尔基金会依据瑞典化学家阿尔弗雷德·贝恩哈德·诺贝尔 1895 年 11 月 27 日写下的遗嘱设立，并以创立人诺贝尔本人名字命名。于 1901 年首次颁发，至今已有 120 余年的历史，时间序列和时间跨度长；诺贝尔科学奖中具有师生关系的获奖者比例高达 54.63%，具有明显的师生关系聚集现象，是进行学术思想有机传承研究（师承效应研究）较好的素材。综上，在进行奖励信息学研究时，较世界其他权威奖项，诺贝尔科学奖数据集具有明显的优势。因此，本章以诺贝尔科学奖为分析对象，对奖励信息学研究的典型代表诺贝尔科学奖领域进行大数据挖掘与知识发现。全章共分为四部分，分别是奖励信息学及诺贝尔科学奖数据挖掘与知识发现简介，诺贝尔科学奖数据挖掘与知识发现研究现状，诺贝尔科学奖领域数据挖掘和知识发现存在的问题及我们对该领域开展的研究和发现。在对诺贝尔科学奖领域数据挖掘与知识发现的探索等内容中，将详细介绍和阐述该科技奖励获奖者的创造力峰值年龄变化、授奖时滞、获奖者机构属性特征、获奖者中存在的师承效应等几个方面的数据挖掘结果和具体知识发现。

9.1 引言

奖励信息学是近年来随着数据密集型科学研究（即科学研究的第四范式）的兴起，以各种科技奖励及其获奖者为研究对象，以计算机技术和统计学为研究方法工具，以扩展学科信息学和科学学研究领域为主要目标的一门学科；是学科信息学在重大科技奖励相关领域的具体化表现，是传统科学学伴随信息技术日新月异、数字时代蓬勃发展和全球重大科技奖励数据不断积累等背景下出现的新方向。它在一定程度上继承了学科信息学的理论基础和知识框架，丰富和拓展了学科信息学的研究范围。

目前，奖励信息学的内涵尚在探索和发展中，鲜有学者对其概念和研究内容做出明确的界定，但作为科学学和学科信息学重要的组成部分，奖励信息学相关研究和由此引发的关注正在快速累积。如张志强团队以对美国、欧洲国家、日本等五国共计 27 种有代表性的社会科技奖励科技进行了系统研究（任晓亚和张志强，2021），认为科学发现的规律研究主要涉及科学发现的生产者（即奖励获得者）和科学发现本身（即获奖成果）两个主体：以科学发现相关主体为研究对象的评价研究与规律发现主要是从国家/机构/领域分布、产出规律、关联网络、识别预测、比较研究几方面进行；以科学发现本身为研究对象的研究主要集中于对科学发现的分布、属性，基于引文分析方法的科学发现引用规律和科学研究成果及出版载体相关性研究。另外，该团队以拉斯克医学研究奖得主为例研究主要科技领域国际权威奖项规律及其驱动因素（任晓亚和张志强，2019），使用定性与定量相结合的方法对 22 项国际权威科学奖项（如 Turing Award、Lasker Award 等）中表现出的科学发现规律作深入研究（任晓亚和张志强，2022）。

我们认为，奖励信息学关于科技奖项研究的主要研究方向涉及获奖者群体特征挖掘、科技奖励的体制机制、科学发现知识传承与转移规律等科学学的数据挖掘与知识发现等方面。获奖者群体特征的数据挖掘研究内容，主要包括获奖成果产生年龄变化规律、博士学位获得年龄变化规律、获奖年龄变化规律、获奖成果产生时间与获奖时间差值（即授奖时滞）变化规律和科学研究者从业时间变化趋势及各种变化规律的相关性研究等。科技奖励的体制机制研究内容，主要包括获奖者中的师承关系聚集现象、获奖者机构属性特征、研究团体规模与研究成果创新性相关性研究等。诺贝尔奖科学发现知识传承与转移规律等科学学规律研究的内涵则更加广泛，从科学奖项的历史序列数据和科学奖项科学知识内涵等观察科学本身发展的各种内在规律等。推进奖励信息学的深度发展，将可能为完善我国科技奖励体制机制、优化我国杰出科技人才培养体制、揭示顶尖科学家科学研究行为变化规律、制定科技发展战略等提供事实依据和数据支持。

9.2　奖项信息学及诺贝尔科学奖数据挖掘与知识发现

诺贝尔奖（Nobel Prize）是诺贝尔基金会根据瑞典化学家阿尔弗雷德·贝恩哈德·诺贝尔（Alfred Bernhard Nobel，图 9-1）的遗嘱设立的国际奖项。诺贝尔出生于瑞典斯德哥尔摩，是瑞典化学家、工程师、发明家、军工装备制造商和炸药发明者，其一生拥有近400 项专利发明，并在欧美等五大洲 20 个国家开设约 100 家公司和工厂，积累了巨额财富。1895 年 11 月 27 日他在法国巴黎的瑞典–挪威人俱乐部立下遗嘱，用其遗产中的 920万美元成立一个基金会，每年将基金所产生的利息奖给在前一年中为人类作出杰出贡献的人，以表彰对社会做出卓越贡献，或做出杰出研究、发明以及实验的人。从 1901 年开始，诺贝尔基金会设立了国际性的诺贝尔奖。根据诺贝尔遗嘱，诺贝尔奖分设 5 个奖项：物理学奖，奖给在物理学方面有最重要发现或发明的人；化学奖，奖给在化学方面有最重要发现或新改进的人；生理学或医学奖，奖给在生理学和医学方面有最重要发现的人；文学奖，奖给在文学方面表现出了理想主义的倾向并有最优秀作品的人；和平奖，奖给为国与国之间的友好、废除使用武力与贡献的人。1968 年，瑞典中央银行在其成立 300 周年时，为纪念阿尔弗雷德·贝恩哈德·诺贝尔本人，增设"瑞典中央银行纪念阿尔弗雷德·诺贝尔经济学奖"（简称诺贝尔经济学奖），并于次年开始颁发。尽管此奖项并不属于诺贝尔遗嘱中所提到的 5 个奖项，但一般认为此奖项与 5 个奖项地位相同。根据诺贝尔奖遗嘱，在奖项评选过程中，获奖人不受任何国籍、民族、意识形态和宗教的影响，评选的唯一标准是成就的大小。

图 9-1　瑞典化学家阿尔弗雷德·贝恩哈德·诺贝尔（Alfred Bernhard Nobel，1833.10.21 ~ 1896.12.10）

选择诺贝尔科学奖作为奖励信息学的典型代表性研究对象，并对该领域进行大数据挖掘与知识发现，对奖励信息学的研究和发展具有重要意义。在国际众多科技奖励中，诺贝尔科学奖具有明显的优越性。具体而言，主要基于以下原因。

第一，自然科学从本质上是一门物化的学科，是滤去了人的情感和本性的机械的科学，具有内在的规定性和可比性。威廉·狄尔泰定法则（洪谦，1964）认为，自然科学是以自然界为研究对象的知识成果，是规律科学。在自然科学领域，杰出成就具有可识别性和可比性。优异的成就，特别在自然科学领域，是可辨识的，具有内在的一致性。诺贝尔科学奖包括诺贝尔生理或医学奖、诺贝尔化学奖和诺贝尔物理学奖，获奖成果属于自然科学领域。

第二，作为现代科学领域最具权威性的科学奖项之一，诺贝尔科学奖的影响与日俱增，其已经成为科学殿堂的皇冠与权杖。其获奖者绝大多数是做出杰出科学贡献并名垂青史的科学精英，是全球杰出科学家的权威代表。学术认可和杰出成就是紧密相连的。权威的评奖机构和严格的评选、申报程序使诺贝尔科学奖的评选尽量避免政治因素干扰。诺贝尔科学奖丰厚的奖金希望在为世界一流水平的科学家提供科研工作保障的同时使科学家的杰出贡献得到象征性的公开承认，这是诺贝尔科学奖成为世界级权威奖项的必然结果。120 余年来，诺贝尔科学奖奖励了自然科学领域基础科学最优秀的科学成果代表和最有成就的科学家代表。虽然诺贝尔科学奖评审机制也存在一定的局限性，并给诺贝尔科学奖带来了一些不易消除的遗憾，如罗伯特·伯恩斯·伍德沃德（Robert Burns Woodward）除获得 1965 年的诺贝尔化学奖之外，也应获得 1981 年的诺贝尔奖，只因在授奖当年该教授已不幸辞世而未获得奖励；1965 年中国首次在世界上人工合成牛胰岛素，只因提不出三人以内的获奖者名单而与该奖无缘；生理学教授约翰·詹姆斯·理查德·麦克劳德（Macleod，John James Rickard）并未参加胰岛素实验的具体研究工作，但分享了 1923 年诺贝尔生理学或医学奖等。但这些并没有影响诺贝尔科学奖成为一项有利于科学发展的奖项和激励机制（谭春辉和邱均平，2009）。很多国家将诺贝尔科学奖的获得与否作为衡量科学家或国家科研水平及科研实力的标尺。诺贝尔科学奖作为规范的科学奖励制度有利于科学诺贝尔科学精神、科学规范和科学评价的再发展，是科学控制的有效手段，展示了现代科学发展的基本趋势，引导着未来科学的研究方向，凸显了科学界公认的科学精神。

第三，诺贝尔获奖者数据序列足够长，获奖者数据足够多。从 1901 年第一届诺贝尔科学奖颁发至 2021 年 10 月的诺贝尔科学奖季，除个别年份没有授奖外，诺贝尔的物理学奖、化学奖、生理学或医学奖已分别成功颁发了 115 届、113 届和 112 届，共分别有 219 人次、186 人次、224 人次分获相应奖项，见表 9-1。无疑，诺贝尔科学奖是目前世界上已知的授奖时间最长、影响最大、获奖者人数最多的国际权威顶尖科技奖项，为该领域的数据挖掘和知识发现提供了丰富的数据保障。

表 9-1　1901～2021 年诺贝尔科学奖颁奖次数及获奖人次

诺贝尔科学奖奖项	奖项英文名称	颁奖次数	获奖人次
物理学奖	Physics	115	219
化学奖	Chemistry	113	186
生理学或医学奖	Medicine	112	224
合计		340	629

第四，诺贝尔科学奖只授予在世的人。这保证了数据不受底层人口寿命变化的影响。即，如果某位英年早逝的科学家比同时期寿命更长的科学家学术成就小，这种成就差距可能来自寿命的影响，也可能来自于特定年龄的影响。规定只授予在世的人，无形中为相关研究减少了潜在变量。这为该领域数据分析挖掘和知识发现的具体实施减少了现实的客观困难。

最后，诺贝尔科学奖具有完备、权威的官方网站，丰富的科技史资料。由诺贝尔基金会运营和维护的诺贝尔科学奖官方网站记录有绝大部分获奖者个人信息（包括自传、获奖年、出生年月、获奖缘由、所在机构、研究工作等）。信息准确翔实，有据可循。同时，国际社会特别是学术界对诺贝尔奖的广泛关注和研究，形成了大量的科技史资料。信息来源丰富、可靠。为该领域数据挖掘和知识发现提供了丰富的原始信息，是该领域能够很好地开展大数据挖掘和知识发现的根本数据保障。

9.3　诺贝尔科学奖数据挖掘与知识发现研究现状

诺贝尔奖自诞生之日起，几乎一年一度的奖项公布和颁奖晚会成为科技领域内的科学盛事，获奖者也随之成为人们关注的焦点。但从可以检索到的文献来看，国际上对诺贝尔科学奖进行系统的数据分析挖掘和知识发现始于《科学界的精英：美国的诺贝尔奖金获得者》（*Scientific Elite*：*Nobel Laureates In The United states*）一书（Zuckerman，1977）。我国从 1934 年便已经有正式文献关注诺贝尔奖及诺贝尔奖获奖者（傅东华，1934）。随后的很长时间内都是对于诺贝尔奖、获奖者、获奖者讲演或获奖成就的介绍和评价。1980 年《从诺贝尔奖金看美国获胜的风格》（李越果，1980）可以看作是我国学者首次对诺贝尔科学奖获奖规律进行的初步数据分析，随后出现了关于诺贝尔科学奖对科学研究、科学理论或实践的影响研究（周发勤和陈益升，1982；邢润川，1981），获奖者群体特征分析以及由此引发的关于我国科研管理体制、机制等问题的思考（陈益升和周发勤，1982；王健刚，1981）。研究工作涉及的范围广泛，研究力量分布较为分散。以下将从诺贝尔科学奖数据分析挖掘与知识发现的分析方法研究、补充数据研究、理论模型研究、重要规律研究和科学研究的影响因素研究等方面对诺贝尔科学奖数据分析挖掘与知识发现现状进行概述。

9.3.1 分析方法研究

对于诺贝尔科学奖获奖者的研究，学者们使用的研究方法主要可分为历史分析法、统计分析法、回归分析和面板数据分析四种（Lehman H，1953；Stern N，1978；Schettino F，Sterlacchini A and Venturini F，2013；Simonton，1960）。其中历史分析法是不可或缺的方法，其典型代表学者是 Lehman。他使用将近 20 年的时间完成了对哲学家、科学家、作曲家和艺术家、领导人（如宗教人物、企业家、政治家和评论家）、杂项名人（如运动员冠军，电影明星和导演）等各行各业杰出人物的历史分析，其中便包括对部分诺贝尔奖获奖者的纵向历史分析。在其他研究中，历史分析法作为辅助方法出现；在 Simonton（1960）之前，统计分析是该主题惯用的方法，主要计算在某一时刻不同年龄组的人所获得的技术成果、发明专利数量或发表论文数量，在此基础上统计在某一时刻年龄区间各年龄段内的人数。自他之后，分析方法日益复杂，目前主流的分析方法为面板数据分析。

9.3.2 补充数据研究

在自然科学领域，根据研究对象的不同，可以将创造力的衡量指标分为重大科技创新的获得（包括重要著作及重要论文的发表；诺贝尔奖等国际大奖的获得等）、重要专利的被引量、管理评价和同行评议结果及普通科学家论文产出量等四类。其中，前三个指标有重叠，无法进行严格区分。学者们普遍的做法是：统计在某一特定时间点上某一年龄区间内各年龄段科学家（学者）的频数分布，并将各种指标叠加使用。如果单单使用一种指标对科学家进行衡量，结果往往有失偏颇。

诺贝尔科学奖获奖者的获奖成果具有鲜明的代表性和无法比拟的国际影响力，许多学者以此为研究对象（Zuckerman，1977；Jones，2010），据此统计不同时期获奖者数据。然而，年龄–成果曲线在反映年龄–重大科学发现之间的关系的同时，也可反映科研人员年龄结构（Simonton，2009）或国家人口年龄结构（Henseke，2007）。因此，在统计诺贝尔科学奖获奖者数据的基础上还可将底层人口数据作为补充（Jones and Winberg，2011）。

科学家往往凭借某项重要成果而获得领域内或学术界的认可，这种认可方式主要是管理人员对科学家的评价以及同行评议。由于上述两种数据存在固有的缺陷，该类数据多作为补充数据。如 Jones 使用了化学、物理学、生理学或医学以及其他工程技术学科论文被引量 Top100 作为补充数据；Nerbonne 等为进一步确定由多变量分析得到的结果，

（Nerbonne et al.，2008）使用 PatVal-EU（2005）数据库中 793 名发明者 5 年内论文被引量作为补充数据，并访谈了 24 位在不同行业较为活跃的研发经理人、发明家、IP 管理人及人力资源管理经理人。Levin 和 Stephan（Levin and Stephan，1993）使用 1973～1979 年美国国家科学委员会和科学引文索引数据库（SCI），研究了物理学和地球科学的 6 个子学科中拥有博士学位的科学家在其学术生命周期中学术成果数量的变化。

9.3.3　理论模型研究

1）无峰函数理论。支持者主要有 Stewart（1966），Zuckerman（1967）和 Stern（1978）。他们认为一小部分核心科学家创造力水平不断上升或至少维持在现有水平；大部分科学家创造力水平随时间下降。近年来，也有学者以 2002 年诺贝尔化学奖获奖者 John B. Fenn 和 2004 年诺贝尔物理学奖获奖者 Frank A. Wilczek 获奖成果产生的时间作为研究对象，认为重大科学发现的年龄是随机出现的，但该重大发现出现后，后续类似的重要发现也会相继出现（Sinatra et al.，2016）。

2）双峰或多峰函数理论。支持者主要有 Andrews，Vincent 和 Khaledian（Andrews，1991；Vincent et al.，2007；Khaledian，2012）。他们认为年龄与科技成果或学术成果数量呈双峰函数。成果数量的第一个峰值出现在 40 岁之前，第二个峰值出现在近 50 岁。另有研究者对这种双峰函数进行了更复杂的论述：在退休年龄左右时出现的第二次学术高峰可能更一般化。这个出现在 60 岁甚至 80 多岁的学术高峰并不总是很明显；即使出现也要比第一个峰值小很多。但是也有例外，两个峰值基本相同——马鞍形坡口曲线的两个峰值会分别出现在实际年龄的 40 岁初和 45 岁左右。然而，虽然两个峰值是显而易见的，但两峰值之间的波谷并不显著，因此这种曲线的两个峰值实际上形成了一个平台期。

3）单峰函数理论。从方法论的角度来考虑，双峰函数也可能添加了更多主观因素。一般而言，基于实证的单峰函数可以为我们概要的揭示最稳定的观察数据。如果忽略掉任何子峰值和波谷，而把注意力集中在年龄曲线的学科变化上，单峰函数可解释目前创造力–年龄变化的相当大一部分。对于包含数以千计的相互独立的具有丰富创造力的个体，单峰函数（比如二项多项式）可以解释变量的近 100%。一些简单的函数（如二次函数）往往比一些复杂函数更能精确地处理年龄的横向波动。这种优越性在处理职业生涯足够长时更明显。以下是长期以来学者们发展起来的对单峰函数的解释理论或支撑理论。

① 职业生命周期理论。支持者主要有 Allison（1978）和 Steward。他们研究了 1947 名在大学各部门工作的科学家，包括部分诺贝尔科学奖获奖者，发现这些科学家的成果数量呈明显地偏态分布，且数量增长趋势与年龄的增长趋势不一致。一个可能的解释是，有一部分科学家在其职业生涯的某个时间点停止发表学术成果，如离开该学校。如不考虑科学

家发表行为的变化，将会导致对科学家成果数量衡量上的偏差。

② 双因素理论。支持者主要有 Beard 和 Mumford（Beard，1874；Mumford，1988）等。19 世纪，Beard 认为热情和经验是影响创造力的两个关键因素。前者是创造活动的驱动力，后者将有助于有效实现科学创意。Beard 认为年轻人活力有余但经验不足，而年长者恰好相反。前者容易做出新颖但不成体系的原始创新，而后者则容易做出毫无创见的研究性工作。因此，Beard 预测创造力峰值出现在两个因素曲线相交后的峰值处。该理论可以解释年龄因学科（领域）而异的现象。20 世纪，Simonton 发展了 Beard 的理论模型（Simonton，1960）。他认为构思能力和创意的加工转化能力是影响创造力的两个因素。他将构思能力定义为领域内时间的递减函数（在领域内时间越久，形成概念的潜在创意越少）；构思的转化加工能力随待转化创意的数量而变。在职业生涯早期，抽象的构思不断被具体化为创意，在此过程中形成一个待转化的创意池。随后，创意池不断减小，在给定时间内被转化的创意也不断减少，直到达到创造力峰值。然而该模型更偏向于理论模型，无法进行实证检验。

③ 优胜劣汰机制。科学中存在优胜劣汰机制。如，非常具有创造力的科学家（被誉为神童）往往比其他科学家更早的做出创新成果。据 Zuckerman 统计，美国诺贝尔科学奖获奖者在 30 岁之前就发表了 10 多篇论文，大约是普通科学家一生发表论文总数的 4 倍。他认为，一方面，重大贡献可能是由神童级的科学家作出，他们都具有特殊的天赋，在很小的年纪就开始从事科学研究。因此，年龄和创造力之间存在一定的关系。另一方面，天才科学家不仅早早地开始研究生涯，也往往更容易被吸引到容易做出更大突破的领域。因此"年轻科学家"并不用于解决特定难题，而是年轻的天才们更容易被"热门"领域吸引。当这些领域成熟后，这些科学家也年事已高。此时，他们更可能固步自封，而非挑战新的研究前沿（后者不仅冒着巨大的风险，还需要付出巨大的代价）。

④ 研究的机会成本理论。Stephan 和 Levin（Stephan and Levin，1996；Stephan and Levin，1991；Stephan and Levin，2001；Stephan and Levin，2012）指出，由于职业生涯的有限性，进行科学研究的现实利益随着年龄增长不断下降，研究的机会成本增加，对在职业生涯早期在科学界已占据一席之地的精英科学家而言，更是如此。这都将导致科学家随着年龄的增长用于科学研究的时间越来越少。

⑤ 投资驱动理论（利益驱动理论）。支持者主要有 Levin、Stephan 和 Walker（Levin et al.，1995）等。科学家希望凭借现有研究工作获得物质奖酬；物理学领域和地球科学领域拥有博士学位的科学家学术生命周期不同。在给定的有限时间段内，平均研究成果数量随时间不断下降。虽然通常人们认为科学家与经济利益没有关系，但仍然能从一些现象看出在科学发展中经济回报是一种推动力。可以用人力资本投入模型解释科学成果随时间变化的现象。这一模型的假设为：科学家成果的平均质量和数量都随着年龄的增长而降低。

⑥ 年龄和科学研究的意志力。科学家不仅要有科学研究的意识，还要有科学研究的努力。虽然科学家往往具有敏锐的洞察力，但科学研究仍需花费时间和精力。Iseman（2011）认为，具有丰富创造力的科学家，尤其是精英科学家都是非常积极的研究人员，他们有毅力或有能力刻苦钻研，坚持不懈地进行长期研究。其研究的努力程度可能与年龄有关。A 累积优势。科学家获得的成就随其取得的成功不断增长。成功的科学家不只获得了成果上的累积，也获得声誉上的累积优势。对于个人而言，科学成果的多少与时间紧密相关：早期是否有创造力与后期成果数量直接相关。即使科学家有能力做出非凡的研究，但累积优势和优势加强的过程都与年龄相关。因此，某些科学家受挫而不愿花时间等待论资排辈。B 年纪较大的科学家可能不愿花费大量的时间（往往是重要成果所需）巩固由年龄带给他们的在领域内的优势地位。发展心理学家将成年看作发展需要经过的特定阶段。Baerenklau 将这一年龄段称为中年转型期（Baerenklau and Knapp，2007）。在这一阶段，人们在已有知识的基础上对自己的经验进行构建：年轻科学家认为把自己奉献给科学是合理的，但在 40 岁左右的时候，科学家开始意识到他们也是普通人，开始为后代积累遗产，这种科学遗产是指承担项目或者教学而不是做研究。

4）函数峰值变动理论。根据研究结论的不同，可分为三类。

① 重大科学发现随时间逐渐减小趋势。由于技术能力和交流技术的迅速发展，与过去的几十年相比，现有的科研资源处理方法更加简单易用。虽然科学前沿的颠覆性突破越来越困难，但对现有技术的改良则相对简单，重大科学发现年龄应呈逐渐减小趋势。

② 重大科学发现完成人年龄不随时间逐渐减小，也无法证明呈增长趋势。如裴世鑫（2009）等通过对 1901～2008 年的 184 位诺贝尔物理学奖获奖者进行统计，认为虽然这些诺贝尔科学奖获奖者获奖优势年龄集中在 41～65 岁，但"平均获奖年龄"的增加可能是科学研究滞后效应明显化的结果。Stewart 和 Sparks（1966）认为由于创新机会、社会任职等都会影响到个人创造力的发挥，因此重大科学发现与科研创造能力峰值并不是同一概念，只能客观地度量科研创造绩效峰值的年龄变化趋势，而不能据此推测科研创造能力峰值年龄的变化。

③ 重大科学发现完成人年龄随时间统计增大趋势。通过对 1901～2003 年 547 名诺贝尔科学奖获奖者（包括诺贝尔科学奖物理学奖、化学奖、生理或医学奖以及经济学奖）和 286 名重大科技创新者的回归分析发现一个世纪以来这些重要科学家平均重大科学发现年龄增长 6 岁左右（Jones，2009）。Jones 和 Winberg（2011）对 1901～2008 年 525 名诺贝尔科学奖获奖者（其中物理学奖获奖者 182 名，化学奖获奖者 153 名，生理或医学奖获奖者 190 名）所有数据进行回归分析，结果显示随着时间的变化，在 30 岁左右取得重要成果的科学家频数不断下降（直至为零），而 40 岁左右获得重要成果的频数不断上升；25 岁之前获得博士学位的科学家频数也随时间不断减少。据此，他们认为科学家重大科学发现

年龄在增长，而教育经历可能导致早期创新成果产量降低。学者们（尤其是国内学者）虽然注意到重大科学发现年龄可能随时间变化而发生改变，但他们多通过计算某段时间内杰出科学家平均获奖年龄对其"重大科学发现年龄"进行推测。在 Jones（2009）之前，几乎没有学者对重大科学发现年龄变化规律进行系统的定量研究。

9.3.4 重要科学规律研究

对于诺贝尔科学奖领域的数据分析挖掘和知识发现，目前有两个较为系统的典型模型。

（1）知识负担–重大科学发现年龄变化规律

该模型由 Jone（2008）提出。在研究过程中 Jone 引入"学科前沿距离"的概念，并在"创新者创新生命周期发生变化"和"年龄的上升趋势可能只是一种潜在的人口统计学上的变化"两个假设的基础上，分析"获得最高学历（博士学位）的年龄变化""世界大战对年轻科研人员创新事业中断的外在影响"和"不同领域诺贝尔科学奖获奖者在取得重要成果时的年龄变化趋势"，排除平常意义上的"寿命改变对跨学科和跨时间段的重大科学发现年龄变化"的影响，充分考虑到科研人员尤其是具有较高创造热情的年轻科研人员接受充分教育的目的是创新产出最大化，构建"正式教育推迟重大科学发现年龄模型"，并绘制 4 个不同领域的诺贝尔科学奖获奖者在取得重要成果时的年龄变化趋势（黑线，左边坐标轴）（图 9-2）。

（2）研究性质–重大科学发现年龄变化规律

该模型由 Winberg 和 Jones（2011）提出。Jones 认为博士学位的获得年龄和重大成果取得年龄之间有明显的相关关系。这种趋势在自然科学（物理、化学和生理或医学领域）内更明显，特别是物理学领域博士学位的获得年龄和重大成果的获得年龄在 20 世纪初经历特有的下降趋势。杰出科学家们提出重大创新的年龄较一个世纪之前更大。这种年龄的上升趋势不能仅仅归因于人口统计学年龄的变化，而要源于科学家在创造力生命周期早期创新产出的急剧下降，而在年龄较长时创新产出没有补偿性的增加。由于科研工作者将他们创造力生命周期中最有创造潜力的时间段用来接受教育，因此，重大的创新成果在年轻

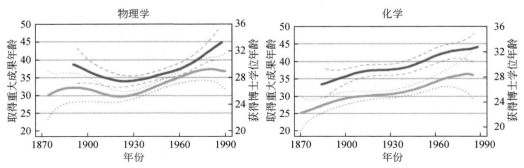

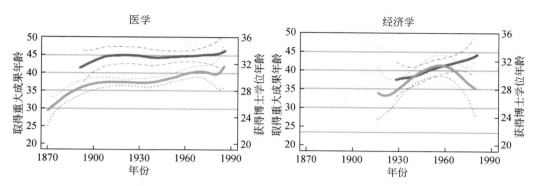

图 9-2　1870～1990 年获奖者获得博士学位和重大科学发现年龄变化趋势

注：上图中表明在不同领域内作非参数回归发现，取得重大成果的平均年龄（黑色线，左侧坐标轴）和获

得博士学位的年龄（灰色线，右侧坐标轴）随时间发生着变化。

资料来源：Jone，2008。

人中出现的频率越来越小。Winberg 等研究发现，经济学重要学者中存在着两种完全不同的创造力生命周期：应用型创新者创造力生命周期和理论型创新者创造力生命周期。与应用型创新者相比，理论型创新者倾向于在学术生涯早期获得最重要的成果。继 Jones 的"延长教育时间推迟创造力生命周期开始时间"的论断后，Winberg 和 Jones 进一步分析证实底层人口变动不能解释创造力生命周期早期的动力学，领域内年龄动力学涉及到的理论型研究工作的盛行程度和基础知识积累量之间是相互独立的。因此，合作提出一个最小二乘方回归方程（并将之命名为"重大成果出现时的年龄指示器"，图 9-3）。该方程表明与

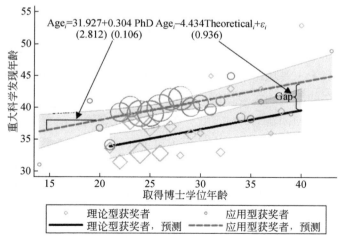

图 9-3　重大成果出现时的年龄指示器

注：图中 Age_i 指诺贝尔奖获奖者取得重大成果的年龄，$PhD\ Age_i$ 指诺贝尔奖获奖者获得博士学位的年

龄；$Theoretical_i$ 为研究性质变量，若获奖者研究工作性质主要表现为理论型创新，则取值为 1，若获奖者

研究工作性质主要表现为应用型创新，则取值为 0。

资料来源：Winberg and Jones，2011。

领域函数相比，杰出科学家在年轻时发现重要成果的概率更应该是时间的函数，而且特定领域的变动力度足以推翻传统上认为的重大成就是在特定年龄产生这一结论。同时，还证明重大科学发现年龄动力学与高被引论文年龄动力学相似。

9.3.5 科学研究的影响因素研究

除上述提到的研究经验、研究动机、研究的机会成本和科学家研究意志力等影响因素外，还有若干影响因素没有纳入目前的研究范围，如现代科学技术的影响，科技政策变化的影响等。

（1）现代科学技术的影响

一般而言，科研人员的创新工作直接导致知识的世代累积，但同时也促进科技和社会经济的发展。与过去的几十年相比，由于科研工具的现代化、智能化和交流技术的迅速发展，现有的科研资源处理更加简便快捷；可以轻松实现全球范围内跨学科、跨领域科研资源的优化配置，海量科研数据的共享、隐性信息（或知识）挖掘与可视化，研究过程与研究结果的便捷共享。整个研究流程可能只发生在几个小时之内。现代科技和交流技术的飞速发展和科研人员对相关智能化软件的熟悉程度越来越高，研究的产出率应该得到前所未有的提高。然而，随之产生的大量知识累积又为后续创新者带来知识负担，表现为越来越难以做出革命性的创新工作。技术的发展究竟以怎样的形式、在多大程度上影响科研人员的创造能力及做出重大科学发现的年龄？目前还没有相关的定量研究。

（2）科技政策变化的影响

国家政策从宏观上调控着该国的政治、经济、文化等各项事业。与其他社会现象一样，科技创新的最大约束条件是社会的进化速度：在法律和社会组织允许的范围内以最快的速度发展。科技政策主要从两个方面影响着科研人员重大科学发现年龄的变化。①科技政策变化对创新机会的影响。实验数据（Simonton，1960）认为年龄与创新成果之间的关系可以解释为认知能力和创新动力的变化。但很多研究表明，随着年龄的增长，与年龄有关的创新机会在不断减少。这从客观上导致了对重大科学发现年龄的低估。对某一特定年龄段科研人员的非资金型的政策倾斜将会为该部分科研人员创造相对其他年龄段多的创新机会，从客观上影响重大科学发现年龄的变化。②科技政策"投资驱动"的影响。学者认为研发活动可能是"投资驱动"型的。这意味着科学家进行研发活动是希望在未来能够从他们现有的成果中获得资金支持。科技政策的具体变化将会使该部分研究人员从客观上根据具体的科技、政治环境调整自己的职业规划，从这一层面上来说，科研创造峰值年龄与重大科学发现年龄之间并不存在必然的因果关系。

（3）杰出的导师等隐性贡献者角色变化的影响

隐性贡献主要涉及到两个方面。一方面，由于存在"研而优则仕"（李邦河等，

2010）的现象，部分出色的研究人员晋升为管理人员。虽然有很少的时间和机会进行自己的发明创造活动，但他们通过分享观点和成长经历及管理、统筹项目或者重点投资、优先培养等方式帮助其他科研人员尤其是年轻人实现创新。在对年长的科研人员进行统计时，往往会忽略掉那些虽然已经转离科研岗但仍为其他科研人员提供隐性贡献的管理人员，容易低估该类人员的创新能力；另一方面，对于年轻人而言，他们往往通过提供新的理念和新的知识帮助年长的同事实现创新，很少有人过早地崭露头角。对该部分的科研人员进行统计时，如果忽略掉这类隐性贡献，容易造成对年轻学者重大科学发现年龄的低估。创新性的研发工作实际上是年轻的科研工作者与年长的科研工作者合作完成的。随着社会的发展和科研环境的变化，在这种合作关系中两部分具有明显年龄差异的科研群体的合作方式和在合作关系中的角色都可能发生变化，这种变化将会影响对科学家群体重大科学发现年龄变化规律的研究与评估。另外，作为年轻科研人员的领航人，研究型导师发挥着重要的作用。在青年学者求学阶段，一个优秀科研型导师对其科研能力的培养和科研方向的引导产生即时效应，对其研究传统和科研精神的潜移默化的熏陶将会在更长时间甚至整个生命周期内对该年轻学者产生深远的影响。在进行重大科学发现年龄变化规律研究过程中，如果忽略掉科研人员导师的潜在作用，往往会导致对年轻学者创造力的高估。

（4）职业生涯变更的影响

职业变更是一个普遍存在的社会现象。科研领域的优胜劣汰原则和"研而优则仕"规律使得相当一部分科研人员主动或被动的进行着职业变更。有研究曾跟踪部分优先专利申请者的职业生涯变更（Hoisl，2007）。但由于该方面研究耗时较长且研究结果更多地受人为因素和社会因素的影响，几乎没有学者继续开展后续研究，职业生涯变更对重大科学发现年龄的影响仅停留在 Hoisl 的研究水平上。随之而来的，职业生涯变更随时间的变化规律也将影响重大科学发现年龄的变化，但至今无人问津。

（5）学术成果发表周期变化的影响

虽然研究所选用的衡量指标不甚相同，但科学共同体对衡量指标的处理方法相对统一，即将某科学家最重要科研成果发表年作为该科研成果产生年，将此时科学家的年龄作为其重大科学发现年龄。然而，现代出版发行技术的应用，人们公开表达学术观点需求的增加以及稿件审理速度等的变化，都可能导致科学家学术成果发表周期（包括科学思想的提出、科研过程的实施、科学发现的取得和科学论文的公开发表各个环节）变化。将这一变化忽略不计，容易造成重大科学发现年龄在统计意义上的偏差，直接导致后续研究的误差。

9.4 诺贝尔科学奖领域数据挖掘和知识发现存在的问题

目前诺贝尔科学奖领域数据挖掘和知识发现还存在一些问题，具体可归结如下。

9.4.1 样本的选择性误差

现有研究中多是选择重大科研成果或者重大科研奖励获奖者作为研究对象。样本数据量较小且具有明显的选择性。优胜劣汰的原则在科学界也普遍存在，如果某科研人员在领域内具有一定的竞争力，他选择离开该领域的概率要比力不从心的科研人员小得多。在科研领域长期工作的人可能不仅对科研创造保有浓厚的兴趣，也可能其本身具有较高的创新能力；在该领域不具有竞争优势或对科研工作不感兴趣的人可能早早地退出。另外，根据"研而优则仕"的规律，有些人凭借自身的科研优势晋升为该科研组织或团队的领导人员。上述研究所使用的数据只考虑在研究所选定的时间内处于科研岗位或以科研人员的角色出现的学者。一般而言老年人从事与创新相关的职业或领域的可能性比年轻人要小，所以从某种意义说，在选择创造力作为研究对象时，已经排除部分或者大部分年长的人。现有研究中使用的样本可能给结果带来样本选择性误差（Mariani and Romanelli，2007）。

9.4.2 部分数据或研究过程存在瑕疵

可查文献中，Jones 和 Weiberg 是该主题的主要研究人员。他们将诺贝尔科学奖获奖者科研创造峰值年龄定义为其获奖成果完成时对应的年龄，使用 1901～2008 年诺贝尔科学奖 525 名获奖者作为研究对象，构建了相对完整的数据库，包括诺贝尔获奖者的生卒日期、获得最高学位（博士学位）的年龄、获奖年龄和重大成果产生年龄等。但在观察数据时，发现一些瑕疵。如 1987 年诺贝尔化学奖获奖者 Pedersen 并没有博士学位，而在 Jones 等人的数据中显示该获奖者博士学位获得年龄为 23 岁。虽然对该类数据的统计较为繁琐，但由于这些数据都反映了客观事实，且有据可查，因此，对数据的精度度要求比较高。在研究过程中，我们应尽量避免人为因素带来的误差。

另外，在这项研究中，作者们认为诺贝尔科学奖获奖者科研创造峰值年龄是时间的线性函数，并据此得到了各领域年龄随时间的变动情况（图 9-4）。然而笔者在核对研究结果时发现，使用他们的数据按照同样的方式进行回归系数的显著性检验后发现，生理学或医学领域的回归系数并不显著。结果如表 9-2。

	物理学	化学	生理学或医学
自变量-时间	13.4*** (3.8)	10.2*** (3.0)	7.4*** (3.3)

	化学-物理学	化学-生理学 或医学	生理学或 医学-物理学
自变量-领域	3.0*** (0.9)	0.3 (0.9)	2.7*** (0.9)

图 9-4　1901～2008 诺贝尔科学奖获奖者科研创造峰值年龄随时间变动

注：图片来源于 Jones 和 Weinberg（2011）。

表 9-2　本书根据 Jones 等所用数据进行的领域内回归系数显著性检验

项目	合计	化学	医学或生理学	物理学
拟合优度				
r2	0.04970	0.1031	0.007091	0.07468
Sy. x	8.338	7.830	7.858	8.868
斜率是否显著非零				
F	27.35	17.37	1.343	14.53
DFn，DFd	1.000，523.0	1.000，151.0	1.000，188.0	1.000，180.0
P 值	< 0.0001	< 0.0001	0.2480	0.0002
均值偏差?	显著为 0	显著为 0	不显著为 0	显著为 0

9.4.3　部分研究存在逻辑错误

我国学者（如宋焕斌、裴世鑫等）在研究科学家科研创造峰值的具体取值的过程中出现了一些逻辑上的错误，如使用诺贝尔科学奖获奖者的得奖年龄推测其获奖成果的产生年龄等。在研读科研创造峰值年龄变化规律的国外文献的过程中，也发现一些逻辑错误。

如 Jones 通过非参数模型验证了诺贝尔科学奖获奖者最高学位获得年龄（时间）与获奖者重大成果完成年龄（时间）呈现相似的变化趋势，由此认为 1901～2003 年诺贝尔科学奖获奖者重大科学发现完成年龄的推迟可能源于知识负担，并将之转化为接受正规教育时间（博士学位活的时间）的延迟。然而，通过深入分析可以得知，对于同一获奖者而言，最高学位获得年龄和重大成果完成年龄都是唯一的，可以通过逻辑计算对两者之间的关系进行推理。然而，两个年龄变化趋势之间的关系研究则稍显复杂。如，最高学位获得年龄能呈现出一定的变化规律最重要的原因是样本具有一定的时间跨度。在该时间跨度内，有意义的工作是，以最高学位获得的时间先后顺序研究最高学位获得年龄的变化趋势。同理，应以重大科学发现完成时间的先后顺序对重大科学发现完成年龄的变化趋势进行研究。我们无法主观的假定以上两种变化趋势对应的时间轴一定一致。事实上，对于诺贝尔科学奖而言，最高学位获得时间与做出重大成果的时间没有理论上的因果关系。即不能认为某获奖人在 40 岁做出重大科学发现是因为他在 30 岁时获得了博士学位。亦不能因某获奖人获得博士学位的年龄较长，就认为他的重大科学发现一定更晚。诺贝尔科学奖获奖者中不乏先做出成果后获得学位的例子。他们攻读学位或许只是出于个人兴趣。因此，Jones 的研究中存在着一定的逻辑瑕疵。同样的问题也出现在其与 Weiberg 合作提出的重大科学发现年龄预测模型中。

如，本书使用 Jones 和 Weinberg（2011）等的数据对重大科学发现年龄预测模型进行验证时，发现博士学位获得年龄与研究工作属性之间存在显著相关性（表9-3），两者并非完全独立。其提出的重大科学发现年龄预测器的拟合优度也不算很高，详见表9-4 和表9-5。

表 9-3 "重大科学发现年龄预测器" 模型中变量的相关性检验

项目		理论型创新/应用型创新	博士学位获得年龄
理论型创新/应用型创新	系数相关性	1.000	−0.100*
	单脱尾显著性	0.000	0.011
	统计量	525	525

*. 相关性在 0.05 水平上显著（单侧）。

表 9-4 "重大科学发现年龄预测器" 模型概要

项目	R	决定系数	校正决定系数	估计值的标准误
1	0.240[a]	0.057	0.054	8.312

a. 预测变量（常量）：理论型创新/应用型创新，博士学位获得年龄。

表 9-5 "重大科学发现年龄预测器" 模型相关系数

项目	回归系数		标准化回归系数	t	显著性
	B	标准误	Beta		
（常量）	31.927	2.812		11.355	0.000
博士学位获得年龄	0.304	0.106	0.121	2.856	0.004
理论型创新/应用型创新	−4.434	0.936	−0.202	−4.740	0.000

基于以上原因，本书开展本研究的第一部分：诺贝尔科学奖重大科学发现年龄变化规律研究，希望在尽量保证数据集完整、准确的基础上，探索在百余年诺贝尔科学奖授奖历史中，获奖者做出重大科学发现的年龄变化规律，希望能为我国相关政策的制定提供一定的参考和指导。

9.5　诺贝尔科学奖领域数据挖掘与知识发现数据准备

计量类论文的研究结论与所使用的数据有着必然的联系，数据集的构建既是研究的基础，又是研究的重点和难点。本章将详细论述论文的研究前提、研究假设、论文所用基础数据集的构建和数据处理方法。

9.5.1　研究假设

(1) 假设前提

由于各国的政治体制和文化环境、科技发展及科技政策的不同，不同时期内优秀科研产出密度和科技人才密度因时而异。研究诺贝尔科学奖的一位官方历史学家阿恩·韦斯特格伦（Arne Westergren，1960 年）指出，最初几年的难题不是选出足够数量的值得授奖的科学家，而是决定授予奖项的先后次序。诺贝尔科学奖委员会成员阿恩·提赛留斯（Arne Tiselius）于 1964 年指出：不可能发现谁是最好的，简单的理由是人们无法给什么是最好的下定义。人们所能做的一切只是试图找出一个特别合适的候选人。即使人们尽了最大的努力，也难免关于忽视了某人或授奖不公平的指责；世界上有的是应该获得诺贝尔科学奖的人，但是他们过去没有获得，将来也不会获得。普莱斯 1963 年估计在诺贝尔科学奖颁发以来的 60 年中，科学家人数已经增加了大约 30 倍，而诺贝尔科学奖获奖者的数量增加有限。以医学奖为例，每年被提名者当中至少有 2/3 是以前的曾被提名者（Zuckerman，1977）。根据诺贝尔奖网站公布的 1901～1953 年诺贝尔生理学或医学奖提名者数据绘制图 9-5。该图说明了 1901～1953 年诺贝尔生理学或医学奖提名者候选人数与实际获奖者数对比。理性地估计，目前科学家的数量已经远远超过 20 世纪 60 年代，该比例也发生了巨大的变化。即使科学家的增多并未产生科学知识上的相应的巨大进步，但从诺贝尔科学奖建立以来与获奖者学术水平持平甚至高于获奖者的人数必然有了相当程度的增加。每年从三大学科大量优秀科学家中分别选出 1～3 名获奖者的难度进一步加大。但直到现在，更多抱怨和怀疑的不是错在给了谁奖项，而是错在没有给谁奖项。在某一年里未被选中的科学家们的学术水平或许与获奖者不相上下甚至高于获奖者。另外，获奖从来不是一个自动程序，不是达到某学术水平就能带来的必然回报；即使在诺贝尔所定义的"科学"范畴内，也有许多杰出成就由于僧多粥少而难免被挂一漏万。这在一定程度上说明：杰出的科学成就并不只出现于获奖者行列。在优秀候选人足够多而实际获奖者数相对足够少时，可以将遴选候选人的过程看作一个自然进行的随机实验。我国知名学者也认为，一般来说，诺贝尔人才及其获奖是有相当大的随机性的（赵红洲，1995）。世界上有不少"第四十一席者"，虽然学术水平不在获奖者水平之下，却没能获奖，如爱因斯坦的狭义相对论就未能获奖。

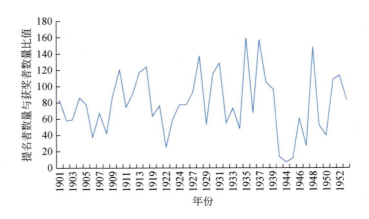

图9-5   1901～1953年诺贝尔生理学或医学奖提名者与实际获奖者比例变化

"名师出高徒"是一种众所周知的教育学规律。"知名科学家几乎都有一个有名有姓的教父，不论是观察科姆特与圣·西蒙，费米与科尔比诺，塞格雷与费米，哈恩与卢瑟福，迈特纳与哈恩，施温格尔与拉比，沃森与卢里亚，柯尔金斯与詹姆斯的关系，或是成千上万其他师徒关系，我们均发现这是一个重要的机制，可将一代人的科学传统传给下一代"（Zuckerman，1977）。诸多学者认为名师的教育功能包括优秀人才的选拔、早期学术启蒙、独特治学方法的创建以及一流创新平台的搭建等，为青年学生成长成才提供优良的环境。另外，在"名师出高徒"的过程中，我们往往忽略了一个重要机理，即顶级导师只对特定人才感兴趣。为了得到最好的导师，学生必须具备相应的潜力和资质。由于同属于获奖者，虽然不能判定他们在求学阶段的资质和潜力都出类拔萃，但将他们与同时期科学家或科研人员比较后，我们至少可以很保守地将之视为具有优秀资质和潜力的年轻学者的代表。虽然父子、母子等特殊的师生关系的形成过程与上述不同（子女无法对自己的该类导师进行自然选择），但可将之看作普通师生关系的强化，可以更有力的论证优秀科研导师对未来获奖者的影响。师承效应对未来获奖者的影响可能涵盖很多方面，但我们只能选取可辨识度高、可计量的指标进行验证。在本书研究中，我们将"最高学位年龄"看作投资基础创新的时间成本指标，将诺贝尔科学奖获奖者"获奖年龄"看作获奖成果获得学术认可的相对速度指标、将"重大科学发现的年龄"看作做出重大科学发现的相对速度指标，将"研究工作属性"看作获奖者工作性质的指标。这4个方面也是我们度量人才成长速度的最直观的评价标准。一般而言，"名师出高徒"多用来指同一流派内师生的良性互动。在科研领域，这种教育学规律多出现在同一学科内。但随着知识的爆炸性增长，越来越多的重大突破出现在学科交叉边缘，也随之出现了越来越多的交叉学科，跨学科师生关系日趋增多。因此，论文以是否有诺贝尔科学奖导师指导及所处师生关系链的长度作为分组变量，从诺贝尔科学奖、科学内和跨学科三个角度对 1901～2021 年诺贝尔科学奖获得者进行对比分析，探究该变量的作用机制。

（2）假设内容

如果将一个学科内同一时期所有的杰出科学家看作总体，获奖者作为从同时期杰出科学家中自然选出的样本，根据样本数据，就可以对样本总体进行估计。因此，本书研究做以下假设：在优秀候选人足够多而实际获奖者数相对足够少时，①将包括诺贝尔科学奖候选人在内的杰出科学家假设为杰出科学家总体，诺贝尔科学奖实际获奖者为该总体的一个样本；②实际获奖者是在与之具有相同或相似学术实力的杰出科学家中随机产生的。虽然假设了样本总体，但对总体分布的形态无法做简单的假定或推断，这符合非参数检验方法的使用前提。另外，本书研究更注重比较不同群组间的差异，对总体参数估计的精准度不做过高要求。因此，文章将采用非参数检验方法对诺贝尔科学奖获奖者中的师承效应进行定量分析和推测。

图 9-5 数据来源于诺贝尔奖官方网站。在两次世界大战期间被提名的候选人数目急剧下降是一种暂时的混乱现象，战争结束后人数又恢复了上升的趋势。由该曲线可知，每年世界范围内自然科学领域科学家竞争诺贝尔科学奖的激烈程度并不一致。如无战争等不可避免的因素，竞争激烈程度缓慢上升，总体呈逐渐增大趋势。

基于以上分析，本章从诺贝尔科学奖、三大学科分学科和跨学科三个角度检验诺贝尔科学奖获奖者师承效应和师生关系步长对未来获奖者上述指标的影响。本书研究通过检验是否拒绝某假设对应的零假设，间接地肯定或否定该假设。若显著性水平为 0.05，则拒绝零假设，认为列表中对应的假设成立，所涉及的变量间存在显著的相关关系；若显著性水平为 0.01，相关关系非常显著。

9.5.2　数据来源

本书研究所用数据共包括两部分来源，一部分来源为向该领域前辈或正在关注该领域的专家、学者交流的数据，另一部分为自建数据集。其中，交流的数据集包括：向外籍专家 Stephan 和 Levin，Jones 和 Winberg 及国内学者交流数据。自建数据集包括"1901～2021 年获奖者基础数据集"和"1901～2021 年获奖者师生关系数据集"。

为了保证数据的准确性和完整性，作者在索要数据集的基础上，重新访问了诺贝尔科学奖官方网站，并查阅了大量传记类文献。表 9-6 列出了数据集的指标体系及具体含义。

"1901～2021 年诺贝尔科学奖获奖者基础数据集"包含的指标有：获奖者姓名、生卒年、出生地、工作单位、国籍、重大成果产生时间（年龄）、获奖年（年龄）、最高学位获得时间（年龄）、获奖成果研究始末时间（年龄等）等。为保证数据的准确度，"获奖成果研究的始末时间"及对应变量"获奖成果研究的时间跨度"只更新至 2003 年。

表 9-6　1901～2021 年诺贝尔科学奖获奖者数据集指标体系及含义

指标名称	具体含义
获奖者姓名	获奖者姓名，使用"年代+获奖领域+获奖者姓氏"表示。如 1981 年物理学奖获奖者 Arthur Leonard Schawlow，我们简记为 1981P Schawlow
生卒年	获奖者出生日期及逝世日期
出生地/国家	获奖者出生时所在地/国家
国籍	按照国际惯例，指获奖成果完成时该获奖者所持国籍
单位	按照国际惯例，指获奖成果完成时该获奖者所在工作单位
获奖缘由	诺贝尔委员会在诺贝尔颁奖典礼上宣读的获奖者获奖缘由
获奖时间	获奖者接受奖项的时间，本研究将之具体到颁奖日期。如物理学奖授奖日期为 ** 年 12 月 10 日
获奖领域	获奖者接受奖项的学科领域，简记为 C（chemitry）、P（physics）、M（medcine）。整个科学奖标记为 T（total）
授奖时滞	获奖者接受奖项时间与获奖成果完成时间的差值
研究起始时间（年龄）	诺贝尔科学奖获奖成果研究的开始时间（年龄），精确到年
研究完成时间（年龄）	诺贝尔科学奖获奖成果研究的完成时间（年龄），精确到年
研究持续时间	诺贝尔科学奖获奖成果研究工作持续时间，单位为年。其值为研究完成时间（年龄）与研究起始时间（年龄）的差值
最高学位获得时间（年龄）	获奖者获得博士学位的时间（年龄）（所查资料中 98.4% 的获奖者拥有博士学位），简称最高学位时间（年龄）。文中将根据需要使用最高学位时间（年龄）或博士学位时间（年龄）
重大科学发现	科学家职业生涯内具有里程碑意义的关键研究成果或引文量最高的学术论文。在研究中，取诺贝尔科学奖获奖成果研究过程中对该成果具有关键作用或引文量最高的学术成果，具体计算方法详见后文
重大科学发现时间（年龄）	重大科学发现出现时对应的时间（获奖人年龄）。其取值大于研究工作开始时间（年龄），小于或等于研究工作完成时间（年龄）

续表

指标名称	具体含义
师生关系	主要侧重于高层次人才培养中导师与其所指导的从事研究性工作的学生之间的关系，即研究生以上的知识创造型的师生关系，具体包括博硕士生、访问学者、研究助理等与导师的关系。父子或母子关系，作为一种特殊的师生关系，亦包含在内
师承效应	以未来获奖者为研究对象，如在其获奖成果完成师从诺贝尔科学奖得主，或有诺贝尔科学奖得主指导，则该获奖者存在师承效应。取值范围 [0~1]。具体计算方法详见后文。图表中将之简记为 EM，意为：Effects of Masters
师生关系步长	师生关系延续的代数，或获奖者在师生关系链中所处的位置。取值范围为 [0~7]。具体计算方法详见后文。图表中简记为 Length（EM）

"1901~2021 年诺贝尔科学奖获奖者师生关系数据"包括获奖者中的师生关系（如研究生与导师或博士后与导师）、获奖者师生关系步长及在此基础上绘制的树状图和网络图，部分数据如图 9-6 所示。为研究所需，表中仅列出了所构建数据集中的部分指标。

9.5.3　数据处理方法

（1）重大科学发现年龄的定义与取值

对于重大科学发现年龄，目前相关研究中的数据处理方法存在一些不足。第一，大多数学者将重大成果发表年龄看作该学者重大科学发现年龄。该方法虽简化了统计过程，但从科学思想的提出、科研过程的实施、科学发现的取得，到科学论文的发表，少则三五个月，多则一两年，容易造成重大科学发现年龄在统计意义上的延迟。第二，有些诺贝尔科学奖获奖者的科研成果产出有一定的时间跨度，或者其职业生涯中存在两项或两项以上重大成就。对于这种情况，陈其荣、Jones 和 Winberg 等认为，可以取重大成果所在时间的中间点年龄。例如，斯塔克 1905 年发现极隧射线的多普勒效应，并于 1913 年发现光谱线在电厂中的分裂现象而获得 1919 年的诺贝尔物理学奖，其间的中间时间为 1909 年（35岁）。但经考证，1909 年的斯塔克并没有重要成果问世。按照上文提到的双峰或多峰函数理论，如果选取该段时间的中间值，对职业生涯中出现两个或两个以上的重大科学发现的多产科学家而言，有可能将两波峰间短暂的波谷期作为其重大发现时间。第三，有些科学家一直处于高水平的创造活跃期，其重大科学发现亦需要单独计算。因此，需要更为合理的方法计算科学家重大科学发现年龄。

为保证研究结果的准确性，尽量减小学术论文发表周期对重大科学发现年龄的影响，将数据准确度提高到一个新的水平，本研究采取以下方式：如果只有一项重要成果，将重大科学发现年龄定义为关键性重要成果完成时（或学者投稿时）学者的实际年龄；诺贝尔科学奖成果可能只是该科学家科研生涯中科研创造能力众多波峰中的一个。如果某科学家有两项或两项以上重大科研成果时（如，居里夫人、巴丁和桑格），将科研成果的产出时间分别统计为两个重大科学发现年龄。该种方法在某种程度上也是对在世科学家和已逝科学家做的统一化处理：对于已逝科学家，其科研生命周期已经完成，该周期内科研成果已成定论。这些科研成果对社会的影响或其成就大小成为社会对其评判的客观依据；但对于在世科学家，由于科研生命周期尚未完成，无法对高度个性化的精英科学家的创造潜力进行武断的推测，也无法断定其诺贝尔科学奖成果是否是其科研生命周期内最重要的成就。但作为获奖依据的现有成就已足以将其与普通科学家区别开来。因此，为得到一般化结论，本研究只讨论第一次获得诺贝尔科学奖时的年龄规律，并将该次获奖成果的关键成果获得时年龄定义为科学家重大科学发现年龄。因此，文中分析的科学家数量为563位获奖者，包括已逝杰出科学家和现有杰出科学家（下文不再区分）。如果获奖成果的完成具有一定的时间跨度，将重大科学发现年龄定义为这段时间内被引量最高的关键学术成果完成时学者的实际年龄（部分数据由 Jones 和 Winberg 提供）。尽量将实际年龄精确到小数点后两位数字。

（2）诺贝尔科学奖授奖时滞分析的数据处理方法

由于有些诺贝尔科学奖得主不止一次获得诺贝尔科学奖（如，居里夫人、巴丁和桑格），因此，我们对数据进行一般化处理。具体处理方法为：①如果只有一项重要成果，将科研创造峰值年龄定义为重要成果完成时（即学者投稿时）学者的实际年龄。②诺贝尔科学奖成果可能只是该科学家科研生涯中科研创造能力的一个波峰，并非最高峰。如果某科学家有两项或两项以上重要科研成果时（如，居里夫人、巴丁和桑格），将科研成果的产出时间分别统计为两个科研成果年龄，本文只讨论他们第一次诺贝尔科学奖获奖规律，并将该诺贝尔科学奖成果年龄作为科研创造峰值年龄；第二次诺贝尔科学奖获得时间和获奖成果产出时间作为另一项研究的数据。因此文中分析的科学家数量实际为550人。③如果科研成果的产出有一定的时间跨度，将这一年龄定义为这段时间内被引量最高的成果完成时学者的实际年龄（数据由 Jones 和 Weinberg 提供）。

（3）机构属性的诺贝尔科学奖分布的数据处理方法

在统计获奖者所属国家数据时，由于从获奖机构层面进行国家获奖数据统计，因此与以往按照获奖者国籍进行统计的方法不同，本书按照以下原则进行统计，该种方式将更加符合机构和国家知识产权的共享规定。

①若同一获奖者同一年获奖，且属于不同单位但同一国家的，按该国获奖1人次计算。如，2005年生理学或医学奖获奖者 Barry J. Marshall 同属于 NHMRC Helicobacter pylori Research Laboratory，QEII Medical Centre，Nedlands，Australia 和 University of Western

Australia，Perth，Australia 三个单位。②若同一获奖者同一年获奖，且属于三个不同单位但同一国家，同上处理。数据中仅 2009 年生理学或医学奖获奖者 Jack W. Szostak 同属美国三家机构。③若同一获奖者同一年获奖，且属于不同单位、不同国家的，按各国获奖 1 人次计算。如，2002 年化学奖获奖者 Kurt Wüthrich 同属于 The Scripps Research Institute，La Jolla，CA，USA 和 Eidgenössische Technische Hochschule（Swiss Federal Institute of Technology），Zurich，Switzerland。④同一获奖者在不同年份获奖，同属一个国家的，按照实际获奖次数进行统计。如，1956 年和 1972 年物理学奖获奖者 John Bardeen 两次获奖时均在美国。同时，对部分数据进行了归并处理，如 1909 年物理学奖获奖者 Ferdinand Braun，获奖时所在单位信息为 Strasbourg University，Strasbourg，Alsace（then Germany，now France），因此，该奖项归入德国。同一年奖项由不同国家获奖者分享的，各个国家分别计算一次获奖；同一奖项由一人或者由来自相同国家的获奖者分享的，该国计算一次获奖。

同一获奖者在不同年份获奖（不论奖项，此情况共计 3 人），按以下三种情况进行处理：①两次获奖属于同一机构的，按照实际获奖人数进行统计。②两次获奖单位属于不同机构的，各机构分别统计。统计机构获奖数量时，诺贝尔物理学奖 1956 年和 1972 年获奖者 John 两次获奖时均在美国的 University of Illinois（伊利诺伊大学），造成美国该机构获奖人数和获奖次数不相等，其余机构的获奖人数等于获奖次数。

为方便对各类获奖机构获奖情况进行统计和分析，将获奖机构按照机构性质分为以下几类（表 9-7）。其中，Institute 或者 institution 是研究所还是大学，由机构实际性质决定：如俄罗斯的 A. F. Ioffe Physico-Technical Institute 和德国 Max-Planck Institut 分别指的是苏联（现俄罗斯）科学院列别捷夫物理研究所和德国马普学会，而 Massachusetts Institute of Technology 指的是美国麻省理工学院。

表 9-7　诺贝尔奖获奖机构归类标准

机构类型	机构名称中包含的关键词	缩写
大学	University、School、College、Campus	U
研究院所（实验室）	Laboratory、Biolabs、Center、Organization、Council	L
企业或公司	Company、Inc.、Co.	I
基金会	Foundation、Fund	F
医院或诊所	Hospital、Clinic	H

（4）师承效应及师生关系步长的定义和取值

进行定量研究需要对 3 个定性指标进行量化处理。具体量化标准如表 9-8 所示。①诺贝尔科学奖获奖者的"研究工作属性"。在 Jones 和 Winberg 数据基础上进行了校正和补充，为二值变量，通过鉴定每项重大成果中是否含有重要的理论成分确定该变量的取值。若为理论性研究成果，其值为1，否则为0。②诺贝尔科学奖获奖者的"师生关系步长"。指在师生关系链中某获奖者与该师生链源头的延续代数，取值范围为［0～7］，且都为整数。具体数值根据诺贝尔科学奖获奖者在师生关系链中的位置确定。③诺贝尔科学奖获奖者的"师承效应"。为二值变量，通过查证该获奖者在取得重大成果前与其他获奖者是否存在师生关系确定该变量的取值。若存在师生关系，学生的师承效应值为1，导师的师承效应根据在师生关系链中所处的位置确定：如果师生关系步长<1，导师的师承效应为0；如果师生关系步长≥1，处于师生关系链源头的诺贝尔科学奖获奖者取值为0，其他取值均为1。有些学生在其导师之前获得诺贝尔科学奖，但该师生关系起始于其获奖工作研究阶段或研究前，导师的师承效应取值0，学生的师承效应取值1；有些学生不止师从一位诺贝尔科学奖获奖者，那么师生步长分别计算，认为其师承效应来自多位导师。学生的师承效应取值均为1，导师的师承效应视所在位置而定。图9-6以1904年诺贝尔物理学奖得主瑞利为源头的部分师生关系链为例说明诺贝尔科学奖获奖者师承效应及其所处师生关系步长的内涵及计算方法。

表9-8　诺贝尔科学奖获奖者3个定性指标的定量化处理

研究工作属性		诺贝尔科学奖获奖者师承效应		诺贝尔科学奖获奖者师生关系步长	
试验性研究	理论性研究	无师承效应	存在师承效应	无诺贝尔科学奖获奖者指导	师生关系步长
0	1	0	1	0	［1～7］

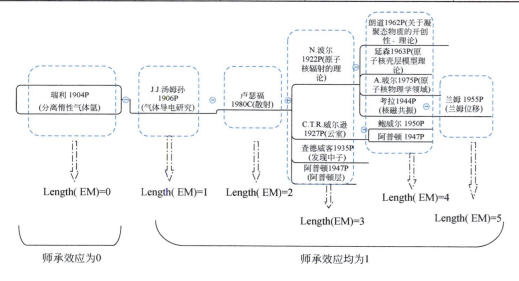

图9-6　诺贝尔科学奖物理学奖部分典型师生关系链举例及"师生关系步长"的定义

注：P，C分别表示获奖领域为物理学（Physics）或化学（Chemistry）；

Length（EM）表示"师生关系步长"。

9.6 诺贝尔科学奖领域数据挖掘与知识发现

9.6.1 创造力峰值年龄变化规律

（1）基本趋势函数

经研究和对比分析发现，研究创造力峰值年龄变化规律使用创造力峰值时成果产生时间和产生年龄更有现实意义。经计算，1901～2021 年诺贝尔科学奖获奖者成果产生于1970～2011 年。对该部分数据进行更深入的研究后绘制了诺贝尔科学奖获奖成果完成年龄频数分布图（图 9-7）。从图中可以看出，虽然各学科各年龄段内获奖者频数明显不同，但 30～50 岁年龄区间的获奖者占比均超过 50%。

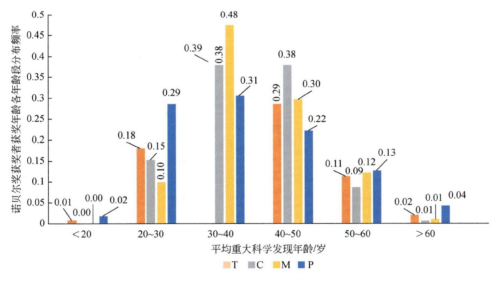

图 9-7 1901～2021 年获奖者获奖成果产生年龄频率分布图

（2）重大科学发现年龄的变化趋势规律

1901～2021 年诺贝尔科学奖获奖者成果年（1870～2011 年）平均重大科学发现年龄变化趋势如图 9-8 所示。结合表 9-9，整体而言，三个学科诺贝尔科学奖获奖者成果年平均重大科学发现年龄都呈明显的上升趋势，其中物理学奖获奖者成果年平均重大科学发现年龄变化幅度最大，变化趋势也最明显（从最初的 27.95 岁上升至目前的 43.46 岁）。生理学或医学奖次之（从最初的 33.21 岁上升至目前的 47.53 岁），化学变化幅度最小（从最初的 31.31 岁上升至目前的 44.91 岁）。另外，同时期内与其他两个领域相比，物理学诺贝尔科学奖获奖者平均重大科学发现年龄往往要小得多。但 1980 年后，诺贝尔物理学获奖者平均重大科学发现年龄呈明显上升趋势，明显超过同期化学奖、生理学或医学奖诺贝尔科学奖获奖者平均年龄。截至目前，没有诺贝尔物理学奖获奖者成果产生于 2000～2011 年。

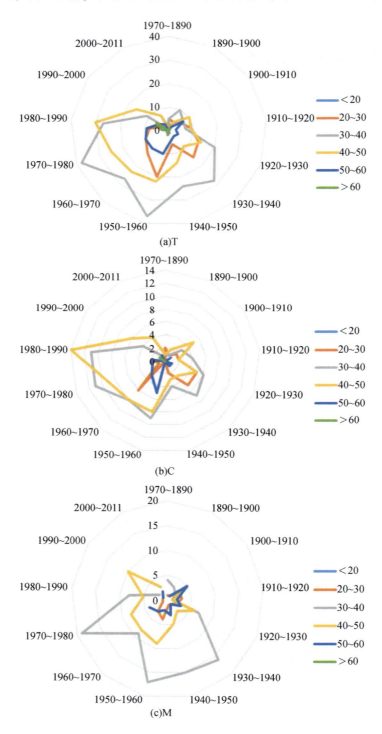

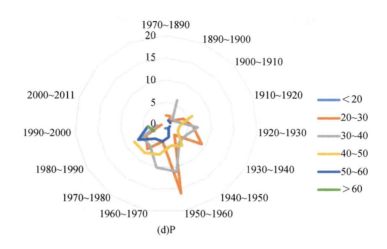

图 9-8　1901～2021 年诺贝尔科学奖获奖者平均重大科学发现年龄变化雷达图（TCMP）

表 9-9　1901～2021 年获奖者平均重大科学发现年龄变化

年份 领域	1890	1900	1910	1920	1930	1940	1950	1960	1970	1980	1990	2000	2011
T	31.56	38.42	40.10	37.46	37.21	35.68	37.08	38.04	38.82	38.78	41.04	45.40	46.10
C	31.31	37.01	38.89	35.77	37.97	35.44	36.40	42.39	38.70	40.05	40.72	43.90	44.91
M	33.21	37.32	42.34	37.98	41.03	37.88	38.17	39.32	39.85	38.44	37.15	45.32	47.53
P	27.95	39.36	35.05	38.23	32.10	33.32	35.82	34.31	38.04	38.36	42.94	43.46	—

（3）诺贝尔科学奖获奖者创造力峰值年龄变化规律

整体而言，诺贝尔科学奖获奖者做出重大科学发现的年龄正在以 6.1 岁/100 年的速度延迟，化学奖获奖者做出重大科学发现的年龄以 9.4 岁/100 年的速度推迟，两数值明显大于 3.5 岁/100 年（赵红洲，1984）。目前诺贝尔科学奖重大科学发现年龄为 46 岁左右，化学奖和物理学奖重大科学发现年龄为 44 岁左右，生理学或医学奖重大科学发现年龄为 47 岁左右。可以认为目前诺贝尔科学奖重大科学发现年龄为 44～48 岁。较以往论断（科学家科研创造峰值年龄为 37）推迟了将近 10 年（图 9-9）。

以数字化、网络化、信息化为特征的信息革命从根本上提高了知识的生产率。科学上新理论、新发明及新的工程技术的发生都出现在学科边缘或不同学科的交叉点上。大量重大科学发现突破了原有科学的范式，形成大批交叉学科。这些交叉学科的发展在推动社会不断进步的同时，也推动着科学向更深层和更高水平发展，人类由此产生的知识总量以指数形式增长。传统的学习方式已经远远不能跟上知识更新和扩展的速度，这为人们做出变

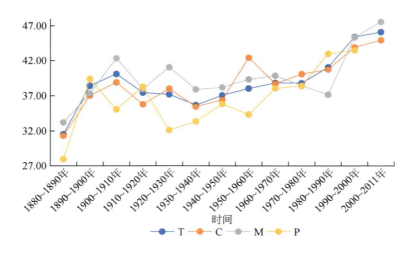

图 9-9　1901～2021 年诺贝尔科学奖获奖者平均重大科学发现年龄变化趋势图

注：为显著化年龄变化并保持所有差值非负，将所有年龄减去 27 后得到上图。图中某时间点对应的诺贝尔科学奖获奖者实际平均重大科学发现年龄等于该点纵坐标加 27。

革性的创新成果带来了巨大的挑战和沉重的知识负担。表现为重大科学发现的年龄较以往有了相当大幅度的延迟。

9.6.2　诺贝尔科学奖授奖时滞规律研究

（1）以获得奖项先后为序的趋势分析

目前国内学者多以诺贝尔科学奖获得奖项的先后顺序分析获奖者获奖年龄、获奖成果完成年龄、授奖时滞等指标的变化趋势。在分析的初始阶段，我们同样采用该时间轴对诺贝尔科学奖获奖者的授奖时滞进行分析：一方面可以验证本文所用数据与以往学者所用数据的异同；另一方面，可以凸显论文将要得出的研究结论。

图 9-10 至图 9-13 分别为 1901～2021 年化学、物理学、生理学或医学诺贝尔科学奖获奖者的获奖年龄、获奖成果完成年龄等基本数据。其中，横轴表示获奖年龄的先后，单位为年；左侧坐标轴表示年龄，单位为岁；右侧坐标轴表示时间的差值，用以描述获奖者从完成获奖成果到正式获得诺贝尔科学奖的时间间隔，即诺贝尔科学奖授奖时滞，单位为年。为使各数值的对比更直观，左右两侧坐标轴使用相同的刻度。

就诺贝尔科学奖获奖者总体而言（图 9-10），无论是获奖年龄还是授奖时滞都呈明显的上升趋势，而获奖成果完成年龄上升幅度较小，最高学位年龄变化幅度更小。对变化幅度最大的两项指标进行简单回归后发现，两者分别以 15 岁/100 年和 11.7 岁/100 年的速度延迟。尤其是 20 世纪 60 年代以后，平均授奖时滞在 20 年左右，有些甚至超过 35 年。

结合图 9-10 ～图 9-13，可以看出，所有数据的离散程度加剧，呈现越来越明显的个性化特征。诺贝尔科学奖获奖者虽然存在明显的个性化和学科差异，但仍呈现出一定的群体共性：在过去的 113 年里，"统计上"（之所以强调"统计上"，是因为有些数据虽然可以统计，但不具有实际意义，后文将详细阐述），诺贝尔科学奖获奖者平均获奖年龄都呈延长趋势，授奖时滞越来越长，获奖成果的平均完成年龄变化规律不一，但都呈上升趋势。很多学者据此得出结论，认为获得诺贝尔奖的难度越来越大，等待授奖的时间也越来越长。

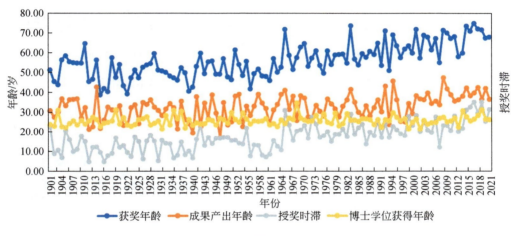

图 9-10　1901 ～ 2021 年诺贝尔科学奖获奖者基本数据

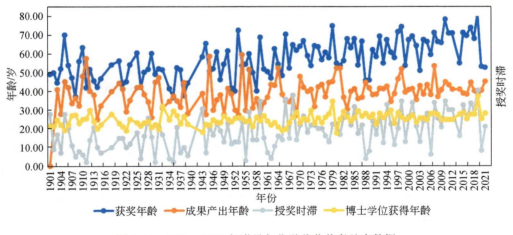

图 9-11　1901 ～ 2021 年诺贝尔化学奖获奖者基本数据

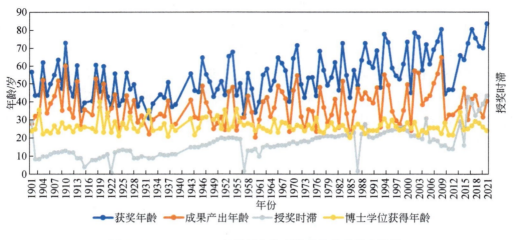

图 9-12　1901～2021 年诺贝尔物理学奖获奖者基本数据

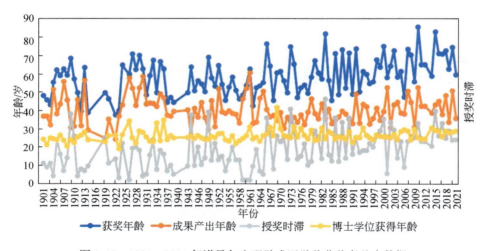

图 9-13　1901～2021 年诺贝尔生理学或医学奖获奖者基本数据

　　上述分析是在获奖者获奖时间先后（即在自然规定了获奖者获奖先后次序）的基础上进行的横向比较。然而，获奖年龄与获奖成果完成年龄有很大区别，两者并非直接的一一映射关系。即已知获奖年龄无法推知精英科学家的获奖成果完成年龄；反之亦然。最直观的解释是，如果仅用某一年的获奖人名单，无法通过简单的数学运算推测出获奖成果完成于何时；如果仅用某几年获奖人名单，也无法据此推算出这些获奖成果出现的先后次序。因此，两者只存在统计意义上的数量关系，但并不具有实际意义。这是目前国内学者在相关研究主题上犯的主要逻辑错误。在此基础上产生了另一错误，即由于授奖时滞在本质上反映的是获奖成果被认可的快慢，其逻辑起点为获奖成果完成时间，而非获奖时间。因此，在规定了获奖先后次序的基础上，比较不同学科授奖时滞的变化，失之偏颇。

（2）获奖成果完成先后次序的趋势分析

经统计，1901～2021 年诺贝尔科学奖所奖励的科学发现成果完成于 1871～2011 年。对获奖成果完成年龄的本质进行剖析后，研究重点转换为分析 1901～2021 年获奖者获奖成果完成年（1871～2011 年）对应年龄的变化趋势。与上文的研究思路相似：首先以该时间为序，对 1901～2021 年获奖者的基本数据进行描述，如图 9-14～图 9-17（与前文类似的，横轴表示获奖年龄的先后，单位为年；左侧坐标轴表示年龄，单位为岁；右侧坐标轴表示时间的差值，即诺贝尔科学奖授奖时滞，单位为年。左右两侧坐标轴刻度相同）。而由于授奖时滞的定义（获奖成果完成时间与实际获奖时间的差值），根据获奖成果出现的先后次序分析获奖人获奖年龄变化趋势，比直接按照授奖顺序分析该年龄变化趋势更具现实意义。由于获奖成果完成的先后不能决定最终获得奖项的次序，因此，在按照获奖成果的先后进行追溯时会打乱原有的授奖次序。

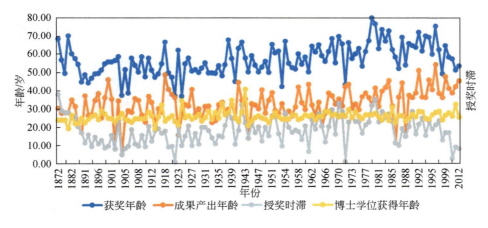

图 9-14　诺贝尔科学奖获奖者 1871～2011 年按获奖成果先后次序的年龄变化规律

对于诺贝尔科学奖而言，对比图 9-10 和图 9-14，可以看出，转换时间轴后，获奖成果完成年龄呈一定的上升趋势；获奖年龄整体呈上升趋势，趋势变化不明显；最高学位获得年龄变化幅度最小，且与成果产生年龄差值呈增大趋势。但近年来，获奖年龄和授奖时滞表现出与图 9-10 完全不同的性质；与现在广为人们所接受的观点完全相反，图 9-10 中获奖年龄并没有呈大幅增长；更为重要的是，授奖时滞不升反降。尤其是对在 2011 年做出重大发现的获奖者来说，授奖时滞仅为 1 年。

反查数据后了解到，该项成果指的是 2011 年美国科学家罗伯特·莱夫科维茨和布莱恩·科比尔卡在揭示 G 蛋白偶联受体的内在工作机制时，在受体被激活并向细胞发送信号时获得了该三联受体的三维图像。此研究处于化学和生物学交叉领域，深受诺贝尔化学奖委员会的喜爱；而 G 蛋白偶联受体本身和对其结构解析又都具有重要的科研价值。因此，诺贝尔化学奖委员将 2012 年度的化学奖授予这两位美国科学家。从获奖成果完成时开始推算，该奖项授奖时滞仅为 1 年。由于图 9-14 整合了化学、物理学和生理或医学三个领域，能从中看到获奖者各个年龄指标的大体走势。但如果想进一步深入数据走势背后的客观事实，还需对各个学科进行单独分析。

对于诺贝尔化学奖而言，从图 9-15 中可直观看出，整体而言，获奖者获奖年龄和获奖成果完成年龄在 20 世纪末呈明显的上升趋势，授奖时滞在此时间段内呈不断下降趋势。对于授奖时滞，我们进行了以下追溯。首先，三位美籍科学家因"复杂化学系统创立了多尺度模型"获得 2013 年的诺贝尔化学奖，但该成果的研究工作完成于 20 世纪 70 年代。由于受限于当时计算机的发展水平，无法将这一具有巨大应用价值的方法进行转化。即从 70 年代开始推算，该奖项的授奖时滞为 30 余年。从这个意义上来说，授奖时滞反映的不仅仅是研究成果被社会认可的相对速度，也反映了社会科技发展水平和仪器制造水平对科研成果转化率的影响。另外，这也进一步说明了由于社会发展水平对某项科技成果的验证有赖于某领域技术的突飞猛进，而该项技术的出现更多的受偶然性因素的影响，不因人的意志为转移。因此，可以说，社会发展的或然性在很大程度上导致了诺贝尔科学奖授予奖项的随机性。

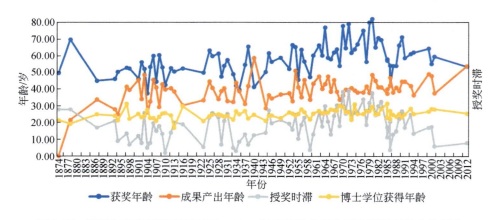

图 9-15 诺贝尔化学奖获奖者 1871～2011 年按获奖成果先后次序的年龄变化规律

近年来，化学领域重大突破授奖时滞呈下降趋势。例如，2001 年的化学领域的重大突破指的是美国科学家罗杰·科恩伯格和安德鲁·法兰的重要发现（"揭示了真核生物体内的细胞如何利用基因内存储的信息生产蛋白质"）于 2006 年获得诺贝尔奖，授奖时滞为 5 年；正如在诺贝尔科学奖授奖时滞中分析的，2011 年化学领域重大突破的授奖时滞仅为 1 年。

对于诺贝尔生理或医学奖而言，从图 9-16 可以看到，整体而言，诺贝尔生理学或医学奖获奖者的数据更加离散，个性化更加明显。从图中看到某一时间段内诺贝尔获奖者各年龄指标的变化趋势。对于授奖时滞而言，20 世纪末以来，该指标呈下降趋势。值得注意的是，该图中 1912 年左右出现了一个授奖时滞最大值。反查资料得知，该值对应的是

1973 年获奖者卡尔·冯·弗里希。他是第一个解释蜜蜂舞蹈的科学家（1915 年），但他的理论受到当时很多科学家的怀疑。经过漫长的等待期后，终于在其 86 岁高龄时获得应有的认可。这是诺贝尔科学奖颁奖过程为避免争议而采取延迟授奖的极端例子之一。从 1915 年开始推算，该项重大成果的授奖时滞为 58 年。

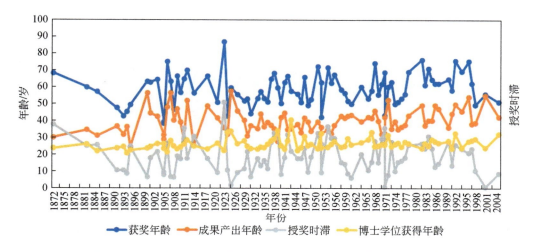

图 9-16　诺贝尔生理学或医学奖获奖者 1872～2004 年按获奖成果先后次序的年龄变化规律

　　为了说明生理学或医学领域授奖时滞的变化趋势，笔者对近期获奖成果进行了追溯，如 2013 年获奖成果（细胞内的主要运输系统——囊泡运输的调节机制）的研究工作完成于 20 世纪 90 年代末。从获奖成果完成时开始推算，该奖项的授奖时滞为 30 余年；1998 年的重大突破 "RNA 干扰——双链 RNA 引发的基因沉默"（当时被称为是 "近一段时间以来分子生物学最激动人心的发现之一"）于 2006 年获得诺贝尔奖，授奖时滞为 8 年。2006 年的生理或医学领域的重大突破 "小鼠的成熟细胞可被重新编码" 于 2012 年获得诺贝尔奖，授奖时滞为 6 年。

　　对于 2012 年的诺贝尔生理或医学奖的两名获奖者（英国发育生物学家约翰·格登和日本生物学家山中伸弥），虽然他们分享了同一年的奖金，但两人的授奖时滞差距很大。早在 1962 年（山中伸弥的出生年）约翰·格登就发现了 "细胞特化的可逆转性"。40 余年后，日本科学家山中伸弥于 2006 做出了类似的发现。由于 1962 年另外一项获奖成果的出现（前列腺素和有关活性物质的发现，该奖项授奖时滞为 20 余年）掩盖了约翰·格登的超长等待期。但从获奖成果完成时开始推算，两人的授奖时滞分别为 50 年和 6 年左右。这一事例，一方面说明，不能通过获奖者获奖年龄（时间）的变化趋势推测其授奖时滞的变化（即使是同一年获得相同奖项的不同获奖者，由于获奖成果完成时间不同，其授奖时滞也可能不同）；另一方面，再次更有力的说明了社会的科技发展水平可以显著影响重大科技突破向实际生产力转化的速度。

对于诺贝尔物理学奖而言，从图 9-17 可以看到，总体看来，以获奖成果完成时间为序，1873～1999 年物理学领域获奖成果完成年龄呈一定的上升趋势；获奖年龄变化趋势不明显；20 世纪 70 年代以后，授奖时滞呈下降趋势。

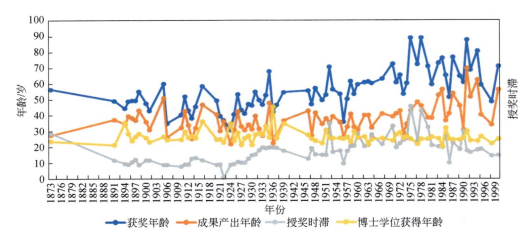

图 9-17　诺贝尔物理学奖获奖者 1873～1999 年按获奖成果先后次序的年龄变化规律

对 2013 年获奖成果（粒子如何获得质量的理论，希格斯粒子）的完成时间进行了核实。早在 1964 年，该奖项的获奖者（François Englert 和 Peter W. Higgs）就提出了该种理论。但直到 2012 年，欧洲核子研究中心（CERN）实验室发现了"希格斯粒子"，理论才得以证实，从获奖成果完成时开始推算，该奖项的授奖时滞为 40 年左右。而以获奖成果完成时间为序，近年来，物理学领域授奖时滞也呈现逐渐下降趋势。对于相对近期的重大发现，如 1988 年的重大科技突破（巨磁电阻）于 2007 年获得诺贝尔奖，授奖时滞为 19年；1998 年发布的重大突破"对超新星研究和对宇宙加速扩张研究"于 2011 年获得诺贝尔奖，授奖时滞为 13 年；1999 年的重大科学突破"测量和操控单个量子系统的突破性实验方法"于 2012 年获得诺贝尔奖，授奖时滞亦为 13 年；2004 年的重大科技突破"在二维空间材料石墨烯（graphene）方面的开创性实验"于 2010 年获得诺贝尔奖，授奖时滞仅为 6 年。在图 10 中，1987 年物理学重大突破的授奖时滞几乎为 0 年。通过反查资料发现，该项成果指的是 1986 年 1 月德国物理学家柏诺兹和瑞士物理学家缪勒在陶瓷材料中超导电性上的重大突破。与该项发现相关的学术论文发表于 1987 年（并立即引起全球范围内的"超导热"），该项成果也于当年（即 1987 年）获得诺贝尔物理学奖，授奖时滞不足 1 年。

综合对比上述数据，可以更直观的看出：近年来重大科技突破的完成年龄和因此获得正式学术认可的年龄虽呈一定上升趋势，但上升幅度并没有我们想象中的大；对于授奖时滞，与学者们现有结论相反，近年来获奖成果受到正式学术认可的时间在不断缩短：新近出现的获奖成果在相对更短的时间内获得认可。我们对这种现象做了如下思考和推测。

诺贝尔遗嘱中对授奖成果有一个模糊的规定："……基金所产生的利息作为每年的奖金，颁给在前一年中对人类福祉做出最大贡献者……。"1901～2021 年，诺贝尔科学奖已有 120 年的历史，获奖者累计 629 人次。但由于诺贝尔遗嘱的模糊性，授奖标准可能因时而异，这也直接导致了在授奖过程中难以避免的纰漏甚至错误。然而，可以肯定的是，诺贝尔奖委员会成员为了保证该奖项在国际科技奖项中的权威性和时效性，对奖项的审核越来越严格，授奖过程也越来越谨慎，但不会过多的偏离诺贝尔遗嘱的规定。即如果近年来有重大的科学发现，诺贝尔奖委员会将之归到授奖范围；如果近年来没有特别重大的科学发现，诺贝尔科学奖委员会将采用追溯的方式，授予相形之下最近经证实的举世瞩目的科技成果。由于科技全球化使各国科学家联系更加紧密，加快了知识的传播和扩散的速度以及科学发现向实际生产力转化的速度，新近出现的重大科学突破也被以更快的速度检验并转化为实际的科学技术，这导致了授奖时滞远没有我们想象中的大。真正导致获奖者超长等待期的是某些学术成果的争议和为避免由此引起的质疑以及更严重的学术混乱而采取的推迟授奖，直至该成果被实质性的检验为正确（如果在此检验过程中该重大发现被普及为常识，如发明元素周期表的俄国科学家门捷列夫；或在公布获奖名单之前该科学家已逝，则不再授奖）。

（3）诺贝尔科学奖授奖时滞规律

统计规律是"内部隐蔽着的规律"，是通过偶然性（随机事件）为必然性开辟道路的规律。该规律对于群体之中的任何个体事物来说是偶然的，非决定的，但对群体事件来说又是必然的、决定的，不因人的意志为转移的（赵红州，1984）。通过统计 1901～2021 年诺贝尔科学奖获奖者获奖时间和获奖成果完成时间等数据，将时间轴转换至"获奖成果完成的先后次序"后的数据显示，近年来，获奖成果完成年龄、获奖年龄、最高学位获得年龄的变化并没有我们想象中的那么大。重大科技突破受到正式学术认可的时间不升反降，即新近出现的获奖成果在相对更短的时间内获得认可。

"授奖时滞"在时间上的起点为获奖成果完成时间，该项指标的变化不仅展示了诺贝尔奖委员会成员和提名者们（都为该领域权威学者或往届诺贝尔奖获得者）对某研究方向的侧重（这种侧重又直接影响了该学科未来的发展趋势）和获奖工作获得社会认可的相对速度，也从侧面揭示了社会科技发展水平和仪器制造水平对科技转化率的影响。为数不少的杰出成就在提出时没有先进的仪器设备对其进行验证，从而进入了漫长的等待期。尤其对于理论性的创建（如上文提到的理论性的研究方法），其转化率更有赖于社会的科技水平。诺贝尔科学奖授奖过程中存在着典型的路径依赖（姜劲，2006；燕波，2006）。

9.6.3　机构属性的诺贝尔科学奖数据挖掘与知识发现

（1）基于机构属性的诺贝尔科学奖获奖年龄变化规律

结合前述分析，大学和科研院所或实验室产生了数量众多的诺贝尔科学奖。结合前期研究成果（门伟莉和张志强，2013），绘制了基于机构属性的大学和科研院所或实验室的诺贝尔科学奖年龄变化趋势图。从图 9-18 和图 9-19 可以直观地看出这两类机构获奖年龄变化趋势与诺贝尔科学奖整体获奖年龄变化趋势一致。各学科在不同阶段表现出较些微差异。如 1901～1980 年，在化学和生理或医学领域，获奖机构为大学的获奖者获奖年年龄较物理学同行更高，但在此期间获奖机构为科研院所或实验室的获奖者在获奖年龄方面并没有表现出明显的特征；而此后，医学或生理学获奖者中，科研院所的获奖者获奖年龄逐渐超过大学中的获奖者。

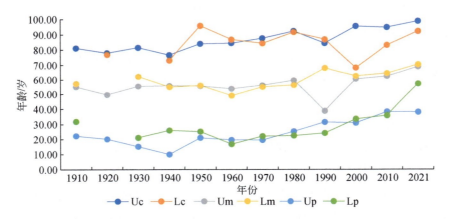

图 9-18　基于机构属性的 1901～2021 年诺贝尔科学奖年龄规律（大学和研究院所）

注：为突出区别显示，将化学奖获奖者相关数据统一调高 30，将物理学奖获奖者相关数据统一调低 30。

Uc、Lc、Um、Lm、Up、Lp 指三类奖项获奖者获奖时机构属性，下同。

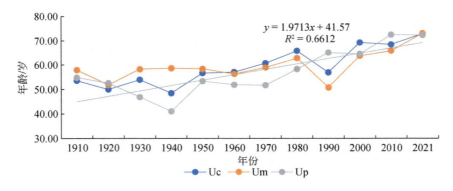

图 9-19　基于机构属性 1901～2021 年诺贝尔科学奖获奖年龄规律（大学）

　　为进一步明确揭示获奖年龄增长趋势，我们通过拟合线性趋势函数，看到在获奖年龄增长速度方面，单位属性为大学的获奖者获奖年龄平均以 2.16 岁/100 年的速度增长，研究院所获奖者的获奖年龄平均以 1.76 岁/100 年的速度增长，增长速度慢于前者。这一方面可能是由于两类机构获奖者数量不同造成上的统计上的误差，另一方面，也可能是由于研究院所在科研成果转化速度方面快于大学，由此造成学术成果认可在时间上的迟滞现象，后文将继续展开分析。

　　获奖单位属性为企业或公司、基金会和医院或诊所的获奖者数量较少，所以罗列在表 9-10 中。从该表中，我们也可以明显的看出，除化学奖获奖者人数集中于大学和科研院所，企业或公司、基金会和医院或诊所获奖人数较少，获奖年龄无法统计出明显的变化趋势外，物理学和生理学或医学领域获奖者获奖年龄呈现出较为明显的增长趋势。

　　（2）基于机构属性的诺贝尔科学奖重大成果产出年龄变化规律

　　考察重大成果产生年龄变化规律，应以重大成果产生时间为标准进行横向比较（门伟莉和张志强，2015）。经统计，1901～2021 年诺贝尔科学奖获奖成果产生时间范围为 1971～2011 年。从图 9-20、表 9-10 和表 9-11 可以看出，大学和研究院所的获奖者做出重大成果的年龄几乎呈同步增长趋势，但近年来，尤其是 1980 年以后研究院所获奖者做出重大成果的年龄较大学获奖者呈现更快的增长趋势。前述分析中，研究院所获奖者获奖年龄增长趋势相对大学获奖者较慢，因此，可以推定，研究院所获奖者研究成果授奖时滞更短，其成果被检验为正确的时间更短，即成果转化时间更短。

　　值得一提的是，生理或医学奖获奖者做出重大成果的年龄变化趋势不明显，医院或诊所作为生理或医学奖独有的获奖机构，在这方面表现得尤其显著。

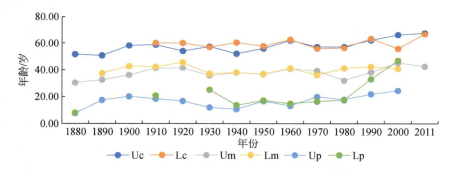

图 9-20　基于机构属性的 1871～2011 年诺贝尔科学奖获奖成果产生年龄变化趋势（大学和科研院所）
　　注：为突出区别显示，将化学奖获奖者相关数据统一调高 20，将物理学奖获奖者相关数据统一调低 20。

　　（3）基于机构属性的诺贝尔科学奖授奖时滞规律

　　上述分析过程中，推定近年来尤其是 1980 年以后，研究院所较大学授奖时滞显著缩短。因此借鉴诺贝尔科学奖授奖时滞研究的思路，我们对基于机构属性的 1971～2010 年获奖成果产生后到获得奖项之间的授奖时滞进行分析，见图 9-21 和表 9-12。结果显示，在三大学科领域，大学获奖者时滞呈现明显的增长趋势，对物理学领域而言，尤其如此：授奖时滞处于持续攀高的趋势，企业或公司的获奖成果授奖时滞明显短于相同领域的大学和研究院所；而上文分析的，授奖时滞缩短还来源于在化学和生理学或医学领域，授奖时滞在 1980 年附近开始呈现的缩短趋势，医学或生理学研究院所在这方面的表现更加突出；化学奖授奖时滞也同期呈现缩短趋势，但获奖者机构属性对授奖时滞的变化趋势几乎没有影响。不同一学科领域，不同机构属性的获奖者授奖时滞呈现明显的不同。我们在分析此类问题时，应区别对待。

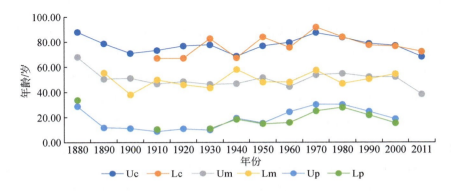

图 9-21 基于机构属性的 1871～2011 年诺贝尔科学奖授奖时滞变化（大学和科研院所）

注：为突出区别显示，将化学奖获奖者相关数据统一调高 60，将生理学或医学奖获奖者相关数据统一调高 30。

（4）机构属性的诺贝尔科学奖分布规律

一是获奖机构高度集中分布于大学和科研院所，但美英德法等获奖大国呈现不同特点。不论从诺贝尔科学奖总体而言，还是从化学奖、物理学奖和生理或医学奖各奖项来看，大学和科研院所都是诺贝尔科学奖主要产出机构，尤其是美国哈佛大学、斯坦福大学、加州理工学院、麻省理工学院和英国剑桥大学、牛津大学以及德国马普学会等世界一流大学、一流研究机构，在高质量的学术性师承关系等对塑造微观学术环境的关键方面（丁建洋，2013）形成了诺贝尔奖马太效应。但作为当今五大科技强国的美国、英国、德国、法国和日本（张志强等，2018），获奖机构组成呈现不同特点。例如，美国、英国和法国的诺贝尔获奖机构主要集中于世界一流大学，而德国和瑞士、丹麦、意大利等国家的诺贝尔奖获奖机构主要集中于世界一流研究院所。科学研究是一种高度专业化的职业分工，大学和科研院所的机构定位、组织环境、制度环境、文化环境和人文化境对重大科学发现的出现发挥着重要的推动和保障作用（Hansson and Fangerau，2018）。美英德法等国在诺贝尔科学奖获奖机构呈现出的不同特点，实际上揭示了不同国家在整体规划科技发展，协调科技发展与社会经济发展中对科技战略布局的不同侧重点。

表 9-10　1901～2021 年基于机构属性的诺贝尔科学奖获奖年龄统计分析——以获奖时间为统计标准　（单位：岁）

时间\项目	化学奖					生理学或医学奖					物理学奖				
	Uc	Lc	Ic	Fc	Hc	Um	Lm	Im	Fm	Hm	Up	Lp	Ip	Fp	Hp
1901～1910 年	51.25	—	—	—	—	55.11	57.28	—	—	—	52.42	62.08	35.62	—	—
1911～1920 年	48.04	47.00	—	—	—	49.65	—	—	—	—	50.33	—	43.03	—	—
1921～1930 年	51.59	—	—	—	—	55.47	62.27	—	—	—	45.27	51.27	—	—	—
1931～1940 年	46.70	43.17	51.85	—	—	55.77	54.85	—	—	42.86	39.99	56.13	—	—	—
1941～1950 年	54.00	65.75	—	—	—	55.53	55.85	—	49.95	59.82	51.06	55.26	—	—	—
1951～1960 年	54.35	56.70	—	—	—	53.66	48.92	—	—	54.52	49.76	46.85	—	—	—
1961～1970 年	57.60	54.20	—	—	—	56.03	54.94	—	—	—	49.56	52.12	—	—	—
1971～1980 年	62.18	61.53	—	—	—	59.42	56.12	—	46.97	53.77	55.41	52.53	44.67	—	—
1981～1990 年	54.21	56.68	—	68.81	—	38.72	67.89	—	—	71.69	61.50	54.20	56.1	—	—
1991～2000 年	65.34	38.09	—	—	—	60.32	62.34	—	—	56.18	61.07	63.55	—	—	—
2001～2010 年	64.58	52.81	43.51	—	—	62.20	64.24	—	66.13	57.1	68.19	65.86	71.18	—	—
2011～2021 年	68.57	61.98	—	—	—	68.73	70.16	—	—	—	68.06	86.99	35.62	—	—

注：Uc、Ic、Lc、Fc、Hc 分别表示化学奖获奖者获奖时机构属性，生理学或医学奖和物理学奖获奖者机构属性采用相同方式表述。下同。

表 9-11 1901~2021 年基于机构属性的诺贝尔科学奖成果产生年年龄统计分析——以获奖成果产生时间为统计标准 （单位：岁）

项目 时间	化学奖					生理学或医学奖					物理学奖				
	U_c	L_c	I_c	F_c	H_c	U_m	L_m	I_m	F_m	H_m	U_p	L_p	I_p	F_p	H_p
1871~1880 年	31.84	—	—	—	—	30.40	—	—	—	—	27.76	28.15	—	—	—
1881~1890 年	30.77	—	—	—	—	32.60	37.35	—	—	—	37.46	—	—	—	—
1891~1900 年	38.32	—	—	—	—	36.18	42.75	—	—	—	40.23	—	—	—	—
1901~1910 年	38.81	40.07	—	—	—	41.31	42.32	—	—	—	38.45	40.84	—	—	—
1911~1920 年	34.15	40.07	34.92	—	—	41.60	45.57	—	—	—	36.76	—	—	—	—
1921~1930 年	37.52	37.07	—	—	—	35.84	37.12	—	—	31.91	31.99	45.20	—	—	—
1931~1940 年	32.17	40.46	—	—	—	37.94	38.00	—	36	44.7	30.86	33.58	—	—	—
1941~1950 年	36.09	37.78	—	—	—	36.73	36.84	—	—	51.91	36.68	37.18	—	—	—
1951~1960 年	42.10	42.76	—	36.88	—	40.86	41.38	—	25.06	33.46	33.25	34.83	26.74	—	—
1961~1970 年	37.36	36.04	59.25	—	—	39.51	36.15	—	—	—	40.04	36.51	34.17	—	—
1971~1980 年	37.48	36.52	—	—	—	32.18	41.32	—	—	34.23	37.98	37.44	56.16	—	—
1981~1990 年	42.41	43.49	28.58	—	—	38.38	42.48	—	49.4	32.15	41.94	53.18	51.24	—	—
1991~2000 年	46.46	35.96	—	—	—	45.56	40.94	—	—	—	44.58	67.09	—	—	—
2001~2011 年	47.78	46.99	—	—	—	42.75	—	—	54.95	—	—	—	—	—	—

表 9-12　1901～2021 年基于机构属性的诺贝尔科学奖授奖时滞分析——以获奖成果产生时间为统计标准　　（单位：年）

时间＼项目	化学奖					生理学或医学奖					物理学奖				
	Uc	Lc	Ic	Fc	Hc	Um	Lm	Im	Fm	Hm	Up	Lp	Ip	Fp	Hp
1871～1880 年	27.93	—	—	—	—	37.95	—	—	—	—	28.93	33.93	—	—	—
1881～1890 年	18.72	—	—	—	—	20.62	25.45	—	—	—	11.93	—	—	—	—
1891～1900 年	10.93	—	—	—	—	21.20	8.20	—	—	—	11.26	—	—	—	—
1901～1910 年	13.34	6.93	16.93	—	—	16.74	19.95	—	—	—	8.81	10.43	—	—	—
1911～1920 年	16.81	6.93	—	—	—	18.53	15.95	—	—	—	10.91	—	—	—	—
1921～1930 年	17.67	22.60	—	—	—	16.36	13.45	—	—	10.95	9.90	10.93	—	—	—
1931～1940 年	8.60	7.26	—	—	—	16.84	28.08	—	13.95	14.95	19.50	18.60	—	—	—
1941～1950 年	16.76	23.76	—	—	—	21.55	18.01	—	—	2.95	15.52	14.93	—	—	—
1951～1960 年	19.56	15.43	23.93	31.93	—	14.51	18.05	—	15.95	26.28	24.47	15.88	17.93	—	—
1961～1970 年	27.21	31.70	—	—	—	23.70	27.35	—	—	—	30.38	25.16	21.93	—	—
1971～1980 年	23.50	23.93	14.93	—	—	24.90	16.81	—	—	21.95	30.34	27.95	20.93	—	—
1981～1990 年	18.67	17.29	—	—	—	22.30	20.46	—	26.95	24.95	24.75	21.88	19.93	—	—
1991～2000 年	16.91	16.33	—	—	—	21.99	24.32	—	—	—	18.76	15.43	—	—	—
2001～2011 年	8.00	12.00	—	—	—	8.45	—	—	0.95	—	—	—	—	—	—

二是基于不同获奖机构属性的获奖者年龄变化趋势呈现领域差异性，诺贝尔物理学奖呈现明显的特性。诺贝尔科学奖获奖者获奖年龄、重大成果产生年龄和授奖时滞都呈现相似的变化趋势，然而，同一学科不同获奖机构的获奖者上述指标变化趋势并不一致。表现最明显的是在授奖时滞问题上物理学科不同获奖机构的表现：对于物理学科整体而言，授奖时滞处于持续缩短趋势，但该领域大学和研究院所授奖时滞呈现持续攀高的趋势，而企业或公司的获奖成果授奖时滞明显短于相同领域的其他获奖机构，缩短的趋势之大掩盖了主要获奖机构授奖时滞攀升的事实。因此，在具体分析该类问题时，有必要区分学科的同时，区分不同的获奖机构类型。

三是科研人员隶属多机构的现象促进了跨机构的学术交流与合作。虽然科研合作并非原创性科学发现成果产生的充分条件，但是随着创新全球化和学科领域交叉融合现象的日益深入，现代科学研究的合作日益密切是必然趋势。与我国研究人员长期以来只隶属于某一研究机构相比，诺贝尔科学奖获得者获奖时隶属机构呈现更复杂的多样性（Charlton，2007），有些获奖者同时在一个国家或多个国家的两个或两个以上机构供职。如 1939 年诺贝尔化学奖获得者 Adolf 获奖时同时隶属于德国的 Berlin University（柏林大学）和 Max-Planck Institut（马普学会）两个机构，2009 年诺贝尔生理学或医学奖获得者 Jack 同时隶属于美国的 Harvard University（哈佛大学）、Howard Hughes Medical Institute（霍华德·休斯医学院）和 Massachusetts General Hospital（麻省总医院）三个机构。对这些获奖者作出重要成果的年龄和授奖时滞进行分析，发现它们在这些指标上显示出一定的优越性。这种通过工作关系建立起来的合作关系，更有利于促进学术创新的高端深入合作。

9.6.4　诺贝尔科学奖获奖者师承效应规律的量化分析

（1）师生关系图谱描述

采用 Ucinet 嵌套软件 Netdraw 对师生关系矩阵进行可视化处理，得到如图 9-22 所示的师生关系图谱。从该图谱中可看到师生关系中的"一师带多徒"和"一徒从多师"的现象。

在一个网群中，各节点间的联系程度不一样，在网络中发挥的作用也不相同。中心度主要用来分析网络中各节点所处的位置。其中，点度中心度是测量网络中节点重要程度的关键指标之一。网络中某节点的绝对点度指与该点直接相连的其他点的数目。点的绝对点度中心度越大，该点在网络中就处于中心位置。表 9-13 列举了图 9-22 中绝对点度中心度 Top20（所有节点的绝对点度中心度见附录）。可见，图中各节点所处位置重要程度迥异。这反映了获奖者中师门聚集现象的显著性：相当数量的获奖者与同一获奖者有直接或间接的师生关系。这再次揭示了研究诺贝尔科学奖获奖者中师承效应的必要性。

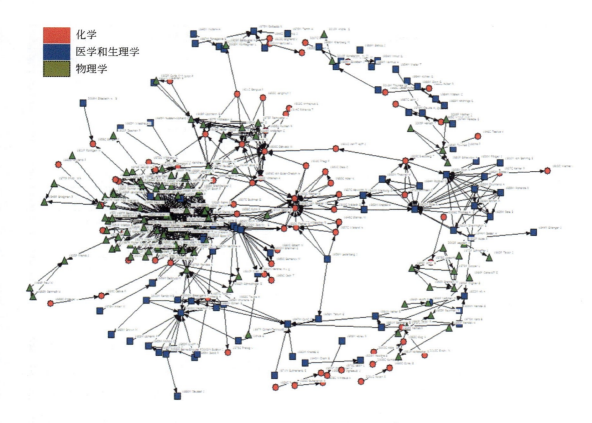

图 9-22　1901～2021 年诺贝尔科学奖获奖者中师生关系图谱

注：该图谱由 626×626 方阵删除孤立点后得到，共计 342 个节点，1271 条师生关系链，79 对跨领域师生关系。由于图谱中包含的节点较多，为突出显示节点间的关系，已将节点标签值调整至尽可能小且尽量调整图谱的整体布局，但仍不能避免部分节点相互重合的现象。

表 9-13　1901～2021 年诺贝尔科学奖获奖者师生关系图谱中心性分析（Top20）

序号	获奖时间及获奖领域	获奖者	绝对点度中心度	相对点度中心度	占比值
1	1904P	Strutt	315	8.108	0.102
2	1906P	Thomson	234	6.023	0.076
3	1918P	Planck	141	3.629	0.046
4	1954P	Bothe	98	2.523	0.032
5	1908C	Rutherford	80	2.059	0.026
6	2009M	Jack	61	1.57	0.02
7	1905C	Von	49	1.261	0.016
8	1902M	Ross	46	1.184	0.015
9	1922P	Bohr	44	1.133	0.014

续表

序号	获奖时间及获奖领域	获奖者	绝对点度中心度	相对点度中心度	占比值
10	2002M	Horvitz	43	1.107	0.014
11	1938P	Fermi	42	1.081	0.014
12	1909C	Ostwald	39	1.004	0.013
13	2005P	Glauber	33	0.849	0.011
14	1978P	Penzias	33	0.849	0.011
15	1975P	Mottelson	33	0.849	0.011
16	1979P	Glashow	33	0.849	0.011
17	1943P	Stern	31	0.798	0.01
18	1962M	Watson	30	0.772	0.01
19	1944P	Rabi	28	0.721	0.009
20	1964M	Bloch	28	0.721	0.009

注：P，C，M 分别代表物理、化学和生理或医学三个学科领域。

　　本书研究中部分内容需要讨论师生的数量，因此需要对师生关系数据进行简化处理——每位获奖者的师生关系步长有且只有一个取值，取值范围为 [0～7]。如果未来获奖者师从一位诺贝尔科学奖获奖者，其师生关系步长根据所在的师生关系链的位置选定；如果未来获奖者在不同阶段或同一阶段跟随多个诺贝尔科学奖获奖者学习，那么，我们采取"舍近求远"（本意为舍去近处的，追求远处的）的原则简化师生关系网络，将师生关系图谱展开为树状图。在进行本部分的数据处理时，由于师承效应隐含有时间变量，且该时间变量对研究结论具有不可忽视的重要意义，因此，为了放大时间变量的影响，选取师生关系步长较长的师生关系链进行研究。具体数据处理方法如图 9-23 所示。按照这一方法对数据简化后，得到图 9-24 所示师生关系链图谱。

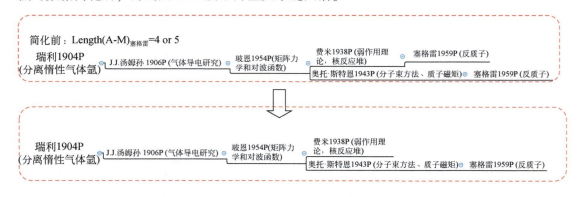

图 9-23　数据的"舍近求远"原则示例

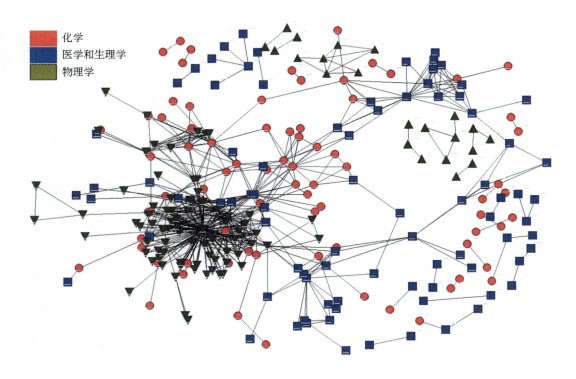

图 9-24　1901～2021 年诺贝尔科学奖获奖者中的师生关系链

注：该图谱由 626×626 方阵删除孤立点后得到，共计 342 个节点。由于图谱中包含的节点较多，为突出显示节点间的关系，已将节点标签值调整至尽可能小且尽量调整图谱的整体布局，但仍不能避免部分节点相互重合的现象。

　　由于获奖者中"一徒从多师"的现象比较多，该处理原则会损失大量的师生关系。因此，我们仅在统计师生数量时使用。其他情况仍然使用原有的师生关系整体网数据。

　　（2）"师承效应"对诺贝尔科学奖获奖者各项指标的影响

　　根据师承效应的取值，把获奖者分为两组进行描述性统计，分别简记为 A 组——无师承效应组和 B 组——师承效应组（表 9-14）。表中相关系数是衡量观测数据之间相关程度的一个指标，一般情况下，相关系数越大表明相关程度越高。但是，相关系数只是相对意义。也就是说，0.99 并不代表相关程度一定高，0.1 也不代表相关程度一定低，这与样本空间大小有关。在实际工作中，只要相关关系显著，不必刻意追求高的相关系数。

　　从表中可知，师承效应对诺贝尔科学奖获奖者四项指标均产生了一定的影响：其中，师承效应 A 组获奖者的"最高学位年龄""重大科学发现年龄""获奖年龄"3 个指标均小于师承效应 B 组。经计算，在研究工作属性方面，师承效应 B 组从事理论性研究工作的比例（26.09%）高于师承效应 A 组（19.10%）。为检验上述结论的显著性，以"师承效应"为分组变量对获奖者进行 Spearman 检验。具体检验结果见表 9-15。

表 9-14　1901～2021 年诺贝尔科学奖获奖者师承效应描述性统计

——以"师承效应"为分组变量

项目		N	均值	标准差	标准误	均值的 95% 置信区间		极小值	极大值
						下限	上限		
获奖年龄	A	413	59.93	13.13	0.64	58.68	61.19	31.15	96.36
	B	213	52.21	11.59	0.80	50.64	53.78	24.75	81.20
	总数	626	56.18	12.21	0.51	55.17	57.19	24.75	87.22
重大科学发现年龄	A	413	40.05	9.34	0.46	39.14	40.95	40.05	70.55
	B	213	36.69	8.04	0.55	35.60	37.79	19.66	58.81
	总数	626	36.11	8.37	0.35	35.41	36.80	15.99	70.55
研究属性	A	413	0.22	0.41	0.02	0.18	0.26	0.00	1
	B	213	0.26	0.44	0.03	0.20	0.32	0.00	1
	总数	626	0.21	0.41	0.02	0.18	0.25	0.00	1
最高学位年龄	A	413	25.84	5.96	0.29	25.26	26.41	19.00	56.84
	B	203	24.66	3.02	0.21	24.25	25.07	14.00	35.00
	总数	616	26.11	3.33	0.14	25.83	26.38	14.00	56.84

注：N 代表参与统计的各类获奖者的数量，下同。

表 9-15　1901～2021 年诺贝尔科学奖获奖者师承效应显著性检验——以"师承效应"为分组变量

项目		EM	获奖年龄	重大科学发现年龄	研究属性	最高学位年龄
师生关系步长	相关系数	1.000	-0.239**	-0.122**	0.43*	-0.086*
	Sig.（双侧）	0.000	0.000	0.002	0.285	0.031
	N	626	626	626	626	613

注：**. 在置信度（双测）为 0.01 时，相关性是显著的。*. 在置信度（双测）为 0.05 时，相关性是显著的。

表 9-15 表明，"师承效应"与未来获奖者"最高学位年龄"在 0.05 水平上显著负相关，与"重大科学发现年龄"和"获奖年龄"在 0.01 水平上显著负相关。即若师从诺贝尔科学奖获奖者，未来获奖者"重大科学发现年龄"、"最高学位年龄"和"获奖年龄"将显著地减小。"师承效应"与未来获奖者"研究工作属性"在 0.05 水平上显著正相关，即"师承效应"对未来获奖者的研究工作属性有显著的影响。师承效应在相同性质研究工作的继承和发展中作用更显著。这种作用机制与艺术流派的传承相似，形成了不同的学术流派。

深入研究存在师承效应的数据后发现：①有 183 位学生（占存在师承效应的 67.52%）的获奖时间晚于其导师，分别有 18 位（6.64%）和 19 位学生（7.01%）与导师同时获奖和早于其导师获奖；②有 182 位学生（67.16%）重大成果产生时间晚于其导师的重大成果产出时间，22 位学生（8.12%）重大成果与其导师重大成果同时产生，仅有 7 位学生（2.58%）的重大成果产生时间早于其导师重大成果产出时间。因此，可以认为师承效应隐含了时间变量。与本章 9.6.1 节的结论（1871～2011 年诺贝尔科学奖获奖者重大科学发现年龄呈上升趋势）相对比，本节结论从反面凸显了"名师出高徒"这一教育规律的重要性——一位好的研究型导师，可以显著的缩短科研型学生接受新知识、做出重大科学创新成果、获得学术认可各方面所需要的时间。

（3）"师生关系步长"对诺贝尔科学奖获奖者各项指标的影响

为尽量消除时间变量对"师承效应"的影响，笔者进一步研究了获奖者中"师生关系步长"对未来获奖者的影响。由于任意节点的变化都会引发师生关系链的变化，因此，342 位存在师生关系的获奖者共产生 1271 条师生关系链。

以"师生关系步长"为分组变量（组号分别记为 0，1，2…，7）对师生关系链进行描述性统计（表 9-16）。从中可以看出，"师生关系步长"对诺贝尔科学奖获奖者四项指标均产生了一定的影响。从数据的平均值上可以直观地看到，诺贝尔科学奖获奖者平均"最高学位年龄"和"获奖年龄"随着师生关系步长的延长呈先下降后上升的趋势。对于"最高学位年龄"，在三代以内，未来获奖者"最高学位年龄"随着师生关系步长的延长

表 9-16　1901～2021 年获奖者师承效应描述性统计——以"师生关系步长"为分组变量

项目		N	均值	标准差	标准误	均值的95%置信区间		极小值	极大值
						下限	上限		
获奖年龄	0	420	59.99	13.02	0.12	56.85	59.42	23.00	96.36
	1	264	53.25	11.22	0.15	52.12	54.47	25.00	81.20
	2	181	51.84	10.92	0.18	49.90	52.76	25.00	81.20
	3	135	51.86	11.28	0.21	50.16	53.36	31.00	81.20
	4	74	52.06	11.68	0.28	48.91	53.20	31.00	81.20
	5	33	55.01	12.12	0.41	50.11	56.56	34.00	81.20
	6	8	55.52	10.64	0.75	48.30	61.02	47.00	80.00
	7	1	57.10	—	—	56.15	56.15	57.10	57.10
	总数	1271	55.38	12.46	0.07	53.30	54.58	23.00	96.36
重大科学发现年龄	0	411	40.02	9.24	0.12	23.81	45.93	22.00	83.00
	1	263	37.64	8.22	0.15	36.04	37.97	20.00	63.00
	2	181	36.66	7.67	0.18	34.56	36.94	20.00	63.00
	3	135	36.25	7.50	0.21	33.78	36.32	20.00	63.00
	4	74	35.39	6.68	0.28	31.56	34.96	24.00	59.00
	5	33	35.17	5.75	0.41	30.09	34.37	25.00	50.00
	6	8	33.29	4.01	0.75	26.61	31.28	26.00	39.00
	7	1	32.15	—	—	32.15	32.15	32.15	32.15
	总数	1271	37.93	8.44	0.07	32.18	38.45	20.00	83.00

续表

项目		N	均值	标准差	标准误	均值的95%置信区间		极小值	极大值
						下限	上限		
研究属性	0	412	0.21	0.41	0.12	0.15	0.23	0.00	1.00
	1	260	0.25	0.43	0.15	0.2	0.29	0.00	1.00
	2	180	0.27	0.45	0.18	0.21	0.33	0.00	1.00
	3	135	0.32	0.47	0.21	0.23	0.37	0.00	1.00
	4	74	0.36	0.49	0.28	0.26	0.45	0.00	1.00
	5	33	0.33	0.48	0.41	0.19	0.45	0.00	1.00
	6	8	0.25	0.46	0.75	0.02	0.56	0.00	1.00
	7	1	0.00	—	—	0	0	0.00	0.00
	总数	1271	0.26	0.44	0.07	0.23	0.28	0.00	1.00
最高学位年龄	0	404	26.67	3.81	404	26.05	26.79	19.00	56.84
	1	261	25.55	2.95	261	25.37	26	14.00	35.00
	2	181	25.43	2.92	181	25.03	25.82	19.00	35.00
	3	135	25.53	2.87	135	24.98	25.82	21.00	35.00
	4	74	25.96	2.91	74	25.38	26.49	21.00	35.00
	5	33	26.28	3.22	33	25.52	27.52	21.00	35.00
	6	8	26.13	1.64	8	24.98	26.73	24.00	28.00
	7	1	28.00	—	1	28	28	28.00	28.00
	总数	1097	26.00	1097	26.00	25.69	26.03	14.00	56.84

呈不断下降趋势；但三代以上呈逐渐上趋势；对于"获奖年龄"，在四代以内，未来获奖者"获奖年龄"随着师生关系步长的延长呈不断下降趋势；但四代以上呈逐渐上趋势。未来获奖者平均"重大科学发现年龄"随师生关系的延长呈持续下降趋势。"师生关系步长"对未来获奖者"研究工作属性"也产生了一定的影响，但具体影响程度无法直观度量。以上四项指标的变化趋势，还需进一步检验。

由于对样本总体的分布仍然不明确，该部分以师生关系步长为分组变量，仍然使用非参数检验方法对师生关系链进行检验，分析"师生关系步长"对未来获奖者的影响，分析结果见表9-17。虽然在平均数值上"最高学位年龄"、"重大科学发现年龄"和"获奖年龄"与随着"师生关系步长"的延长呈现不同的变化趋势，但"师生关系步长"与该三项指标显著负相关，即随着"师生关系步长"的延长，三项指标呈显著下降趋势："师生关系步长"与获奖者"重大科学发现年龄"和"获奖年龄"在0.01水平上显著负相关性，与"最高学位年龄"在0.05水平上显著负相关。"师生关系步长"与"研究属性"在0.01水平上显著正相关。其中"重大科学发现年龄"和"研究属性"相关系数的绝对值均明显大于表9-17中的对应值。为更直观地展示师生关系步长对诺贝尔科学奖获奖者的影响，绘制了图 9-25 所示的散点图。图中的曲线为散点图中数据均值的连线及延长线，表征数据总体走势。

表 9-17 1901～2021 年获奖者师承效应显著性检验——以"师生关系步长"为分组变量

项目		Length（EM）	获奖年龄	重大科学发现年龄	研究属性	最高学位年龄
师生关系步长	相关系数	1.000	-0.249**	-0.137**	0.058**	-0.093*
	Sig.（单侧）	0.000	0.000	0.001	0.154	0.020
	N	1262	1262	1262	1262	1252

注：*. 在置信度（单侧）为 0.05 时，相关性是显著的。**. 在置信度（单侧）为 0.01 时，相关性是显著的。

（4）诺贝尔科学奖获奖者师承效应的规律发现

根据科学的"普遍主义"原则，以 1901～2021 年自然科学领域杰出科学家为总体，同时期诺贝尔科学奖获奖者为样本，分析研究生与导师之间的师承效应对未来获奖者的影响，得出以下结论：

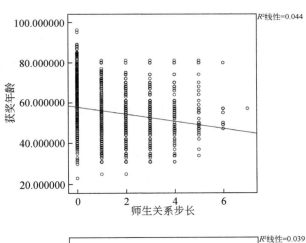

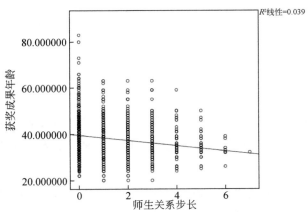

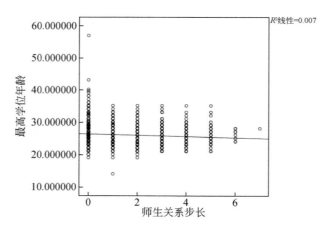

图 9-25　师生关系步长对诺贝尔物理学奖获奖者各项参数的影响

师生的研究工作属性具有一定的相关性。对比表 9-15 和表 9-17 可知，师承效应与未来获奖者所从事的研究工作属性在 0.05 水平上显著正相关，师生关系步长与研究工作属性在 0.01 水平上显著正相关，即学生至少在研究工作属性上对导师的工作进行了继承和发展。虽然文章没有对师生研究工作内容的相似性做进一步的挖掘，但可以根据上述结论对他们研究工作内容的相似性和传承性进行合理的外推。统计上，未来获奖者至少继承了师门内研究工作的属性。

师承效应显著降低未来获奖者投资于重大知识发现的时间成本。随着师生关系步长的增加，虽然平均"最高学位年龄"呈先下降后上升的趋势，是否有诺贝尔科学奖获奖者指导与未来获奖者"最高学位年龄"显著负相关。即在知识创新起步阶段，有获得诺贝尔科学奖的名师指导，将显著降低未来获奖者投资于知识创造和重大成果发现的时间成本。统计上，师承效应每延长一代，未来获奖者的博士学位获得年龄平均降低 0.095 岁。

师承效应显著缩短未来获奖者取得重大创新成果所需的时间。不论是平均"重大科学发现年龄"比较还是对该改变量的显著性检验，都说明是否有诺贝尔科学奖获奖者指导对未来获奖者"重大科学发现年龄"都有显著影响。有诺贝尔科学奖指导的未来获奖者重大科学发现年龄显著小于无诺贝尔科学奖获奖者指导的未来获奖者的重大科学发现年龄。即在重大成果的产生研究阶段，荣获诺贝尔科学奖的名师指导将显著缩短未来获奖者重大创新成果所需的时间。统计上，师承效应每延长一代，未来获奖者"重大科学发现年龄"平均降低 0.541 岁。

师承效应显著缩短未来获奖者的授奖时滞。随着师生关系步长的增加，虽然平均"获奖年龄"呈先下降后上升的趋势，但是否有诺贝尔科学奖获奖者指导与未来获奖者"获奖年龄"显著负相关。即在诺贝尔科学奖等待评奖、授奖过程中，是否有诺贝尔科学奖获奖者指导对未来获奖者"获奖年龄"有显著影响。即在评奖、授奖阶段，有获得诺贝尔科学奖的名师指导，将显著缩短未来获奖者获得学术认可的时间。统计上，师承效应每延长一代，未来获奖者获奖年龄平均降低 1.297 岁。

9.6.5　不同学科内的诺贝尔科学奖获奖者师承效应规律

（1）三大学科内师承效应统计及描述

据统计，三大学科存在师承效应的诺贝尔科学奖获奖者 342 人，表中列出的存在师承效应的诺贝尔科学奖获奖者有 401 人次，这是由"一徒从多师"现象导致的对同一获奖者的重复叠加，如表 9-18 所示。

表 9-18　1901～2021 年诺贝尔科学奖获奖者中师生关系的跨学科分布（按人次统计）

领域	导师数量（人次）	领域	学生数量（人次）	合计（人次）
C	40	C	51	81
		M	19	
		P	12	
M	42	C	6	73
		M	67	
		P	2	
P	48	C	14	111
		M	9	
		P	91	
合计	130		271	265

按照所属学科从诺贝尔科学奖师生关系网抽取数据，构建诺贝尔化学奖、物理学奖和生理或医学奖三个师生关系子网（数据抽取命令为：Data→Extract→Extract Submatrix），并根据矩阵绘制学科内师生关系图谱，以绝对点度中心度的数值对节点的大小进行描述，形象化地揭示诺贝尔科学奖师生关系整体网与学科内师生关系子网之间的联系与区别。其中，师生关系子网如图 9-26、图 9-27、图 9-28、图 9-29 所示。从图中可以看出，诺贝尔科学奖不同学科的师生关系呈现不同的网络特点，且学科间师生关系数量众多。在获奖者师生关系整体网中绝对点度中心度 Top15 与各学科形成的师生关系子网中绝对点度中心度 Top5 具有明显的区别（表 9-19）。

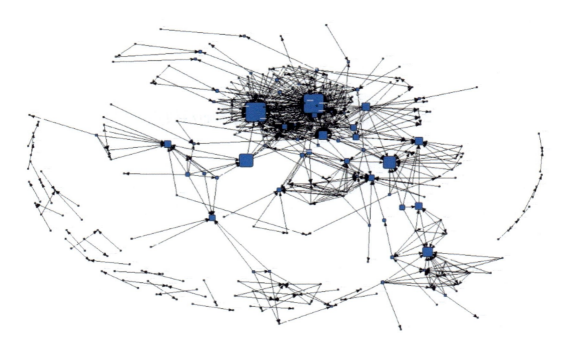

图 9-26　1901～2021 年诺贝尔科学奖中的师生关系图谱（按照点的绝对点度中心度）

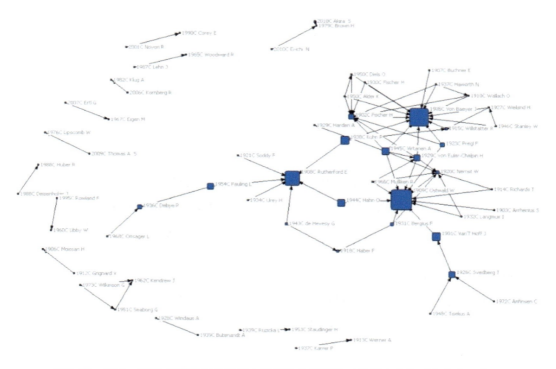

图 9-27　1901～2021 年诺贝尔化学奖中的师生关系图谱（按照点的绝对点度中心度）

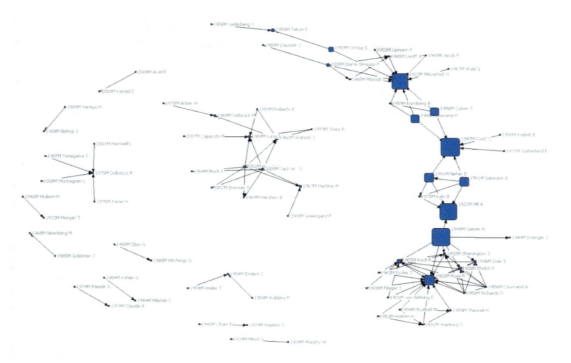

图 9-28　1901～2021 年诺贝尔生理学或医学奖中的师生关系图谱（按照点的绝对点度中心度）

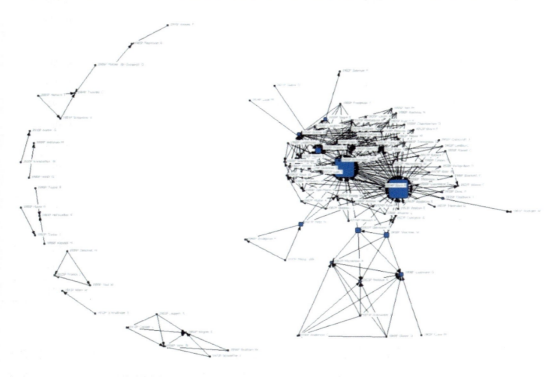

图 9-29　1901～2021 年诺贝尔物理学奖中的师生关系图谱（按照点的绝对点度中心度）

表 9-19　诺贝尔奖三大科学领域杰出科学家绝对点度中心度 Top5 对比分析

领域	获奖领域	获奖者	绝对点度中心度	相对点度中心度	占比值
P	1904P	Strutt J	219	19.01	0.148
	1906P	Thomson J	162	14.063	0.109
	1918P	Planck M	98	8.507	0.066
	1954P	Bothe W	67	5.816	0.045
	1922P	Bohr N	35	3.038	0.024
M	1902M	Ross R	37	3.7	0.104
	1922M	Meyerhof O	20	2	0.056
	1905M	Koch R	19	1.9	0.053
	1956M	Cournand A	17	1.7	0.048
	2009M	Jack W. S	14	1.4	0.039
C	1905C	Von BJ	29	6.004	0.132
	1909C	Ostwald W	19	3.934	0.086
	1945C	Virtanen A	12	2.484	0.055
	1902C	Fischer H	12	2.484	0.055
	1920C	Nernst W	9	1.863	0.041
T	1904P	Strutt J	315	8.108	0.102
	1906P	Thomson J	234	6.023	0.076
	1918P	Planck M	141	3.629	0.046
	1954P	Bothe W	98	2.523	0.032
	1908C	Rutherford E	80	2.059	0.026
	2009M	Jack W. S	61	1.57	0.02
	1905C	Von Baeyer J	49	1.261	0.016
	1902M	Ross R	46	1.184	0.015
	1922P	Bohr N	44	1.133	0.014
	2002M	Horvitz H	43	1.107	0.014
	1938P	Fermi E	42	1.081	0.014
	1909C	Ostwald W	39	1.004	0.013
	2005P	Glauber R	33	0.849	0.011
	1978P	Penzias A	33	0.849	0.011
	1975P	Mottelson B	33	0.849	0.011

（2）不同学科师承效应对比分析

为加强对比，我们规定，在本研究中：如任一学科内"师承效应"或"师生关系步长"对未来获奖者某一指标的影响不显著，即认为在学科内"师承效应"或"师生关系步长"对该指标的影响不显著。如表 9-19 中，在化学、生理学或医学领域"师承效应"

对未来获奖者"重大科学发现年龄"的影响显著（显著性水平为 0.05），但在物理学领域不显著。根据上述规定，我们认为学科内"师承效应"对"重大科学发现年龄"影响不显著。对师生关系步长的显著性检验，规定同上（表 9-20 和表 9-21）。

表 9-20　1901～2021 年诺贝尔科学奖获奖者师承效应显著性检验学科间对比
——以"师承效应"为分组变量

项目			EM	获奖年龄	重大科学发现年龄	最高学位年龄	研究属性
师承效应	C	相关系数	1.000	−0.190**	−0.138*	−0.198**	0.023
		Sig.（单侧）	0.000	0.007	0.040	0.006	0.387
		N	164	164	164	161	164
	M	相关系数	1.000	−0.120*	−0.131*	0.073	0.028
		Sig.（单侧）	0.000	0.043	0.031	0.151	0.346
		N	204	204	204	201	204
	P	相关系数	1.000	−0.209**	−0.088	−0.114	0.076
		Sig.（单侧）	0.000	0.002	0.111	0.057	0.146
		N	195	195	195	192	195
	T	相关系数	1.000	−0.239**	−0.122**	−0.086*	0.43*
		Sig.（双侧）	0.000	0.000	0.002	0.031	0.285
		N	626	626	626	613	626

注：*. 在置信度（单侧）为 0.05 时，相关性是显著的。**. 在置信度（单侧）为 0.01 时，相关性是显著的。

表 9-21　1901～2021 年获奖者师承效应显著性检验的不同学科对比
——以"师生关系步长"为分组变量

项目			Length（EM）	获奖年龄	重大科学发现年龄	最高学位年龄	研究属性
师生关系步长	C	相关系数	1	−0.139*	−0.076	−0.199**	−0.017
		Sig.（单侧）	0.000	0.027	0.147	0.003	0.406
		N	194	194	194	191	194
	M	相关系数	1.000	−0.054	−0.089	0.216**	−0.020
		Sig.（单侧）	0.000	0.192	0.075	0.000	0.374
		N	263	263	263	260	263
	P	相关系数	1.000	−0.157**	−0.106*	−0.072	0.093*
		Sig.（单侧）	0.000	0.001	0.016	0.074	0.031
		N	409	409	409	406	409
	T	相关系数	1.000	−0.249**	−0.137**	0.114**	−0.059*
		Sig.（单侧）	0.000	0.000	0.000	0.000	0.026
		N	1271	1271	1271	1271	1261

注：*. 在置信度（单侧）为 0.05 时，相关性是显著的。**. 在置信度（单侧）为 0.01 时，相关性是显著的。

不同学科内师承效应存在显著的不同，师生关系图谱迥异。对各领域内师生关系中点的绝对中心性、相对中心性进行对比，发现跨学科师生关系数量较多。表 9-20 和表 9-21 对比分析了学科内"师承效应"和"师生关系步长"对各项指标的影响。表 9-22 为诺贝尔科学奖获奖者各项年龄指标随"师生关系步长"延长的实际变化量。

表 9-22 1901～2021 年诺贝尔科学奖获奖者随"师生关系步长"延长年龄变动对比

项目		获奖年龄	重大科学发现年龄	最高学位年龄	研究属性
师生关系 步长	C	−1.925*	……	−0.760**	——
	M	……	……	−0.688**	——
	P	−1.184**	−0.154*	……	——
	T	−1.297**	−0.541**	−0.095*	——

注：*. 显著性水平（单侧）为 0.05；**. 显著性水平（单侧）为 0.01。

——表示在相关性检验中相关系数不显著，故年龄变动不可信；

……表示年龄变化无关，故不统计。

（3）跨学科师承效应的影响

由于很多师徒分处不同学科，如果将某一学科作为研究对象，是否考虑跨学科师生关系的师承关系，将可能对研究结果产生一定的影响。本小节以跨学科的师承效应为研究对象，在学科内师承效应的基础上，研究师从跨学科领域的导师对本学科未来获奖者的影响，并检验其显著性。检验结果如表 9-23 和表 9-24 所示。在此，为加强对比，我们同样规定检验结果取交集：如果某一指标在任一学科内没有通过检验，即认为该指标没有通过检验。具体检验结果汇总于表 9-25。

表 9-23 考虑跨学科师生关系的"师承效应"对诺贝尔奖获奖者影响的显著性检验对比分析

项目			EM	获奖年龄	重大科学 发现年龄	最高学位 年龄	研究属性
师承 效应	C	相关系数	1.000	−0.246**	−0.149*	−0.233**	0.019
		Sig.（单侧）	0.000	0.001	0.029	0.001	0.404
		N	164	164	164	161	164
	M	相关系数	1.000	−0.119*	−0.093	−0.009	0.085
		Sig.（单侧）	0.000	0.045	0.092	0.449	0.114
		N	204	204	204	201	204
	P	相关系数	1.000	−0.224**	−0.079	−0.149*	0.083
		Sig.（单侧）	0.000	0.001	0.137	0.020	0.124
		N	195	195	195	192	195
	T	相关系数	1.000	−0.190**	−0.121**	0.085*	−0.098*
		Sig.（双侧）	0.000	0.000	0.002	0.043	0.042
		N	626	626	626	626	614

注：*. 显著性水平（单侧）为 0.05；**. 显著性水平（单侧）为 0.01。

一般认为，由于学科内知识体系相对统一，学科内师承效应应当更加显著。但综合对比表 9-24 至表 9-25，我们认为，较单纯学科内的师承效应，将跨学科师生关系考虑在内时，师承效应对未来获奖者成长的影响更加显著。

表 9-24　考虑跨学科师生关系的师生关系步长对诺贝尔奖获奖者影响的显著性检验对比分析

项目			Length（EM）	获奖年龄	重大科学发现年龄	最高学位年龄	研究属性
师生关系步长	C	相关系数	1.000	-0.271 **	-0.179 **	-0.305 **	0.013
		Sig.（单侧）	0.000	0.000	0.002	0.000	0.418
		N	251	251	251	248	251
	M	相关系数	1.000	0.179 **	0.160 **	-0.003	-0.051
		Sig.（单侧）	0.000	0.000	0.001	0.481	0.170
		N	347	347	347	344	347
	P	相关系数	1.000	-0.123 **	-0.176 **	-0.031	0.135 **
		Sig.（单侧）	0.000	0.004	0.000	0.258	0.002
		N	454	454	454	451	454
	T	相关系数	1.000	-0.189 **	-0.263 **	-0.059 *	0.085 **
		Sig.（双侧）	0.000	0.000	0.000	0.026.	000
		N	1271	1271	1271	1252	1271

注：*. 显著性水平（单侧）为 0.05；**. 显著性水平（单侧）为 0.01。

表 9-25　考虑跨学科师生关系的师生关系步长对诺贝尔奖获奖者年龄变动的影响

项目		获奖年龄	重大科学发现年龄	最高学位年龄	研究属性
师生关系步长	C	-2.481 **	-1.613 **	-0.706 **	**
	M	-0.701 **	-0.401 **	……	——
	P	-1.041 **	-0.967 **	……	——
	T	-1.297 **	-0.541 **	-0.085 **	——

注：**. 显著性水平（单侧）为 0.01。

——表示在相关性检验中相关系数不显著，故年龄变动不可信；

……表示虽然在相关性检验中相关性数显著，但与年龄变化无关，故不统计。

（4）不同学科及跨学科的诺贝尔科学奖获奖者的师承效应规律发现

研究团队需要跨学科的科研人才。在科技全球化和大科学深入发展的今天，研究项目宏大、复杂、艰深，需要多领域的研究人员、研究团队甚至研究联盟的通力配合。学科背景单一的研究团体，其思维方式往往囿于相对标准、统一的学科范式，很难有大的突破。科技创新，尤其是重大科学发现往往意味着范式的转变，而科学范式的转变往往需要多个交叉学科理论方法、思维方式的激烈碰撞和交叉融汇。多学科交叉背景的科研人才为这种范式转变提供了可能。因此，目前研究团队在招募研究伙伴或研究助手时，更倾向于对现有团队知识背景多元化的补充。师生关系作为一种特殊的合作关系，也日益表现出跨学科合作的特点。在招录研究生时，导师们往往为了避免学科内的近亲繁殖及师门内理论体系和思维方式的过于单一，越来越多的青睐于招用与本师门学科背景相异的研究生。在研究生培养阶段，良好的师生互动也是一个交叉学科知识融合的过程。该过程对于突破双方原有的知识体系瓶颈都具有积极的促进作用。对于导师而言，与研究生进行的思想碰撞，可以增进对不同学科的认识和了解，是对原有理论体系的有益补充。将这些知识内化后，可以有力的提高其本人的指导水平和学术水平。

科技人才需要学科背景复杂、多元化的研发团队。在知识经济迅猛发展的今天，很少有科研人员或小团队（这里指区别于学科背景多元化的复杂的研究团队）仅靠单打独斗就能取得重大的科技成果。知识背景的过于单一严重的限制着他们创新性成果的产出。为了提高自身竞争力，这些研究成员或小团体往往会主动要求与学科内或学科外的同行进行交流与合作。对于研究生，尤其是具有很强自我意识和危机感的研究生，在选择导师时不仅会关注导师的资历和声誉，更注重导师的交叉学科背景。在从师阶段，研究生深受导师科研传统和科研精神的熏陶。在此有利条件下，将师生不同学科背景的知识体系进行融合成为可能。具体表现为导师的引导效果更加明显，该研究生更容易做出创新性的学术成果，继而更容易获得相应的荣誉。另外，退一步讲，即使论文中所收集的师生数据少于实际客观存在的数据，使用论文中的数据已足以说明师承效应对科研人才培养的重大作用。如果现实中存在更多的师承效应，不但不会削弱已有结论，而且会说明师承效应比我们已有结论的影响更为深远。

9.7　总结与展望

9.7.1　研究总结

本章提出奖励信息学的概念，并以国际权威奖项诺贝尔科学奖作为典型代表性奖励对象进行数据分析挖掘和知识发现，主要研究工作和重要认识如下。

（1）诺贝尔科学奖获得者重大科学发现年龄一般变化规律

在已有研究的基础上（门伟莉和张志强，2013），将诺贝尔科学奖获奖者重大科学发现年龄、获奖年龄、博士学位获得年龄等数据更新至2021年。通过对1901～2021年诺贝尔科学奖626名（629人次）获奖者生平及获奖数据的详细统计、分析得到120余年来诺贝尔科学奖领域奖获奖者获奖年龄、最高学位年龄以及重大科学发现年龄、授奖时滞的详细变化，定量研究了诺贝尔奖获奖者重大科学发现年龄及获奖成果年龄段的变化趋势。研究发现：

1）诺贝尔科学奖获奖者做出重大科学发现的年龄正在以 6.1 岁/100 年的速度延迟；目前诺贝尔科学奖重大科学发现年龄为 46 岁左右，化学奖和物理学奖重大科学发现年龄为 44 岁左右，生理学或医学奖重大科学发现年龄为 47 岁左右。可以认为，目前诺贝尔科学奖重大科学发现年龄较以往论断（科学家科研创造峰值年龄为 37）推迟了将近 10 年，处于 44～48 岁。

2）由于 1901～2021 年诺贝尔科学奖获奖者成果产生于 1970～2011 年，通过将时间轴转换至"获奖成果完成的先后次序"后的数据显示，近年来，获奖成果完成年龄、获奖年龄、最高学位获得年龄的变化幅度并没有我们想象中的那么大。重大科技突破受到正式学术认可的时间不升反降，即新近出现的获奖成果在相对更短的时间内获得认可。"授奖时滞"在时间上的逻辑起点为获奖成果完成时间，该指标不仅展示了诺贝尔奖委员会成员和提名者们对某研究方向的侧重和获奖工作获得社会认可的相对速度，也从侧面揭示了社会科技发展水平和仪器制造水平对科技转化率的影响，即诺贝尔科学奖授奖过程中存在着典型的路径依赖。为数不少的杰出成就在提出时由于没有先进的仪器设备对其进行验证，从而进入漫长的等待期；尤其部分科学理论的创建性研究工作，其科学发现的成果转化率更有赖于社会的科技水平。

（2）诺贝尔科学奖获奖者机构属性特征及存在的规律

在已有研究的基础上（门伟莉和张志强，2019），将诺贝尔科学奖获奖者机构属性数据更新至 2021 年。通过对 1901～2021 年诺贝尔科学奖获奖者所属机构特征及该特征与诺贝尔科学奖年龄规律（包括获奖年龄、获奖成果产生年龄、授奖时滞等相关性分析），分析不同机构在培养诺贝尔科学奖获奖者方面的表现异同、诺贝尔科学奖获奖者在促进了跨机构的学术交流与合作的作用。

1）获奖机构高度集中分布于大学和科研院所。不论从诺贝尔科学奖总体而言，还是从化学奖、物理学奖和生理或医学奖等各奖项来看，大学和科研院所都是诺贝尔奖科学发现成果的主要产出机构，在高质量的学术性师承关系等对塑造微观学术环境的关键方面（丁建洋，2013）形成了诺贝尔科学奖的马太效应。

2）基于不同获奖机构属性的获奖者年龄变化趋势呈现领域差异。诺贝尔科学奖获奖者获奖年龄、重大成果产生年龄和授奖时滞都呈现相似的变化趋势（门伟莉和张志强，2013；门伟莉和张志强，2015），然而，同一学科不同获奖机构的获奖者上述指标变化趋势并不一致。表现最明显的是在授奖时滞问题上物理学科不同获奖机构的表现：对于物理学科整体而言，授奖时滞处于持续缩短趋势，但该领域大学和研究院所授奖时滞呈现持续

438 / 面向领域知识发现的学科信息学理论与应用研究

攀高的趋势，企业或公司的获奖成果授奖时滞明显短于相同领域的其他获奖机构，缩短的趋势之大掩盖了主要获奖机构授奖时滞攀升的事实。因此，在具体分析该类问题时，有必要开展面向学科的、区分不同获奖机构类型的进一步研究。

3）科研人员隶属多机构的现象促进了跨机构的学术交流与合作。虽然科研合作并非原创性科学发现成果产生的充分条件，但是随着创新全球化和学科领域交叉融合现象的日益深入，现代科学研究的合作日益密切是必然趋势。与我国研究人员长期以来只隶属于某一研究机构相比，诺贝尔科学奖获得者获奖时隶属机构呈现更复杂的多样性（Charlton，2007），有些获奖者同时在一个国家或多个国家的两个或两个以上机构供职。如1939年诺贝尔化学奖获得者 Adolf 获奖时同时隶属于德国的 Berlin University（柏林大学）和 Max-Planck Institut（普朗克研究所）两个机构，2009年诺贝尔生理学或医学奖获得者 Jack 同时隶属于美国的 Harvard University（哈佛大学）、Howard Hughes Medical Institute（霍华德·休斯医学院）和 Massachusetts General Hospital（麻省总医院）三个机构。这种通过科学家个人工作关系建立起来的机构间合作关系，更有利于促进机构间学术创新的高端深入合作。

（3）诺贝尔科学奖中存在的科研型师生关系定量研究

在已有研究和数据的基础上（张志强和门伟莉，2014；门伟莉和张志强，2015），将诺贝尔科学奖师生关系数据集更新至2021年，按整个自然科学领域、学科内和跨学科三个方面对1901~2021年获奖者中的师承效应进行量化研究。重点对诺贝尔获奖者中存在的师承效应和师生关系步长对未来获奖者重大科学发现年龄、获得博士学位年龄、获奖年龄、研究工作属性的影响进行定量研究并进行相关性检验。

1）师承效应显著缩短未来获奖者的授奖时滞。随着师生关系步长的增加，虽然平均"获奖年龄"呈先下降后上升的趋势，但是否有诺奖获奖者指导与未来获奖者"获奖年龄"显著负相关。即在诺奖等待评奖、授奖过程中，是否有诺奖获奖者指导对未来获奖者"获奖年龄"有显著影响。即在评奖、授奖阶段，有获得诺奖的名师指导，将显著缩短未来获奖者获得学术认可的时间。统计上，师承效应每延长一代，未来获奖者获奖年龄平均降低1.297岁。

2）师承效应显著缩短未来获奖者取得重大创新成果所需的时间。不论是平均"重大科学发现年龄"比较还是对该改变量的显著性检验，都说明是否有诺奖获奖者指导对未来获奖者"重大科学发现年龄"都有显著影响。有诺奖指导的未来获奖者重大科学发现年龄显著小于无诺奖获奖者指导的未来获奖者的重大科学发现年龄。即在重大成果的产生研究阶段，荣获诺奖的名师指导将显著缩短未来获奖者重大创新成果所需的时间。统计上，师承效应每延长一代，未来获奖者"重大科学发现年龄"平均降低0.541岁。

3）师承效应显著降低未来获奖者投资于重大知识发现的时间成本。随着师生关系步长的增加，虽然平均"最高学位年龄"呈先下降后上升的趋势，是否有诺奖获奖者指导与未来获奖者"最高学位年龄"显著负相关。即在知识创新起步阶段，有获得诺奖的名师指导，将显著降低未来获奖者投资于知识创造和重大成果发现的时间成本。统计上，师承效应每延长一代，未来获奖者的博士学位获得年龄平均降低 0.085 岁。

4）师生的研究工作属性具有一定的相关性。师承效应与未来获奖者所从事的研究工作属性在 0.05 水平上显著正相关，师生关系步长与研究工作属性在 0.01 水平上显著正相关，即学生至少在研究工作属性上对导师的工作进行了继承和发展。虽然文章没有对师生研究工作内容的相似性做进一步的挖掘，但可以根据上述结论对他们研究工作内容的相似性和传承性进行合理的外推。统计上，未来获奖者至少继承了师门内研究工作的属性。

较单纯的学科内师承效应，考虑跨学科师生关系的师承效应对未来获奖者影响更显著。即，虽然学科内师承效应显著影响未来获奖者获得学术认可的时间，但考虑跨学科师生关系的师承效应比学科内师承效应可以更显著的影响未来获奖者获得学术认可的年龄和做出重大科学发现的年龄。

9.7.2　研究展望

奖励信息学以各种科技奖励及其获奖者的大数据为分析研究对象，是以扩展学科信息学和科学学研究领域、揭示科学发展内在规律为主要目标的一门学科，主要研究方向涉及获奖者群体特征挖掘和科技奖励的体制机制知识发现两个方面。本章以诺贝尔科学奖获奖者为研究对象，从重大科学发现年龄一般变化规律、授奖时滞、获奖者机构属性特征及获奖者中的师承效应方面进行所有相关数据的挖掘和知识发现。下一步将从覆盖的国际科技奖励范围和具体科技奖励的研究深度等方面推进奖励信息学向纵深方向发展。在对诺贝尔科学奖这一奖励信息学典型代表性科技奖励领域作进一步的数据挖掘的同时，扩展奖励信息学覆盖的奖项和研究对象的范围，对获奖者评选过程和评选机制研究开展研究。推进奖励信息学的深度发展，希望能为完善我国科技奖励体制机制，优化我国科技人才培养体制，揭示科研人员科学研究行为变化规律、制定科技发展战略等提供科学依据。主要研究方向可以包括以下 3 个方面。

（1）奖励信息学数据的进一步扩展与整合分析研究。

如将获奖者数据扩展到诺贝尔奖提名者和被提名者数据，开展诺贝尔奖评奖过程中机构聚集现象研究，研究诺贝尔奖获奖者获得世界顶级研究成果时所处的国际合作模式研究，对不同国际合作机构类型、合作频次、合作密度、合作趋势及获奖数量变化趋势等多种现象进行关联研究和相关性研究，研究重大科技奖项中可能存在的机构聚集现象和跨领域、跨机构的国际合作现象在重大科学发现和颠覆性技术突破中的作用。

（2）开展国际顶级科技奖励获奖者科研行为研究。

如开展以诺贝尔科学奖获奖者为代表的顶级科学家学术生涯研究。从业时间变化趋势研究、不同研究团队规模和获奖人数与研究成果创新性相关性研究、职称评聘和学术流动等现象的研究。该类学者在获得世界权威奖项前后的从业时间、研究团队规模、职称变化和学术流动等规律进行关联分析和深入研究。为我国学者在面临职业规划、学科团队组建、职称评聘等问题时，提供一定的事实依据和现实参考；为我国顶尖科学家的科技管理工作提供一定的国际经验和可能的启发。

（3）开展国际顶级科技奖励中存在的社会学现象研究。

如研究以诺贝尔科学奖为代表的国际顶级奖项中可能存在的小社会现象。将奖励信息学的研究内容扩展到自然科学领域著名国际奖项，打破化学、物理学、生理或医学、数学等学科限制，使用获奖者数据、可公开查阅的提名者和被提名者数据，研究梳理其中的科研型师生关系，比较国际顶级奖项、与该奖项相关（主要指诺贝尔获得者和被提名者或其他具有诺贝尔获得者提名权）的专家、学者、机构构成的师生关系图谱，比较各类图谱的规模、网络密度、可达性等指标。进一步的，研究顶级自然科学家群体中存在的小社会现象和马太效应。

参 考 文 献

陈益升，周发勤 . 1982. 诺贝尔自然科学奖的启示 . 科研管理，（1）：22-24.

丁建洋 . 2013. 日本大学创新能力的历史建构研究 . 南京：南京大学 .

傅东华 . 1934. 贝兰台罗得一九三四年诺贝尔奖金的 . 世界知识，（6）：274-275.

洪谦 . 1964. 西方现代资产阶级哲学论著选集 . 北京：商务印书馆 .

姜劲，徐学军 . 2006. 技术创新的路径依赖与路径创造研究 . 科研管理，27（3）：36-41.

李越果 . 1980. 从诺贝尔奖金看美国获胜的风格 . 世界科学译刊，（4）：6-7.

门伟莉，张志强 . 2013. 科研创造峰值年龄变化规律研究——以自然科学领域诺贝尔科学奖得主为例 . 科学学研究，31（8）：1152-1159.

门伟莉，张志强 . 2013. 科研创造峰值年龄变化规律研究综述 . 科学学研究，31（11）：1623-1629.

门伟莉，张志强 . 2015. 诺贝尔科学奖跨学科师承效应定量研究 . 科学学研究，33（4）：498-506.

门伟莉，张志强 . 2015. 诺贝尔科学奖授奖时滞研究 . 情报学报，34（4）：361-370.

门伟莉，张志强 . 2019. 机构属性的诺贝尔科学奖分布规律研究 . 情报学报，38（9）：907-920.

裴世鑫，崔芬萍，李传起 . 2009. 百年诺贝尔物理学奖获奖者研究及其对我国高校教学与科研的启示 . 高等教育研究，26（4）：11-17.

任晓亚，张志强 . 2019. 主要科技领域国际权威奖项规律及其驱动因素分析 . 情报学报，38（9）：881-893.

任晓亚，张志强 . 2021. 科技发达国家社会科技奖励制度的特点及其启示 . 科学学研究，39（11）：1936-1946.

任晓亚，张志强．2022．基于国际权威科学奖励的科学发现规律研究述评．情报学报，41（2）：202-216.

谭春辉，邱均平．2009．试论国家科技奖励推荐机制的完善思路．评价与管理，7（1）：9-12.

王健刚．1981．诺贝尔奖金获得者的环境特点和个人特点．科学学与科学技术管理，（5）：46.

邢润川．1981．从诺贝尔科学奖看理论与实验研究的发展趋势未来与发展，（1）：24-28.

燕波．2006．技术变迁中的路径依赖研究．广州：暨南大学.

张志强，门伟莉．2014．诺贝尔物理学奖获得者中师承效应量化研究．情报学报，33（9）：926-935.

张志强，田倩飞，陈云伟．2018．科技强国主要科技指标体系比较研究，中国科学院院刊，33（10）：
1052-1063.

赵红州．1984．科学能力学引论．北京：科学出版社.

赵红洲．1995．中国切莫忘了诺贝尔科学奖．科学学与科学技术管理，16（6）：25-30.

周发勤，陈益升．1982．从诺贝尔科学奖看科学发现．科学学与科学技术管理，（3）：2-8.

Allison P D. 1978. Scientific Elite：Nobel Laureates in United-States by Zuckerman H. Political Science Quarterly，
93（2）：345-347.

Andrews R. 1991. 1991 Nobel-Prize winners sparked fundamental advances. The Scientist，5（23）：15-35.

Baerenklau K A，Knapp K C. 2007. Dynamics of agricultural technology adoption：Age structure，reversibility，
and uncertainty. American Journal of Agricultural Economics，89（1）：190-201.

Beard G. 1874. Legal Responsibility in Old Age. New York：Russell.

Charlton B G. 2007. Scientometric identification of elite 'Revolutionary Science' research institutions by analysis of
trends in Nobel prizes 1947—2006. Medical Hypotheses，68（5）：931-934.

Hansson N，Fangerau H. 2018. Female physicians nominated for the Nobel prize 1901-50. Lancet，391（10126）：
1157-1158.

Henseke G T，Tivig. 2009. Labor markets and demographic change. Wiesbaden：VS Research：122-136.

Hoisl K. 2007. A closer look at inventive output-The role of age and career paths. Munich：Munich School of Man-
agement Discussion Paper.

Iseman J S，Naglieri J A. 2011. A cognitive strategy instruction to improve math calculation for children with
ADHD and LD：A randomized controlled study. Journal of Learning Disabilities，44（2）：184-195.

Jones B F，Weinberg B A. 2011. Age dynamics in scientific creativity. Proceedings of the National Academy of
Sciences of the United States of America，108（47）：18910-18914.

Jones B F. 2009. The Burden of knowledge and the "Death Of The Renaissance Man"：Is innovation getting
harder? Review of Economic Studies，76（1）：283-317.

Khaledian Y，Kiani F，Sohaila E. 2012. The effect of land use change on soil and water quality in northern
Iran. Journal of Mountain Science，9（6）：798-816.

Lehman H. 1953. Age and achievement. Princeton：Princeton University Press.

Levin S G，Stephan P E，Walker M B. 1995. Plancks principle revisited- A note. Social Studies of Science，
25（2）：275-283.

Mariani M，Romanelli M. 2007．"Stacking" and "Picking" inventions：the patenting behavior of European inventors. Research Policy, 36 (8): 1128-1142.

Mumford M D. 1988. Age and outstanding achievement: What do we know after a century of research? Psychological Bulletin, 104 (2): 251-267.

Nerbonne J F, Ward B, Ollila A, et al. 2008. Effect of sampling protocol and volunteer bias when sampling for macroinvertebrates. Journal of the North American Benthological Society, 27 (3): 640-646.

Schettino F, Sterlacchini A, Venturini F. 2013. Inventive productivity and patent quality: Evidence from Italian inventors. Journal of Policy Modeling, 35 (6): 1043-1056.

Simonton D K. 1960. Age and achievement-and the technical man. Personel Psychology, (13): 245-259.

Simonton D K. 2009. Varieties of (scientific) creativity. A hierarchical model of domain-specific disposition, development and achievement. Perspectives on Psychological Science, 4 (5): 441-452.

Sinatra R, Wang D, Deville P, et al. 2016. Quantifying the evolution of individual scientific impact. Science, 354 (6312): 1-49.

Stephan P E, Levin S G. 1991. Inequality in scientific performance-Adjustment for attribution and Journal Impact. Social Studies of Science, 21 (2): 351-368.

Stephan P E, Levin S G. 1993. Age and the Nobel-prize revisited. Scientometrics, 28 (3): 387-399.

Stephan P E, Levin S G. 1996. Property rights and entrepreneurship in science. Small Business Economics, 8 (3): 177-188.

Stephan P E, Levin S G. 2001. Career stage, benchmarking and collective research. International Journal of Technology Management, 22 (7-8): 676-687.

Stephan P. 2012. The other 1 percent. Scientific American, 307 (4): 50-51.

Stern N. 1978. Age and achievement in mathematics-Case study in sociology of science. Social Studies of Science, 8 (1): 127-140.

Stewart N S W. 1966. Patent productivity of research chemists as related to age and experience. Personnel and Guidance Journal, 45 (1): 28-36.

Vincent M, Dranitsaris G, Verma S, et al. 2007. The development and validation of a prediction tool for chemotherapy-induced anemia in patients with advanced nonsmall cell lung cancer receiving palliative chemotherapy. Supportive Care in Cancer, 15 (3): 265-272.

Zuckerman H. 1967. Nobel laureates in science-Patterns of productivity, collaboration and authorship. American Sociological Review, 32 (3): 391-403.

Zuckerman H. 1977. Scientific Elite: Nobel Laureates in the United States. New York: The Free Press-A Division of Macmillan Publishing Inc.

第 10 章

科技领域国际权威奖项数据分析及科学规律发现

科技奖励是有关学术共同体对特定科学发现成果的共识性学术认可评价。科技奖励在科学研究的杰出性方面具有简单但重要的信号传递功能，获得一项重大奖项，能够比引文等指标更好地表征研究的重大科学价值及对社会进步的重大贡献。因而，科技奖励在科学界具有较高的权威性、公正性与广泛承认性。一些国际权威科技奖项已经具备很长时间的授奖历史，对科技奖项的完整数据序列进行挖掘，可以得出有关科学领域发展的内在规律。

本章以科技奖项为视角，首先分别从政府科技奖励和社会科技奖励两大类科技奖项出发，梳理国际上主要科技发达国家的科技奖励发展现状，并对我国科技奖励体系进行简述。在概述国际上科技奖项数据挖掘分析与科学学规律发现的研究进展和趋势的基础上，进一步地，通过专家咨询、网络调研、文献研究等方式遴选出主要科技领域的 22 项领域国际权威科技奖项，并选择 3 项权威奖项作为重点分析对象，进行系统地定量数据挖掘与科学规律发现。对这几个领域的奖项大数据的分析发现，代表性奖项主要呈现出获奖国家机构集中化、获奖者老龄化、获奖时滞规律、创新峰值年龄中青年化、获奖领域方向集中化、获奖者合作网络多样化、研究主题阶段性的科学学现象或规律。

10.1 引言

科技奖项研究是科学学研究的重要领域。科学本身就是一种社会建制（Merton，1938），对科技奖项的数据挖掘与分析已经成为科学学研究的重要领域，可以揭示并预测科学活动的规律与趋势，有效支撑相关科学发展战略的制定。早在 20 世纪 60 年代，科学社会学奠基者 Robert K. Merton（1968）就明确指出诺贝尔奖是科学殿堂中"至高无上的荣誉"，科学学、科学社会学等领域的学者纷纷对诺贝尔奖展开了一系列关于科学发展规律和奖励制度的研究，促成了"诺贝尔奖学"的蓬勃发展。而由于诺贝尔奖的稀缺性和诸多限制条件，一系列声名远播的国际学术奖项纷纷设立，如菲尔兹奖、图灵奖、维特勒森奖等，这类奖项被 Harriet Zuckerman（1992）称为"诺贝尔奖补充"和"诺贝尔奖替代"。这些在国际上具有权威性的科学奖项，代表着对全球范围内里程碑式科研成果的识别与肯定，这些"领域诺贝尔奖"与诺贝尔科学奖一起，逐渐成为一种评价革命性科学发现的研究表现的代表性标准（Charlton，2007a，2007b，2007c），因此，以科技奖项为视角进行科学活动规律的研究，具有特殊的研究价值和研究意义。

国际科技领域的各种奖项经过上百年的发展传承，已经形成了完整的科技大数据体系。1731 年，英国皇家学会设立了世界上第一个具有制度化性质的科技奖励——科普利奖章，奖励在物理、生物学方面做出突出贡献的科学家，在科技奖励史上具有里程碑式的意义（姚昆仑，2008）。随后，陆续出现一些早期面向国际的、具有一定影响力的科学奖项，如拉姆福德奖章、拉兰德奖章、戴维奖章（表 10-1）。1901 年，诺贝尔奖的首次颁发更是将科技奖励的承认与影响提升至国际化水平，此后，制度化的奖励在世界各国兴起，科技奖励制度也逐步由制度化与非制度化并存发展为以制度化为主的形式。有学者（Ma and Uzzi，2018）分析了过去 100 多年全球超过 50 个国家的 3 062 项科技奖项，发现在 1980 年后世界各国和有关机构及个人迅速增设科技奖项，至今每年会新设超过 350 个奖项，各领域的科技奖项呈现蓬勃发展的趋势。发展至今，国际权威科技奖项已经积累了大量、全面且真实的数据，已经大数据体系化，可以通过各学科领域权威科技奖项全序列的数据，开展科学活动规律与知识发现的研究，并比较、挖掘各学科领域之间的差异，更好地为学科领域的建设提供支撑。

表 10-1　诺贝尔奖颁发以前的主要国际性科学奖励

设立机构	奖项名称	奖励领域	设立/颁发时间
英国皇家学会	科普利奖章	物理，生物	1731 年以来
英国皇家学会	拉姆福德奖章	物质热性能和光学特性	1800 年以来
法国科学院	拉兰德奖章	天文学	1801～1970 年
爱丁堡皇家学会	基斯奖章	数学，地球科学	1827～2007 年
美国富兰克林研究所	艾略特·克雷松奖章	化学	1848～1997 年
意大利科学学会	马特奇奖章	物理	1870 年以来
英国皇家学会	戴维奖章	化学	1877 年以来
太平洋天文学会	布鲁斯奖章	天文学	1898 年以来

10.2　学科信息学、科技奖项数据挖掘与知识发现

学科信息学是近年来随着大数据的发展而兴起的新兴学科，是开展学科领域大数据分析和知识发现的学科。随着有关学科领域相关大数据体系的不断壮大，专门领域的学科信息学不断拓展和滋生，学科信息学的范畴与边界也在不断拓展与延伸，形成了大数据时代学科信息学的庞大学科体系。各学科领域的学科信息学的发展，成为其学科领域应对学科大数据体系的发展而开展数据驱动的知识分析和知识发现的新兴科技创新能力。学科信息学的理论方法在科技奖项领域的科学大数据分析与知识发现中的应用就是奖项信息学。奖项信息学是学科信息学在科技奖项领域的应用，是科技奖项领域的科学大数据专业挖掘分析和科学学知识发现的研究领域。

科技领域的学术成果奖励是伴随着近代科技革命的发展而逐渐发展起来的，规范的科学奖项起源于 18 世纪上半叶，自 20 世纪初以来取得了蓬勃发展，逐渐发展形成一系列特殊的"科学大数据"。因此，基于全序列的科技奖项数据开展研究，以科技奖项为研究对象进行数据挖掘分析，可以成为科学活动规律发现的一种典型研究手段，也可以作为与知识发现相关的新型专门领域学科信息学的一种应用。

科技奖项研究是科学学研究的重要领域。科学本身就是一种社会建制（Merton，1938），对科技奖项的数据挖掘与分析已经成为科学学研究的重要领域，可以揭示并预测科学活动的规律与趋势，有效支撑相关科学发展战略的制定。早在 20 世纪 60 年代，科学社会学奠基者 Robert K. Merton 就明确指出诺贝尔奖是科学殿堂中"至高无上的荣誉"，科学学、科学社会学等领域的学者纷纷对诺贝尔奖展开了一系列关于科学发展规律和奖励制度的研究，促成了"诺贝尔奖学"的蓬勃发展（Merton，1968）。而由于诺贝尔奖的稀缺性和诸多限制条件，一系列声名远播的国际学术奖项纷纷设立，如菲尔兹奖、图灵奖、维特勒森奖等，这类奖项被 Harriet Zuckerman 称为"诺贝尔奖补充"和"诺贝尔奖替代"（Zuckerman，1992）。这些在国际上具有权威性的科学奖项，代表着对全球范围内里程碑式科研成果的识别与肯定，这些"领域诺贝尔奖"与诺贝尔科学奖一起，逐渐成为一种评价革命性科学发现的研究表现的代表性标准（Charlton，2007a，2007b，2007c），因此，以科技奖项为视角进行科学活动规律的研究，具有特殊的研究价值和研究意义。

科技奖项大数据体系的挖掘和分析，成为揭示科学活动规律的重要手段。科学奖励建制化以来，权威科技奖项的颁发历史，见证了过去两个世纪人类的重大科学进步和关键科技成就。在当下科学研究全球化、学术交流国际化的趋势下，科学奖励作为一种来自学术

共同体对特定科学发现成果的共识性肯定、褒奖与激励，具有较高的权威性、公正性与广泛承认性，可以体现出一个国家的科技水平乃至世界科技发展的趋势。科技奖项已经积累了长时序的研究数据，可以将分布于不同信息源的科技奖项数据作结构化处理，将获奖时间、科学家获奖年龄、科学发现年龄等字段标准化处理，并且结合科学家的出版物数据集，可以进行合著网络、研究主题等方面的数据分析、科学演化规律以及知识发现的研究。简言之，对科技奖项的数据挖掘与知识发现，可以揭示科学活动的历史规律与特点趋势，最终为国家科技奖励制度、科研资助等科技政策的建立与完善提供基于数据分析的定量结论与支撑。

10.3 国际权威科学奖项发展概述

科技奖励按照授奖机构进行划分，主要包括政府科技奖励和社会科技奖励两类。顾名思义，政府科技奖励的设奖/管理主体是政府行政部门，是指由政府中央、政府下属部门及地方行政机关面向科技领域设立、管理的奖项。社会科技奖励多由学协会、基金会、企业等社会力量设立，根据《国家科学技术奖励条例》和已有研究（徐顽强和熊小刚，2010；张微和蔚晓川，2017），社会科技奖励也被称为"社会力量科学技术奖""民间科技奖励""非政府科技奖励"，本书统一采用"社会科技奖励"的说法。

经过长达一两百年的发展，世界主要国家已经形成了"社会科技奖励为主、政府科技奖励为辅"的科技奖励制度，两种奖励体系以互为补充、相互促进的结构稳定发展，尤其社会科技奖励不仅具有相当规模，而且国际影响力较大。本小节分别从政府科技奖励（任晓亚和张志强，2021a）和社会科技奖励（任晓亚和张志强，2021b）的视角出发，详细调研主要国家政府官网、重要学术团体、学术组织的官网，同时结合文献资料、维基百科等渠道，梳理国际上代表性国家的科技奖励发展现状，并从中选取代表性科学奖项作为下文定量研究和规律发现的分析对象。由于篇幅所限，关于科技奖励的详细信息源、数据集构建过程和相应数据分析工具等，不在此章中详细叙述。

10.3.1 国际上社会科技奖励发展概述

近年来，国际上社会科技奖励保持活性发展，以不同的发展规模和形式特点产生了极大影响力，其中，影响力之最当属诺贝尔奖。作为科学界难以撼动的"黄金标准"，诺贝尔科学奖由瑞典皇家科学院（物理学奖和化学奖）和卡罗林斯卡医学院（生理学或医学奖）负责组织评选，由评委会委员、特邀的顶尖科学家、前诺奖获得者等推荐候选人，各领域奖项委员会进行审查和评选。严格的推荐制度、规范的评选标准、提名名单50年的保密期、卓越的科学贡献、不断提高的奖金力度、隆重的颁奖典礼……诺贝尔奖的特性使其在科技奖励系统、甚至社会公众中都备受瞩目，诺贝尔奖已发展成为一种科学制度（Zuckerman，1977）。

美国的科技奖励起源于19世纪（姚昆仑，2006），发展至今已经形成明确且稳定的奖励层次结构，主要奖励管理主体为联邦政府及各部门、学术组织（学/协会、科研院所等）、私营企业和基金会等非营利机构。美国的科技奖励以社会科技奖励为主（表10-2），其中，美国国家科学院、国家工程院等权威机构针对不同领域设立了亨利·德雷珀奖章（天文物理领域）、NAS分子生物学奖、伯纳德·戈登工程技术教育奖等诸多奖项。此外，学/协会或个人捐资设立的奖项也具有很高的国际影响力，如美国化学学会（ACS）最高奖项普利斯特里奖，美国计算机协会（ACM）设立的图灵奖，拉斯克夫妇创立的拉斯克医学研究奖，Alfred P. Sloan基金会设立的斯隆研究奖，以及泰勒夫妇捐资设立的泰勒环境成就奖。可以发现，美国善于把握科技发展趋势和政策导向来设奖，并多以设立人姓名命名奖项，一系列面向国际的社会科技奖励逐渐声名远播、得到广泛认可，甚至被学术界誉为领域级"诺贝尔奖"。

表 10-2　美国部分代表性社会科技奖励

奖项名称	设立时间与机构	奖励对象、面向领域
普利斯特里奖	1922 年由 ACS 设立	化学领域的科学家
纽科姆·克利少兰奖	1923 年由 AAAS 设立	在 Science Research Articles 或 Reports 内发表论文的作者
拉斯克医学研究奖	1945 年由 Albert 和 Mary Lasker 创立	生物医学领域的科学家、医生或公共服务人员、组织
IBM 博士奖学金	1951 年由 IBM 公司设立	博士生，每年领域不同
斯隆研究奖	1955 年由斯隆基金会设立	美国或加拿大的 126 名早期职业学者
NAS 分子生物学奖	1962 年由 NAS 设立	分子生物学领域的青年科学家（45 岁以内的美国公民）
图灵奖	1966 年由 ACM 设立	计算领域的科学家
泰勒环境成就奖	1973 年由 John 和 Alice Tyler 设立	环境科学、健康、能源领域的个人或机构
伯纳德·戈登工程技术教育奖	2001 年由 NAE 设立	工程技术领域的个人或团体（美国公民或永久居民）
纽约科学院科学创新奖	2016 年由纽约科学院设立	生物医学领域的早期职业科学家和高级科学家

在大部分欧洲国家中，社会科技奖励主要由学术团体设立、管理，来自科学界、产业

界、商业界等人士提供捐赠，并且其社会科技奖励的声望并非来自于奖金的高低，而取决于科学成果的质量和水平。欧洲科技奖励中（表10-3），科普利奖章已经拥有两个多世纪的奖励历史，至2021年12月授予了全球范围内280余名科学家。

表 10-3 欧洲国家部分代表性社会科技奖励

奖项名称	设奖时间与机构	奖励对象、面向领域
科普利奖章	1731年由英国皇家学会设立	物理学和生物学交替
拉姆福德奖章	1800年由英国皇家学会开始颁发	物理学领域研究人员（需在欧洲工作）
戴维奖章	1877年由英国皇家学会设立	化学领域研究人员
伊丽莎白女王工程奖	2013年由皇家工程院设立	工程领域个人或团队
费森尤斯奖	1962年由GDCh设立	分析化学领域的研究人员
奥托·哈恩奖章	1978年由马普学会设立	马普所生物医学、化学物理技术、人文科学领域的青年研究人员
弗劳恩霍夫奖章	1978年由弗劳恩霍夫协会设立	协会成员
马普学会–洪堡研究奖	2018年起由马普学会和洪堡基金会联合设立（取代2004年设立的马普研究奖）	交替颁给自然科学和工程科学、人文科学和生命科学领域的科学家（2018年开始面向其他国家）
拉瓦锡奖章	1906年由SCF设立	化学领域的自然人或机构
费利克斯·罗宾奖	1922年由SFP设立	物理学领域的法国科学家或团队
霍尔维克奖章	1945年由英国IOP和SFP联合授予	轮流颁发给法国、英国或爱尔兰物理学家

作为英国最权威的科学学术机构，英国皇家学会设立的系列奖项极为多样化，如奖励化学领域卓越贡献的戴维奖章；授予科学史、科学哲学或科学的社会功能相关学科的威尔金斯·伯纳尔·梅达瓦尔奖章；表彰生命科学与其他学科之间跨学科工作的公认差异的盖博奖章。此外，皇家工程院、皇家化学学会、英国物理研究所等学术团体也设立了各有侧重的奖项，如面向非英国公民和居民的国际奖章、面向中青年工程师的银质奖章、面向全球的伊丽莎白女王工程奖。

德国科技奖励体系中，社会科技奖励主要由研究联合会、学协会、基金会设立运行。德国大型研究机构马普学会主要设立有四种奖项：马普–洪堡研究奖、哈纳克奖章、国际转化神经科学奖和初级科学家奖。此外，弗劳恩霍夫学会、德国化学学会（GDCh）、德国工程师学会等学协会均有设奖，如表彰化学领域杰出人士的奥格斯特·威廉·冯·霍夫曼奖章、表彰弗劳恩霍夫协会内研究人员的弗劳恩霍夫奖章等。

法国的社会科技奖励主要由学协会、基金会、企业设立，如法国物理学会（SFP）设立了让·里卡德奖、费利克斯·罗宾奖、霍尔维克奖等8项奖励，法国化学学会（SCF）设立费利克斯·特隆贝大奖、拉瓦锡奖章、物理化学奖等面向领域、专题小组、区域、双边、学会成员的系列奖励。

日本的科技奖励体系主要分为几种形式（李颖，2017）：由大臣推荐的国家级荣誉（文化勋章和文化功劳者）、由文部科学省体制内表彰的科技奖励（如科学技术奖、青年科学奖），以及学协会、企业等非政府机构为代表颁发的社会科技奖励（如日本国际奖）。其社会科技奖励活动处于活跃状态（表 10-4），并在国际上有一定地位，学术组织和私营公司是主要的设奖机构，比如由日本国际科学技术财团设立的日本国际奖（日本奖），已颁给来自 13 个国家的 101 名科学家（截至 2021 年 11 月）；由日本发明协会（JIII）主持、文部科学省、日本专利律师协会等 7 家机构联合支持颁发的全国发明表彰；日本学士院设立的学士院奖、恩赐奖、学士院–爱丁堡公共奖及学术鼓励奖；大河内纪念协会设立的大河内纪念奖章等。

表 10-4　日本部分代表性社会科技奖励

奖项名称	设奖时间与机构	奖励对象、面向领域
学士院奖	1910 年由日本学士院设立	日本科学家
全国发明表彰	1918 年由 JIII 设立	技术发明领域的科研人员
日本国际奖	1982 年由日本国际科学技术财团设立	科学家或团队，每年指定 2 个授奖领域
物流奖	1983 年由日本物流系统协会（JILS）颁发	促进物流方面，公司
京都奖	1985 年由日本稻盛财团设立	先进技术、基础科学、思想与艺术领域
技术管理与创新奖	2013 年由日本技术经济协会（JATES）授予	产业界的个人或团队

除了各国社会力量大力设立科技奖项以外，国际性组织/团体也纷纷建立起面向全球但又各具特色的科技奖励，一些奖项在国际上声望极高（表 10-5）。如：由国际数学家联盟（IMU）负责管理的菲尔兹奖，已被国际数学界视为"数学界的诺贝尔奖"；世界气象组织（WMO）最具声望、最有影响的奖项——国际气象组织奖素有"气象诺贝尔奖"之称；国际宇航科学院（IAA）最高奖项冯·卡门奖被誉为"宇航科学诺贝尔奖"；以及多名企业家联合创立并赞助的"科学突破奖"，以高额的奖金迅速取得较高声望。

表 10-5　国际组织/团体部分代表性社会科技奖励

奖项名称	设奖时间与机构	奖励对象、面向领域
菲尔兹奖	1936 年由国际数学家联盟设立	授予有卓越贡献的年轻数学家
狄拉克奖章	1985 年由国际理论物理中心设立	授予理论和数学物理领域的杰出成就
世界粮食奖	1987 年由世界粮食奖基金会设立	表彰和奖励在解决粮食安全问题上取得非凡成就的个人
国际气象组织奖	1956 年由世界气象组织设立	奖励气象学领域的杰出研究成果

续表

奖项名称	设奖时间与机构	奖励对象、面向领域
冯·卡门奖	1983 年由国际宇航科学院设立	表彰任何科学分支的杰出终生成就
科学突破奖	2012 年由多名企业家联合创立并赞助	表彰全球顶尖物理、数学和生命科学家的研究成果
GCHERA 世界农业奖	2013 年由全球农业与生命科学高等教育协会联盟设立	在全球农业和生命科学领域做出突出贡献的教育或科研人员

10.3.2　国际上政府科技奖励发展概述

美国的科技奖励体系已形成由政府、学术机构、私营企业、基金会为主要设奖单位的奖励层次，其设立的政府科技奖励不多，以总统名义设立的科技奖励不多于 10 项，比如费米奖、万尼瓦尔·布什奖，同时，与科研相关的联邦政府各部（如能源部、农业部等）也设有少量奖项，多面向在科学技术领域作出突出贡献的美国公民或永久居民授奖（表 10-6）。

表 10-6　美国部分代表性政府科技奖励

奖项名称	设立时间与机构	奖励对象、面向领域
费米奖	1954 年美国政府原子能委员会以总统名义设立	全球范围内，做出与美国能源部及其计划使命相关的杰出科学、技术、政策和/或管理成就，多为科学家、工程师和科学政策制定者
美国国家科学奖/总统科学奖	1959 年由第 86 届国会建立	对物理、生物、数学或工程科学有杰出贡献的个人（美国公民或永久居民），1980 年扩大到社会科学和行为科学
艾伦·沃特曼奖	1975 年 8 月由美国国会成立	授予由国家科学基金会资助的科学或工程领域的杰出青年研究员（美国公民或永久居民）
万尼瓦尔·布什奖	1980 年为纪念万尼瓦尔·布什（Vannevar Bush）由美国国家科学委员会（NSB）设立	表彰通过科学技术的公共服务活动为人类和国家的福利作出杰出贡献的个人（美国公民）
美国国家技术奖/美国国家技术创新奖	由美国国会于 1980 年设立，1985 年首次颁奖	个人、团队（最多 4 人且为美国国籍）、企业或部门（为美国所有）
美国政府创新奖/美国奖	1986 年由哈佛大学肯尼迪政府学院主办	授予项目，奖励美国各级政府在解决社会公共事业（如节能、环境保护）中所做出的杰出工作，侧重于国内项目或举措，不考虑武器系统

续表

奖项名称	设立时间与机构	奖励对象、面向领域
总统绿色化学挑战奖	1995 年设立，由美国环境保护署、美国化学学会，以及包括工业界、学术机构和其他政府机构在内的化学界成员联合发起	奖给学校或工业界，得奖者可以是个人、团体和组织奖项分 5 个类别：绿色合成路径、绿色反应条件、绿色化学品设计三个重点领域，以及面向上述三个重点领域相关技术的小型企业奖和学术奖
美国青年科学家和工程师奖	1996 年由美国国家科学技术委员会设立	在生物、医学、物理等科学技术领域从事研究并取得突出成绩的青年科学家（美国公民或永久居民）

科学发展史的相关研究（冯烨和梁立明，2000；潘教峰等，2019）表明，16 世纪的意大利是世界科学中心的起源地，并依次按照英国、法国、德国的路线转移，一直到 20 世纪 40 年代左右美国开始成为全球科技发展的引领者，可以发现，欧洲国家的科学传统和科学体制积淀深厚。

英国的政府科技奖励历史由来已久，其政府科技奖项数量少，奖项在设置时设立宗旨、面向对象、表彰重点各有侧重，对科学成果转化和国家形象的宣传比较看重（李朝晨，2002），如"女王企业奖"允许获奖企业在其广告、产品包装中使用女王奖标志。德国的科技奖励历史可以追溯到科学大发展的 18 世纪（江晓渭，1998），其政府科技奖励设立目的性较强，部分奖项通过科研资助计划来运行，一般不对奖金的用途做附加规定，在与研究工作有关范围内有绝对的使用自由。

法国的政府科技奖励之间相互独立（夏婷和宗佳，2018），分散性与层次性并存，政府科技奖项数量很少，主要有两种形式：第一种是法国全国科研中心科研奖章，分为金、银、铜制奖章，后增设水晶奖章、创新奖章和集体水晶奖章；第二种多由公司企业、基金会等主体设奖或资助，但会交由法国科学院进行管理和评选，使得奖项具有官方权威性（表 10-7）。

表 10-7　欧洲部分代表性政府科技奖励

奖项名称	设奖时间与机构	奖励对象、面向领域
皇家奖章	乔治四世国王于 1825 年设立	授予物理、生命科学和应用科学（1965 年开始）的杰出科学家（英国公民或居民）
女王企业奖	1965 年由英国政府设立	企业在发明、国际贸易、可持续发展，以及通过社会流动促进机会几方面的杰出成就
伊丽莎白女王工程奖	2013 年由英国皇家工程院推出	面向国际、任何国家的个人或团队，在工程领域的突破性创新
莱布尼茨奖/德国科学家促进奖	1985 年由德国研究联合会（DFG）设立，1986 年开始颁奖	奖励来自自然和人文科学领域的杰出研究人员

续表

奖项名称	设奖时间与机构	奖励对象、面向领域
未来奖	1997 年以德国总统名义设立	奖励在技术、工程以及自然科学领域内取得创新成就的团队
卡尔·海因茨·贝克尔特奖	1989 年由德国科学基金会设立，由政府资助	授予创新技术应用方面的杰出科学成就，原则上不对科学家的终身成就授奖
法国国家科研中心科研奖章	1937 年设立，1954 年恢复并开始颁发	金质奖章授予为法国各科学领域作出杰出贡献的科学家；银质奖章授予因其工作的独创性、质量和重要性获得国家与国际认可的研究人员；铜质奖章主要表彰科学领域有潜力的研究人员的初步成果（论文与著作）；水晶奖章颁给为知识进步和法国科研的卓越发展做出贡献的工程师、技术人员和行政人员；创新奖章旨在表彰能够实现技术、治疗或社会创新方面杰出研究的研究人员或工程师；集体水晶奖章奖励给开展具有卓越技术手段、集体规模、应用、创新和影响力项目的团队，分为两类：直接支持研究和研究备份
科学院大奖	1997 年设立，由法兰西科学院和 143 个科学院基金会共同颁发	表彰在法国从事数学、物理、化学、生物学、医学等领域基础性研究或应用研究的杰出科学家（不限国籍）

注：①莱布尼茨奖由 DFG 设立，但属于以政府资助计划的形式设立，因此列入表中。②考虑到法兰西科学院是法国最高的学术权威机构，而法国绝大部分奖励是经由法兰西科学院评审颁发，因此将科学院大奖列入表中。

日本在国家科技战略布局中以振兴科学技术为重点目标，在 1995 年就明确提出"科学技术创造立国"战略（胡智慧和王溯，2018）。其奖励制度称为"荣典制度"，而勋章和褒章是最负盛名的两种奖励。日本政府科技奖励体系主要包括国家级荣誉（文化勋章和文化功劳者）和文部科学省体制内表彰的科技奖励两种，其奖励机制分级别、分层次，但奖励对象具有开放性、广泛性，既面向研究人员个人，也面向团队（中小企业等），是受到举国关注的奖项（表 10-8）。

表 10-8　日本部分代表性政府科技奖励

奖项名称	设奖时间与机构	奖励对象、面向领域
日本国家科技奖	1881 年由日本科技厅设立	包括紫绶、蓝绶、黄绶 3 种奖章；①紫绶奖章授予做出科学发明与发现，并在学术、体育、艺术和文化领域取得杰出成就的人士；②蓝绶奖章授予通过公司的管理、不同组织的活动等在促进产业和社会福利方面作出卓著贡献的人士；③黄绶奖章授予对农业、商业、工业等领域充满热情并具有其他示范性技能和成就的人士
科学技术功劳者奖	1959 年由日本科技厅设立	从事科技工作、为振兴日本科学技术做出贡献的研究人员

续表

奖项名称	设奖时间与机构	奖励对象、面向领域
科学技术奖	属于文部科学大臣表彰	分为开发部门（面向应用）、研究部门、科技振兴部门、技术部门（面向当地中小企业）、理解促进部门五类
青年科学家奖	属于文部科学大臣表彰	40 岁以下的研究人员

10.3.3　我国政府与社会科技奖励发展概况

新中国诞生后，在 1956 年党中央发出"向科学进军"的号令，同年度颁发第一届国家自然科学一等奖，随后在 1958 年国务院批准成立国家科技奖励工作办公室，1979 年发布实施《中华人民共和国自然科学奖励条例》，在 1987 年形成了国家级三大奖励（即国家自然科学奖、国家技术发明奖和国家科学技术进步奖）的格局。

20 世纪 80 年代以来，我国社会科技奖励开始起步（王炎坤等，2000）。1999 年《国家科学技术奖励条例》正式颁发，国家科学技术奖励向更加完善的制度化方向迈进，并提出加强对社会力量设奖和管理的要求，与此同时，科学技术部 2001 年首次批准了 26 个社会力量设奖奖项，其中以何梁何利科学与技术奖、茅以升科学技术奖等为代表。

近几年奖励形式愈加多元化（表 10-9），如 2016 年国内首个面向国际的未来科学大奖，腾讯公益慈善基金会在 2018 年设立的"科学探索奖"，凭借着高额的奖金迅速获得广泛关注。2017 年国务院办公厅印发《关于深化科技奖励制度改革的方案》，明确提出"鼓励学术团体、行业协会、企业、基金会及个人等各种社会力量设立科学技术奖，鼓励民间资金支持科技奖励活动"，此后出现的青橙奖、科学探索奖、墨子量子奖等，均是我国社会力量在完善科技奖励这一激励机制方面的实践。2019 年 2 月国家科技奖励办公室发布《社会科技奖励名录》，共包括 297 项在国奖办备案的社会科技奖励。我国社会科技奖励逐渐蓬勃发展，逐渐形成较大规模的奖励体系。

表 10-9　中国代表性社会科技奖励

奖项名称	设奖时间与机构	奖励对象、面向领域
何梁何利基金科学与技术奖	1994 年由香港何梁何利基金设立	国内优秀科技工作者
未来科学大奖	2016 年由香港未来科学大奖基金会有限公司发起，北京怀柔未来论坛科技发展中心协办	生命科学、物质科学和数学与计算机科学领域奖励在中国内地及港澳台地区完成、具有原创性、长期重要性或经过了时间考验、所获奖工作产生重大国际影响的科学家

续表

奖项名称	设奖时间与机构	奖励对象、面向领域
科学探索奖	2018 年由企业家、科学家共同发起	基础科学和前沿技术中在内地及港澳地区全职工作的、45 周岁及以下的青年科技工作者
墨子量子奖	2018 年由安徽省政府鼓励 3 家企业出资设立	国际范围内在量子计算、量子通信、量子精密测量等领域取得杰出科技成果的科学家

在我国的科技奖励体系中，长期以来都由政府科技奖励占主导地位。我国政府科技奖励主要分为国家级、省部级、地市级几类。目前国家级科技奖励有 5 项：国家最高科学技术奖、国家自然科学奖、国家技术发明奖、国家科学技术进步奖和国际科学技术合作奖，由国家科学技术奖励工作办公室负责奖项评审工作（表 10-10）。根据 1999 年科技部文件《省、部级科学技术奖励管理办法》，各省、自治区、直辖市人民政府也可以设立一项省级科学技术奖，如上海市科学技术奖（包括科技功臣奖、青年科技杰出贡献奖、自然科学奖、技术发明奖、科学技术进步奖、国际科学技术合作奖）、北京市科学技术奖（包括突出贡献中关村奖、杰出青年中关村奖等 6 类奖项）和广东省科学技术奖（包括突出贡献奖、自然科学奖等 5 个奖种）。

表 10-10　中国国家级科技奖励

奖项名称	设奖时间与机构	奖励对象、面向领域
国家最高科学技术奖	2000 年由国务院设立	在当代科学技术前沿取得重大突破或者在科学技术发展中有卓越建树、在科学技术创新、科学技术成果转化和高技术产业化中创造巨大经济效益、生态环境效益或者对维护国家安全做出巨大贡献的科学技术工作者
国家自然科学奖	1956 年由国务院设立	在基础研究和应用基础研究中，阐明自然现象、特征和规律、做出重大科学发现的公民
国家技术发明奖	1979 年由国务院设立	运用科学技术知识做出产品、工艺、材料及其系统等重大技术发明的中国公民
国家科学技术进步奖	1984 年由国务院设立	完成和应用推广创新性科学技术成果，为推动科学技术进步和经济社会发展做出突出贡献的个人、组织
国际科学技术合作奖	1994 年由国务院设立	对中国科学技术事业做出重要贡献的外国人或者外国组织

在国家科技发展的新时期，科技奖励制度也需要不断调整和完善：2017 年国家自然科学奖改变个人申报制，开始试行"提名制"；2018 年起五项国家科技奖励全面放开专家学者提名，对单位的提名数量不再做限制；2018 年 7 月《关于深化项目评审、人才评价、机构评估改革的意见》中提出落实国家科技奖励改革方案；2020 年国务院对《国家科学

技术奖励条例》进行第三次修改，调整了奖励导向、奖励对象，强化了提名责任、评审要求，并于 2020 年 12 月 1 日开始施行。

10.4　国际科技奖项大数据分析与知识发现研究进展

20 世纪五六十年代，科学社会学诞生，科学奖励系统的概念随之出现。继而，Merton 学派的典型代表学者（Cole 兄弟和 Zuckerman）系统研究了科学精英的社会分层体系，特别是 Zuckerman 详细访谈了美国的诺贝尔奖获得者并做了定量分析，这是关于科技奖励的最早最有影响力的研究。60 年代后期，科学学得到迅速发展，Garfield 基于引文分析方法开展了对诺贝尔奖获得者的定量研究。迄今，国内外科学社会学、科学哲学、科学学、图书情报学、教育学、经济学等领域的学者纷纷就科学奖励展开了多样化的理论与实证研究，涉及时空分布、出版物及引文分析、获奖预测、学术关系挖掘、人才成长、人才培养、科学发现产生机制、科技政策等诸多研究视角，科技奖励的研究层次和分析内容系统化发展。

科学社会学、科学哲学领域对科技奖励的相关研究，主要是对成长环境、科学创新、奖励机制等社会文化因素进行理论层面的讨论。比如，以 Rothenberg 为代表的学者（Rothenberg and Wyshak，2004；Rothenberg，2005）从行为遗传学角度出发，以诺贝尔文学奖、英国布克奖、普利策奖等共计 236 位获得者为研究对象，结合生物学模型验证遗传性传递假说。周光召（2000）、路甬祥（2000）等学者深入讨论了重大科学发现的产生因素和所需条件。Chan 和 Torgler（2015）探索了诺贝尔科学奖获得者的教育背景对未来取得学术成功（获得诺奖和其他奖项）的影响，而获奖乃至对研究成果的宣传是鼓励未来创新的重要方式（Brunt and Nicholas，2012；Moser and Nicholas，2013）。Meyers（2012）详细分析了生物医学领域的重要发现案例，探讨了"科学发现的声誉"这一话题。

科学学领域学者聚焦于获奖科学家及获奖成果的地理空间分布、年龄规律、科技创新以及合作关系等的科学规律发现。May（1977）梳理了 5 大科技强国（美、英、德、法、日）获得主要国际科学奖项数量的动态变化，发现德国科学家在早期的几十年中赢得了大部分奖项，从 20 世纪 30 年代开始美国科学家占据主导。Charlton（2007）发现科学精英所在机构几乎全在美国境内。Stephan 和 Levin（1993）发现科学家在 50 岁后做出重大科学发现成果的几率显著下降（特别是在物理和化学领域）。金碧辉（2006）、刘俊婉（2009）等也以诺奖为案例归纳科学创造的特征规律，提出科研合作有利于科技创新（艾凉琼，2012）。维持适度的持久合作关系对于科学成功至关重要（Heiberger and Wieczorek，2016）。有研究（Mukherjee et al.，2017）表明菲尔兹奖获得者在合作研究时更可能发表热点论文；与之相反，有学者（Chan et al.，2016）探讨了诺贝尔奖获得者的合作模式，发现与同一人员进行更多合作产生的收益呈递减趋势。

图书情报学领域学者对获奖科学家的教育背景（郝凤霞和张春美，2001；段志光和卢祖洵，2007）、论文产出与引文指标（章娟，2009；王周谊，2008）、论文质量（王周谊，2008）与影响力（段志光等，2006；晋飞等，2015）等问题进行了比较多的定量研究。同时，还有对科学家学术型师承关系与合作关系（张志强和门伟莉，2014；门伟莉和张志强，2015；段志光和许丹青，2015）、科学发现最佳年龄（梁立明和赵红州，1991）、科研创造峰值年龄（门伟莉和张志强，2013）等人才成长特征规律的系列研究。其中，从事文献计量学、科学计量学的学者也比较关注科技奖项的研究，特别是奖项预测。1977年Garfield（1977，1981，1986）就进行了以引文经典（citation classics）区分并预测诺奖科学家与"普通科学家"的定量研究，但他也承认诺奖评选过程具有一定的主观性（排除了任何基于客观数据的系统性预测）。类似地，Oppenheim（1978）也提出引文计数可以在预设的一组杰出科学家中预测出诺奖候选人群体。值得一提是，科睿唯安公司的"引文桂冠奖"及其对诺贝尔奖的预测价值。科睿唯安公司从2002年开始每年发布"引文桂冠奖"科学家名单及其科学发现成果（科睿唯安，2019），主要方法是基于其权威的引文数据库Web of Science核心合集的科学文献数据进行定量分析，辅助以相应领域的专业化定性分析，以确定诺贝尔奖颁发的学科领域（生理学或医学、物理、化学和经济学）中最具影响力的科研人员，发现相应科技领域最有科学价值的科学研究发现成果及其科学家。这些高影响力的科研人员通常在引用次数中排名前0.01%，被授予科睿唯安"引文桂冠奖"。由于其对重大科学发现成果及其科学影响力的大数据挖掘，"引文桂冠奖"成为诺贝尔奖预测的重要指标之一。从2002年开始到2021年10月止，按引文桂冠奖获奖人数359人、其中64人获得诺贝尔奖计算，预测准确率为17.8%，并有60位科学家在获得引文桂冠奖的当年度即斩获诺贝尔奖（另，有1人为之前年度获得诺奖者，3人为获得引文桂冠奖后间隔数年后获诺奖）。因此，"引文桂冠奖"获得者被预测为最有可能成为当年或以后年度的诺贝尔奖得主（生理学或医学、物理、化学、经济学领域）。基于引文测度科研影响力也是学者们致力探索的方向，Mazloumian等（2011）发现了重要论文的"提升效应"，即不仅科学家具有里程碑意义的论文获得更多被引用，同时自身其他出版物的引用率也得到提高。

对科技奖项的经济学领域的研究主要集中于科技奖项的经济影响和内在机制两方面。Maurage等学者（2013）发现国家的巧克力消费与获得诺奖数量之间存在高度相关性，发出了过度解释相关性存在风险的警示。还有学者（Campbell，2018）从出版物被USPTO专利引用情况的角度，提出获奖者能够为社会带来积极的经济回报。此外，Baffes和Vamvakidis（2011）从计量经济学视角对获奖者年龄溢价问题进行实证研究，结果表明诺贝尔委员会并不偏爱年长的候选人。

对科技奖项的教育学领域的相关研究着重倾向于人才培养与教育方面。王荣德（2007）、许合先（2007）、李宏伟（2007）、高媛（2009）、鲍雪莹（2014）等学者从诺贝尔奖获得者的人才培养背景和人才成长的共性特点出发，对我国科技人才的培养和教育提出若干思考。

上述对科技奖励展开研究的代表性学科领域中，大部分学者是选择某一类奖项大数据进行分析，其中基于诺贝尔奖大数据的研究开始最早和最为丰富。目前的研究揭示了地理空间与学科领域集中度、获奖年龄与获奖时滞、科学发现峰值年龄规律、科研合作规律、师承效应规律、重要论文"提升效应"、奖项连锁效应、认知迁移规律、学科交叉规律、基于引文的获奖识别预测、科学发现转化应用、获奖的经济回报等一系列特点与规律。

科技奖励制度是科学发展建制化的必然结果，对促进科学进步和科学传播有着积极的正面作用。简言之，科技奖励及其授予的科学发现成果，已成为科学学、文献计量与科学计量、科技情报学等多个领域关注和研究的对象，其研究对观察科学自身发展基本规律和特点、科学研究杰出人才成长和演化规律等都具有重要的学术价值。对科技奖项大数据的定性讨论与定量研究，不仅有利于提升科学社会学理论研究的深度与应用价值，而且能够为科研管理提供决策参考和支持。

10.5　代表性领域国际权威奖项选择与数据挖掘和知识分析

10.5.1　代表性科技领域国际权威奖项选择

根据科技界关于科技领域的大类划分方法，基于主要的科学技术创新领域（基础前沿交叉领域，先进材料领域，能源领域，生命健康领域，海洋领域，资源生态环境领域，信息领域，光电空间领域和综合领域），确定出科技领域国际公认的、具有权威性的国际最高奖项（一部分被誉为相应领域的"诺奖"级别的奖项），个别领域视奖项的影响力有所增加（其中个别设立时间较新，但奖项评奖程序规范权威、奖励起点高、影响力大的也纳入分析）（任晓亚和张志强，2019）。遴选时遵循的原则和依据主要包括：①时间检验。奖项设立时间久，有较长的奖励历史（20 年以上），经过了较长的"时间检验"（有良好的奖励声誉）。②同行检验。评奖程序严格规范，得到学术共同体（同行）的评价和高度认可，保证科技奖励的成果权威性。③社会认可。面向社会开展科学传播的相关文章等中有较多对其学术地位的分析和肯定（公开的社会评价和检验）。最终，经过专家咨询、网络调研、文献研究等方式，遴选出 22 项领域国际权威科技奖项（表 10-11）。

表 10-11　主要科技领域国际权威科技奖项

领域		奖项	起始年	设立机构/颁发机构
基础前沿交叉	数学	菲尔兹奖	1936	国际数学家联盟（IMU）
		阿贝尔奖	2003	挪威政府（Government of Norway）
	物理	狄拉克奖章	1985	国际理论物理中心（ICTP）
		费米奖	1954	美国政府机构原子能委员会
		艾夫斯奖章	1929	美国光学学会（OSA）
	化学	普利斯特里奖	1923	美国化学学会（ACS）
		戴维奖章/大卫奖章	1877	英国皇家学会（Royal Society）
先进材料		希佩尔奖	1976	美国材料研究学会（MRS）
能源		全球能源/国际能源奖	2003	俄罗斯全球能源协会（The Global Energy Association）
生命健康	健康	拉斯克医学奖	1946	拉斯克基金会（Albert and Mary Lasker Foundation）
		盖尔德纳基金会国际奖	1959	盖尔德纳基金会（Gairdner Foundation）
	现代农业	世界粮食奖	1987	世界粮食奖基金会（World Food Prize Foundation）
		GCHERA 世界农业奖	2013	全球农业与生命科学高等教育协会联盟（GCHERA）
海洋		斯维尔德鲁普金质奖章	1964	美国气象学会（AMS）
资源生态环境		泰勒环境成就奖	1974	美国南加州大学（University of Southern California）
		维特勒森奖	1960	美国哥伦比亚大学（Lamont-Doherty Earth Observatory）和维特勒森基金会（G. Unger Vetlesen Foundation）
		国际气象组织奖	1956	世界气象组织（WMO）
信息		图灵奖	1966	美国计算机学会（ACM）
光电空间		冯·卡门奖	1983	国际宇航科学院（IAA）
综合		沃尔夫奖	1978	沃尔夫基金会（Wolf Foundation）
		日本京都奖	1985	稻盛基金会（Inamori Foundation）
		克拉福德奖	1982	瑞典皇家科学院（Royal Swedish Academy of Sciences）

　　继而，考虑到对全部科技创新领域的权威科技奖项进行分析工作量较大，且局部领域代表性分析能够反映出整体的科学规律，因此从中选择 3 项代表性领域的权威科学奖项为分析对象，分别是：数学领域的菲尔兹奖、生理医学领域的拉斯克医学研究奖以及信息科学领域的图灵奖，并分别以英文字母 F、L、T 表征，进行后续信息分析与规律发现。

10.5.2　研究数据说明

　　FLT 获奖科学家共计 443 人，其中 5 人获奖两次、4 人属于双国籍、15 人国籍不详。
　　首先，主要通过国际数学联盟（IMU）、拉斯克奖基金会、美国计算机协会（ACM）获得历年来获奖科学家名单、获奖理由、工作机构等数据字段，同时有针对性地研读获奖科学家人物传记或生平轶事，并结合 Encyclopaedia Britannica（大英百科全书）、Wikipedia（维基百科）、科学家个人主页等多方数据源，综合考量确定科学家的出生年、国籍、工作机构、科学发现年等字段。其中，对于获奖科学家所属机构的确定，在前期收集数据时，考虑到研究样本机构流动的复杂性，难以准确统计，本书将获奖科学家的所属机构定义为"获奖人就职的所有机构中具有最长工作时限的工作机构（连续或非连续均可）"，并且在最终确定的机构中，大部分（超过 95%）获奖科学家在该机构工作时限超过 10 年及以上。科学发现年龄即科学家获奖年与科学发现年的差值。在数据收集过程中，发现难以检索到部分科学家的相关事迹，因而无法准确得到或大致推断出其做出获奖成果的时间，但缺失数据较少，仅占 FLT 数据集的 2.5% 左右，对定量结果可能出现的误差影响较小。通过以上方式，建立起获奖科学家面板数据集。

接下来，建立获奖科学家出版物数据集。以 Web of Science 核心合集为检索数据库、以获奖人姓名为检索词下载全文本记录格式的出版物数据集，保留语言为 English 的 Article、Review、Proceedings paper 三类文献，便于统一分析。菲尔兹奖、拉斯克医学研究奖、图灵奖获得者出版物数据的检索时间分别为 2020 年 9 月 1 日、2019 年 4 月 17 日、2019 年 8 月 26 日。此外，结合科学家个人主页中 "publications" 一栏，并参考其工作机构、所在学科对出版物数据集进行人工姓名消歧处理，尽量保证准确地实现对获奖科学家的姓名消歧，最终获取科学家出版物数据集，以进行合著网络等分析。

10.5.3　数学 F 数据分析

菲尔兹奖（Fields Medal）由加拿大数学家 John Charles Fields 设立，由国际数学联盟（IMU）主持评定，自 1936 年开始每四年颁发一次，奖金约 1.2 万美元，但要求获奖者在当年元旦前未满 40 周岁（The Fields Medal，2018）。

（1）F 获奖分布情况

截至 2021 年 12 月，菲尔兹奖已颁发给 61 位科学家（包括 1 位特别奖获得者），其中 18 位来自美国，其余获奖者来自法国（12 人）、俄罗斯、英国等国家（图 10-1）。美籍华人数学家丘成桐、澳大利亚华裔数学家陶哲轩分别获得 1982 年度、2006 年度菲尔兹奖。

（2）F 年龄相关分析

菲尔兹奖科学家的获奖年龄、科学发现年龄、获奖时滞（即获奖年与科学发现年的差值，下同）均呈小幅增长趋势（图 10-2）。1936 ~ 2018 年，获奖年龄从平均 34 岁增长到平均 35.5 岁；科学发现年龄，也就是科学家做出获奖成果的年龄从平均 27.5 岁增长到平均 28.75 岁；获奖时滞从平均 6.5 年增长到 6.75 年，但应注意的是，获奖时滞是科学家获奖年与科学发现年的差值，本质上反映的是科学发现被认可的快慢，门伟莉和张志强

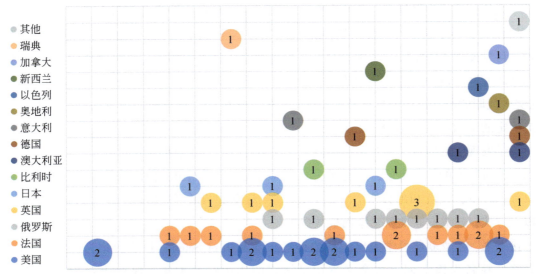

图 10-1　获奖人次与国籍分布

（2013）提出"其逻辑起点是获奖成果完成时间，而非获奖时间"，按照这样的逻辑研究获奖时滞规律，才更具科学性和现实意义，因此本处以颁奖年度为时间逻辑的获奖时滞分析仅作参考（下同），详细分析请见 4.3 节。

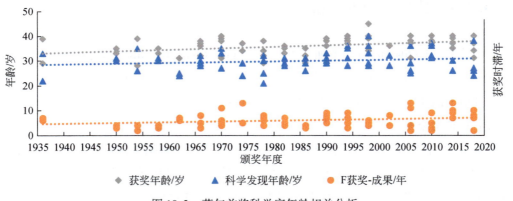

图 10-2　菲尔兹奖科学家年龄相关分析

（3）F 获奖成就定性聚类分析

迄今，菲尔兹奖对 61 项科学成就进行了奖励，并且其中一部分获奖成就跨多个研究领域，比如 1990 年以"模论以及与量子群有关的 hopf 代数"获得菲尔兹奖的科学成果既属于几何学/代数几何的范畴，也是对拓扑学问题的研究。

经过资料查阅以及专家咨询，将 F 获奖成果划分为纯粹数学和应用数学两大领域，如

表 10-12 所示，其中，纯粹数学领域的获奖成就分布于几何（54.10%）、离散数学（31.15%）、分析数学（18.04%）、动力系统（6.56%）领域，应用数学（8.20%）领域主要是对调和分析、数学物理、最优化等相关问题的理论研究与应用。需要说明的是，受篇幅所限，对获奖成果进行高度凝练与概括后与原始获奖成果的表述相比不够具体，此外在定性聚类分析时，对跨领域的获奖成果进行了重复计算（因此表内获奖成果数量多于 61 项）。

表 10-12　F 获奖成就及所属领域

研究领域		细分领域	获奖成果及获奖时间	百分比
纯粹数学	离散数学	集合论	连续假设和 ZFC 公理系统彼此独立（1966）	9.84%
		代数	普拉托问题（1936）；有限单群分类问题（1974）；黎曼–罗赫定理（1954）；有限单群的伯恩德赛猜想和弗洛贝纽斯猜想（1970）；算子代数、代数分类问题（1982）；Borcherds-Kac-Moody 代数（1994）	1.64%
		群论	解决了 Burnside 问题（1994）	1.64%
		数论	瑟厄–西格尔–罗斯定理（1958）；格尔丰德–施奈德定理（1970）；证明了与函数域相应的整体朗兰兹纲领（2002）；素数定理（1950）；莫德尔猜想（1986）；证明费马猜想（1998）；偏微分方程、组合、调和分析和堆垒数论（2006）；证明了自守形式理论中的基本引理（2010）；遍历理论的测度刚性（2010）；黎曼曲面的动力学和几何形状及其模量空间（2014）；Hasse 原理和算数对象分布上的进展（2018）	18.03%
	几何	几何学/代数几何	黎曼–罗赫定理与小平消没定理（1954）；现代代数几何学（1966）；Atiyah-Singer 指标定理（1966）；证明代数簇的奇点解消问题（1970）；Mumford 表面（1974）；证明韦伊猜想（1978）；代数 K 理论（1978）；三维流形的叶状结构及其分类（1982）；卡拉比猜想（1982）；三维代数簇的分类（1990）；模论以及与量子群有关的 hopf 代数（1990）；代数簇上同调理论（2002）；证明了与函数域相应的整体朗兰兹纲领（2002）；将概率论、代数表示论和代数几何学联系起来（2006）；对 Ricci 流的分析（2006）；随机共形映射、布朗运动二维空间的几何学（2006）；证明了自守形式理论中的基本引理（2010）；黎曼曲面的动力学和几何形状及其模量空间（2014）；在数的几何中发展新方法（2014）；引入拟完备空间将算术代数几何转换到 p 进域上（2018）；证明了法诺代数簇的有界性（2018）	34.43%
		拓扑学	拓扑学配边理论（1958）；七维球面的微分结构（1962）；Atiyah-Singer 指标定理（1966）；广义庞加莱猜想（1966）；证明了 Pontryagin 特征类的拓扑不变性（1970）；三维流形的叶状结构及其分类（1982）；四维流形拓扑结构的研究（1986）；证明四维广义庞加莱猜想（1986）；扭结理论（1990）；连贯同调（1954）；模论以及与量子群有关的 hopf 代数（1990）；代数簇上同调理论（2002）	19.67%

续表

研究领域	细分领域		获奖成果及获奖时间	百分比
纯粹数学	分析数学	复杂分析	Denjoy 猜想与覆盖面理论（1936）；黎曼–罗赫定理（1954）	3.28%
		微分方程/偏微分方程	线性偏微分方程（1962）；奇异积分算子（1978）；无限维的偏微分方程（1994）；非线性偏微分方程（1994）；偏微分方程、组合、调和分析和堆垒数论（2006）；Boltzmann 方程的非线性朗道阻尼和收敛于平衡（2010）；随机偏微分方程理论（2014）	11.48%
		泛函分析	广义函数论（1950）；巴拿赫空间理论（1998）	3.28%
	动力系统		遍历性理论（1978）；动态稳定性（1994）；混沌理论、复动力系统的主要猜想（1998）；证明 Zorich-Kontsevich 猜想（2014）	6.56%
应用数学	调和分析		偏微分方程、组合、调和分析和堆垒数论（2006）	1.64%
	数学物理、最优化等		超弦理论（1990）；线理、扭结分类猜想（1998）；证明渗流的共形不变性和统计物理学中的平面伊辛模型（2010）；最优运输理论及其与 Monge-Ampère 方程的联系（2018）	6.56%

具体来看，在纯粹数学领域的重要科学发现中，几何学领域的研究产出获奖频率最高，主要包括代数几何和拓扑学领域的理论研究。比如日本数学家小平邦彦（Kodaira Kunihiko）因"证明复曲面的黎曼–罗赫定理和小平消没定理"获得 1954 年菲尔兹奖；20 世纪 70 年代早期美国数学家 Daniel G. Quillen 为代数 K 理论发展做出的一系列贡献（先后证明了亚当斯猜想和塞尔猜想）使其获得 1978 年菲尔兹奖；俄罗斯数学家 Vladimir Voevodsky 定义和发展了新的代数簇上同调理论获得 2002 年菲尔兹奖。其次是代数、集合论、群论和数论方面的问题证明与性质研究。此外，科学家在分析数学领域也有一些突破性进展，比如对复杂分析、微分方程/偏微分方程、泛函分析中问题的深入研究和系统性的理论研究。而应用数学领域的获奖成果数量较少（5 项），比如第一位获得菲尔兹奖的物理学家 Edward Witten，凭借其在"超弦理论"方面的成就对现代数学产生极大影响，以及意大利数学家 Alessio Figalli 以"最优运输理论及其与 Monge-Ampère 方程的联系"获得 2018 年菲尔兹奖。

（4）F 科学家合著网络分析

在 F 科学家出版物中，共涉及 1582 名作者。由于其中节点数量（即作者数）过多，网络会过于庞大导致无法凸显重点，因此对不同作者发文数量下网络图谱的效果进行多次实验观察与比较，选择呈现效果最佳，即发文数量大于 5 篇的作者，最终绘制出包括 232 位作者的合著网络图，如图 10-3 所示（节点大小表示引文数量大小，连线粗细表示合作发文次数多少，下同）。根据 VOS 聚类算法和布局算法（下同），可将 F 科学家合著网络划分为 44 个子网络，经 pajek 分析得出平均度为 3.04。

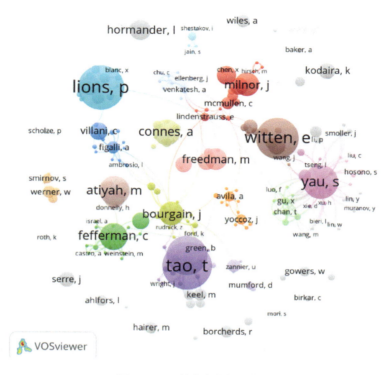

图 10-3　F 科学家外部合著网络

　　F 科学家出版物数据集包括了 51 位 F 奖获得者，其中互相合作超过 2 次的作者仅有 12 位（图 10-4）。显然，F 科学家之间较少产生合著关系，小规模的合著占比较高，合著网络比较稀疏，拥有师生合著（如 Cédric Villani 是 Alessio Figalli 的博士生导师）等多样化合著关系。特殊地，有 7 人产生小范围的合著关系网络，分别是 1994 年获得者 Jean Bourgain，2006 年获得者 Terence Tao（陶哲轩），2010 年获得者 Elon Lindenstrauss 和 Cédric Villani，2014 年获得者 Maryam Mirzakhani，2018 年获得者 Akshay Venkatesh 和 Alessio Figalli。但其网络内的合著关系比较牢固，如调和分析大师 Jean Bourgain 的研究对陶哲轩的早期研究产生了很大影响，他们之间进行了多次频繁合作。

　　（5）F 科学家研究主题迁移分析

　　数学史的发展，可追溯到埃及象形文字的发明，随后，大概在公元前 600 年步入初等数学，再到 17 世纪中叶的变量数学，19 世纪 20 年代到第二次世界大战期间，近代数学开始蓬勃发展，第二次世界大战以来进入目前的现代数学时期。考虑到数学这一学科的发展阶段与特点，将文献数据按照 1911～1945 年、1946～1985 年、1986～2020 年划分为三个时间区间（图 10-5），分析不同时期下研究主题的特点与变化。

　　本小节使用 LDA 分析方法进行研究主题的聚类、共现分析，通过 KNIME 工具实现（下同）。经过多次实验比较来确定 K 值的选取，如进行 1946～1985 年研究主题分析时 K

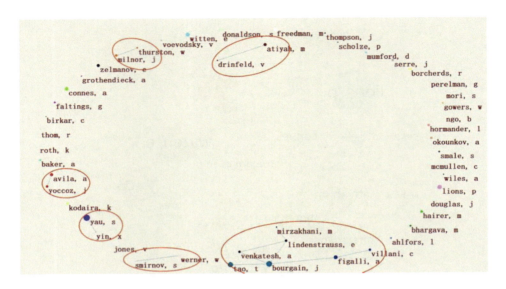

图 10-4　F 科学家内部合著网络

注：节点大小表示该作者发文量的多少（下同）。

值设为 30，每个主题由 20 个主题词描述，$\alpha = 0.1$，$\beta = 0.01$，迭代次数为 1 000 次。分析发现，1911～1945 年、1946～1985 年、1986～2020 年研究主题共现网络的平均路径长度较短，依次为 1.258、2.483、2.111，平均聚类系数较高，依次为 0.875、0.876、0.835，因此均符合小世界特性。

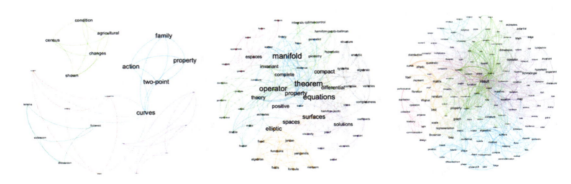

图 10-5　不同时间区间 F 科学家研究主题共现网络

注：从左至右分别是 1911～1945 年、1946～1985 年、1986～2020 年。

Ⅰ. 1911～1945 年

1911 年到第二次世界大战以前，文献数量较少，经过抽取、模块化算法、聚类可划分为 5 个小型社团，在网络中 curves、variation、Euclidean、calculus 等主题词度中心性（Degree Centrality）较高。这一时期数学领域杰出科学家主要关注变分法问题、Plateau 问题的求解，以及曲线族相关性质，Schwarz 引理的推广等方面，涉及泛函分析、解析函数、微分几何（如极小曲面）等领域。

Ⅱ. 1946～1985 年

第二次世界大战结束后到 1985 年，F 科学家共发表了 500 余篇文献，其中，theorem、equations、operator、surfaces、manifolds、elliptic 等词在网络中较为重要。F 科学家集中于 Thue-Siegel-Dyson 定理、Kervaire-Milnor 定理、Nash-Moser 隐函数定理，以及对紧复解析曲面的结构、WILLMORE 猜想和紧复曲面、极小子流形、平行平均曲率向量的子流形、Lefschetz 不动点定理、椭圆算子的谱理论等方面的研究，杰出科学家们在代数拓扑学、微分几何、代数几何（包括代数曲面等）、泛函分析等分支领域做了一系列开创性的深入研究。

Ⅲ. 1986～2020 年

1986 年以来的 35 年内，F 科学家发表文献数量迅猛增长，其中 theory、space、model、function、quantum、manifold 在主题词共现网络中较为突出。科学家展开了针对量子群与量子上同调、度量–测度空间的里奇曲率（Ricci curvature）、具有非负里奇曲率的完备 Kahler 流形、Jordan 超代数表示理论、瞬子和 Taub-NUT 空间、模空间的局部几何特征、黎曼曲面及其模空间、薛定谔算子，以及正则结构理论、离散格林函数求解方法等问题的细致研究。近年来数学领域在数论、微分几何与微分拓扑、数学物理学、代数几何、偏微分方程方面得到进一步发展，也出现了对量子群、量子微分方程、量子泡沫与拓扑字符串、局部对称空间的量子唯一遍历性、Lorentzian OPE 反演公式的时空推导等新兴热门话题的研究。

10.5.4 生理医学 L 数据分析

阿尔伯特·拉斯克医学研究奖（Lasker Medical Research Awards）由阿尔伯特·玛丽·拉斯克基金会（Albert and Mary Lasker Foundation）于 1946 年设立并管理，首先设立基础医学研究奖、临床医学研究奖和公众服务奖（本章研究内容不涉及该分支），后在 1994 年增设特殊贡献奖（即特殊成就奖），在医学界素有"诺贝尔奖风向标"之称（Laker Award，2018）。我国科学家屠呦呦获得 2011 年度临床医学研究奖。

（1）L 获奖累积分析

拉斯克奖自 1946 年开始每年颁发，74 年来共有 308 人（5 人获奖 2 次）获此殊荣，每年度平均颁出 4 个奖项（图 10-6）。L 获奖者中 223 人次来自美籍，其余获奖者来自英国（27 人次）、德国（13 人次）等国家。

（2）L 年龄相关分析

L 科学家的获奖年龄（7 人出生年不详）整体呈波动上升趋势，近年来获奖"老龄化"的

图 10-6　L 获奖累积人数（人次）

趋势非常显著（70 岁左右），从 1946 年的平均 54 岁上升到 2019 年的平均 79.6 岁，74 年来整体平均上升了 25.6 岁。L 科学家科学发现年龄呈"倒 U 形"分布，成果年龄跨度从 22 岁到 72 岁，稳定集中分布于 30～50 岁（占比 77%），在 30～40 岁区间分布人数最多（40%）。以颁奖年度为时间逻辑的 L 科学家获奖时滞从平均 4.6 年上升到平均 37.4 年（图 10-7）。

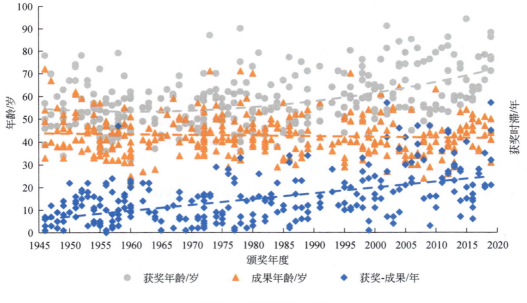

图 10-7　L 年龄相关分析

（3）L 获奖成就定性聚类分析

过去 74 年以来，拉斯克基础医学研究奖、临床医学研究奖一共对 171 项具有重大意义的科学成就进行表彰（任晓亚等，2019）。

L 获奖成果按照获奖领域可以划分为基础医学、临床医学两大维度，同时，将基础医学领域的获奖成就划分为：免疫学、遗传学、分子生物学（包括蛋白质、抗生素等研究主题）、神经科学、病理生理学、细菌学、细胞生物学等 7 类；将临床医学领域的获奖成就划分为：病理学、疫苗学、药理学药剂学、麻醉学、外科医学、生物材料／医疗设备等 6 类（表10-13）。

表 10-13　L 获奖成就及基础医学所属领域

领域	细分领域		获奖成果及获奖年度	百分比
基础医学	免疫学		肺炎球菌（1947）；免疫化学方法（1953）；弗氏佐剂（1959）；免疫病理学（1975）；单克隆抗体（1984）；T 细胞和免疫防御（1995）；发现树突状细胞（2007）	4.7%
	遗传学		代谢过程的遗传控制（1950）；病毒感染遗传（1952）；核酸作为遗传原理（1958）；DNA 双螺旋结构（1960）；遗传连锁方法（1960）；DNA 和 RNA 肿瘤病毒（1964）；转移 RNA 的化学结构（1965）；遗传密码（1968）；疾病的分子基础（1971）；逆转录酶（1974）；DNA 测序技术（1979）；重组 DNA 技术克隆基因（1980）；移动遗传元素（1981）；致癌基因（1982）；抗体多样性遗传基础（1987）；分裂基因和 RNA 剪接（1988）；早期胚胎发育遗传基础（1991）；Lambda 阻遏物和基因调控（1997）；转录基因的蛋白质机制（2003）；Southern 印迹和 DNA 指纹图谱（2005）；RNA 的基因功能（2008）；核重新编程（2009）；DNA 损伤应答现象（2015）；组蛋白化学修饰和基因表达（2018）	14.0%
	分子生物学	蛋白质	酶将糖原转化为葡萄糖（1946）；链激酶作为抗血栓形成剂（1949）；肌动球蛋白（1954）；脊髓灰质炎病毒（1954）；荧光标记技术（1959）；在固体基质上合成蛋白质（1969）；RNA 的酶促作用（1988）；跨膜的靶向蛋白质（1993）；朊病毒（1994）；离子通道蛋白（1999）；端粒酶（2006）；发现蛋白质折叠（2011）；细胞骨架运动蛋白（2012）；蛋白质反应（2014）；发现 TOR 蛋白（2017）	8.8%
		抗生素	土壤细菌的抗生素特性（链霉素）（1948）；逆流分配技术（1963）	1.2%
		激素	分离六种垂体激素（1962）；环 AMP 调节激素作用（1970）；分离下丘脑肽激素（1975）；前列腺素（1977）；调节基因的核激素受体（2004）；发现瘦素（2010）	3.5%
		技术	分子杂交技术（1974）；基因敲除小鼠（2001）	1.2%

续表

领域	细分领域	获奖成果及获奖年度	百分比
基础医学	神经科学	神经递质（2013）	0.6%
	病理生理学	哺乳动物心血管和肾脏（1947）；心脏导管检查技术（1949）；视觉循环（1953）；甲状腺功能亢进症（1954）；心血管生理学（1955）；治疗血栓栓塞症（1955）；结缔组织的生化研究（1956）；心血管生理学（1957）；高血压基本机制（1958）；肿瘤诱导病毒（1958）；药物的生理作用（1967）；脑损伤和精神发育迟滞（1968）；癌症诱导病毒（1974）；癌症化疗（1974）；放射免疫分析技术（1976）；脑功能和生理学（1979）；控制胆固醇代谢（1985）；NO 作为信号分子（1996）	10.5%
	细菌学	寄生虫感染机制（1951）	0.6%
	细胞生物学	Krebs 循环（1953）；培养哺乳动物细胞（1958）；阿片受体和脑啡肽（1978）；分子方法揭示记忆（1983）；生长因子-NGF 和 EGF（1986）；磷酸化和 G 蛋白信号传导（1989）；细胞分裂周期的关键调节因子（1998）；泛素调节蛋白质降解系统（2000）；细胞内囊泡运输及调控机制（2002）；干细胞及其双重特性（2005）；细胞感知及适应氧气（2016）	6.4%

在基础医学类重要科学突破中，分子生物学类获奖成就主要是对蛋白质、抗生素、激素等的深入研究，且近年来尤为热门，如 Arthur L. Horwich 在 1989 年发表的有关蛋白质折叠的研究获得 2011 年拉斯克奖，Jeffrey M. Friedma 在 1994 年发现瘦素及其在调节体重中的作用，为人类肥胖问题发挥了重要作用。遗传学类获奖成就多是奖励首次在 DNA 分子、RNA 分子、基因等的生物化学反应中有重要发现的、深入研究的科学成果，如 Edwin Southern 和 Alec Jeffreys 分别于 1975 年与 1984 年提出的 Southern 印迹和 DNA 指纹识别技术，对人类遗传学和法医诊断学产生了革命性影响。病理生理学类重要突破多集中在脑部、心血管与癌症的发病机制与理论研究上，但主要集中于 21 世纪之前，如获得 1958 年拉斯克奖的 Irvine Page 对高血压机制的研究，在高血压领域发挥了近 60 年的重要作用。

临床医学类获奖突破多是在临床疾病治疗手段与药物研发方面作出突出贡献的科学家，如中国科学家屠呦呦发现青蒿素拯救了数百万受疟疾侵害的人，借此获得 2011 年拉斯克奖；Napoleone Ferrara 发现了 VEGF（血管内皮生长因子），并制造了第一种抑制多种肿瘤生长的抗 VEGF 抗体；Harvey J. Alter 和 Michael Houghton 在 1988 年发现 HCV（丙型肝炎病毒），经过对其结构和复制的不断深入研究与测试，由 Michael J. Sofia 等三位科学家组成的科研团队研发出丙型肝炎药物索菲布韦（sofosbuvir），使得丙肝病毒得到治愈，分别获得 2000 年和 2016 年拉斯克奖（表 10-14）。

表 10-14　L 获奖成就及临床医学所属领域

领域	细分领域	获奖成果及获奖年度	百分比
临床医学	临床病理学	Rh 因子导致新生儿溶血性贫血（1946）；宫颈癌的子宫颈抹片检查（1950）；癫痫研究（1951）；预防性癌症检测诊所（1951）；氟化方案（1952）；冠心病（1953）；过量氧气导致早产儿失明（1956）；治疗高血压（1957）；新的微生物学原理（1957）；柯萨奇病毒（1959）；治疗急性呼吸道疾病（1959）；立克次体病治疗（1962）；雌激素治疗前列腺癌（1963）；儿童白血病（1966）；治疗霍乱（1967）；L-DOPA 治疗帕金森病（1969）；淋巴瘤和急性白血病的联合化疗（1972）；测量脑功能的脱氧葡萄糖方法（1981）；溶酶体贮积病（1982）；肿块切除术治疗乳腺癌（1985）；艾滋病毒是艾滋病的起因（1986）；DNA 技术诊断遗传病（1991）；集落刺激因子（1993）；幽门螺杆菌引起消化性溃疡病（1995）；肿瘤抑制基因（1998）；丙型肝炎病毒（2000）；体外受精治疗不孕症（2001）；血液透析治疗肾衰竭（2002）；认知疗法（2006）；分子靶向治疗（2009）；发现 VEGF（2010）；血液遗传疾病（2010）；帕金森氏症治疗（2014）；单克隆疗法（2015）	20.5%
	疫苗学	流感疫苗（1947）；黄热病疫苗（1949）；Salk 脊髓灰质炎疫苗（1956）；口服脊髓灰质炎病毒疫苗（1965）；肺炎和脑膜炎疫苗（1978）；预防新生儿 Rh 不相容的疫苗（1980）；预防儿童脑膜炎的疫苗（1996）；HPV 疫苗（2017）	4.7%
	药理学药剂学	青霉素治疗梅毒（1946）；可的松抗炎药（1949）；维生素补充剂（1952）；异烟肼药物治疗结核病（1955）；高血压药物（1958）；口服抗凝剂（1960）；异丙嗪治疗严重抑郁症（1964）；治疗高血压（1971）；丙醇用于治疗心脏病（1976）；锂治疗躁狂抑郁症（1987）；美沙酮治疗药物成瘾（1988）；RU486 抗妊娠丸（1989）；早产儿的表面活性剂治疗（1994）；维生素 A 治疗预防感染和失明（1997）；ACE 抑制剂治疗高血压（1999）；治疗类风湿性关节炎的抗 TNF（2003）；他汀类药物（2008）；青蒿素（2011）；研发丙型肝炎药物（2016）	11.1%
	外科医学	蓝婴症手术（1954）；心内直视手术（1955）；动脉粥样硬化模型（1956）；氯丙嗪治疗精神分裂症（1957）；先天性心血管缺陷矫正手术（1959）；同种异体骨髓移植（1970）；全髋关节置换术（1974）；超声技术（1977）；白内障手术的超声乳化术（2004）；肝移植（2012）	5.8%
	麻醉学	研发异丙酚麻醉剂（2018）	0.6%
	生物材料/医疗设备	电子显微镜（1960）；由涤纶制成人造动脉（1963）；细胞器的电子显微镜（1966）；心肺机（1968）；心脏除颤器和心脏起搏器（1973）；CAT 扫描成像（1975）；冠状动脉图像技术（1983）；磁共振成像（MRI）（1984）；人造二尖瓣和主动脉瓣（2007）；人工耳蜗（2013）	5.8%

（4）L 科学家合著网络分析

在 L 科学家出版物中，涉及的作者数量是三个领域中最庞大的，综合观察后选定发文数量大于 15 篇的作者绘制合作网络图（图 10-8），该网络中共计 785 位作者，经聚类布局算法处理后包括 37 个子网络，平均度为 15.01。

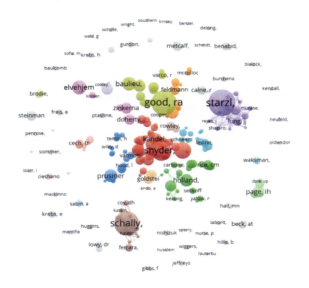

图 10-8　L 科学家外部合著网络

L 出版物数据集包括 298 位获奖者，合著网络比较紧密，其中互相合作超过 2 次的作者有 156 位。从图 10-9 可知，L 科学家之间的合著关系非常显著，整体上看是一个覆盖范围广、连通性强的合著网络，仅有少部分科学家属于"独立的"两两合作关系。

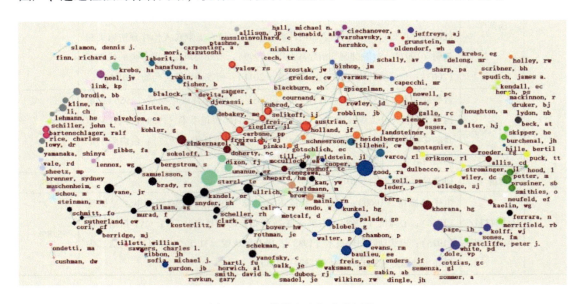

图 10-9　L 科学家之间合著网络

（5）L 科学家研究主题分析

考虑到生理医学的学科特点以及可获取的获奖科学家在不同发表年份文献数据的规模，划分出三个时间区间抽取对应主题词（图 10-10），分别对不同时期下研究主题共现网络的特点进行深入解读。在对 L 科学家出版物数据集进行主题抽取时，经过多次实验与效果比较确定 K 值，如进行 1981～1999 年研究主题分析时 K 值设为 100，每个主题由 20 个主题词描述，$\alpha=0.1$，$\beta=0.01$，迭代次数为 1 000 次。分析发现，L 科学家聚焦的研究方向呈阶段性特点。

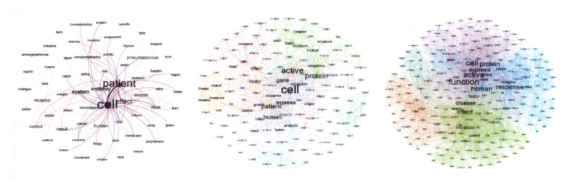

图 10-10　不同时间区间 L 科学家研究主题共现网络

注：从左至右分别是 1930～1980 年、1981～1999 年、2000～2019 年。

Ⅰ. 1930～1980 年

1930～1980 年，生理医学的优秀科学家非常关注 cell、patient、antibody、virus、receptor 等相关研究，比如对细胞结构、提取抗体及其在脑组织中的渗透过程的研究，病毒基因转录机制、菌株及疫苗制备，以及对白血病细胞培养与靶细胞鉴定、肺癌的诊断技术、哮喘等慢性支气管炎的鉴别与治疗等。这一时期产生了一大批先驱科学家（如免疫病理学之父 Henry G. Kunkel、获得 1960 年诺贝尔奖的 Macfarlane Burnet）与引领性研究，这也与获奖成就定性聚类分析有较为一致的结论，定量结果与专家定性判断较好地相互印证。

Ⅱ. 1981～1999 年

1981～1999 年的近 20 年间，L 科学家主要集中于细胞生物学、分子生物学与遗传学等领域的深入研究，语义处理后 cell、active、protein、patient、gene、express、bind 等主题词较为显著。比如有关低密度脂蛋白受体（LDL Receptor）的研究进展、粒细胞-巨噬细胞集落刺激因子（GM-CSF）、突触融合蛋白的作用机制、细胞分裂周期（CDC）基因的发现、TOR 信号通过调控真菌（如酵母）的转录调控细胞的生长和代谢、免疫检测与免疫应答、基因导向的酶前体药物疗法治疗肿瘤等研究内容，生物医学在细胞水平与分子水平上的机制、功能等研究取得了较大进展。

Ⅲ. 2000 ~ 2019 年

进入 21 世纪以来，生物医学面临更多的机遇与挑战，经数据处理得到的高频主题词是 function、cell、active、protein、response、human、express、disease 等，在大量研究中，以遗传学、分子生物学（以蛋白质的研究居多）、细胞生物学、病理学的有关研究居多。比如研究人员通过对信使 RNA 分子的研究发现新型基因调节机制，对载脂蛋白 E（APOE）的基因位点的检测方法、诊断以及研究 APOE 对疾病发病机制或人类认知功能的影响，发现细胞在分子水平上感受氧气含量的机制及其对相关疾病的药物研发的理论指导意义，对 HIV 脂肪代谢障碍症的特征以及患者所服用的蛋白酶抑制剂（如利托那韦）的临床试验等取得重要进展的研究。

10.5.5 信息 T 数据分析

图灵奖（A. M. Turing Award），由美国计算机协会（ACM）于 1966 年设立，每 4 年颁发一次，奖金 100 万美元（A. M. Turing Award，2018）。自 1966 年以来，截至 2021 年 3 月共有 74 人获此殊荣，获奖者以美籍科学家为主，中国的姚期智（2016 年放弃外国国籍成为中国公民）获得 2000 年度该奖项。

（1）T 获奖分布情况

美国保持着持续获奖的稳定趋势，优势地位显著。已获得图灵奖的 74 位科学家中，有 48 位来自美国，其余获奖者来自英国（7 人）、以色列、加拿大等国家（图 10-11）。

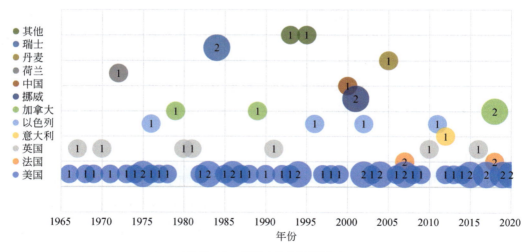

图 10-11　获奖人次与国籍分布

（2）T 年龄相关分析

T 获得者获奖年龄同样呈现显著增长的变化趋势，从 1966 年的 44 岁增长到 2019 年的

69.5 岁，平均增长 25.5 岁，并且超过 97% 的科学家在 40 岁之后获奖。科学发现年龄方面，T 获得者全部在 50 岁以内做出获奖成果，且 30 ~ 40 岁为成果产出高频区间（占比 50%）。此外，随着授奖时间的发展，T 科学家从做出成果到获奖的时间差具有明显的上升趋势，2019 年获奖时滞达到平均 32 年（图 10-12）。获奖时滞最长的是丹麦计算机领域的先驱 Peter Naur，他于 1961 年左右在定义编程语言 ALGOL 60 方面取得重要贡献（特别是 BNF 范式），历时 40 余年获奖。

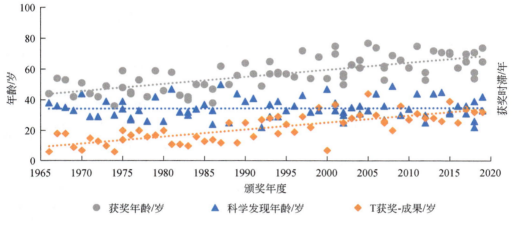

图 10-12　T 年龄相关分析

（3）T 获奖成就定性聚类分析

图灵奖颁奖 55 年以来，共授予 57 项获奖成就，但 1995 年以"计算复杂性理论与密码系统和程序检验"摘得图灵奖章的科学成果属于多领域研究成果，归类到计算理论和计算机安全与密码学两个研究领域，因此表 10-15 内共计 58 项。

表 10-15　T 获奖成就及所属领域

研究领域	细分领域	获奖成果及获奖时间	百分比
理论计算机科学	编程语言	新一代编程技术（Algol 语言）及编译器构造（1966）；排版系统 TeX（1974）；FORTRAN 的发明（1977）；APL 语言（1979）；UNIX 操作系统和 C 语言（1983）；C 语言（1983）；Euler 语言（1984）；自动定理证明工具 LCF（1991）；Simula I 和 Simula 67（2001）；Smalltalk（2003）；Algol 60 语言（2005）；优化编译器（2006）；编程语言和系统设计的实践与理论（2008）	22.81%
	信息和编码理论	数值方法、自动编码系统以及错误检测和纠错码（1968）	1.75%
	算法与数据结构	线性代数计算与向后误差分析法（1970）；最短路径 Dijkstra 算法（1972）；Floyd-Warshall 算法（1978）；快速排序算法（1980）；算法和数据结构的设计与分析（1986）；浮点计算（1989）；量子通信复杂性和分布式量子计算（2000）；开发模型检测技术（2007）	14.04%

续表

研究领域	细分领域	获奖成果及获奖时间	百分比
理论计算机科学	计算理论	非确定有限状态自动机（1976）；NP 完全理论（1982）；最大网络流和组合优化问题上的算法理论（1985）；计算复杂度理论（1993）；计算复杂性理论与密码系统和程序检验（1995）；在计算学习理论等领域的贡献（2010）	10.53%
	数据库和信息检索	数据库技术（1973）；关系型数据库（1981）；数据库与事务处理（1998）；数据库研究和开发（2014）	7.02%
	并发、并行和分布式系统	UNIX 操作系统和 C 语言（1983）；CTSS 和 Multics（1990）；分布式个人计算环境（1992）；时序逻辑，编程语言与系统验证（1996）；第一台现代个人电脑 Xerox Alto（2009）；分布式和并发系统的理论和实践（2013）	10.53%
应用计算机科学	人工智能	符号操作、感知器（1969）；人工智能之父（1971）；逻辑理论家和通用问题求解器（1975）；人类心理识别（1975）；知识工程（1994）；语音识别系统（1994）；引入图模型和概率论（2011）；深度学习（2018）	14.04%
	计算机安全与密码学	计算复杂性理论与密码系统和程序检验（1995）；公钥密码学-RSA 加密算法（2002）；密码学和信息安全领域的杰出工作（2012）；Diffie-Hellman 密钥（2015）	7.02%
	计算机体系结构与工程	EDSAC 的设计（1967）；RISC 架构和编译器优化（1987）；计算机体系结构、操作系统和软件工程的贡献（1999）；TCP/IP 协议和互联网架构（2004）；发明第一个 Web 浏览器万维网（2016）；计算机架构的设计和评估（2017）	10.53%
	计算机图形学和可视化	交互式系统–计算机图形学（1988）；交互计算–鼠标之父（1997）；3D 计算机图形学（2019）	5.26%

将图灵奖授予成果划分为理论计算机科学和应用计算机科学两类，其中前者涉及编程语言、信息和编码理论、算法与数据结构、计算理论、数据库和信息检索、并发/并行和分布式系统领域，后者主要包括在人工智能、计算机安全与密码学、计算机体系结构与工程、计算机图形学和可视化领域的重要贡献。

定性聚类可知，T 获奖成果主要分布于编程语言、算法与数据结构、人工智能领域，占比均超过 14%，涉及程序设计、编译原理与实践、数据结构与算法理论等方面的重大进展及突破。比如多位计算机科学家先后设计并被广泛应用的 TeX 排版语言、APL 语言、C 语言、Eulert 语言、Smalltalk 语言、Algol 语言等，Alan J. Perlis 和 Frances E. Allen 对编译器的诞生与改进做出了突出贡献，以及有"结构程序设计之父"美誉的荷兰计算机科学家 Edsger W. Dijkstra 发表的最短路径算法、Tony Hoare 发明的快速排序算法（Quicksort）等，将高效率的思想融入数据结构的发展中。此外，计算理论、并发、并行和分布式系统以及计算机体系结构与工程领域的成果占比均超过 10%，比如 1993 年的图灵奖共同授予 Juris Hartmanis 和 Richard E. Stearns 在计算复杂性理论方面的开创性研究，Tim Berners-Lee 在 1989 年发明了 WWW、第一个 Web 浏览器和相关协议与算法，开启了互联网的新纪元。

（4）T 科学家合著网络分析

在 T 科学家出版物中，观察对比后提取发文数量大于 5 篇的作者，通过 VOSviewer 绘制共计 305 位作者的合著网络图谱（图 10-13），根据聚类和布局算法可划分为 48 个子网络，平均度为 3.15。

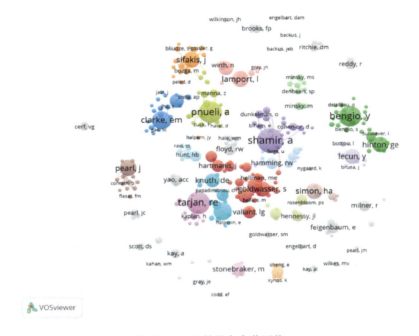

图 10-13 T 科学家合著网络

图灵奖文献数据集中包括 66 位获奖者，其中互相合作超过 2 次的作者有 32 位。从图 10-14 看出，T 科学家合著网络集中与分散并存，产生了跨层师生合著（如 John McCarthy 是 Barbara Liskov 的博导、Robert W. Floyd 是 Robert Tarjan 的博导）、同事合著（如 20 世纪 70–80 年代同在斯坦福大学工作的 Donald E. Knuth 和姚期智、1968 年开始在加州大学伯克利分校任教的 Richard M. Karp 和 Manuel Blum）、跨国跨机构合著（如曾就职于卡内基梅隆大学、耶鲁大学的 Alan J. Perlis 和哥本哈根大学的 Peter Naur）等多样化合著关系。根据 FR 布局算法，该合著网络中拥有 2 个最为显著的、共计 33 人的合著社团，分别是以 Ronald L. Rivest（2002 年获得者）、Adi Shamir（2002 年获得者）、Silvio Micali（2012 年获得者）等科学家为代表的社团，以及以 Alan J. Perlis（1966 年获得者）、John

McCarthy（1971 年获得者）、John Backus（1977 年获得者）等科学家为代表的社团；并且，这 2 个合著社团以 1968 年美国获得者 Richard Hamming 为连接点，他因"在数值方法、自动编码系统以及错误检测和纠错码方面的工作"而获此殊荣。

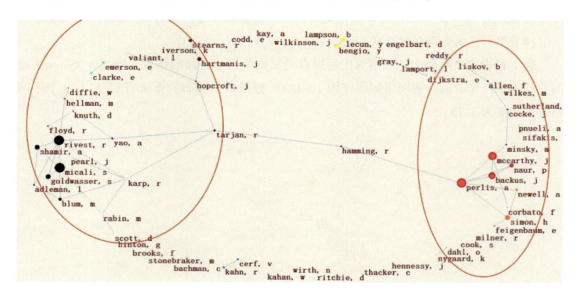

图 10-14　T 科学家内部合著网络

（5）T 科学家研究主题分析

20 世纪五六十年代初期，计算机科学正式被确立为一门独立学科，1966 年，以计算机科学先驱 Alan M. Turing 命名的"图灵奖"设立并面向全球颁发。根据各年度 T 科学家文献数量的分布，将其划分为 1927～1961 年、1962～1991 年、1992～2019 年 3 个时间区间进行主题分析（图 10-15）。经过多次观察 LDA 模型效果，最终确定各时间区间的主题数 K 值，如 1992～2019 年 K 值设为 35，其余参数同上。

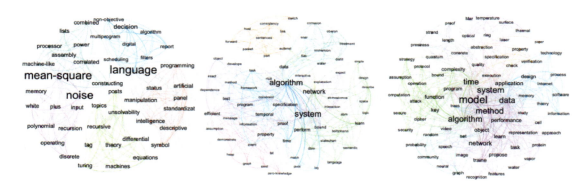

图 10-15　不同时间区间 T 科学家研究主题共现网络

注：从左至右分别是 1927～1961 年、1962～1991 年、1992～2019 年。

Ⅰ. 1927 ～ 1961 年

在 1927 ～ 1961 年，在主题词共现网络中 language 最为显著，其次是 noise、mean-square、programming、algorithm 等词，这一时期文献数量较少，主要是关于数字滤波器、无噪声信道编码、算法语言 ALGOL-60、程序设计语言的标准化、多道程序环境下调度算法等有关问题的探索，涉及计算机图形学、编码算法、信息论、程序设计与编程语言等领域的理论与应用研究。

Ⅱ. 1962 ～ 1991 年

计算机学科成立以来的 30 年左右，T 科学家发表了较多的研究成果，使用 LDA-共现分析方法，发现 system、algorithm、network、efficient、temporal 等词在网络中比较重要。T 科学家在 Aloha 系统（无线电计算机通信网）的双稳态行为、秘密共享机制、分布式快照算法、模型检测（自动验证）技术方面，以及对操作系统的监视器、线性时态逻辑、时间约束网络、分布式系统、并发程序的时态逻辑等相关概念、结构、理论与方法做了较多研究工作。计算理论、算法及复杂性理论、程序语言理论、密码学和计算机安全、并发、并行和分布式系统的设计与性质研究是这一时期比较活跃的领域。

Ⅲ. 1992 ～ 2019 年

20 世纪 90 年代初期以来，model、system、algorithm、time、application 等词度较高，在程序设计（如自动程序验证）、符号模型检测技术与方法、编码理论与密码学（如选择密文攻击的公钥密码体制、数据加密标准）、算法研究与分析（如受限 Boltzmann 机学习算法、k-最近邻算法、查找频繁元素的算法、混合型系统的算法分析）、软件及应用（如线性切换系统控制器）、分布式系统相关研究（如分布式事务理论–两阶段提交协议）等方面取得了丰富成果；同时，可以发现 T 科学家比较关注的研究领域是人工智能与模式识别领域，涉及到机器学习中无监督特征学习模型与方法、深度学习、神经网络，以及自然语言处理等诸多方面。另外，计算机科学与其他领域融合的研究也非常丰富，比如在生物信息学中的应用（DNA 分子计算模型、生物系统模型检验等）。

10.6 代表性领域国际权威科学奖项定量分析与科学规律发现

10.6.1 获奖国家机构集中化

FLT 科学家多分布于主要科技发达国家，超级大国美国的优势地位非常显著（拥有超过半数的 FLT 科学家），且 FLT 科学家的隶属工作机构多为各自领域的"领头羊"。

FLT 科学家面板数据集内，获奖者共计 448 人次（F 与 L 奖各有 2 位获得者为双国籍，各计算一次），主要分布于欧洲、北美洲等区域，特别是世界主要科技发达国家。其中，美国以 287 人次高居榜首，在 FLT 中占比 64.06%，其次是英国（42 人次）、法国（23 人次）、德国（15 人次），中国拥有 T 获得者和 L 获得者各 2 名。

随着获奖时间区间的向后推移，加拿大、日本、法国三国拥有的获奖科学家数量具有比较明显的增幅（图 10-16）。美国一直处于绝对领先地位，但在 2005~2020 年，相较于之前其 FLT 获奖人数有所下降。同时，在不同时间区间，美国、英国的获奖人数波动最大，美国从 1935~1964 年的 78 人下降到 2005~2020 年的 52 人，而在对应时期内英国从5 人增长到 10 人。法国、德国、日本三国的获奖人数波动较小且变化趋势类似。

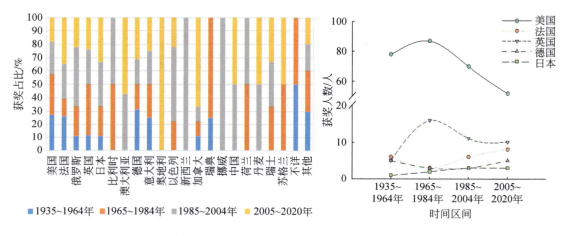

图 10-16   主要科技发达国家不同时间区间下 FLT 获得者占比及数量变化趋势

FLT 科学家在工作机构分布方面各有特色，分别聚集于享有数学研究盛名的高校和研究机构、主攻生命科学和医学的研究中心以及知名科技企业。①相比于菲尔兹奖和拉斯克奖，获得图灵奖的科学家更倾向于在企业长期就职，如微软、IBM、Google 等知名跨国科技企业；②菲尔兹奖获得者的长期工作机构以普林斯顿高等研究院（IAS）、哈佛大学、剑桥大学、普林斯顿大学为主，其中，IAS 是进行领域尖端研究的著名理论研究机构，同时，后三所高校在《2019 QS 世界大学数学专业排名》中均名列前茅（前 10 名）；③拉斯克奖获得者多分布于洛克菲勒大学、哈佛大学、美国国立卫生研究院、哥伦比亚大学或主攻生命科学和医学领域的研究中心。如图 10-17、图 10-18 所示。

10.6.2   获奖者老龄化规律

F 科学家由于菲尔兹奖"40 周岁以下"的授奖条件，其获奖年龄无显著变化，而 LT

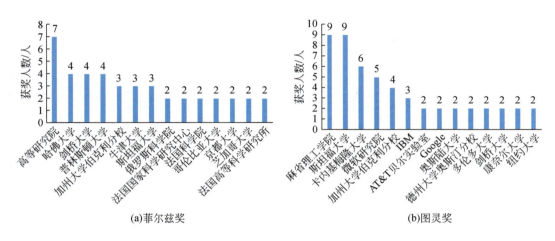

(a)菲尔兹奖　　　　　　　　　　　　(b)图灵奖

图 10-17　菲尔兹奖和图灵奖获得者机构分布（获奖人数 2 人以上）

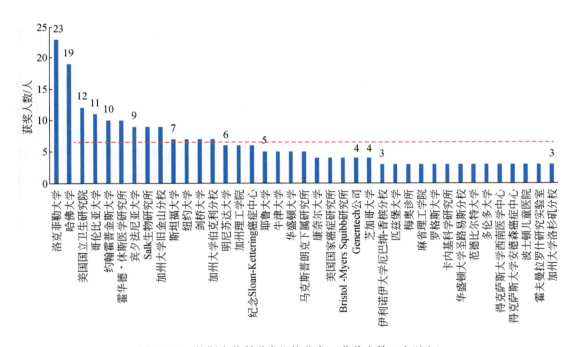

图 10-18　拉斯克奖科学家机构分布（获奖人数 3 人以上）

科学家的获奖年龄呈现明显的获奖老龄化趋势，授奖至今平均增加了 25 岁，近年来甚至发展到 70 岁左右才获奖（图 10-19）。

10.6.3　获奖时滞规律

科学奖励体系中普遍存在获奖延迟现象，但在不同学科间存在较大差异，数学领域表

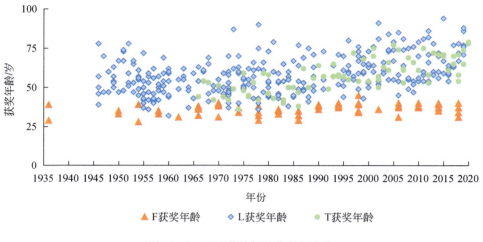

图 10-19　FLT 获奖年龄分布与变化

现出稳定波动的趋势，计算机科学领域呈现大幅上升趋势，而生理医学领域获奖时滞在逐年减小。

以科学家做出获奖成果的先后顺序为角度进行分析发现，F 奖获奖延迟基本稳定在 6 年左右；T 奖获奖延迟呈大幅上升趋势，1949～1960 年的科学成果获得奖励需要平均 15.73 年，1985 年以来要需平均 26.6 年，2015 年以来更是需要平均 33.1 年；而出乎意料地是，与普遍认知中的“获奖延迟”规律相反，L 奖的获奖延迟虽初期偏高但呈现逐年缩短的趋势，科学成果得到奖项认可在 1935 年之前需要历经 20.7 年，2000 年以来平均用时 10.63 年（图 10-20）。

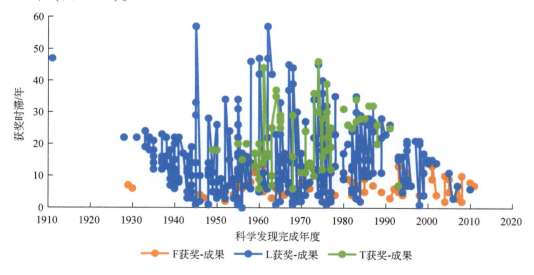

图 10-20　按照科学发现年度的 FLT 获奖时滞

10.6.4 创新峰值年龄中青年化

科学家做出获奖成果的年龄，才是真正反映科学家科学创新的峰值年龄（任晓亚等，2019）。分析发现，以生理医学、数学、计算机科学为代表的基础科学领域中，中青年科学家具有更大的创新能力和潜力。

在科学发现年龄的规律分析中，共计获得 FLT 科学家中 436 人次的成果年龄，根据数据将科学发现年龄从 20 岁起划分为 5 个区间，分别计算不同区间内 FLT 科学家的概率分布（即占比），如图 10-21 所示。

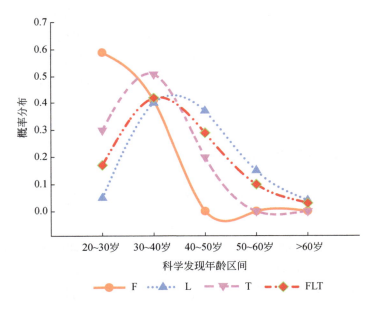

图 10-21　FLT 科学发现年龄区间概率分布与变化

整体而言，FLT 科学发现年龄集中分布于 20～50 岁（占比达 88%），平均年龄依次是：29.85 岁、42.79 岁和 34.46 岁。F 奖由于其授奖条件限制，成果年龄普遍较为年轻化，多在 20～30 岁（59%）做出获奖成果；T 科学家全部在 50 岁以内做出获奖成果，且 30～40 岁为成果产出高频区间，占比 50%；L 科学家科学发现年龄呈"倒 U 形"分布，成果年龄跨度从 22 岁到 72 岁，在 30～40 岁区间分布人数最多（40%）。

10.6.5 获奖领域方向集中化

前文对 FLT 获奖成就进行定性聚类分析后，可以发现，在不同领域的科技奖项中，均存在获奖领域集中化的现象。

F 授奖领域集中化趋势比较显著，几何学/代数几何（34.43%）、数论（18.03%）等纯粹数学领域持续产出重大成果，尤其是近年来产出成果较多，主要涉及空间（比如流形、黎曼曲面）、代数簇、猜想证明等相关问题的突破性研究。值得注意的是，应用数学领域的获奖成果较少，且在 1990 年以来才开始得到菲尔兹奖奖励委员会的关注。

L 科学发现在基础医学类的分子生物学（14.7%）、遗传学（14.0%）和病理生理学（10.5%），以及临床医学类的临床病理学（20.5%）和药理学药剂学（11.1%）领域的成果数量最多。并且，近年来大部分研究领域（除抗生素、病理生理学和细菌学外）均保持创新活力。

T 获奖成果集中分布于编程语言、算法与数据结构、人工智能等领域（占比均超过 14%）。从获奖时间维度来看，人工智能、计算机体系结构与工程、计算机安全与密码学领域持续有重要成果产出并获奖，特别是近十年来多次颁给人工智能领域的科学家，如"贝叶斯网络之父"Judea Pearl、"深度学习三巨头"Geoffrey Hinton、Yann LeCun 和 Yoshua Bengio。

10.6.6　获奖者合著网络多样化

FLT 科学家的外部合著网络和内部合著网络呈现不同的特征：

（1）外部合著网络

小世界网络理论（"small-world" network）由 Duncan J. Watts 与其导师 Steven Strogatz 提出（Watts and Strogatz，1998），可通过平均最短路径与聚类系数两个特征进行判定，具有较短的平均最短路径和较大的聚类系数特征，即具有小世界特性。在合著网络中，平均最短路径反映的是合著网络中任意两个节点之间最短距离的平均值；聚类系数是指平均意义上一名作者的邻接作者之间相互关联的程度，表示科学家"朋友圈"的紧密程度。因此，利用 Pajek 分别生成与 FLT 科学家外部合著网络相同节点规模的 3 个随机网络（即网络节点数分别与 F、L、T 合著网络一致，但各个节点之间的连接是随机的），进行不同领域外部合著网络特征的对比，见表 10-16。

表 10-16　FLT 科学家外部合著网络结构分析与对比

网络结构指标	平均最短路径	Watts-Strogatz 聚类系数
F 科学家	5.28	0.64
F 随机网络	2.66	0.07
L 科学家	3.99	0.62
L 随机网络	2.07	0.05

续表

网络结构指标	平均最短路径	Watts-Strogatz 聚类系数
T 科学家	4.67	0.57
T 随机网络	2.58	0.08

可以发现，FLT 科学家外部合著网络的主要特点是：①平均最短路径长度相对较小，且聚类系数均远高于相同规模的随机网络，因此均表现出小世界特性；②聚类系数相对较高，说明 FLT 科学家与其合作者合著关系较多，与同一位科学家合作的其他科学家之间也进行合作的概率分别为 64%、62%、57%，表明 FLT 相关作者有着较多交流。

（2）内部合著网络

在 FLT 科学家内部合著网络中，合著人员规模存在明显差异，F、T、L 科学家之间分别呈现出小、中、大三种模式的合著规模。虽然科学家的合著网络规模大小各异，但网络内的合著关系比较牢固。此外，FLT 科学家内部的学术合著模式还具有一个典型特点——多样化合著关系，合著关系中包括师生合著、跨层师生合著、同事合著、跨国跨机构合著。其中，LT 科学家之间跨国跨机构的合著最为普遍。

（3）合著网络规律

通过上述对 FLT 科学家合著现象的网络分析，FLT 科研合作网络的主要规律与特征是：外部合著网络均符合小世界网络的特征；同时，在其内部合著网络中，不同领域合著规模存在差异，但均存在多样化合著关系（表 10-17）。

表 10-17　FLT 科学家科研合作规律

类型	合作特征
外部合著	表现出小世界特性；具备聚类特征
内部合著	不同领域合著规模存在明显差异；呈现多样化合著关系（师生合著、跨层师生合著、同事合著、跨国跨机构合著）

10.6.7　研究主题阶段性

在不同时期，FLT 科学家较为集中的研究主题有一定重合，又存在差异。

1）F 科学家在 1911～1945 年更多地关注泛函分析、解析函数、微分几何领域的研究，第二次世界大战结束后到 1985 年进行代数拓扑学、微分几何、代数几何、泛函分析领域的理论与方法研究，1986 以来年数论、几何、数学物理学、偏微分方程方面的研究大量涌现，并开始了对量子数学的研究。

2）L 科学家在 1930～1980 年主要是关于细胞结构、成分和调节机制、分子生物学（尤以抗体、病毒的研究居多）、临床疾病治疗的研究，在 20 世纪八九十年代，多集中于生物医学在细胞水平与分子水平上的机制、功能等的深入研究，进入 21 世纪后，在遗传学、分子生物学（以蛋白质为主）、细胞生物学、病理学方面的有关研究最为普遍。

3）T 科学家在 1927～1961 年聚焦于计算机图形学、编码算法、信息论、程序设计与编程语言等领域的理论与应用研究，随后的 30 年间，计算理论、算法、程序语言理论、密码学和计算机安全、并发、并行和分布式系统领域的研究比较活跃，20 世纪 90 年代初期以来，人工智能与模式识别领域的研究非常丰富，并且计算机科学逐渐广泛地融入其他领域（如生物信息学）。

10.7　总结与展望

10.7.1　研究总结

分析和应用学科信息学的理念与研究方法，本章引申出"奖项信息学"的学科概念，并论述了开展科技领域国际权威奖项大数据分析的价值意义与具备条件。

从政府科技奖励和社会科技奖励两大类科技奖项出发，概述了国际上科技奖励的发展体系与现状，发现世界主要国家已经形成了"社会科技奖励为主、政府科技奖励为辅"的科技奖励制度，两种奖励体系以互为补充、相互促进的结构稳定发展，尤其社会科技奖励不仅具有相当规模，而且国际影响力较大，而在我国的科技奖励体系中，迄今都是政府科技奖励占主导地位，但我国社会科技奖励也在蓬勃发展。

梳理国际科技奖项大数据分析与知识发现相关研究进展，发现科技奖励及其授予的科学发现成果，已成为科学学、文献计量与科学计量、科技情报学以及相关科技领域等多个领域关注和研究的对象，可以进行科学自身发展基本规律和特点、科学研究杰出人才成长和演化规律等的主要观察视角。

在遴选出主要科技领域的 22 项领域国际权威科技奖项的基础上，选择 3 项国际权威奖项——数学领域的菲尔兹奖、生理医学领域的拉斯克奖和信息领域的图灵奖，作为重点分析对象，进行系统地定量大数据挖掘与科学规律的知识发现揭示，最终发现了科技奖项大数据所表征的一系列科学学现象或规律：获奖国家机构集中化、获奖者老龄化、获奖时滞规律、成果创新峰值年龄中青年化、获奖领域方向集中化、获奖者合作网络多样化、研究主题阶段性等。这些规律具有重要的科技政策与科技人才培养意义。

10.7.2　研究展望

奖项信息学是对科技奖项领域的科学大数据进行挖掘分析和知识发现的一门专门性学科信息学，是学科信息学的有关理论方法在科技奖项领域的深度应用和发展。以在学术共同体中具有学术权威的科技奖项为研究对象，以相应科技奖项的全序列大数据为挖掘与分析数据，可以展开时空分布、创新峰值年龄、获奖时滞、授奖领域、合著网络、研究主题、获奖影响、知识关联等诸多层次的科学研究发现的演变规律与知识发现的研究。

同时，科技奖项大数据分析与科学规律发现已成为科学学研究的主要内容，可以揭示并预测科学活动的规律与趋势，进而有效支撑相关科学发展战略的制定。国际上大部分科技领域奖项经过多年的发展传承，已经积累了大量、全面且真实的数据，并具有了特殊的研究价值，这类科技奖项的"大数据体系化"就使得进行科技奖项大数据挖掘与知识发现成为可能。

奖项信息学的相关研究，作为新型专门领域学科信息学的一种应用，成为了揭示现代科学发展和科学活动规律的一种典型手段。对科技奖项大数据的定量分析与规律发现，有助于观察科学发展规律和多样化地开展科研评价，能够为科研工作者选择开创性研究领域和方向提供参考。同时，以国际视角剖析科技奖项大数据所表征的科学现象或规律，有助于科技管理部门准确把握国家科技战略布局。

需要注意的是，国际权威奖项本身就是科学评价的对象、手段与结果，是关于科学突破性发展的最主要的同行评价方法和评价指标，是科学家及其科学成就的国际学术共同体承认和直接证明。但科技奖励相关的科学评价也存有争议，获得权威奖项的毕竟是极少数科学家，面对不同对象和不同目标的评价需求，如何建立科学合理、具有适用性的科研评价体系仍需探索。

以默顿学派为代表的科学社会学研究重点之一就是科学奖励系统。科学奖励系统的规范化、制度化发展，是基于国际权威奖项大数据开展科学规律发现的重要基础。但是，科技奖项的遴选和授予是非常复杂的过程，除了对科学成果的科学价值甚至社会意义有所要求之外，还受到人为因素、社会背景等不可测度变量的诸多影响，因此对科学奖励系统的功能、机制探讨是一个有需求并有价值的研究方向。此外，目前对科技奖项大数据进行挖掘与分析的研究，还需要对现象或规律的内在机制和背后因素做更全面地解释，以提升科学学、科学社会学理论研究的深度与应用价值。

参 考 文 献

艾凉琼. 2012. 从诺贝尔自然科学奖看现代科研合作——以 2008—2010 年诺贝尔自然科学奖为例. 科技

管理研究，（10）：236-239.

鲍雪莹，陈贡，刘木林．2014. 基于履历信息的国际科技人才特征分析——以近十年诺贝尔物理、化学、生理或医学奖得主为例．现代情报，34（9）：4-9.

鲍玉芳，马建霞．2015. 诺贝尔奖与科学家论文数量、被引频次的相关性——基于2000–2010年诺贝尔化学、物理学获奖者的实证研究．图书馆理论与实践，（8）：40-45.

段志光，卢祖洵．2007. 诺贝尔生理学或医学奖美国获得者学术条件背景分析．医学与哲学（人文社会医学版），（06）：82-83.

段志光，卢祖洵，王爱珍，等．2006. 诺贝尔生理学或医学奖获得者论文影响力研究．科学学研究，24（5）：672-676.

段志光，许丹青．2015. 诺贝尔生理学或医学奖获得者科学论文作者合作关系研究．科学技术哲学研究，（2）：92-96.

冯烨，梁立明．2000. 世界科学中心转移的时空特征及学科层次析因（上）．科学学与科学技术管理，21（5）：10-11.

高媛，刘新科．2009. 诺贝尔科学奖获得者的教育背景分析及其启迪．技术与创新管理，（3）：111-114.

郝凤霞，张春美．2001. 原创性思维的源泉——百年诺贝尔奖获奖者知识交叉背景研究．自然辩证法研究，（9）：56-60.

和晋飞，房俊民．2015. 基于Google Scholar引文数据的引文速度指标探析——以"图灵奖文献"为例．情报理论与实践，38（4）：86-91.

胡智慧，王溯．2018. "科技立国"战略与"诺贝尔奖计划"——日本建设世界科技强国之路．中国科学院院刊，33（5）：72-78.

江晓渭．1998. 德国科技奖励概况和莱布尼茨奖．中国科技奖励，8（2）：24-28.

金碧辉，刘俊婉．2006. 缔造科学–从诺贝尔奖现象看科学研究的特点．科学观察，1（6）：1-9.

李朝晨．2002. 英国科学技术概况．北京：科学技术文献出版社．

李宏伟．2007. 从诺贝尔奖的人文精神反思我国教育现状．自然辩证法通讯，29（2）：98-99.

李颖．2017. 日本科技奖励体系概况及其特征分析．中国科技奖励，（9）：64-67.

梁立明，赵红州．1991. 科学发现年龄定律是一种威布尔分布．自然辩证法通讯，（1）：28-36.

刘俊婉．2009. 从诺贝尔奖现象看科学创造的特征．科学学研究，27（9）：1289-1297.

路甬祥．2000. 规律与启示——从诺贝尔自然科学奖与20世纪重大科学成就看科技原始创新的规律．西安交通大学学报（社会科学版），（4）：5-10.

门伟莉，张志强．2013. 科研创造峰值年龄变化规律研究——以自然科学领域诺奖得主为例．科学学研究，31（8）：1152-1159.

门伟莉，张志强．2015. 诺贝尔科学奖跨学科师承效应定量研究．科学学研究，33（4）：498-806.

潘教峰，刘益东，陈光华，等．2019. 世界科技中心转移的钻石模型——基于经济繁荣、思想解放、教育兴盛、政府支持、科技革命的历史分析与前瞻．中国科学院院刊，34（1）：18-29.

任晓亚，张志强．2019. 主要科技领域国际权威奖项规律及其驱动因素分析．情报学报，38（09）：881-893.

任晓亚，张志强，陈云伟．2019. 杰出科学家的科研产出规律——以拉斯克医学研究奖得主为例．情报学报，38（9）：894-906.

任晓亚，张志强．2021a. 科技发达国家政府科技奖励制度发展观察及其启示．图书与情报，(3)：57-65.

任晓亚，张志强．2021b. 科技发达国家社会科技奖励制度的特点及其启示．科学学研究，39（11）：1936-1946.

王荣德．2007. 从诺贝尔科学奖看创造性人才的培养与管理．科研管理，28（1）：125-131.

王炎坤，钟书华，艾一梅，等．2000. 科技奖励论．武汉：华中理工大学出版社．

王周谊．2008. 社会科学研究论文数量与质量的例证分析——以 2001 年经济学诺贝尔奖获得者 George A. Akerlof 为例．社会科学管理与评论，(1)：39-42.

夏婷，宗佳．2018. 法国科技评估制度简析及对我国的启示．学会，(5)：46-50.

许合先．2007. 科技诺贝尔奖领域知识创新与人才培养的传递链效应及其启示．科学管理研究，(06)：99-102，106.

徐顽强，熊小刚．2010. 我国非政府科技奖励与发达国家的差距及对策．科学学研究，28（11）：1656-1660.

姚昆仑．2006. 美国、印度科技奖励制度分析——兼与我国科技奖励制度的比较．中国科技论坛，(6)：136-140.

姚昆仑．2008. 20 世纪全球科技奖励的发展及特点分析．中国科技奖励，(2)：30-33.

章娟．2009. 世界一流科学家科学论文计量分析．太原：山西医科大学．

张微，蔚晓川．2017. 日本民间科技奖励制度研究//2017 年北京科学技术情报学会年会——"科技情报发展助力科技创新中心建设"论坛论文集．

张志强，门伟莉．2014. 诺贝尔物理学奖获得者中师承效应量化研究．情报学报，33（9）：926-935.

周光召．2000. 历史的启迪和重大科学发现产生的条件．科技导报，(1)：3-9.

A. M. Turing Award. 1966. Chronological listing of A. M. Turing award winners. https：//amturing. acm. org/byyear. cfm. [2018-06-27].

Baffes J, Vamvakidis A. 2011. Are you too young for the Nobel Prize？. Research Policy, 40：1345-1353.

Brunt L, Nicholas T. 2012. Inducement Prizes and Innovation. Journal of Industrial Economics, 60（4）：657-696.

Campbell D. 2018. Nobel laureates and the economic impact of research：a case study. http：//www. sciencemetrics. org/nobel-laureates-economic-impact/? utm_ source=SciTS. [2018-10-16].

Chan H F, Torgler B. 2015. The implications of educational and methodological background for the career success of Nobel laureates：an investigation of major awards. Scientometrics, 102（1）：847-863.

Chan H F, Onder A S, Torgler B. 2016. The first cut is the deepest：repeated interactions of coauthorship and academic productivity in Nobel laureate teams. Scientometrics, 106（2）：509-524.

Charlton B G. 2007a. Scientometric identification of elite 'revolutionary science' research institutions by analysis of trends in Nobel prizes 1947-2006. Medical Hypotheses, 68（5）：931-934.

Charlton B G. 2007b. Which are the best nations and institutions for revolutionary science 1987-2006？ Analysis using a combined metric of Nobel prizes, Fields medals, Lasker awards and Turing awards (NFLT metric). Medical Hypotheses, 68 (6): 1191-1194.

Charlton B G. 2007c. Measuring revolutionary biomedical science 1992-2006 using Nobel prizes, Lasker (clinical medicine) awards and Gairdner awards (NLG metric). Medical Hypotheses, 69 (1): 1-5.

Heiberger R H, Wieczorek O J. 2016. Choosing Collaboration Partners. How Scientific Success in Physics Depends on Network Positions. arXiv. org.

Garfield E. 1977. The 250 most-cited primary authors, 1961–1975. Part Ⅱ: The correlation between citedness, Nobel Prizes and Academy memberships. Essays of an Information Scientist, 3: 337-347.

Garfield E. 1981. Are the 1979 prizewinners of Nobel class?. Essays of an Information Scientist, 4: 609-617.

Garfield E. 1986. Do Nobel Prize winners write citation classics?. Essays of an Information Scientist, 9: 182-187.

Laker Award. 1945. About the awards. http://www. laskerfoundation. org/awards-overview/ [2018-06-28].

Ma Yifang, Uzzi B. 2018. Scientific prize network predicts who pushes the boundaries of science. Proceedings of the National Academy of Sciences, 115 (50): 12608-12615.

Mac Tutor. 1936. The Fields Medal. http://www-history. mcs. st-andrews. ac. uk/Honours/FieldsMedal. html [2018-06-28].

Maurage P, Heeren A, Pesenti M. 2013. Does Chocolate Consumption Really Boost Nobel Award Chances? The Peril of Over-Interpreting Correlations in Health Studies. Journal of Nutrition, 143 (6): 931-933.

May R M. 1997. The Scientific Wealth of Nations. Science, 275 (5301): 793-796.

Mazloumian A, Eom Y H, Helbing D, et al. 2011. How Citation Boosts Promote Scientific Paradigm Shifts and Nobel Prizes. PLOS ONE, 6 (5): e18975.

Merton R K. 1938. Science, Technology and Society in Seventeenth Century England. Osiris, 4: 360-632.

Merton R K. 1968. The Matthew effect in science. Science, 159 (3810): 56-63.

Meyers M. 2012. Prize Fight: The Race and the Rivalry to be the First in Science. Journal of the American Medical Association, 308 (3): 2282-2283.

Moser P, Nicholas T. 2013. Prizes, Publicity and Patents: Non-Monetary Awards as a Mechanism to Encourage Innovation. Journal of Industrial Economics, 61 (3): 763-788.

Mukherjee S, Romero D M, Jones B, et al. 2017. The nearly universal link between the age of past knowledge and tomorrow's breakthroughs in science and technology: The hotspot. Science Advances, 3 (4): e1601315.

Oppenheim S V A. 1978. A Method of Predicting Nobel Prizewinners in Chemistry. Social Studies of Science, 8 (3): 341-348.

Rothenberg A, Wyshak G. 2004. Family Background and Genius. The Canadian Journal of Psychiatry, 49 (3): 185-191.

Rothenberg A. 2005. Family Background and GeniusII: Nobel Laureates in Science. The Canadian Journal of Psychiatry, 50 (14): 918-925.

Stephan P E, Levin S G. 1993. Age and the Nobel Prize revisited. Scientometrics, 28 (3): 387-399.

Wang Yankun, Zhong Shuhua, Ai Yimei, et al. 2000. Science and Technology Reward Theory. Wuhan:

Huazhong University of Science & Technology Press.

Watts D J, Strogatz S H. 1998. Collective dynamics of "small-world" networks. Nature, 393: 440-442.

Zuckerman H. 1977. Scientific Elite: Nobel Laureates in the United States. New York: The Free Press.

Zuckerman H. 1992. The proliferation of prizes: Nobel complements and Nobel surrogates in the reward system of science. Theoretical Medicine, 13 (2): 217-231.

技术方法篇

第 11 章

数据驱动的知识发现技术发展前沿与展望

本章从知识发现的视角出发，梳理了国内外知识发现的概念内涵、面向对象、数据处理技术、数据分析技术、软件工具以及典型应用。通过分析大数据和第四科研范式驱动下知识发现面临的新挑战，展望未来知识发现技术的发展趋势。经过分析可以发现，近年来，知识发现技术的面向对象不断扩展，从最初的数据库数据、文本数据发展到多媒体数据、空间数据、Web 数据和各类开源数据。知识发现的数据处理技术随着面向对象的扩展，出现了批量数据处理技术、流式数据处理技术、交互式数据处理技术和图数据处理技术，各类机器学习和深度学习框架的日益成熟和普及，也大大降低了知识发现技术的应用门槛。数据分析技术方法是知识发现的核心，在不同层面的应用场景，面对不同的数据类型，往往采用统计分析、机器学习、深度学习或网络分析等不同的知识发现方法，通过综合运用这些方法来实现知识发现需求。知识发现往往具有个性化、学科化的特点，因此在软件工具方面也可分为领域特色工具和通用型知识发现工具，常见的领域特色知识发现工具包括生物医学领域的 Arrowsmith、天文领域的 SKICAT 等，通用型知识发现工具包括 KNIME、Alteryx、RapidMiner、WEKA 等。总体来看，知识发现技术伴随着计算机、信息技术的发展在近年来得到了长足进步，未来在理论基础、应用牵引、语义分析、人机物结合、探索式可视化分析等方面还要进一步加强。

11.1 引言

知识是指人们通过学习、交流、积累、发现和发明的各种知识的综合，是人类经过实践检验对客观事实的反映，知识的交流和传承是人类文明薪火相传、繁荣昌盛的重要原因之一。知识一般可以分为陈述性、过程性和控制性等 3 类，同时又具有进化型、可重用性和共享性等特点。

数据密集型科研范式下，大数据已经成为各学科发展的重要基础，数据驱动思维也成为科研进步的核心驱动力。在这种科研范式下，数据形态变得越来越复杂，出现了数字、符号、图像、视频、声音等各种形态。数据组织方式也各不相同，有结构化、半结构化和非结构化等。研究领域在不断融合和交叉，知识的关联性越来越复杂，科研人员追踪跨学科的知识发展脉络、发现更深层次的知识关联变得愈发困难。

在这样的大背景下，知识发现的概念被提出并逐渐发展起来。知识发现通过综合运用情报学、计算机科学和数据科学的方法、工具和技术，对学科内及跨学科的大量的、多源异构的、碎片化的数据进行关联、融合、挖掘和计算，以辅助科研人员发现新知识、启发科研思路、提供智能情报与知识服务，知识发现已经成为学科信息学与智能情报研究的核心内容和研究方向。

文章通过在中国知网和 Web of Science 数据库中搜集主题为"知识发现"和"knowledge discovery"的文献，根据内容相关性梳理筛选出代表性文献，从知识发现的概念分类、研究进展、方法技术以及典型应用等 4 个方面展开综述和讨论，并对未来发展趋势与面临的挑战进行总结和展望。

11.2　知识发现技术的概念内涵

知识发现（knowledge discovery）于 1989 年美国人工智能协会（AAAI）召开的第 11 届国际人工智能联合学术会议上首次被提出，指从大量繁杂的数据中提取有价值的、潜在有用的、创新的并最终以可理解的形式呈现出来的非平凡的处理过程，是后续开展知识服务的基础（刘惠，2004）。对知识发现更普遍地理解是基于数据库的知识发现（knowledge discovery in databases，KDD），指从数据库中获取有价值信息，是数据挖掘的一种更广义的说法（黄晓斌和邓爱贞，2003）。知识发现的本质是将信息变为知识，用户不需面对繁琐杂乱的原始数据，可以直接从数据资源中发现所需知识。

从 20 世纪 90 年代开始，各个领域面临着海量的数据洪流，亟需大数据处理技术将其转换成有用的信息和知识。在这样的大背景下，知识发现技术渐渐得到重视并发展成一门独立的研究学科。知识发现是一种有效整合广泛丰富的信息资源，识别出其中的特征知识和隐含关联关系的方法，根本上是将知识单元关联为知识结构，再将知识结构组织为知识空间。知识发现能够放大数据的价值，加速知识的"显性化"和利用，实现知识的"增值"，最终满足用户的特定需求。

11.2.1　知识发现的基本思想

知识发现是信息技术与创新思想有机结合的产物，是基础数据到科研产出的关键中间环节。它借助多项混合技术，如：数据库技术、统计学、人工智能、模式识别、专家系统、图像处理、空间数据分析、数据可视化等，通过对数据的检索、存储、组织、分类和预测，识别出潜在的、新颖的、可理解的模式的过程。最初，随着数据库技术的出现和发展，数据存储设备和信息管理系统开始在企业中得到普及和应用，通过数据分析来提高员工工作效率并辅助公司决策，知识发现开始初见雏形。后来，随着大数据和人工智能的发展，给知识发现注入了新的活力，更深层次的隐含知识和规律得到挖掘和发现。知识发现经历了由面向结构化数据知识发现到面向非结构化数据知识发现的发展过程。

随着智慧数据和智能技术的发展，当前知识发现的目标已经由知识上升到智慧层面，DIKW 概念链层级模型描述了这个过程。在该模型中，数据 D（data）、信息 I（information）、知识 K（knowledge）和智慧 W（wisdom）构成了一个"金字塔"形层级结构，如图 11-1 所示。

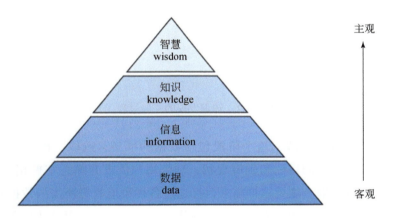

图 11-1　DIKW 概念链"金字塔"结构

在 DIKW 概念链中，根据需求目标收集的数据 D 经过加工处理后，转化为具有逻辑并可接收的客观信息 I；客观信息 I 被主体吸收后，经过结构化组织形成知识 K；对知识 K 进行综合运用最终形成智慧 W。DIKW 概念链是一条从客观到主观的传递链，在这一链条的转化过程中，涉及计量分析、相关性分析、因果分析、人工智能、人类智慧等元素的综合参与（化柏林和李广建，2016）。

11.2.2　知识发现的一般过程

知识发现的一般过程可以分为广义和狭义两类，狭义的知识发现主要指利用统计分析、机器学习等方法发现数据隐含知识规律的过程，侧重于数据挖掘和算法模型的应用；广义的知识发现则指从各种异构大数据中发现有用知识的全过程。这个过程一般可以分为3 个主要阶段，包括数据准备、数据挖掘以及结果解释评估，其中还包括数据的收集、提取、预处理、转换、分析、解释等过程（臧其事，2008）。知识发现的一般过程如图 11-2所示。

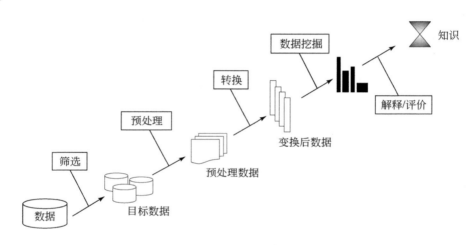

图 11-2　知识发现的一般过程

第一阶段是数据准备阶段，这个阶段包括数据的准备、选取、预处理和转换四个过程。首先，确定知识发现的目标和领域现状，理解用户需求并熟悉掌握相关的背景知识；第二个过程是数据的选取，主要根据需求目标通过各种渠道收集所需的数据对象，并根据数据类型和实际需求选择合适的方式进行本地化存储；第三个过程是数据预处理，这个过程主要是将选取出来的数据进行再处理，检查数据的完整性和一致性，消除噪声和冗余数据，填充丢失数据等；第四个过程是数据转换，主要根据知识发现的任务要求，对数据类型进行统一转换、简化、降维等操作，将数据变换或统一成适合挖掘的形式。

第二阶段是数据挖掘阶段，这是知识发现过程中最为核心也是最为重要的一个阶段。此阶段的主要任务是根据需求目标对数据进行搜索分析，从而发现目标数据或结果的过程。所以，数据挖掘需要确定目标对象，并根据任务选择合适的算法模型和参数，最后利用相应的算法模型分析数据从而得到特征模型或用户感兴趣的知识，并以一定的方式表示出来。因为一次数据挖掘过程会涉及多种算法模型的组合，所以要对各种模型的功能作用、输入输出、适用场景进行分析，再结合数据对象的结构类型选取适用的算法。常见的方法主要有预测、回归、聚类、分类、关联规则、神经网络与深度学习等。

第三阶段是结果解释与评估阶段，这一阶段主要任务是对数据挖掘过程中发现的模式规则进行揭示。知识发现的结果可能是多类型、多结构的数据，结果中还包含很多冗余和无关的信息，需要根据用户需求对结果进行评估，剔除无关信息，保留有价值的数据信息，如结果不能满足用户需求还需要反复提取，直到满足用户需求为止。知识发现的最终目标是为用户服务，所以最终结果还需要转换成目标用户可以理解的直观数据类型，将发现的知识以用户能够接受并了解的形式进行呈现，这个转换过程就是结果解释过程。经过这个过程处理后的有价值的数据信息就形成了知识，可以为用户提供决策支撑和参考建议。

在上述过程中，数据挖掘占据最为重要的地位，它主要基于人工智能、机器学习、模式识别、统计学、数据库、可视化等方法技术，自动化分析数据并归纳性总结，从中挖掘出潜在的模式，数据挖掘决定了整个知识发现过程的效果与效率。此外，知识发现的完整过程并非一次性就能完成，往往还需要反复迭代和调整才能呈现满意的效果，最终将获得的有价值的知识提供给用户。

11.2.3 知识发现的相关技术

目前的知识发现研究主要包括基于数据库的知识发现与基于文献的知识发现两大分支。基于数据库的知识发现主要针对结构化数据，而基于文献的知识发现主要针对非结构化数据。常用的知识发现技术包括统计方法、机器学习方法与深度学习方法等。统计方法包括回归分析、判别分析、聚类分析、探索性分析、模糊集、支持向量机等；常用的机器学习方法包括规则归纳、决策树、遗传算法等；常用的深度学习方法包括神经网络、自组织映射网络等。基于文献的知识发现可以按照文献的相关性分为基于相关文献、基于非相关文献和基于文献全文本的知识发现三个大类，每种类型的知识发现都涉及到一系列的技术应用。由于计算机直接从非相关文献中发现新知识是非常困难的，所以先要由计算机把文献中的知识单元抽取出来形成知识库，然后在知识库中进行知识发现。语义网技术通过给文档添加形式化语义信息的方式解决了计算机理解文献的问题，而关联数据是由 W3C 推荐的语义网最佳实践。关联数据将分散领域中的数据通过结构化描述以及数据之间的链接关联起来，形成了一个全球性的巨大数据空间，即数据网络。这种数据网络资源环境为信息的最大限度共享、重用以及发行提供了保障，也为人们的知识发现活动提供了新的机遇。

此外，知识发现离不开大数据分析技术的支撑，大数据分析技术主要涉及到大数据系统架构、大数据处理技术和大数据分析技术。

在大数据系统架构方面，由于传统文件系统和关系型数据库无法适应大数据时代高并发、高可用、无限横向扩展的需求，因此各大互联网公司和软件提供商推出了各类分布式文件系统、非关系型数据（NoSQL）和分布式关系数据库（NewSQL）（Moniruzzaman，2014）。分布式系统包括 Google 公司的 GFS、Facebook 推出的 Haystack 以及 SUN 公司的 Lustre 系统等；较为常用非关系型数据库包括 Redis、HBase、MongoDB 及 Neo4J 等；NewSQL 数据库也在近几年得到快速发展，这是一种特殊的关系数据库系统，它结合了传统数据库 OLTP 和 NoSQL 的高性能和伸缩性，既保持了传统 DBMS 的 ACID（原子性、一致性、隔离性和持久性）又具备高度可扩展性，较常用的 NewSQL 数据库包括 Vitess、TiDB、Citus 等。

在大数据处理技术方面，根据处理需求的不同，存在多种不同的并行计算模型，包括以 Hadoop、Spark 为代表的批处理，以 Storm、Samza 为代表的实时流处理，以 Flink、Lambda 为代表的混合处理，以 GraphX、Giraph 为代表的图处理。此外，根据业务需求、数据需求的不同，可以选择不同的分析场景模型，如行为事件分析、漏斗分析、留存分析、分布分析、点击分析、用户行为分析、分群分析、属性分析等，以便更好地切合具体的应用场景和分析需求。

在大数据分析技术方面，人工智能技术的快速发展和应用，推动了大数据分析技术能力的飞跃发展，围棋机器人 AlphaGo（Silver 等，2016）和人工智能预测蛋白折叠系统 AlphaFold（Skolnick 等，2021）已经证明人工智能在某些应用领域已经超越人的能力。随着大规模神经网络算法的发展，第三代人工智能体系已经初见雏形，可解释 AI 系统也将解决当前深度学习模型中存在的黑盒和不可解释问题。2017 年，美国国防高级研究计划局（DARPA）发起 XAI 项目（Keller，2016），核心思想是从可解释的机器学习系统、人机交互技术以及可解释的心理学理论等 3 个方面，全面开展可解释性 AI 系统的研究。

11.3 知识发现技术的面向对象

随着数据类型的不断丰富，知识发现面向的应用对象也日益广泛，从最初的结构化数据发展到半结构化及非结构化的复杂数据类型，包括数据库、文本数据、Web 信息、多媒体数据、空间数据等。这些数据可能来自商业金融、社会科学、科学研究等多个领域，数据结构包含关系型、网状、面向对象等。

11.3.1　数据库数据

最初，随着关系型数据库技术的出现和发展，各行业领域存储了大量的数据库数据，激增的数据使得传统数据分析手段很难发现数据背后隐藏的重要信息。尤其是后续发展成熟的各种面向对象数据库、分布式数据库、图数据库等技术，数据库的应用开始从单纯的数据查询向知识发现和数据挖掘发展。

围绕数据库数据知识发现的主要问题有大数据处理、实时数据处理、噪声识别、数据冗余稀疏、完整性检查等。数据库中的数据迅速增长一方面促进了知识发现的发展，同时也给知识发现工作带来了极大的挑战，分布式和图数据库以及全文索引等技术给数据库知识发现带来了新的发展生机；数据的动态变化也是数据库的一个显著特点，多联机的数据同步问题也是数据库知识发现要解决的重要问题；数据噪声是数据库的另一个问题，带噪声的数据会严重影响知识发现结果的可信程度；此外，数据库的数据稀疏、冗余和不完整等问题，都是数据库知识发现要预先解决的问题。

面对这些问题，数据库知识发现主要围绕提高算法效率和算法精度的方向发展。主要做法包括利用可伸缩性算法、增量式算法、并行计算、专家参与等。可伸缩性算法在增加用户交互的同时提供了额外的控制方法，通过算法任务的编排，将算法运行时间约束在一个可预计的、短的、可被接受的范围；增量式算法主要针对数据的增量式增长特性，在先前运算结果的基础上，仅处理增量数据的计算和挖掘，克服计算的重复性和效率低等问题；并行计算主要通过对海量数据进行分割计算，再将结果合并来提高计算的并行处理效率；专家参与主要利用专家的领域背景知识，缩小计算范围，优化知识发现进程，提升最终效果。

11.3.2　文本数据

基于文本数据的知识发现就是从文本或文本集中发现和挖掘出具有归纳性的知识，如有用的模式、规则、趋势、模型等，文本知识发现是数据挖掘、自然语言处理、机器学习和人工智能等技术综合运用的产物。由于文本数据随处不在的特性，基于文本数据的知识发现自诞生以来一直保持着极高的关注度，是知识发现领域的研究重点和热点。

文本数据知识发现的一般过程包括文本预处理、文本表示、特征提取、聚类分类等。其中，文本预处理包括语种识别、分词、去除停用词、分段、分句、标准化等操作，经过预处理的文本可以转化为分析模型所需的格式，并去除对结果产生负面影响的冗余文本；文本表示就是将需要分析的文本转化为向量或矩阵表示，以便计算机能够进行理解处理，文本表示按照粒度可以划分为字级别、词级别以及句子级别，常用的文本表示模型包括词袋模型、词嵌入模型以及语言模型等；特征提取就是从文本信息中选出最能代表文本含义的部分，通过特征提取可以降低文本表示的维度并去除部分噪音数据；最后，根据文本特征，来进行分类或聚类的计算，并将结果展示给用户。

11.3.3　Web 信息

随着网络数据规模的指数级增长，Web 信息知识发现技术也应运而生。这是一项综合性的技术，涉及 Web 结构、数据挖掘、信息科学等多个知识领域。Web 信息结构的复杂性决定了 Web 信息知识发现的多样性。Web 知识发现按照处理对象的不同，可以分为三个大类，包括 Web 内容发现、知识结构发现和用户信息行为挖掘。其中，Web 知识发现中有关链接知识结构的相关研究类似于引文关系分析，区别是这种联系可以基于弱关联关系实现。

Web 搜索引擎可以解决一部分网络资源发现问题，但是由于效率低、查准率不高、揭示层次较浅，无法达到用户需求。在这样的情况下，Web 知识发现出现并实现了比传统信息检索层次更高的网络资源揭示效果，可以从 Web 上海量的、异质的、非结构化的信息中，识别出大量的、潜在的、隐含的、有价值的知识信息。

最典型的例子是众多科研信息知识发现平台，如 Web of Science、ProQuest、CNKI 等。以 CNKI 为例，除了基本的检索服务，该平台还提供特征聚类、自动检索提醒选项、推荐关键词、学科趋势分析等知识服务，类似的平台还有 Summon 学术资源发现系统、Primo 学术资源发现系统、超星知识发现系统等。如爱思唯尔公司发布的基于 Scopus 数据库的科研管理工具 Scival，可以从多学科角度对标科研同行，评价科研人员、科研机构及科研产出的科研表现。除此之外，像谷歌、必应等搜索引擎，也都运用了知识图谱等技术来帮助用户发现其搜索对象相关联的隐性关联内容。

11.3.4　多媒体数据

多媒体数据包括图形、图像、视频、音频等，多媒体数据知识发现即从大量的多媒体数据中挖掘出潜在的有用信息。针对多媒体数据，主要的知识发现手段包括相似搜索、多维分析、关联挖掘、分类和预测等。相似搜索主要利用算法模型将多媒体数据转化为特征向量，再通过特征向量匹配来进行相似性搜索；多维分析就是为多媒体数据构造数据立方体，如图像的尺寸、建立时间、关键词、颜色堆等，利用这些数据可以进行多媒体数据的分类、关联、聚类和比较等；关联挖掘主要是在不同类型多媒体数据中发现关联关系，例如图像内容和非图像内容特征间的关联、与空间关系无关的图像内容关联、与空间关系有关的图像内容关联等。

以图像数据知识发现为例，它的发展经历了三个主要阶段，包括：图像中的文字识别、数字图像处理与识别、图像中的物体识别。它是以数字图像处理与识别为基础的结合人工智能、系统学等学科的研究方向，其研究成果被广泛应用在各种领域，如人脸识别、智慧城市、智能出行、医疗诊断等。随着深度学习技术的发展，卷积神经网络、循环神经网络等模型为多媒体数据知识发现带来了崭新的发展推动力。

11.3.5　空间数据

空间数据知识发现是指从空间数据中提取和发现未知的知识。随着地球科学、空间科学的发展，空间数据知识发现也成为知识发现研究领域的热点。空间数据具有多重复杂关系的特点，相比其他数据类型不仅多了拓扑关系、方位关系，而且度量关系也与空间位置和个体间距离相关。随着空间技术的不断发展，空间数据变得日益复杂，海量的数据、空间属性间的非线性关系、空间数据的尺度特征、信息模糊性及高维度等复杂特征，也为相应的知识发现研究提出了更高的要求。

目前，针对空间数据知识发现难度较大的问题，采取的主要解决办法包括：提高空间数据的稳定性和可控性，对数据进行分级分层管理，将相邻空间数据进行充分整合，以便于提高空间数据分析的效率；提升数据分析算法的有效性和可伸缩性，通过改进算法策略、优化采样技术、提高用户交互过程管理等办法，提升数据分析能力；使用高维空间数据算法逻辑，空间数据具有高维特性，适当构建相应的高维算法是解决高维数据计算的有效途径；充分利用可视化技术，将知识发现过程具象化，让用户了解并参与知识发现的全过程，便于及时有效发现问题，同时也能提高知识发现结果的可解释性。

11.3.6　开放科学数据

开放科学数据起源于科学研究和学术创新的需求，主要指内容或数据是开放的，可以被免费试用、重用和重新发布。开放科学数据包括通过收集、观察和创造的各种实验数据、观测数据、统计数据和仿真数据等。目前，国家政府机构、基金会、学会协会和出版商都在推动科学数据开放共享，在过去十几年中，美国和欧洲的科学数据基础设施的发展已经取得了显著效果，如欧洲第二代科研开放获取基础设施（OpenAIREplus）试图构建一个全球性科研数据基础设施（Manghi et al.，2012），实现全球科研数据的存储和关联。越来越多的大学和研究中心也开始建立科学数据仓储库，众多期刊也开始建议或者要求作者在公共仓储中提交数据，截至 2022 年 2 月，re3data. org 已经收录全球 2810 个数据仓储，其中 2657 个为开放数据仓储。以科研数据开放平台 Figshare 为例，该平台接受图表、媒体、海报 Poster、论文和文件集、数据集等所有类型的文件，并且为所有的对象分配 DOI，采用 Creative Commons 许可协议来共享这些数据，Figshare 采用基于云的研究数据管理系统，以此保证数据存储的安全和可靠性。类似的平台还有 Dryad、PANGAEA、DataCite 等。

为了提高科学数据访问的便捷性，帮助用户发现、获取和重用数据，一些数据库商、搜索引擎开始对科学数据进行索引和关联，提供科学数据的访问和发现服务。如 Google、Microsoft Academic Search、Scopus、BASE 等开始从 DataCite、PANGAEA 等平台抓取数据的元数据，并将数据和其他资源类型一起提供检索服务。2012 年由汤森路透发布的数据引文索引（DCI）可以提供跨学科和跨区域的科学数据访问，并对数据仓储中的数据集与同行评议的期刊、图书和会议论文文献进行关联，还可以跟踪研究数据的使用情况（Pavlech，2016）。一些数据库也开始提供文献和数据的关联与发现服务，如 PubMed 就提供了从文章连接到 GenBank、Dryad 的数据，从 Elsevier、Nature、Springer、Wiley、AGU 等的论文也可以连接到 PANGAEA 中的数据集。DataCite 和 CrossRef 也正在探索合作的可能性，使出版商可以识别数据集和文章之间的关系（Adrian et al.，2017）。

11.4 知识发现的数据处理技术

数据中蕴含的宝贵价值成为人们存储和处理大数据并进行知识发现和数据分析的核心驱动力，而海量数据的处理是知识发现工作的第一项重大挑战。当前，对数据处理的主要方式包括对静态数据的批量处理、对在线数据的实时处理以及对图数据的综合处理。其中，在线数据的实时处理又包括对流数据的处理和实时交互计算两种。

11.4.1 批量数据处理技术

利用批量数据挖掘合适的模式得出具体的含义，最终做出有效决策是数据批处理的首要任务。数据批量处理系统适用于对实时性要求不高，而对数据的准确性和全面性要求较高的场景。批量数据通常具有大数据的 5 个典型特征（即"5V"特征），即数据体量大、数据增长速度快、数据类型多样、数据可信度和数据精度高、数据价值密度低。数据体量大指数据的规模从 TB 级跃升至 PB 级别，数据以静态形式存储且较少更新，可以重复利用；数据增长速度快是指大数据的数据量快速空前扩张和增加；数据类型多样是指大数据具有各种结构化和非结构化数据特征；数据可信度和精度高是指批量数据往往是应用中积累沉淀下来的数据，这类数据往往精度较高，是宝贵的数据资产；数据价值密度低主要是指，由于数据量足够大，所以单个数据少量数据的价值就不大，数据的有用价值往往隐含在其庞大的整体数据体系中，通过知识发现的方法才能从其中抽取出有用的、具有实际价值的数据片段，或者发现数据关联关系之间隐含的有用知识。

批量数据的典型处理系统如 Google 公司 2003 年研发的 GFS 文件系统和 2004 年研发的 MapReduce 编程模型等，虽然 Google 并没有开源这两项技术的源码，但是参考其论文而开发的开源系统 HDFS 文件系统和 MapReduce 编程模型在业界引起了巨大反响，基于二者发展而来的 Hadoop 框架成为典型的大数据批量处理架构。Hadoop 使用 HDFS 进行静态数据的分布式存储，再通过 MapReduce 将计算逻辑分配到分布式数据节点上进行计算，并将结果进行合并和知识发现。MapReduce 模型简单、易于理解使用，极大简化了数据分析人员的开发工作，并且提供了很好的数据处理性能。因此，Hadoop 得到了快速的发展并形成了自身的生态圈。

批量数据处理技术广泛应用于互联网、物联网、云计算等领域，解决这些领域的诸多决策问题并发现新的知识。在互联网领域，批量数据处理技术主要用于处理社交网络、电子商务和搜索引擎等产生的大量文本、图片和音视频数据，用于社交网络分析、商品推荐和商品精准推送。在公共服务领域，批量数据处理技术主要用来处理能源数据、医疗数据等，用于提升服务、节约投入、协助医疗诊断等方面的应用。数据批量处理技术的应用领域，还包括移动数据分析、图像处理以及基础设施管理等。随着人们对数据中蕴含价值的认识，会有更多的领域通过对数据的批量处理挖掘其中的价值来支持决策并发现新的知识。

11.4.2　流式数据处理技术

流式数据是指不断产生，实时计算，动态增加且要求及时响应的数据。因其海量和实时性等特点，流式数据系统一般仅存储最近一段时间内的数据。流式数据的元组往往包含时序特征或其他有序标签，因此同一流式数据往往是按照先后顺序来进行处理的。然而数据的到达顺序受到时间、空间、环境等多重元素的影响，给数据的处理造成了极大的影响。这就要求流式数据处理技术要具备很好的可伸缩性、极佳的容错性、实时调度性等特性。可伸缩性保证系统能够动态适应波动性较大的流式数据的及时处理，容错性能够保证数据流中多源异构数据格式及垃圾错误信息的清洗和处理，实时调度性要保证对流式数据的局部数据进行计算和查询并实时返回结果的能力。

流式数据处理系统已经在各个领域尤其是互联网行业和工业界得到了广泛的应用，典型的有 Twitter 的 Storm、Linkedin 的 Samza、Facebook 的 Scribe、Cloudera 的 Flume 等。其中，Storm 是一套分布式、可靠、可容错的分布式计算框架，可以简单、高效地处理大量的流式数据，Storm 集群的输入流由名为 Spout 的组件负责，Spout 将数据传递给 Bolt 组件，后者将以指定的方式处理这些数据并转发给另外的 Bolt。一个 Storm 集群可以看成一条由 Bolt 组件组成的链，每个 Bolt 对 Spout 产生出来的数据做某种方式的处理并得到最终结果。Samza 是由 Linkedin 公司基于 Kafka 和 YARN 开发的流式数据处理框架，一个 Samza 任务的输入和输出均是流，它使用开源分布式消息处理系统 Kafka 来实现消息服务，并使用资源管理器 YARN 实现容错处理、处理器隔离、安全性和资源管理。

流式计算的应用场景主要有两类，一类是数据采集类应用，该类应用通过主动获取海量实时数据，进而及时挖掘出实时的、有价值的信息，常应用于日志采集、传感器信息采集、Web 数据采集、舆情监控、智慧交通等场景；流式计算的另一类应用场景是金融银行数据分析，在金融银行领域的日常运营过程中会产生大量的实时流式数据，这些数据的时效性短、来源多样、结构差异大，但其隐含的内在特征和知识又往往十分重要，对于金融银行的实时决策或股票期货市场交易具有决定性的作用，需要借助流式数据处理技术进行及时的响应和分析，并从中挖掘出支撑决策的隐含知识。

11.4.3　交互式数据处理技术

交互式数据处理采用操作人员提出请求，数据以对话的方式输入，并由系统提供对应的提示信息或处理结果，从而引导操作人员逐步完成数据处理流程并获得最终结果的数据处理方式。与传统数据处理方法相比，交互式数据处理更加直观、灵活、便于控制。

交互式数据处理的典型系统包括 Berkeley 的 Spark 系统和 Google 的 Dremel 系统等。其中，Spark 是一个基于内存计算的可扩展开源集群计算系统，它提供比 Hadoop 更高层的 API 并使用内存进行数据计算，并提供 Spark-Shell 交互式命令环境用于交互式数据处理和查询，整体运行效率和性能较传统数据处理系统提高了 10 倍以上。Dremel 是 Google 研发的交互式数据分析系统，通过该系统可以组建成规模上千的服务器集群，处理 PB 级别的数据，是 MapReduce 的有力补充。相比于传统数据分析处理系统，Dremel 提供了交互式查询功能、并发处理能力和容错性更强、最大化地减少了 CPU 和磁盘的访问量并且还提供了功能全面的 SQL-like 接口。

交互式数据处理技术和系统主要在信息处理系统领域和互联网领域有着较为成熟的应用。在信息处理系统领域，主要体现了人机间的交互。传统交式式数据处理系统主要以关系型数据库管理系统为主，面向两类应用，即联机事务处理和联机分析处理，在政府、医疗、工业控制、商业智能分析等领域有着较为广泛的应用。在互联网领域，主要体现了人与人之间的交互，因为传统人机交互在互联网领域已经不能满足用户的需求，于是这种需求催生了互联网中交互式数据处理的各种平台，如搜索引擎、电子邮件、通讯工具、微博、社交网络等。同时，传统关系型数据库已无法满足交互式处理的需求，各种类型的 NoSQL 数据库系统被用于支撑各类平台的交互式功能，如 HBase、MongoDB 等，相比于传统数据库具备更强大的交互式实时查询功能。

11.4.4　图数据处理技术

图式数据是一种通过点面相结合来表达事物之间关系的数据类型，在近些年已经成为各学科研究的热点。要分析图式数据的关联性，需要对图数据进行一系列操作，如图存储、图查询、最短路径查询、关键词查询、图模式挖掘等。随着图中节点和边数量的增多，图数据的复杂性也随之增加，这对系统处理能力提出了更高的要求。

当前主要的图数据库有 GraphLab、Neo4j、HyperGraphDB、Trinity、gStore 等。GraphLab 是一个基于图像处理模型的面向机器学习的开源图计算框架，它将数据抽象成 Graph 结构，可以高效地执行具有稀疏计算依赖特性的迭代算法，能够保证计算过程中数据的高度一致性和并行计算性能。Neo4j 是一个高性能的 NoSQL 图形数据库（图 11-3），是一个嵌入式的、基于磁盘的、具备完全事务特性的 Java 持久化引擎，在处理复杂网络数据时具有很好的性能。Neo4j 重点解决了拥有大量连接的查询问题，提供了快速的图算法、推荐系统以及 OLAP 风格的分析功能，可以满足企业应用的健壮性和性能需求，得到了广泛的应用。gStore 是由北京大学研发的面向 RDF 知识图谱的开源图数据库系统，不同于传统基于关系数据库的知识图谱数据管理方法，gStore 原生基于图数据模型（Native Graph

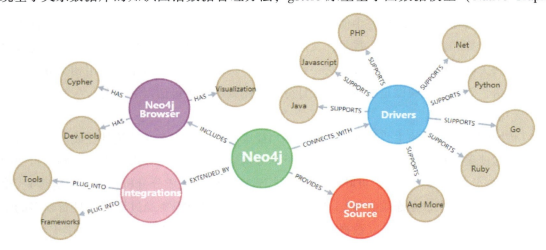

图 11-3　Neo4j 图数据库功能结构

Model），维持了原始 RDF 知识图谱的图结构。其数据模型是有标签、有向的多边图，每个顶点对应着一个主体或客体。gStore 将面向 RDF 的 SPARQL 查询，转换为面向 RDF 图的子图匹配查询，并且利用基于图结构的索引（VS-tree）来加速查询的性能。

图数据能够很好地表示实体及实体间的关系，因此在互联网、自然科学及交通等领域有着较为成熟的应用。在互联网领域，大型社交网络平台建立了大量的在线社会关系图，研究图的特征及信息传播的特点，可以发现社会群体关系的相关问题。在自然科学领域，图可以用来在化学分子式中查找分子、在蛋白质网络中查找化合物、在 DNA 中查找特定序列等。在交通领域，图可以用来优化城市道路的路网设计、导航软件的最短最优路径规划等。由于图的复杂性和动态变化性，如何最大化开发图数据的信息价值，成为未来图数据处理技术研究的重要课题。

11.5　知识发现的数据分析技术

数据分析技术方法是知识发现的核心，在不同层面的应用场景，面对不同的数据类型，往往采用不同的知识发现方法实现知识需求。主要有统计方法、机器学习、深度学习、网络分析等技术实现手段。知识发现的每一环节往往少不了多种方法的综合运用，其中，数据挖掘技术的研究与应用受关注度较高。

11.5.1　统计方法

统计方法在知识发现研究中使用较早，也是运用最为广泛成熟的方法之一。统计方法主要通过计算和对比事物外在数量，从而归纳总结出事物可能存在的规律性，用于完成总结知识和关联知识的挖掘。这种方法一般先由用户提出假设，再由系统利用相关数据进行统计分析，最终验证假设是否成立。统计分析常用到的方法包括以下 3 类。

（1）传统方法

传统统计学研究的主要是渐进理论，即当样本趋向于无穷多时的统计性质。统计过程包括数据搜集、数据分析和推理检验。常见的分析方法包括回归分析（多元回归、自回归等）、概率分析（期望值法、贝叶斯分析）、探索性分析（主成分分析、相关分析等）、聚类分析（系统聚类、动态聚类等）。传统方法的缺点是用户需要经过培训或具备较多的学科背景知识才能完成，并且在数据分析过程中，用户需要重复参与进行一系列操作。

（2）模糊集

模糊集是表示和处理不确定性数据的重要方法，主要研究有关客观世界中普遍存在的非精确现象和理论。模糊集不仅可以用于处理不精确、不完整的数据，在开发数据的不确定性模型方面也应用广泛，可以取得比传统方法更为灵活、平滑的性能。模糊集理论广泛应用于图像处理、机器人、决策分析、工业控制器等领域。

（3）粗糙集

粗糙集是继概率论、模糊集理论之后的又一个用于处理不确定性问题的数据工具，在数据挖掘和知识发现工作中发挥着重要作用。它的主要思想是在保持整体分类能力不变的前提下，通过知识约简，导出问题的决策或分类规则。粗糙集的特点是不需要预先给定默认特征或属性的数量描述，而直接从给定的问题描述集合出发，通过不可分辨关系和不可分辨类来确定给定问题的近似域，从而找出问题的内在和隐含规律。粗糙集理论广泛应用于计算机控制、专家系统、神经网络、人工智能等领域。

统计方法是知识发现的核心方法，Yu 等（2014）对自组织特征进行优化得到批量学习自组织特征（BLSOM），用于知识发现的聚类分析。王莉（2013）提出一种基于粗糙集和模糊集的集成分类方法，优化了知识发现中数据挖掘与分析过程的技术方法。崔明亮（2017）运用基于主题抽取和主题聚类的方法对癌症领域的文献进行知识发现，分析并预测其主题发展。范馨月等（2018）利用基于词典的命名实体识别等文本挖掘方法，依靠药物–副作用共现关系进行聚类分析，为药物副作用的早期知识发现提供了一种可行思路。孙震等（2017）深入到文本内容中，提出基于知识元的科学计量方法，以更深粒度计量隐性知识。

11.5.2　机器学习方法

心理学中对于学习进行了解释：学习是指（人或动物）依靠经验的获得而使行为持久变化的过程。人工智能和机器学习领域几位著名学者也针对学习提出了自己的看法，如Simon 就认为，如果一个系统能够通过执行某种功能而改进它的性能，这就是学习。Minsky认为，学习是人们在头脑或心理活动中进行的一种有用的变化。Mitchell 在《机器学习》一书中对学习进行了定义：对于某类任务 T 和性能度 P，如果一个计算机程序在 T 上以 P 衡量的性能随着经验 E 而进行自我完善，那么就可以称这个计算机程序从经验 E 中学习。

一个完整的机器学习过程包括三个子过程，即经验积累过程、知识生成过程和知识运用过程。现在的机器学习研究一般都省去了经验积累过程，直接把事先组织好的经验数据作为学习系统的输入，然后对其进行归纳推导从而得到知识，再用所得知识去指导行为、改善性能。

根据数据类型的不同，对一个问题的建模有不同的方式。在机器学习领域，通常可以将算法按照学习方式分类，用户在建模和算法选择的时候可以根据输入数据来选择最合适的算法从而获得最优效果。在机器学习领域，有三种主要的学习方式：监督学习、非监督学习和强化学习。

（1）监督学习

监督学习在输入数据前，要对训练数据进行预先标注，通过确定的输入和输出结果之间的关系，让机器学习模型通过训练得到一个最优模型。也就是说，在监督学习中训练数据既有特征又有标签，通过训练让机器自己找到特征和标签之间的联系，在面对只有特征没有标签的数据时，可以自动判断出其标签。监督学习主要用于分类和回归等问题，常见的监督学习算法包括：决策树，朴素贝叶斯分类，逻辑回归，支持向量机，集成方法、遗传算法等。

（2）非监督学习

非监督学习主要面向分类和聚类的应用场景，例如在事先不知道数据之间、特征之间关系的情况下，通过算法计算或聚类模型得到数据之间的关系。相比于监督学习，非监督学习更像是机器自学，让计算机学会自己理解和计算，常见的非监督学习算法包括聚类、分类、降维和推荐系统等。

（3）强化学习

强化学习是一种用于"时空系统控制规则构建"和"对战博弈策略构建"的方法，常见的应用场景如机器人步行姿态控制和围棋对战程序等。强化学习中不需要事先准备带标签的训练数据，系统会根据强化学习程序运行结果被认定的奖励或惩罚信号来实时学习，并根据重复试验和获得奖励自行改变控制规则。

王萍等（2018）将医学领域知识融合嵌入机器学习方法，构建优化数据挖掘模型，并以临床数据进行实证研究，以提高知识发现结果的有效性并探索更深粒度的知识指导。黎旭荣（2015）结合深度学习方法与决策树提出 Foresnet 模型进行图像数据处理。刘后胜（2008）利用机器学习进行酥梨病害分类器设计，解决非专业人员难以根据复杂相似病害症状进行诊断的问题。

11.5.3 深度学习方法

深度学习本质是对人类大脑视觉系统的模仿，因为人的视觉系统由多层神经网络组成，层与层之间通过学习训练生成连接的通路，所以被称为"深度学习"。虽然深度学习是机器学习的一个分支，但近些年伴随着大数据和人工智能技术的迅猛发展，深度学习的热度甚至超过了传统的机器学习方法，使得机器替代人工进行知识发现和分析工作变成了现实。深度学习常用的模型包括多层感知器、卷积神经网络和循环神经网络等。

（1）多层感知器

多层感知器（multi-layer perceptron，MLP）是一种前向反馈人工神经网络，也被称为深度前馈网络、前向传播网络。MLP 的一个重要特点就是多层，相当于在单层神经网络中添加了一个或多个隐藏层，隐藏层位于输入层与输出层之间。MLP 并没有规定隐藏层的数量，因此可以根据实际需求选择合适的隐藏层层数。

在多层感知器的监督训练的在线学习中，常采用 BP 神经网络算法误差逆传播的特点来调整网络。MLP 相邻层节点之间有权重与偏置，通过 BP 神经网络的不断调节权重与偏置，最后达到预期的输出值。

（2）卷积神经网络

卷积神经网络（convolutional neural network，CNN）适合处理空间数据，在计算机视觉领域应用广泛。CNN 的设计思想受到了视觉神经科学的启发，该模型主要由卷积层（convolutional layer）和池化层（pooling layer）组成。卷积层能够保持图像的空间连续性，能将图像的局部特征提取出来。池化层可以采用最大池化（max-pooling）或平均池化（mean-pooling），池化层能降低中间隐藏层的维度，减少接下来各层的运算量，并提供了旋转不变性。

（3）循环神经网络

循环神经网络（recurrent neural network，RNN）适合处理时序数据，在语音处理、自然语言处理领域应用广泛。RNN 将上一时刻隐藏层的输出也作为这一时刻隐藏层的输入，能够利用过去时刻的信息，即 RNN 具有记忆性。同时，RNN 在各个时间上共享权重，大幅减少了模型参数。但 RNN 存在梯度消失或者梯度爆炸问题，无法利用过去长时间的信息。于是，长短时记忆网络（long short-term memory，LSTM）出现以解决 RNN 长时间记忆问题，长短时记忆网络用 LSTM 单元替代 RNN 中的神经元，在输入、输出、忘记过去信息上分别加了输入门、输出门、遗忘门来控制允许多少信息通过。LSTM 建立了门机制来达到旧时刻与新时刻输入之间的权衡，能够记住需要长时间记忆的，忘记不重要的，从而缓解梯度消失、梯度爆炸问题，在捕获长序列信息特征方面都具有较为优秀的表现。LSTM 模型的结构如图 11-4 所示。

深度学习知识发现近些年发展迅速，高强（2020）提出了基于循环神经网络的半监督学习模型（TULER），该模型利用时空数据来捕获用户移动性模式的隐含语义信息，以此发现人群移动特征及社交关系。欧阳恩等（2018）通过引入医学文本语言和文档类别特征，构建了一个基于深度学习的电子病历命名实体识别系统。识别的实体包括身体部位、症状和体征、疾病和诊断、检查和检验以及治疗 5 大类，最终基于模型识别的结果进行临床知识发现。李志鹏（2017）利用卷积神经网络、Word2Vec、LDA 主题模型等手段并综合利用多个药物相关的数据库与工具去挖掘药物不良反应以及潜在的药物治疗目标，发现药物中隐含的知识。

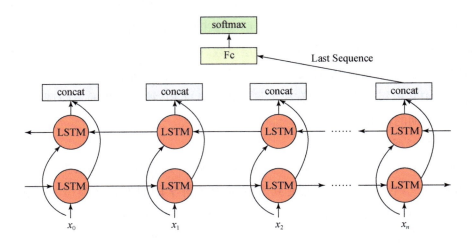

图 11-4　LSTM 模型结构

11.5.4　网络分析方法

网络分析方法是一种常见的用于分析关联数据的知识发现方法，其核心思想起源于图论。其中，社会网络的思想萌芽自涂尔干的社会结构理论和齐美尔的社会互动理论，并逐渐形成了定量化的社会网络分析范式。而小世界模型研究的发表，开启了与社会网络分析密切相关的复杂网络分析方向。基于社会网络、复杂网络等研究，诞生了一个新兴的交叉学科，即网络科学，网络分析方法作为网络科学的核心已经得到了广泛应用。网络分析方法包括：知识网络分析、知识图谱和链路预测等。

（1）知识网络分析

随着知识交流的不断发展和信息的爆炸增长，科学知识逐渐关联融合成为一张巨大的知识网络，从网络中节点的关联视角出发，研究不同知识主体所构成知识网络的结构形态、演化过程和原理机制逐渐成为信息计量领域的研究热点。按照文献、专利等知识载体以及载体的各种信息，可以构建引文网络、共现网络、耦合网络、合作网络等诸多网络模型。通过对这些网络模型的拓扑结构和演化机制进行研究，可以研究知识流动、学科演化、作者合作等内容。常见知识网络及研究内容如表 11-1 所示。

表 11-1　常见知识网络及研究内容

知识网络	研究内容
引文网络	知识关联、知识流动、网络演化、社团划分、路径挖掘、核心发现、个性化推荐等
共现网络	主题发现、热点挖掘、主题预测等

续表

知识网络	研究内容
合作网络	合作发现、网络拓扑、合作演化、子群分析、影响力测度、学术新星挖掘等
共引网络	结构洞分布、跨学科研究、识别学科研究前沿、科学交流模式研究、科技评价等
耦合网络	学科耦合分析、竞争情报分析、领域研究活力探析、知识载体评价、信息推荐等

（2）知识图谱

知识图谱是一种用图模型来描述知识和建模世界万物之间关联关系的技术方法，它基于语义网络的思想，结合了语义分析和图挖掘方法的特点，用节点表示知识实体，用边表示实体间各种复杂关系。知识实体间具有直接关联和间接关联关系，可以采用子图挖掘、路径挖掘等算法进行知识发现，适用于跨领域的大规模数据集深层次隐性知识发现。

（3）链路预测

链路预测也是网络分析中的一种重要方法，它通过计算网络中两个知识实体之间的紧密程度来预测未来它们之间产生链接的可能性。链路预测可以分为同构网络和异构网络链路预测两类。同构网络链路预测指网络中所有知识实体都是同一种类型，异构网络链路预测则指网络中知识实体具有不同类型，并且边通常具有方向性。

杨辰等（2021）通过岩溶实体抽取与关系计算，以岩溶术语为核心，基于知识图谱构建岩溶知识发现系统，实现岩溶地质成果、期刊、论文、图书、标准、项目、专家等实体的智能语义搜索和关联导航，最大化的挖掘数据的潜在价值，为用户提供精准知识服务，提升了用户体验。胡正银等（2020）提出一套基于知识图谱的学科知识发现方法框架 KGSKD，可多维度、细粒度融合多源异构数据，定义数据间复杂语义关系，原生支持知识推理、路径发现、链路预测等知识发现应用。桑盛田等（2018）通过知识图谱嵌入方法，将知识图谱中的实体和关系转化为低维连续的向量，最后使用已知的药物疾病关系数据训练基于循环神经网络的药物发现模型，通过模型不仅可以有效找到疾病的候选药物，还能提供相应的药物作用机制。

11.6 知识发现的软件工具

知识发现的软件工具主要分为两种类型，一种是面向特定领域的专用知识发现工具，另一种是面向全领域的通用知识发现工具，本节将介绍几种使用较为广泛的通用知识发现工具，其他一些专用知识发现工具将在 11.7 节中进行介绍。相关软件工具来自于 Gartner

数据科学和机器学习平台调查报告《数据科学和机器学习平台的魔力象限》，分别是 KNIME、Alteryx 和 RapidMiner，Gartner 定义的数据科学和机器学习平台是一个具有凝聚力的软件应用程序，能够提供基本的融合各构件模块的能力，既可以创建各种数据科学的解决方案，又可以将解决方案集成到业务流程及所涉及的周边基础设施及产品中去。此外，WEKA 作为使用最广泛的免费数据挖掘工作平台，也列入我们的研究范围。

11.6.1　KNIME 数据分析平台

KNIME 平台创始于 2004 年，开发目标是使其成为一个数据分析的协作和研究平台，具备模块化、高度可扩展性和开放性，集成不同类型数据的加载、处理、转换、分析和可视化等功能（Bernd 等，2011）（图 11-5）。KNIME 基于 Java 开发，平台最引人注目的是其强大的数据和工具的集成能力。KNIME 不但支持多种数据类型和编程语言（Python、Java、R 等），还支持与众多大数据框架进行无缝集成（Hadoop、Spark 等）。

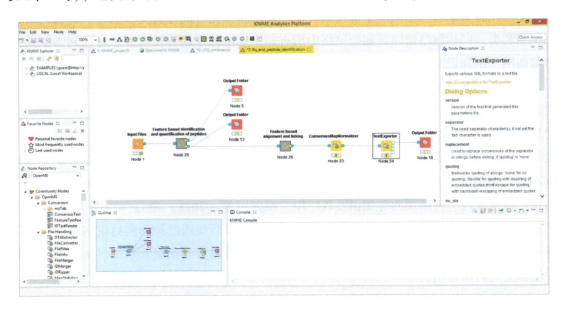

图 11-5　KNIME 数据分析平台

KNIME 数据分析平台的优点很多，例如：免费开源，有大量自带数据案例可以学习；拖拽式操作，支持图形界面，细分非常小的节点和过程；支持 Python、R 和 Weka 语言，当然还原生支持 Java 编程，支持与 Hadoop、Spark 等大数据平台无缝集成；用户全体广泛，有社区和实验室，开放资源丰富。

11. 6. 2　Alteryx 平台

Alteryx 是目前在数据挖掘、机器学习环境下一款热门的端到端的数据处理分析和挖掘工具，早在 20 世纪 90 年代面世之后，以地理化分析起家的 Alteryx 就获得了国内外市场众多数据科学家的青睐，成为了很多数据分析从业者必备的软件之一（Francica，2012）（图 11-6）。Alteryx 封装了很多 R 语言的脚本，形成了多达上百个组件，通过拖拉组件生成工作流，Alteryx 能轻松的完成数据融合，数据处理，数据分析和数据挖掘等任务。

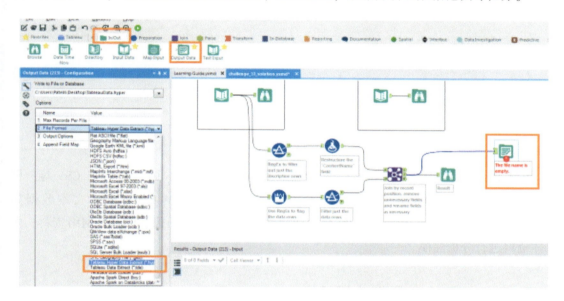

图 11-6　Alteryx 平台

Alteryx 平台同样集 ETL、Modeling、展示于一体。提供拖拽式操作，简单方便。同时，内置算法包丰富，实现了模型拟合过程、超参数拟合、特征工程和数据准备过程的自动化，显著提高了模型精度和整体流程效率，用户可以通过整体数据分析更好地理解数据并发现知识。

11. 6. 3　RapidMiner 平台

RapidMiner 是由美国耶鲁大学开发的一款数据挖掘科学平台，也是一款人工智能机器学习工具软件（图 11-7）。在机器学习部分，涵盖了前置资料准备、模型及机器学习算法、建模评估及性能验证等功能。包含相似度计算、集群、各类决策树、回归、类神经网络、支持向量机分类等约 1500 个功能及模型，无论是 AI 的研究或实务应用方面，均有广泛的案例（Kim，2021）。此外，RapidMiner 可与 Python、R 整合，它的 Keras 接口可以调用各种深度学习的开源框架如 Tensorflow、Theano、微软的 CNTK 等。

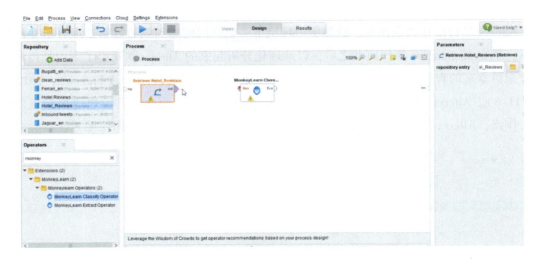

图 11-7　RapidMiner 平台

RapidMiner 可连接 60 余种数据文件来源，如 SAS、Stata、Excel、Access、CSV 等；可连接的数据库包含 Oracle、IBM DB2、SQLServer、MySQL 和 MongoDB 等；文本数据如 PDF、HTML、XML 等。其内置的 80 余种功能可以针对文本、图像、语音、网络资料、多媒体资料进行分析建模。

11.6.4　WEKA 数据分析系统

WEKA 是由新西兰怀卡托大学开发的一款智能数据分析系统，它提供了一个数据分析实验环境，汇集了当今最经典的机器学习算法及数据预处理工具（Frank 等，2004）（图 11-8）。作为一款知识获取的完整系统，它包括了数据输入、预处理、知识获取、模式评估等环节，以及对数据及学习结果的可视化操作。WEKA 集成了大量知识发现和数据挖掘的任务算法模型，包括分类、回归、聚类、关联规则等，并且可以通过对不同的学习方法所得出的结果进行比较，找出解决当前问题的最佳算法。

这些软件工具功能对比情况如表 11-2 所示。

表 11-2　通用知识发现工具软件的功能对比

特征	KNIME	Alteryx	RapidMiner	WEKA
使用许可	GPL	EULA	AGPL	GPL
开发语言	Java	Java	Java	Java

续表

特征	KNIME	Alteryx	RapidMiner	WEKA
操作系统	不限	不限	不限	不限
分布式运算	支持	支持	支持	支持
分析语言	Python、R、Java	R	Python、R、Java	Java
流行度	高	中	高	高

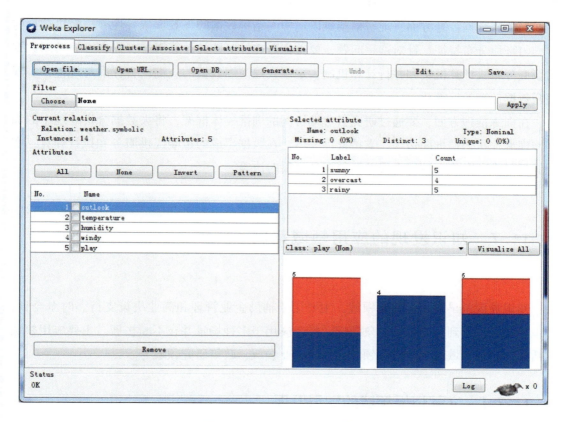

图 11-8　WEKA 数据分析系统

11.6.5　新一代知识发现软件工具

在知识发现的数据价值提取、安全可信分析处理的目标下，针对数据分析和知识发现的需求，程学旗等（2022）提出了新一代大数据分析和知识发现软件栈，从数据接入、流式处理、图计算、训推一体等多个方面设计了面向下一代知识发现需求的大数据系统软件。

在数据接入方面，针对当前数据来源繁多、类型复杂、采集存储效率低下等问题，研究"人-机-物"融合的数据汇聚和融合方法，探索高效的存储算法，增强数据的压缩还原机制，提高底层存储利用效率，实现对"人机物"三元数据空间中的多源异构数据进行感知、采集、融合和存储，为知识发现提供高质量数据流接入。

在流式处理方面，不能单一追求大批量或强时效，而是研究多计算模式融合的流式处理框架，将批处理、流处理和图处理多种计算模式进行融合，实现低延时、大流量、强时效兼备的数据处理模式，应对连续不断的高速数据流。

在关联数据计算方面，现有框架难以适应图结构数据的强数据依赖性、高随机访存与非均匀幂律分布特征。针对这一问题，要着力研究针对性的计算引擎，提出大规模图数据的新型分布式计算框架和并行计算机制，定制大规模图数据的查询语言标准与规范，实现关联数据计算的标准化。

在训练推理方面，要通过研究云边端协同的训推一体框架，将大数据分析处理中的训练推理流程从云端推向边缘，支持推训一体，在数据生成的边端提供服务和执行计算，实现低延迟、分布式、持续在线的智能服务和瞬时决策。

11.7　知识发现的应用领域案例

知识发现最早应用于商业领域，主要用于辅助企业管理和商业决策支持。时至今日，知识发现已发展到面向多种对象领域，广泛应用于多种场景并在不断扩展。主要应用领域包括文献情报领域、生物医学领域、经济产业领域、政策研究领域等。

11.7.1　文献情报领域的知识发现

在现代信息环境与学术交流环境的双重影响下，图书情报工作正面临新的知识服务需求。有学者提出基于内容、行为认知和群体协同建模方法，构建基于用户画像的图书馆知识发现服务模型，为用户提供精准化的知识服务，或以知识挖掘为技术基础构建图书馆智慧推荐服务模式。王慧（2017）以用户浏览行为表示用户兴趣，以天津图书馆知识发现系统为案例具体分析了个体用户与群体用户的兴趣分布情况。张晗等（2018）探讨了数字图书馆知识发现系统与用户交互的机制，并对其交互服务进行了改进优化。李祢（2017）针对情报机构的智库建设工作，阐述了智库知识发现构建的基本模型和实现方法。

其中，基于文献的知识发现（literature-based discovery，LBD）是图书情报领域知识发现最核心的应用。LBD 的知识发现起源于 ABC 模型，其主要思想是从非相关文献中提取知识片段，并将知识片段进行组合从而发现新的知识，并能够从逻辑上对新知识进行解释。即当不直接相关的两类知识实体 A 和 C 同时与知识实体 B 发生关联时，便可通过传递关系推理出 A 和 C 之间存在着隐性关联关系。随着数据量的增加，数据内部的关联越来越复杂，这种简单的线性关系推理难以满足复杂知识网络情境下的知识发现需求。于是，众多学者又提出了多种 ABC 模型的改进模型，如 AnC 模型等。

在 LBD 的数据对象方面，早期主要局限于论文和专利，随着研究的不断深入，科学数据、电子病历、社交媒体等都成为 LBD 的数据来源。LBD 最初分析的知识对象主要是名词和词组形式的科技术语，后来逐渐扩展到叙词表、SPO 三元组、知识路径以及知识子图等，使得 LBD 分析的对象由单词和短语扩展到概念和语义层面，大大提升了知识发现的准确性和颗粒度。

在工具系统方面，ArrowSmith 是最早的 LBD 系统，该系统可以半自动的发现论文间的隐性知识关联，为科研工作启发新的研究思路和研究方法。除此之外，典型的 LBD 工具系统还包括 EpiphaNet、Obvio、LION LBD 等，相关功能概况如表 11-3 所示。

表 11-3　典型的 LBD 工具系统

系统名称	发布年份	知识发现模型	数据对象	分析方法
ArrowSmith	1997	ABC 模型	科技文献	共现分析
EpiphaNet	2010	ABC 模型	科技文献	共现分析、语义分析
CmedLBKD	2012	ABC 模型	科技文献	共现分析
Obvio	2015	AnC 模型	科技文献、科学数据	语义分析、知识图谱
LION LBD	2019	AnC 模型	科技文献、科学数据	机器学习、知识图谱

由 Wang 等（2019）提出的 PaperRobot（图 11-9）可以通过对指定领域的大量已发表

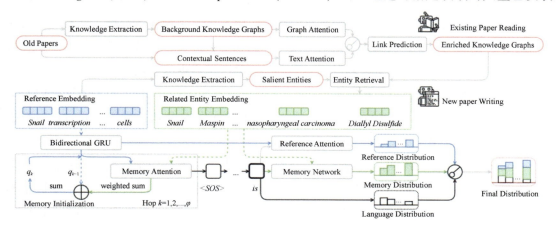

图 11-9　PaperRobot 体系结构图

的论文进行深入的理解，构建全面的背景知识图谱，并结合背景知识图谱与机器学习算法，来产生新的思想。此外，PaperRobot 基于记忆注意力网络，可以帮助研究人员自动撰写论文摘要、关键内容和标题等，并通过梳理结论从而给出进一步研究建议。

11.7.2　生物医学领域的知识发现

随着人类健康问题得到越来越多的研究和关注，生物医学学科也发展迅速，衍生出生物信息学、医学信息学等学科，这些学科主要研究和探讨分子生物学、临床医学和健康数据的采集、处理、储存、分发、分析、解释和可视化等，是一门综合运用计算机科学、生物学、信息学等各种技术展示或挖掘数据所包含的意义，进而辅助生物医学研究与应用的综合性交叉学科。在生物医学知识发现研究方面，鲍玉来（2018）构建了蒙医药学领域本体语义系统，利用 SWRL 规则语言和 Jena 推理引擎实现诊断推理的方剂推荐，开发出蒙医药领域知识库，以领域文献为基础实现了领域知识发现。张莉等（2017）则从生物医学文献输入输出、信息定位等信息检索过程和统计图表、层次结构等可视化影响的角度，研究多维度分析对用户知识发现的影响。有学者利用知识发现技术，通过海量文献数据挖掘，找到特定基因 *KDM6* 以及 *EZH2* 在小鼠神经发育中具有重要调节作用的线索，为探索细胞调控和研究神经系统相关疾病发生发展的分子机制以及寻找新的治疗靶点，提供了可参考的思路。这项工作如果通过传统科学家人工阅读分析的方式，大约需要耗时 14 天，知识发现技术大大加快了科研进程。由人工智能巨头 DeepMind 公司推出的人工智能程序 AlphaFold 可以根据基因序列预测生成蛋白质的三维结构，这种基于神经网络的蛋白质折叠预测程序，可以将以往科学家花费数月或数年才能完成的工作缩短到小时级别。

生物医学的数据资源体系建设也发展迅猛，用于知识发现的数据不但包括电子病历中结构化或非结构化的临床数据、病史数据、医疗保险数据、生物样本数据、调查与观察数据等，还包括基因、蛋白、通路、疾病、表型、药物等数据资料，数据类型极为丰富，数据量大且增长迅速。随着数据资料的增长，各类生物医学数据库也层出不穷，典型的如核酸数据库 GenBank、蛋白质数据库 Swiss-Port、药物数据库 DrugBank、通路数据库 KEGG、基因数据库 ClinVar 等。数据的快速增长反映了学科领域本身的快速发展，同时也对数据存储和知识发现提出了更高要求。

多源异构海量生物医学数据的出现，对数据分析和知识发现的工具系统的要求与日俱增。为应对领域科学大数据的挑战，从繁多的数据中发现更有价值和意义的生物医学知识，领域专家开发了用于生物医学数据分析的工具系统，典型应用包括 BLAST、DisGeNET 知识发现平台等。BLAST 可以迅速与公开数据库中的序列进行相似度比较，按照评分高低、序列相似度对结果进行排序，是目前采用最多的序列相似度分析工具之一。

DisGeNET 是一个公开可用的基因–变异与人类疾病关系的知识发现平台，平台集成了领域专家编审数据、GWAS 目录、动物模型和科学文献数据等多个公共数据源和文献信息，旨在解决各种有关人类疾病的遗传学问题。IPA（Ingenuity Pathway Analysis）是一款一体化的云端数据分析平台，可以实现基因表达、miRNA 和 SNP 微阵列及代谢组学、蛋白质组学和 RNA-seq 等实验数据的分析和生物学解释，以帮助研究人员快速分析和理解实验数据。此外，还包括可用于基因与基因组序列比对分析的 Codon Suite、LALIG；用于蛋白质序列分析与识别的 LALIGN、Translate；用于结构分析的 SwissDock；用于数据库检索的 ChEMBL BLAST Search；文献数据管理的工具 EndNote、NoteExpress；通用数据分析工具：SPSS、R 等。这些工具平台为生物医学数据管理与分析提供了极大便利，能够更有效地挖掘与使用已有数据资源。针对生命科学快速发展的干细胞领域的科学研究创新的大数据信息集成与领域知识发现的需求，中国科学院成都文献情报中心与中国科学院广州生物医药与健康研究院于 2020 年联合研建了"干细胞领域知识发现平台"（图 11-10），旨在一站式解决干细胞领域"信息分散、情报贫乏、知识稀缺"等问题。该平台提供干细胞科研大数据集成化管理、"一站式"智能检索、基于知识图谱的精准知识检索与知识导航、热点前沿探测、科研画像等服务，可为研究所科技创新与科研管理提供基础数据、信息产品以及个性化的知识发现与情报支撑服务。

图 11-10　干细胞领域知识发现平台

11.7.3 经济产业领域的知识发现

知识发现技术最早就应用于产业经济界，在金融、市场营销、工业生产方面有着诸多成功案例。在制造业领域，孙立和焦微玲（2017）通过分析制造产业知识发现和知识服务的现状与挑战，并根据企业需求提出差异化的知识服务实施策略。知识发现在金融业同样应用广泛，如最常见的股票市场分析和预测。周娅等（2018）将动态网络分析方法（DNA）引入到金融知识中识别演化路径，为我国金融领域科研工作提供了一定参考。在商业、销售业中，可通过知识发现对产品的销售、价格等方面的进行分析预测，知识发现的作用更是显得尤为重要。

工业领域的数据复杂多样，利用知识发现可以对各种控制数据进行合理优化，对生产过程进行科学管控，如预测机器故障并自动进行诊断分析、通过生产能力要素挖掘提高生产效率等。随着现代化技术不断应用于产品制造业，流水线作业的生产过程中会产生大量数据，这些数据记录并反映了产品生产各个环节的状态，通过分析挖掘这些数据，可以发现产品质量与参数之间的相关关系，提供改进产品质量的针对性建议及更高效节能的控制模式，为厂家节约生产成本的同时还可以有效控制产品质量，相关的系统如 CASSIOPEE，已应用于诊断和预测波音飞机制造过程中可能出现的问题。在材料设计领域，传统材料研制方法需要有着丰富先验知识和经验的设计师来操作，并且最终可以提供选择的设计数量是有限的。麻省理工学院赵选贺教授团队开发出一个利用生成式对抗网络（GAN）来设计复杂结构材料的"平台化"系统。该系统能够自动生成与人工设计结构和性能相当的材料设计，而且除了可应用于高硬度结构设计之外，其应用范围还包括导热、导电、渗透性等多方向结构材料的设计。通过该系统进行复杂结构材料设计的流程如图 11-11 所示。

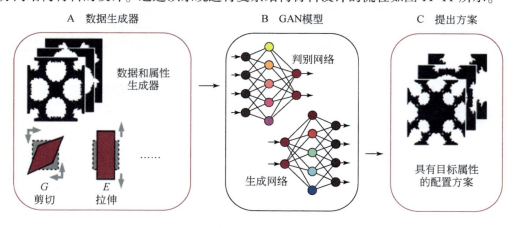

图 11-11　系统设计复杂结构材料流程

在金融领域，较为典型的知识发现应用包括投资评估、交易预测和金融诈骗分析等。由于金融投资的风险性，机构在进行投资决策之前，往往要先利用投资方向的各类数据进行分析和挖掘，以决策并筛选出最佳投资方向。在股票市场，通过挖掘数据对象的相关性、时序性等，利用知识发现可以进行股票证券价格的预测，相关的知识发现系统包括 FSS、LBS Capital Management 等，这些系统主要利用神经网络模型、专家系统、基因算法等技术来辅助证券的投资管理。在金融诈骗分析方面，知识发现系统通过人物画像提取诈骗行为特征，为金融决策提供帮助，相关的知识发现系统包括 FALCON、FAIS 等。其中，FALCON 是 HNC 公司开发的用于评估信用卡欺诈的系统，在金融领域应用较为广泛。

11.7.4 其他领域应用

知识发现在农业、天文、舆情管理等领域也有着较为成熟的应用，赵瑞雪等（2016）设计了一种面向大数据的农业知识发现服务体系，并阐述了在农业知识发现服务方面的具体应用。郭宁生等（2018）以重大基础研究项目为出发点，采用自下而上的"以点串面"思路，从资源层、处理层、决策层三大过程梳理重大基础研究项目的知识发现机制。赵洪等（2018）利用自然语言处理等方法揭示政府公文的知识关联，实现大规模公文资源的知识发现。徐向阳（2018）对旅游景点的知识特征进行抽取并加以时间分布预测，构建出基于地理位置服务的社交网络（LBSNs）方法提供推荐策略，在相关行业中具有一定应用潜力和价值。

在农业领域，我国土地辽阔、地形复杂、作物品种繁多、病虫害发生也极为频繁，从气象、灾害、土情、虫情等数据中发现有价值和规律性的知识，通过有效的预测和决策，及时采取相应的措施对于我国农业发展具有极为重要的作用。当前的典型应用包括：农业生产规划中，根据土壤含量采取定量的施肥措施，可取得增产效应；根据气象信息和苗情资料，发现节气、降水、日照、苗高之间的关联关系，从而对农作物田间管理和施肥提供有针对性的科学指导；此外，农作物产量与土壤因子有机质之间的关系发现，也在水稻、玉米等农作物的种植和生产中得到了广泛应用。

在天文方面，随着图形图像识别技术的发展，天体识别工作得到了长足的进步。美国加州理工学院将知识发现技术应用于天体识别和分析工作中，并与天文科学家合作开发了相应的天体图像分类分析工具 SKICAT。该工具采用模块化设计，通过机器学习等技术自动提取天体图像中的知识，可以辨识出亮度极低、人工难以发现的天体图像，达到了人工观测无法达到的识别精度。相关研究取得了很好的效果，已经在火星图像识别方面得到了应用。

11.8　总结与展望

数据驱动的科技创新范式正在改变我们生活及理解世界的方式，信息机构对信息组织的需求向多源、深层次、细粒度方向发展，这就需要了解目前知识发现的有关研究实践。本章对知识发现的面向领域、技术方法与实践成果的调研分析，有助于计算机领域、图书情报领域科研人员以及科研评价、科研管理人员从实践应用的角度对知识发现有更加系统、全面的认识。对知识发现的未来进行展望，可以总结出以下几点。

1）知识发现的对象体系——大数据知识体系持续扩充和增加，开放知识资源生态的不断扩展和繁荣为基于大数据知识体系的知识发现研究提供了不断增加、日益丰富的数据资源体系。

2）知识发现的理论方法在不断快速发展之中。随着大数据体系的扩展、数据驱动的知识发现需求的不断扩大、智能化自动化知识发现技术的发展，知识发现的理论方法持续发展，新的力量方法将不断涌现，人机物的深度融合计算将构建出知识发现特有的理论方法体系。

3）知识发现的量化工具平台将持续增加。与大数据知识体系扩充、知识发现理论方法发展相匹配，各种专门性针对性的量化数据知识分析工具和量化平台将持续增加。同时，日益成熟的各类工具平台和分析框架也大大降低了知识发现的技术门槛，从模式和能力上也颠覆了传统的信息分析工具。

4）数据驱动的知识发现的理论方法技术的发展，将与各学科领域的研究发展充分融合，成为各学科领域发展的内在组成部分。数据驱动的知识发现，将成为各学科领域研究创新的基本要义。

总之，知识发现的发展越来越依赖新兴技术手段，为了充分发挥数据价值、提供精准的知识服务，在机器学习、人工智能等技术的支持下，信息在语义层面的知识关联、集成和互操作方面已经取得长足进步，同时，也对远远超出传统范畴的多元化、多形式大数据的知识融合、语义关联、知识计算等分析过程提出了更高要求。在今后面向领域科研大数据的知识发现的研究与实践中，需要在数据的规范化处理、知识挖掘的准确度、知识图谱技术的质量等方面不断探索，在提升数据质量的基础上，以提高知识图谱技术的精准化为宗旨，以实现信息服务智能化、满足用户高质量、高效率的知识发现需求为目标。

参 考 文 献

鲍玉来. 2018. 基于领域本体的蒙医药学知识库构建与知识发现研究. 长春：吉林大学.

程学旗，刘盛华，张儒清．2022．大数据分析处理技术新体系的思考．中国科学院院刊，37（1）：60-67.

崔明亮．2017．基于主题模型的生物医学文献知识发现．长春：吉林大学．

范馨月，崔雷．2018．基于文本挖掘的药物副作用知识发现研究．数据分析与知识发现，2（3）：79-86.

高强．2020．基于深度轨迹学习的人群移动和社交知识发现研究．成都：电子科技大学．

郭宁生，黄柯鑫，王楠楠．2018．基于知识发现过程的重大基础研究项目发现策略．中国高校科技，

　　（Z1）：16-19.

胡正银，刘蕾蕾，代冰，等．2020．基于领域知识图谱的生命医学学科知识发现探析．数据分析与知识发

　　现，4（11）：1-14.

化柏林，李广建．2016．从多维视角看数据时代的智慧情报．情报理论与实践，39（2）：5-9.

黄晓斌，邓爱贞．2003．现代信息管理的深化——数据挖掘和知识发现的发展趋势．现代图书情报技术，

　　（4）：1-3，16.

黎旭荣．2015．Forestnet：一种结合深度学习和决策树集成的方法．广州：中山大学．

李祎．2017．基于图书情报机构智库建设的知识发现系统构建研究．图书馆工作与研究，（2）：61-65.

李志鹏．2017．基于深度学习的药物隐含知识发现研究．大连：大连理工大学．

刘后胜．2008．基于不确定理论和机器学习的知识发现研究．合肥：中国科学技术大学．

刘惠．2004．知识发现理论与方法及其应用的研究．大连：大连理工大学．

欧阳恩，李作高，李昱熙，等．2018．基于深度学习的电子病历命名实体识别及其在知识发现中的应用．

　　中国卫生信息管理杂志，15（4）：469-473.

桑盛田，杨志豪，刘晓霞，等．2018．融合知识图谱与深度学习的药物发现方法．模式识别与人工智能，

　　31（12）：1103-1110.

孙立，焦微玲．2017．工业大数据驱动下知识发现与知识服务构建研究．情报理论与实践，40（11）：86-

　　89，104.

孙震，冷伏海．2017．基于知识元的新型科学计量范式探析．情报学报，36（6）：555-564.

王慧．2017．基于数字图书馆浏览行为的用户兴趣研究——以天津图书馆"数字图书馆知识发现系统研究

　　项目"为例．图书馆工作与研究，（S1）：30-34.

王莉．2013．基于粗糙—模糊集成的分类知识发现．南京：南京大学．

王萍，牟冬梅，石琳，等．2018．领域知识融合驱动下的数据挖掘模型构建与优化．情报理论与实践，41

　　（9）：114-117+153.

徐向阳．2018．基于 LBSNs 的城市景点知识发现与推荐优化．成都：电子科技大学．

杨辰，毕奔腾，周立新．2021．基于知识图谱的岩溶知识发现系统建设．中国岩溶，40（3）：548-554.

臧其事．2008．基于人工智能的知识发现．上海：华东师范大学．

张晗，毕强，许鹏程．2018．图书馆知识发现系统与用户交互模型构建．情报资料工作，（4）：15-23.

张莉，闵波，杨帆，等．2017．面向知识发现的生物医学文献信息检索与可视化设计．医学信息学杂志，

　　38（12）：65-68.

赵洪，王芳，王晓宇，等．2018．基于大规模政府公文智能处理的知识发现及应用研究．情报学报，37

　　（8）：805-812.

赵瑞雪，鲜国建，寇远涛，等 . 2016. 大数据环境下的农业知识发现服务探索 . 数字图书馆论坛，（9）：28-33.

周娅，王菲菲，李子陆 . 2018. 动态网络视角下金融领域知识结构发现与演化研究 . 中国管理信息化，21（7）：145-149.

Adrian，Burton，Hylke，et al. 2017. The data-literature interlinking service. Program.

Frank E，Hall M，Trigg L，et al. 2004. Data mining in bioinformatics using Weka. Bioinformatics，20（15）：2479-2481.

Jean-Yves Coppée. 2011. @NGS@ Extending KNIME for Next Generation Sequencing data analysis. Bioinformatics，27（20）：2907-2909.

Keller J. 2016. DARPA artificial intelligence project aims to help humans and machines get along better. Military & Aerospace Electronics，27（9）：28-28.

Kim H J. 2021. Social media and analytics：a case study of tweets data. International Association of Decision Sciences，25（2）：1-22.

Manghi P，Bolikowski L，Manola N，et al. 2012. Openaireplus：the european scholarly communication data infrastructure. D-Lib Magazine，18（9-10）.

Moniruzzaman A. 2014. Newsql：Towards next-generation scalable rdbms for online transaction processing（oltp）for big data management. arXiv preprint arXiv：1411.7343.

Pavlech L L. 2016. Data Citation Index. Journal of the Medical Library Association：JMLA，104（1）：88.

Silver D，Huang A，Maddison C J，et al. 2016. Mastering the game of Go with deep neural networks and tree search. Nature，529（7587）：484-489.

Skolnick J，Gao M，Zhou H，et al. 2021. AlphaFold 2：Why It Works and Its Implications for Understanding the Relationships of Protein Sequence，Structure，and Function. Journal of chemical information and modeling，61（10）：4827-4831.

Yu B，Yuki I，Shigehiko K，et al. 2014. A novel bioinformatics method for efficient knowledge discovery by BLSOM from big genomic sequence data. BioMed research international.

第 12 章

专利大数据知识发现方法前沿进展

近年来大数据和人工智能技术的进步极大推动了专利大数据知识发现方法研究的发展，这种发展包括为人力密集型业务提供自动化解决方案、为专利挖掘核心难题提供解决思路和直接转化为行业生产力。专利数据具有规模巨大、内容丰富、涵盖广泛、公开及时等优点，是开展科技大数据研究和探索的良好数据体系对象。但其独特的数据特点和业务需求又为智能算法的深入应用带来了诸多挑战，专利内容冗长复杂、晦涩难懂，同义词、近义词、模糊用语、上下位概念替换等文字技巧被极致使用，同时专利中新颖性、创造性的客观判断和度量仍然困难重重，这些都需要相关研究方法和数据体系继续丰富和加强。本章主要通过该领域中 3 个代表性典型任务——即技术路线图、智能专利诉讼方法和信息抽取方法的发展，展示专利大数据分析与知识发现的前沿及其进展。

在技术路线图绘制方面，主路径分析方法是一类重要的研究方向并在近年来取得了长足发展，相比传统基于引文网络结构的主路径搜索方式，当前主路径分析法同时考虑网络结构和节点语义信息，在提升单条主路径上专利内容一致性的基础上，具备同时识别多条技术主题发展轨迹的能力。

在智能专利诉讼方法方面，除了技术术语、科技概念可以引导发现作为无效证据的对比文件，引文关系、技术分类号及申请人、发明人等题录信息同样是识别对比文件的重要依据。不仅如此，这些题录信息可以将专利文件集合串联成复杂的网络结构，而实验证明专利在这些网络中的结构和位置信息同样可以有效提升对比文件的识别效果，这充分说明了专利大数据在知识产权智慧法律应用上的巨大潜力。

在信息抽取方法方面，基于句法解析工具和人工规则的传统管道方法逐渐被深度学习技术所带来的端到端方法所取代，在极大提升信息抽取自动化程度和正确率的同时，每次信息抽取结果都可以积累下来供未来分析任务所用，从而实现了从信息抽取系统从难以跨领域移植到自身可以不断学习和进化的飞跃。

12.1 引言

专利是人类知识产权保护的最早和最主要的制度设计。本质上说，专利是一种社会契约，它通过公开一项技术发明的技术内容细节，换取技术发明拥有者在有限时间段内对该项技术发明的完全利益专有权，从而在保障专利技术创新者的权益、激励持续创新行为的同时，推动该项专利技术发明的社会效益在专利期满后得到广泛传播（Levin，1986）。自1474 年意大利威尼斯颁布世界上第一个法定专利制度即《威尼斯专利法规》起（Frumkin，1945），专利制度不断随着人口迁移和社会发展向其他国家扩散，并逐渐成为当前世界上最重要的一项知识产权保护制度设计。迄今世界各国和地区都建立了专利制度，根据世界知识产权组织（WIPO）网站显示，截至 2021 年 8 月 1 日，共有 195 个国家具有国家级知识产权机构，另外还有 10 个地区知识产权机构（https://www.wipo.int/directory/en/urls.jsp#），其中中国、美国、英国、法国、德国、日本、瑞士、世界知识产权组织和欧洲专利局因其在知识产权领域的突出地位和重要作用而被惯称为"七国两组织"（杨莹，2009）。

利用专利信息进行知识发现的做法由来已久。专利覆盖了世界上最新技术信息的90%，其中80%的技术信息不会以其他形式发布（Zha and Chen，2010）。不仅如此，专利还具有数据规模庞大、内容丰富、格式规范、更新及时等优点，是理想的科技大数据分析和挖掘研究对象。从专利文献中进行知识挖掘可以追溯到 20 世纪 40 年代的形态分析法（morphological analysis）（Zwichky，1948）与 TRIZ 法（TRIZ 为"发明问题解决理论"俄文首字母缩写），但长期以来以依赖专家智慧的人工方法为主，存在主观性强、效率低、不可重复和跨领域移植等缺点。真正使用计算机技术开展专利知识发现则是进入 21 世纪伴随着大型专利数据库的建立和机器学习技术的发展而出现的事情（Yoon and Park，2004；Kim，2008；Chang et al.，2010；方曙等，2011）。到目前为止，专利知识发现方法家族中成员众多、琳琅满目，产业界和学术界积极对知识发现展开研究探索，相关方法和工具从常规的专利检索、信息可视化、技术路线图绵延至人工智能最前沿的智慧法律和文本生成。本章围绕着具有代表性的专利知识发现任务，展示大数据方法与工具的相关应用和前沿进展，具体来说，本章选取技术路线图、智能专利诉讼方法、信息抽取方法这 3 个代表性专利知识发现研究方向，在系统梳理相关方法的基础上，对其前沿进展进行探讨和展望。

12.2　专利大数据知识发现方法研究之一：技术路线图

12.2.1　技术路线图及其进展

技术路线图（technology roadmapping）在专利数据分析中有广泛应用。目前学界对技术路线图尚无统一规范定义，原因是它的实践性较强，不同使用者使用技术路线图的侧重点不同，使用的技巧和表现形式也不同（黄鲁成等，2010）。两个比较有代表性的定义是，Galvin（1998）认为技术路线图是针对某一特定领域，集合众人意见对重要变动因素所作的未来的展望。WIPO 定义技术路线图是对专利分析全部结果的可视化表达，通过对目标技术领域相关专利信息进行搜集、处理和分析，使复杂多样的专利情报得到方便有效的理解。

专利中的结构化数据和非结构化数据均可用于技术路线图的绘制。在基于结构化数据的技术路线图绘制方法中，一种简易方法是将专利结构化数据的不同字段加以组合，比如将技术分类号和专利权人相组合所展示的专利权人–技术分类分布图［图 12-1（a）］；将专利数和申请人数相组合并按照年度顺序将各个节点连起来所形成的专利技术生命周期图［图 12-1（b）］。但这种基于计数方式的技术路线图对专利信息的挖掘力度有限。与之相比，基于专利引文网络的技术路线图方法能够从网络整体结构出发，对节点、连线以及路径的重要程度以及彼此的差异性展开深入分析，因而占据着更为重要的位置。例如，Mogee 和 Kolar（1999）、Chena 等（2012）对专利引文网络上进行聚类操作，之后通过分析聚簇之间的关系随时间变化情况来识别技术演化。Garfield（1994）基于被引频次可以

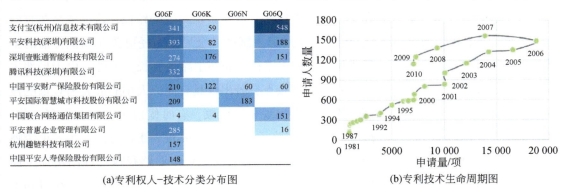

(a)专利权人–技术分类分布图　　　　(b)专利技术生命周期图

图 12-1　多字段复合专利分析示例

反映节点重要程度的视角，提出一种将高被引文献串联起来以反映整个引文网络中知识流动的关键路径法，但这种方法并没有将施引情况考虑在内。与此不同，Hummon 和 Doreian（1982）提出一个不仅着眼继承先前知识积累、更强调为后来研究发挥重要参考作用的引文路径生成算法，并称其为主路径分析法，由于这一算法有效减少了人为干预、具有良好的分析效果，外加 Batagelj 等（2004）在社会网络分析软件 Pajek 中将主路径分析功能集成进来，大大降低了使用门槛，使得这一方法很快从专利数据扩散到论文数据甚至法律文书数据上。

主路径分析法将引文网络作为知识流动通道，进而识别承载其中最大流量的知识脉络主干。相比传统引文分析方法诸如文献耦合、共被引分析等，它更关注网络中节点之间的连接而非节点本身。在 Hummon 和 Doreian 最初提出该方法时，他们提供了三种衡量连接权重的计算方法，即节点对投影数（node pair projection count，NPPC）、搜索路径链接数（search path link count，SPLC）和搜索路径节点对（search path node pair，SPNP）。Batagelj（2003）认为以上权重赋予方法过于复杂，可能会漏掉重要的节点，因此提出了一个简单高效的路径权重计算方法，即 SPC（search path count）算法。由于 SPC 算法考虑了所有直接和间接引用的链接，并且与其他计算方法相比时间复杂度最低，因此成为许多研究者的首选。一个连接的 SPC 值可以由网络中从所有起点出发到所有终点结束所经过的所有路径中所穿过此连接的次数来衡量。被穿过的次数越多，即 SPC 值越大，这个连接也就越重要。而主路径分析法就是从所有起始点出发，找出下一个连接中 SPC 值最大的连接，并以下一个节点为起始点，重复此一过程直到最后终点所得到的路径。需要补充的是，如果有若干个连接同时具有最大 SPC 值，则同时入选。此方法之所以被称为"局部主路径"，是因为这一算法的每一步只关注当前连接的最大 SPC 值，它强调的是知识传播过程中的局部重要性。

相对于局部主路径还有一种"全局主路径"，此方法试图在网络整体中找到一条 SPC 值最大的路径。全局主路径是在整个网络中找到一条 SPC 值最大的路径，这也就是在有向（有权值）图中找一条最长路径。相比较于局部主路径，全局主路径更关注知识传播的整体重要性而非局部重要性。一般来说，全局主路径比局部主路径要长。另外，由于局部主路径的每一步都是选取具有最大 SPC 值的连接点，若出现具有同样大小的最大 SPC 值的连接点，则同时入选。因此，局部主路径上会出现分叉现象，有时候包含的点会更多一些。此外 Liu 等（Liu and Lu，2012）提出一种多路径（multiple main path）方法。为了更清晰表现 DEA 的演化历史及最近的研究活动，Liu 和 Lu（2012）按照路径权重逐渐增加全局主路径的条数，直到得到满意效果为止。多路径及主路径成分出发点一致。都是在得到主路径以后为了更清晰的表现学科发展规律，以主路径为中心进行扩展的。只是所用的方法上略有差异。对于其他连接权重计算方法来说，主路径识别过程是相同的，而产生的主路径结果也大体一致。

　　近年来，主路径方法围绕如下的五个问题产生了一系列进展，这些问题包括：①主路径的选择是基于全局还是基于局部；②搜索路径是基于关键路径还是从起点到终点的遍历方式；③是仅考虑单一的主路径还是多种主路径方法的组合；④主路径的呈现方式；⑤主路径上连线权重的确定（Liu 和 Lu，2012；Bhupatiraju et al.，2012）。同时，为囊括更多子技术的发展轨迹，为主路径添加更多细节补充信息，研究者们又提出一系列主路径方法的变体，如 Liu 等（Liu et al.，2013；Xiao et al.，2014）发现现有主路径分析法的抽取结果中往往不包含引文网络中权重最大的连线，为避免这一不合理情况，其提出 key-route 主路径方法，即首先将引文网络中排名靠前的连线选出作为种子，然后从每个种子连线开始，分别按照向前、向后方向搜索权重最大路径，并将所得的权重最大路径合并后作为结果返回。

12. 2. 2　技术路线图前沿——基于语义的多主路径抽取方法

　　传统的最大权重主路径方法在技术主题一致性和不同技术主题覆盖度存在明显不足。Chen 等（2022）注意到基于 SPC、SPLC、SNNP 等连接权重指标所产生的主路径往往混杂着多个技术主题；同时一个技术领域中通常存在若干并行发展的技术脉络，当前的主要技术发展脉络未必在未来仍然占据主导地位，相反，一些次要的技术脉络往往会随着时间发展逐渐成为新的主要技术脉络。因此，如果能够一次将不同技术主题的发展脉络抽取出来，这样的主路径结果无疑更加全面且有助于未来技术预见。虽然 Liu 和 Lu（2012）之前提出过一种多主路径方法，在将所有的路径按照路径权重降序排列后，将排名靠前的若干路径作为结果输出。但 Chen 等（2022）发现，该方法中权重较大的路径往往集中于单一主题，他们以电动汽车锂离子电池相关专利为例，将这一现象可视化如图 12-2 所示。

　　为清楚表述该图的含义，我们对该图的绘制过程进行简要叙述。首先将引文网络中所包含的路径集合搜索出来，由于主路径是从该路径集合中筛选得到，所以这些路径也被称为候选路径；然后将每条候选路径上节点所依附的文本拼接起来，形成每条候选路径所对应的文本信息；通过文本可视化将候选路径集合投射到二维平面，其中每个点代表一条候选路径，两个点之间距离越近，代表这两条路径的主题越相近；以 0.1 为间隔，将候选路径按照路径权重分组，每组候选路径用不同类型的节点表示，最终得到候选路径的路径权重分布图如图 12-2 所示。从图可以看到，权重较高的路径会聚集于单一主题聚簇，而在其他主题聚簇上分布极为稀疏甚至没有分布。在这种情况下，Liu 和 Lu（2013）所提方法无法抽取出不同技术主题的发展脉络。

　　相比之下，Chen 等（2022）所提的语义主路径方法则能有效弥补这些不足。具体来

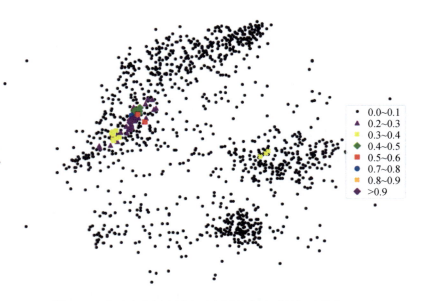

图 12-2　电动汽车锂离子电池领域的候选路径权重分布

说，他们将文本相似度引入主路径搜索过程，进而提出一种新的主路径抽取框架如图 12-3
所示。从结构上讲，他们沿袭了传统主路径分析方法的处理方式，将整个流程分为四个部
分，即数据预处理、连线权重计算、候选路径搜索、路径选择和输出；从内容上讲，他们
在传统基于网络结构的主路径分析方法基础上，将文本信息有机结合进来，使所产生的主
路径不仅承载了引文网络中知识传播的主要流量，而且路径所包含的各个节点能够聚焦在
明确的技术方向上；同时，他们对候选路径搜索算法、最终路径选择策略上进行了优化。

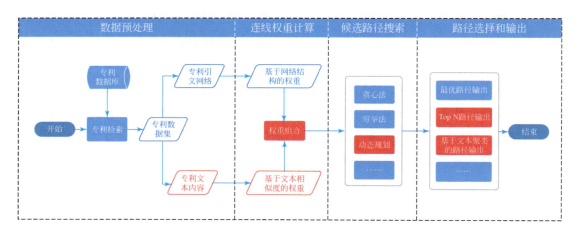

图 12-3　语义主路径分析方法框架

为突出语义主路径分析方法相比传统方法的区别，我们将其主要创新点在图 12-3 中
用红色方框标出，具体来说有以下 3 个方面。

1）连线权重计算。新方法的连线权重是两种连线权重的叠加，其一是基于网络结构的连接权重，诸如 SPC、SPNP、SPLC、NPPC 等。其二是基于文本相似度的连线权重，前一连接权重使路径搜索结果偏重网络结构因素，后一连接权重使路径搜索结果偏重语义因素，将这两个连接权重拼接起来则可以得到一个调和的结果。

2）候选路径搜索。传统主路径分析法中候选路径搜索通常有两种策略，即贪心策略和穷举策略，然而前者无法保障结果主路径是全局最优路径，后者存在空间复杂度过高的问题，在新方法中，Chen 等将动态规划策略和广度优先遍历相结合，在保障全局最优路径的同时，将路径搜索算法的空间复杂度从 o（n2）降低到 o［nlog（n）］。

3）路径选择和输出。借助候选路径上附着的文本信息，可以得到全部候选路径在语义空间的分布情况，利用聚类算法将这些候选路径划归到不同簇团并从每个簇团中选出一条代表路径后，就得到代表不同技术主题的多主路径。

那么，该如何从每个簇团中选出一个代表路径呢？一种直观方法是选择坐落在每个聚簇中心的候选路径，如图 12-4 所示。但这里有一个问题，就是候选路径集合在路径长度上的分布是极其偏态的，即绝大多数候选路径的长度在 5 个节点以下，反映到代表路径选择上，就是只考虑语义中心性所选出的路径都比较短，不适合代表技术发展脉络。一种替换的方法是对于每个聚簇，选择聚簇内网络结构权重最高的路径，如图 12-5 所示。之所以以网络结构权重而不以复合权重为标准，原因是作者仍然沿袭传统主路径分析法的假设，即基于网络结构的路径权重反映了该路径在引文网络知识流动中的重要程度，如此以来每个聚簇中得到的代表路径就是该技术主题下最重要的技术路径，至于图 12-5 中个别聚簇中存在 2~3 个代表路径，是因为该簇团中存在多个权重并列第一的候选路径，因此将它们全部筛选出来。

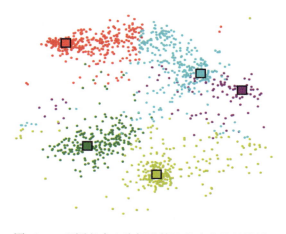

图 12-4　以语义中心为标准筛选的多主路径结果

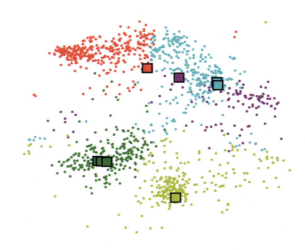

图 12-5　以网络结构权重为标准筛选的多主路径结果

　　将每个技术主题的主路径绘制出来如图 12-6 所示，如果一个技术主题存在多条主路径，那么这些主路径合并后会形成分支现象，如路径 1、路径 2 所示。在本案例中作者选取的是电动汽车锂离子电池领域的专利数据，在对各条主路径的专利内容判读后，其技术主题如表 12-1 所示，从中看到即便是电动汽车锂离子电池领域，语义主路径方法所抽取的 5 条技术路径中仍然包含了电动汽车的三大核心部件，即电池、电机、电控，实现了对该技术领域主要技术发展脉络的覆盖，反映了该方法强大的技术脉络识别能力。另外，值得一提的是，语义主路径方法有一个有趣的特性，就是无论参数如何调整，它始终能够获取传统主路径分析法中全局主路径的主干，即本案例中的路径 1，仅在分支上存在区别。联想到之前研究者注意到在不同的连接权重如 SPC、SPLC、SPNP 之下，主路径分析法所得到的结果几乎一致，在语义主路径方法中这一情况被推广到文本相似度范畴，即在只考

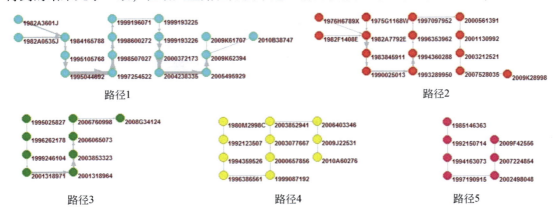

图 12-6　不同技术主题下的主路径详情

虑文本相似度不考虑网络结构权重时，路径 1 的主干仍然能够被主路径方法获取，这种现象值得进一步深究。在本章中我们对语义主路径的介绍到此为止，对相关研究感兴趣的读者，我们建议参阅作者的论文和书籍。

表 12-1　不同技术主题下的主路径内容解读

路径编号	路径描述
1	电池冷却和结构设计技术
2	充放电时电池状态控制技术
3	电子电气设备中的第二电池技术
4	锂第二电池技术和电池包结构设计
5	电动汽车的电机控制技术

12.3　专利大数据知识发现方法研究之二：智能专利诉讼方法

12.3.1　智能专利诉讼方法及其进展

专利诉讼是一种由潜在专利引起的、发生在专利权人之间的、以阻击竞争对手商业发展为目的的诉讼事件（Krestel et al.，2021）。长期以来，专利诉讼都是与专利权人商业利益直接挂钩但人力和时间成本高昂的知识密集型行业，充斥着大量的文献检索、查阅和证据收集等繁杂工作，诉讼结果对领域技术人员、知识产权律师等相关人员的知识背景、从业经验、业务水平依赖较大。随着近年来司法大数据系统和智慧法律的兴起，如何在历史累积的大量专利诉讼案例基础上，利用大数据分析和人工智能技术来支持专利诉讼甚至实现智能判案以升级专利诉讼行业现状，引起了研究者们的极大兴趣。

当前智能专利诉讼方法主要聚焦在专利的专利性判定上。其中以预测可能引起法律诉讼的专利（后面简称诉讼专利识别）最为典型。当前该问题被作为分类问题加以研究，即从专利信息中提炼特征和训练分类模型，从而将引起诉讼的专利从专利数据集合中识别出来。虽然引起专利诉讼的原因很多，背后逻辑较为复杂，但分类方法将这一任务大大简化，从而便于在机器学习视角探索专利诉讼的影响因素和极其重要程度，为下一阶段的技术选型奠定良好基础。Raghupathi 等（2018）梳理了美国联邦巡回上溯法院（U. S. Court of Appeals for Federal Circuit）在医药领域专利无效诉讼案件中考虑的 11 个影响因素，即创造性、发明描述是否清晰、实用性、可预见性、等同原则、反诉条款、安全港条款、保护期限延长、可由法院审理的争议、不公平的行为（如故意隐瞒）及有意拖延行为。不难发现，其中大部分影响因素难以量化；作为替代，Juranek 和 Otneim（2021）调研了 27 个专利属性如权利要求数量、技术领域、后向引用数量、专利家族大小等，他们将这些属性作为特征输入到 logistic 回归模型中进行诉讼专利预测，从而度量出各个属性对预测结果的贡献程度。

另外，Campbell 等（2016）将专利文本和引文关系网络与专利属性相结合以提供更加丰富的信息来源。具体来说，他们分别将专利文本输入 logistic 回归、将引文关系输入随机森林以预测诉讼专利，之后将这两个分类器连同包含专利题录的 logistic 回归模型作为基分类器、选用 logistic 回归模型作为元分类器进行学习和预测，实验结果显示在诉讼专利预测中各类特征的贡献从大到小依次是元数据、引文网络和文本内容。值得注意的是，相对总的专利数量来说，引起过诉讼的专利只占 1%（Juranek and Otneim，2021）。因此，基于分类方法的诉讼专利预测研究，除了将预测依据的搜寻范围限定在目标专利本身这个先天缺陷外，同时也面临着训练数据中正负样本极端不平衡的困扰。

从业务逻辑来看，诉讼专利预测被包夹在由一系列任务所形成的工作流中间，这条工作流包含了研读专利法律条文、对给定专利进行现有技术状况和专利全景检索、分析技术文件和给定专利之间的语义关联和技术关联、压缩技术文件范围和选择对比文件、预测诉讼专利（Campbell et al.，2016）、认定相关破坏依据等。长远来看，专利诉讼预测的发展需要在现有对目标专利自身的研究基础上，将外部文件尤其是对比文件与目标专利之间复杂的相互作用纳入考量范围。所谓对比文件，即用来判断目标专利是否具备新颖性、创造性等所引用的相关文件（详见专利审查指南 2010 版的 543-578 页）。在这个方向上，Liu et al.（2018）做出了一些有益的尝试，其利用卷积神经网络和张量分解从原告、被告，以及专利的题录和文本信息中提炼专利内容和协同信息，并将其应用于算法训练使目标专利引起诉讼的概率要大于非目标专利引起诉讼的概率，虽然该模型的评测方法相比真实场景有一定松弛，但从评测结果来看该模型仍然具有一定效果。

除研究问题本身的困难外，高质量训练数据集的缺乏同样是横亘在研究者面前的巨大障碍。对此，Risch 等（2020）利用欧洲专利局自 2012 年起在发布专利公告时附带专利检索报告的有利条件，发布了一个包含专利权利要求项、对比文献的对应段落以及有效无效标签的专利诉讼数据集 PatentMatch，样本规模高达 600 万条数据，为后续研究奠定了良好基础；此外，Risch 等（2020）还提供一个基于 BERT（bidirectional encoder representation from transformers）（Devlin et al.，2018）的基线模型，即将权利要求项和相关专利中对应段落拼接后输入 BERT 以预测权利要求项能否被无效掉，但该模型效果不佳，仅略高于随机猜测；美国专利商标局同样将专利诉讼案件卷宗数据集，即 PTAB（Patent Trial and Appeal Board）数据集公之于众，截至 2021 年 7 月 30 日该数据集共收录案例 13 200 件，目前仍在不断扩充更新中；在该数据集基础上，Rajshekhar 等（2017）将研究方向聚焦于诉讼专利预测的前趋任务，即检索可以破坏专利有效性的对比文件；他们发现虽然有不到15% 的目标专利和对比文件之间存在强语义匹配，但与对比文件非强语义匹配而使目标专利无效的案例也大量存在，他们统计这一占比至少为 20%（Rajshekhar et al.，2016）；此外，他们使用了基于子领域语料库训练的词嵌入向量并将其集成到对比文件检索过程中，将检索结果中排名前 100 个记录中的对比文件召回率，即 Recall@ 100 从 5% 提升到 20%。

Rajshekhar 等（2016，2017）在提升对比文件检索效果的同时，也为后来研究者留下了亟待解决的问题：如何在索引层面解决词汇匹配和语义匹配之间的割裂？如何适应用户惯常用长文本甚至整篇专利作为检索条件的检索方式？如何扩充和优化索引？如何在工程实践上保障检索效果和检索效率的平衡？下面我们分别展开介绍。

1）语义检索。实际上，语义检索技术可以在一定程度同时解决前两个问题。其做法是在词汇和文档之间创建一个潜在语义空间，并将含义彼此关联和相近的词汇汇集在同一维度，即主题（topic）。在该检索系统中，表示一篇文档的方式是基于潜在语义的低维、稠密向量，而信息检索将不再依赖具体词汇而是从主题层面进行文件对比。这从一定程度上缓解了同义词、近义词、模糊用语所带来的困扰，同时避免了词汇层次表示方式所带来无词共现文档之间相似性无法度量的问题。虽然从算法实现上讲，潜在语义索引（latent semantic indexing）（Landauer and Foltz，1998）和主题模型方法家族（Alghamdi and Alfalqi，2015）均可以生成文档的潜在语义表示，而业界也提供了相应的向量搜索引擎，如 Faiss、Milvus、proxima 等，开源搜索引擎 ElasticSearch 自 7.0 版本以后开始支持稠密向量检索，但从使用者角度来说这些还不够，在语义检索模型中合理引入和使用高质量领域词表会对使搜索引擎在对抗科技文献词汇特点和提升检索效果上起到重要作用。

2）索引的扩充和优化。多字段检索是当前信息检索系统的常规功能，其底层实现通常是首先在搜索引擎中设置或者默认不同字段的检索权重。当检索文献时，文本字段使用相似度匹配，题录字段使用布尔匹配（Boolean matching），最后将索引中各个文档按照不同字段得分加权求和并降序输出结果。但这种做法也遗留了若干问题，其一是如何为各个字段赋予合理权重，其二是如何保持检索速度和检索效果的平衡；其三是如何挖掘不同字段之间乃至不同文档之间的联系。

随着机器学习和信息检索的深度结合，人们逐渐采用学习排序方法（learning to rank）来解决第一个问题。所谓学习排序，即旨在解决文档排序问题的、基于特征和判别式训练的、能够根据相关性反馈自动调节信息检索系统参数的机器学习技术（Liu，2011）。具体来说，该方法将检索式与索引中不同字段之间的匹配值作为特征、检索式对应的相关文档作为金标准，进而采用判别式模型为索引字段分配权重，使加权字段所产生的排序结果尽可能逼近金标准。然而，在工程场景下索引中的文档数量通常是千万级别，而由此产生的训练数据则更是海量。为平衡检索速度和检索效果，一种广泛采用的方法是将检索过程划分为两个阶段：①检索召回阶段，通过传统布尔检索式快速从专利索引中获取排名靠前的候选专利列表，以压缩训练数据规模；②精准排序阶段，对候选文献列表使用计算密集的学习算法以优化检索结果排序，具体框架如图 12-7 所示。

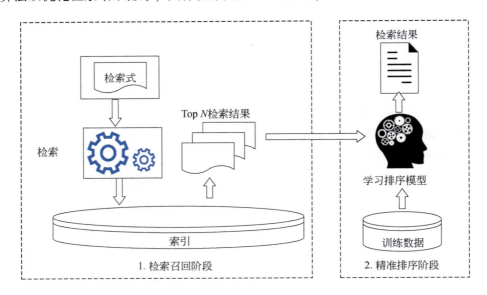

图 12-7　专利对比文件检索框架

12.3.2　智能专利诉讼方法前沿

12.3.2.1　前沿工作一：集成元路径的对比文件查找方法

如何从专利文献的丰富字段中发掘有效信息，来提升对比文件的识别效果？一种可取的方法是采用元路径（meta-path）将不同字段串联起来形成新的字段，来扩充索引文件。所谓元路径，即通过在网络模式（network schema）上随机游走将两个对象串联起来的一条路径，以专利信息网络模式为例 [图 12-8（a）]，通过从专利到专利的游走可以得到元路径示例 1 和 2 [图 12-8（b）和图 12-8（c）]，这些元路径从不同角度反映出两个节点之间的相互关系，有时甚至可以反映难以用常规方式表达的语义关系（Sun and Han，2012）。举例来说，在搜索与一个作者最相似的其他作者时，最常使用的方式是借助作者之间的合著关系，即元路径"作者→论文←作者"，如果一个作者和当前作者合著次数最多，那么他就被作为最相似作者。实验结果显示，这种方式所找到的通常是当前作者的学生或其他存在明显学术地位差距的人（Sun and Han，2013）。实际上，当查找一个作者的最相似作者时，其实际含义是查找同时在研究内容和学术地位上最相似的作者，但显然学术地位无法用"作者→论文←作者"表达。相反，当 Sun 和 Han 将作者之间的相互关系替换为"作者→论文→发表载体←论文←作者"时，所识别出的作者在学术内容和学术地位更与前者相一致。

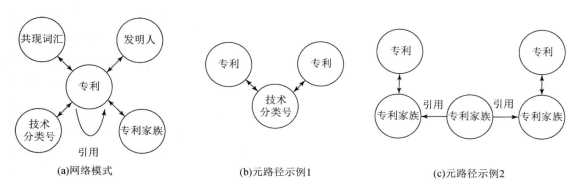

(a)网络模式　　　　　　　(b)元路径示例1　　　　　　　(c)元路径示例2

图 12-8　专利元路径示意图

　　基于同样道理，苟妍（2020）从专利文献中发掘出一系列元路径特征，以提升对对比文件的检索效果。但由于并非任意两个专利之间都会存在某些元路径所描述的关系，比如绝大多数专利之间并没有存在共同的 CPC（cooperative patent classification）大组号码。在这种情况下，在专利数据集中元路径"专利→CPC 大组←专利"所代表的关系就非常稀疏。因此元路径特征被分为两类：稠密元路径和稀疏元路径，如表 12-2 所示。

　　在进一步的实证分析中，苟妍（2020）将从两个层面探究不同元路径在对比文件识别中的作用，其一是将元路径特征全部考虑进来，通过消融实验分析 5 组元路径特征的作用，同时将只考虑文本相似度的基线方法纳入进来，最终结果如图 12-9 所示；其二是将稀疏元路径单独抽出来，探究它们对对比文件的提升效果。

表 12-2　专利文献检索中的元路径特征

稠密元路径	稀疏元路径
	5. 目标专利→CPC 大组←对比文件
	6. 目标专利→CPC 小组←对比文件
1. 目标专利→IPC 大组←对比文件	7. 目标专利→共被引专利←对比文件
2. 目标专利→IPC 小组←对比文件	8. 目标专利→耦合专利←对比文件
3. 目标专利→共现词汇←对比文件	9. 目标专利←→对比文件（直接引用）
4. 目标专利→共现词汇数量←对比文件	10. 目标专利→申请人←对比文献
	11. 目标专利→专利权人←对比文献
	12. 目标专利→发明人←对比文献

（1）实验一：实验结果总体分析

在图 12-9 中，评价指标 R@k 关注的是经过排序后，真正的对比文件在检索结果的前 k 项中的数量。R@k 值越高，就是前 k 项检索结果识别的对比文件数量越多。在本实验中，通过每次移除一个元路径前后检索性能的变化，来衡量元路径对于对比文件识别的贡献大小。基线方法选择文本相似度，然后在所有特征的基础上，分别去掉：①专利权人、发明人、申请人等人员信息（Without_person）；②去掉专利直接引用、共被引和耦合信息（Without_cite）；③去掉专利 CPC 分类号小类、大组（Without_CPC）；④去掉专利 IPC 分类号小类、大组（Without_IPC）；⑤去除所有基于题录的元路径，仅仅选择基于文本相似度、共现词汇和共现词汇数量特征（Without_biblio）。通过比较可以看出，基线方法的性能最差，说明仅仅使用文本信息来查找对比文件还留存较大的提升空间。当加入元路径特征后，检索结果有了明显提升，以 Top 20 为例，最优检索检索结果较基线特征分别提高了 74.87% 和 82.81%。

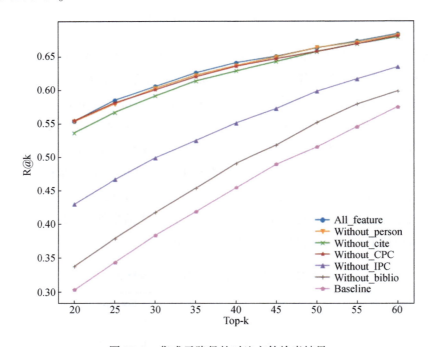

图 12-9　集成元路径的对比文件检索结果

（2）实验二：稀疏元路径的影响分析

虽然包含专利权人、发明人和专利引证信息的元路径特征较为稀疏，但探索这些特征对比文件查找效果的贡献依然对模型改良具有重要意义。为此，需要从专利数据集中过滤出目标稀疏元路径不为空的记录，从而构成新的特征集以分析稀疏元路径对对比文件检索结果的影响。在图 12-10 中，我们分别从全部特征中去掉包含 CPC 小类、CPC 大组、专利

权人、发明人和申请人、共被引、耦合、直接引用的元路径特征，并将其和使用全部特征
的检索结果进行对比分析。从图中可以看出，包含 CPC 小类、CPC 大组的元路径对检索
结果并无明显提升，包含专利权人、发明人和申请人的元路径对检索结果有一定提升，共
被引和直接引用元路径对检索效果的提升最为明显。

　　总体来说，加入元路径特征后检索效果较基线方法有了显著提升，尤其是包含 IPC 分
类号的元路径，对对比文件的查找起到重要作用。相比之下，包含 CPC 分类号、专利权
人，发明人、申请人主体、专利引证信息等的元路径特征对对比文件查找的影响并不明
显。但这并不代表这类信息不重要，效果不明显的原因一部分是由特征在数据集中的稀疏
性所导致。当针对这些稀疏元路径单独创建数据集后，检索结果显示其中的专利共被引、
直接引用元路径对检索效果有较大的提升作用。

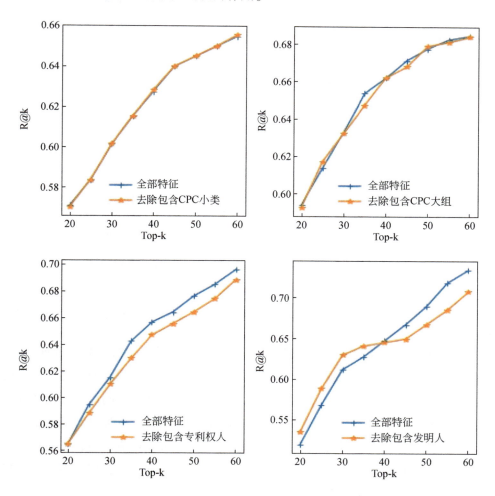

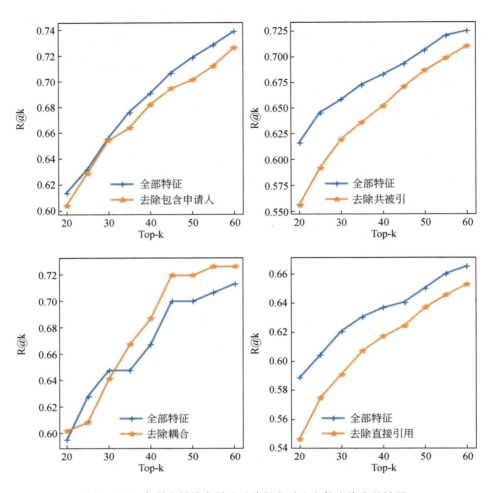

图 12-10 专利文献检索稀疏元路径在对比文件查找中的效果

12.3.2.2 前沿工作二：引入图嵌入（Graph embedding）的对比文件查找方法

回到对比文件难以被检索到的根源，即专利撰写中各种文字技巧如同义词、近义词、概念替换、模糊用语等的"极致"使用，虽然从智能算法角度来看，克服这些文字使用技巧尚需时日。但另一方面，目标专利和对比文件、对比文件彼此之间以及对比文件和普通文件之间存在复杂的相互关系，比如共词、共引、耦合、共技术分类号甚至基于文本相似度的主题一致性等。如果利用其中某种或某些关系将这些文件连成网络，进而将每个文件在网络中的位置信息及其和其他文件的相互关系内化到一个向量中，那么能否获得超越字符串表达之外、更接近语义层面的专利文献关联信息，来提升对比文件的查找效果？

从这个思路出发，师英昭（2021）基于专利文献之间的各种关系构建出专利关联网络，进而使用图神经网络捕捉各个节点在关联网络中的结构特征并将其内化到图嵌入向量中，以提升对比文件的检索效果。在具体实现上，其采用图神经网络 GraphSAGE 作为图嵌入向量生成工具，针对四种专利关联网络，即 IPC 共现网络、CPC 共现网络、技术术语共现网络和文本相似度网络等，进行专利的图嵌入向量生成，并将其连同专利的其他特征一起作为索引字段存入搜索引擎 ElasticSearch，以支持对比文件查找任务。实证结果如图 12-11 所示，其中基线方法使用文本相似度、共现词汇和共现词汇数量等三种特征（Baseline）。在此基础上，将 IPC 大组图嵌入特征和小组图嵌入特征（GEB_IPC）、CPC 大组图嵌入特征和小组图嵌入特征（GEB_CPC）、文本相似度图嵌入特征（GEB_SIM）、术语共现图嵌入特征（GEB_COWORD）添加进来，形成对比专利文献检索使用的全部特征（All_feature）。

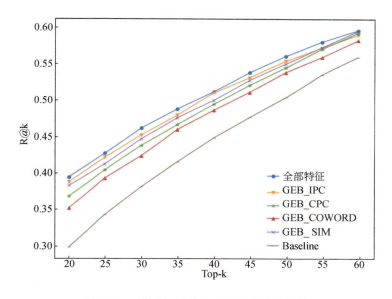

图 12-11　集成图嵌入的对比文件检索效果

从图 12-11 中可见，基线方法的性能最差，而图嵌入特征对对比文件的检索性能有明显提升作用。按照对检索效果提升贡献从大到小排列，各个图嵌入特征的顺序依次是 IPC 共现网络图嵌入特征、文本相似度图嵌入特征、CPC 共现网络图嵌入特征和术语共词网络图嵌入特征，具体以 Top 20 为例，使用全部特征的检索模型较基线在召回率上提升了33.33%。此外，作者也跟踪了基于不同层次技术分类号所构造的专利关联网络，以探索不同技术层次下所产生的图嵌入向量对对比文件查找的提升作用。以 IPC 分类号为例，师英昭先后将专利技术分类号的层次定位到大组（第四层）和小组（第五层），并构造出对应的技术分类号共现网络，实验结果如图 12-12 所示。从中可见，无论基于 IPC 分类号还是 CPC 分类号的图嵌入向量，均能提升对比专利文献的检索效果；但这两类分类号之间存在明显差异，在 IPC 分类号上，分类号层次越深对检索效果的提升幅度越大，但在 CPC 分类号上，不同层次分类号下的检索效果基本持平，甚至层次较深分类号会略微对检索效果产生负面影响，这反映了 IPC 和 CPC 本身的差异，其原因值得进一步深入跟踪。

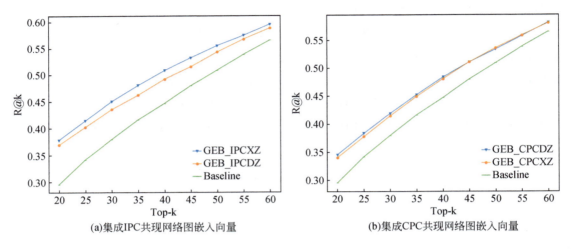

(a)集成IPC共现网络图嵌入向量　　　　　　(b)集成CPC共现网络图嵌入向量

图 12-12　不同技术分类号对对比专利文献检索效果的提升效果

12.4　专利大数据知识发现方法研究之三：信息抽取方法

12.4.1　信息抽取方法进展

信息抽取方法，即利用计算机技术从自然语言文本中抽取出特定的事件或事实信息，以帮助人们对文本信息进行结构化以支持下游任务。它包含的任务类型较多，如词汇层面的术语抽取、关键词抽取、命名实体识别和词间层面的语义关系抽取、事件抽取、实体链接、实体共指消解等等。对专利文本进行信息抽取旨在提炼包含在自由文本中的科技要素，并以此为基础来获取不同科技概念及其属性、功效、应用之间的相互联系，消除自由文本自身模糊性和歧义性所带来的理解障碍。信息抽取方法的发展大致可以分为三个阶段。

1）早期人工规则阶段（20 世纪八九十年代）。人们通过句法解析工具获取文本的词性标注、语义角色和句法依赖关系，进而归纳出待抽取信息在这些特征上的规律并制定人工规则筛选这些信息，这种方法优点是技术门槛低、受众较广，但缺点也十分明显，首先人工干预程度较高、自动化程度较低，其次自然语言灵活多变，人工规则覆盖面有限，从而造成基于这种方法的信息抽取在准确率上尚可，但召回率极低，最后不同领域的文本之间差别较大，但人工规则往往针对某一类文本归纳得到，在跨领域移植上存在先天不足。

2）中期统计学习阶段（20 世纪 90 年代末至 2015 年）。这一时期，标注数据、特征工程和统计学习模型的组合逐步成为信息抽取的主流，其中标注数据作为金标准，为统计学习模型提供学习素材，特征工程用一系列工程化的方式从标注数据中筛选出更好的数据特征，以提升统计学习模型的训练效果，统计学习模型就是计算机基于数据构建概率统计模型，来对数据进行预测和分析。相比人工规则，基于统计学习的信息抽取方法依靠数据驱动，在自动化程度、正确率和模型泛化能力上都有了极大提升，但它在特征工程上依赖人工经验，缺乏对文本中超出人类理解能力之外特征的应对能力，这也为后来的深度学习技术提供了机会。

3）近期深度学习阶段（2015 年以来）。与统计学习中原始数据→特征工程→模型训练的管道型信息抽取方式不同，深度学习提供了一种从原始数据直接到模型训练的端到端型信息抽取方式，而特征工程则在深度学习模型内部以黑盒方式自动完成。相比统计学习方法，深度学习可以抽取人类无法理解、但对信息抽取贡献显著的特征，外加深度学习模型本身参数数量巨大，在模型容量（model capacity，即模型拟合能力）上明显优于统计学习模型，从而使基于该技术的信息抽取方法在性能表现上迅速碾压前者，但由于深度学习模型的黑盒属性，其所产生特征以及输出结果的可解释性一直遭人诟病。

下面我们分别就信息抽取中最重要的两项子任务，即命名实体识别和语义关系抽取，对它们在专利大数据知识发现中的方法发展情况予以叙述。

（1）命名实体识别

该任务将具有特定意义的实体的边界和类型识别出来。在通用领域文本如新闻、评论中，惯常定义的实体类型包括地址、机构、人物、货币、百分数、日期、时间等。然而，专利中包含着对发明创新及其技术背景、实现细节和权利要求等内容的描述，其所定义的实体类型截然不同。Yang 等（2012）从工艺流程出发，将实体类型划分为方法、步骤、方式、属性、实体、值，将实体之间关系划分为动作、包含、前置，实体和关系可进一步细分为实际类型（real）、辅助类型（auxiliary）、领域依赖、领域无关等；Choi 等（2012）侧重实体的句法特征和保存状态，将实体分为概念、主语概念、宾语概念、事实类型、部分事实类型、效果事实类型、概念状态、固体、气体、液体、场；薛驰等（2013）受到 TRIZ 思想影响，使用一种更加系统全面的概念模型，该模型将机械产品文献中的关系划分为层次关系、属性关系和功能关系，将实体划分为技术系统、流、属性等，其中，技术系统分为系统、零部件，流分为物流、能量流、信息流等，属性分为性状、位置、方向、数量、几何、材料等；Bergmann 等（2008）建立一套针对 DNA 芯片技术的细致的实体类型定义。

在命名实体抽取方法上，专利领域与通用领域同样特点迥异。后者经过长时间发展，目前已经技术已经比较成熟，命名实体识别的效果超过90％（F1 值）也屡见不鲜。然而，这一效果的达成通常需要充足的标注数据且标注语料和目标语料来自同一领域或者近似领域。但不同技术领域的专利文本，在句法结构、用词习惯和技术内容上差异极大，拿某一领域的标注语料进行跨领域的命名实体识别不仅面临着模型性能的迅速下降，有时甚至不可行，比如计算机硬盘磁头相关专利的命名实体类型通常为零部件、材料、工艺、效果、形状等，但这样的标注数据无法帮助模型识别生物化学专利中的蛋白质、基因等命名实体。此外，在目前可公开获取的、最大规模的专利信息抽取标注数据集仅包含 30 000 条样本（Pérez-Pérez et al.，2017），与通用领域中动辄 20 万条标注样本差距巨大。因此，在专利信息抽取中更实际和高效的做法是在利用句法解析工具获得专利文本的词性标注和句法依赖关系，进而使用规则匹配来识别命名实体的边界和类型。

当然，随着深度学习技术的溢出效应，将其应用于知识发现命名实体识别的工作逐渐开始出现。如，Saad 等（2019）设计了一种基于 BiLSTM 改进的循环神经网络，从生物医药文本中抽取蛋白质、基因等实体。Zhai 等（2019）以 BiLSTM-CNN-CRF 为例，对生物医药数据集和化学数据集中进行命名实体识别，为提升识别效果和方便对比分析，他们使用来自相同领域的数据集训练出一套常规的 word2vec 词嵌入向量和一套能够感知上下文环境的 ELMo 词嵌入向量，其中后者在命名实体识别效果上较前者有明显改善。Chen 等（2020）同样证实了训练自相同领域语料库的词嵌入向量会对该领域上自然语言处理任务（例如命名实体识别、语义关系抽取）的效果带来改善。

（2）语义关系抽取

该任务旨在判断两个实体之间所存在的语义关系及其类型，按照语义关系的抽取对象范围不同，可分为句子级语义关系抽取、文档级语义关系抽取（或称句间语义关系抽取）以及语料库级语义关系抽取（Liu，2020）。目前，知识发现中的语义关系抽取以句子级语义关系抽取为主，即从给定句子中识别实体之间的语义关系。由于这些方法以面向知识发现实际应用为主，具体方法多以流程形式呈现，内容较为繁碎，这里将主要流程概括为图 12-13。并分别加以介绍。

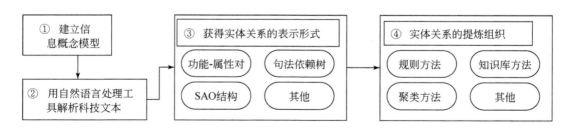

图 12-13　科技文献中实体关系抽取流程

步骤①和②与命名实体抽取类似，即首先建立信息概念模型，确定下语义关系的类型；之后，使用句法解析工具获取句子中词汇的词性和句法依存关系，并在步骤③中使用人工规则筛选出其中可能的实体关系并采用结构化的方式表示。当前，主要的结构化表示形式有 SAO 三元组和功能–属性对。所谓 SAO，即句子中的主语（Subject）、谓语（Action）、宾语（Object）成分，可组成三元组形式来表示文本中的实体语义关系。而在功能–属性对中，功能指系统可提供的有用行为，属性指系统或其子系统具有的某种性质（Dewulf，2011）。相比较而言，功能–属性对的优势在于其本身即是 TRIZ 的重要组成部分，因而可以作为 TRIZ 的计算机实现手段来指导真实场景下的创新实践；而 SAO 三元组当初是为弥补向量空间模型的元素间缺乏语义关联而产生（胡正银和方曙，2014），旨在发现文本之间的联系和区别。当然，随着研究进展这两种表示方式之间界限逐渐模糊，比如 Yoon 等（2015），Park 等（2013）认为部分 AO 反映了技术所提供的功能，因而可以在 SAO 的基础上识别功能、属性。

由于实体关系抽取是建立在既定概念模式上的封闭关系抽取，所以步骤④的实体关系加工提炼需要将类型繁多的候选实体语义关系对应到固定有限的关系种类集合中，当前主流做法有规则方法和知识库方法。所谓规则方法，即总结归纳一套规则以实现从实体关系表示形式向实体关系的转化。Choi 等（2013）建立一套用词汇来判别 S、O 以及 AO 实体类型的规则，并根据判断所得实体类型将它们分配到包含产品、技术、功能 3 个层次的实体框架。Yoon 等（2015）将 AO 分为产品可完成的任务、产品可改变的属性和产品结构等三类，并给出各自的词构成规则和代表性词汇，来协助新 SAO 的类别判定并以此为基础来提炼语义关系。Yoon 等（2012a）先采用句法分析将包含创新概念的候选语义关系汇集起来，之后建立一套功能–属性融合规则来归并具有相同含义的语义关系。知识库方法通过对齐知识库中关系实例与专利中的候选实体关系，来完成实体关系的提炼。Choi 等（2012）提出一种面向事实的本体方法来处理 SAO，他们先将原始的 SAO 结构对应到由 Wordnet 中的词汇所组成的泛化 SAO 结构上，之后利用 Wordnet 中的概念层级关系将泛化 SAO 结构进一步抽象到信息概念模型上。在知识库构建上，Dewulf（2011）、Yoon 等（2012a）建立了以功能、属性为核心的知识库；Yoon 等（2015）、Wang 等（2015）、Yoon 等（2012b）、Choi 等（2012）从 SAO 结构中抽取出产品、功能、技术信息并将其作为实体类型构建出类型不同的知识库；也有研究者尝试将 Wordnet 和产品设计语言 Functional Basis 相结合，以求在一个既定框架创建出具有明确规范限制的知识库（Kim et al，2012）。

面向知识发现的实体关系抽取，本质上是一个针对特定任务的自然语言处理问题。从以上综述来看，该方向的研究探索并不充分，实体关系抽取中所存在的词汇和语法歧义问题没能得到很好解决。同时，这些关系抽取方法在执行成本、效率以及可移植性、可扩展性上均存在种种不足。实际上，近年来自然语言处理领域在该方向的技术进展尤其是深度学习方法对面向知识发现的实体关系抽取具有很大的启发性。以中国中文信息学会、中国计算机学会和百度公司 2019 年联合举办的语言与智能竞赛为例，冠军团队在关系抽取任务上取得的 F1 值达到 89.3% （Wu，2019），这在之前是难以想象的。背后有两个关键因素，一是大规模预训练模型的使用，二是高达 21 万条标注数据的支持。然而，这两个因素都需要巨大的人力、算力投入，因此如何高效、低成本地生成大规模标注数据集，如何在同等标注工作量下优化关系抽取效果，以及如何在关系抽取建模时合理利用领域文本的特殊性仍然面临着巨大的挑战。

12.4.2 信息抽取方法技术前沿

从相关工作介绍中不难看出，当前专利文献信息抽取的主流方式依然是通用句法解析工具结合人工规则，存在人工干预多、自动化程度低、精度差且缺乏跨领域可移植性等缺点。对此，Chen 等（2020）提出一种利用深度学习增强的专利信息抽取实现方案，具体如图 12-14 所示。该方案使用监督模型进行命名实体识别和语义关系抽取，在命名实体识别上使用 BiLSTM-CRF 模型。之后，将语义关系抽取作为分类问题使用 BiGRU-HAN 模型加以判断，具体来说，首先对出现在同一句子中的命名实体两两配对，然后利用 BiGRU-HAN 模型来判断目标实体对之间是否存在语义关系，如果存在语义关系，那么判断语义关系的类型。实际模型实现时，语义关系不存在也被看作一种语义关系，与其他语义关系类型放在一起 BiGRU-HAN 模型进行判断。

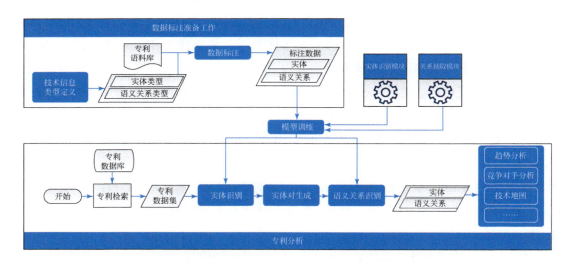

图 12-14　利用深度学习增强的专利信息抽取方法实现方案

在实证分析中，Chen 等（2020）以计算机硬盘薄膜磁头领域的专利数据为例，将该方法框架和传统 SAO 方法进行对比，具体来说，采用了 3 种测度方式：①精确匹配，即只有当 SAO 识别的实体和金标准中的实体完全一致时，才被认为是一次正确识别；②包含匹配，即当 SAO 识别的实体包含金标准中的实体（包括完全一致）或者反之时，就可以被认为是一次正确识别；③重叠匹配，即当 SAO 识别的实体和金标准中的实体有重叠部分时，就可以被认为是一次正确识别。这里，以表 12-3 为例加以说明，其例句包含 3 个实体，即"感应头"（inductive head）、"前导写入极"（leading write pole）和"拖尾写入极"（trailing write pole），当使用精确匹配策略时，只有"inductive head"被正确识别出来；当更换为包含匹配策略时，"write pole"也被识别出来；当策略被进一步松弛到重叠匹配时，3 个实体全被认为得到了正确识别。

表 12-3　实体识别效果评测示例

金标准	The inductive head includes a leading write pole and a trailing write pole
抽取结果	The inductive head includes a leading write pole and a trailing write pole

表 12-4 显示了该方法与 SAO 方法的结果对比。需要注意的是，由于 SAO 方法只输出命名实体的边界，并不包括类型信息，为对比公平，只用边界判断结果来评测 BiLSTM-CRF 的表现。但是，哪怕用最严苛的精确匹配策略，深度学习方法在识别效果上依然与 SAO 方法存在巨大的差距。在 SAO 方法中，71.8% 的金标准实体完全未被识别出来，而在识别出来的实体中，只有 1.2%、4.5%、22.5% 的金标准实体被精确匹配、包含匹配、重叠匹配。换一个角度来讲，在 SAO 方法的识别结果中，完全识别错误的实体占全部识别实体总数的 37.7%，被精确匹配、包含匹配、重叠匹配的实体占全部识别实体总数的 3.0%、11.8% 和 47.5%。相比之下，深度学习方法的效果远远超出 SAO 方法，它能够识别出金标准中 91.01% 的实体，而在其所识别的实体中，正确实体占比高达 92.4%。

表 12-4　实体识别效果测度汇总　　　　　　　（单位：%）

测度指标		正确实体占比	召回率	F1 值
SAO 方法	精确匹配	3.0	1.2	1.7
	包含匹配	14.8	5.7	8.3
	重叠匹配	62.3	28.2	38.8
深度学习方法	精确匹配	92.4	91.9	92.2

12.5　总结与展望

近年来，大数据和人工智能技术的进步极大推动了专利知识发现方法的发展，这种发展包括以下 3 方面。

1）直接带来专利文献信息服务行业进步。例如神经翻译技术在世界知识产权组织和欧洲专利局所实现的高质量专利翻译，大大缓解了跨语言专利检索的障碍；深度学习技术在案源分配上的使用，有力提升了技术分类号在专利申请材料上的分配效率；将主题模型引入专利信息检索，在一定程度上解决同义词、近义词痼疾的同时，将信息检索的层次从字符串对比下钻到语义匹配，极大提升了信息检索的效果。这在当前全世界注重科技创新和知识产权保护、专利申请量居高不下的形势下具有重要意义。

2）为人工密集型业务提供自动化的解决途径。长期以来，专利知识发现任务以人工操作为主、软件工具和平台为辅。在科技大数据日益丰富和知识产权重要性不断提升的当下，这种工作方式不仅弊端日益突出，而且无法满足高效、实时、方法易扩展、经验可移植和可涵盖海量多源异构数据等时代要求。而于此相对照，长期业务活动所积累的大量极有价值的历史数据，却长期处于休眠未开采状态。大数据和人工智能技术为利用历史数据撬动专利知识发现未来发展提供了得力工具，专利技术分类标签是案源分配任务的极佳训练数据，专利无效宣告案件法律文书为智能专利诉讼方法研究提供难得的基础数据，专利审查员长期检索工作中积累下的领域词表和同义词表可以助力语义检索效果的极大提升。在帮助专利知识发现实现技术升级的同时，这些智能技术也极大拓展着专利知识服务的业务边界。

3）为专利业务核心难题提供了新的解决思路。无论专利申请前的可专利性判断，还是专利得到授权后的无效检索、确权检索，对专利新颖性和创造性的判断一直是这一领域的核心难题，其难度不仅在于专利文本将同义词、近义词、模糊用语、上下位概念替换和对等词等文字技巧用到极致，更在于专利新颖性和创造性所涉及的内容并不仅仅是专利权利要求项和说明书中的若干段落句子，更牵连到超越单篇专利文献的通用知识和领域知识。近年来大数据和人工智能的新进展，比如机器阅读理解、自动问答、跨篇章实体消解乃至具有知识存储能力的大型预训练模型，在拓广自身技术边界的同时，也在与这些困扰行业多年的核心难题发生着激烈碰撞和融会贯通，并为完成这些不可能的任务提供了新的可能性。

然而，必须清醒的看到虽然大数据和人工智能技术赋能专利知识发现是一片令人期待的蓝海，但目前该领域的探索只是刚刚开始，类似智能技术赋能行业生产力、行业知识和经验反哺智能技术发展这种形成正反馈闭环的情况还非常少见。即便计算机国际顶级会议如 IJCAI、COLING、CIKM、SIGIR 中专利知识发现方法研究向来不曾缺席，但纵观下来还只是在各个技术方向的零星散布，不成体系且缺乏理论指导，更没有类似 DeepMind 公司围棋机器人 AlphaGo、蛋白质折叠预测工具 AlphaFold 2 这样聚焦全球注意力的明星成果。诚然对现有智能技术的套用可以直接推动专利知识发现研究的发展，但随着研究和应用的深入，会有更多专利知识发现需求和行业痛点问题出现在当前大数据和人工智能技术的边界之外。在智能技术仍受到总体发展限制的当下，一种可行的策略是，针对专利数据的特点和知识发现业务的逻辑，利用大数据和人工智能技术去定制模型和解决业务需求，以形成具有领域特色的发展方式，并对智能技术在其他专业领域的应用起到示范和启发作用。

参 考 文 献

方曙, 胡正银, 庞弘燊, 等.2011. 基于专利文献的技术演化分析方法研究. 图书情报工作, 55 (22): 42-46.

苟妍.2020. 利用元路径提升的专利无效对比文件判断方法研究. 北京：中国科学技术信息研究所.

胡正银, 方曙.2014. 专利文本技术挖掘研究进展综述. 现代图书情报技术, 30 (6): 62-70.

师英昭.2021. 利用图嵌入特征强化的专利对比文件检索方法研究. 北京：中国科学技术信息研究所.

薛驰, 邱清盈, 冯培恩, 等.2013. 机械产品专利作用结构知识提取方法研究. 农业机械学报, 44 (1): 222-229.

杨莹.2009. 国内外机器人研究领域的知识计量. 大连：大连理工大学.

Alghamdi R, Alfalqi K. 2015. A survey of topic modeling in text mining. International Journal of Advanced Computer Science and Applications, 6 (1): 147-153

Batagelj V. 2003. Efficient algorithms for citation network analysis. Preprint Series, 41.

Batagelj V, Mrvar A. 2004. Pajek-analysis and visualization of large networks. //Jünger M Mutzel P. Graph drawing software. Mathematics and visualization. Heidelberg：Springer.

Bergmann I, Butzke D, Walter L, et al. 2008. Evaluating the risk of patent infringement by means of semantic patent analysis：the case of DNA chips. R&D Management, 38 (5): 550-562.

Bhupatiraju S, Nomaler Ö, Triulzi G, et al. 2012. Knowledge flows- Analyzing the core literature of innovation, entrepreneurship and science and technology studies. Research Policy, 41 (7): 1205-1218.

Campbell W, Li L, Dagli C, et al. 2016. Predicting and analyzing factors in patent litigation. NIPS 2016. ML and the Law Workshop.

Chang P, Wu C, Leu H. 2010. Using patent analyses to monitor the technological trends in an emerging field of technology：a case of carbon nanotube field emission display. Scientometrics, 82 (1): 5-19.

Chen L, Xu S, Zhu L, et al. 2020. A deep learning based method for extracting semantic information from patent documents. Scientometrics, 125 (1): 289-312.

Chen L, Xu S, Zhu L, et al. 2022. A semantic main path analysis method to identify multiple developmental trajectories. Journal of Informetrics, 16 (2): 101281.

Chena S H, Huang M H, Chena D Z. 2012. Identifying and Visualizing Technology Evolution：A Case Study of Smart Grid Technology. Technological Forecasting and Social Change, 79 (6): 1099-1110.

Choi S, Kang D, Lim J, et al. 2012. A fact- oriented ontological approach to SAO- based function modeling of patents for implementing function- based technology database. Expert System with Application, 39 (10): 9129-9140.

Choi S, Kim H, Yoon J, et al. 2013. An SAO- based text- mining approach for technology roadmapping using patent information. R&D Management, 43 (1): 52-73.

Devlin J, Chang M W, Lee K, et al. 2018. Bert: Pre-training of deep bidirectional transformers for language understanding. arXiv preprint. arXiv: 1810. 04805.

Dewulf S. 2011. Directed variation of properties for new or improved function product DNA, a base for connect and develop. Procedia Engineering, (9): 646-652.

Frumkin M. 1945. The origin of patents. Journal of the Patent Office Society, 27: 143.

Garfield E. 1994. Research fronts. Current Contents, 41 (10): 3-7.

Juranek S, Otneim H. 2021. Using machine learning to predict patent lawsuits. https://hdl. handle. net/11250/2760583[2021-01-8].

Kim H B, Hyeok Y J, Kim K S. 2012. Semantic SAO network of patents for reusability of inventive knowledge. IEEE International Conference on Management of Innovation and Technology. IEEE: 510-515.

Kim Y G, Suh J H, Park S C. 2008. Visualization of patent analysis for emerging technology. Expert Systems with Applications, 34 (3): 1804-1812.

Krestel R, Chikkamath R, Hewel C, et al. 2021. A survey on deep learning for patent analysis. World Patent Information, 65: 102035.

Landauer T K, Foltz P W, Laham D. 1998. An introduction to latent semantic analysis. Discourse Processes, 25 (2-3): 259-284.

Levin R C. 1986. A new look at the patent system. The American Economic Review, 76 (2): 199-202.

Li J, Sun A, Han J, et al. 2020. A survey on deep learning for named entity recognition. IEEE Transactions on Knowledge and Data Engineering, 1-20.

Liu K. 2020. A survey on neural relation extraction. Science China Technological Sciences, 63 (10): 1-19.

Liu Q, Wu H, Ye Y, et al. 2018. Patent Litigation Prediction: A Convolutional Tensor Factorization Approach. IJCAI: 5052-5059.

Liu T Y. 2011. Learning to rank for information retrieval. Foundation and Trends in Information Retrieval, 3 (3): 225-331.

Mogee M E, Kolar R G. 1999. Patent co-citation analysis of Eli Lilly& Co patents. Expert Opinion on Therapeutic Patents, 9 (3): 291-305.

Park H, Yoon J, Kim K. 2013. Using function- based patent analysis to identify potential application areas of technology for technology transfer. Expert Systems with Applications, 40 (13): 5260-5265.

Pérez- Pérez M, Pérez- Rodríguez G, Vazquez M, et al. 2017. Evaluation of chemical and gene/protein entity recognition systems at BioCreative V. 5: The CEMP and GPRO patents tracks. Proceedings of the BioCreative V. 5 Challenge Evaluation Workshop, 11-18.

Raghupathi V, Zhou Y, Raghupathi W. 2018. Legal decision support: Exploring big data analytics approach to modeling pharma patent validity cases. IEEE Access, 6: 41518-41528.

Rajshekhar K, Shalaby W, Zadrozny W. 2016. Analytics in post-grant patent review: possibilities and challenges (preliminary report). Proceedings of the American Society for Engineering Management 2016 International Annual Conference. Long S, Ng E H, Downing C & Nepal B eds.

Rajshekhar K, Zadrozny W, Garapati S S. 2017. Analytics of Patent Case Rulings: Empirical Evaluation of Models for Legal Relevance. Proceedings of the 16th International Conference on Artificial Intelligence and Law (ICAIL 2017). London, UK.

Risch J, Alder N, Hewel C, et al. 2020. PatentMatch: A Dataset for Matching Patent Claims & Prior Art. arXiv preprint. arXiv: 2012. 13919.

Saad F. 2019. Named entity recognition for biomedical patent text using Bi-LSTM variants. Proceedings of the 21st International Conference on Information Integration and Web-based Applications & Services: 617-621.

Sun Y, Han J. 2012. Mining heterogeneous information networks: principles and methodologies. Synthesis Lectures on Data Mining and Knowledge Discovery, 3 (2): 1-159.

Sun Y, Han J. 2013. Meta-path-based search and mining in heterogeneous information networks. Tsinghua Science and Technology, 18 (4): 329-338.

Wang X, Qiu P, Zhu D, et al. 2015. Identification of technology development trends based on subject-action-object analysis: the case of dye-sensitized solar cells. Technological Forecasting and Social Change, 98: 24-46.

WIPO. 2022. Patent map. http://www. wipo. int/edocs/mdocs/sme/en/wipo_ip_bis_ge_03/wipo_ip_bis_ge_03_16-annex1. pdf[EB/OL][2022-05-28].

Wu H. Report of 2019 Language & Intelligence Technique Evaluation. Baidu Corporation. http://tcci. ccf. org. cn/summit/2019/dlinfo/1101-wh. pdf[EB/OL][2021-01-8].

Xiao Y, Lu L Y, Liu J S, et al. 2014. Knowledge diffusion path analysis of data quality literature: A main path analysis. Journal of Informetrics, 8 (3), 594-605.

Yang S Y, Soo V W. 2012. Extract conceptual graphs from plain texts in patent claims. Engineering Applications of Artificial Intelligence, 25 (4): 874-887.

Yoon B, Park Y. 2004. A text-mining-based patent network: Analytical tool for high-technology trend. The Journal of High Technology Management Research, 15 (1): 37-50.

Yoon J, Kim K. 2012a. Trendperceptor: a property-function based technology intelligence system for identifying technology trends from patents. Expert System with Application, 39 (3): 2927-2938.

Yoon J, Kim K. 2012b. An analysis of property-function based patent networks for strategic R&D planning in fast-moving industries: The case of silicon-based thin film solar cells. Expert Systems with Applications, 39 (9): 7709-7717.

Yoon J, Ko N, Kim J. 2015. A function-based knowledge base for technology intelligence. Industrial Engineering & Management Systems, 14 (1): 73-87.

Zha X, Chen M. 2010. Study on early warning of competitive technical intelligence based on the patent map. Journal of Computers, 5 (2): 274-281.

Zhai Z, Nguyen D Q, Akhondi S A, et al. 2019. Improving chemical named entity recognition in patents with contextualized word embeddings. arXiv preprint. arXiv: 1907. 02679.

Zwichky F. 1948. Morphological astronomy. The Observatory, 68: 121-143.

第 13 章

知识图谱技术及其在医学领域的应用进展

知识图谱是一种从多源数据中抽取实体和实体间关系以描述现实中的概念、事件及其间关系，并通过结合应用数学、图形学、信息可视化技术等学科理论，利用可视化图形直观展现数据所包含的知识结构的一种技术和理论。知识图谱的结构化、关联化使知识的共享和利用能力大大提高。尤其在知识快速更新的医疗领域，知识图谱技术将很好地缓解临床医生的记忆和分析压力。本章概述了知识图谱发展历程及其实践应用，针对医学领域知识图谱的应用介绍中，主要对构建过程——确定数据源、实体识别、实体消歧、关系抽取、关系推理中的主要内容和方法进行梳理，并从辅助影像诊断、智慧问答、用药推荐、药物发现、个性化健康服务、辅助大型传染病防控等 6 个方面梳理了近年来知识图谱在医学中的主要应用，最后提出了目前知识图谱构建存在的一些问题。

13.1　引言

从计算智能到感知智能，再到认知智能，知识的核心地位日益突出，尤其随着互联网时代"大数据"的发展壮大，对大数据量的需求逐渐转变为对有效知识的需求。知识图谱是一种从多源数据中抽取实体和实体间关系以描述现实中的概念、事件及其间关系，并通过结合应用数学、图形学、信息可视化技术等学科理论，利用可视化图形直观展现数据所包含的知识结构的一种技术和理论。它能够很好地表示大数据集中包含的知识结构，并采用规范的知识描述框架表示知识，能够有效提高知识的多平台共享和利用。知识图谱一词最早由谷歌在 2012 年 5 月 16 日正式提出，其发展可追溯到 1968 年的语义网络（谭晓和张志强，2020）。语义网络将自然语言描述的内容通过用图的形式表达和存储，形成了基于语义关系连接的概念图，其后经过本体论、语义网、链接数据的发展与探索，最终出现知识图谱这一概念并最早被谷歌应用于改善检索服务。

随着医疗电子化推行，各级医院都累积了大量的医疗数据。同时，医学的快速发展所带来的快速临床路径更新、爆炸增长的临床数据、临床指南规范化应用，使得传统的依赖于经验的医疗模式获得新的发展方向。知识图谱技术基于海量数据中挖掘知识，有效缓解临床医生记忆和分析压力的特征吸引了研究人员的关注（Datla et al., 2017）。医学辅助诊断泛指通过计算机分析医疗数据，向医生提供一个或多个候选诊断结果的技术，该技术能够大大减轻医生的诊断压力，同时提高诊断质量和效率。知识图谱本质上可以视为一种自然语义理解网络，它融合自然语言处理、信息可视化技术、知识工程等技术，因其直观性、知识性等显著特点成为医学领域的热点技术。

13.2　知识图谱技术及其应用发展概述

知识图谱一词最早由谷歌公司在 2012 年正式提出。谷歌公司为了提高自身搜索引擎检索效率，方便用户获取所需知识而提出了这种语义检索结构，并在之后将其应用于美国的搜索引擎业务。虽然该结构在 2012 年首次得名，但是它的发展历史却可以追溯到 1968年 J. R. Quillian 提出的语义网络（semantic network）（谭晓和张志强，2020）。语义网络将自然语言描述的内容通过用图的形式表达和存储，形成了基于语义关系连接的概念图。语义网络之后，20 世纪 80 年代本体论也开始从哲学概念发展到了计算机领域。人工智能专家开始构建基于本体结构的专家系统模型，该时期的模型可分为因果模型和神经网络模型两大类，分别用来在模型中考虑因果时间尺度和用网络实现知识的推理（张煜东等，2010），该时期的专家系统已经初步实现了知识图谱的推理功能。1998 年 Berners-Lee 提出了语义网（semantic web）的概念，通过向网页数据中添加语义信息，使数据之间建立连接，从而形成关联数据。语义网规定的一系列用于描述和关联万维网数据的技术标准使得网络上的数据变成机器可读的通用框架，从而推动了计算机语义理解进程的发展。2006年，Tim Berners-Lee 提出链接数据（linked data）的概念，链接数据定义了如何利用语义网技术在网上发布数据，它强调在不同的数据集间创建链接，使得数据不仅仅发布于语义网中，而且要建立起数据之间的链接从而形成一张巨大的链接数据网。链接数据是知识图谱发展的进程中一个很重要的概念，甚至可以说知识图谱是这个概念基础上的进一步包装。2012 年谷歌发布了知识图谱技术（Pujara et al., 2013）用于改善检索服务，进一步方便提供知识服务，而不再局限于提供网页链接信息（图 13-1）。

随着知识图谱技术优势的显现，越来越多的人员开始尝试挖掘更多应用场景，将知识图谱技术结合不同领域方向，实现知识分析、知识展示等功能。知识图谱技术的应用领域

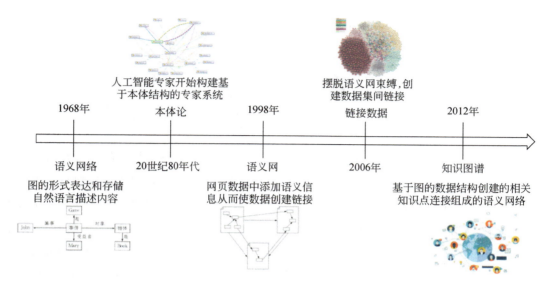

图 13-1　知识图谱发展流程图

包括事故分析、语义搜索、金融投资、公安情报分析、智能问答、政府管理、电商管理等多个领域的不同方面（表 13-1）。在事故分析领域，曹现刚等（曹现刚等，2021）构建了煤矿机电设备事故知识图谱，有效提高了煤矿机电设备事故诊断、风险管理的工作效率；语义搜索中，谷歌搜索引擎利用该技术对检索词输出结构化知识，有效提高用户检索效率；金融投资方面，金融机构通过整合金融数据、信息平台、自然语言处理和语义搜索引擎等技术，对金融公司形成直观认识脉络，有效降低潜在金融风险，如 Kensho；公安情报分析上，通过融合人物社交、通话、金融、出行、住宿等相关信息，可帮助刑侦有效挖掘案件同伙，追查资金流向等；智能问答方面，IBM Watson（Ferrucci et al., 2010）利用知识图谱结合自然语言处理技术，在问答节目中表现出精确度、信心和速度高于人类专家水平的成果；政府管理中，Palantir 因为利用知识图谱技术协助追回了前纳斯达克主席麦道夫金融欺诈案的数十亿美金而声名赫赫；电商管理中，阿里巴巴集团构建了包含商品、产品、品牌等属性信息的百亿级商品知识图谱广泛用于电商业务，有效提高了消费者在线购物体验。

表 13-1　知识图谱应用对比表

应用领域	应用方式
事故分析	通过构建事故知识图谱，分析事故背后原因，有效提高诊断效率，降低事故概率
语义搜索	利用知识图谱输出结构化知识，提高检索效率
金融投资	梳理公司背后金融关系，有效降低潜在金融风险
公安情报分析	融合多源信息，挖掘潜在关联，追查资金流向；预防诈骗等

续表

应用领域	应用方式
智能问答	针对语义信息链接关联进行挖掘并反馈答案
政府管理	整理、分析不同来源的结构化和非结构化数据，为政府管理提供决策支持
电商管理	通过构建商品关联图谱，有效改善用户购物体验
医学领域	构建医学知识图谱，用于影像诊断、用药推荐、药物发现等流程

除此之外，知识图谱技术还被广泛应用于医学领域。知识图谱技术的发展使得医学界越来越关注如何将其与自身丰富的数据相结合，针对医学领域的知识图谱构建与应用也得到科研人员的关注与重视，Lynn Marie Schriml 等利用 ICD、NCI 及 SNOMED CT 等疾病术语的交叉映射和集成构建了疾病本体数据库，在语义上整合了疾病词汇和医学词汇（Schriml et al.，2011），为医学知识图谱的构建工作提供了一定的工作基础；Rotmensch Maya 等探索在电子病历基础上利用三种概率模型的最大似然估计参数来学习疾病–症状关系，并自动构建医学知识图谱，其中使用噪声"或"门的贝叶斯网络概率模型取得明显优于其他测试模型（如谷歌健康知识图）的结果（Rotmensch M et al.，2017）；北京大学计算语言学教育部重点实验室合作构建的中文医学知识图谱 CMeKG 为中文医学知识图谱的构建丰富了资料（奥德玛等，2019）；Duan Yucong 等从数据、信息、知识和智慧四个层面阐明知识图谱的表达，并以渐进式的方式将知识图谱分为"数据图谱、信息图谱、知识图谱和智慧图谱"四种基本形式（Duan et al.，2018）；胡正银等提出了一套基于知识图谱多源数据融合的学科知识发现发现框架，实现了对多类型数据、全面关联知识的更深层次知识挖掘（胡正银等，2020）。

13.3　医学知识图谱的构建

知识图谱的构建方法分为自顶向下、自底向上和混合构建三种模式。自顶向下的模式主要用于构建垂直领域知识图谱，其中领域知识图谱源于专家系统，其数据主要集中在一个特定领域，具有知识粒度细、知识层次深的特点。构建过程分成两部分，一是由领域专家构建本体库，二是从行业关系数据库等异构数据源中将数据填充到知识图谱中。这种方法从前期构建到后期维护都需要大量领域专家的参与，虽然保证了数据的质量和深度，但是随着业务和领域的扩展，该方法在构建通用领域知识图谱的过程中会消耗大量的人力和财力。考虑到通用知识图谱模式层庞大，人工定义困难，近年来不断有人尝试在 Wikipedia 等百科网站上分别进行实体、关系和属性抽取，然后从数据中提炼出模式信息，自底向上构建开放领域的知识图谱。这种构建方法与自顶向下相比，不仅成本低，而且实现了知识图谱中知识的迭代更新。但是其完全自动化的特性使得获取到的知识难以构成完整的体系，知识的质量难以达到实用的水平（付洋等，2020）。除此之外，应用较多的就是混合两种构建模式的知识图谱构建策略，首先通过顶层分析对知识图谱构建有一个初步的框架，其次在底层数据获取、分析的过程中不断完善知识图谱的框架与细节，最终实现高效、准确的知识图谱构建（家明强，2020）。

　　从构建步骤来讲，对于医学知识图谱的构建主要可以归纳为五步，分别是确定数据源、实体抽取、实体对齐/消歧、关系抽取和关系推断。首先确定数据的来源出处，其次通过从大量的结构化、半结构化与非结构化数据中获取医学命名实体，对存在歧义的实体进行对齐/消歧并提取归纳实体之间的关系，将实体之间的关系通过节点与有向线段的方式表现出来也就完成了知识图谱的构建。

13.3.1　确定数据源

　　医学领域所用到的数据源包括结构化数据、半结构化数据和非结构化数据。结构化数据多是经过组织后的数据，规模较小但置信度高，如肿瘤登记处的癌症/肿瘤/病例数据集（Hasan et al.，2020）等。半结构化数据规模较大，形式多样，置信度较高，如网络中的开放医疗内容（Pham et al.，2020），医学在线网站（Zhang et al.，2018）等。非结构化数据复杂多样，规模大，置信度低，多以纯文本的形式存在。这类数据主要有科学出版物、教科书、专业文献与文章，如维基百科"临床医学"类别下的文章（Datla V et al.，2017）、慢性阻塞性肺疾病诊治指南（Jia et al.，2019）、MEDLINE 的生物医学文献（Pham et al.，2020）等。数据源的选择多依据研究目的和现实数据源情况，一般而言，电子病历等半结构化数据的效果较好，但为了达到构建足够数量和高质量的知识图谱，往往会采用多来源的异构数据集。

13.3.2　实体抽取

　　实体抽取的主要目的是通过系统地从集成融合的医学数据中抽取不同的实体信息以规范元数据设计。医学领域的实体多为疾病、症状、药物、检查、治疗以及其他社会、环境、生活方式等可辅助诊断和决策的因素信息。目前常见的实体抽取来源包括各类医学词表，如 SNOMED CT（医学术语系统化-临床术语）、ICD-10（国际疾病分类）、MeSH（医学主题词表）、CHPO（中国人类表型本体联合会）等。

　　分词和词性标注是后续实体识别、实体消歧、关系抽取等任务的基础，目前按照抽取算法思维差异可分为基于规则和基于统计两种方式。根据数据的不同结构化程度分为基于词典的抽取和基于统计的抽取。基于词典的方法如正/反向最大匹配法、最短路径法等，主要思想是按照一定的策略将待分析的汉字串与一个充分大的词典中的词条进行匹配，若在词典中找到某个字符串，则匹配成功。由于医学知识的积累比较成熟，编制了多部业界公认的医学词典，这使得医学实体的抽取得以简化，通过与现有的词典知识库进行字符匹配即可识别（Rotmensch et al., 2017）。但在处理电子病历中的文本、医学文献等信息时就需要结合基于统计的方法，如文献（Jia et al., 2019）采用了由基于词汇的双向最大匹配（bi-directction matching method，BMM）、BiLSTM-CRF 模型和模式识别器的混合模型来识别未定义的实体并扩展。文献（Xiu et al., 2020）采用具有条件随机场（conditional random field，CRF）的双向长短期记忆（bi-directional long short-term memory，BiLSTM）网络同时利用上下文信息来提高实体识别的效果。

13.3.3　实体对齐/消歧

实体对齐指对于异构数据源知识库中的各个实体，找出属于现实世界中的同一实体，从而使实体包含的信息更丰富、更准确的过程；实体消歧过程则把具有歧义的命名性指称项映射到它实际所指的实体概念上，用于解决"一词多义"现象。在医学实体的抽取阶段得到的数据也往往存在不规范、歧义等问题，如慢性阻塞性肺炎、COPD、慢阻肺都是指向同一种慢性肺部疾病，从而需要利用到实体对齐或消歧技术。针对这一问题，研究者在构建知识图谱时做了一些努力。如基于余弦相似法计算产科术语相似性（Zhang et al., 2018），建立实体标准和术语表并将关系中的实体与相应术语数据库中的概念进行映射（Zhao et al., 2020）。也有研究者依据医学词典人工选取实体，通过对数据进行一致性检验等预处理从而避免了此步骤。

13.3.4　关系抽取

关系抽取是进行诊疗推理的重要环节，关系抽取目的是自动识别由一对概念和联系这对概念的关系构成的相关三元组。在医学领域中，这种关系指医学实体间的相互作用，如在疾病和药物间存在治疗关系，疾病和症状间具有诊断关系等。针对不同的数据类型有不同的提取方法，对于非结构化文本，根据前期是否预先定义实体关系，可分为预定义关系抽取和开放式关系抽取，典型方法有关系分类、远程监督关系抽取、联合抽取、深度学习等。半结构化文本主要是指具有一定组织结构的网页，在抽取半结构化文本中的关系时，需要先利用结构化信息识别半结构化的信息块，再在识别的块中学习属性模板并进行排序筛选高质量模板，最后抽取属性名及属性值获得关系。在医学领域，实体间关系类型相对固定，关系集合提前定义的难度较小，因此预定义关系抽取方法应用较多。Gokhan Bakalb 等在 UMLS 或 repoDB 中已记录的手工管理关系的基础上，采用了基于词汇和句法模式的远距离监督方法来抽取治疗和因果关系（Bakal et al.，2018）。Chai Xuqing 根据甲状腺结节病例数据库构建概念分类树，再通过 BFS 广度优先算法填充概念树从而获得三元组关系。Shen Ying 等利用带有双向门控递归单元（BiGRU）的深度神经网络从电子病历中提取医疗关系（Shen et al.，2018）。Zhang Kunli 等基于预定义的产科概念实体关系，选择支持向量机对实体个体关系进行分类（Zhang et al.，2018）。

13.3.5　关系推断

关系推理就是利用已有的实体关联推断新关联的过程。知识推理经过了一个漫长的发展过程，从早期基于逻辑知识的推理，到基于语义网络的推理，再到大数据时代背景下的日益推崇的机器推理方法，总体而言，知识推理都是利用现有的先验知识按所设计的推导规则获取新知识的过程。知识图谱的推理方法可以分为三类：基于规则的推理、基于分布式表示的推理和基于神经网络的推理（Chen et al.，2020），如马尔可夫网络理论（Jiang et al.，2017）、基于注意力的双门循环单元（Shen et al.，2018），BLSTM（Chai，2020）等。Yang 等（2020）基于时空图卷积网络的鲁棒诊断预测模型，通过多个时空图卷积单元有效地从序列图 EHR 数据中提取有意义的特征，生成稳健的患者表示，用于准确的诊断预测。Ma Fenglong 等用具有注意机制的递归神经网络（recurrent neural networks，RNNs）来预测患者未来的就诊信息，保证了在数据重组和不足情况下结果的鲁棒性（Ma et al.，2018）。多种方法集成的策略也被不少学者采用，如 Irene Y 等采用逻辑回归、朴素贝叶斯和噪声 OR 门建模疾病和症状间关系，从而在学习的参数中得出疾病–症状关系图（Chen et al.，2019）。

13.3.6　知识图谱

实体和关系是知识图谱中两个基本概念，分别对应于知识图谱中的节点和节点间连线，其基本表示为"实体–关系–实体"三元组。经过上述的实体识别、实体对齐/消歧、关系抽取等步骤，一个包含特定知识的知识图谱基本形成。丰富的节点和节点间连线，共同构成了表达某一通用或特定领域内的实体和实体间关系，即该领域的知识。知识图谱由概念层和数据层构成。概念层定义了知识结构，往往可以由该领域的本体来进行结构化描述。数据层为现实中的实体建立链接，一个概念类可以有多个实体实例。图 13-2 为冠心病知识图谱的一个示例,上层为概念层,表示冠心病的知识体系。其中涉及冠心病、治疗、症状、检查、领域专家、医院、行政区 7 个实体,每个实体都有不同深度的下位类,这些实体类间的等级关系以蓝色箭头表示,图中也含有不同实体间的关系,不同关系以不同颜色的虚线箭头表示。下层是数据层,对应现实世界中的具体例子。在数据层中,为每类实体添加了现实中的实例,其中实体与实例间对应关系以竖直线标注,实例间关系以不同颜色的虚线表示。

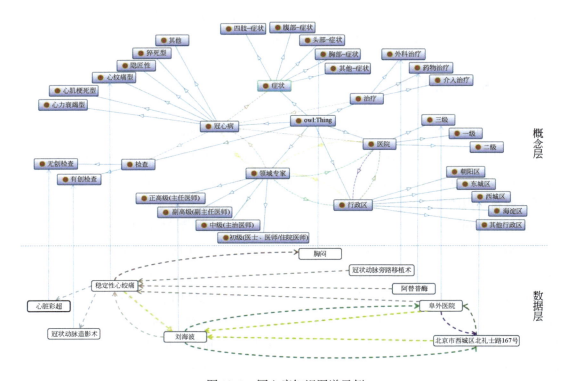

图 13-2　冠心病知识图谱示例

13.4　知识图谱技术在医学领域的主要应用

知识图谱可对大量、异构知识进行有效的表示和存储,是医疗数据挖掘的有力手段。经过几年的发展,医学知识图谱在医疗影像、生物信息、决策支持、健康保健等方面,从基因表达、辅助检查、信息综合等不同角度辅助医学诊断和预测,有效提高了医学领域的智能化、全面化和精准化程度。

13.4.1　辅助影像诊断

智能影像分析是医学诊断的重要手段，它将图像处理、图像分析、计算机视觉等技术有效结合，通过标注异常征象来排除无关疾病，缩小疾病诊断范围，从而提高诊断质量和效率。

智能影像诊断离不开对医学知识的准确描述。早在 20 世纪 90 年代，为了促进医学知识的应用，Smart 和 Roux（1995）提出一种用于分析描述性医学报告的知识表示形式。该知识表示包含定义层和断言层，定义层次描述一般医学概念及其之间的关系，断言层表示个别案例。通过定义层和断言层的结合，可以精确定义概念组合以及定义层所定义知识的"实例"。早期的医学报告在自由文本语义解释时多采用基于规则的方法（Romacker and Hahn，2001），但为了提高影像、语义/知识、诊断报告三者间转化的准确性，知识图谱逐渐被作为知识库应用到影像报告生成过程之中。

已有研究（Harshita et al.，2016）将包含细胞核形态的信息作为顶点属性，同时以边缘链接和边缘属性的形式表示邻域知识，构建了胃部组织区域的细胞核归属关系图。该关系图可全面的表示胃部组织结构，并基于该知识图使用集成学习方法区分了胃癌的恶性水平。已有研究（Bilgin et al.，2010）建立了分别以节点和节点间连线代表细胞核空间坐标和其感知细胞外基质组成关系的细胞图，提出了一种对骨组织样本的组织病理学图像进行骨癌诊断的细胞图挖掘方法。除了自己构建知识图谱，直接嵌入相关知识图谱也是解决复杂影像诊断的有效途径，文献（Zhou Y et al.，2021）即参考高概率异常区域并利用相关知识图的先验知识来解决胸部 X 线检查中各种病变的高不一致性和高复杂性问题。

但目前医学影像的诊断仍有问题需要解决，如数据量缺少、知识重要性差异等问题。Jia 等（2020）提出小样本放射学报告生成模型，引入少量学习生成网络，为罕见疾病生成人工医学实例，并利用图卷积来建模和加强疾病之间的内在相关性，使知识从常规疾病转移到罕见疾病，有利于罕见疾病的检测和诊断报告的生成。Zhang 等（2020）考虑到相比一般图像描述，放射学图像报告中阳性疾病关键字和疾病关键词及其相关属性更为重要的特点，提出在多种疾病发现上使用预先构建的图嵌入模块生成放射影像报告。知识图的结合可以对每个疾病进行专门的特征学习和关系建模，在胸片公开数据集（IU-RR）上取得了更优越的性能。

13.4.2　智慧问答

传统医学决策多依赖于医生的经验积累，具有一定的主观性和知识局限性，而借助于知识图谱的医学决策系统则包含海量先验知识，并拥有强大的计算能力。知识图谱的这些特点为提供智慧问答夯实了基础，已被证明是集成多个医学知识源的有用工具。常见的智慧问答多以知识图谱作为知识库，以问答或对话系统为平台，通过分析患者症状、检查、生物医学等个人信息和社会、环境等因素，结合机器学习、深度学习等方法提供可视化、检索问答、疾病预测等信息。它可以支持医学决策、文献检索、确定医疗质量指标、合并症分析等任务（Huang et al., 2017），这些任务在实际医学应用中是必不可少的决策依据。

结合知识图谱的医学智慧问答系统包括问答检索式和多轮对话式。比较常见是问答检索式，它以构建医学知识图谱为主要内容，在构建的基础上提供检索功能。其中，知识图谱的知识可来源于网络、专家以及二者的知识集合。Wang 和 Wang（2020）使用爬虫技术在疾病问答网站和疾病网站上抓取相关疾病问题和结构化疾病知识，构建中国疾病知识库，形成了基于疾病知识库的问答系统。Struck A 等（2020）不局限于单一知识，融合了基因表达和突变数据与药物反应实验、途径信息数据库以及文献中的关联等知识，将这些不同的资源带入一个具有复杂关系以及密集特征向量的数据模型通用框架中，构建了生物医学证据图（BMEG），用于癌症生物学发现和查询分析。通过多轮对话收集疾病相关信息并做出最终诊断是另一种常见辅助决策方式。Xu 等（2019）开发了一种用于自动医疗诊断的对话系统，该系统与患者交谈以收集患者自动阐述信息之外的其他症状。不同于以往的数据驱动式学习，该系统将丰富的医学知识图融入对话管理的主题转换中，从而编码额外的专家知识，并在公共医学对话数据集上取得显著优于最先进的方法（诊断准确率超过8%）的结果。

13.4.3　用药推荐

知识图谱的庞大知识存储为药物推荐，尤其是为具有复杂健康问题的患者推荐药物或药物组合提供了解决方案。与下文提到的药物发现不同之处在于，药物发现倾向于从原有知识中产生新推断、新知识，即产生针对某症状和疾病治疗的新药物，而用药推荐则侧重于对已有知识的理解和输出。药物是治疗的必要组成部分，因此药物推荐可被集成到多功能的综合服务平台中，在 Sheng 等（2018）所构建的数据密集型临床决策支持平台中，用药治疗就与检查、诊断等模块共同提供系列决策支持服务，目前已被用于村医系统。

由于药物是目前医学治疗最常用和直接的方式之一，聚焦于药物推荐的知识图谱构建和改进也成为医学药物应用的重要方向。在利用现有药物治疗知识构建知识图谱的基础上，可通过融入更多关联知识来提高药物推荐的效果。Shang 等（2019）通过为图形卷积网络的内存模块集成了药物相互作用知识图，并将纵向患者记录建模为查询，克服了忽略患者的健康史和药物不良作用的问题，在有效性衡量指标中均优于基线。Wang 等（2019）

进一步考虑药物组合推荐的完整性，提出了一种针对药物组合预测的图卷积增强学习模型，该模型基于电子病历，同时考虑药物相互作用等知识和药物组合的完整性，通过融合患者信息和药物知识图谱来选择药物，给出药物组合。传统中医也在药物推荐上积极跟进，如 Wang 等（2019）提出了知识图嵌入增强主题模型（KGETM），该模型同时考虑了中医医疗案例中的共现信息和中医知识图中症状和草药的综合语义相关性，从而进行中草药推荐，在 TCM 基准数据集上优于最新方法。

13.4.4　药物发现

知识图谱推理主要是针对知识图谱的知识缺失和错误关系所提出的一种知识推理技术，目前有基于符号的推理、基于统计的推理和基于神经网络的推理方法等。知识图谱推理技术使知识图谱能够支撑人工智能的许多应用，也使发现新的医学知识成为可能，可用于进行药物预测与推荐、生物化学反应预测等。

药物发现是医学知识图谱发现的一个重要应用，可以为疑难杂症的治疗提供启发性的建议，主要包括新药发现和药物重定位。将新药推向市场需要的时间长，成本高。因此，从旧药入手成了发现新药最有成效的手段（Chong and Sullivan，2007）。现有的相关文章也多围绕于药物的重定位。吴嘉敏（2019）整合多种专业医学数据资源，以肺癌相关药物、基因、靶标、论文为主要实体，构建肺癌医学知识图谱并运用 PAGERANK 算法及社区发现算法两种网络图算法对肺癌治疗通路进行知识发现，为肺癌药物治疗效果的进一步提升和药物新用提供了关键思路。Nordon 等（2019）从大规模电子健康记录和医学文献中挖掘形成概念图，并在概念图上使用链接来表示因果关联，以优先考虑药物和目标疾病之间的候选影响。该系统在高血压和糖尿病药物再利用研究中都识别出了以前未知的药物家族。已有研究（Sang et al.，2018）提出一种基于生物医学知识图谱进行药物发现的方法——SemaTyP，该方法通过学习生物医学知识图（SemKG）中存在的已知药物治疗路径的语义类型来训练逻辑回归模型，不仅可以发现新疾病的新药疗法，还可以提供候选药物的潜在作用机理。除了常见药物相关实体，三元组中主语和宾语间的关系和来源信息也被证明在药物功效筛选中具有一定的价值（Vlietstra et al.，2018）。

发现机体的潜在生物化学反应，可以探明机体的内在病理变化，也是进行药物发现的一种有效途径，目前的研究路径有基因反应、蛋白质相互作用、药物不良反应、脑区复杂反应等。已有研究（Zhu et al.，2015）借助 Zodiac 计算工具，将有关癌症遗传相互作用的现有知识与 TCGA 数据中包含的新信息进行整合，扩展了现有的癌症分子相互作用信息，还可用于探索癌症中新的基因与基因的相互作用，转录调控以及其他类型分子间的相互作用。已有研究（Kirzinger et al.，2019）利用酵母遗传学先验知识构建了人源化酵母遗传相互作用网络（HYGIN），通过将 HYGIN 中的 1009 个基因与在乳腺癌中被下调的基因进行比较，确定了 15 个具有 130 个潜在合成致死相互作用的乳腺癌基因，为发现治疗相关癌症的药物靶标提供了新的策略。Wang 等（2021）使用生物医学文献构建了肿瘤–生物标志物知识图（TBKG），不仅发现了抗肿瘤药物的潜在药物不良反应，还附有"肿瘤–生物标志物–药物"路径，有助于获取对潜在机制的深入了解。

下面将以 Wang 等（2021）为例，详细介绍知识图谱构建后应用于药物发现的过程。Wang 等通过图 13-3 所示的图谱构建、ADR（adverse drug reactions，药物不良反应）发现、临床前验证和临床验证 4 个主要步骤进行了抗肿瘤药物的潜在不良反应发现，其中验证方法主要为文献共现分析和与官方手册、临床病理报告等权威共识进行比较。在图谱构建中，作者从 UMLS、MEDLINE 数据库和中国湘雅第三医院获取实体、关系、实例等信息，形成了包含四类实体（肿瘤、生物标志物、药物和 ADR）和六种关系的知识图谱 TBKG。药物潜在不良反应则是通过朴素贝叶斯模型提取关系路径的方式来发现的。

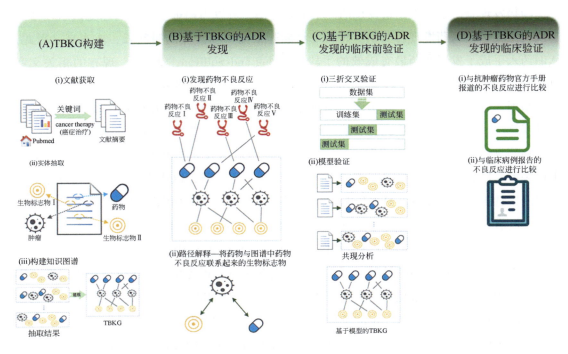

图 13-3　基于 TBKG 进行药物不良反应发现的工作流程

（A）TBKG 构建（B）基于 TBKG 的 ADR 发现（C）基于 TBKG 的 ADR 发现的临床前验证（D）基于 TBKG 的 ADR 发现的临床验证

资料来源：*Adverse Drug Reaction Discovery Using a Tumor-Biomarker Knowledge Graph.*

以与药物"奥希替尼"相关的生物标志物和 ADR 为例，"奥希替尼"与其 ADR 之一

"肾硬化"之间的相关性为 4.31。相关结果表明，在出现"奥希替尼"的情况下，"肾硬化"的概率为 10.4%，而在"奥希替尼"未出现的情况下，出现"肾硬化"的概率为 0.5%。相关性越大，"奥希替尼"导致 ADR 的可能性越大。

在 TBKG 中发现了将药物与 ADR 联系起来的生物标志物。如图 13-4 所示，"奥希替尼"与生物标志物"细胞毒性颗粒蛋白""表皮生长因子受体"和"巨噬细胞激活因子"的相关性分别为 3.49、3.64 和 4.59。这三种肿瘤因素与不良反应"肾硬化"的对应相关系数分别为 5.11、1.44 和 6.25。与"表皮生长因子受体"和"细胞毒颗粒蛋白"相比，"巨噬细胞激活因子"似乎介导了奥希替尼诱发肾硬化的发生。

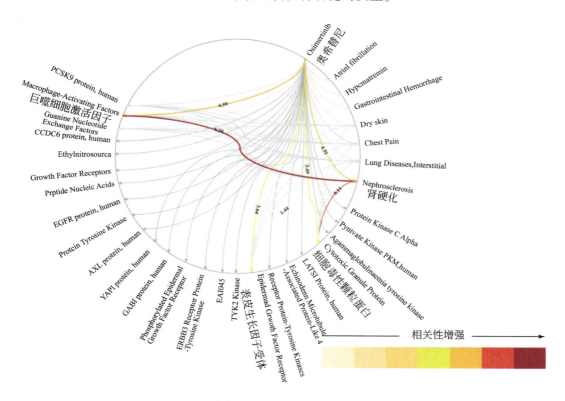

图 13-4 奥希替尼与其 ADR 之一之间的可解释途径

注：该图显示了奥希替尼、前 1% 相关生物标志物和部分 ADR 之间的通路，这里只强调奥希替尼、肾硬化和三种生物标志物之间的通路："细胞毒性颗粒蛋白"、"表皮生长因子受体"和"巨噬细胞激活因子"。

资料来源：*Adverse Drug Reaction Discovery Using a Tumor-Biomarker Knowledge Graph.*

13.4.5 个性化健康服务

提前判断个人健康情况，可以大大提高疾病预防的质量和可行性，但目前健康状况预测仍是卫生工作者面临的最困难的挑战之一（Tao et al., 2020）。构建疾病知识库，利用分类模型可以预测个人健康风险状况，如 Thuan Pham 从 MEDLINE 的标题和摘要中提取知识，开发了一个基于知识的异构信息图（HIG）模型，用于预测患者的健康状况（Pham et al., 2020）。

基于患者的个人信息进行健康预测更具有特异性，有助于推动个性化医疗保健的发展，但患者的个人医疗数据往往不足，给健康预测带来了一定的困难。对此学者们提出了不同的解决办法。Wang 等（2020）提出了一种解决历史电子健康记录数据不足的端到端模型 JMRL，该模型不仅利用来自知识图谱和共现统计中的联合信息，而且还通过两种显式反馈策略更好地利用它们之间的互利信息，在 MIMIC-III 数据集上取得了最优效果。Ma 等（2018）基于患者的历史电子医疗记录，提出了一种端到端的预测模型 KAME，为知识图中的节点学习合理的嵌入，并且融合注意力机制利用一般知识来提高预测精度，在数据充足和不足的情况下都具有鲁棒性。已有研究（Li et al., 2020）针对之前学者采用注意力机制补充数据时仅部分利用知识图谱而忽略了全局结构信息的问题，提出了基于图神经网络的诊断预测（GNDP）方法，通过构建连续的患者图来利用医学知识图作为患者的内部信息，通过多个时空图卷积单元有效地从序列图 EHR 数据中提取有意义的特征，以生成稳健的患者表征进行诊断预测。

13.4.6 辅助大型传染病防控

传染病是公共卫生领域的重要议题，尤其在新冠疫情暴发后，快速识别、分隔和治疗患者成为社会、经济、生活恢复正常的必要条件。新冠疫情是当前社会面对的首要大型传染事件，因此本部分应用将以新冠疫情为主进行介绍。当前针对新型冠状病毒感染的防治主要集中在促进药物研发方面，辅助影像诊断和防控信息整合等方面较少。这些方面在上述应用中也有所涉及，本章将其归于传染病防治的范畴内。

药物研发是目前新型冠状病毒感染研究的重点，多数学者强调进行药物的再利用，即发现现有药物在治疗新型冠状病毒感染中的价值。已有研究（Zhang et al., 2021）从 PubMed 和其他以 COVID-19 为重点的研究文献中提取语义，应用五种最先进的知识图谱补全算法（即 TransE、RotatE、DistMult、ComplEx 和 STELP）来预测药物再利用候选者，并在临床试验中进行了评估。已有研究（Che et al., 2021）从最新发表的文献中收集有关 COVID-19 的信息进行知识图谱的构建，并创建基于注意力图卷积网络（Att-GCN）的药物-疾病相互作用预测模型对 COVID-19 进行评估，目前模型预测的五种药物已被证明在临床治疗中有效。已有研究（Yan et al., 2021）整合 14 个包含药物、基因、蛋白质、病毒、疾病、症状及其联系信息的公共生物信息学数据库，构建了 COVID-19 知识图谱，并开发了一种从知识图中提取连接药物和 COVID-19 的隐藏链接的算法，通过整合每种药物的 3 个分数来生成和排名提议的候选药物，目前已有 50 个现有卫生行政部门批准且具有其他适应证的药物上报。集成思想也被用于新冠药物的筛选，已有研究（Ge et al.，2021）开发了一个集成的药物重新定位框架，它充分利用机器学习和统计分析方法，系统地整合和挖掘大规模的知识图谱、文献和转录组数据，以发现潜在的抗 SARS-CoV-2 候选药物，并发现目前处于 I 期临床试验中的聚 ADP-核糖聚合酶 1（PARP1）抑制剂 CVL218 可重新用于治疗 COVID-19。

知识图谱在医学领域的典型应用情况可见表 13-2。

表 13-2　知识图谱在医学领域的典型应用

主要应用	定义	知识图谱实例	用途	知识图谱在其中的作用
辅助影像诊断	与图像处理、图像分析、计算机视觉等技术结合，将图像信息提取为知识网络，建模病变组织、器官等的空间关系和组织病理知识	细胞核属性关系图	对胃癌组织进行分类和诊断	全面表示组织结构，为后续采用集成学习方法区分三种类型的恶性水平，即非肿瘤，Her2/neu 阳性肿瘤和 Her2/neu 阴性肿瘤提供知识基础
		感知细胞外基质细胞图	分类骨组织样本并进行癌症诊断	精确建模同一组织中共存的不同类型细胞的结构–功能关系，以便后续准确地对骨组织样本进行分类，进行癌症诊断
智慧问答	以知识图谱作为知识库，以问答系统、聊天机器人等为平台，通过分析患者症状、检查、生物医学等个人信息和社会、环境等因素，利用机器学习等方法提供可视化、疾病预测等信息，从而为用户提供决策支持	中国疾病知识库	在查询语句中找到实体和属性，基于实体和属性查询知识库并反馈结果	从卫生网站上爬行疾病的结构化信息，共包含 8805 种疾病和 5988 种症状
		生物医学证据图	支持突变显著性分析，药物反应的机器学习，患者级别的知识库查询和通路水平分析	将基因表达和突变数据与药物反应实验，途径信息数据库以及文献来源的关联相结合，共包含 4100 万个顶点和 5700 万个边

续表

主要应用	定义		知识图谱实例	用途	知识图谱在其中的作用
用药推荐	对原有药物治疗知识构建图谱，侧重于对已有知识的理解和输出		医学知识图	作为临床决策支持系统的一部分，提供问诊、检查、诊断、用药和治疗、预后等系列服务	整合基于知识的方法和数据密集型的方法，作为医学样本库和医学知识库之间的纽带，促进医学样本库和医学知识库间知识的相互迭代支持
			动态药物知识图	融合患者信息和药物知识图谱提供完整的药物组合推荐	捕捉药物之间的相关性和不良关系，并根据当前预测的药物自适应调整医学知识
药物发现	基于知识图谱中的已有知识推断出知识图谱中的未知知识，主要依赖于知识图谱推理技术	药物发现与推荐，主要包括新药发现和药物重定位	肺癌医学知识图谱	为肺癌药物治疗效果的进一步提升和药物新用提供关键思路	整合多种专业医学数据资源，以肺癌相关药物、基因、靶标、论文为主要实体，囊括 4 类实体（149 种药物，29 种基因，1130 种靶标和 10 489 篇文献）和 3 种主要语义关系
		发现潜在生物化学反应	人源化酵母遗传相互作用图	与乳腺癌特异性子网络比较，识别乳腺癌治疗有关的潜在合成致死作用	涉及 1009 个人类基因的 10 419 个潜在相互作用，含有人类基因的所有酵母直系同源物及其预测的合成致死作用
个性化健康服务	通过个人信息提前预估其健康程度或将患某些疾病的概率，主要侧重于预测诊断后的预防		异构信息图	确定个人健康状况并诊断是否患有特定疾病	包含从 MEDLINE 的标题和摘要中提取的知识，并与 NHANES 的患者数据进行映射，可帮助模型实现最佳的预测性能
			时空患者图	根据患者的历史病历预测患者未来的健康状况	将患者的 EHR 数据与医学本体相结合，形成患者就诊矩阵，该矩阵同时包含原始患者就诊的医疗代码信息和每次就诊之间的时间相关性
辅助大型传染病防控	辅助快速识别、分隔和治疗大型传染病（此指新冠疫情）患者，减少大型传染病的传播速度和范围，降低诊治难度，目前主要集中于药物重定位方面		COVID-19 知识图谱	发现新冠疫情的可重用候选药物，并可提供候选药物与新冠间联系的合理假设	从 PubMed 和其他以 COVID-19 为重点的研究文献中提取语义三元组，包含 131 355 个节点和 1 016 124 个关系
				有效预测新冠疫情的药物-疾病相互作用，发现潜在治疗药物	基于作者先前的药物知识图谱，添加文献中最新的新冠疫情相关信息后，提取出新冠疫情图谱，该图谱共包含药物、基因、疾病、途径、副作用 5 类实体及其 9 种关系

13.5　展望与结论

从谷歌知识图谱的发布、IBM Watson Health 尝试将知识图谱应用于肿瘤医学以来，已经产生许多医学知识图谱，如 SIDER（Side Effect Resource）、BROGUE（Zhao et al.，2020）、ReDrugS（McCusker et al.，2017）等。因其从海量医学文本和图像中抽取和表示结构化知识的优秀性能，知识图谱在智能诊断、精准医疗、生物化学、公共卫生等领域的应用价值愈发凸显。本章从医学实际需求出发，介绍了知识图谱的发展沿革、医学知识图谱的主要构建过程，并对近年来知识图谱在医学领域的主要应用进行梳理。

虽然目前医学知识图谱正处于研究热潮中，但在医学领域的应用中仍存在一些问题。一是构建的多为常见病和多发病知识图谱，对于数据量少的罕见病和疑难杂症关注不足。虽有少数学者通过引入注意力机制等方法来减少和弥补数据不足问题（Agarwal et al.，2016；Li et al.，2020），但仍有进步的空间。二是中医与西医知识缺乏融合。目前构建的知识图谱多是中、西医分别构建，但无论中医还是西医，都有其医学上价值和优势，尤其在当前中西医结合的倡议背景下，将传统医学融入到更多知识图谱构建中可以扩大知识图谱的应用范围、提高其诊断和治疗价值。

参 考 文 献

奥德玛，杨云飞，穗志方，等 . 2019. 中文医学知识图谱 CMeKG 构建初探，中文信息学报，33（10）：1-9.

曹现刚，张梦园，雷卓，等 . 2021. 煤矿机电设备事故知识图谱构建及应用，工矿自动化，47（3）：1-5.

付洋，刘茂福，乔瑞 . 2020. 心脏病中文知识图谱的构建，武汉大学学报（理学版），66（3）：261-267.

胡正银，刘蕾蕾，代冰，等 . 2020. 基于领域知识图谱的生命医学学科知识发现探析，数据分析与知识发现，4（11）：1-14.

家明强 . 2020. 知识图谱的构建及应用研究，电脑编程技巧与维护，（9）：147-149.

谭晓，张志强 . 2020. 知识图谱研究进展及其前沿主题分析，图书与情报，（2）：50-63.

吴嘉敏 . 2019. 肺癌医学知识图谱的构建与分析 . 宁夏大学 .

张煜东，吴乐南，王水花 . 2010. 专家系统发展综述，计算机工程与应用，46（19）：43-47.

Adam S, Brian W, Alexander B, et al. 2020. Exploring integrative analysis using the bioMedical evidence graph. JCO Clinical Cancer Informatics, 4：147-159.

Agarwal P, Verma R, Mallik A, et al. 2016. Ontology based disease diagnosis system with probabilistic inference, IEEE：1-5.

Bakal G, Talari P, Kakani E V, et al. 2018. Exploiting semantic patterns over biomedical knowledge graphs for predicting treatment and causative relations, Journal of Biomedical Informatics, 82: 189-199.

Bilgin C C, Bullough P, Plopper G E, et al. 2010. ECM-aware cell-graph mining for bone tissue modeling and classification. Data Mining and Knowledge Discovery, 20 (3): 416-438.

Chai X. 2020. Diagnosis Method of Thyroid Disease Combining Knowledge Graph and Deep Learning. IEEE Access, 8: 149787-149795.

Che M X, Yao K, Che C, et al. 2021. Knowledge-Graph-Based Drug Repositioning against COVID-19 by Graph Convolutional Network with Attention Mechanism. Future Internet, 13 (1): 10.3390/fi13010013.

Chen I Y, Agrawal M, Horng S, et al. 2019. Robustly extracting medical knowledge from ehrs: A case study of learning a health knowledge graph. Pacific Symposium on Biocomputing, (25): 19-30.

Chen X, Jia S, Xiang Y. 2020. A review: Knowledge reasoning over knowledge graph, Expert Systems With Applications, 141.

Chong C R, Sullivan D J. 2007. New uses for old drugs, Nature, 448 (7154): 645-646.

Datla V, Hasan S A, Qadir A, et al. 2017. Automated Clinical Diagnosis: The Role of Content in Various Sections of a Clinical Document, IEEE: 1004-1011.

Duan Y, Shao L, Hu G. 2018. Specifying knowledge graph with data graph, Information graph, knowledge graph, and wisdom graph. International Journal of Software Innovation (IJSI), 6 (2): 10-25.

Ferrucci D, Brown E, Chu-Carroll J, et al. 2010. Building watson: an overview of the deepQA project. AI Magazine, 31 (3): 59-79.

Ge Y, Tian T, Huang S, et al. 2021. An integrative drug repositioning framework discovered a potential therapeutic agent targeting COVID-19, Signal Transduction and Targeted Therapy, 6 (1): 1-16.

Harshita S, Norman Z, Daniel H, et al. 2016. Cell nuclei attributed relational graphs for efficient representation and classification of gastric cancer in digital histopathology, Medical Imaging 2016: Digital Pathology. International Society for Optics and Photonics, 9791: 97910X.

Hasan S M S, Rivera D, Wu X C, et al. 2020. Knowledge graph-enabled cancer data analytics. IEEE Journal of Biomedical and Health Informatics, 24 (7): 1952-1967.

Huang Z S, Yang J, van Harmelen F, et al. 2017. Constructing knowledge graphs of depression, international conference on health information science. Springer, Cham: 149-161.

Jia X H, Song W A, Li W Y, et al. 2019. Semi-automatic construction method of chronic obstructive pulmonary disease knowledge graph. IEEE Computer Soc, 2: 391-396.

Jia X, Xiong Y, Zhang J W, et al. 2020. Few-shot radiology report generation for rare diseases. IEEE Computer Soc: 601-608.

Jiang J, Li X, Zhao C, et al. 2017. Learning and inference in knowledge-based probabilistic model for medical diagnosis, Knowledge-Based Systems, 138: 58-68.

Kirzinger M W B, Vizeacoumar F S, Haave B, et al. 2019. Humanized yeast genetic interaction mapping predicts synthetic lethal interactions of FBXW7 in breast cancer, BMC Medical Genomics, 12 (1): 1-11.

Kirzingerc M W B, Vizeacoumar F S, Haave B, et al. 2019. Humanized yeast genetic interaction mapping predicts synthetic lethal interactions of FBXW7 in breast cancer. BioMed Central, 12 （1）: 112.

Li Y, Qian B, Zhang X, et al. 2020. Graph neural network-based diagnosis prediction. Big Data, 8 （5）: 379-390.

Ma F L, You Q Z, Xiao H P, et al. 2018. KAME: knowledge-based attention model for diagnosis prediction in healthcare. Assoc Computing Machinery: 743-752.

Marie S L, Cesar A, Suvarna N, et al. 2012. Disease ontology: a backbone for disease semantic integration. Nucleic Acids Research, 40 （Database issue）: D940-D946.

Maya R, Yoni H, Abdulhakim T, et al. 2017. Learning a health knowledge graph from electronic medical records. Scientific Reports, 7 （1）: 1-11.

McCusker J P, Dumontier M, Yan R, et al. 2017. Finding melanoma drugs through a probabilistic knowledge graph. Peer J Computer Science, 3: e106.

Meng W, Xinyu M, Jingwen S, et al. 2021. Adverse drug reaction discovery using a tumor-biomarker knowledge graph&#13. Frontiers in Genetics, 11: 1737.

Mingxuan C, Kui Y, Chao C, et al. 2021. Knowledge-Graph-Based drug repositioning against COVID-19 by graph convolutional network with attention mechanism. Future Internet, 13 （1）: 13.

Nordon G, Koren G, Shalev V, et al. 2019. Separating wheat from chaff: joining biomedical knowledge and patient data for repurposing medications. Proceedings of the AAAI Conference on Artificial Intelligence, 33 （1）: 9565-9572.

Pham T, Tao X, Zhang J, et al. 2020. Constructing a knowledge-based heterogeneous information graph for medical health status classification. Health information science and systems, 8 （1）: 1-14.

Pujara, J, H Miao, et al. 2013. Knowledge graph identification, international semantic web conference. Heidelberg: Springer.

Romacker M, Hahn U. 2001. Semantic interpretation of medical language - Quantitative analysis and qualitative yield. Berlin: Springer-Verlag.

Rotmensch M, Halpern Y, Tlimat A, et al. 2017. Learning a health knowledge graph from electronic medical records. Scientific reports, 7 （1）: 1-11.

Rotmensch M, Halpern Y, Tlimat A, et al. 2017. Learning a health knowledge graph from electronic medical records. Scientific Reports, 7 （1）: 5994.

Rui Z, Dimitar H, Dalton S, et al. 2021. Drug repurposing for COVID-19 via knowledge graph completion, Journal of Biomedical Informatics, 115: 103696.

Sang S, Yang Z, Wang L, et al. 2018. SemaTyP: a knowledge graph based literature mining method for drug discovery, BMC Bioinformatics, 19 （1）: 1-11.

Shamimul H S M, Donna R, XiaoCheng W, et al. 2020. Knowledge graph-enabled cancer data analytics. IEEE Journal of Biomedical and Health Informatics, 24 （7）: 1952-1967.

Shang J, Xiao C, Ma T, et al. 2019. GAMENet: Graph augmented memory networks for recommending medication combination. Proceedings of the AAAI Conference on Artificial Intelligence, 33 (1): 1126-1133.

Shen Y, Zhang L, Zhang J, et al. 2018. CBN: Constructing a clinical Bayesian network based on data from the electronic medical record. Journal of Biomedical Informatics, 88: 1-10.

Sheng M, Hu Q C, Zhang Y, et al. 2018. A Data- intensive CDSS platform based on knowledge graph. 11148. Springer International Publishing Ag: 146-155.

Smart J F, Roux M. 1995. Medical knowledge representation for medical report analysis. Lecture Notes in Computer Science, 934: 53-64.

Smart J F, Roux M. 1995. Medical knowledge representation for medical report analysis. Conference on Artificial Intelligence in Medicine in Europe. Springer, Berlin, Heidelberg, 53-64.

Struck A, Walsh B, Buchanan A, et al. 2020. Exploring integrative analysis using the BioMedical evidence graph. JCO clinical cancer informatics, 4: 147-159.

Tao X, Pham T, Zhang J, et al. 2020. Mining health knowledge graph for health risk prediction. World Wide Web, 23 (5): 1-24.

Tao X, Pham T, Zhang J, et al. 2020. Mining health knowledge graph for health risk prediction, World Wide Web, 23 (4): 2341-2362.

Thuan P, Xiaohui T, Ji Z, et al. 2020. Constructing a knowledge- based heterogeneous information graph for medical health status classification, Health Information Science and Systems, 8 (1): 1-14.

Vlietstra W J, V Rein, Sijbers A M, et al. 2018. Using predicate and provenance information from a knowledge graph for drug efficacy screening. BioMed Central, 9 (1): 30189889.

Wang K, Chen N, Chen T, et al. 2020. Joint medical ontology representation learning for healthcare predictions, IEEE: 1-7.

Wang M, Ma X Y, Jingwen S, et al. 2021. Adverse drug reaction discovery using a tumor- biomarker knowledge graph&#13. Frontiers in Genetics, 11: 1737.

Wang S S, Ren P J, Chen Z M, et al. 2019. Order-free medicine combination prediction with graph convolutional reinforcement learning. Assoc Computing Machinery: 1623-1632.

Wang X Y, Zhang Y, Wang X L, et al. 2019. A Knowledge Graph Enhanced Topic Modeling Approach for Herb Recommendation. Database Systems for Advanced Application, (2019): 709-724.

Wang X, Wang Z J. 2020. Question Answering System based on Diease Knowledge Base, IEEE: 351-354.

Xiu X L, Qian Q, Wu S Z. 2020. Construction of a digestive system tumor knowledge graph based on chinese electronic medical records: development and usability study. Jmir Medical Informatics, 8 (10): e18287.

Xu L, Zhou Q, Gong K, et al. 2019. End-to-End knowledge-routed relational dialogue system for automatic diagnosis. Proceedings of the AAAI Conference on Artificial Intelligence, 33 (01): 7346-7353.

Xuqing C. 2020. Diagnosis method of thyroid disease combining knowledge graph and deep learning. IEEE ACCESS, 8: 149787-149795.

Yan V K C, Li X, Ye X, et al. 2021. Drug repurposing for the treatment of COVID-19: a knowledge graph approach. Advanced Therapeutics, 4 (7): 12.

Yang L, Buyue Q, Xianli Z, et al. 2020. Graph neural network-based diagnosis prediction. Big Data, 8 (5): 379-390.

Yi Z, Tianfei Z, Tao Z, et al. 2021. Contrast-Attentive thoracic disease recognition with dual-weighting graph reasoning. IEEE Transactions on Medical Imaging, 40 (4): 1196-1206.

Zhang K L, Li K X, Ma H C, et al. 2018. Construction of MeSH-like obstetric knowledge graph. IEEE: 1601-1608.

Zhang R, Hristovski D, Schutte D, et al. 2021. Drug repurposing for COVID-19 via knowledge graph completion. Journal of Biomedical Informatics, 115.

Zhang Y, Wang X, Xu Z, et al. 2020. When radiology report generation meets knowledge graph. Proceedings of the AAAI Conference on Artificial Intelligence, 34 (7): 12910-12917.

Zhao D, Tong F, Luo Z, et al. 2020. BROGUE: a platform for constructing and visualizing "Gene-Mutation-Disease" relation knowledge graphs to support biomedical research and clinical decisions. Scite Press: 52-59.

Zhou Y, Zhou T, Zhou T, et al. 2021. Contrast-attentive thoracic disease recognition with dual-weighting graph reasoning. IEEE Transactions on Medical Imaging, 40 (4): 1196-1206.

Zhu Y T, Xu Y X, Helseth D L, et al. 2015. Zodiac: A comprehensive depiction of genetic interactions in cancer by integrating TCGA data. Journal of the National Cancer Institute, 107 (8): 1-9.

第 14 章

粮食安全大数据智能分析与决策系统

粮食安全是战略问题，保障粮食安全是保障国家总体安全的战略基础。开展粮食安全大数据分析与知识发现、预测粮食安全状况是实现粮食安全战略决策的重要基础。在系统调研数据驱动的粮食安全分析与决策研究现状与发展需求的基础上，深入分析了粮食安全大数据分析与智能决策系统的体系架构、指标体系和预警模型，介绍了作者研究团队研发的昆阅粮食安全大数据分析与实验系统（KEDS，http：//keds.kmcloud.ac.cn），重点介绍了 KEDS 的关键技术与应用服务。最后，以 KEDS 为例，对大数据驱动的粮食安全研究与智能决策信息系统的发展方向进行展望。

14.1 引言

民以食为天，食以农为本。农业技术革命、信息化、全球化，增强了粮食的市场供给能力，但同时也使得粮食的安全生产、交易、价格、物流等问题变得越来越复杂；粮食安全面临新的挑战，粮食危机足以摧毁任何发展的成果。粮食安全是国家发展的安全基础，是国家安全、民族和人口安全的战略基石，其重要性并没有因为全球化时代的到来而削弱。在新冠疫情全球大流行的背景下，使国际粮食市场更加充满了不确定性和风险，这为我国粮食的供需平衡和安全政策带来了巨大的挑战（朱晶等，2021）。在国家"十四五"发展规划中，我国将粮食安全放在"粮食、能源资源和金融"三大安全战略之首。同时，在构建"国内国际双循环"这一新发展格局下，我国需在保障国内大循环粮食安全的基础上，进一步提高国内和国外粮食市场循环流通的效率，从不同的环节和领域全面提高粮食安全的保障能力（张亨明等，2021）。粮食安全大数据分析是涉及所有国家和所有人利益的数据分析与知识发现研究，意义重大。数据是粮食安全最主要的表达形式，也是最科学的表达形式。随着信息技术的革命性进步，粮食安全问题可转变为更为复杂、更为庞大的数据系统及数据系统的处理问题。目前，国内外粮食安全信息系统已经较为普及，众多国家和国际组织纷纷建立了适应于全球或当地粮食安全分析、预警与决策的数据库与信息系统。不过，现有系统多专注于粮食安全的某一单一方面，全面粮食安全状态，精准剖析粮食安全形势的粮食安全信息较少。粮食安全作为一个非常复杂的巨系统，包括地区、时间、气候、资源、产量、品质、贸易等"多类型、多模态、多时态"的多维数据（王东杰，2017）。传统的统计方法、计量分析方法，已经无法应对和处理。由此，就需要引入系统论思想、大数据概念、云服务概念以及现代数据库技术来处理与粮食安全有关的多维度大数据问题。

14.2　数据驱动的粮食安全分析研究

1974 年，联合国粮食及农业组织（FAO）在世界粮食危机的背景下，首次提出了粮食安全的概念，即"保证任何人在任何时候都能得到为了生存和健康所需要的足够食品。"在其后四十多年的时间里，全球社会经济情况持续变化，许多学者和专家参与粮食安全的相关研究，使得粮食安全的内涵进一步丰富和发展。1983 年，FAO 提出粮食安全的目标为"确保所有的人在任何时候既能买得到又能买得起所需要的基本食品"（FAO，1983）；1996 年，FAO 将粮食安全的定义进一步调整为"让所有人在任何时候都能在物质上和经济上获得充足的、安全的和有营养的食物，来满足其积极和健康生活的膳食需要及食物喜好"。此外，《生态文明建设大辞典（第二册）》从宏观、微观两个层次来阐述"粮食安全"的含义：宏观层次指国家在特定时期内获得粮食的能力，这由国家的粮食生产、储备、进口决定；微观层次指家庭的粮食获取能力，这由家庭的收入决定，表现为家庭成员的营养状况（祝光耀和张塞，2016）。

我国基于本国国情，对于粮食安全形成了更为深入的认知和理解。党的十八大以来，以习近平同志为核心的党中央提出了"确保谷物基本自给、口粮绝对安全"的新粮食安全观，确立了以我为主、立足国内、确保产能、适度进口、科技支撑的国家粮食安全战略（中华人民共和国中央人民政府，2019）；在《中华人民共和国国民经济和社会发展第十四个五年规划和 2035 年远景目标纲要》中提出，要通过"实施分品种保障策略，完善重要农产品供给保障体系和粮食产购储加销体系，确保口粮绝对安全、谷物基本自给、重要农副产品供应充足"（新华社，2021）。

纵观"粮食安全"含义的沿革，可以发现其内涵逐渐从满足基本需求向兼顾高级需求的方向转变，内容也愈加清晰完善，从粮食的生产、流通、储存到消费、贸易等各个环节，涉及粮食的数量、质量、市场等诸多因素，整个粮食安全体系的庞大复杂由此得以显现。因此，在开展数据驱动的粮食安全分析时，就需要充分考虑如何表征粮食安全状态、如何分析粮食安全数据、如何构建粮食安全系统。本章从粮食安全指标、粮食安全分析方法（模型）、粮食安全系统现状等三方面着手，对现有研究进行梳理。

14.2.1　粮食安全指标研究

在粮食安全研究中，学者们对粮食安全维度的划分方式不尽相同。翟虎渠（2004）、胡岳岷和刘元胜（2013）、杨建利和雷永阔（2014）、黎东升和曾靖（2015）、李腾飞和亢霞（2016）等学者认为粮食安全包括粮食的数量安全、质量安全（品质安全）、生态安全、资源安全、经济安全、贸易安全等方面。姚成胜等（2014）、公茂刚和王学真（2017）、苏芳等（2021）等学者则从粮食的生产资源、供给量、稳定性、获取能力、利用水平等维度来划分粮食安全。由于研究视角的差异，不同研究选择的粮食安全衡量指标也不尽相同，但整体而言，现有研究大多从粮食生产资源安全、供给数量与稳定性安全、获取安全、利用安全等其中一个方面出发，选取某些具有代表性的指标来评估粮食安全状态。

粮食生产资源安全是指生态环境得到足够的保护，使得粮食生产所需的土地、水、劳动力等自然和社会资源是足够且可持续利用的（翟虎渠，2004；姚成胜等，2014）。通过梳理文献后发现，与自然资源相关的研究主要围绕土地资源、水资源、粮食生产可持续性等方面来选择指标。封志明等通过土地资源承载指数来测度全国粮食安全状态（封志明等，2008）。易红超等选取耕地压力指数来评价湖南省粮食安全状况（易红超和宋小青，2020）。展进涛等使用矩估计方法来评估农业绿色生产率和粮食安全两个指标间的因果关系，并深入分析了两者间的影响机制（展进涛和徐钰娇，2019）。罗海平等基于生态足迹对国家粮食主产区的安全状态进行了评价，并对未来粮食的产量和生态指数进行了预测（罗海平和罗逸伦，2019）。罗海平等也研究了耕地压力和水资源安全对粮食安全的影响作用，并发现我国粮食安全状态和水资源安全状态同步地缓慢变好（罗海平等，2021）。聂英等认为耕地安全是影响粮食安全的核心指标，并深入分析了耕地的质量、数量与粮食生产间的关联关系（聂英，2015）。杨静等研究了水资源对粮食生产的支撑作用，同时提出增加有效灌溉面积是增加粮食产量和最大化水资源利用率的有效途径（杨静等，2013）。在社会资源方面，现有研究主要集中于劳动力资源上。比如，卫龙宝等探究了农业劳动力转移对黑龙江省粮食产量的影响（卫龙宝等，2017）。

粮食供给量与稳定性安全是指有充足和稳定的粮食供给特定人口（姚成胜，2014；公茂刚和王学真，2017）。从粮食供给数量来看，现有研究主要考虑了粮食产量、进口量、人口等相关指标。姚成胜等将粮食产量作为评估粮食安全的重要指标，并研究了粮食产量变化的驱动效应（姚成胜等，2016）。王丽等研究了人口流出指标对贵州粮食安全的作用，并得出人口净流出提升了粮食安全水平的结论（王丽和但文红，2011）。李隆玲等基于乡村人口变迁视角，探讨了城镇户籍居民、农民工、农村居民等三类人口数量结构对我国粮食安全的影响（李隆玲和武拉平，2020）。卜伟等的分析表明粮食净进口依存度过低可能会不利于保障我国的粮食安全（卜伟等，2013）。从粮食供给稳定性来看，由于粮食安全的冲击事件复杂多样，涉及经济、贸易、政治、气候等多种因素，所以相关指标也较为多元。唐赛等研究了粮食价格波动对粮食安全的影响作用（唐赛等，2019）。毛学峰等从粮食流通、粮食贸易的角度评估了我国的粮食安全状态（毛学峰等，2015）。刘立涛等分析了全球气候变化与粮食安全之间的双向作用（刘立涛等，2018）。钟钰等研究了新冠疫情对于我国粮食安全的影响（钟钰等，2020）。苏芳等通过研究发现经济政策不确定性在总体上对中国粮食安全有着负向的影响（苏芳等，2021）。

充足和稳定的粮食供给是粮食安全的基本保障，但要真正实现粮食安全，还需要进一步落实到每个人身上，确保每一个人都能够获取到其所需的粮食。由此提出"粮食获取安全"，即任何人均具备物质上和经济上的能力，来获取充足的营养和食品。其中，物质上的能力主要指粮食的仓储、运输等基础设施；经济上的能力主要指粮食购买力，取决于粮食价格、收入两方面（公茂刚，2017；苏芳等，2021）。何安华等研究了粮食在仓储、运输等环节的损耗对于粮食安全的负面影响，包括粮食供给量下降、生产资源浪费、进口依存度上升等（何安华等，2013）。王帅提出了粮食的地理可获得性（王帅，2018），认为在粮食总量充足的情况下，粮食流通对于能否实现粮食安全起着决定性作用，并在之后的研究中识别出铁路运力不足、运输成本高、水路设施不完善等因素存在威胁我国粮食安全的风险（王帅和赵秀梅，2019）。张晶等研究了国际大米价格对于我国粮食安全的影响机制（张晶和周海川，2014）。黄春燕等学者的研究表明可支配收入增加有利于促进粮食安全（黄春燕和白露露，2017）。

粮食利用安全从家庭或个人层面来评估粮食安全状态，指人们拥有洁净水源、卫生设施等基本的生活设施，以充分利用粮食，满足营养需求（姚成胜等，2014；公茂刚和王学真，2017）。相比其他研究维度，现有研究中关于粮食利用安全的相对较少，且多为与粮食利用结果相关的国外研究。例如，世界粮食安全委员会基于营养状况视角，以营养不良发生率等指标来衡量世界粮食安全状况。FAO 将营养不足发生率作为监测全球饥饿的传统指标（FAO，2020）。Bühler 等（2018）研究了个体营养不良与家庭粮食安全之间的关系。

综上所述，粮食安全状态能够从许多不同的维度来衡量，并且以一系列的指标来体现，因此当需要全面地反映粮食安全情况时，粮食安全分析指标体系的设计显得尤为重要。马立军等基于生态学理论构建了耕地质量评价指标体系，并对影响粮食安全的要素进行了评价和分析（马立军等，2016）。付青叶等基于资源压力水平、粮食不安全人口比重和粮食安全风险等 3 个特征指标构建评价指标体系（付青叶和王征兵，2010）。杨磊先从生产安全、流通安全和消费安全等 3 个层面来设计指标体系，接着基于熵权法来计算指标权重，最后采用模糊综合评价法对粮食的安全状况进行分析（杨磊，2014）。杨建利等采用系统综合评价理论和方法，从粮食数量安全、质量安全、生态安全、资源安全四个方面出发构建了粮食安全评价指标体系，包括粮食总产量、人均占有量、农药残留量、单位面积农药施用量、单位面积化肥施用量、单位面积地膜施用量、单位粮食水资源消耗、单位粮食占用耕地面积等 8 个基础指标（杨建利和雷永阔，2014）。张元红等从粮食安全的内涵出发，构建了涵盖粮食供给、分配、消费、利用效率、保障结果、稳定性、可持续性和调控力等 8 个维度的指标体系（张元红等，2015）。姚成胜等选择粮食的生产资源、利用水平、获取能力、供应量与稳定性等指标来构建指标体系，并发现供应量与稳定性、生产资源对粮食安全状态起主导作用（姚成胜等，2014）。公茂刚等从粮食供给、获取、利用、稳定性等方面分析评估了我国的粮食安全状态（公茂刚和王学真，2017）。张小丹等将产能和耕地健康相结合，构建了一个涵盖土壤、气候、生产环境、生产弹性、技术水平和作物安全性的指标体系（张小丹等，2020）。马恩朴等将联合国粮农组织统计数据库（FAOSTAT）提供的人口、粮食供给和营养状况等 10 个指标作为基础指标，并通过对数据的细化生成了食物利用等四个二级指标和粮食短缺程度等 12 个三级指标，最终三级指标结构组成了粮食安全的指标体系（马恩朴等，2020）。

总体而言，粮食安全指标的现有研究比较丰富，构建的指标包括单一维度指标、综合指标体系两种类型。单一维度的指标研究主要集中于粮食生产资源安全、粮食供给安全、粮食获取安全、粮食利用安全等方面，研究深入但不太全面；综合指标体系的研究视角比较多维，但选取的指标通常较少，缺乏深度。上述传统指标具有借鉴价值，但从广度与深度、贴合新时代背景的程度等视角来看，还需要进行整合、补充，以充分利用粮食安全系统中的海量数据，支撑的粮食安全多维度大数据的深层次分析与知识发现。

14.2.2　粮食安全分析方法（模型）研究

经典的粮食安全分析和预警方法主要包括经济周期法、景气分析法、粮食安全指数评价法、专家预测法和调查问卷法（徐添，2020）。其中，经济周期法基于周期理论，通过建立模型对指标值随时间循环波动的特征进行研究，从而预测相关经济指标。周伍阳等应用波动指数和波动周期建模粮食产量的周期特征，并结合人口变化提出了粮食安全的保障建议（周伍阳和马冰，2011）。陈秀兰等应用自回归滞后模型来分析我国小麦和稻米的价格波动周期，辅助国家宏观调控粮食价格（陈秀兰和许可，2019）。景气分析法首先选择先行指标、滞后指标和同步指标来构建景气指标体系，然后基于扩散指数与合成指数的计算结果，结合经济基准周期，来分析与预测经济运行周期性波动趋势。支小军等（2013）、陈文博等（2015）和杨思雨和田国强（2020）等分别在棉花价格、红枣产业和物流业中运用景气指数来分析粮食安全。粮食安全指数评价法是一种通过将多个粮食安全指标按照一定的权重加权，合成一个综合评价值，以衡量粮食安全整体状态的方法。姚成胜等采用熵权系数法确定各项指标的权重，并计算得出粮食安全系统发展指数，从而支撑粮食安全分析（姚成胜等，2014）。专家预测法和调查问卷法则是基于专家、被调查人员的经验与预期来判断粮食安全风险。张元红等在构造粮食安全系数时，根据专家打分的结果确定了一级指标的权重，并对二级指标赋予了均权重（张元红等，2015）。

随着信息技术的发展，在大数据时代，以深度学习为代表的人工智能技术在金融贸易、医疗诊断和农业等领域得到了广泛且有效的应用。为了更好地处理海量、复杂、实时的粮食安全数据，越来越多的学者开始在经典粮食安全分析方法的基础上引入不同类型的智能模型，从单一层面或综合层面来分析和预测粮食安全状态，所用方法主要包括支持向量机、神经网络、马尔可夫模型、灰色预测模型等。

在粮食经济、生产、储藏等层面上，已有基于人工智能方法构建的粮食安全分析模型。经济方面，周金城等基于径向基（RBF）神经网络预测国家农产品价格，并对市场中可能存在的价格风险提前预警（周金城和李毅，2018）。唐振鹏等在粮食期货价格的预警中引入了集成学习和二次分解技术，并实现了收益率走势的精准预测（唐振鹏等，2021）。张立杰等在预测中国棉花价格时，综合应用支持向量机（support vector machine，SVM）和自回归移动平均模型（autoregressive integrated moving average model，ARIMA），首先采用ARIMA 进行建模与预测，再用 SVM 修正残差，从而得到更优的预测结果（张立杰等，2013）。生产方面，贾梦琦等组合使用了差分整合移动平均自回归模型、广义回归神经网络模型和长短期记忆人工神经网络来计算筛选粮食产量的主导因素，并对粮食未来产量进行了预测（贾梦琦等，2021）。李桐等利用时间序列模型中的自回归移动平均模型，对黑龙江省中大豆、小麦和水稻等农作物的水足迹进行了分析和预测（李桐等，2020）。郭小波等针对灾害年份的粮情信息构建了一个结合马尔可夫模型和灰度模型的组合模型，并通过仿真实验对灾害年份的粮食产量进行了预测（郭小波和张德贤，2016）。胡程磊等基于繁殖和变异机制改进微粒群算法，并将改进的算法用于 BP 神经网络优化，对江苏省的粮食产量进行了预测与仿真实验（胡程磊等，2021）。粮食储藏方面，苑江浩等建立了基于支持向量机的小麦和稻谷霉变预测模型，并通过实验证明支持向量机的预测性能高于 BP神经网络（苑江浩等，2021）。段珊珊等分别采用线性最小二乘法、支持向量机等方法，构造了根据气温、湿度等气象因素来预测仓储粮堆表层平均温度的数学模型，对比发现SVM 径向基核函数能实现更精准的预测（段珊珊等，2020）。

此外，也有部分研究运用人工智能方法开展了综合的粮食安全分析。门可佩等首先基于代表性、全面性和可操作性等三大原则选取预警指标，然后将层次分析法和灰色关联分析法集成到一个数学模型中，对我国的粮食安全进行了定量分析（门可佩等，2009）。徐添对粮食的生产、流通、仓储等方面情况进行综合分析并初步构建了指标体系，然后通过主元分析法提取出主要的粮食安全警情指标，并采用支持向量回归模型建立了粮食安全预警模型（徐添，2020）。王东杰基于大数据视角，从粮食安全的商品、气候、经济等属性维度构建了指标体系，并进一步运用平衡表分析、局部均衡原理、神经网络模型等方法得出了玉米供需预警模型（王东杰，2017）。

通过梳理现有的粮食安全分析方法或模型研究，可以看出近年来人工智能（尤其是机器学习算法）逐渐受到学者们的青睐，也越来越多地被应用于粮食安全分析研究，这种转变与粮食安全大数据的涌现密不可分。随着粮食安全系统数据的迅猛增长与复杂化，数据驱动的模型方法在确定粮食安全指标关系、指标预测等任务中表现出了较好的适应性，为更加深入地进行数据分析与知识发现提供可能。但是传统的粮食安全分析方法仍然有着应用价值与适用之处，比如经济周期法、景气分析法等可用于分析粮食的经济安全，粮食安全指数评价法可用于评估粮食安全的总体状态。但这些方法也有其局限之处，比如专家预测法存在一定主观性。因此，在开展粮食安全分析时，需要根据分析对象的特点，灵活选用分析方法与模型。

14.2.3　粮食安全信息系统现状

农业与粮食安全是关系国计民生和国家可持续发展的基础性安全问题。基于粮食安全信息系统，政府部门、研究机构等相关组织可以全面实时监测粮食安全指标，便捷高效地开展粮食安全分析，并准确预测粮食安全发展趋势，对风险预警及时采取对策。

目前，国际与国内粮食安全信息系统的设计与实施均取得了一定进展。1975 年，FAO便建设了全球粮食与农业信息及预警系统（GIEWS），向全球提供粮食安全与农业市场信息的持续实时监测、分析及预警服务（徐添，2020）。美国国际开发署（USAID）于 1985年创建了饥荒预警系统网络（FEWS NET），旨在跟踪、预测东非和西非地区的饥荒等严重粮食不安全情况（FEWS NET，2021）。2008 年，为了应对全球粮食短缺与价格危机，G20 建立了全球农业市场信息系统（G20-AMIS），促进世界各国间粮食库存、产量、消费等市场信息互通，从而减缓粮食价格的波动性（中国农业科学院农业信息研究所，2012）。宾夕法尼亚大学、南非多个农业研究组织、FAO 等国际组织或研究机构建立了较系统的粮食安全数据库，为科学决策提供数据支持（张磊等，2005；梁丽，2018；FAO，2021）。萨赫勒地带国家间抗旱常设委员会（CILSS）建立了一个综合饥荒预警系统（EWS），以预防和管理撒哈拉以南非洲的粮食安全危机（Genesio et al.，2015）。在美国、加拿大、澳大利亚、欧盟等世界上主要的粮食出口地区，政府均建立起一整套完善的粮食"生产、储备、信息化、预警、投放"的决策机制，以保障粮食供应的稳定（张磊，2005；梁丽，2018）。美国农业部创建了作物探测（Crop Explorer）网站，在全球范围收集土壤湿度、温度、降水、植被健康等数据，用于分析预警粮食产区内干旱、洪水、作物长势与产量等粮食安全状态（吴炳方，2010）。欧盟实行了 MARS 计划，基于遥感技术对粮食产量、种植面积等农情进行了监测、分析与预测（刘海启，1999）。日本、印度等世界主要的粮食进口国，政府建立了基于农业大数据的预警预报的系统，以保证粮食安全（张磊，2005；梁丽，2018）。

我国政府历来高度重视农业与粮食安全问题。1997 年，在国家"九五"重点项目"粮食与食物安全早期预警系统研究"支持下，中国农业科学院农业信息研究所系统研究了粮食安全的可供选择模式，设计了 5 种预警分析模型，开发出一套粮食安全预警原型系统（冯凌云，2008；杨娜，2010）。1998 年，中科院空天信息研究院研发了中国农情遥感速报系统，之后该系统逐渐发展为全球农情遥感速报系统（CropWatch）。该系统聚焦粮食的生产安全，基于遥感和地面观测数据来评估粮食作物生长状态，为我国乃至全球提供农情信息服务（吴炳方，2019）。2005 年，云南省发展改革委员会支持研发了"云南省粮食安全预警系统"，系统结合云南省实际情况，依据粮食安全及预警理论原理，重点针对"合理安排粮食种植面积、正确选择种植类型和品种、合理计划农田水利基础设施投资、安排恰当的粮食进出口量"等方面进行预警分析与提供决策支持（杨娜，2010）。农业部（现为农业农村部）农业信息服务技术重点实验室建立了中国农产品市场监测预警系统（CAMES），从粮食市场着手来保障我国的粮食安全（中国农业科学院农业信息研究所，2013）。

除了上述提及的已投入使用的粮食安全信息系统，国内外粮食安全领域的许多学者也基于特定视角设计或开发了粮食安全系统。Genesio 等从风险区识别、季节预测和产量预测等三个角度对现有的预警系统进行改进，构建了基于非洲季风的多学科分析的粮食预警系统（Genesio et al.，2015）。Van Ginkel 等（2021）针对干旱造成的粮食减产、水资源紧张和人口外迁等危害，构建了干旱早期预警系统 DEWS，该系统在 2015～2017 年拉丁美洲和非洲的旱灾预测中发挥了重要作用。张成等将预警系统分为安全评价、安全预测和结果输出三部分，首先基于"压力–状态–响应"模型构建了土地安全预警指标体系，其次分别利用投影寻踪模型和主成分分析模型对土地的安全状态进行分析与评价，最后基于空间模型和马尔科夫模型对粮食安全水平进行了预测（张成等，2020）。郑开涛等采用物联网、神经网络、灰色模型等技术，构造了稻谷储期模型，并在此基础上研发了稻谷质量智能监测预警系统，以保障粮食的仓储安全（郑开涛等，2018）。

如今，各种各样的粮食安全信息系统已得到了广泛的研究和应用，有力地促进了世界各国的粮食安全分析、预警与决策。但是现有的许多系统往往只是聚焦于粮食安全的某个维度，比如全球农业市场信息系统。要全面掌握粮食安全状态，还需要在综合现有研究的基础上，结合我国国情、时代背景等新的发展变化，继续完善粮食安全信息系统。

14.2.4 现有研究的不足与发展需求

随着大数据的蓬勃发展及人工智能技术的快速推广，海量跨领域的农业数据呈爆炸性增长，我国的粮食安全决策支持研究正面临着一个新形势、新机遇。在大数据技术快速发展的背景下，日益成熟的大数据技术将为跨领域的数据分析与信息挖掘提供技术支撑，为实时捕捉粮食安全形势、农业资源合理可持续利用、农业结构调整、需求导向的农情信息服务等提供数据支持，粮食安全决策分析将逐渐向精准化、个性化、智能化信息服务方向发展。

但综合来看，现有研究还存在如下问题：①数据层面，现有研究数据质量良莠不齐，存在真实度较低、关联性差、不够全面等局限，缺乏支持粮食安全分析与智能决策系统的大数据集成信息环境。②指标层面，现有预警指标体系中指标的数量和评价范围都存在不足，指标选取过多注重单一方面，难以全面立体地反映粮食在生产、流通、消费和贸易等环节中的情况。③分析层面，现有分析手段基本上还停留在一般的统计分析、计量分析阶段，大数据分析与人工智能技术运用很少。且现有分析模型的关联度较差、知识范围狭窄，缺乏仿真分析与动态预测功能，难以对粮食安全的发展现状及趋势做出系统、全面、准确的评估与预警。

综上，从社会决策的角度看，大数据与人工智能技术必定会引发经济学、管理学的方法论的革命，真正地推动决策的精细化、智能化和科学化。但是，现有粮食安全分析技术与信息系统在数据集成、分析模型、实验模拟及服务方式的局限性与滞后性，限制了决策分析的及时性、准确性与科学性，难以满足大数据信息环境下快速、精准、多角度、个性化和智能化的决策支持分析需求。

14.3 粮食安全多维数据分析与智能决策系统研究

传统粮食安全分析基于特定目标对关键的要素和指标进行分析和预警。这种目标驱动的分析模式忽略了多维数据间的关联关系，并且目标对象往往是固定和有限的，不能全面地反映粮食安全的状态。在大数据背景下，粮食安全的多维度大数据分析与信息挖掘更加注重数据间的关联关系和因果关系，当某个指标数据发生异常时，能够迅速定位相关联指标并发出预警信号。

14.3.1　数据分析与智能决策系统体系架构

基于粮食安全领域对多维大数据的展示与分析需求，设计和构建了昆阅粮食安全多维数据分析与智能决策系统——"KEDS"。KEDS 的体系架构分为基础设施层、数据层、分析层与应用层等四部分（图 14-1）。其中，数据层基于大数据技术，对多源异构的数据进行分布式采集、规范化加工、修复与融合，是系统的基础。分析层通过进一步集成多重分析指标和模型，进行粮食安全的大数据分析与实验，为决策者提供决策充分、科学的数据支持，是系统的核心。应用层通过网站、移动 APP 及微信公众号等多种服务渠道展示项目的研究成果，是系统面向用户服务的窗口。

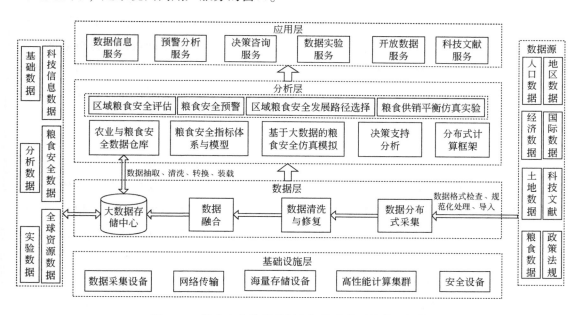

图 14-1　粮食安全数据分析与智能决策系统体系架构

（1）数据层

数据层对多源异构的数据进行分布式采集、规范化加工、修复与融合，在整合人口、经济、土地、粮食、区域、国际数据及相关科技文献、政策法规数据的基础上，集成大数据技术，建立覆盖全国的农业与粮食安全信息集成环境，为粮食安全分析与智能决策系统提供大数据支撑。数据层是一个包含区域、时间与指标的三维数据系统：区域维度——将覆盖全国地级市以上行政区域；时间维度——将形成数据逐年更新的机制；指标维度——将根据粮食安全分析的最新理论成果进行适当更新、补充。

其具体内容包括以下 4 部分。

1）数据分布式采集。传统粮食安全分析系统多采用集中式数据采集方式，即人工对各类统计数据进行收集、整理、修复，制成模板、导入，工作量巨大。随着数据采集任务的增加，人工采集模式难以满足需求。分布式采集模块利用远程传输方式，为不同地点、多个人员或应用程序提供数据采集入口，提高数据采集的效率。

2）数据清洗与修复。分布式采集的数据不可避免存在缺失、误差等缺陷。通过对这些数据缺陷进行分析，形成数据校正与修复的规则。随后应用这些规则，自动对分布式采集的数据进行矫正、补充等修复操作。数据修复完成后，大数据就具备客观、准确、完整的特征，成为一种高质量的通用数据。

3）数据融合。修复之后的数据虽然准确，但来自不同信息源，不仅内容不同，结构上也存在差异。利用数据格式检查、规范化处理、消除冗余等技术对这些多源异构的数据进行融合，导入大数据存储环境。

4）大数据存储环境。按照内容区分，数据可以分成农业数据、粮食安全数据、全球资源数据及科技信息数据四大类；按照功能划分，数据可以分成基础数据、分析数据与实验数据三大类。采用 HDFS、Hive、HBase 大数据存储技术对这些数据进行存储，使其具有独立性、长期性、安全性、完整性特征，为决策支持分析及信息服务云平台提供大数据支撑。

（2）分析层

分析层是整个系统的核心功能单元。在数据层的基础上，集成相关分析指标体系与数据挖掘算法，形成支撑农业与粮食安全决策的动态分析模型及仿真实验方案，构建基于大数据农业与粮食安全决策支持分析系统。该系统除了支持区域粮食安全评估、粮食安全预警等宏观决策分析外，还将实现粮食产量、粮食供销平衡等大数据仿真模拟实验，为各地粮食的发展方向提供决策支持。

其具体内容包括以下 3 部分。

1）农业与粮食安全数据仓库。通过对大数据存储环境中的各类数据进行抽取、清洗、转换与装载，形成面向各类分析指标的农业与粮食安全数据仓库。从国际、国内粮食产量、粮食供给、粮食需求、购买力等角度对粮食安全的基础数据指标、分析指标进行归纳，在此基础上设计粮食安全及预警分析模型。系统提供分析指标的增、删、改、查等管理功能。

2）决策支持分析。在农业与粮食安全数据仓库及分析指标的基础之上，提供区域及全球粮食安全评估、预警等决策支持分析功能。区域粮食安全评估、预警分析包括对地区粮食安全进行全面的数据扫描，通过内置的分析模型，及时、自动输出该地区粮食安全的分析结果。每年根据最新数据，自动完成对各个地区粮食安全分析指标的计算及预警分析。基于系统集成的 FAO 数据等全球粮食安全数据资源，还提供全球粮食安全评估服务，为地区粮食安全的国际化提供数据背景支持。

3）基于大数据的粮食安全仿真模拟。根据各地用户的要求，对区域的粮食生产潜力、粮食储备规模，以及耕地、播种结构等要素的变动进行基于大数据仿真模拟，提供在线粮食产量和粮食供销平衡仿真实验。根据全球化，实现相关指标群的模拟、实验，基于粮食大数据对各种可能出现的结果、趋势进行计算，为各地粮食安全的发展方向提供路径选择。

（3）应用层

大数据与云服务市场化是信息服务必然的发展方向。KEDS 进一步集成 O2O（online to offline，即线上到线下）的服务模式，构建农业与粮食安全信息服务云平台，向政府部门、研究机构和高等教育等用户提供农业与粮食安全领域深层次、多角度、个性化的知识服务。比如，政府部门可通过云平台获取农业与粮食安全领域的预警分析、决策咨询报告，研究机构可利用云平台集成的农业与粮食安全大数据进行各种深入的研究，高等院校相关专业的研究生能够利用平台进行各种实验模拟，完成论文的撰写。云平台的服务渠道包括 Web 网站、移动 APP 与微信公众号，服务内容包括数据信息服务、预警分析服务、决策咨询服务、数据实验服务及科技文献服务等。技术上，云平台可以分为信息提取模块与信息推送模块两部分。信息提取模块从数据仓库中提取出 KEDS 的最新资源与相关用户需求与定制信息。信息推送模块将两者信息结合后，可实现将最新的数据按照用户的需求通过 E-Mail 等方式自动发送给用户，同时提供诸如 RSS 定制等服务方式。可订制的信息包括统计描述、地理信息、结构分析、地区对比、食物平衡、因素分析、图谱预警、决策模拟、国际分析等模块。KEDS 将通过多重安全技术如用户控制、时间控制、功能控制等确保数据的安全可控。

14.3.2　指标体系

由于粮食安全问题具有高度的复杂性，单一的指标难以科学、有效地衡量粮食安全的状态，因此建立一套完善的粮食安全指标体系具有重要意义。粮食安全分析与智能决策系统构建了指标体系动态管理模块，支持指标定义、指标关联、指标计算和指标可视化等。指标定义分为基础指标定义和高级指标定义，包括指标名称、指标类型、基本单位、权重、计算公式、阈值等要素。指标关联可以建模指标间复杂的依赖关系，形成树状指标体系。指标计算则根据指标的计算公式和关联关系来计算指标体系中各级指标值，并进行单位自动换算和标准化处理。指标可视化结合了地图和时间轴来展示不同指标的时空变化规律。指标体系动态管理模块预置了一套三级指标体系，首先将国家统计年鉴和 FAOSTAT 作为数据源，从中抽取出部分指标作为基础指标，然后将基础指标进一步地分析和组合得到二级指标，最后利用主要成分分析法和专家分析法筛选部分二级指标作为决策指标。粮食安全分析指标体系具体如表14-1所示。

表14-1 粮食安全数据分析指标体系

基础指标	二级指标	计算方法	决策指标
户籍人口	城镇人口	户籍人口−农业人口	结构分析
粮食产量	人均粮食产量	粮食产量/户籍人口	粮食平衡
耕地面积	人均耕地面积	耕地面积/户籍人口	因素分析
……	……	……	图谱预警

14.3.3 预警模型

粮食安全预警指利用预警理论对粮食安全相关的指标进行系统地分析与评估，以预测粮食安全状况、供需平衡关系和风险程度，并及时给出决策结果（许世卫等，2009）。粮食安全预警模型能够高效地防御与化解粮食危机，减少粮食供给波动对经济和民生的危害。粮食安全分析与智能决策系统中预警模型的结构如图14-2所示，由预警指标、预测分析、预警阈值确定、风险分析和预警判断等组成（杨娜，2010；许世卫等，2009）。

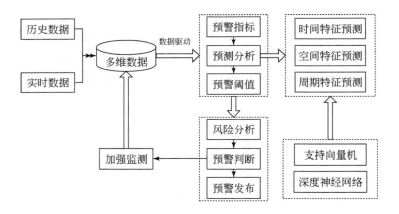

图14-2 粮食安全数据分析与预警模型结构

预警阈值是通过专家和算法对不同预警指标的定性和定量研究后确定的界限，基于阈值可以将预警度划分为无、轻度、中度和重度。如果预警判断模块确定存在风险（即预警度预测为中度或重度），则会立刻发布预警信号并给出预警度，反之则会加强异常指标数据的监测。预测分析模块基于预警指标的历史数据和实时数据可生成一系列时间序列数据、空间序列数据和特征序列数据等，可采用支持向量机、深度神经网络等智能模型来拟合这些数据。最后，用训练好的模型来预测粮食安全的最新趋势。

通过对粮食安全领域多维数据的研究，发现其呈现以下特征：①空间相似性，若两个地区的地理位置相邻则对应数据的多维属性上会存在相似的特征；②时间相似性，同一地区在相近时间节点上对应数据的多维属性中同样存在一定的相似性；③周期性，粮食产量和粮食价格等指标受气候与市场等因素的影响具有很强的周期特征（孙东升和梁仕莹，2010）。因此，在对多维数据预测时，需要同时考虑时间、空间和周期性的相关性，这使得传统模型的预测性能较差。对此，本文使用支持向量机（SVM）来进行空间特征预测，利用长短期记忆网络（long short-term memory，LSTM）进行时间特征和周期特征预测，最后融合三种特征的预测结果得到最优预测。

SVM 是一种经典的机器学习模型，其机制是将数据投影到高维向量空间中，并构造一个超平面将不同的数据分隔。在空间特征预测中，将空间序列作为输入数据定义为 $D=\{(x_1, y_1), (x_2, y_2), \cdots, (x_n, y_n)\}$，$y_i \in R$，其中 x_i 表示预警指标的空间位置，y_i 则表示预警指标的实际值。在模型训练中，预警指标的预测问题可以形式化的表示为（徐添，2020）

$$\min \frac{1}{2}\|w\|^2+C\sum_{i=1}^{n} l_{\varepsilon}[f(x_i)-y_i] \tag{14.1}$$

其中，$f(x_i)=wx^T+b$ 表示超平面，w 为超平面法向量，C 和 l_{ε} 分别为惩罚系数和损失函数，当 $l_{\varepsilon}[f(x_i)-y_i] \leq \varepsilon$ 时，预测结果正确不累计损失值，反之预测结果的损失值为 $|l_{\varepsilon}[f(x_i)-y_i]|-\varepsilon$。SVM 以超平面为中心构建了一个宽度为 2ε 的间隔区域，如果训练数据位于该区域，那么数据的预测结果被认为是正确的。为了提高模型的预测效果，还可以引入松弛变量和核函数来增强模型的泛化能力。

LSTM 是一种具有记忆能力的深度神经网络，广泛地应用于语音识别、机器翻译和文本预测等领域。LSTM 采用了输入门、输出门、遗忘门和记忆单元等特殊结构来建模时间序列数据中存在的长期依赖问题。在基于 LSTM 的预警指标预测中，将时间序列和周期序列作为输入，在时间步 t 将输入定义为 $X_t \in R^{n \times d}$（n 为输入数据的数量，d 为输入的维数），输入门 I_t、输出门 O_t、遗忘门 F_t 和候选记忆单元的计算如下（向雁等，2021）：

$$I_t=\sigma(X_t W_{xi}+H_{t-1} W_{hj}+b_i) \tag{14.2}$$
$$O_t=\sigma(X_t W_{xf}+H_{t-1} W_{hf}+b_f)$$
$$F_t=\sigma(X_t W_{xo}+H_{t-1} W_{ho}+b_o)$$
$$C_t'=\sigma(X_t W_{xc}+H_{t-1} W_{hc}+b_c)$$

其中，$H_{t-1} \in R^{n \times h}$ 是上一时间步的隐藏状态，h 是隐藏单元的数量，W 和 b 则分别是权重和偏差参数。然后，记忆单元 C_t 由上一时间步的记忆单元和当前时间步的候选细胞计算得到：

$$C_t=F_t \cdot C_{t-1}+I_t \cdot C_t' \tag{14.3}$$

最后，将当前时间步的隐藏状态更新为

$$H_t=O_t \cdot \tanh(C_t) \tag{14.4}$$

LSTM 可以建模预警指标数据中的关键特征，从而有效地拟合指标数据并预测序列的趋势。

14.4 粮食安全多维数据分析与智能决策系统 （KEDS）关键技术

作者研究团队研发的昆阅粮食安全大数据分析与实验系统（KEDS）所运用的关键技术包括：基于大数据的农业与粮食安全数据融合、基于大数据分析的粮食安全预警指标体系、动态粮食安全分析模型。

（1）基于大数据的农业与粮食安全数据融合

在 KEDS 中，需要集成的异构信息不仅有结构化数据、还有非结构化文本、互联网信息及统计数据等。这些信息不仅从内容，而且在形式上都有较大差距，具有异构性和分布性特点。数据融合就是屏蔽这些差异，向用户提供统一的使用接口。

KEDS 采集的信息源包括农业基础信息、社会人口信息、科技文献信息、政策法规信息与国际数据等。农业基础信息与社会人口信息包括农业资源数据、农业生产数据、农业市场数据、经济发展数据、人口数据等，其来源主要是各地统计年鉴等。科技文献信息包括领域论文、专利、技术标准等，其来源主要是科技文献数据库、专利数据库等。政策法规信息包括中国及世界重要国家关于农业与粮食安全的政策法规、研究报告及科研与管理动态等，其来源主要是政府部门网站。国际数据则主要来源于 FAO 与世界银行的农业统计数据库。通过对上述多源异构数据格式进行分析，KEDS 参考 FAO 的农业数据格式，对上述多源异构数据格式进行分析，制定统一的采集规范与元数据标准。在此基础上，KEDS 将研究利用 Spark MLlib 二元分类、主题模型、协同过滤等大数据技术对多源数据进行标引、元数据抽取与数据映射，建立异构信息间关联模型，实现异构信息的数据融合。

KEDS 采集、融合的全球粮食安全相关的数据、决策支持分析指标、相关科技文献和政策法规、技术标准等大量结构化和半结构化数据，预计总数据量超过 10TB。为了支持对海量数据进行有效管理，检索分析、数据挖掘等应用，系统底层采用大数据技术架构实现海量数据管理，采用分布式架构，充分利用各种资源，实现弹性部署，灵活管理各种资源。KEDS 采用的大数据技术架构如图 14-3 所示。

（2）基于大数据的粮食安全指标体系

影响粮食安全的因素涉及微观、宏观等多个层面，涵盖资源、农业、经济、社会、科技等多个领域的数据。传统粮食安全分析往往只采用一方面或某几方面的数据进行分析，

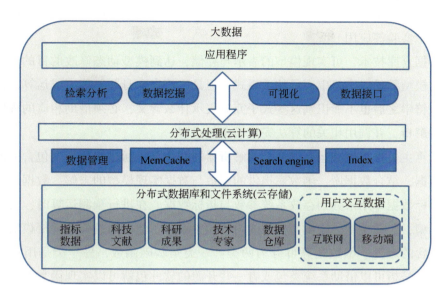

图 14-3 KEDS 大数据技术架构图

基于大数据的粮食安全分析需要从时间、区域、指标等多个维度分析不同数据之间的关联，进而构建科学、及时、全面的指标体系。

KEDS 利用数据仓库技术来管理基于大数据分析的粮食安全预警指标体系，利用多维数据模型对数据分析的各个维度进行存储与索引，可极大提升大数据相关性分析、复杂查询的效率，挖掘各个维度数据之间的潜在关系，发现隐含的知识。

（3）动态粮食安全分析模型

分析模型是直接面向具体决策支持任务的分析单元，它是决策支持系统的核心。分析模型一般由具体的数据、参数、变量组成，按照它们之间的关系通过数学关系式来描述。传统的分析模型构建方式是在系统中固化模型的参数、变量、数据及计算公式，即每一个模型对应一段程序。这种建模方式技术上实现简单，但是效率较低，灵活性与可拓展性较差。比如，有的模型之间只是参数不同，或者计算步长不一样，而在系统中则被当作完全不同的两个模型予以实现，这样在开发的时候往往会造成大量的冗余。当模型发生变化时，需要对相应的模型做出修改，不能适应于仿真模拟等应用。KEDS 结合指标分解与数据仓库构建动态粮食安全分析模型。首先，系统从粮食产量、粮食供给、粮食需求、购买力等角度对粮食安全的基础数据指标、分析指标进行分类归纳，并在此基础上设计粮食安全及预警分析模型。其次，将具体的指标表示为三部分：表示指标值的变量、用户可以调整的系统参数以及一些常数。根据这三种数据的数学组合构造出各种不同指标与分析模型。KEDS 将对指标项、系统参数、指标数据及表示模型的关系式等进行规范化表示，结合数据仓库技术，实现模型在数据仓库中的表述与存储。通过对系统参数、指标数据、关系式的修改就可以实现对模型的修改，从而实现粮食安全分析模型动态化，进而支持粮食安全仿真模拟实验等应用。

结合数据仓库技术，可实现模型的表示与存储，达到模型动态修改的目的。存储在数据仓库中的模型都是以字符串表示的关系式，但是字符串本身并不能完成运算，计算机在获取这些字符串之后也不能识别这些式子究竟表示什么含义，必须借助相应的程序对这些关系式进行解析，并调用相关的算法完成模型的求解。

模型运算主要是指模型运算器在公式解析器的配合下，通过解析模型包含的函数关系与对应的数据，结合数据库、函数库提供的函数与数据实现模型的求解。数据库包括参数数据库、指标数据库用来分别存放系统参数与指标数据。在进行预测运算时，首先从模型库中获取模型，包括模型的输出与模型的内容即关系式。然后通过公式解析模块分析出这个关系式包含的运算。函数运算可分为两类：一类是基础函数，另一类是用户自定义函数。基础函数是指可以借助系统类包或者一些开源的软件包就可以实现函数的运算与求解的函数，比如加减乘除，平方，开方等。用户自定义函数是指一些比较复杂的函数，在系统类包或开源软件包没有该函数的实现方法，需要单独编写相应的函数求解方法。在解析关系式的同时，KEDS 也分析模型包含的系统参数、指标参数以及常数，并通过查询数据库将各式的值代入关系式中，即完成模型的初始化工作。初始化之后，模型关系式不再表示概括性的模型，而是表达为特定环境下的具体计算公式。模型求解流程图如图 14-4 所示。

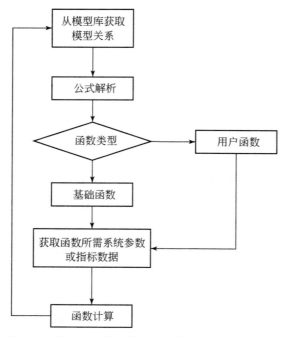

图 14-4 粮食安全分析模型动态数据计算过程示意图

14.5 关键技术粮食安全多维数据分析与智能决策系统（KEDS）的应用

14.5.1 KEDS 系统概述及特点

昆阅粮食安全大数据分析与实验系统（KEDS）整合了历年来我国各区域人口、经济、土地、粮食、贸易及相关政策法规等数据 200 余万条，形成了 163 个基础数据指标、235 个二级指标和 152 个决策指标。KEDS 将数据分为基础数据、分析数据和决策数据等三大类。其中，基础数据和分析数据涵盖了时间、空间、基本情况、劳动力、农业资源、生产要素、农业政策、农业产量和流通储备等 9 个维度，决策数据涵盖了因素分析、粮食平衡、粮食安全和生态发展等 4 个维度，部分关键维度涉及的指标如表 14-2 所示。

表 14-2　KEDS 关键分析维度及对应分析指标

数据类型	多维属性	指标
基础数据	基本情况	农业人口、农业产值等
	农业资源	陆地耕地、土壤环境等级等
	农业政策	农业支出、政策性补贴等
分析数据	基本情况	耕地结构、农业结构等
	农业资源	人均耕地、耕地安全系数等
	农业产量	粮食亩产、粮食自给率等
决策数据	因素分析	亩产贡献、产量变化等
	粮食平衡	农村余粮、统筹难度等
	粮食安全	资源安全、要素安全等

KEDS 系统的特点主要包括以下几点。

1）KEDS 是一个三维数据库系统。

2）KEDS 是一个空间地理的计算单元。地理单元包括国家、省、地级市、县四级行政地理单元。通过聚类计算可以生成新的地理单元。

3）KEDS 是一个时间序列的计算单元。时间包括从 1979 年到 2020 年，并持续更新。

4）KEDS 是一个分析指标计算单元。通过指标的嵌入，可以自动完成新的相对指标的计算，和相关功能模块的计算。

5）KEDS 是一个开放的宏观控制平台，可以兼容各种智能模块。

6）KEDS 是一个定向研究平台。通过数据、聚焦，可以完成粮食安全、生态发展、空间规划等专项研究的计算、分析和实验，并模板化输出报告。

KEDS 系统首页如图 14-5 所示。

图 14-5　昆阅粮食安全大数据分析与实验系统（KEDS）

14.5.2　系统功能模块

KEDS 为粮食安全领域提供了结构分析、因素分析、粮食平衡分析、图谱预警等服务以及数据仿真模拟实验服务，可为区域粮食安全评估、粮食安全预警等决策分析提供快速、精准、多角度、个性化的知识服务。基于海量的多维数据，KEDS 能够有效支撑粮食安全分析与智能决策，其涵盖功能如下。

1）基础数据：KEDS 覆盖资源、经济、产业、要素、政策、产量、国际七个基础数据模块，实现了各种专业研究数据的平台共享。上述 7 个模块组成的基础数据板块不仅可以聚焦粮食安全，而且也可以用于国民经济的其他领域。

2）数据聚类：KEDS 能够迅速完成地区之间的数据聚类，自动生成新的地区单元。比如"珠三角"城市群。

3）数据自选：KEDS 数据自选功能帮助用户从基础数据中选择相应的指标数据、地区数据、年度数据，以满足个性化的分析需求。

4）统计描述：这一功能能够完成用户选定地区、时间、指标的计算，自动生成规范的散点图、环比趋势图、基比趋势图。

5）对比分析：KEDS 将根据用户需求，选择两个地区，直接进行关键指标数据比较。

6）地理信息：通过国家、省、市、县四级地理信息系统的展示，直观表达关键指标的地理分布状态。

7）安全图谱：KEDS 选择 26 个核心指标，设定安全红线，计算并生成安全图谱，直观展示用户选定区域的粮食安全的优势与缺陷，为精准决策提供科学数据支持。

8）结构分析：KEDS 结构分析功能将在用户选定地区以后，自动生成区域结构饼图、农业结构图例。

9）粮食平衡：对有关粮食安全的重要指标进行自动计算、排序和展示，包括粮食的自给率、自给赤字、安全率、安全赤字、农村余粮、亩产水平等。通过这些指标，可以在一定程度上揭示区域粮食安全的关键问题。

10）排行榜：KEDS 包括全国 31 个省级区域、地级区域和县级区域排行榜。

11）因素分析：对区域粮食产量波动的四个因素进行计算和分析，包括：耕地面积、复种指数、播种结构、亩产。这有助于粮食安全政策的针对性。

12）模拟实验室：根据影响粮食产量的四个关键因素（耕地、复种指数、播种结构、亩产水平）进行数据实验，包括输入"试剂数据"，对可能的结果进行实验室模拟，为最优决策提供数据支持。

13）报告输出：KEDS 将根据研究报告的范式和结构模板，自动输出数据、表格、图例等计算结果，逐步实现研究报告从半自动化到自动化。

除了上述已应用的功能，KEDS 正在开发完善以下功能。

1）数据爬虫模块：进一步优化目前的数据加工模式。

2）数据扫描与修复模块 SRS：包括数据扫描和数据修复两个功能，主要是针对空缺数据、误差数据进行扫描、关注、填充和修复。

3）生态发展功能模块：这将是与粮食安全并列的功能模块。在方法上采用指标设定、指标计算、指标实验的方式，对森林、土壤、水源、大气、生物多样性等生态发展指标进行计算，从而反映各个地区的生态发展状态，是对经济发展的对照与补充。

14.5.3　系统部分功能展示

（1）结构分析与因素分析

农业结构与粮食安全的状态息息相关。一方面，保留一定比例的农业结构有助于稳定我国粮食产量，另一方面，过高的粮食自给率将会给国家的农业结构调整带来抑制作用（刘丽辉和辛焕平，2018）。结构分析模块定量地分析了粮食安全与农业结构间的因果关系和协整性，其中，农业结构包括了区域面积构成、三大产业构成、播种面积构成、农业产值构成、种植业产值构成、谷物产量构成等，如图14-6（a）所示。

粮食产量受政策、技术、市场等多个因素的综合影响，分析其影响因素及作用机制对于农业生产和粮食安全具有重要的意义。因素分析服务对区域粮食产量影响波动的四个因素（耕地面积、复种指数、播种结构、亩产）进行了定量分析和可视化展示，如图14-6（b）所示。

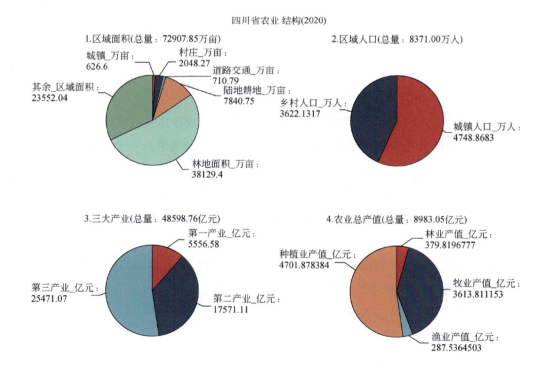

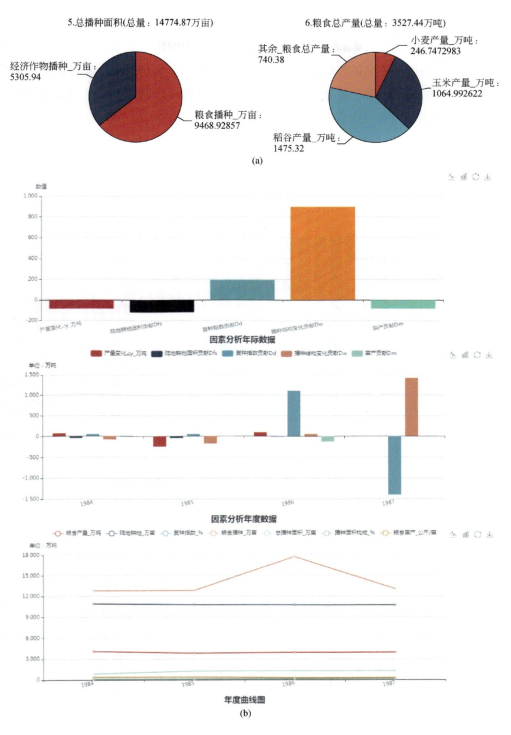

图 14-6　KEDS 系统的结构分析与因素分析

注：1 亩 ≈666.7m² 。

（2）粮食平衡分析

播种结构、粮食产量和人口等指标都会对粮食平衡中的供需关系产生影响。粮食平衡分析服务通过对各区域粮食的自给率、自给赤字、安全率、安全赤字、农村余粮、亩产水平等关键指标进行自动计算、排序和可视化展示，进而揭示区域粮食安全的关键问题。粮食平衡的计算方法和可视化图表如图 14-7 所示。

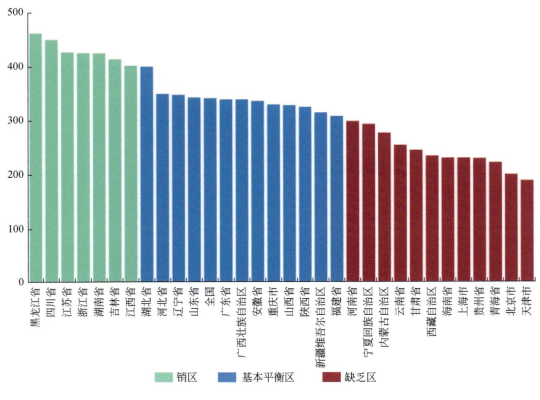

图 14-7　粮食平衡

（3）图谱预警

图谱预警服务从指标体系中选择 26 个核心预警指标，设定安全红线，基于预警模型计算并生成安全图谱，直观展示选定区域的粮食安全的优势与缺陷，为精准决策提供科学的数据支持，如图 14-8（a）所示。粮食安全数据仿真服务根据影响粮食产量的四个关键因素（耕地、复种指数、播种结构、亩产水平）进行数据实验，通过指标选择、试验数据输入、计算公式选择和结果可视化等流程进行实验室模拟，为最优决策提供数据依据，如图 14-8（b）所示。

大数据时代，粮食安全领域产生了海量多维数据，对这些数据进行关联分析、多维透视和知识挖掘，可以有效地支撑粮食安全分析与智能决策。KEDS 契合大数据时代数据驱

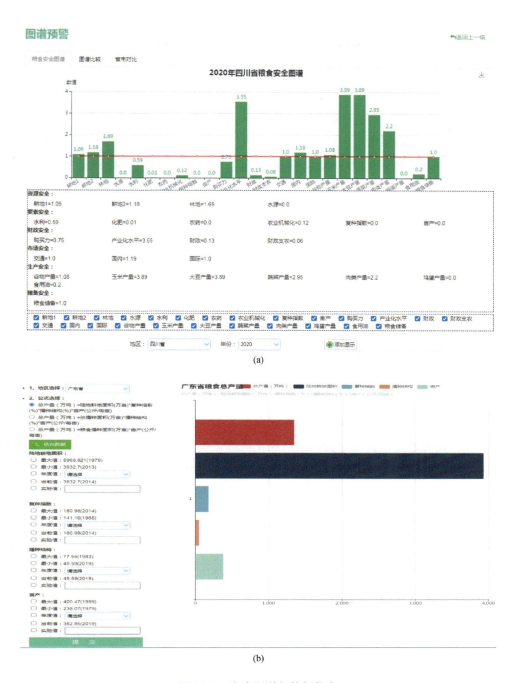

图 14-8　安全图谱与数据仿真

动和知识发现的需求，在农业结构、粮食平衡等方面都有较好表现，未来，也将在以下方面作进一步发展。

1）完善粮食安全与生态发展大数据体系。KEDS 将围绕"黑土地保护与恢复""种业安全"等重点关注领域，进一步完善粮食安全与生态发展大数据体系，进一步完善国家、省、市、县的四级指标体系设计和数据采集，推出基于大数据计算的计算成果、分析成果、实验成果。

2）进一步补充分析指标与模型。为适应经济全球化、"人类命运共同体"建设的国际大趋势，KEDS 将进一步补充分析指标与模型，逐步建立全球粮食安全大数据资源、生产、贸易与消费的分析系统。在中美"竞合"的大背景下新的问题不断涌现，尤其是在种业安全、国际贸易、资源潜力、生物多样性等领域，需要构建、补充新的分析指标与模型。

3）加强数据驱动的知识发现与决策支撑应用。模拟与预测是大数据分析的最重要功能与优势，是一种前瞻性的"知识发现"。未来将强化 KEDS 的模拟与预测分析功能，例如研究更多的"试剂指标"以及决策支撑模型，来模拟粮食安全结构的趋势与变化，引入AI 技术进行数据驱动的粮食安全知识发现与决策支撑服务。

14.6　结论与展望

粮食安全受到国际社会及各国政府和民众高度关注，是重大全球性挑战。粮食安全全球化的进程，其实也是粮食安全数据的全球化进程，决策者需要对来自全球纷繁复杂的数据信息进行科学的数据分析与情报决策，由此来决定粮食安全的原则和政策选项。粮食安全的研究与决策必须用严谨的现代学科信息学的大数据信息分析新范式予以规范、检视和发展，必须采用大数据思维与人工智能技术予以分析和应对（胡靖，2021）。大数据与人工智能技术改变了粮食安全数据信息的采集方式、阅读方式、分析方式和决策方式。KEDS 是作者研究团队将学科信息学的理论方法应用于粮食领域的分析研究案例，是在大数据驱动的粮食安全研究与智能决策方面的一项探索，是一个结合大数据技术与智能情报服务理念的新一代粮食安全智能决策支持系统。KEDS 可为区域粮食安全的计算、评估、预警、实验等分析决策提供快速、精准、多角度、个性化的咨询服务，具有良好的服务前景且已服务于广东省粮食安全预警。未来，KEDS 将在学科信息学与数据驱动的学科知识发现的理论指导下进一步丰富、完善（胡靖，2021）。

1）数据层面。目前，KEDS 的数据主要来源于农业统计网站的宏观数据。这些数据需要进一步按照大数据的要求进行规范，例如时间、地区、指标的单位、口径等都必须统一，不能"各自为政"。这就需要对传统的农业统计体系进行调整和改革，同时对于"木已成舟"的各类历史数据，都需要按照大数据的分析范式进行整编，包括数据的修复、填充、规范等。

2）指标层面。指标是反映粮食安全最直接的视角。在中美全面战略竞争的大背景下，粮食安全领域不断涌现新问题，尤其是在粮食国际贸易、粮食生产资源潜力、生物多样性等领域，需要构建、补充新的指标，才能反映全球粮食安全在未来十年及更长时期的可持续性。当下，全球现代农业正在面临严重的生物多样性危机以及全球变暖和转基因技术带来的全面挑战。只有将这些指标体系建立和不断完善，粮食安全大数据才能延伸出新的知识发现视角，从而把粮食安全问题的研究引向更深的层次。

3）分析层面。模拟与预测是"大数据+人工智能"分析的最重要功能与优势，是建立在多维大数据基础上的一种知识发现。例如，通过"试剂指标"的变化，来模拟粮食安全结构的趋势与变化，未来这种技术会越来越成熟且智能化。模拟与预测的结果其实就是一种前瞻性的"知识发现"，这些知识发现释放的数据信息将是海量的、累积性的和震撼性的。这种"知识发现"将以前所未有的数据逻辑，计算并展现很多无法预见的结果。例如，杀虫剂、除草剂的使用在短期内危害不明显，但在连续施用数十年以后，耕地生态就可能崩溃，这都需要依靠"大数据+人工智能"来精确计算与模拟。这种模拟与预测的结果反过来会对现行的粮食安全政策产生决定性的影响。

总之，在大数据时代，粮食安全研究亟需学科信息学的规范、指导，大数据驱动与智能决策将是粮食安全研究的发展趋势。未来，将围绕"黑土地保护与恢复""种业安全"等国家重点关注领域，进一步丰富和完善粮食安全分析与智能决策的大数据体系，补充新的决策分析重要指标，逐步建立全球粮食安全大数据资源、生产、贸易与消费的智能分析信息系统，以促进我国粮食安全决策的精准化、智能化和科学化。

参 考 文 献

卜伟，曲彤，朱晨萌．2013．中国的粮食净进口依存度与粮食安全研究．农业经济问题，34（10）：49-56.

陈文博，余国新，刘运超．2015．基于新疆红枣产业景气分析的抗风险研究．新疆农业科学，52（2）：386-391.

陈文杰，胡正银，胡靖，等．2021．多维数据驱动的粮食安全分析与智能决策系统研究与实践．数据与计算发展前沿，3（6）：1-14.

陈秀兰，许可．2019．我国主要粮食品种价格波动的金融化因素研究——基于对小麦和稻米数据的分析．价格理论与实践，（8）：71-74.

段珊珊，杨卫东，肖乐，等．2020．一种基于气象数据的仓储粮堆表层温度预测方法．中国粮油学报，35（2）：152-158.

封志明，杨艳昭，张晶．2008．中国基于人粮关系的土地资源承载力研究：从分县到全国．自然资源学报，（5）：865-875.

冯凌云 . 2008. 面对全球粮食危机粮食与食物安全早期预警的作用——评价《粮食与食物安全早期预警系统研究》. 杂粮作物，（4）：277-278.

付青叶，王征兵 . 2010. 中国粮食安全的评价指标体系设计 . 统计与决策，（14）：42-44.

公茂刚，王学真 . 2017. 我国粮食安全现状的多维度衡量 . 新疆社会科学，（6）：29-37，179.

郭小波，张德贤 . 2016. 大数据背景下灾害年份粮情信息模型仿真 . 计算机仿真，33（1）：446-449.

何安华，刘同山，张云华 . 2013. 我国粮食产后损耗及其对粮食安全的影响 . 中国物价，（6）：79-82.

胡程磊，刘永华，高菊玲 . 2021. 基于 IPSO-BP 模型的粮食产量预测方法研究 . 中国农机化学报，42（3）：136-141.

胡靖 . 2021. 大数据驱动与智能决策是粮食安全研究的趋势——读《学科信息学与学科知识发现》所感 . https://mp. weixin. qq. com/s/wL-TNPNJV8q2UonO2YjcVg. ［2021-10-9］.

胡岳岷，刘元胜 . 2013. 中国粮食安全：价值维度与战略选择 . 经济学家，（5）：50-56.

黄春燕，白露露 . 2017. 粮食安全保障政策的启用边界与补贴标准——基于海南城镇最低收入人群的实证研究 . 农业技术经济，（3）：4-13.

贾梦琦，蔡振江，胡建，等 . 2021. 基于机器学习的粮食产量预测模型研究 . 河北农业大学学报，44（3）：103-108.

黎东升，曾靖 . 2015. 经济新常态下我国粮食安全面临的挑战 . 农业经济问题，36（5）：42-47，110.

李隆玲，武拉平 . 2020. 乡村人口变迁对我国粮食安全的影响 . 中国农业大学学报（社会科学版），37（1）：80-91.

李腾飞，亢霞 . 2016. "十三五"时期我国粮食安全的重新审视与体系建构 . 农业现代化研究，37（4）：657-662.

李桐，董维红，张琦琛，等 . 2020. 基于时间序列模型的黑龙江省粮食水足迹分析与预测 . 排灌机械工程学报，38（11）：1152-1159.

梁丽 . 2018. 中国国家级农业智库建设研究 . 北京：中国农业科学院 .

刘海启 . 1999. 欧盟 MARS 计划简介与我国农业遥感应用思路 . 中国农业资源与区划，（3）：57-59.

刘立涛，刘晓洁，伦飞，等 . 2018. 全球气候变化下的中国粮食安全问题研究 . 自然资源学报，33（6）：927-939.

刘丽辉，辛焕平 . 2018. 粮食安全与农业结构调整水平的协整分析——以广东省为例 . 中国农业资源与区划，39（10）：23-29.

罗海平，罗逸伦 . 2021. 中国粮食主产区水资源安全与粮食安全耦合关系的实证研究及预警 . 农业经济，（2）：3-5.

罗海平，邹楠，潘柳欣，等 . 2019. 生态足迹视域下中国粮食主产区粮食生产安全态势的时空属性研究：2007-2025. 江苏农业学报，35（6）：1468-1475.

马恩朴，蔡建明，林静，等 . 2020. 2000—2014 年全球粮食安全格局的时空演化及影响因素 . 地理学报，75（2）：332-347.

马立军，陈召亚，杨哲 . 2016. 基于生态安全的耕地质量安全评价——以河北省卢龙县为例 . 江苏农业科学，44（3）：370-375.

毛学峰，刘靖，朱信凯．2015．中国粮食结构与粮食安全：基于粮食流通贸易的视角．管理世界，（3）：76-85.

门可佩，魏百军，唐沙沙，等．2009．基于 AHP-GRA 集成的中国粮食安全预警研究．统计与决策，（20）：96-98.

聂英．2015．中国粮食安全的耕地贡献分析．经济学家，1（1）：83-93.

苏芳，刘钰，黄德林，等．2021．经济政策不确定性对中国粮食安全的影响．中国农业大学学报，26（7）：245-258.

孙东升，梁仕莹．2010．我国粮食产量预测的时间序列模型与应用研究．农业技术经济，（3）：97-106.

唐赛，王韬杰，王子泰．2019．三大主粮价格波动对粮食安全影响的实证研究．黑龙江社会科学，（2）：7-14.

唐振鹏，吴俊传，张婷婷，等．2021．基于二次分解和集成学习的粮食期货价格预测研究．系统工程理论与实践，41（11）：2837-2849.

王东杰．2017．大数据视角下的粮食安全预警研究．中国农业科学院.

王丽，但文红．2011．人口净流出背景下贵州省粮食安全的研究．贵州农业科学，39（1）：209-213.

王帅，赵秀梅．2019．中国粮食流通与粮食安全：关键节点的风险识别．西北农林科技大学学报（社会科学版），19（2）：124-132.

王帅．2018．粮食的"地理可获得性"与粮食安全．农业经济问题，（6）：38-48.

卫龙宝，张艳虹，高叙文．2017．我国农业劳动力转移对粮食安全的影响——基于面板数据的实证分析．经济问题探索，（2）：160-167.

吴炳方，蒙继华，李强子．2010．国外农情遥感监测系统现状与启示．地球科学进展，25（10）：1003-1012.

吴炳方，张淼，曾红伟，等．2019．全球农情遥感速报系统20年．遥感学报，23（6）：1053-1063.

向雁，侯艳林，姜文来，等．2021．LSTM 模型在耕地面积预测领域的构建与应用．科技导报，39（9）：100-108.

新华社．2021．中华人民共和国国民经济和社会发展第十四个五年规划和2035年远景目标纲要．2021-03-13. http://www.xinhuanet.com/2021-03-13/c_1127205564.htm.［2021-10-14］.

徐添．2020．中国粮食安全预警系统构建研究．哈尔滨：哈尔滨工业大学.

许世卫，李志强，李哲敏，等．2009．农产品质量安全及预警类别分析．中国科技论坛，（1）：102-106.

杨建利，雷永阔．2014．我国粮食安全评价指标体系的建构、测度及政策建议．农村经济，（5）：23-27.

杨静，陈亮，陈霞．2013．我国粮食安全的水资源支撑问题研究．河北经贸大学学报，（6）：70-76.

杨磊．2014．我国粮食安全风险分析及粮食安全评价指标体系研究．农业现代化研究，（6）：696-702.

杨娜．2010．云南省粮食安全预警系统的设计与实现．昆明：云南大学.

杨思雨，田国强．2020．农产品批发价格指数与物流业景气指数的关系研究．中国农业大学学报，25（4）：162-171.

姚成胜，李政通，易行．2016．中国粮食产量变化的驱动效应及其空间分异研究．中国人口·资源与环境，26（9）：72-81.

姚成胜，滕毅，黄琳 . 2014. 中国粮食安全评价指标体系构建及实证分析 . 农业工程学报，31（4）：1-10.

易红超，宋小青 . 2020. 湖南省粮食安全区域格局及其影响因素 . 国土资源导刊，17（4）：45-49.

苑江浩，常青，赵会义 . 等 . 2021. 基于 SVM 的粮食霉变预测分类方法研究 . 中国粮油学报，36（9）：138-144.

翟虎渠 . 2004. 粮食安全的三层内涵 . 瞭望新闻周刊，（13）：60.

展进涛，徐钰娇 . 2019. 环境规制、农业绿色生产率与粮食安全 . 中国人口资源与环境，29（3）：167-176.

张成，黄芳芳，尚国琲 . 2020. 土地生态安全预警系统设计与实现 . 中国生态农业学报（中英文），28（6）：931-944.

张亨明，章皓月，朱庆生 . 2021. “双循环”新发展格局下我国粮食安全隐忧及其消解方略 . 改革，1（9）：134-144.

张晶，周海川 . 2014. 国际大米价格互动性与中国粮食安全研究 . 中国人口・资源与环境，24（10）：163-169.

张磊，严会超，章家恩，等 . 2005. 国外粮食安全保障机制及对中国的启示 . 中国农学通报，（11）：417-421.

张立杰，寇纪淞，李敏强，等 . 2013. 基于自回归移动平均及支持向量机的中国棉花价格预测 . 统计与决策，（6）：30-33.

张小丹，吴克宁，杨淇钧，等 . 2020. 耕地健康产能内涵及评价指标体系研究进展 . 土壤通报，51（1）：245-252.

张元红，刘长全，国鲁来 . 2015. 中国粮食安全状况评价与战略思考 . 中国农村观察，（1）：2-14，29，93.

郑开涛，刘世洪，聂秀萍，等 . 2018. 稻谷质量智能监测预警系统的研究与设计 . 中国粮油学报，33（1）：125-130.

支小军，王伟国，王太祥 . 2013. 我国棉花价格景气指数构建研究 . 价格理论与实践，（1）：62-63.

中国农业科学院农业信息研究所 . 2012. 农产品市场短期监测预警培训交流会在京举办 . https://aii. caas. cn/bsdt/kyjz/5588. htm. [2021-10-14].

中国农业科学院农业信息研究所 . 2013. 农业部农业信息服务技术重点实验室（中国农业科学院农业信息预警技术与系统重点实验室）. 2013-01-30[2021-10-14]. http://aii. caas. net. cn/kxyj/kycxpt/6319. htm.

中华人民共和国中央人民政府 . 2019. 中国的粮食安全 . http://www. gov. cn/zhengce/2019-10/14/content_5439410. htm. [2021-10-14].

钟钰，普蓂喆，刘明月，等 . 2020. 新冠肺炎疫情对我国粮食安全的影响分析及稳定产量的建议 . 农业经济问题，（4）：13-22.

周金城，李毅 . 2018. 基于 RBF 神经网络模型的我国农产品市场风险预警机制研究 . 市场研究，（7）：41-43.

周伍阳，马冰 . 2011. 湖北省粮食产量波动周期与粮食安全分析 . 广东农业科学，38（22）：215-

216，224.

朱晶，臧星月，李天祥 . 2021. 新发展格局下中国粮食安全风险及其防范 . 中国农村经济，（9）：2-21.

祝光耀，张塞 . 2016. 生态文明建设大辞典（第二册）. 南昌：江西科学技术出版社 .

Dorothee Bühler，Rebecca Hartje，Ulrike Grote. 2018. Matching food security and malnutrition indicators：evidence from Southeast Asia. Agricultural Economics，49（4）：481-495.

FEWS NET. 2021. About Us. https：//fews. net/about-us. ［2021-10-14］.

Food and Agriculture Organization of the United Nations（FAO）. 1983. World food security：A reappraisal of the concepts and approaches. Rome：Director General's Report.

Food and Agriculture Organization of the United Nations（FAO）. 2020. Sustainable Development Goals. https：//www. fao. org/sustainable-development-goals/indicators/2. 1. 1/en/.

Genesio L，Ba Cc I M，Baron C，et al. 2015. Early warning systems for food security in West Africa：evolution，achievements and challenges. Atmospheric Science Letters，12（1）：142-148.

The Food and Agriculture Organization（FAO）. 2021. 粮农组织统计数据库 . https：//www. fao. org/faostat/zh/#home. ［2021-10-24］.

Van Ginkel M，Biradar C. 2021. Drought Early Warning in Agri-Food Systems. Climate，9（9）：134.

附录

典型数据库与分析工具

数据库/工具	访问地址
百度指数	https://index. baidu. com/
北大法宝	http://www. pkulaw. cn/
慧科中文媒体资讯及商业情报数据库	http://wisesearch6. wisers. net/
美国政府出版局 GPO	https://catalog. gpo. gov/
诺贝尔官方网站	http://www. nobleprize. org/
清博舆情	https://yuqing. gsdata. cn/
清华大学政策文献中心	http://www. sppm. tsinghua. edu. cn/zcpt/zfwx/
全球农情遥感速报系统	http://www. cropwatch. com. cn/htm/cn/index. shtml
知微数据	https://www. weiboreach. com/
中国政府网	http://www. gov. cn/
Access World News	https://infoweb. newsbank. com/
Bio2RDF	https://bio2rdf. org/
BLAST	https://blast. ncbi. nlm. nih. gov/Blast. cgi
Chinese News Database	https://www. ringdata. com/news
ClinVar	https://www. ncbi. nlm. nih. gov/clinvar/
CN-DBpedia	http://kw. fudan. edu. cn/
CNIPA	http://pss-system. cnipa. gov. cn/sipopublicsearch/portal/uiIndex. shtml
ConceptNet	https://www. conceptnet. io/
Crop Explorer	https://catalog. data. gov/dataset/crop-explorer
DBLP	https://dblp. uni-trier. de/
DBPedia	https://www. dbpedia. org/
Derwent Data Analyzer	https://clarivate. com. cn/products/qrc_download/
Diseasome	https://www. ncbi. nlm. nih. gov/Omim/restrictions. html
DisGeNET	https://www. disgenet. org/
DrugBank	https://go. drugbank. com/
EMBASE	https://www. embase. com/

续表

数据库/工具	访问地址
EMBL-EBI	https：//www. ebi. ac. uk/
EMBOSS	http：//emboss. sourceforge. net/
EmEditor	https：//www. emeditor. com/
Espacenet	https：//worldwide. espacenet. com/patent/
Flickr	https：//www. flickr. com/
GDELT	https：//www. gdeltproject. org/
GenBank	https：//www. ncbi. nlm. nih. gov/genbank/
Geonames	https：//www. geonames. org/
Gephi	https：//gephi. org/
Ingenuity Pathway Analysis	http：//www. ingenuity. com
Integrated Crisis Early Warning System	https：//www. lockheedmartin. com/en-us/capabilities/research-labs/advanced-technology-labs/icews. html
JMP	https：//www. jmp. com/zh_cn/software/data-analysis-software. html
J-platpat	https：//www. j-platpat. inpit. go. jp/
KEDS	http：//keds. kmcloud. ac. cn/
KEGG	https：//www. kegg. jp/
KIPRIS	https：//www. kipo. go. kr/ko/MainApp. do
KNIME	http：//www. knime. com/
Linked Life Data	http：//www. linkedlifedata. com/
LocoySpider	http：//www. locoy. com/
LOD-Linked Open Data	https：//lod-cloud. net/
Matlab	https：//ww2. mathworks. cn/
NCBI	https：//www. ncbi. nlm. nih. gov/
Overton	https：//www. overton. io/
Pajek	http：//mrvar. fdv. uni-lj. si/pajek/
PATENTSCOPE	https：//patentscope2. wipo. int/search/zh/search. jsf
Power BI	https：//powerbi. microsoft. com/zh-cn/
Press Display	https：//www. pressdisplay. com/
PubMed	https：//pubmed. ncbi. nlm. nih. gov/
SCI2	https：//sci2. cns. iu. edu/
ScienceDirect	https：//www. sciencedirect. com/
Scopus	https：//www. elsevier. com/zh-cn/solutions/scopus
SigmaPlot	https：//sigmaplot. en. softonic. com/
Statistical Analysis System	https：//its. uiowa. edu/sas
Tableau	https：//github. com/tableau

续表

数据库/工具	访问地址
THUOCL	http://thuocl. thunlp. org/
TIBCO Data Science	https://www. tibco. com/zh-hant/products/data-science
Ucinet	http://www. analytictech. com/archive/ucinet. htm
UMLS	https://www. nlm. nih. gov/research/umls/index. html
UniProt	https://www. uniprot. org/
USPTO	https://www. uspto. gov/patents/search#heading-11
VOSviewer	https://www. vosviewer. com/
Web of Science	https://www. webofscience. com/
WikiData	https://www. wikidata. org/wiki/Wikidata：Main_Page
Wikipedia	http://wikipedia. org/
XLORE	https://www. xlore. cn/
Xmind	https://www. xmind. cn/